Autorinnen: Anja Hoffmann, Christine Kirsch, Martina Kober,
Elke Lange-Scholz, Petra Wronewitz

Herausgeberin: Martina Kober

Rechtsanwalts- und Notarfachangestellte

1. Ausbildungsjahr, fall- und praxisorientiert

4. Auflage

Bestellnummer 50728

Zusatzmaterialien zu „Rechtsanwalts- und Notarfachangestellte – 1. Ausbildungsjahr, fall- und praxisorientiert"

Für Lehrerinnen und Lehrer

Material inkl. Lösungen zum Schülerbuch: 978-3-427-50730-7
Material inkl. Lösungen zum Schülerbuch Download: 978-3-427-50729-1
Material inkl. Lösungen zum Arbeitsheft: 978-3-427-50856-4
Material inkl. Lösungen zum Arbeitsheft Download: 978-3-427-50835-9

BiBox Einzellizenz für Lehrer/-innen (Dauerlizenz): 978-3-427-85470-8
BiBox Kollegiumslizenz für Lehrer/-innen (Dauerlizenz): 978-3-427-85699-3
BiBox Kollegiumslizenz für Lehrer/-innen (1 Schuljahr): 978-3-427-87738-7

Für Schülerinnen und Schüler

Arbeitsheft: 978-3-427-50834-2

BiBox Einzellizenz für Schüler/-innen (1 Schuljahr): 978-3-427-50781-9
BiBox Klassensatz PrintPlus (1 Schuljahr): 978-3-427-81457-3

Zu diesem Produkt sind digitale Zusatzmaterialien kostenlos online für Sie erhältlich. Sie können diese ganz einfach über die Eingabe des nachfolgenden Codes im Suchfeld unter www.westermann.de abrufen.

BVE-50728-004

Sollten Sie zu diesem Produkt bereits eine BiBox mit Material erworben haben, so sind die Zusatzmaterialien selbstverständlich dort bereits integriert.

© 2023 Westermann Berufliche Bildung GmbH, Ettore-Bugatti-Straße 6-14, 51149 Köln
www.westermann.de

Druck und Bindung: Westermann Druck GmbH, Georg-Westermann-Allee 66, 38104 Braunschweig

ISBN 978-3-427-**50728**-4

Vorwort

Liebe Auszubildenden,
liebe Leserinnen und Leser,

das vorliegende Lehrbuch ist für das 1. Ausbildungsjahr für die ReNoPat-Ausbildungsberufe als Lehr- und Übungsbuch gedacht. Dabei wurde der aktuelle Rahmenlehrplan mit den zu vermittelnden Lerninhalten und beruflichen Handlungskompetenzen berücksichtigt.

Für die Erstellung dieses Lehrbuchs haben sich Fachkräfte aus dem Rechtsbereich zusammengetan, um den Leserinnen und Lesern eine Vielfalt von Erfahrungen aus der Berufspraxis zu prüfungsrelevanten Themen zu vermitteln. Entsprechend auf das Lernfeldkonzept abgestimmt, wird der Inhalt mit der Berufspraxis und den damit verbundenen ökonomischen und sozialen Aspekten zusammengebracht.

Im 1. Ausbildungsjahr werden folgende Lernfelder behandelt:
Lernfeld 1: Beruf und Ausbildungsbetrieb präsentieren
Lernfeld 2: Arbeitsabläufe im Team organisieren
Lernfeld 3: Schuldrechtliche Regelungen bei der Vorbereitung und Abwicklung von Verträgen anwenden
Lernfeld 4: Ansprüche außergerichtlich geltend machen

Jedes Kapitel beginnt mit einer Lernsituation, die Arbeitsaufträge enthält, um Sie selbstständig an neue Lehrinhalte heranzuführen. Gleichzeitig ermöglicht dies, die Diskussion im Klassenverband mit dem Austausch von Erfahrungen aus der Praxis zu kombinieren. Damit ist dieses **Lehrbuch** nicht nur für den Unterricht in den jeweiligen Berufsschulen gedacht, sondern eignet sich auch als Begleiter für das Selbststudium zu Hause.

Die in diesem Buch dargestellten Beispiele und Überblicke erleichtern es, die behandelten Lehrinhalte zu festigen und übersichtlich darzustellen. Am Ende jedes Kapitels finden Sie Wiederholungs- und Vertiefungsfragen, mit denen Sie eine Erfolgskontrolle durchführen können.

Nicht nur zur Vorbereitung auf die Zwischen- und Abschlussprüfung dient der **Band „Übungsfälle"**, der beim Verlag käuflich erworben werden kann. Die hierin enthaltenen Übersichten und Aufgaben können auch zur Wiederholung und Vertiefung herangezogen werden.

Weitere Materialien stehen für Lehrkräfte im zum Band gehörenden **Material inkl. Lösungen** sowie in der **BiBox** zur Verfügung. Als **Webcode** erhalten Sie kostenlos online den Briefbogen der Kanzlei Dr. Neumann & Huber zum Download.

Die Autorinnen

Inhaltsverzeichnis

Einleitung
Eine Kanzlei stellt sich vor

Annika Sauer und Julia Hoffmann haben beide die Realschule absolviert und sich für eine anschließende Berufsausbildung in einer Rechtsanwaltskanzlei entschieden.

Die Rechtsanwaltskanzlei als ihr Ausbildungsbetrieb

Rechtsanwältin Dr. Annette Neumann (48 Jahre alt) war zunächst als Einzelanwältin tätig. Nachdem die Mandate immer mehr wurden und sie die Arbeit nicht mehr allein bewältigen konnte, gründete sie mit Rechtsanwalt Peter Huber (40 Jahre alt) eine Partnerschaft:

Dr. Neumann & Huber, Rechtsanwälte, Partnerschaft
mit dem Firmensitz in 67434 Neustadt an der Weinstraße, Grainstraße 101

Registergericht:	Amtsgericht Neustadt an der Weinstraße
Registernummer:	PR 956
Steuernummer:	310/556/1296
Zuständiges Finanzamt:	Finanzamt Darmstadt
Umsatzsteuer-Identifikations-Nummer:	DE573964122
Zuständige Rechtsanwaltskammer:	Pfälzische Rechtsanwaltskammer Zweibrücken
Betriebsnummer Sozialversicherung:	45567979

Im Einzelnen ist zu beiden Partnern Folgendes auszuführen:

Rechtsanwältin Dr. Annette Neumann ist Fachanwältin für Verkehrsrecht und Mitglied der Arbeitsgemeinschaft Verkehrsrecht im Deutschen Anwaltverein (DAV). Weiterhin ist sie Vorsitzende des Prüfungsausschusses der Pfälzischen Rechtsanwaltskammer Zweibrücken für die Fachanwälte für Verkehrsrecht.

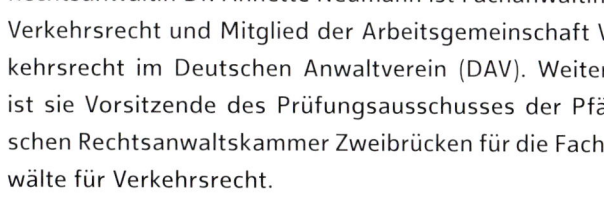

Ihr Partner, Rechtsanwalt Peter Huber, ist Mitglied im Deutschen Anwaltverein (DAV) und im Verband deutscher Anwälte e. V. (VDA). Er ist Fachanwalt für Erbrecht.

Die Beschäftigten der Rechtsanwaltskanzlei

Da die Rechtsanwaltskanzlei nach wie vor sehr gut läuft, haben sich die beiden Partner dafür entschieden, eine Rechtsanwältin einzustellen. Ihre Wahl fiel auf die 31-jährige Katharina Schuh, die bereits während ihres Referendariats für die beiden Partner Recherchetätigkeiten u. a. übernommen hat. Rechtsanwältin Katharina Schuh ist Fachanwältin für Familienrecht.

Die gute Seele der Kanzlei ist Marion Webermann. Die 35 Jahre alte Bürovorsteherin hat Rechtsanwältin Dr. Annette Neumann schon vor Gründung der Partnerschaft mit Rechtsanwalt Peter Huber bei der täglichen Arbeit unterstützt und entlastet. Marion Webermann betreut auch die beiden Auszubildenden der Rechtsanwaltskanzlei.

Annika Sauer (17 Jahre alt) befindet sich derzeit im 1. Ausbildungsjahr zur Rechtsanwaltsfachangestellten. Die 18-jährige Julia Hoffmann befindet sich bereits im 2. Ausbildungsjahr. Bei Julia Hoffmann besteht die Überlegung im Anschluss an die Berufsausbildung ihr Abitur nachzuholen und Jura zu studieren, da sie der Rechtsbereich sehr interessiert.

Die Kontaktdaten der Rechtsanwaltskanzlei

Telefon:	+49 6321 5632-0
Telefax:	+49 6321 5632-15
Homepage:	www.rae-neumann-huber.de
E-Mail, allgemein:	info@rae-neumann-huber.de
E-Mail, personenbezogen:	Peter Huber, Dr. Annette Neumann und alle Beschäftigten der Partnerschaft haben eine persönliche E-Mail-Adresse. Dabei ist der jeweilige Name dem @ vorangestellt. Beispiel: annette.neumann@rae-neumann-huber.de
Facebook:	www.facebook.com/rae-neumann-huber
Twitter:	twitter.com/rae-neumann-huber
Xing:	www.xing.com/companies/raeneumannhuber

Die Bankverbindungen der Rechtsanwaltskanzlei

Institut:	Commerzbank Neustadt a. d. Wstr.	Deutsche Bank Neustadt a. d. Wstr.
IBAN:	DE41 5464 0035 0012 5832 19	DE52 5467 0095 0096 7844 58

Die Zusammenarbeit der Rechtsanwaltskanzlei mit einem Notariat

Die Partnerschaft Dr. Neumann & Huber arbeitet seit Kurzem mit Rechtsanwältin und Notarin Katharina Marschner zusammen.

Ein Notariat stellt sich vor

Oxana Schuhmann möchte nach Abschluss der 10. Klasse der Gesamtschule eine Berufsausbildung als Rechtsanwalts- und Notarfachangestellte machen. Besonders interessiert sie sich für Notariatsangelegenheiten.

Das Notariat als ihr Ausbildungsbetrieb

Katharina Marschner ist 37 Jahre alt. Sie ist Rechtsanwältin und versieht auch die Amtstätigkeit als Notarin. Sie ist Mitglied beim Deutschen Notarverein e. V.

Rechtsanwältin und Notarin Katharina Marschner
mit dem Sitz in 64283 Darmstadt, Wilhelminenplatz 220

Steuernummer:	315/651/1445
Zuständiges Finanzamt:	Finanzamt Darmstadt
Umsatzsteuer-Identifikations-Nummer:	DE999999999
Zuständige Rechtsanwaltskammer:	Rechtsanwaltskammer Frankfurt a. M.
Zuständige Notarkammer:	Notarkammer Frankfurt a. M.
Betriebsnummer Sozialversicherung:	67395638

Die Beschäftigten des Notariats

Die 24-jährige Rechtsanwalts- und Notarfachangestellte Jana Seidel arbeitet schon seit Eröffnung der Kanzlei mit Katharina Marschner zusammen. Sie betreut auch die Auszubildende in der Kanzlei. Oxana Schuhmann (17 Jahre alt) befindet sich im 1. Ausbildungsjahr zur Rechtsanwalts- und Notarfachangestellten. Neben anwaltlichen Aufgaben wird sie vermehrt mit Notariatsaufgaben betraut. Sie ist sehr engagiert dabei.

Die Kontaktdaten des Notariats

Telefon:	+49 621 999 9999-0
Telefax:	+49 621 999 9999-1
Homepage:	www.ra-marschner.de
E-Mail, allgemein:	kontakt@ra-marschner.de
E-Mail, personenbezogen:	Die Rechtsanwältin und Notarin sowie ihre Beschäftigten haben jeweils eine persönliche E-Mail-Adresse. Dabei ist der jeweilige Name dem @ vorangestellt. Beispiel: oxana-schuhmann@ra-marschner.de
Facebook:	www.facebook.com/ra-marschner
Twitter:	www.twitter.com/ra-marschner
Xing:	www.xing.com/companies/ramarschner

Die Bankverbindung des Notariats

Institut:	Commerzbank Darmstadt
IBAN:	DE41 5084 0005 0000 5638 12

Lernfeld 1 – Kompetenzen

In diesem Lernfeld lernen Sie:

Kapitel 1 **Einführung Recht**	• was Recht ist und welche Funktionen es hat • aus welchen Quellen das Recht abgeleitet wird • das Recht und die damit verbundenen Rechte zu unterteilen • die Teilung der staatlichen Gewalt auf Bundesebene • die Teilung der staatlichen Gewalt auf Landesebene • die europäische Gewaltenteilung sowie die Organe der EU • den Aufbau von Gesetzessammlungen • die richtige Zitierweise von Fundstellen in Fachliteratur und Gesetzeskommentaren • die richtige Zitierweise von Fundstellen in Zeitschriften
Kapitel 2 **Personen der Rechtspflege**	• welche Personen die Rechtsberatung durchführen können • welche rechtsprechenden Organe es gibt • welche weiteren Rechtspflegeorgane es bei den Gerichten gibt und welche Aufgabenbereiche diese haben
Kapitel 3 **Rechtswege**	• welche Gerichte es gibt und wie das Richtige ausgewählt wird • was es mit dem Streitwert auf sich hat und welche Konsequenzen sich hieraus ergeben • die Unterscheidung zwischen ordentlicher, besonderer und freiwilliger Gerichtsbarkeit • was sich hinter den Aktenzeichen der Gerichte verbirgt
Kapitel 4 **Die Beschäftigten einer Kanzlei**	• die Beschäftigten einer Kanzlei und deren Aufgabenbereiche kennen • welche Inhalte die ReNoPat-Ausbildung sowie die Zwischen und Abschlussprüfung hat • welche Zulassungsvoraussetzungen und Inhalte den Weiter- und Fortbildungen zugrunde liegen • Möglichkeiten der Fortbildungen nach BBiG

Kapitel 5 **Stellung der Auszubildenden in der Kanzlei**	• die Vor- und Nachteile der dualen Ausbildung kennen
	• die Inhalte des Berufsausbildungsvertrags kennen
	• Rechte und Pflichten des Auszubildenden kennen
	• Besonderheiten des Auszubildenden gegenüber den Angestellten, insbesondere Probezeit und Kündigung betreffend, kennen
	• die Regelausbildungszeit sowie Abweichungen hiervon kennen
	• wichtige Schutzvorschriften kennen
	• die Richtlinien zur angemessenen Ausbildungsvergütung des DAV sowie die Empfehlungen der Rechtsanwaltskammern kennen
	• welche möglichen Leistungen der Ausbilder neben der monatlichen Ausbildungsvergütung gewähren kann
	• die Unterscheidung von Brutto- und Nettogehalt
	• Kenntnisse über die Abzüge auf der Gehaltsabrechnung

Kapitel 6 **Urheberrecht**	• die Grundlagen des Urheberrechts
	• die Schutzdauer eines Werks
	• die Verletzungshandlungen des Urheberschutzes
	• wie der Urheberschutz in Schule und Ausbildung geregelt und umgesetzt werden muss

Kapitel 7 **Grundlagen der Kommunikation**	• wie ein Gespräch verläuft und wie der Gesprächspartner es aufnimmt
	• welche Förderer und Störer es in einem Gespräch gibt und wie diese eingebaut oder vermieden werden können
	• wie in einer seriösen Umgebung mit den Mandanten kommuniziert wird
	• warum das Feedback-Geben sinnvoll ist und wie Feedback gegeben werden sollte
	• wie eine PowerPoint-Präsentation gestaltet und vorgestellt werden sollte

Kapitel 8 **Konflikte im Kanzleialltag**	• welche Konflikte unter Beschäftigten auftreten können
	• wie sich ein Konflikt entwickelt
	• die Ebenen der Konflikteskalation kennen
	• den Umgang mit Konflikten kennen

Lernfeld 1: Beruf und Ausbildungsbetrieb präsentieren

1 Einführung Recht

Was ist eigentlich Recht und welche Funktionen hat das Recht in unserer Gesellschaft? Diesen Fragen wird zu Beginn der Ausbildung auf den Grund gegangen. Ebenso wird erklärt, welche Rechtsquellen es gibt, wie das Recht eingeteilt und angewandt wird.

Lernsituation

Nach erfolgtem Schulabschluss entschied sich Annika Sauer bewusst für eine Ausbildung zur Rechtsanwaltsfachangestellten. Die ersten Wochen bringen sehr viel Neues. Annika Sauer darf unter Anleitung der Ausbilderin Marion Webermann zunächst die Akten anlegen und ist im Empfang tätig. Hierbei lernt sie nicht nur die verschiedenen rechtlichen Interessen der Mandanten kennen, sondern kommt auch mit sehr unterschiedlichen Rechtsbereichen in Kontakt.

Marion Webermann beauftragt Annika Sauer, drei Akten für den neuen Mandanten Werner Kovac anzulegen. Es handelt sich hierbei zunächst um eine Strafrechtsakte, da Werner Kovac vorgeworfen wird, durch Missachtung der Vorfahrt eine Körperverletzung der geschädigten Radfahrerin Lizzy Senftnagel fahrlässig herbeigeführt zu haben. Außerdem soll Annika Sauer die Zivilrechtsakte Werner Kovac ./. Lizzy Senftnagel anlegen, da Lizzy Senftnagel Schadenersatz für das zerstörte Fahrrad und ihren gebrochenen Arm verlangt. Da Werner Kovac Berufskraftfahrer ist und ihm nach dem Unfall der Führerschein entzogen wurde, erhielt er eine Kündigung durch seinen Arbeitgeber, die Revik KG. Hierfür soll Annika Sauer eine arbeitsrechtliche Akte Werner Kovac ./. Revik KG anlegen.

Annika Sauer erkundigt sich bei Marion Webermann, warum sie drei unterschiedliche Akten anlegen soll. Marion Webermann erklärt, dass die Verfahren nicht nur vor unterschiedlichen Gerichten verhandelt werden, sondern auch unterschiedliche Interessen der Beteiligten im Raum stehen. So würde aufgrund des Unfalls nicht nur Lizzy Senftnagel ein privates Interesse an einem Ausgleich des ihr entstandenen Schadens haben. Auch der Staat habe ein öffentliches Interesse daran, mögliche Straftaten, die zu dem Unfall geführt haben, zu verfolgen.

Annika Sauer überlegt sich, aus welchem Interesse Werner Kovac sowohl zur Zahlung von Schadenersatz herangezogen als auch möglicherweise bestraft werden kann. So ganz leuchten ihr die Funktionen des Rechts nicht ein. Sie recherchiert daher weiter zum Thema „Recht".

Arbeitsaufträge:

a) Diskutieren Sie untereinander, was das Recht regeln soll, welche Funktionen das Recht übernimmt und warum überhaupt eine Rechtsordnung nötig ist. Listen Sie Ihre Ideen an der Metaplanwand auf.

b) Beschreiben Sie kurz, was Sie unter dem Begriff „Rechtsquelle" verstehen und nennen Sie dabei die drei Quellen.

c) Informieren Sie sich, wodurch sich privates und öffentliches Recht unterscheiden.

d) Ordnen Sie die drei Akten des Mandanten Werner Kovac jeweils dem privaten oder öffentlichen Recht zu und begründen Sie schriftlich Ihre Lösung.

e) Stellen Sie tabellarisch mit jeweils einem Beispiel die weiteren Unterteilungen des Rechts dar.

f) Recherchieren Sie im Internet, seit wann es in Deutschland die Gewaltenteilung gibt.

g) Diskutieren Sie in der Klasse, welche Bedeutung die Gewaltenteilung hat, und erstellen Sie eine gemeinsame Mindmap zur Einteilung der Gewalten nebst Organen sowie zum Zweck dieser Einteilung.

h) Reflektieren Sie anschließend Ihr Wissen.

1.1 Recht

Für den Begriff „Recht" gibt es keine allgemeingültige Definition. In Bezug auf den Begriff „Recht" kann jedoch festgehalten werden, dass das Recht vereinbart werden muss und einen Anspruch und/oder Verhaltensvorschriften beschreibt. Wird das Recht nicht eingehalten, droht eine Strafe.

Was ist Recht?

Das Recht regelt die Beziehungen der Menschen untereinander in der staatlichen Gemeinschaft, indem beispielsweise Rechte und Pflichten aber auch Freiheiten und Grenzen festgelegt werden. Dadurch wird ein geordnetes und friedliches Zusammenleben der Menschen gesichert.

Auch Religion, Bräuche, Sitte und Moral regeln teilweise die Beziehungen der Menschen innerhalb der Gemeinschaft:

- **Religion** ist nach Gustav Mensching (evan-
  gelischer Theologe, 1901–1978) eine erleb-
  nishafte Begegnung mit dem Heiligen und
  das antwortende Handeln des vom Heiligen bestimmten Menschen.

▶ Beispiel: Handeln eines Christen in Einklang mit den zehn Geboten

- **Bräuche** sind ein Ausdruck von Traditio-
  nen, die sich durch immer wiederkehrende Wiederholung manifestiert haben.
  Sie festigen den Erhalt der gesellschaftlichen Gruppen und verfestigen den inneren Zusammenhang.

▶ Beispiel: Auf einem Viehmarkt kann ein Kaufvertrag durch einen „Handschlag" zustande
kommen.

- Durch die **Sitte** wird das äußere Verhalten der Menschen zueinander bestimmt. Die Verletzung führt zur Missachtung und falsches Benehmen kann zur gesellschaftlichen Missbilli-
  gung bis hin zum Ausschluss führen.

▶ Beispiel: Hilfsbereitschaft gegenüber Alten und Kranken

- Die **Moral** spiegelt die innere Einstellung einer Person in Bezug auf die Richtigkeit und Ver-
  werflichkeit bestimmten Verhaltens wieder. Moral und Recht stehen dabei in besonderem
  Verhältnis zueinander. In vielerlei Hinsicht stimmen Recht und Moral überein.

▶ Beispiel: Heute sieht die Gesellschaft die Tötung eines Menschen als moralisch verwerfbar
an. Im Mittelalter jedoch, zu Zeiten der Hexenverbrennungen, herrschten andere Moralvor-
stellungen und das Töten einer „Hexe" galt mehr als gesellschaftliches Spektakel als ein
moralisch verwerflicher Akt.

Zu den Besonderheiten von Sitte, Moral und Bräuchen gehört, dass diese sich mit der Weiterentwicklung der Menschen verändern. Jede Ära hatte ihre eigenen Vorstellungen, Ausprägun-
gen und Wertigkeiten, die sich im Lauf der Zeit entwickeln und auch heute noch weiterentwickeln
werden. Grundgedanke dabei ist aber immer die Regelung der Beziehungen innerhalb einer
gesunden und funktionierenden Gesellschaft.

Welche Funktionen hat das Recht in unserer heutigen Gesellschaft?

Recht			
Ordnungsfunktion	**Sicherheitsfunktion (= Schutzfunktion)**	**Ausgleichsfunktion (= Gerechtigkeitsfunktion)**	**Herrschafts- sicherung**
Die wohl wichtigste Funktion ist die Ordnungsfunktion. Dabei soll der innere Frieden gesichert werden. In der Gesellschaft gibt es unterschied- liche Auffassungen, welche unweigerlich zu Konflikten führen können. Das Recht sorgt dafür, dass diese Konflikte auf eine friedliche Weise geregelt werden. Für das geregelte Verfah- ren, ohne Durchset- zung von Selbstjustiz, gibt es z. B. Gesetze, ein geordnetes Gesetz- gebungsverfahren und eine unabhän- gige Rechtspre- chung.	Das Recht sichert weiterhin die individuelle Freiheit des einzelnen Individuums. Auch wenn es durch den Staat verschiedene Eingriffe in die Freiheit des Einzel- nen gibt, regelt dies den Schutz anderer Freiheitsrechte. Bei einer Vielzahl von Menschen ist es unmöglich, jedem ein uneingeschränk- tes Freiheitsrecht zu gewährleisten. Der Grundsatz lautet hier: „Die Freiheit des Einzelnen endet dort, wo die Freiheit eines anderen beginnt." Die Sicherheits- funktion soll dabei in zwei Richtungen wirken: • Der Schutz des Bürgers vor staatlichen Eingriffen oder Rechtsbrechungen durch den Staat. • Der Schutz des Staats vor Durch- brechungen des Rechts durch die Bürger selbst.	Neben der Sicherung des Friedens und der Freiheit greift der Staat aktiv in alle Lebensbereiche des Menschen ein. Das Recht schützt schwächere Personen und sorgt für einen Ausgleich der sozialen Gegensätze, z. B. durch Urteile, Verwal- tungsakte oder aber auch Vergleiche.	Im Gegensatz zu anderen Ländern, in denen keine demokrati- sche Grund- ordnung vorherrscht, wird in Deutschland hierdurch Sicherheit und Vertrauen für die Menschen in den Rechts- staat geschaffen. Dieses Verhältnis (Demokratie und rechts- staatliche Ordnung) soll weiterhin bestehen und auch stabili- siert werden. Dazu benötigt der Staat das Recht.

1.2 Rechtsquellen

Das Wort „Quelle" bezeichnet immer einen Ursprungsort von etwas Bestimmten. Dies wird im Zusammenhang mit Flussquellen deutlich. Die Quelle bezeichnet dabei die Stelle, an der der Fluss entspringt. Ähnlich ist es beim Recht. Unter Rechtsquellen werden alle Rechtsprechungen, Gewohnheitsrechte, Gesetze, Vorschriften, Verfassungen und Normen verstanden. Die Verfassung Deutschlands, das Grundgesetz, ist somit die Grundlage, wenn es sich z. B. um Streitigkeiten über Grundrechte handelt. Das BGB bildet z. B. die Grundlage des deutschen Privatrechts.

> **Definition:** Rechtsquellen sind Rechtsvorschriften bzw. Normen, die auf alle möglichen Sachverhalte angewandt werden können.

Die Rechtsquellen unterteilen sich:

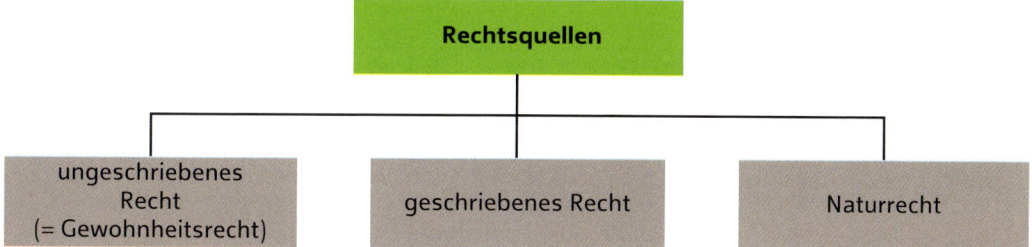

1.2.1 Ungeschriebenes Recht

Das ungeschriebene Recht wird auch als Gewohnheitsrecht bezeichnet, d. h., es ist durch lange Anwendung zur Verkehrssitte geworden und steht nicht im Widerspruch zu bestehenden Rechtsnormen.

▶ Beispiel: Durchfahrt durch fremdes Grundstück

Die Rechtsauffassung des Volks wird hierbei von Generation zu Generation überliefert. Dies erfolgte in früheren Zeiten meist mündlich und hat in der heutigen Zeit fast gar keine Relevanz mehr.

 Hinweis: Das Gewohnheitsrecht ist vom Richterrecht zu unterscheiden, bei dem geltendes Recht weitergedacht und weiterentwickelt wird, ohne dass neues Recht geschaffen wird. In letzter Zeit wird jedoch vereinzelt ein Übergang vom Richterrecht über die ständige Rechtsprechung (= ein oberstes Gericht vertritt eine Rechtsauffassung dauerhaft) hin zum Gewohnheitsrecht angenommen.

1.2.2 Geschriebenes Recht

Das geschriebene Recht folgt einer Normenhierarchie:

Europarecht

Verfassungsrecht

allgemeines Völkerrecht

Gesetzesrecht

Verordnungsrecht

Satzungen

verbindliche Einzelakte

Das **Europarecht** gilt unmittelbar in Beziehung zum Grundgesetz. Es steht über allen anderen Rechten der Bundesrepublik Deutschland (Art. 23 GG). Es ist das überstaatliche Recht und beeinflusst die hiesige Gesetzgebung, da ein neues Gesetz immer im Einklang mit bestehendem Europarecht stehen muss.

Das **Verfassungsrecht** ist das höchste schriftliche Recht. In der Bundesrepublik Deutschland ist dies das Grundgesetz (GG). Darüber hinaus haben die einzelnen Bundesländer ihre Länderverfassungen. Diese sind jedoch dem Grundgesetz unterstellt.

Die Regeln des **Allgemeinen Völkerrechts** sind Bestandteil unseres Bundesrechts und haben Vorrang vor den Gesetzen unseres Lands (Art. 25 GG).

vgl. LF 1, Kap. 2.1

Gesetze sind allgemeingültige Regeln und Vorschriften, die durch Gesetzgebungsorgane, also dem Bundestag und Bundesrat auf Bundesebene und den Landtagen auf Landesebene, erlassen wurden. Sie sind der Verfassung unterstellt. Es gibt Bundes- und Landesgesetze, wobei die Bundesgesetze den Gesetzen der Länder vorgehen.

Merke: „Bundesrecht bricht Landesrecht."

Rechtsverordnungen sind allgemeinverbindliche Anordnungen, die von Organen der vollzie-

 <a href="#">vgl. LF 1, Kap. 2.2</a>
henden Gewalt aufgrund einer ausdrücklichen Ermächtigungsgrundlage, erlassen werden,
z. B. Bauverordnungen.

Satzungen sind Normen, die von Verwaltungsträgern, wie z. B. der Gemeinde, erlassen wurden. Dazu zählt beispielsweise der Bebauungsplan einer Gemeinde oder die Müllsatzung.

Verbindliche Einzelakte sind Urteile, Beschlüsse, Verwaltungsakte (= Entscheidungen oder Verfügungen von Behörden, z. B. Gewerbesteuerbescheid) und Verwaltungsverträge (= Vertrag zwischen Behörde und Privatperson, z. B. Gemeinde kümmert sich um die Müllentsorgung, oder zwischen Trägern öffentlicher Verwaltung, z. B. Gründungsvertrag eines Zweckverbands zwischen zwei Gemeinden).

1.2.3 Naturrecht

Das Naturrecht folgt den Gerechtigkeitsprinzipien, welche in der Natur des einzelnen Menschen begründet sind. Es soll sozusagen das „Recht des Stärkeren" gelten. Dies gilt in der heutigen Rechtsordnung nicht mehr. Das Naturrecht bildet aber eine sog. Argumentationsgrundlage für bestimmte Rechtsgebiete und Rechtsnormen, wie die Menschenrechte oder die Völkerrechte.

So ist in Art. 1 GG die Menschenwürde fest normiert. Sie ist eines der wichtigsten Grundrechte in der Bundesrepublik Deutschland.

> **Art. 1**
>
> (1) Die Würde des Menschen ist unantastbar. Sie zu achten und zu schützen ist Verpflichtung aller staatlichen Gewalt. [...]

Auch in der Präambel der Europäischen Menschenrechtskonvention ist die Menschenwürde als unteilbarer und universeller Wert normiert.

1.3 Einteilung des Rechts

Das Recht und die damit verbundenen Rechte lassen sich nach verschiedenen Aspekten unterteilen. Das ist wichtig, weil für jedes Handeln, z. B. durch eine Behörde, eine Ermächtigungsgrundlage Voraussetzung ist. Dies bedeutet, dass immer eine Grundlage benötigt wird, die entweder einen Anspruch oder eine Berechtigung gibt, etwas zu tun, zu dulden, zu unterlassen oder von einem anderen etwas zu verlangen.

Mit dieser Einteilung soll eine strikte Grundlage dafür geschaffen werden, wer Rechte in Anspruch nehmen darf, gegen sich gelten lassen muss, und dabei erkennen kann, auf welcher gesetzlichen Grundlage das Recht ggf. auch durchzusetzen ist.

1.3.1 Objektives und subjektives Recht

vgl.
LF 1,
Kap. 1.2

Zum **objektiven Recht** zählen Normen oder Regeln, die für alle gleichermaßen zu beachten sind. In unserem Rechtssystem ist es das geltende Recht, also die Rechtsordnung. Die Rechtsordnung ist dabei die Summe aller geltenden Rechtsnormen und umfasst das geschriebene und das ungeschriebene Recht.	Das **subjektive Recht** ist die Berechtigung eines Rechtssubjekts (natürliche Person, § 13 BGB; juristische Person, § 14 BGB), etwas zu tun, zu dulden, zu unterlassen oder von einem anderen etwas zu verlangen, was sich entweder unmittelbar aus dem objektiven Recht (Rechtsnormen und Rechtsordnung) ergibt oder eine Ermächtigungsgrundlage darstellt.

▶ Beispiel: Die Auszubildende Anna Meier kauft sich ein Fahrrad für den Arbeitsweg in die Kanzlei und in die Berufsschule, um sich die teuren Kosten der Straßenbahn zu sparen. Sie schließt einen Kaufvertrag nach § 433 Abs. 1 BGB ab und zahlt an den Verkäufer einen Betrag von 500,00 €. Das BGB enthält die Regelungen zum Kaufvertrag (= objektives Recht). Aus dem BGB ergibt sich das subjektive Recht, dass also Anna Meier einen Anspruch auf Übergabe des Fahrrads nach vollständiger Kaufpreisbezahlung hat und der Verkäufer ihr dieses nach Erhalt des Kaufpreises übereignen muss.

vgl.
LF 4,
Kap. 1.1

 Merke: Die vier W's **WER verlangt WAS, von WEM, WORAUS?** erleichtern es, einzelne Komponenten nicht zu vergessen oder zu übersehen.

1.3.2 Privatrecht und öffentliches Recht

Die Rechtsordnung unterscheidet auch zwischen Privatrecht und öffentlichem Recht. Dabei sieht das Privatrecht, im Gegensatz zum öffentlichen Recht, eine **Privatautonomie** des Einzelnen vor.

Definition: Privatautonomie bezeichnet die Befugnis des Einzelnen, im Rahmen der Rechtsordnung eigenverantwortlich rechtsverbindliche Regelungen zu treffen.

Erscheinungsformen der Privatautonomie sind die Vertragsfreiheit, die Vereinigungsfreiheit, die Eigentumsfreiheit und die Testierfreiheit. Die wohl wichtigste Aussage ist dabei die Vertragsfreiheit die, vereinfacht ausgedrückt, bedeutet, dass jeder mit jedem einen Vertrag mit dem gewünschten Inhalt schließen kann. Aber auch die Freiheit, Verträge nicht schließen zu wollen, wird durch diesen Grundsatz festgelegt.

Im Einzelnen ist zum Privatrecht und öffentlichen Recht Folgendes auszuführen:

Das **Privatrecht** regelt die Beziehungen zwischen gleichberechtigten Personen (Bürger-Bürger-Verhältnis). Dieses Rechtsverhältnis entsteht hierbei freiwillig. Dabei wird das Privatrecht in das allgemeine Privatrecht und das Sonderprivatrecht unterteilt.

Das allgemeine Privatrecht, auch Bürgerliches Recht genannt, legt grundlegende Regeln über die Personen, Sachen und Schuldverhältnisse fest. Während das Sonderprivatrecht z. B. ausführlich das Handelsrecht und das Arbeitsrecht regelt und dabei die Normen des allgemeinen Privatrechts verdrängt nach dem Grundsatz: **„Besonderheit vor Allgemein“**.

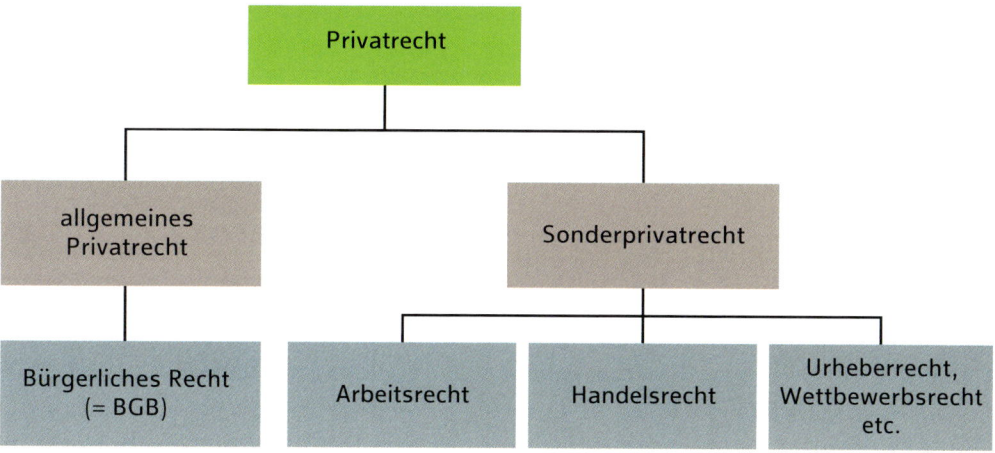

Das **öffentliche Recht** regelt die Rechtsbeziehungen zwischen Hoheitsträgern und Rechtsunterworfenen (Staat-Bürger-Verhältnis). Es umfasst die Bereiche, die die Organisationsform des Staats betreffen.

▶ Beispiele: Berufsschulpflicht, BAföG-Zahlungen, Entscheidungen des Bundesverfassungsgerichts

Auch Ordnungswidrigkeiten oder das Dienstverhältnis von Beamten, z.B. Polizei, fallen darunter, ebenso Klagen, die sich gegen bestimmte Gesetze oder Vorschriften richten.

Das wohl wichtigste Gesetz ist das Grundgesetz, welches die Verfassung der Bundesrepublik Deutschland festlegt. Es enthält alle Grundrechte, die in Art. 1–19 GG festgeschrieben sind. Auch Regelungen, wie ein Gesetz entsteht und welche Staatsorgane an der Politik mitwirken, finden hier ihre Befugnisse aber auch Einschränkungen.

 Merke: Im Gegensatz zum Privatrecht ist beim öffentlichen Recht ein Über- und Unterordnungsverhältnis ausschlaggebend. Dies bedeutet, dass die Interessen der einzelnen Bürgerin und des einzelnen Bürgers hinter den Interessen des Staats stehen.

 Hinweis: Das Über- und Unterordnungsverhältnis ist jedoch **nicht** mehr gegeben, wenn der Staat als Privatmann auftritt, also keine hoheitlichen Aufgaben wahrnimmt. Dies ist z.B. dann der Fall, wenn die Handlung einer Behörde auf den Grundlagen des BGB beruht (z.B. Einkauf von Schreib- und Büromaterial). Dann gilt das allgemeine Privatrecht.

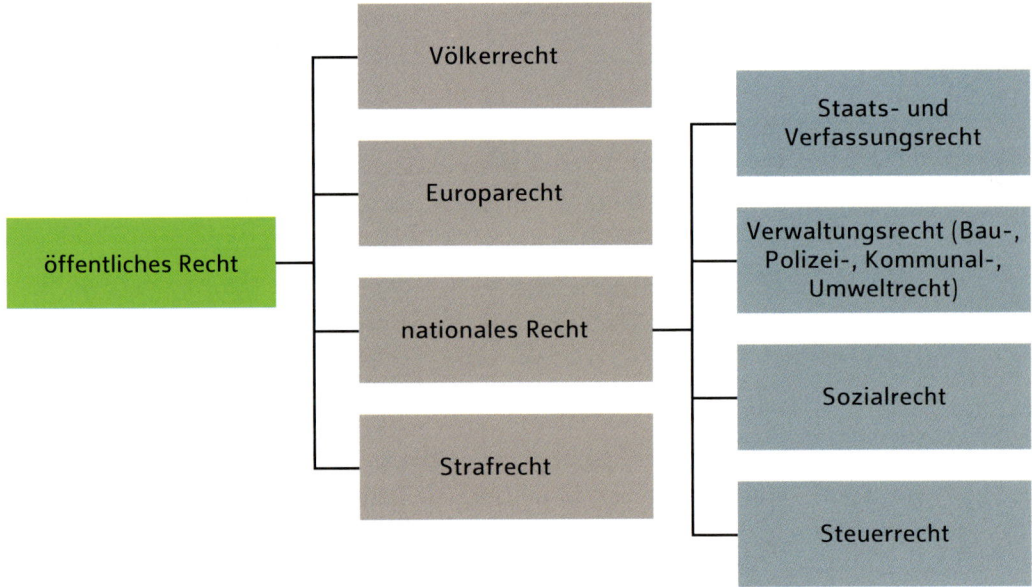

1.3.3 Materielles und formelles Recht

Alle Gesetzesbestimmungen lassen sich in materielles oder formelles Recht einteilen:

Das **materielle Recht** umfasst diejenigen Rechtsnormen, die eine inhaltliche Aussage über das geltende Recht treffen, d. h., bei der Anwendung stellt sich die Frage „Wo findet sich die entsprechende Vorschrift?". Es begründet das Entstehen von Rechtsverhältnissen, regelt den Erwerb von Rechten und die darauf entstehenden Pflichten.	Das **formelle Recht** beinhaltet verfahrensrechtliche Regelungen zur Durchführung und Durchsetzung der Ansprüche, die sich aus dem materiellen Recht ergeben, d. h., wie wird das, was „Recht" ist, durchgesetzt. Es deckt sich demnach mit dem Verfahrensrecht. Dazu gehören das Strafprozessrecht, das Zivilprozessrecht und das Verwaltungsprozessrecht.
▶ Beispiel: Der Verkäufer Anton Maier verkauft ein von ihm gestohlenes Fahrrad an den minderjährigen Emil Heinemann. Der Verkauf und der Erwerb sind im BGB geregelt (§§ 104 ff., 433 ff. BGB). Der Verkauf von gestohlenen Sachen gilt als Hehlerei (§ 259 StGB) und als Betrug (§ 263 StGB).	▶ Beispiel: Sollte der Verkäufer Anton Maier also von der Staatsanwaltschaft angezeigt werden, regelt die StPO, vor welchem Gericht die Anklage erfolgen wird, z. B. Amtsgericht. Auf zivilrechtlicher Ebene, für einen eventuellen Schadenersatzanspruch, wird die ZPO herangezogen.

1.3.4 Zwingendes und dispositives Recht

Weiterhin kann das Recht in zwingendes (= nicht veränderbares, starres) und dispositives (= nachgiebiges, veränderbares) Recht unterteilt werden:

Das **zwingende Recht** ist nicht veränderbar. Dies bedeutet, dass von den gesetzlichen Normen nicht abgewichen werden kann. Das zwingende Recht stellt also eine **Muss-Vorschrift** dar. Eine Nichtbeachtung führt eventuell zur Unwirksamkeit des Vertrags.	Das **dispositive Recht** wird auch als nachgiebiges Recht bezeichnet. Dies bedeutet, dass von gesetzlichen Normen abgewichen werden kann. Das dispositive Recht stellt also eine **Kann-Vorschrift** dar.
▶ Beispiel: Der Kaufvertrag über ein Grundstück muss nach § 311 b Abs. 1 BGB notariell beurkundet werden.	▶ Beispiel: Nach § 271 Abs. 1 BGB wird die Leistungszeit, also z. B. der Zeitpunkt für die Zahlung des Kaufpreises, erst dann gesetzlich festgelegt, wenn nicht die Parteien einen anderen Zeitpunkt vereinbart haben.
	Dieses ergibt sich aus der Privatautonomie, welche im Privatrecht gilt.

vgl. LF 1, Kap. 1.3.2

1.4 Gewaltenteilung

Das Grundgesetz ist das höchste schriftliche Recht in Deutschland und gilt als Verfassung der Bundesrepublik Deutschland.

Neben den Grundrechten der Art. 1–19 GG wird in Art. 20 GG die Gewaltenteilung Deutschlands festgeschrieben. Dieser Artikel wird als „Demokratieartikel" bezeichnet.

Die wohl wichtigste Aussage für die Gewaltenteilung in der Bundesrepublik Deutschland trifft Art. 20 Abs. 2 GG: „Alle Staatsgewalt geht vom Volke aus." Weiter heißt es, dass diese „durch besondere Organe der Gesetzgebung, der vollziehenden Gewalt und der Rechtsprechung" ausgeübt wird.

Demnach lässt sich die staatliche Gewalt in mehrere Gewalten einteilen. Sinn und Zweck der Einteilung ist die gegenseitige Kontrolle der einzelnen Mächte sowie deren Eingrenzung.

Die Gewaltenteilung lässt sich wie folgt darstellen:

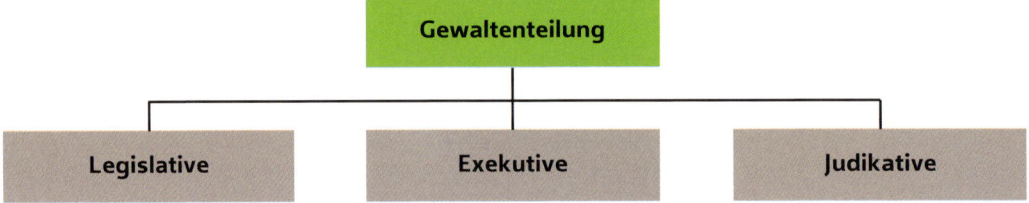

1.4.1 Legislative

Als legislative Gewalt wird die gesetzgebende Gewalt verstanden, abgeleitet von den lateinischen Begriffen „lex" für „Gesetz" und „ferre" für „tragen".

Sie ist für die Beratung und Verabschiedung von Gesetzen zuständig. Weiterhin kontrolliert die Legislative die Exekutive und die Judikative.

Organe der Legislative

Der **Bundestag (auch Parlament genannt)** ist das höchste Verfassungsorgan der Bundesrepublik Deutschland und das einzige Staatsorgan, das direkt vom Volk gewählt wird. Nur der Bundestag kann neben dem Bundesrat (= Organ des Bunds zur Mitwirkung der Bundesländer) auf Bundesebene Gesetze erlassen, die für alle Bürger in Deutschland verbindlich sind.

▶ Beispiele: Bundeselterngeld- und Elternzeitgesetz (BEEG), Jugendarbeitsschutzgesetz (JArbSchG)

Auf Landesebene werden die Gesetze vom Landtag erlassen. Diese gelten dann nur für das jeweilige Bundesland.

▶ Beispiele:
  • Feuerwehr- und Hilfsorganisationen-Ehrenzeichengesetz (FwHOEzG) im Freistaat Bayern
  • Ausführungsgesetz zum Berufsbildungsgesetz (AG-BBiG) in Schleswig-Holstein

Begriff „Gesetz"

Der Begriff „Gesetz" wird im doppelten Sinn verstanden:
  • Das Gesetz im **materiellen Sinn** ist jede Rechtsnorm, d. h., jede hoheitliche Anordnung, die für eine unbestimmte Vielzahl von Personen allgemein verbindliche Regelungen enthält. Nach der Wortherkunft wird es als etwas „Gesetztes, Festgehaltenes" verstanden.

  ▶ Beispiel: Vom Bundes- oder Landtag erlassene Gesetze, wie beispielsweise die Straßenverkehrsordnung (StVO), die vom Bundesverkehrsministerium auf Grundlage des Straßenverkehrsgesetzes (StVG) erlassen wurde.

  • Im **formellen Sinn** ist mit dem Gesetz ein Beschluss der Gesetzgebungsorgane (Bundestag, Bundesrat) zu verstehen, der nach den verfassungsmäßig vorgesehenen förmlichen Gesetzgebungsverfahren zustande gekommen ist. Formelle Gesetze werden auch als Parlamentsgesetze bezeichnet.

  ▶ Beispiel: Bürgerliches Gesetzbuch

Entstehung von Gesetzen

Auf Bundesebene entstehen die einzelnen Gesetze wie folgt:

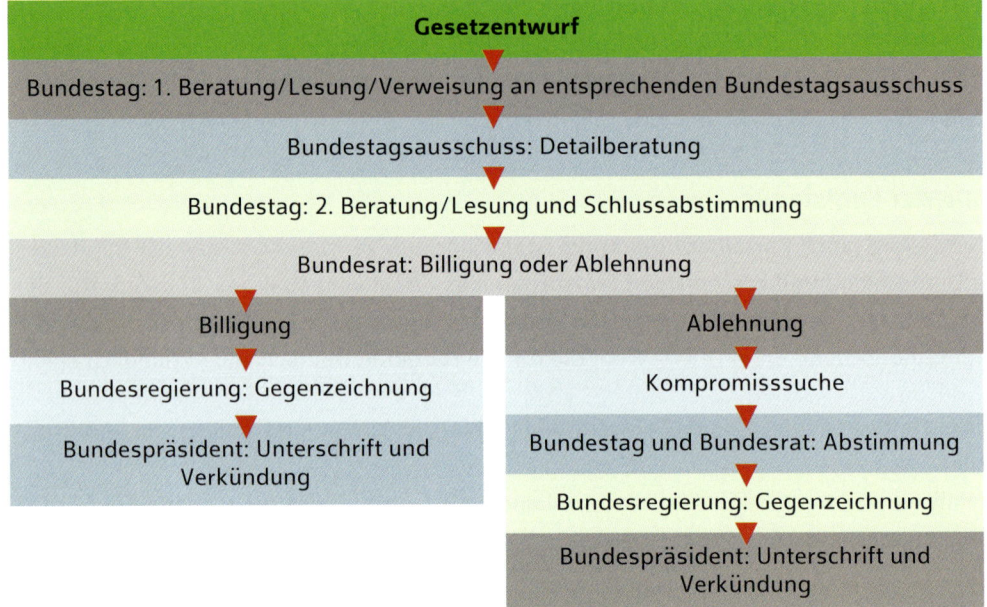

 Hinweis: In Deutschland existieren übrigens über 2 000 Bundesgesetze mit mehr als 40 000 Paragrafen. Hinzu kommen noch die Gesetze der einzelnen Bundesländer.

1.4.2 Exekutive

Die **exekutive** Gewalt ist die ausführende (= vollziehende) Gewalt, abgeleitet von dem lateinischen Begriff „exsequi" für „ausführen".

Die Exekutive umfasst die Regierung und die öffentliche Verwaltung, denen in erster Linie die Ausführung der Gesetze anvertraut ist.

Besonderheit

Die Exekutive kann, wenn sie in den betreffenden Gesetzen von der Legislative dazu ermächtigt wurde, normsetzende Befugnisse wahrnehmen, indem sie Rechtsverordnungen erlässt. Die Rechtsverordnungen besitzen jedoch keinen Gesetzesstatus, sondern werden von bestehenden Gesetzen abgeleitet.

Diese Befugnis der Exekutive stellt eine Besonderheit dar, denn hierdurch wird der Grundsatz der Gewaltenteilung durchbrochen!

Organe der Exekutive

Zu den Organen der Exekutive zählen neben der Bundesregierung (auf Bundesebene) und der Landesregierung (auf Landesebene) alle verwaltungstätigen Behörden des Bunds, der Länder und der Kommunen, also z. B.:

- Staatsanwaltschaft
- Polizei
- Zoll
- Justizvollzugsanstalt
- Finanzamt
- Landratsamt
- Stadt- und Gemeindeverwaltungen

Die Verwaltungsbehörden erlassen verbindliche Einzelakte, wie z. B. Beschlüsse oder Verwaltungsakte.

▶ Beispiele: Bußgeldbescheid, Einkommensteuerbescheid, Beschluss über die Erhöhung der Grundsteuer

1.4.3 Judikative

Die **Judikative**, also die rechtsprechende Gewalt, wird von dem lateinischen Begriff „judicare" (= „Recht sprechen") abgeleitet. Sie wird auch als „richterliche" Gewalt bezeichnet.

Die Judikative regelt die Folgen von Verstößen gegen Rechtsnormen.

Organe der Judikative

Zu den Organen der Judikative gehören neben dem **Bundesverfassungsgericht** mit Sitz in Karlsruhe auch alle anderen Bundes- und Landesgerichte, die unterteilt werden in die ordentliche und die besondere Gerichtsbarkeit.

vgl. LF 1, Kap. 3.3 und 3.4

Die Richter sind dabei bei ihren Entscheidungen unabhängig.

vgl. LF 1, Kap. 2.2.1

1.5 Europäische Gewaltenteilung

Die Strukturen der Europäischen Union sind mit denen in der BRD vergleichbar, jedoch um einiges umfangreicher. Anstatt einer Drei-Gewaltenteilung wird in der EU ein dynamisches Mehrebenensystem durchgeführt.

Die Europäische Union wird durch den Vertrag von Lissabon in Organe und sonstige EU-Institutionen aufgeteilt.

1.5.1 Organe der EU

Die EU besitzt nach dem Vertrag von Lissabon eine eigene Rechtspersönlichkeit. Sie ist damit rechtsfähig und besitzt Rechte und Pflichten. Jedoch kann die EU nicht selbst rechtlich handlungsfähig sein, sondern benötigt hierzu natürliche Personen, die in den jeweiligen Organen der EU arbeiten.

Art. 13 I EUV listet dabei sieben Organe der EU auf, die rechtlich gesehen alle gleichrangig sind, d. h., kein Organ ist einem anderen Organ übergeordnet. Dazu zählen:

• das Europäische Parlament
• der Rat der Europäischen Union
• die Europäische Kommission
• der Europäische Gerichtshof
• die Europäische Zentralbank
• der Europäische Rechnungshof
• der Europäische Rat

Alle Organe haben dabei folgende zentrale Aufgaben und Funktionen:

• politische Leitung und politische Planung
• Rechtsetzung/Gesetzgebung/Rechtsprechung
• Finanz- und Haushaltsplanung
• Verwaltung und Kontrolle
• Besetzung von Organen
• Vertretung der EU

Dabei sollen sich alle Organe gegenseitig maßregeln, um somit die Gewaltenteilung sicherzustellen.

Das Europäische Parlament (EP)

Das Europäische Parlament ist die Vertretung von ca. 494 Mio. Menschen und hat seinen Hauptsitz in Straßburg. Es ist mit dem Rat der EU als Gesetzgeber tätig und wird alle fünf Jahre direkt durch die Europawahl gewählt, d. h., jeder Bürger der EU entscheidet direkt mit.

Das Europäische Parlament kann die Kommission auffordern, Gesetzesvorlagen innerhalb von zwölf Monaten vorzulegen. Dabei kann das Europäische Parlament angehört werden und bei einigen Rechtsakten muss dieses auch ausdrücklich zustimmen. Zusammen mit dem Rat der EU bestimmt und kontrolliert es weiterhin auch den Haushalt der EU.

Der Rat der Europäischen Union

Der Rat der Europäischen Union setzt sich aus Vertretern der Mitgliedsstaaten auf Ministere-bene zusammen. Er wird auch umgangssprachlich als Ministerrat bezeichnet. Dabei wird der Rat immer thematisch zusammengesetzt. Angenommen es sollen auf einer Tagung Umwelt-fragen diskutiert werden, dann werden auch die Umweltminister hierzu befragt.

Der Rat der EU erlässt zusammen mit dem Europäischen Parlament Rechtsakte und über-nimmt damit die legislative Gewalt. Seinen Sitz hat der Rat der Europäischen Union in Brüssel.

Die Europäische Kommission

Die Kommission setzt sich aus derzeit (01.01.2023) 27 Mitgliedern zusammen, welche jeweils von einem Mitgliedsstaat der EU stammen. Der Hauptsitz befindet sich in Brüssel und in jedem Mitgliedsstaat ist noch eine Vertretung angesiedelt. Die Kommission wird für fünf Jahre benannt.

Die Kommission erfüllt die Aufgaben der Exekutive, da sie das gesetzgebende Organ darstellt und für die Umsetzung der Beschlüsse vom Ministerrat und dem Europäischen Parlament zuständig ist. Außerdem hat die Kommission auch das Initiativrecht und schlägt daher Rechts-vorschriften, politische Maßnahmen und Programme vor.

Der Europäische Gerichtshof (EuGH)

Der Europäische Gerichtshof hat seinen Sitz in Luxemburg und ist das oberste Rechtspre-chungsorgan der EU. Damit ist er für die Einhaltung des EU-Rechts in allen Mitgliedsstaaten zuständig.

Der EuGH ist derzeit (01.01.2023) mit 54 Richtern besetzt, sodass aus jedem Mitgliedsstaat zwei Richter kommen. Der EuGH gliedert sich in zwei Gerichte auf, in den Gerichtshof und das Gericht. Er repräsentiert daher die judikative Gewalt in der EU.

Die Europäische Zentralbank (EZB)

Der Sitz der Europäischen Zentralbank befindet sich in Frankfurt am Main. Über 2 500 Mitar-beiterinnen und Mitarbeiter aus ganz Europa werden dort beschäftigt. Das Ziel der EZB ist die Gewährleistung der Preisstabilität im Eurosystem, welche durch die entsprechenden Auf-sichtsmechanismen geschaffen werden soll.

Der Europäische Rechnungshof (EuRH)

Der Europäische Rechnungshof hat seinen Sitz in Luxemburg und ist für die Rechnungsprü-fung zuständig. Damit prüft er alle Einnahmen und Ausgaben der Europäischen Union. Die entsprechenden Berichte werden zweimal monatlich mit den Mitgliedern ausgewertet. Eine Verhinderung der Verschwendung von Geldern ist dabei das primäre Ziel.

Pro Mitgliedsstaat ist jeweils eine Person dieses Staats, die besondere Eignung auf dem Gebiet der Rechnungsprüfung nachweisen kann, durch den Rat der EU ernannt.

Der Europäische Rat

Der Europäische Rat tagt zum sog. EU-Gipfel zweimal halbjährlich in Brüssel. Dabei setzt er sich aus den Staats- und Regierungschefs der Mitgliedsstaaten, sowie dem Präsidenten des Europäischen Rats und dem Präsidenten der Europäischen Kommission zusammen.

Der Europäische Rat fungiert als politisches Leitorgan der EU und bestimmt ihre politischen Leitlinien.

1.5.2 Institutionen der EU

Die Institutionen sind organübergreifende, beratende Ausschüsse der EU. Hierzu zählen beispielsweise der Wirtschafts- und Sozialausschuss (EWSA), der Europäische Ausschuss der Regionen (AdR), der Europäische Auswärtige Dienst (EAD), die Europäische Investitionsbank (EIB), der Europäische Investitionsfond (EIF), der Europäische Bürgerbeauftragte, der Europäische Datenschutzbeauftragte (EDSB).

1.6 Richtiges Zitieren von Gesetzen

Gesetzessammlungen sind in der Regel so aufgebaut, dass nach dem Inhalts- und Abkürzungsverzeichnis die Rechtsnormen, also die Paragrafen bzw. Artikel (ggf. gegliedert in „Bücher", z. B. im BGB oder in der ZPO), stehen. Am Ende folgt noch das Sachverzeichnis (= Stichwortverzeichnis).

Ein solcher Aufbau ist wichtig, um schnell den benötigten Paragrafen oder Artikel zu finden. Die Suche über das Inhaltsverzeichnis bietet sich an, wenn bekannt ist, zu welchem Themengebiet die gesuchte Rechtsnorm gehört. Ansonsten ist die Suche über das Sachverzeichnis am praktikabelsten. Dort befindet sich beim gesuchten Wort der Hinweis auf den Paragrafen oder Artikel.

Weiterhin ist es sehr wichtig, Fundstellen in Gesetzen, in Fachliteratur und Gesetzeskommentaren sowie in juristischen Zeitschriften richtig zu zitieren, damit diese genau unterschieden und zugeordnet werden können.

1.6.1 Zitieren von Fundstellen in Gesetzen

Der Gesetzgeber hat sich für eine numerisch gegliederte Einteilung der Gesetze entschieden, die mit Paragrafen oder Artikeln versehen werden.

Jede Rechtsnorm beginnt mit dem Paragrafzeichen bzw. mit der Abkürzung „Art." für „Artikel" und ggf. der genauen Bezeichnung der Vorschrift. Es folgen die Angaben von Absatz (Abs.), Satz (S.), Nummer (Nr.), Halbsatz (Hs.) und Alternative (Alt.). Am Ende steht noch die Bezeichnung des entsprechenden Gesetzes, denn ansonsten ist nicht ersichtlich, auf welchen Paragrafen bzw. Artikel Bezug genommen wird.

▶ Beispiele:

Paragraf aus dem Bürgerlichen Gesetzbuch:

§ 433 Vertragstypische Pflichten beim Kaufvertrag
(1) Durch den Kaufvertrag wird der Verkäufer einer Sache verpflichtet, dem Käufer die Sache zu übergeben und das Eigentum an der Sache zu verschaffen. Der Verkäufer hat dem Käufer die Sache frei von Sach- und Rechtsmängeln zu verschaffen.
(2) ...

Artikel aus dem Grundgesetz:

Art. 1
(1) Die Würde des Menschen ist unantastbar. Sie zu achten und zu schützen ist Verpflichtung aller staatlichen Gewalt.
(2) ...
(3) ...

Absatz	§ 433 Abs. 1 BGB	Art. 1 Abs. 1 GG
Satz	§ 433 Abs. 1 S. 2 BGB	Art. 1 Abs. 1 S. 2 GG

Paragraf aus dem Bürgerlichen Gesetzbuch:

§ 346 Wirkungen des Rücktritts

(1) Hat sich eine Vertragspartei vertraglich den Rücktritt vorbehalten oder steht ihr ein gesetzliches Rücktrittsrecht zu, so sind im Falle des Rücktritts die empfangenen Leistungen zurückzugewähren und die gezogenen Nutzungen herauszugeben.

(2) Statt der Rückgewähr oder Herausgabe hat der Schuldner Wertersatz zu leisten, soweit
1. die Rückgewähr oder die Herausgabe nach der Natur des Erlangten ausgeschlossen ist,
2. er den empfangenen Gegenstand verbraucht, veräußert, belastet, verarbeitet oder umgestaltet hat,
3. ...
Ist im Vertrag eine Gegenleistung bestimmt, ist sie bei der Berechnung des Wertersatzes zugrunde zu legen; ist Wertersatz für den Gebrauchsvorteil eines Darlehens zu leisten, kann nachgewiesen werden, dass der Wert des Gebrauchsvorteils niedriger war.

(3) ...
(4) ...

Nummer	§ 346 Abs. 2 S. 1 Nr. 1 BGB
Halbsatz	§ 346 Abs. 2 S. 2 1. Hs. BGB

Paragraf aus dem Bürgerlichen Gesetzbuch:

§ 167 Erteilung der Vollmacht

(1) Die Erteilung der Vollmacht erfolgt durch Erklärung gegenüber dem zu Bevollmächtigenden oder dem Dritten, dem gegenüber die Vertretung stattfinden soll.

(2) ...

Alternative	§ 167 Abs. 1 2. Alt. BGB

Paragraf aus dem Bürgerlichen Gesetzbuch:

§ 1179 a Löschungsanspruch bei fremden Rechten

(1) Der Gläubiger einer Hypothek kann von dem Eigentümer verlangen, dass dieser eine vorrangige oder gleichrangige Hypothek löschen lässt, wenn sie im Zeitpunkt der Eintragung der Hypothek des Gläubigers mit dem Eigentum in einer Person vereinigt ist oder eine solche Vereinigung später eintritt. ...

(2) ...
(3) ...
(4) ...
(5) ...

§ 1179 a Abs. 1 S. 1 BGB

Hinweis: Bei der Zitierung kann die Bezeichnung des Absatzes auch durch die entsprechende römische Zahl ausgetauscht werden, die Bezeichnung des Satzes durch die entsprechende arabische Zahl, z. B. § 433 I 2 BGB.

Werden **mehrere Rechtsnormen** zitiert (= sog. Paragrafenkette), gilt Folgendes:

- Zu Beginn der Zitierung stehen zwei Paragrafen-Zeichen bzw. die Abkürzung „Art.".
- Sofern die zitierten Paragrafen/Artikel direkt nacheinander im Gesetz stehen, folgen die Abkürzungen „f." bzw. „ff.".
- Sofern die Reichweite der zitierten Paragrafen/Artikel eingegrenzt werden soll, ist der Langstrich zwischen den Paragrafen- bzw. Artikelangaben zu setzen.
- Wenn mehrere Paragrafen/Artikel, die nicht direkt aufeinanderfolgen bzw. in verschiedenen Gesetzen geregelt sind, genannt werden, sind die Angaben durch die Setzung eines Kommas zu trennen.
- Sofern Paragrafen/Artikel verknüpft werden sollen, ist zwischen den Angaben die Abkürzung „i. V. m." (= „in Verbindung mit") zu schreiben.

▶ Beispiele:

§§ 328 ff. BGB	Die Zitierung umfasst alle Paragrafen von § 328 BGB bis § 335 BGB, denn bei § 335 BGB endet „Titel 3 Versprechen der Leistung an einen Dritten"
§§ 328 f. BGB	Die Zitierung umfasst den § 328 BGB sowie den nachfolgenden § 329 BGB.
§§ 328–330 BGB	Die Zitierung umfasst die Paragrafen § 328 BGB, § 329 BGB und § 330 BGB.
§§ 177, 184 BGB	Die Zitierung umfasst die Paragrafen § 177 BGB und § 184 BGB.
§ 823 BGB, § 185 StGB	Die Zitierung umfasst die Paragrafen § 823 BGB und § 185 StGB.
Art. 1 Abs. 1 GG i. V. m. Art. 2 Abs. 1 GG	Aus dieser Verknüpfung wird das allgemeine Persönlichkeitsrecht hergeleitet.

 Hinweis: Laut DIN 5008 ist bei der Schreibweise von gesetzlichen Vorschriften darauf zu achten, dass die einzelnen Bestandteile, die durch Leerzeichen voneinander abgetrennt sind, bei einem Zeilenumbruch nicht getrennt werden dürfen. Hier ist ein geschütztes Leerzeichen (Strg + Shift + Leertaste) zu setzen.

1.6.2 Zitieren von Fundstellen in Fachliteratur und Gesetzeskommentaren

Bei der **Zitierung von Fachliteratur** ist darauf zu achten, dass immer das vollständige Zitat angegeben wird. Dieses besteht aus

- Vor- und Nachname des Autors,
- Buchtitel,
- Auflage,

- Verlagsort,
- Erscheinungsjahr,
- Paragraf/Randnummer (Rn.)/Seitenzahl (variiert je nach Aufbau des Buchs).

▶ Beispiel: Schneider, Norbert, RVG-Praxiswissen, 2. Auflage, Baden-Baden 2014, § 9 Rn. 16

Auch für das **Zitieren von Gesetzeskommentaren** sind diese Daten anzugeben. Eine Ausnahme ist jedoch zu beachten: Der Bearbeiter des Gesetzeskommentars ist mit aufzuzählen.

▶ Beispiel: Grüneberg, Kommentar zum Bürgerlichen Gesetzbuch, bearbeitet von Jürgen Ellenberger, Dr. Isabell Götz, Dr. Christian Grüneberg u. a., 81. Auflage, München 2022, § 280 Rn. 5

Da es sich hierbei um eine sehr lange Angabe handelt, besteht die Möglichkeit einer Kurzzitation, die jedoch einheitlich sein muss. Es bietet sich hierbei folgende Zitierweise an: Herausgeber/Bearbeiter (Erscheinungsjahr), Fundstelle

▶ Beispiel: Grüneberg/Grüneberg (2022), § 280 Rn. 5

1.6.3 Zitieren von Fundstellen in Zeitschriften

Für den rechtlichen Fachbereich gibt es sehr viele Zeitschriften, z. B.:
- Neue Juristische Wochenschrift (NJW)
- Versicherungsrecht (VersR)
- Zeitschrift für Gesellschafts- und Wirtschaftsrecht (GWR)
- Bundessteuerblatt (BStBl)
- Zeitschrift für Erbrecht und Vermögensnachfolge (ZEV)
- Straßenverkehrsrecht (SVR)
- Zeitschrift für Rechtspolitik (ZRP)
- Zeitschrift für das Notariat (BWNotZ)
- Mitteilungen der Bayerischen Notarkammer (MittBayNot)
- Neue Zeitschrift für Strafrecht (NStZ)
- Neue Zeitschrift für Verwaltungsrecht (NVwZ)

In den juristischen Zeitschriften werden neben der aktuellen Rechtsprechung auch Aufsätze veröffentlicht.

Zitierung von Rechtsprechung

Bei der Zitierung ist darauf zu achten, dass
- der abgekürzte Name des Gerichts,
- der abgekürzte Name der Zeitschrift,
- das Erscheinungsjahr der Zeitschrift,
- ggf. die Heftnummer der Zeitschrift,

• die Anfangsseite und

• die Kernstelle (= die Seite, auf der die Aussage steht, die als Beleg herangezogen werden soll)

genannt werden.

▶ Beispiel:

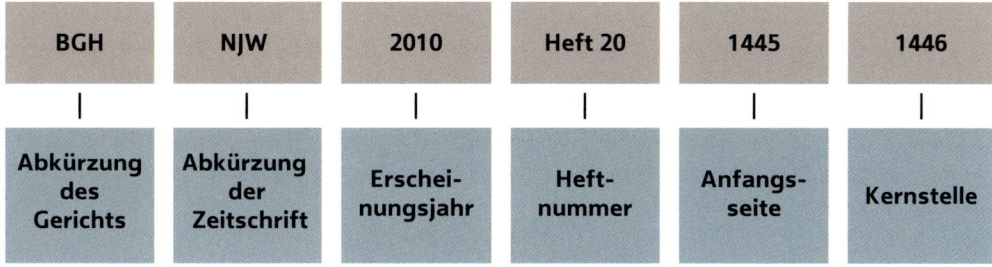

Zitierung von Aufsätzen

Bei der Zitierung von Aufsätzen sind folgende Daten anzugeben:

• Vor- und Nachname der Autorin bzw. des Autors

• Thema des Aufsatzes

• Angabe der Zeitschrift nebst Erscheinungsjahr und ggf. der Heftnummer

• Seitenangabe (ggf. mit der Kernstelle)

▶ Beispiel: Richter, Roland, Offene Fragen der fiktiven Abrechnung von Fahrzeugschäden, in: VersR 2011, Heft 25, 1111–1140

Zusammenfassung

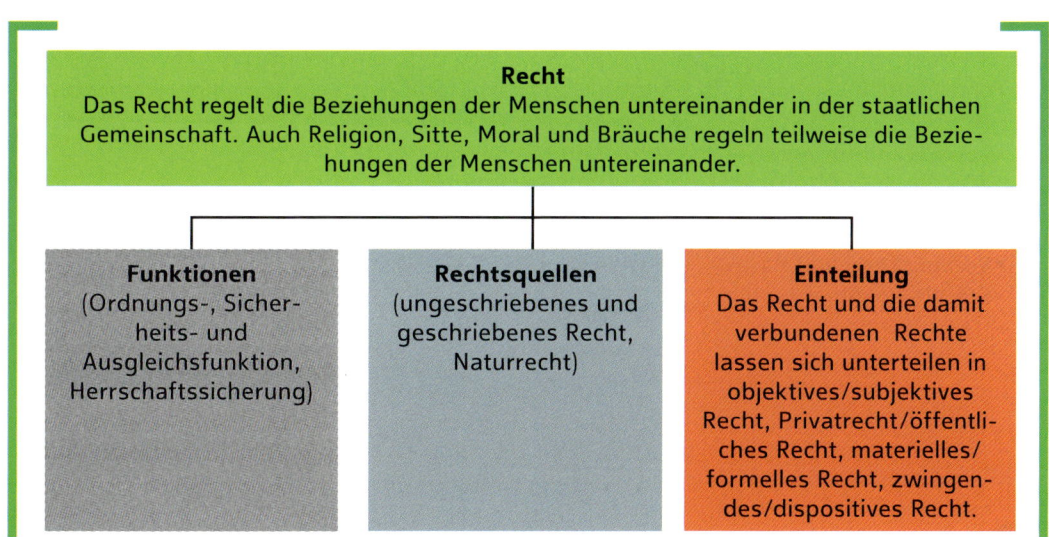

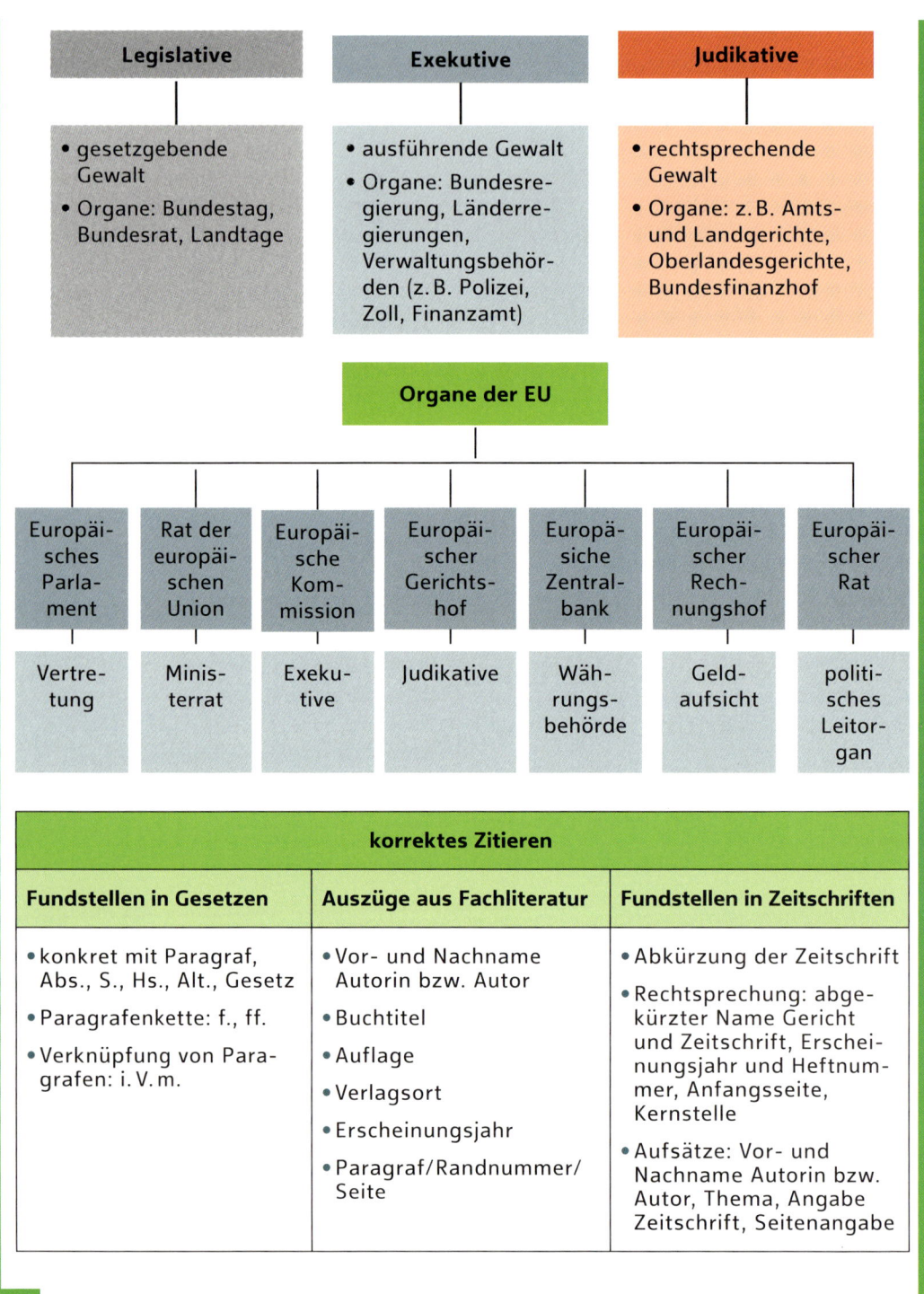

Legislative	Exekutive	Judikative
• gesetzgebende Gewalt • Organe: Bundestag, Bundesrat, Landtage	• ausführende Gewalt • Organe: Bundesregierung, Länderregierungen, Verwaltungsbehörden (z.B. Polizei, Zoll, Finanzamt)	• rechtsprechende Gewalt • Organe: z.B. Amts- und Landgerichte, Oberlandesgerichte, Bundesfinanzhof

Organe der EU

Europäisches Parlament	Rat der europäischen Union	Europäische Kommission	Europäischer Gerichtshof	Europäische Zentralbank	Europäischer Rechnungshof	Europäischer Rat
Vertretung	Ministerrat	Exekutive	Judikative	Währungsbehörde	Geldaufsicht	politisches Leitorgan

korrektes Zitieren		
Fundstellen in Gesetzen	**Auszüge aus Fachliteratur**	**Fundstellen in Zeitschriften**
• konkret mit Paragraf, Abs., S., Hs., Alt., Gesetz • Paragrafenkette: f., ff. • Verknüpfung von Paragrafen: i.V.m.	• Vor- und Nachname Autorin bzw. Autor • Buchtitel • Auflage • Verlagsort • Erscheinungsjahr • Paragraf/Randnummer/Seite	• Abkürzung der Zeitschrift • Rechtsprechung: abgekürzter Name Gericht und Zeitschrift, Erscheinungsjahr und Heftnummer, Anfangsseite, Kernstelle • Aufsätze: Vor- und Nachname Autorin bzw. Autor, Thema, Angabe Zeitschrift, Seitenangabe

◄◄ **Wiederholung und Vertiefung** _____

1. Welches menschliche Verhalten wird durch die Sitte geregelt? Worauf bezieht sich die Moral?

2. Welche Funktionen erfüllt das Recht? Beschreiben Sie diese näher.

3. Nennen Sie jeweils drei Gesetze, die Sie dem Privatrecht und dem öffentlichen Recht zuordnen können.

4. Entscheiden Sie im folgenden Fall, welche Rechtsgebiete betroffen sind: Der Radfahrer Willi Kunte fährt regelwidrig gegen eine Einbahnstraße. Dabei verursacht er einen Verkehrsunfall mit Personenschaden.

5. Wer Macht besitzt, kann diese auch missbrauchen. Deshalb gibt es das Prinzip der Gewaltenteilung. Es werden drei Gewalten unterschieden. Ordnen Sie die lateinischen Begriffe für diese den nachfolgenden Definitionen zu.

   a) Eine gewählte Regierung führt die Gesetze aus.

   b) Gibt es verschiedene Auffassungen, wer Recht hat, so entscheidet ein unabhängiges Gericht.

   c) Eine Versammlung von Volksvertretern entscheidet, welches Gesetz gilt und was „Recht" ist in einem Land.

6. Welche Besonderheit ist bei der exekutiven Gewalt zu beachten?

7. Nennen Sie zu jeder Gewalt drei Organe, die diese ausüben.

8. Welche Regeln sind bei der Zitierung von Paragrafenketten zu beachten?

9. Nennen Sie fünf Gesetzeskommentare zum BGB.

10. Welche Daten müssen Sie angeben, wenn Sie einen Aufsatz, der in der ZRP abgedruckt ist, zitieren möchten?

11. In welchen Städten sitzen die jeweiligen Organe der EU?

2 Personen der Rechtspflege

Die Rechtspflege ist die Tätigkeit des Staats zur Aufrechterhaltung der rechtlichen Ordnung. Sie wird durch verschiedene Organe ausgeführt:

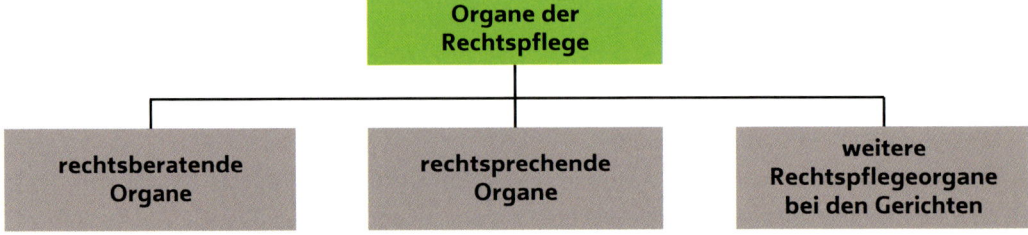

Organe der Rechtspflege

rechtsberatende Organe	rechtsprechende Organe	weitere Rechtspflegeorgane bei den Gerichten

Lernsituation

Annika Sauer hat in den ersten Wochen ihrer Ausbildung schon einige Akten und Mandanten aus der Kanzlei kennengelernt. Sie hat noch keinen Überblick, welche Personen jeweils in den Verfahren beteiligt sind und welche Aufgaben diese im Einzelnen wahrnehmen. Julia Hoffmann kann ihr dabei jeweils genauere Auskunft geben.

Als Annika Sauer eines Tags die Akte Theo Breuer wg. OWi-Verfahren anlegt, setzt sie sich in der Mittagspause mit Julia Hoffmann zusammen, um einige Unklarheiten zu klären. Theo Breuer hat einen Bußgeldbescheid über 5 000,00 € wegen Verstoßes gegen das Rechtsdienstleistungsgesetz erhalten. Annika Sauer wundert sich, da Theo Breuer immerhin im fünften Semester Jura studiert und sich doch rechtlich auskennt. Außerdem habe der Student für seinen „Mandanten" ein wesentlich kostengünstigeres Aufforderungsschreiben aufgesetzt als ein Rechtsanwalt.

Julia Hoffmann erklärt Annika Sauer daraufhin, dass das Jurastudium zwar die Voraussetzung, aber nur der erste Schritt für die Rechtsanwaltstätigkeit sei. Theo Breuer könne jedoch noch nicht als Rechtsanwalt tätig werden.

Annika Sauer erkundigt sich sodann, ob ein Jurastudent eigentlich nur Rechtsanwalt werden könne oder ob er auch eine Chance habe, als Richter tätig zu sein. Sie müsse auch gestehen, dass ihr noch nicht so ganz klar sei, welche Aufgaben Katharina Marschner als Notarin wahrnehme.

Außerdem schwirrt Annika Sauer der Kopf, welche Personen jeweils die Gerichtseingangspost unterzeichnen. So unterschreibt in Strafsachen häufig der Staatsanwalt und in Zivilsachen findet sich auf den Protokollen die Unterschrift von Urkundsbeamten. Auch hier ist sie sich unsicher, welche Tätigkeiten diese Rechtpersonen konkret wahrnehmen. Sie beschließt, hier eigenständig weiter zu recherchieren.

Arbeitsaufträge:
a) Recherchieren Sie im Internet, was das Rechtsdienstleistungsgesetz regelt.
b) Überlegen Sie in Zweiergruppen, ob in Sachen Theo Breuer ein Verstoß gegen das Rechtsdienstleistungsgesetz in Betracht kommt.
c) Erstellen Sie eine Mindmap über die rechtsberatenden Organe und deren Aufgaben.
d) Vergleichen Sie Ihr Ergebnis mit den Ergebnissen Ihrer Mitschülerinnen und Mitschüler.
e) Prüfen Sie, inwieweit sich die Ausbildung zum Rechtsanwalt und zum Richter unterscheidet.
f) Fassen Sie Rechte und Pflichten innerhalb der Tätigkeit eines Richters zusammen.
g) Benennen Sie Fälle, in denen ein Richter sein Amt nicht ausüben darf.
h) Neben dem Richter gibt es ein weiteres rechtsprechendes Organ der Rechtspflege. Um welches Organ handelt es sich hierbei? Beschreiben Sie die Funktionen dieses Organs.
i) Fassen Sie Rechte und Pflichten innerhalb der Tätigkeiten der übrigen Rechtspflegeorgane in einer Tabelle zusammen.
j) Reflektieren Sie anschließend Ihr Wissen.

2.1 Rechtsberatende Organe

Die Rechtsberatung ist eine Rechtsdienstleistung, die die Klärung rechtlicher Fragen umfasst. Dabei spielt es keine Rolle, ob eine Privatperson oder eine juristische Person beraten werden soll.

Die Rechtsberatung findet ihre Grundlage im Rechtsdienstleitungsgesetz (RDG). Danach ist jede Tätigkeit in konkreten fremden Angelegenheiten eine Rechtsdienstleistung, sobald sie eine rechtliche Prüfung des Einzelfalls erfordert (§ 2 Abs. 1 RDG).

2.1.1 Rechtsanwalt

Gemäß § 1 BRAO (= Bundesrechtsanwaltsordnung) ist der Rechtsanwalt ein unabhängiges Organ der Rechtspflege. Ergänzt wird die BRAO noch durch Regelungen der Berufsordnung für Rechtsanwälte (BORA) und die Fachanwaltsordnung (FAO). Er übt seinen Beruf frei aus und führt kein Gewerbe (§ 2 BRAO). Der Rechtsanwalt ist ein unabhängiger Berater und Vertreter in allen Rechtsangelegenheiten.

Das Berufsrecht des Rechtsanwalts wird durch die Bundesrechtsanwaltsordnung geregelt. Die Vergütung des Rechtsanwalts ist im Rechtsanwaltsvergütungsgesetz (RVG) festgeschrieben.

Ausbildung

Um als Rechtsanwalt tätig zu werden, gehört mehr dazu, als ein Studium der Rechtswissenschaft, kurz: Jurastudium, abzulegen. Der Rechtsanwalt muss, bevor er durch die zuständige Rechtsanwaltskammer zugelassen wird, die **Befähigung zum Richteramt** erlangen (§§ 5–7 DRiG = Deutsches Richtergesetz). Dies erreicht er wie folgt:

• Studium der Rechtswissenschaft an einer deutschen Universität; Dauer der Studienzeit: in der Regel zwischen zehn und zwölf Semestern
• Ablegen und Bestehen des 1. juristischen Staatsexamens
• Absolvieren eines in der Regel zweijährigen Vorbereitungsdiensts, auch Referendariatszeit genannt. Hierbei werden mehrere Stationen durchlaufen: Gericht, Staatsanwaltschaft, Rechtsanwaltskanzlei, Verwaltungsbehörde und eine Wahlstation.
• Ablegen und Bestehen des 2. juristischen Staatsexamens

Zulassung

Nach Abschluss des 2. juristischen Staatsexamens kann der Zulassungsantrag bei der zuständigen Rechtsanwaltskammer gestellt werden. Bevor die Zulassung zum Rechtsanwalt erfolgt, ist gem. § 12 a Abs. 1 BRAO ein Eid abzuleisten:

> „Ich schwöre bei Gott dem Allmächtigen und Allwissenden, die verfassungsmäßige Ordnung zu wahren und die Pflichten eines Rechtsanwalts gewissenhaft zu erfüllen, so wahr mir Gott helfe."

Der Eid kann auch ohne religiöse Beteuerung geleistet werden (§ 12 a Abs. 2 BRAO).

Wer aus Glaubens- oder Gewissensgründen keinen Eid leisten will, muss gem. § 12 a Abs. 4 BRAO ein Gelöbnis leisten:

> „Ich gelobe, die verfassungsmäßige Ordnung zu wahren und die Pflichten eines Rechtsanwalts gewissenhaft zu erfüllen."

Pflichten

Der Rechtsanwalt hat viele Pflichten, die vor allem die §§ 43–50 BRAO regeln, wie z. B.:

- Verpflichtung, seinen Beruf gewissenhaft auszuüben (§ 43 BRAO),
- Verpflichtung, keine Bindungen einzugehen, die seine berufliche Unabhängigkeit gefährden (§ 43 a Abs. 1 BRAO),
- Verschwiegenheitspflicht (§ 43 a Abs. 2 BRAO),
- Verpflichtung, sich nicht unsachlich (z. B. keine bewusste Verbreitung von Unwahrheiten) zu verhalten (§ 43 a Abs. 3 BRAO),
- Verpflichtung, keine widerstreitenden Interessen zu vertreten (§ 43 a Abs. 4 BRAO),
- Sorgfaltspflicht bei der Behandlung ihm anvertrauter Vermögenswerte, wie z. B. Fremdgeld (§ 43 a Abs. 5 BRAO),
- Fortbildungspflicht (§ 43 a Abs. 6 BRAO),
- Verpflichtung, über die entsprechenden Angelegenheiten Handakten zu führen (§ 50 Abs. 1 S. 1 BRAO).

vgl. LF 1, Kap. 5.4

Haftung

Jeder Rechtsanwalt hat gem. § 51 BRAO eine Berufshaftpflicht zur Deckung der sich aus seiner Berufstätigkeit ergebenden Haftpflichtgefahren abzuschließen. Die Versicherung hat er für die Dauer seiner Zulassung aufrechtzuerhalten. Die Mindestversicherungssumme für den Einzelfall beträgt 250 000,00 €.

Der Rechtsanwalt haftet sowohl für sein eigenes Verschulden als auch für das Verschulden seiner Beschäftigten. Aus diesem Grund ist die Überwachung der Beschäftigten unabdingbar und wichtig. Denn bei der Fristenkontrolle, die am Ende dem Rechtsanwalt unterliegt, reicht schon eine leichte Fahrlässigkeit aus, um eine Haftung zu begründen.

Vertretung

Sollte der Rechtsanwalt länger als eine Woche daran gehindert sein, seinen Beruf auszuüben, so muss er eine Vertretung bestellen (§ 53 BRAO). Dies gilt auch bei einer urlaubsbedingten Abwesenheit. Damit wird gewährleistet, dass keine Fristen versäumt werden und die Mandantschaft sofort Rechtsschutz erhält.

Aufgabenbereiche

Zu den Aufgaben des Rechtsanwalts gehört neben der Beratung auch die Vertretung des Mandanten.

Als **Beratungstätigkeit** kommt eine Vielzahl von Möglichkeiten in Betracht, wie z. B.:
- Prüfung der Erfolgsaussichten eines Rechtsmittels
- Beratende Tätigkeit bei der Erstellung von Verträgen
- Mögliche Vorgehensweisen bei Rechtsverstößen

Mit der **Vertretung** der Mandantschaft ist oftmals die Vertretung vor Gericht gemeint. Die Mandantschaft muss hierbei nicht selbst sprechen, sondern lässt ihren Rechtsanwalt, der vor Gericht eine Amtsrobe trägt, für sie auftreten. Weiterhin zählen zur Vertretung beispielsweise eine schlichtende Tätigkeit, die Tätigkeit als Testamentsvollstrecker, Nachlassverwalter, Insolvenzverwalter, Zwangsverwalter oder Treuhänder und natürlich die „normale" außergerichtliche Vertretung.

 Merke: Eine Vertretung ist jedoch ausgeschlossen, wenn der Rechtsanwalt in derselben Angelegenheit die Gegenseite vertreten hat. Deshalb gehört es auch zu den Aufgaben des Rechtsanwalts, eine sog. **Kollisionsprüfung** vorzunehmen. Erst wenn das Mandat in einer Angelegenheit beendet wurde, kann der Rechtsanwalt danach auch die ehemalige Gegenseite in einer anderen Angelegenheit vertreten.

Auch die Funktion eines **Mediators** kann durch einen Rechtsanwalt, der diese Zusatzqualifikation erworben hat, ausgeübt werden. Ein Mediator ist dabei eine streitschlichtende, unabhängige dritte Person, die bei Streitgesprächen die Kommunikation führen soll, aber nicht die Entscheidungen trifft. Das Ergebnis des Gesprächs müssen daher die Parteien selbst finden. Gerade in familien- oder erbrechtlichen Angelegenheiten empfiehlt sich ein Mediator, um bei kritischen Themen, wie z. B. Sorgerecht, Unterhalt, Erbauseinandersetzung, für eine Deeskalation zu sorgen.

Fachanwalt

Viele Rechtsanwälte spezialisieren sich nach einiger Zeit auf eines oder mehrere Fachgebiete. Dies liegt einerseits an den persönlichen Interessen, andererseits am Mandantenkreis, der sich im Lauf der Zeit entwickelt. Welche Voraussetzungen erfüllt sein müssen, regelt die Fachanwaltsordnung (FAO). Diese zählt 24 Fachgebiete (Stand: 01.06.2022) auf. Hierzu gehören beispielsweise die Fachanwaltschaften für Verwaltungsrecht (§ 8 FAO), Arbeitsrecht (§ 10 FAO) oder Familienrecht (§ 12 FAO).

Gemäß § 43 c Abs. 1 BRAO darf ein Rechtsanwalt nur drei Fachanwaltstitel führen. Nach Erwerb des Fachanwaltstitels muss sich der Rechtsanwalt ständig auf dem Gebiet weiter fortbilden und eine gewisse Anzahl von Unterrichtsstunden im Jahr absolvieren.

Kammerstruktur

Da der Rechtsanwalt ein unabhängiges Organ der Rechtspflege ist, verleiht ihm dies eine besondere Stellung mit Privilegien gegenüber dem Staat. Deshalb muss die gesamte Anwaltschaft durch eine Aufsicht überwacht und kontrolliert werden. Sinn und Zweck dieser Kontrolle ist die Sicherung von Grundwerten und Qualitätsstandards. Dadurch wird ein Missbrauch einzelner Berufsträger gegenüber der Mandantschaft vermieden und ein angemessenes Vertrauensverhältnis kann aufgebaut werden. Die Kontrolle und Überwachung der Anwaltschaft erfolgt über die jeweils zuständigen Rechtsanwaltskammern, die der Bundesrechtsanwaltskammer angehören.

Im Einzelnen ist zu den Rechtsanwaltskammern und zur Bundesrechtsanwaltskammer Folgendes auszuführen:

Rechtsanwaltskammer

Die Rechtsanwaltskammer ist der örtliche Zusammenschluss einzelner Rechtsanwälte. Die Bezirke und die damit zuständigen Kammern entsprechen den jeweiligen Oberlandesgerichtsbezirken. Teilweise gibt es aber auch darüber hinausgehend Rechtsanwaltskammern. So weist z. B. Baden-Württemberg neben den Rechtsanwaltskammern an den Oberlandesgerichtsbezirken Karlsruhe und Stuttgart auch in Tübingen und Freiburg jeweils eine Rechtsanwaltskammer auf.

Die Rechtsanwaltskammern handeln als Selbstverwaltungsorganisation. Eine Kontrolle durch staatliche Beamte wird somit vermieden.

Jeder Rechtsanwalt muss Mitglied in der für ihn zuständigen Rechtsanwaltskammer sein. Dabei umfassen die Rechtsanwaltskammern im Regelfall mehrere LG-Bezirke.

Die jeweiligen Kammern sind u. a. für die Einhaltung des Berufsrechts verantwortlich, lassen Rechtsanwälte zu und dienen als Kommunikationsbörse für Jobangebote. Weiterhin beraten sie bei Streitigkeiten zwischen Rechtsanwälten, bieten Fortbildungsveranstaltungen an, erstellen den Anwaltsausweis, der von einigen Gerichten als Legitimationsnachweis verlangt wird.

Gleichzeitig dürfen die Rechtsanwaltskammern den Rechtsanwälten die Zulassung entziehen, wenn erhebliche berufsstandesrechtliche Verstöße vorliegen. Erst seit 1922 sind auch Rechtsanwältinnen zugelassen.

Bundesrechtsanwaltskammer

Die Bundesrechtsanwaltskammer (BRAK) ist ein Interessenvertreter der Anwaltschaft. Ihr Hauptziel ist die Aufrechterhaltung der anwaltlichen Unabhängigkeit.

Die Bundesrechtsanwaltskammer mit Sitz in Berlin, besteht aus den 27 regionalen Rechtsanwaltskammern und der Rechtsanwaltskammer beim Bundesgerichtshof. Jede Rechtsanwaltskammer hat ihren jeweiligen Präsidenten, die dann gemeinschaftlich in der Hauptversammlung zusammengeschlossen sind. Diese Hauptversammlung wählt den Präsidenten der Bundesrechtsanwaltskammer.

Die BRAK führt auch eine Anwaltsliste über alle Rechtsanwälte in Deutschland. Bundesweit gibt es 165 587 Rechtsanwälte (Stand 01.01.2022).

Anwaltsgerichtsbarkeit

Als eigenständige staatliche Gerichtsbarkeit ist die Anwaltsgerichtsbarkeit für besondere Sachgebiete zuständig. Vergleichbar ist das Verfahren mit einem Disziplinarverfahren bei anderen Berufsgruppen.

Das Anwaltsgericht wird bei berufsrechtlichen Verfehlungen von Rechtsanwälten angerufen. Die Gerichte sind dabei ausschließlich mit Rechtsanwälten besetzt. §§ 92 ff. BRAO regeln die Bildung der Anwaltsgerichtsbarkeit. Die Anwaltsgerichte sind bei der jeweiligen Rechtsanwaltskammer angesiedelt. Der Staatsanwalt des zuständigen Oberlandesgerichts führt hier die Anklage gegen den Rechtsanwalt, der die Verfehlung begangen hat.

Gemäß § 114 BRAO können folgende anwaltsgerichtliche Maßnahmen getroffen werden:
• Warnung
• Verweis
• Geldbuße bis zu 25 000,00 €
• Verbot, auf bestimmten Rechtsgebieten als Vertreter und Beistand für die Dauer von einem Jahr bis zu fünf Jahren tätig zu werden
• Ausschluss aus der Rechtsanwaltschaft

Ein Verweis und eine Geldbuße können dabei auch nebeneinander bestehen und ausgesprochen werden.

Der Instanzenzug der Anwaltsgerichtsbarkeit sieht wie folgt aus:

Revision

• Sitz: Bezirk jeweiliger RAK
• Kammer
• 1 RA als Vorsitzender,
  2 RA als Beisitzer

Anwaltsgericht

Berufung/Beschwerde

Anwaltsgerichtshof

• Sitz: Bezirk des OLG
• pro Bundesland 1 Anwaltsgerichtshof
• Senat
• 1 RA als Vorsitzender, 2 RA
  als Beisitzer, 2 Berufsricher
  als Beisitzer

• Sitz Karlsruhe
• Senat
• Präsident des BGH oder
  entspr. Vertreter, jeweils
  2 RA, die Mitglieder im BGH
  und Senat sind

**Bundesgerichtshof
in Anwaltssachen**

2.1.2 Patentanwalt

Der Patentanwalt ist, wie der Rechtsanwalt auch, ein unabhängiges Organ der Rechtspflege
(§ 1 PAO = Patentanwaltsordnung). Er ist ebenfalls Freiberufler, übt also kein Gewerbe aus
(§ 2 PAO).

Das Berufsrecht des Patentanwalts ist in der Patentanwaltsordnung geregelt. Eine einheitliche Gebührenordnung wurde bislang nicht erlassen. Die Abrechnung erfolgt meist über eine
Vergütungsvereinbarung bzw. über das Rechtsanwaltsvergütungsgesetz.

Ausbildung

Die Ausbildung zum Patentanwalt stellt eine der
längsten Ausbildungen in Deutschland dar. Voraussetzung für die Ausbildung ist ein erfolgreicher
Abschluss eines naturwissenschaftlichen (z.B. Phy-
sik, Chemie) oder technischen (z.B. Maschinenbau,
Elektrotechnik) Studiums an einer wissenschaftlichen
Universität. Anschließend schließt sich eine mindestens 34-monatige Ausbildung im Inland auf dem
Gebiet des gewerblichen Rechtsschutzes an. Am
Ende der Ausbildung erfolgen eine schriftliche und
eine mündliche Prüfung.

Hinweis: Der Patentanwalt ist kein Volljurist und besitzt daher auch keine Befähigung zum Richteramt.

Zulassung

Die Zulassung zum Patentanwalt wird auf Antrag erteilt (§ 13 PAO). Voraussetzung zur Zulassung sind die Vereidigung sowie der Nachweis über den Abschluss einer Berufshaftpflichtversicherung (§ 18 PAO).

Pflichten

Die Pflichten des Rechtsanwalts gelten auch für den Patentanwalt. Sie sind vor allem in den §§ 39–44 PAO geregelt.

Haftung

Jeder Patentanwalt hat, wie auch der Rechtsanwalt, gem. § 45 PAO eine Berufshaftpflicht zur Deckung der sich aus seiner Berufstätigkeit ergebenden Haftpflichtgefahren abzuschließen. Die Versicherung hat er für die Dauer seiner Zulassung aufrechtzuerhalten. Die Mindestversicherungssumme für den Einzelfall beträgt 250 000,00 €. Der Patentanwalt haftet, ebenso wie der Rechtsanwalt, für sein eigenes Verschulden als auch für das Verschulden seiner Beschäftigten.

Vertretung

Sofern der Patentanwalt länger als zwei Wochen daran gehindert ist, seinen Beruf auszuüben, so muss er eine Vertretung bestellen. Dies gilt auch bei einer urlaubsbedingten Abwesenheit (§ 46 PAO).

Aufgabenbereiche

Der Patentanwalt berät und vertritt die Mandantschaft auf dem Gebiet des gewerblichen Rechtsschutzes. Hierzu gehören beispielsweise Patente, Marken, Sortenschutzrecht und Lizenzverträge. Der Schwerpunkt liegt in der Vertretung in Verfahren vor dem Deutschen Patent- und Markenamt (DPMA) mit Hauptsitz in München und dem Bundespatentgericht mit seinem Sitz in München. In gerichtlichen Verfahren ist der Patentanwalt, wie auch der Rechtsanwalt, zum Tragen einer Amtsrobe verpflichtet.

Vor Landgerichten, Oberlandesgerichten und dem Bundesgerichtshof ist der Patentanwalt vertretungsberechtigt, wenn kein Anwaltszwang besteht (z.B. für Anträge auf Erlass einer einstweiligen Verfügung). In diesem Fall muss jedoch zwingend ein zugelassener Rechtsanwalt hinzugezogen werden, sobald eine mündliche Verhandlung anberaumt wurde.

Kammerstruktur

Die Patentanwaltskammer ist eine Körperschaft des öffentlichen Rechts mit Sitz in München. Sie ist die berufsständische Vertretung der Patentanwälte, wovon es derzeit etwa 3 500 in Deutschland gibt. Sie wirkt bei nationalen und internationalen Gesetzesvorhaben mit und arbeitet mit nationalen und internationalen Patentanwaltsorganisationen zusammen u. a.

Berufsgerichtsbarkeit

Gemäß § 54 PAO hat die Patentanwaltskammer die Aufgabe, die Belange des Berufsstands zu wahren und zu fördern, sowie die Einhaltung der Berufspflichten zu überwachen.

Gemäß § 96 PAO können folgende berufsgerichtliche Maßnahmen getroffen werden:
- Warnung
- Verweis
- Geldbuße bis zu 25 000,00 €
- Ausschluss aus der Rechtsanwaltschaft

Ein Verweis und eine Geldbuße können dabei auch nebeneinander bestehen und ausgesprochen werden.

2.1.3 Notar

Die Amtsbezeichnung „Notar" ist gesetzlich geschützt. Der Begriff wird vom lateinischen „notarius" abgeleitet und bedeutet dabei nichts anderes als „Geschwindschreiber". Auch der Notar gehört zu den freien Berufen und ist ein unabhängiger Träger eines öffentlichen Amts (§ 1 BNotO = Bundesnotarordnung). Im Gegensatz zum Rechtsanwalt ist der Notar unparteiisch, da er keine spezielle Partei vertritt.

Das Berufsrecht der Notare ist in der Bundesnotarordnung festgeschrieben. Die Vergütung ist im Gerichts- und Notarkostengesetz (GNotKG) geregelt.

Ausbildung

Wie der Rechtsanwalt auch, benötigt der Notar die Befähigung zum Richteramt. Anschließend folgt der sog. Anwärterdienst, der drei Jahre dauert.

Ernennung

Erst nach dem abgeschlossenen Anwärterdienst wird der Notar von der Landesjustizverwaltung auf Lebenszeit bestellt (§ 3 BNotO). Die Landesjustizverwaltung ernennt immer nur eine bestimmte Anzahl von Notaren, nämlich so viele, wie es den Erfordernissen einer geordneten Rechtspflege entspricht. Die Ernennung ist daher auf das Bedürfnis nach einer angemessenen Versorgung der Rechtssuchenden mit notariellen Leistungen begrenzt (§ 4 BNotO). Erst mit 70 Jahren tritt der Notar in den Ruhestand.

Amtspflichten

Die Bundesnotarkammer hat gem. § 78 Abs. 1 Nr. 5 BNotO Richtlinien für die Amtspflichten und sonstigen Pflichten erlassen.

Hierzu gehören z. B.

vgl.
LF 1,
Kap. 5.4

- Der Notar ist verpflichtet, sein Amt persönlich und eigenverantwortlich auszuüben.
- Der Notar unterliegt der Verschwiegenheit.
- Der Notar hat ihm anvertraute Vermögenswerte mit besonderer Sorgfalt zu behandeln.
- Der Notar hat Treuhandaufträge sorgfältig auszuführen.
- Der Notar hat sich vor Übernahme einer notariellen Amtstätigkeit in zumutbarer Weise zu vergewissern, dass keine Kollisionsfälle bestehen.
- Dem Notar ist Werbung insoweit verboten, als sie Zweifel an der Unabhängigkeit oder Unparteilichkeit weckt.
- Der Notar darf nicht ohne triftigen Grund eine Amtshandlung verweigern. Dies ist nur möglich, wenn er befangen ist, die Angelegenheit nahe Verwandte betrifft oder es sich um seine eigene Angelegenheit handelt.

Haftung

Der Notar ist zum Abschluss einer Berufshaftpflichtversicherung verpflichtet. Diese muss mindestens 500 000,00 € je Versicherungsfall betragen (§ 19 a BNotO).

Vertretung

Sofern der Notar für einen bestimmten Zeitraum (Krankheit, Urlaub) verhindert ist, sein Amt auszuüben, wird für ihn von der zuständigen Aufsichtsbehörde (= Präsident des Landgerichts, in dessen Bezirk der Notar seinen Amtssitz hat) ein Notarvertreter bestellt.

Aufgaben

Das Tätigkeitsgebiet des Notars umfasst die vorsorgende Rechtspflege. Seine Hauptaufgaben dabei sind Beurkundungen von Rechtsgeschäften und Beglaubigungen von Unterschriften, sofern eine „normale" Unterschrift nicht ausreicht. Hierfür steht ihm ein Dienstsiegel zur Verfügung.

vgl.
LF 9
(ReNo),
Kap. 1.1,3

Zu seinen Tätigkeiten gehören z. B.:
- Erstellung von Grundstückskaufverträgen
- Aufsetzung von Eheverträgen
- Erstellen von Vorsorgevollmachten und Testamenten
- Aufklärung und Belehrung in Bezug auf Rechtsgeschäfte
- Aufbewahrung und Ablieferung von Wertgegenständen

Anwaltsnotar

Der **Anwaltsnotar** ist gleichzeitig Rechtsanwalt und Notar. Er muss im Fall einer Beauftragung klar zum Ausdruck bringen, ob er seine Tätigkeit als Rechtsanwalt oder als Notar erbringt. Keinesfalls darf er in einer Angelegenheit als Notar tätig werden, in der er bereits als Rechtsanwalt tätig war (und umgekehrt).

Als Anwaltsnotar kann nur derjenige bestellt werden, der
- mindestens fünf Jahre als Rechtsanwalt tätig war und diese Tätigkeit seit mindestens drei Jahren ohne Unterbrechung ausgeübt hat,
- die notarielle Fachprüfung nach § 7 a BNotO bestanden hat und
- ab dem Bestehen der Fachprüfung eine Praxisausbildung bei einem Notar durchläuft.

Anwaltsnotare gibt es lediglich in Berlin, Hessen, Niedersachsen, Schleswig-Holstein, Bremen und in den westfälischen Teilen Nordrhein-Westfalens.

Im Zuge der Umsetzung der Notariatsreform zum 01.01.2018 in Baden-Württemberg entfielen die staatlichen Notariate und damit auch der Berufsnotar.

Kammerstruktur

Notarkammer

Die Notarkammer ist der örtliche Zusammenschluss einzelner Notare. In der Bundesrepublik Deutschland gibt es 21 Notarkammern.

Die Notarkammern sind Körperschaften des öffentlichen Rechts. Bundesweit sind etwa 7000 Notare in den einzelnen Notarkammern organisiert.

Die jeweiligen Kammern sind u. a. für die Bestellung von Notaren und für disziplinarrechtliche Maßnahmen zuständig. Weiterhin fungieren sie als berufsständische Interessenvertretungen.

Bundesnotarkammer

Alle 21 Notarkammern sind Mitglieder in der Bundesnotarkammer (BNotK) mit Sitz in Berlin. Die Bundesnotarkammer ist, wie auch die einzelnen Notarkammern, eine Körperschaft des öffentlichen Rechts.

Der Bundesnotarkammer obliegt die Vertretung der Notare. Sie hat jedoch nicht die Berufsaufsicht über die Notare. Diese liegt beim örtlich zuständigen Landgerichtspräsidenten.

Zu den Aufgaben der Bundesnotarkammer gehören z.B. die Aus- und Fortbildung sowie die Mitwirkung im Gesetzgebungsverfahren. Weiterhin betreibt sie das Zentrale Testamentsregister und das Zentrale Vorsorgeregister. Sie unterhält auch das Deutsche Notarinstitut in Würzburg und das Prüfungsamt für die notarielle Fachprüfung.

Berufsgerichtsbarkeit

Gemäß § 92 BNotO haben die Aufsichtsbehörden, also die Präsidenten der jeweils zuständigen Land- und Oberlandesgerichte sowie die Landesjustizverwaltungen, die Aufgabe, die Amtspflichten der Notare zu prüfen und zu überwachen.

Gemäß § 97 BNotO können folgende Maßnahmen getroffen werden:
- Verweis
- Geldbuße bis zu 50 000,00 €
- Entfernung aus dem Amt
- Entfernung aus dem Amt auf bestimmte Zeit
- Entfernung vom bisherigen Amtssitz

Ein Verweis und eine Geldbuße können dabei auch nebeneinander bestehen und ausgesprochen werden.

Die Aufsichtsbehörden können per Disziplinarverfügung einen Verweis und/oder eine Geldbuße verhängen. Sofern es um die Entfernung aus dem Amt, aus dem Amt auf bestimmte Zeit oder vom bisherigen Amtssitz geht, ist gegen den Notar eine Disziplinarklage zu erheben. Als Disziplinargerichte sind das Oberlandesgericht (erster Rechtszug) und der Bundesgerichtshof (zweiter Rechtszug) zuständig (§ 99 BNotO).

2.1.4 Steuerberater

Auch der Steuerberater übt seinen Beruf frei aus. Seine Tätigkeiten und die Zulassung sind durch das Steuerberatungsgesetz (StBerG) festgeschrieben.

Als Steuerberater kann nur derjenige tätig werden, der von der entsprechenden Steuerberaterkammer bestellt wird. Eine persönliche Eignung, also keine strafgerichtliche Verurteilung, sowie die Zusage einer Berufshaftpflichtversicherung, sind ebenfalls Voraussetzung. Das Studium kann an einer Fach- oder Hochschule mit einem rechtswissenschaftlichen oder betriebswirtschaftlichen Studium abgelegt werden.

Seine Tätigkeit umfasst die Hilfestellung bei Steuerangelegenheiten, Beratung in betriebswirtschaftlichen Angelegenheiten, die Erstellung von Buchführungen, Jahresabschlüssen und Steuererklärungen sowie der anschließenden Überprüfung von Steuerbescheiden und der Vertretung des Mandanten in Streitfällen mit dem Finanzamt und vor dem Finanzgericht.

vgl. LF 14 (ReFa), Kap. 1.6

Hierbei darf der Steuerberater keine Beratung durchführen, die ein Rechtsanwalt sonst übernehmen würde.

 Merke: Im Gegensatz zum Rechtsanwalt darf der Steuerberater seine Tätigkeit auch durch seine Beschäftigten, wie der Steuerfachangestellten, ausüben. Dies kann jedoch nur unter der Bedingung erfolgen, dass diese weisungsgebunden und nur für den Steuerberater tätig wird.

Die Pflichten des Steuerberaters sind u. a. in §§ 56 ff. StBerG geregelt. So ist er z. B. verpflichtet, seinen Beruf unabhängig, eigenverantwortlich, gewissenhaft, verschwiegen und unter Verzicht auf berufswidrige Werbung auszuüben.

2.1.5 Wirtschaftsprüfer

Der Wirtschaftsprüfer ist ein Beruf und ein öffentliches Amt. Die entsprechenden Vorschriften, die seine Tätigkeit betreffen, sind im Gesetz über eine Berufsordnung der Wirtschaftsprüfer (WiPrO) geregelt.

Nach einem Studium zum Wirtschaftsprüfer an einer deutschen Hochschule und dem entsprechenden Bestehen des Examens kann die Wirtschaftsprüferkammer (WPK) die Zulassung erteilen. Aufgrund der besonderen Verantwortung werden auch hier persönliche Eignungen verlangt. Geordnete Vermögensverhältnisse, Abschluss einer Vermögensschadenhaftpflicht und die Fähigkeit, ein öffentliches Amt bekleiden zu dürfen, gehören ebenfalls dazu.

Zu den Aufgaben des Wirtschaftsprüfers gehören z. B. die Prüfung der ordnungsmäßigen Buchführung eines Unternehmens und die Prüfung eines den einschlägigen Vorschriften entsprechenden Jahresabschlusses.

Auch der Wirtschaftsprüfer unterliegt besonderen Berufspflichten wie Gewissenhaftigkeit, Unbefangenheit, Verschwiegenheit und Unparteilichkeit.

2.2 Rechtsprechende Organe

vgl. LF 1, Kap. 1.4.3 und 2.2.2
Die rechtsprechende, also die richterliche, Gewalt wird von den Richtern ausgeführt. Aber auch der Rechtspfleger, der im Lauf der Zeit immer mehr Aufgaben vom Richter übernommen hat, ist in seinen Entscheidungen nicht von Weisungen einer vorgesetzten Person abhängig, sondern sachlich unabhängig, d. h., lediglich an Recht und Gesetz gebunden.

2.2.1 Richter

Der Richter übt die Rechtsprechung persönlich aus. Dabei ist er bei der Entscheidungsfindung an Recht und Gesetz gebunden. Die Entscheidungen sind unparteiisch und unabhängig.

In manchen Fällen ist dem Richter jedoch die Ausübung des Richteramts untersagt:

gesetzliche Gründe	Befangenheitsgründe
• wenn der Richter selbst Partei ist • wenn der Richter mit der Partei verwandt/verschwägert ist bzw. verheiratet war/ist • wenn der Richter als Zeuge/Sachverständiger vernommen wird • wenn der Richter in früherer Instanz an der Entscheidung mitgewirkt hat	• Nähe des Richters zu einer Partei bzw. dessen Rechtsanwalt • Nähe zum Streitgegenstand • Verstöße gegen das rechtliche Gehör

Der Richter steht im Bund oder beim jeweiligen Land in einem öffentlich-rechtlichen Dienstverhältnis, dem Richterverhältnis. Auch seine Tätigkeit und Stellung ist in einem Gesetz niedergeschrieben, dem Deutschen Richtergesetz (DRiG).

Richter lassen sich wie folgt unterteilen:

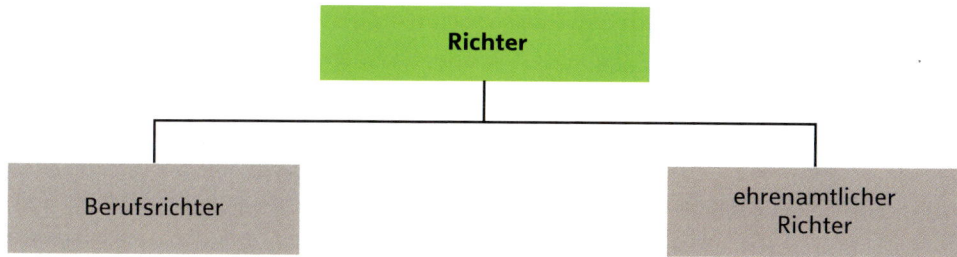

Berufsrichter

Der Berufsrichter wird in der Regel auf Lebenszeit ernannt. Er muss persönlich und sachlich unabhängig sein. Dies bedeutet, dass er nicht weisungsgebunden ist und auch nicht versetzbar oder absetzbar ist. Als Dienstbezeichnung führt er den Zusatz: „Richter am ... gericht". Das Dienstverhältnis endet mit dem Eintritt des 67. Lebensjahrs. Mit Eintritt in den Ruhestand erhält der Richter ein Ruhegehalt.

Wie auch beim Rechtsanwalt muss ein Studium der Rechtswissenschaften an einer deutschen Hochschule absolviert und bestanden werden. Auch alle anderen Zulassungsvoraussetzungen des Rechtsanwalts muss der Richter erfüllen. Die Anstellung erfolgt jedoch erst einmal als „Richter auf Probe". Nach mindestens drei und höchstens fünf Jahren ist der Richter „auf Lebenszeit" zu benennen.

Der Berufsrichter in Deutschland ist traditionell zum Tragen einer Amtsrobe verpflichtet.
Dabei sind den einzelnen Gerichtszweigen teilweise unterschiedliche Farben der Roben zugeordnet. Bei den Amts-, Land- und Oberlandesgerichten der ordentlichen Gerichtsbarkeit wird eine schwarze Robe getragen; die Roben der höchsten Bundesgerichte sind karmesinrot. Dadurch wird auch ein gewisses Rangverhältnis der Gerichtsbarkeiten symbolisiert.

Ehrenamtlicher Richter

Der ehrenamtliche Richter, auch Laienrichter oder Schöffe genannt, besitzt keine Befähigung zum Richteramt, sondern kommt aus anderen - in der Regel nicht juristischen - Berufsgruppen. Er hat jedoch, wie auch der Berufsrichter, das Beratungsgeheimnis zu wahren und einen Eid zu leisten (§ 45 DRiG). Er wirkt nach den Regelungen der §§ 31–58 GVG durch Einbringung des „gesunden Menschenverstands" (Lebenserfahrung, Sachnähe) an der Rechtsprechung mit.

2.2.2 Rechtspfleger

Ein Rechtspfleger ist eine verbeamtete Person des gehobenen Justizdiensts, der, wie auch der Richter, in seinen Entscheidungen nur an Recht und Gesetz gebunden, also sachlich unabhängig ist.

Nur in Deutschland lebende Personen nach dem Grundgesetz oder Staatsangehörige eines Mitgliedsstaats der EU können diese Ausbildung durchlaufen. Jedoch lassen einige Bundesländer zum Vorbereitungsdienst ausschließlich Bewerbende mit deutscher Staatsangehörigkeit zu. Diese Möglichkeit räumt Art. 45 Abs. 4 AEUV (Vertrag über die Arbeitsweise der Europäischen Union) ein.

Die Ausbildung besteht aus einem 3-jährigen Vorbereitungsdienst, d.h., ein Studium an einer staatlichen Fachhochschule. Während dieses Studiums werden auch berufspraktische Abschnitte bei Gerichten oder Staatsanwaltschaften durchlaufen. Während des gesamten Studiums tragen sie die Bezeichnung „Rechtspflegeranwärter" und sind verbeamtet auf Widerruf.

Danach muss die Rechtspflegerprüfung absolviert und bestanden werden (§ 2 Abs. 1 RPflG). Für den Titel „Diplom-Rechtspfleger/in" (FH) wird die Anfertigung einer wissenschaftlichen Diplomarbeit verlangt.

Die Aufgaben des Rechtspflegers sind vor allem im Rechtspflegergesetz (RPflG) niedergeschrieben. Im Lauf der Zeit wurden immer mehr Aufgaben, die früher durch den Richter ausgeführt wurden, von Rechtspflegern ausgeübt. Dies diente der Entlastung der einzelnen Richter. Deshalb ist der Rechtspfleger auch sachlich unabhängig, d.h., er unterliegt keinen Weisungen und ist nur an das Gesetz gebunden. Jedoch im Gegensatz zum Richter ist ein  Rechtspfleger nicht persönlich unabhängig, d.h., eine Versetzung in ein anderes Gericht oder zu einer anderen Staatsanwaltschaft ist möglich.

Die Aufgaben des Rechtspflegers sind vielseitig. So bearbeitet er z. B.:
- das gerichtliche Mahnverfahren,
- Teile des Vollstreckungsverfahrens,
- Nachlasssachen,
- Grundbuchangelegenheiten,
- Familien- und Betreuungssachen,
- Kostenfestsetzungsverfahren.

2.3 Weitere Rechtspflegeorgane bei den Gerichten

Neben den Richtern und Rechtspflegern gibt es bei den Gerichten weitere Rechtspflegeorgane:

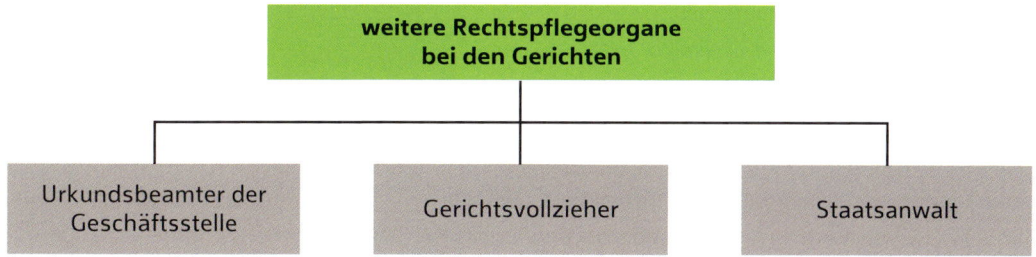

2.3.1 Urkundsbeamter der Geschäftsstelle (UdG)

Ein Urkundsbeamter einer Geschäftsstelle (auch UdG abgekürzt) ist meist eine verbeamtete Person des mittleren Diensts bzw. ein Justiz- oder Verwaltungsfachangestellter. Er ist aber kein Organ der Justizverwaltung, sondern kümmert sich um die Rechtspflege. Seine Entscheidungen sind nicht angreifbar, da er weisungsgebunden ist und die Entscheidungen dem strengen Auge eines Richters, Staatsanwalts oder Rechtspflegers unterliegen.

Seine Tätigkeiten sind meist Aufgaben, die nicht von Richtern, Staatsanwälten oder Rechtspflegern wahrgenommen werden müssen. Der Urkundsbeamte nimmt z. B. in der Geschäftsstelle Anträge und Erklärungen entgegen. Es ist nämlich auch möglich, ohne Rechtsanwalt, Anträge selbst beim Gericht zu stellen.

Auch Ladungen und Zustellungen, Sitzungsniederschriften und Ausfertigungen von gerichtlichen Entscheidungen werden von ihm übernommen. Die wichtigste organisatorische Aufgabe ist dabei das Führen der Akten sowie der Registratur.

2.3.2 Gerichtsvollzieher

Um als Gerichtsvollzieher tätig zu werden, kommen Berufstätige in Betracht, die in einem wirtschaftlich und/oder juristischen Berufsfeld tätig sind, z. B. verbeamtete Personen des mittleren Justizdiensts, des allgemeinen mittleren Diensts, Justizfachangestellte, Bankkaufleute, Rechtsanwalts- und Notarfachangestellte sowie Steuerfachangestellte. Diese bilden sich damit zum Gerichtsvollzieher weiter. In Baden-Württemberg erfolgt seit 01.09.2016 die Ausbildung zum Gerichtsvollzieher in einem dualen Studiengang, welcher mit dem Bachelor abschließt.

Ein sechsmonatiger Vorbereitungslehrgang soll hierbei Einblick in das Berufsfeld und die entsprechenden Aufgaben und Probleme geben. Danach schließt sich eine 18-monatige Fortbildung an. Diese wird in einen theoretischen Lehrgang von ca. vier Monaten und einem praxisorientierten Teil bei einem Gerichtsvollzieher für ca. zehn Monate untergliedert.

Anschließend ist der Gerichtsvollzieher auch verbeamtete Person des mittleren Justizvollzugsdiensts und somit Teil der Rechtspflege.

Der Gerichtsvollzieher ist in einem ihm zugewiesenen Amtsgerichtsbezirk zuständig. Jedes Amtsgericht besitzt eine Gerichtsvollzieherverteilerstelle, die die entsprechenden Vollstreckungsangelegenheiten sammelt und diese dann dem jeweiligen Gerichtsvollzieher übergibt.

 Hinweis: Der Gerichtsvollzieher kann auch direkt von der Partei bzw. deren Rechtsanwalt beauftragt werden. Sofern diesen der zuständige Gerichtsvollzieher nicht bekannt ist, leitet die Gerichtsvollzieherverteilerstelle den Auftrag weiter bzw. gibt Auskunft über die benötigten Daten (Name, Anschrift und ggf. Sprechzeiten).

Die Rechtsgrundlagen seiner Tätigkeiten sind in der Zivilprozessordnung (ZPO), dem Gerichtsverfassungsgesetz (GVG) und in der Gerichtsvollzieherordnung (GVO) beschrieben.

Seine Hauptaufgabe ist die Vollstreckung von Titeln, wie z.B. Urteilen und Vollstreckungsbescheiden, sowie die Zustellung amtlicher Schriftstücke.

vgl. LF 12, (ReFa, ReNo)

Hauptsächlich werden durch den Gerichtsvollzieher Geldforderungen vollstreckt, aber auch die Herausgabe von Gegenständen, Räumungen von Wohnungen oder Pfändungen können durch ihn durchgesetzt werden. Dabei hat der Gerichtsvollzieher eine Vielzahl von Befugnissen. Sollte der Gerichtsvollzieher pfändbare Gegenstände beim Schuldner auffinden, wird dieser Gegenstand mit einem Pfandsiegel versehen, welches nicht entfernt werden darf.

Sollte eine Pfändung oder Beschlagnahme beim Schuldner nicht möglich sein, kann der Gerichtsvollzieher die Vermögensauskunft abnehmen. Hierbei muss der Schuldner sein ganzes Vermögen offenbaren und auch seine vollständigen Schulden angeben. Seine allgemeinen und wirtschaftlichen Verhältnisse werden dabei protokolliert und dem Gläubiger übermittelt. Dieser kann durch diese Informationen gezielt weitere Zwangsvollstreckungsmaßnahmen ergreifen. Der Schuldner wird auf Antrag in das Schuldnerverzeichnis beim jeweiligen Amtsgericht eingetragen.

2.3.3 Staatsanwalt

Ein weiterer Teil der Rechtspflege ist die Anklagebehörde. Dazu zählt die **Staatsanwaltschaft**. Sie ist die Behörde, die für die Strafverfolgung und -vollstreckung zuständig ist. Sie ist ein dem Gericht gleichgeordnetes Organ der Strafrechtspflege, dem die Strafverfolgung und Mitwirkung im Strafverfahren obliegt.

Nur die Staatsanwaltschaft kann wegen einer Straftat Anklage erheben, abgesehen von der Privatklage (= Verfahren, in dem der Verletzte als Ankläger anstelle der Staatsanwaltschaft auftritt, z. B. im Fall von Hausfriedensbruch). Sie ist die sog. „Herrin des Ermittlungsverfahrens", d. h., nur sie leitet das entsprechende Ermittlungsverfahren. Nach § 152 GVG bedient sich die Staatsanwaltschaft zur Erfüllung dieser Aufgabe der Polizei als Ermittlungsorgan.

Dabei ist der **Staatsanwalt** der oberste Vertreter der Anklage bei Gericht, d. h., er vertritt den Staat vor Gericht. Auch er ist eine verbeamtete Person des höheren Justizdiensts. Er ist ein Volljurist und besitzt ebenfalls die Befähigung zum Richteramt. Der Staatsanwalt ist weisungsgebunden und unterliegt uneingeschränkt der Dienstaufsicht der Vorgesetzten (§ 144 GVG).

Bei der Staatsanwaltschaft gibt es folgende Hierarchie in den **Ländern**:

Über die jeweiligen Maßnahmen muss der Staatsanwalt somit dem ihm übergeordneten Staatsanwalt Bericht erstatten. Einzig der Geschäftsverteilungsplan der einzelnen Gerichte entscheidet über den zuständigen Staatsanwalt in der jeweiligen Angelegenheit.

Zu den Aufgaben des Staatsanwalts gehören z.B.:

• Erforschung des Sachverhalts

• Aufklärung, ob ein hinreichender Tatbestand für eine Anklage vorliegt

• Beweismittel finden, sammeln und prüfen

Auf **Bundesebene** werden Staatsanwälte beim Bundesgerichtshof durch die Bundesanwaltschaft gestellt. Der Generalbundesanwalt ist auf dem Gebiet des Staatsschutzes oberste Strafverfolgungsbehörde Deutschlands. In allen schwerwiegenden Staatsschutzstrafsachen übt er das Amt als Staatsanwalt aus, die die innere oder äußere Sicherheit in besonderem Maß betreffen. Dazu zählen politisch motivierte Delikte, wie z.B. terroristische und rechtsextremistische Gewalttaten, Landesverrat oder Spionage.

Der Generalbundesanwalt und die Bundesanwälte werden auf Vorschlag des Bundesjustizministeriums auf Lebenszeit ernannt. Auch sie sind verbeamtet.

Zusammenfassung

rechtsberatende Organe	rechtsprechende Organe	weitere Rechtspflege-organe bei den Gerichten
• Rechtsanwalt • Patentanwalt • Notar • Steuerberater • Wirtschaftsprüfer	• Richter • Rechtspfleger	• Urkundsbeamter der Geschäftsstelle • Gerichtsvollzieher • Staatsanwalt

◀◀ **Wiederholung und Vertiefung** _____

1. Erklären Sie kurz die Voraussetzungen zur Befähigung zum Richteramt.
2. Welche Personen der Rechtspflege besitzen die Befähigung zum Richteramt?
3. Nennen Sie die einschlägigen Gesetze, welche die Rechtsgrundlage für die Personen der Rechtspflege darstellen.
4. Nennen Sie zu den folgenden Tätigkeiten die Personen der Rechtspflege:
   a) Zustellung und Vollstreckungen
   b) Bearbeitung des Mahnverfahrens
   c) Ladung von Zeugen
   d) Beurkundung von Testamenten
   e) Einreichung von Anklagen
   f) Verteidigung des Angeklagten
   g) Sprechen des Urteils

3 Rechtswege

vgl.
LF 1,
Kap. 3.3
und 3.4

Als Rechtsweg bezeichnet man den Zugang zu den Gerichtsbarkeiten. Dabei kann jede Person den Rechtsweg beschreiten, wenn sie bestimmte Forderungen gegen andere natürliche oder juristische Personen geltend machen möchte oder sie sich durch die öffentliche Gewalt in seinen Rechten verletzt sieht (Grundlage der Rechtsstaatlichkeit). Dabei ist es jedoch wichtig, das jeweils richtige Gericht „anzurufen", um unnötige Verweisungen zu vermeiden oder Forderungen noch vor der ggf. drohenden Verjährung geltend machen zu können.

Der Rechtsweg findet seine Grundlage in Art. 19 Abs. 4 GG und lautet wie folgt:

> „Wird jemand durch die öffentliche Gewalt in seinen Rechten verletzt, so steht ihm der Rechtsweg offen. Soweit eine andere Zuständigkeit nicht begründet ist, ist der ordentliche Rechtsweg gegeben."

Diese sog. Rechtsweggarantie garantiert somit einen effektiven Rechtsschutz des Einzelnen.

Lernsituation

Als Annika Sauer eines Morgens mit der Bahn zur Arbeit fährt, hört sie dort in den Nachrichten, dass das Bundesverfassungsgericht ein Gesetz für verfassungswidrig erklärt hat. Dies erzählt sie, als sie in der Kanzlei angekommen ist, gleich Julia Hoffmann. Sie ist etwas durcheinander, da sie dachte, dass dies nur der europäische Gerichtshof darf. Die beiden vereinbaren, Marion Webermann in der Pause darauf anzusprechen. Diese ist nämlich gerade in einer Besprechung und hatte Annika Sauer und Julia Hoffmann mehrere Aufgaben auf ihren Tisch gelegt.

Annika Sauer erhält die Aufgabe, neue Akten anzulegen. In der Sache Lehmann GmbH ./. Stadt Berlin soll sie wegen einer Ablehnung der Baugenehmigung das richtige Gericht mit aufnehmen. In einer anderen Angelegenheit wegen einer Kaufpreiszahlung von 6 500,00 € erhält sie den Hinweis, dass das richtige Gericht in Berlin mit aufzunehmen sei und es hier auch schon ein Aktenzeichen des Gerichts gibt. Dies sei auch besonders wichtig, damit die Akte bei Gericht zugeordnet werden kann.

Julia Hoffmann soll für den Mandanten Nobert Kaiser, der die Rechtsanwältin Dr. Annette Neumann beauftragt hat, gegen den vom Finanzamt Hamburg erlassenen Einkommensteuerbescheid vorzugehen, die Akte anlegen und alle in Frage kommenden Beteiligten vorsichtshalber mit aufnehmen.

Arbeitsaufträge:

a) Recherchieren Sie in Zweiergruppen mithilfe des Internet die Hauptaufgaben des Europäischen Gerichtshofs.

b) Wie ist der Europäische Gerichtshof aufgebaut?

c) Stellen Sie zusammen, zu welchen Lebensbereichen das Bundesverfassungsgericht und ein von Ihnen gewähltes Landesverfassungsgericht in den letzten fünf Jahren Urteile gefällt haben. Stellen Sie in Zweiergruppen der Klasse einen Fall vor.

d) Stellen Sie alle Gerichte Ihrer Stadt zusammen und geben Sie an, für welche Angelegenheiten das jeweilige Gericht angerufen werden muss.

e) Überprüfen Sie die These: „Es wird immer erst das Amtsgericht tätig. Erst nachdem dieses ein Urteil gefällt hat, geht die Angelegenheit an das Landgericht."

f) Überlegen Sie gemeinsam, wie in der Angelegenheit Norbert Kaiser ./. Finanzamt Hamburg vorgegangen werden kann und welche Beteiligten aufzunehmen sind.

g) Welches Gericht wäre für eine eventuelle Klage zuständig? Zu welcher Gerichtsbarkeit zählt dieses Gericht?

h) Vergleichen Sie untereinander Ihre Ergebnisse.

i) Reflektieren Sie anschließend Ihr Wissen.

3.1 Europäische Gerichtsbarkeit

Mit dem einprägsamen Satz

„Europarecht bricht Bundesrecht."

lässt sich verdeutlichen, dass die europäische Gerichtsbarkeit über der ordentlichen Gerichtsbarkeit der Bundesrepublik Deutschland steht.

Die Europäische Gemeinschaft hat folgende Rechtsprechungsorgane:

Europäisches Gericht

Das Europäische Gericht (EuG) hat seinen Sitz in Luxemburg und besteht derzeit aus 28 Richtern. Jeder Mitgliedsstaat ist dabei durch einen Richter vertreten.

Das Europäische Gericht ist gem. Art. 256 AEU (Vertrag über die Arbeitsweise der Europäischen Union) in erster Instanz u. a. zuständig für

• Klagen, die ein Mitgliedsstaat z. B. wegen Unzuständigkeit, Verletzung wesentlicher Formvorschriften oder Verletzung der Verträge erhebt oder

• Klagen von natürlichen oder juristischen Personen gegen Maßnahmen der Gemeinschaftsorgane.

Gericht für den öffentlichen Dienst der Europäischen Union

Dem Europäischen Gericht ist ein Gericht für den öffentlichen Dienst der Europäischen Union beigeordnet. Dieses ist das einzige Fachgericht der Europäischen Union. Es hat seinen Sitz ebenfalls in Luxemburg und besteht aus sieben Richtern.

Es ist für folgende Verfahren zuständig:

• Streitigkeiten zwischen der Europäischen Union und ihren Beamten oder sonstigen Bediensteten

▶ Beispiel: Der Beamte Mathis Marchand, der bei der Europäischen Kommission arbeitet, wurde bei der Beförderung übergangen. Hiermit ist er nicht einverstanden und verklagt seinen Arbeitgeber.

• Streitigkeiten zwischen den verschiedenen Einrichtungen und ihrem Personal

▶ Beispiel: Luna Favre klagt gegen ihren Arbeitgeber, die Europäische Investitionsbank, auf Schadenersatz. Sie ist nicht damit einverstanden, dass ihr Arbeitgeber sie bei der Besetzung einer höherrangigen Stelle übergangen hat.

Europäischer Gerichtshof

Der Europäische Gerichtshof (EuGH) mit Sitz in Luxemburg ist das oberste rechtsprechende Organ der Europäischen Union (EU). Er wahrt das Recht bei der Auslegung und Anwendung von Verträgen.

Gemeinsam mit dem Gericht der Europäischen Union und dem Gericht für den öffentlichen Dienst der Europäischen Union bildet der EuGH das Gerichtssystem der EU. Die Wahrung einer einheitlichen Auslegung des Rechts ist die Hauptaufgabe des EuGH.

▶ Beispiel: Der EuGH entschied am 11.01.2000, dass Art. 12 a Abs. 4 des deutschen Grundgesetzes gegen die EU-Richtlinie zur beruflichen Gleichstellung von Mann und Frau verstößt. In Art. 12 a Abs. 4 GG war geregelt, dass Frauen auf keinen Fall zum Dienst mit der Waffe verpflichtet werden dürfen.

Aufgrund einer Vielzahl von Mitgliedsstaaten kann die Amtssprache vor dem EuGH jede Sprache sein. Die Entscheidung trifft dabei die anklagende Partei. Damit wird sichergestellt, dass jedes Mitglied der EU in seiner Sprache Rechtshandlungen vornehmen kann.

Hinweis: Dadurch, dass jeder Mitgliedsstaat seine Sprache verwenden darf, unterhalten das EuG und der EuGH einen gemeinsamen Übersetzungsdienst. Die Übersetzer verfügen alle über eine abgeschlossene juristische Ausbildung. Sie werden als „Sprachjuristen" (= „Lawyer-Linguists") bezeichnet. Weiterhin unterhält der EuGH für den Fall einer mündlichen Verhandlung einen eigenen Dolmetscherdienst.

3.2 Verfassungsgerichtsbarkeit

Die Verfassungsgerichtsbarkeit gehört zur besonderen Gerichtsbarkeit, steht jedoch über allen anderen Gesetzen der Bundesrepublik Deutschland.

Sie wird vom Bundesverfassungsgericht (BVerfG) mit Sitz in Karlsruhe und den Verfassungsgerichten der Länder ausgeübt. Diese überprüfen die Verfassungsmäßigkeit vor allem von Gesetzen mit der bestehenden Verfassung.

vgl. LF 1, Kap. 3.4

Sollte ein Gesetz für nicht vereinbar mit der Verfassung gehalten werden, kann es als verfassungswidrig erklärt werden.

So erklärte das Bundesverfassungsgericht beispielsweise am 24.03.2021 (Az.: 1 BvR 2656/18) Teile des Klimaschutzgesetzes für verfassungswidrig, da hierdurch Freiheitsrechte zukünftiger Generationen verletzt würden.

Eine Veröffentlichung aus dem Jahr 2019 wird über die Internetseite des Bundestags geführt. (abrufbar unter: www.bundestag.de/resource/blob/274408/55f0885b7fb0f4a39cdc69a96ecb664d/Kapitel_10_06_F__r_nichtig_oder_verfassungswidrig_erkl__rte_Bundesgesetze-pdf-data.pdf [08.08.2022])

Die Verfassungsgerichte sind selbstständig und unabhängig gegenüber

- dem Bundespräsidenten, dem Bundestag und der Bundesregierung sowie
- den Ministerpräsidenten, den Landtagen und den Landesregierungen.

Die Hauptaufgaben der Verfassungsgerichte liegen in der Kontrolle der Staatsgewalten, die Prüfung der Verfassungsmäßigkeit von Gesetzen und der Fortentwicklung des Verfassungsrechts.

3.2.1 Bundesverfassungsgericht

Das Bundesverfassungsgericht ist ein Gericht und gleichzeitig ein Verfassungsorgan, welches 1951 gegründet wurde. Es wird als „Hüterin der Verfassung" bezeichnet. Es besteht aus zwei Senaten mit jeweils acht Richtern. Jeder Senat hat dabei eine genau festgelegte Zuständigkeit. Diese wird im BVerfGG (Gesetz über das Bundesverfassungsgericht) festgeschrieben. Die eine Hälfte der Richter wird vom Bundesrat, die andere Hälfte vom Bundestag gewählt. Die Amtszeit beträgt, anders als bei einem Richter an einem ordentlichen Gericht, nur zwölf Jahre. Eine Wiederwahl ist ausgeschlossen.

In Art. 13 BVerfGG werden alle Angelegenheiten benannt, für die das Bundesverfassungsgericht angerufen werden kann. Diese Aufzählung ist dabei abschließend und stellt keine Beispielnennungen dar.

Auf der Internetseite des Bundesverfassungsgerichts wird die Verfassungsbeschwerde (= außerordentlicher Rechtsbehelf, mit dem Personen, Vereine, Parteien u. a. eine Verletzung ihrer Grundrechte durch ein bestehendes/geplantes Gesetz geltend machen können) als die häufigste Verfahrensart beschrieben. Die Summe der Verfahren insgesamt hat sich von anfänglichen 500 Beschwerden jährlich auf mittlerweile über 5 500 Verfahren pro Jahr gesteigert, vgl.: www.bundesverfassungsgericht.de/DE/Verfahren/Wichtige-Verfahrensarten/wichtige-verfahrensarten_node.html (Stand: 01.08.2022).

Dabei nimmt die Verfassungsbeschwerde über 96 % aller Verfahren vor dem Bundesverfassungsgericht ein.

Weitere Verfahren sind z. B.:

- **Kommunalverfassungsbeschwerde**
  Als Kommunalverfassungsbeschwerde wird das Verfahren bezeichnet, in dem Gemeinden wegen einer Verletzung des Rechts auf Selbstverwaltung durch ein Gesetz (= Übertragung von Verwaltungsaufgaben) das Bundesverfassungsgericht anrufen können. Ein solcher Fall liegt z. B. vor, wenn sich die Gemeinde gegen eine Verordnung des Lands wehrt, mit der sie zwangsweise einer Verwaltungsgemeinschaft zugeordnet werden soll.

- **Normenkontrolle**

  Hierunter ist die Überprüfung von Rechtsnormen (= Rechtsvorschrift, also eine gesetzliche Regelung), zu verstehen. Das Bundesverfassungsgericht überprüft, ob die Rechtsnormen mit höherrangigem Recht vereinbar sind. So waren beim Bundesverfassungsgericht vor einigen Jahren beispielsweise Verfahren zum Schwangerschaftsabbruch oder zur Kriegsdienstverweigerung anhängig.

- **Organstreitigkeiten zwischen den Bundesorganen**

  Hierunter werden verfassungsrechtliche Streitigkeiten über den Umfang der Rechte und Pflichten oberster Verfassungsorgane oder deren Mitglieder bezeichnet. Über eine Organstreitigkeit entscheidet das Bundesverfassungsgericht. Sie liegt z.B. dann vor, wenn sich der Deutsche Bundestag gegen den Bundespräsidenten wendet, der sich weigert, ein formell verfassungsgemäßes Gesetz zu unterzeichnen.

- **Parteiverbot**

  Unter Parteiverbot wird das Verbot einer politischen Partei, ihrer politischen Tätigkeiten und ihrer Unter- und Nachfolgeorganisationen verstanden. In den letzten Jahren gab es z.B. schon den vermehrten Versuch die NPD als Partei verbieten zu lassen.

- **Wahlprüfung**

  Als Wahlprüfung wird das Verfahren bezeichnet, in dem die Rechtmäßigkeit und Gültigkeit einer Wahl überprüft wird. In der Bundesrepublik Deutschland wird die Bundestagswahl durch einen Wahlprüfungsausschuss überprüft. Das Bundesverfassungsgericht entscheidet im Fall einer Wahlprüfungsbeschwerde. Sofern diese begründet ist, wird das Ergebnis ganz oder teilweise geändert bzw. eine erneute Durchführung der Wahl angeordnet.

- **Präsidentenanklage**

  Als Präsidentenanklage wird das Verfahren zur Anklage von vorsätzlichen Verletzungen des Grundgesetzes oder eines anderen Bundesgesetzes durch den Bundespräsidenten bezeichnet. Hierüber entscheidet das Bundesverfassungsgericht auf Antrag des Deutschen Bundestags oder des Bundesrats. Dieses Verfahren kann dazu führen, dass der Bundespräsident seines Amts enthoben wird.

Die Entscheidungen sind endgültig und unanfechtbar, d.h., alle Staatsorgane sind somit an die Entscheidung gebunden.

Da das Grundgesetz den Rahmen der Überprüfung bestimmt, haben die Entscheidungen demnach Einfluss auf die politische Entfaltung, sodass die Machtverhältnisse der Politik verfassungsmäßig eingeschränkt und kontrolliert werden.

3.2.2 Verfassungsgerichte der Länder

Dadurch, dass die Staatsgewalt zwischen dem Bund und den einzelnen Bundesländern aufgeteilt ist, haben die Länder ihre eigene Verfassung und eine eigene Landesgesetzgebung. Die Verfassungsgerichte der Länder stehen dabei selbstständig neben dem Bundesverfassungsgericht:

Baden-Württemberg	Staatsgerichtshof für das Land Baden-Württemberg	Stuttgart
Bayern	Bayerischer Verfassungsgerichtshof	München
Berlin	Verfassungsgerichtshof des Lands Berlin	Berlin
Brandenburg	Verfassungsgericht des Lands Brandenburg	Potsdam
Bremen	Staatsgerichtshof der Freien Hansestadt Bremen	Bremen
Hamburg	Hamburgisches Verfassungsgericht	Hamburg
Hessen	Staatsgerichtshof des Lands Hessen	Wiesbaden
Mecklenburg-Vorpommern	Landesverfassungsgericht Mecklenburg-Vorpommern	Greifswald
Niedersachsen	Niedersächsischer Staatsgerichtshof	Bückeburg
Nordrhein-Westfalen	Verfassungsgerichtshof für das Land Nordrhein-Westfalen	Münster
Rheinland-Pfalz	Verfassungsgerichtshof Rheinland-Pfalz	Koblenz
Saarland	Verfassungsgerichtshof des Saarlands	Saarbrücken
Sachsen	Verfassungsgerichtshof des Freistaats Sachsen	Leipzig
Sachsen-Anhalt	Landesverfassungsgericht Sachsen-Anhalt	Dessau-Roßlau
Schleswig-Holstein	Schleswig-Holsteinisches Landesverfassungsgericht	Schleswig
Thüringen	Thüringer Verfassungsgerichtshof	Weimar

Die Landesverfassungsgerichte überprüfen die Vereinbarkeit der Landesgesetze mit der Landesverfassung. Da die einzelnen Verfassungsgerichte der Länder selten angerufen werden, sind die dortigen Richter oftmals noch als Berufsrichter an anderen Gerichten tätig.

3.3 Ordentliche Gerichtsbarkeit

Die ordentliche Gerichtsbarkeit regelt folgende Zuständigkeiten:

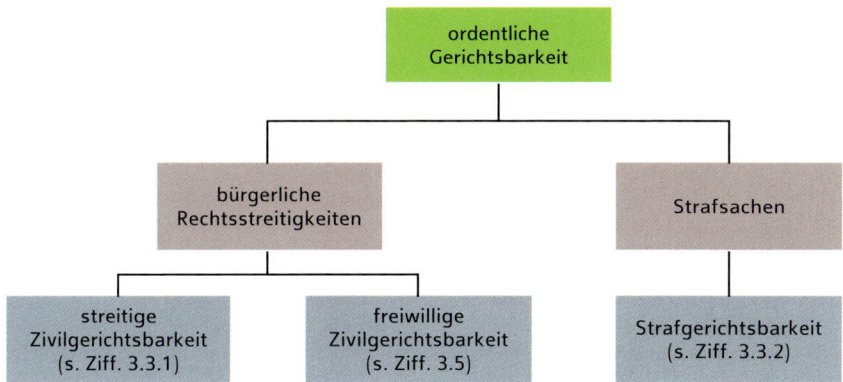

Soll nun Klage bei Gericht eingereicht werden, müssen zuerst folgende Fragen beantwortet werden:

- Welches Gericht ist sachlich zuständig?
- Welches Gericht ist örtlich zuständig?

§ 12 GVG (Gerichtsverfassungsgesetz) benennt dabei die Gerichte der ordentlichen Gerichtsbarkeit:

3.3.1 Streitige Zivilgerichtsbarkeit

In der streitigen Zivilgerichtsbarkeit stehen sich Kläger und Beklagter in einem Rechtsstreit vor Gericht gegenüber.

Sachliche Zuständigkeit

Um die sachliche Zuständigkeit treffend festzustellen, muss zunächst herausgefunden werden, was genau für eine Sache vorliegt, z. B. eine Nachbarschaftsstreitigkeit, ein Verkehrsunfall oder eine Scheidung.

Nach § 1 ZPO regelt das Gerichtsverfassungsgesetz die sachliche Zuständigkeit der Gerichte. Diese richtet sich nach Art und Umfang der Streitigkeit. In erster Instanz ist entweder das Amtsgericht oder das Landgericht sachlich zuständig.

Amtsgericht (AG)

Dem Amtsgericht steht ein Einzelrichter vor (§ 22 Abs. 1 GVG). Es ist in verschiedene Abteilungen wie z. B. Registergericht oder Familiengericht gegliedert.

Das Amtsgericht befasst sich gem. § 23 GVG mit folgenden bürgerlichen Rechtsstreitigkeiten:

Zu den Streitigkeiten, die ohne Rücksicht auf den Streitwert dem Amtsgericht zugewiesen sind, gehören gem. §§ 23, 23 a GVG z. B.:

- Streitigkeiten über Ansprüche aus einem Mietverhältnis über Wohnraum oder über den Bestand eines solchen Mietverhältnisses (§ 23 Nr. 2 a GVG)

  ▶ Beispiel: Der Mieter Ulrich Schmitt zahlt die vereinbarte monatliche Miete seit zwei Monaten nicht mehr. Der Vermieter Gerhard Leis klagt den rückständigen Betrag in Höhe von 650,00 € beim zuständigen Amtsgericht ein.

- Streitigkeiten zwischen z. B. Reisenden und Wirten (§ 23 Nr. 2 b GVG)

  ▶ Beispiel: Julia Landgraf mietet mehrere Tage mit ihrem Freund eine kuschelige Almhütte. Sie verbringen dort ein Romantikwochenende. Bei der Abreise zahlt sie den Preis der Hütte in Höhe von 300,00 € nicht. Der Wirt klagt den Betrag von 300,00 € beim zuständigen Amtsgericht ein.

- Streitigkeiten wegen Wildschadens (§ 23 Nr. 2 d GVG)

  ▶ Beispiel: Marlies Hulle läuft ein Reh vor das Auto. Die Versicherung weigert sich, den entstandenen Schaden in Höhe von 1 200,00 € zu übernehmen. Marlies Hulle klagt den entstandenen Schaden beim zuständigen Amtsgericht ein.

- Familiensachen (§ 23 a Abs. 1 Nr. 1 GVG) und
- Angelegenheiten der freiwilligen Gerichtsbarkeit (§ 23 a Abs. 1 Nr. 2 GVG).

vgl.
LF 1,
Kap. 3.5

Bei den Amtsgerichten werden gem. § 23 b GVG Abteilungen für Familiensachen gebildet. Sofern mehrere Abteilungen in Familiensachen gebildet werden, sollen die Familiensachen, die denselben Personenkreis betreffen, auch derselben Abteilung zugewiesen werden (§ 23 b Abs. 2 S. 1 GVG).

▶ **Beispiel:** Die Ehescheidung von Silvia und Gustav Hein ist bereits rechtshängig, als Silvia Hein noch auf Zahlung von Kindesunterhalt für das gemeinsame Kind Stefanie Hein klagt. Die Unterhaltsklage, die bei einer anderen Abteilung anhängig ist, ist von Amts wegen an die Abteilung der Ehesache abzugeben (§ 23 b Abs. 2 S. 2 GVG).

Das Amtsgericht ist daneben noch streitwertunabhängig für eine Vielzahl weiterer Angelegenheiten zuständig, die nicht in den §§ 23, 23 a GVG genannt werden. Dazu zählen z. B.
- das Mahnverfahren gem. § 689 ZPO,
- das selbstständige Beweisverfahren in Fällen dringender Gefahr gem. § 486 ZPO und
- Vollstreckungssachen gem. § 764 ZPO.

Landgericht (LG)

Das Landgericht wird in der Regel mit einem vorsitzenden Richter und weiteren Richtern besetzt (§ 59 GVG). Nach §§ 348, 348 a ZPO kommt auch eine Übertragung des Rechtsstreits auf den Einzelrichter in Betracht. Das Landgericht ist in Zivil- und Strafkammern gegliedert (§ 60 GVG).

Es befasst sich gem. §§ 71, 72 GVG mit folgenden Angelegenheiten:

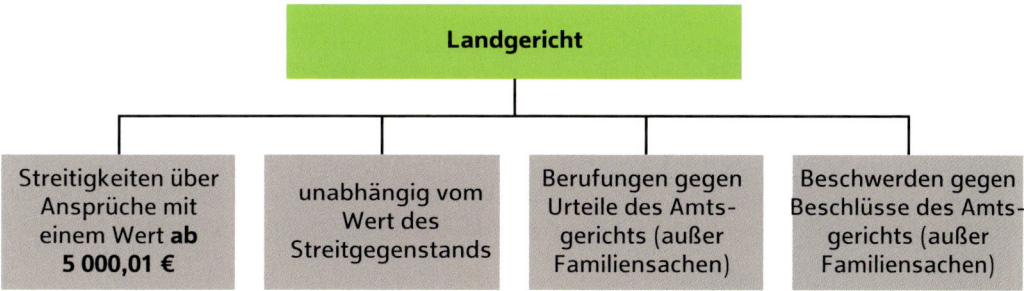

Zu den Streitigkeiten, die ohne Rücksicht auf den Streitwert dem Landgericht zugewiesen sind, gehören gem. § 71 GVG z. B.:
- Ansprüche aufgrund des Beamtengesetzes
- Ansprüche gegen Richter und Beamte wegen Überschreitung ihrer amtlichen Befugnisse

Besonderheit: Kammer für Handelssachen

Die Landesregierungen sind verpflichtet, beim Landgericht, für den Landgerichtsbezirk oder für örtlich abgegrenzte Teile davon, **Kammern für Handelssachen** zu bilden (§ 93 Abs. 1 GVG). Ist bei einem Landgericht eine Kammer für Handelssachen gebildet, so tritt diese Kammer in Handelssachen an die Stelle der Zivilkammer (§ 94 GVG). Zu den Handelssachen gehören gem. § 95 GVG z. B. Streitigkeiten zwischen Kaufleuten, Wechsel-, Scheck- und Urkundenprozesse.

Sollte der Kläger die Klage fälschlicherweise bei der Kammer für Handelssachen anhängig gemacht haben und das Gericht rügt die Unzuständigkeit, kann nur der Beklagte den Antrag auf Verweisung an die Zivilkammer stellen (§ 97 GVG). Sollte der Beklagte den Verweisungsantrag nicht stellen, kann das Gericht von Amts wegen selbst verweisen (§ 97 Abs. 2 GVG).

Sollte die Klage anstatt an die Kammer für Handelssachen, an die Zivilkammer gerichtet werden, erfolgt keine Verweisung von Amts wegen (§ 98 Abs. 3 GVG). Wird hier also kein entsprechender Antrag gestellt, wird rügelos vor der Zivilkammer verhandelt, obwohl die Angelegenheit als Handelssache gilt.

 Merke: Vor dem Landgericht herrscht Anwaltszwang (§ 78 ZPO). Sollte sich also der Beklagte in einem solchen Verfahren nicht durch einen Rechtsanwalt vertreten lassen, reicht dies schon aus, um ein Versäumnisurteil zu erhalten. Sinn und Zweck dieser Regelung ist es, die Gerichte zu entlasten, da eine Überprüfung der Erfolgsaussichten durch den Rechtsanwalt im Vorhinein erfolgen sollte.

Örtliche Zuständigkeit

 vgl. LF 10, Kap. 2.2.2

Die örtliche Zuständigkeit bestimmt den Ort des Gerichts, das für den Rechtsstreit zuständig ist.

Dabei unterscheidet die ZPO den allgemeinen, den besonderen, den ausschließlichen und den vereinbarten Gerichtsstand:

Allgemeiner Gerichtsstand

Die Regelungen zum allgemeinen Gerichtsstand finden sich in den §§ 12–19 a ZPO. Dabei regelt § 12 ZPO, dass der allgemeine Gerichtsstand nur dann begründet ist, wenn kein ausschließlicher Gerichtsstand in Frage kommt. Die nachfolgend aufgeführten allgemeinen Gerichtsstände sind die wohl am häufigsten vorkommenden:

 vgl. LF 4, Kap. 3.1.1

Gemäß § 12 ZPO ist das Gericht, bei dem eine **natürliche Person** ihren allgemeinen Gerichtsstand hat, örtlich für die gegen ihn zu erhebende Klage zuständig. § 13 ZPO definiert den allgemeinen Gerichtsstand dabei als den **Wohnsitz** der betroffenen Person.

▶ Beispiel: Sina Meyer, wohnhaft in Berlin, wird von Jan Ludwig aus München auf eine noch offene Forderung in Höhe von 3 000,00 € verklagt. Die örtliche Zuständigkeit bestimmt sich nach dem Wohnsitz von Sina Meyer, der Beklagten. Hier wäre das Amtsgericht (Streitwert < 5 000,00 €) Berlin örtlich zuständig.

Sollte die zu verklagende **natürliche Person** **keinen Wohnsitz** haben, ist der **letzte bekannte Aufenthaltsort im Inland** maßgebend. Sollte ein solcher nicht bekannt sein, wird der letzte Wohnsitz der Person als allgemeiner Gerichtsstand bestimmt (§ 16 ZPO).

▶ Beispiel: Tina Reichel hat eine noch offene Forderung in Höhe von 850,00 € gegen ihre ehemals beste Freundin Klara Gans. Diese hat derzeit keinen Wohnsitz. Zuletzt wohnte sie in Dortmund. Hier wäre somit das Amtsgericht (Streitwert < 5 000,00 €) Dortmund örtlich zuständig.

Eine weitere Regelung enthält § 17 ZPO für **juristische Personen**. Der allgemeine Gerichtsstand von Personengesellschaften, Genossenschaften und Vereinen sowie von Stiftungen, Anstalten und Vermögensmassen u. a. wird durch ihren **Sitz** bestimmt. Als Sitz gilt, wenn nichts anderes bestimmt ist, der Ort, an dem die Verwaltung geführt wird.

▶ Beispiel: Der deutschlandweite Verein „Ein Teddybär für jedes Krankenhaus e. V." hat aufgrund seiner Größe in jeder größeren Stadt mit einer entsprechenden Uni-Klinik einen Sitz, z. B. in Berlin, Frankfurt, Köln. Die Gesamtverwaltung wird aber zentral von München geführt. Nun verklagt der Stoffhändler Hubert den Verein auf Zahlung offener Bestellungen in Höhe von 5 100,00 €. Da der Verein die Verwaltung in München führt, ist für diesen Rechtsstreit das Landgericht (Streitwert > 5 000,01 €) München zuständig.

Auch der **Fiskus**, also der Staat, hat einen allgemeinen Gerichtsstand. Dieser wird durch den **Sitz** der Behörde bestimmt, die den Fiskus in dem jeweiligen Rechtsstreit vertritt (§ 18 ZPO).

▶ Beispiel: Ruth Hamppel ist in München verstorben. Ihr Neffe Norbert Hamppel, der einzige noch lebende Verwandte, hat die Erbschaft ausgeschlagen, sodass der Fiskus, der Freistaat Bayern, gem. § 1936 BGB Erbe geworden ist. Norbert Hamppel hat, bis die Angelegenheit geklärt war, zunächst die Beerdigungskosten von 3 560,00 € übernommen. Diesen Betrag möchte er nun vom Freistaat Bayern ersetzt bekommen, der dies außergerichtlich bislang verweigert hat, sodass Klage geboten war. Örtlich zuständig ist hier das Amtsgericht (Streitwert < 5 000,00 €) München.

Besonderer Gerichtsstand

Neben dem allgemeinen Gerichtsstand gibt es noch den besonderen Gerichtsstand. In der ZPO werden in den §§ 21–34 die besonderen Gerichtsstände definiert. Dabei sind die nachfolgend aufgeführten besonderen Gerichtsstände wohl die am häufigsten in der Praxis vorkommenden:

- **§ 20 ZPO**
  Besonderer Gerichtsstand des Aufenthaltsorts:
  Dies ist vor allem für Studierende, Auszubildende oder Haushaltshilfen interessant. Oftmals wird die Berufsausbildung an einem anderen Ort, als dem Wohnort, absolviert. Für diese Zeit ist der Aufenthaltsort für die örtliche Zuständigkeit ausschlaggebend.

  ▶ Beispiel: Lina Sturm hat sich für ein Studium in Passau entschieden. Dafür zieht sie nun von Heidenheim nach Passau. Ihr Telefonanbieter hat jedoch noch erhebliche Forderungen in Höhe von 520,00 € offen, welche er nun bei Gericht gegen Lina Sturm geltend machen möchte. Die Klage muss daher nun am Aufenthaltsort Passau beim Amtsgericht Passau eingereicht werden (Streitwert < 5.000,00 €).

- **§ 21 ZPO**
  Besonderer Gerichtsstand der Niederlassung:
  Sollte eine Fabrik eine Niederlassung haben, von der aus unmittelbar Geschäfte geschlossen werden, ist der Ort, an dem sich die Niederlassung befindet, maßgebend.

  ▶ Beispiel: Der Elektrowarenhersteller E-Tech AG hat seinen Stammsitz in Gelsenkirchen. Niederlassungen betreibt er in Hamburg und Dresden. Die Elektro Heinemann GmbH ist Kundin bei der Niederlassung in Dresden. Da die gelieferten Waren trotz erfolgter Nachbesserung fehlerhaft sind, tritt sie vom Kaufvertrag zurück. Da der Betrag von 8 155,00 € trotz mehrfacher Aufforderung nicht erstattet wurde, sieht sich die Firma Elektro Heinemann GmbH gezwungen, gerichtlich gegen den Elektrowarenhersteller E-Tech AG vorzugehen. Zuständig ist hierbei das Landgericht (Streitwert > 5 000,01 €) Dresden, da der Vertrag mit der Niederlassung in Dresden geschlossen wurde.

- **§ 32 ZPO**
  Besonderer Gerichtsstand der unerlaubten Handlung:
  Hier bestimmt der Ort, an dem die unerlaubte Handlung (= rechtswidriges, schuldhaftes Verhalten) begangen wurde, die örtliche Zuständigkeit des Gerichts.

  ▶ Beispiel: In der Fußgängerzone in Neustadt an der Weinstraße wird gerade ein Lkw entladen. Dabei wird der Fußgänger Karl Gut aus Bielefeld verletzt. Ihm entstand ein Schaden von 900,00 €. Hier wäre das Amtsgericht (Streitwert < 5 000,00 €) Neustadt an der Weinstraße örtlich zuständig.

Ausschließlicher Gerichtsstand

Die ZPO regelt auch eine Vielzahl von ausschließlichen, also zwingend vorgeschriebenen, Gerichtsständen. Die nachfolgend genannten ausschließlichen Gerichtsstände sind die wohl am häufigsten vorkommenden:

- § 24 ZPO

  Ausschließlicher dinglicher Gerichtsstand:

  Für Klagen, durch die das Eigentum, eine dingliche Belastung (z. B. Hypothek, Grundschuld) oder die Freiheit einer solchen geltend gemacht wird und sofern es sich um eine unbewegliche Sache handelt, ist das Gericht ausschließlich zuständig, in dessen Bezirk die Sache gelegen ist. Dies bedeutet nichts anderes, als dass der Ort von Immobilien maßgebend ist.

  ▶ Beispiel: Zacharias Huber aus Bremen kauft von Ulrike Gast aus Hamburg ein Grundstück in Delmenhorst. Den Kaufpreis in Höhe von 255 000,00 € zahlt Zacharias Huber jedoch nicht. Ulrike Gast muss die Klage beim Landgericht (Streitwert > 5 000,01 €) Oldenburg (zuständig für Delmenhorst) einreichen.

- § 29 a ZPO

  Ausschließlicher Gerichtsstand bei Miet- oder Pachträumen:

  Auch hier ist der Bezirk, in dem sich der Miet- oder Pachtgegenstand befindet, maßgebend.

  ▶ Beispiel: Martin Lust aus Hameln hat das Restaurant „Zum Schenkwirt" in Hannover von Luise List aus Bad Nenndorf gepachtet. Da Martin Lust die vereinbarte Pacht seit Monaten nicht bezahlt und auf entsprechende Aufforderungen nicht reagiert, will ihn Luise List nun auf die rückständige Pacht in Höhe von 1 550,00 € verklagen. Sie muss die Klage beim Amtsgericht (Streitwert < 5 000,00 €) Hannover einreichen.

Vereinbarter Gerichtsstand (= Gerichtsstandsvereinbarung)

Grundsätzlich ist eine Gerichtsstandsvereinbarung verboten. Jedoch finden sich in § 38 ZPO bestimmt Fälle, in denen eine solche Vereinbarung dennoch getroffen werden kann.

- **Abs. 1:** Vertragsparteien sind Kaufleute, juristische Personen des öffentlichen Rechts oder öffentlich-rechtliche Sondervermögen
- **Abs. 2:** Mindestens einer der Vertragsparteien hat keinen allgemeinen Gerichtsstand im Inland und die Vereinbarung wird schriftlich geschlossen
- **Abs. 3:** Für alle anderen Personen („im Übrigen"), d. h., Personen, die keine Kaufleute oder juristische Personen (wie in Absatz 1 benannt), sind, kann eine Vereinbarung nur zulässig geschlossen werden, wenn:
  - sie nach Entstehung der Streitigkeit möglich ist oder
  - wenn der Beklagte seinen Wohnsitz ins Ausland verlegt.

Die Gerichtsstandsvereinbarung, die nur für Gerichte der ersten Instanz zulässig ist (§ 38 Abs. 2 ZPO), muss sich auf ein ganz bestimmtes Rechtsverhältnis beziehen (§ 40 Abs. 1 ZPO). Weiterhin muss eine vermögensrechtliche Streitigkeit vorliegen (§ 40 Abs. 2 ZPO) und es darf kein ausschließlicher Gerichtsstand begründet sein.

Wahl unter mehreren Gerichtsständen

Sofern mehrere Gerichtsstände möglich sind, hat der Kläger die Wahl (§ 35 ZPO). Er kann sich sozusagen das örtlich zuständige Gericht aussuchen.

Sollte das Gesetz jedoch einen ausschließlichen Gerichtsstand vorsehen, so ist dieser zwingend zu wählen, d.h., es ist keine Auswahl mehr möglich, sondern der Rechtsstreit darf an keinem anderen Gericht geführt werden.

 Merke: Sollte der Kläger ein örtlich falsches Gericht angerufen haben und stellt er nach Hinweis des Gerichts keinen Verweisungsantrag, muss die Klage als unzulässig abgewiesen werden!

 Tipp: Sollten in der Praxis Unsicherheiten bzgl. der örtlichen Zuständigkeit auftreten, kann über die Internetseite: **www.gerichtsverzeichnis.de** die entsprechende Postleitzahl und der Ort eingegeben werden. Danach erhält man eine Auflistung aller in Frage kommenden Gerichte. Hier ist jedoch Vorsicht geboten, da keine Vorauswahl bzgl. der Streitigkeit getroffen werden kann. Es werden demnach nicht nur die ordentlichen Gerichte angezeigt.

Instanzenzug

In Zivilsachen können im Rahmen der Instanzenzüge verschiedene Möglichkeiten der sachlichen Zuständigkeit gegeben sein. Grundsätzlich ist das Oberlandesgericht in zweiter und der Bundesgerichtshof in dritter Instanz zuständig.

vgl. LF 11

Definition: Unter Instanzenzug wird die Möglichkeit verstanden, die Gerichte in einer bestimmten Reihenfolge anzurufen. Dies bedeutet, dass, wenn die Voraussetzungen vorliegen, die im Prozess (zum Teil) unterlegene Partei die Möglichkeit hat, nach Einlegung eines Rechtsmittels (z.B. Berufung, Revision; Sprungrevision) die Angelegenheit von einem höheren Gericht überprüfen zu lassen.

Als Rechtsmittel bezeichnet man die Anfechtung gerichtlicher Entscheidungen, die dann in der nächsthöheren Instanz entschieden werden. Durch die Einlegung der verschiedenen Rechtsmittel wird die Rechtskraft der anzufechtenden Entscheidung gem. § 705 ZPO gehemmt.

Die **Berufung** ist ein Rechtsmittel zumeist gegen eine Entscheidung des Gerichts erster Instanz. Mit ihr können durch das Vorbringen neuer Beweismittel oder Tatsachen rechtliche als auch tatsachenbezogene Rügen verfolgt werden. Demnach kann das Gericht die Beweiserhebung noch einmal wiederholen, wenn dies in der ersten Instanz noch nicht vorgebracht werden konnte und keine Präklusion (Ausschluss bestimmter Rechte und Rechtshandlungen) vorliegt.

Gemäß § 511 Abs. 2 ZPO ist die Berufung nur statthaft, wenn der Wert des Beschwerdegegenstands 600,00 € überschreitet oder die Berufung im Urteil zugelassen wurde.

Im Gegensatz dazu kann die **Revision** nur auf einen Rechtsfehler des angefochtenen Urteils gestützt werden. Hierbei wird genau geprüft, ob die zustande gekommene Entscheidung auf formellen oder materiellen Fehlern beruht. Grundsätzlich werden keine Beweise mehr erhoben.

Jedoch ist dieses Rechtsmittel nur zulässig, wenn es gem. § 543 ZPO im Berufungsurteil auch zugelassen wurde oder, wenn die Rechtssache grds. Bedeutung hat oder die Fortbildung des Rechts oder die Sicherung einer einheitlichen Rechtsprechung eine Entscheidung des Revisionsgerichts erfordert.

Die **Sprungrevision** ist ein Rechtsmittel gegen Entscheidungen der unteren Gerichte, wie z. B. das Amtsgericht, Arbeitsgericht, Sozialgericht, Verwaltungsgericht. Die zweite Instanz wird durch die Einlegung dieses Rechtsmittels übersprungen. Demnach wird die Rechtssache gleich an das jeweilige letztinstanzliche Gericht, wie z. B. Bundesgerichtshof, Bundesarbeitsgericht, Bundessozialgericht, Bundesverwaltungsgericht, abgegeben.

Nach § 566 ZPO ist die Sprungrevision zulässig, wenn der Gegner in die Übergehung der Berufungsinstanz eingewilligt und das entsprechende Revisionsgericht die Sprungrevision auch zugelassen hat.

Oberlandesgericht (OLG)

Das Oberlandesgericht wird mit einem vorsitzenden Richter und weiteren Richtern besetzt (§ 115 GVG). Im Regelfall entscheidet das Oberlandesgericht mit drei Richtern unter Einschluss des Vorsitzenden, § 122 GVG. Es werden Zivilsenate gebildet (§ 116 GVG).

Es befasst sich gem. § 119 GVG mit folgenden Angelegenheiten:

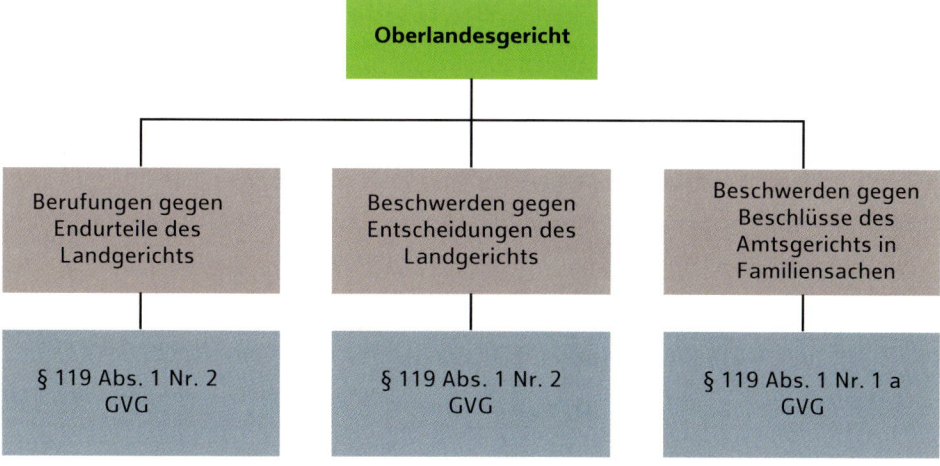

Merke: Vor dem Oberlandesgericht herrscht Anwaltszwang (§ 78 ZPO).

Bundesgerichtshof (BGH)

Der Bundesgerichtshof mit Sitz in Karlsruhe ist das oberste deutsche Gericht und die letzte Instanz in der streitigen Zivilgerichtsbarkeit. Ein Rechtsmittel gegen die Entscheidung des Bundesgerichtshofs gibt es also nicht.

Der Bundesgerichtshof wird mit einem vorsitzenden Richter und vier Beisitzern besetzt (§ 139 Abs. 1 GVG). Er ist in Senate gegliedert.

Er befasst sich gem. § 133 GVG mit folgenden Angelegenheiten:

 Merke: Vor dem Bundesgerichtshof müssen sich die Parteien durch einen beim Bundesgerichtshof zugelassenen Rechtsanwalt vertreten lassen (§ 78 ZPO). Die Spezialisierung dient vor allem der qualifizierten Bearbeitung.

Zur Rechtsanwaltschaft beim Bundesgerichtshof wird nur zugelassen, wer
- das 35. Lebensjahr vollendet hat,
- den Rechtsanwaltsberuf mindestens fünf Jahre ohne Unterbrechung ausgeübt hat und
- durch einen Wahlausschuss, bestehend aus der Präsidentin des Bundesgerichtshofs, den Vorsitzenden der Zivilsenate sowie den Mitgliedern der Präsidien der Bundesrechtsanwaltskammer und der Rechtsanwaltskammer beim Bundesgerichtshof, benannt wird.

Derzeit sind beim Bundesgerichtshof 46 Rechtsanwälte zugelassen. Die genaue Auflistung findet sich auf der Homepage des Bundesgerichtshofs (www.bundesgerichtshof.de).

Folgende Instanzenzüge sind gegeben:

1. Instanzenzug beginnend mit dem AG – Verfahren bis 5 000,00 €

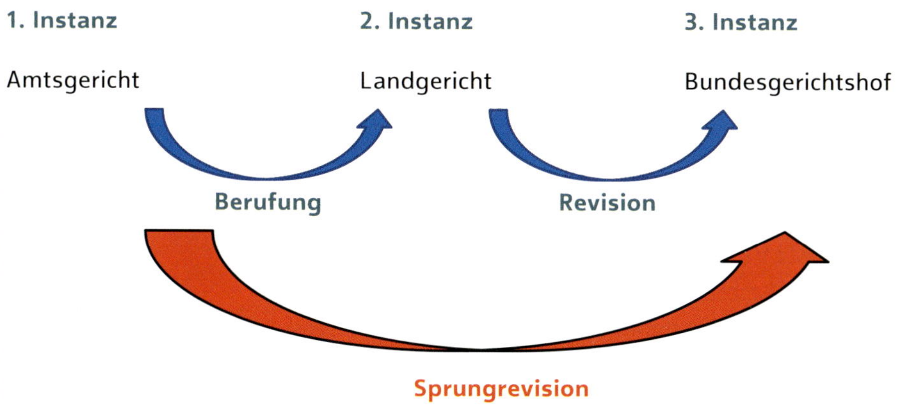

1. Instanz	2. Instanz	3. Instanz
Amtsgericht	Landgericht	Bundesgerichtshof

Berufung Revision

Sprungrevision

2. Instanzenzug beginnend ab dem LG – Verfahren ab 5 000,01 €

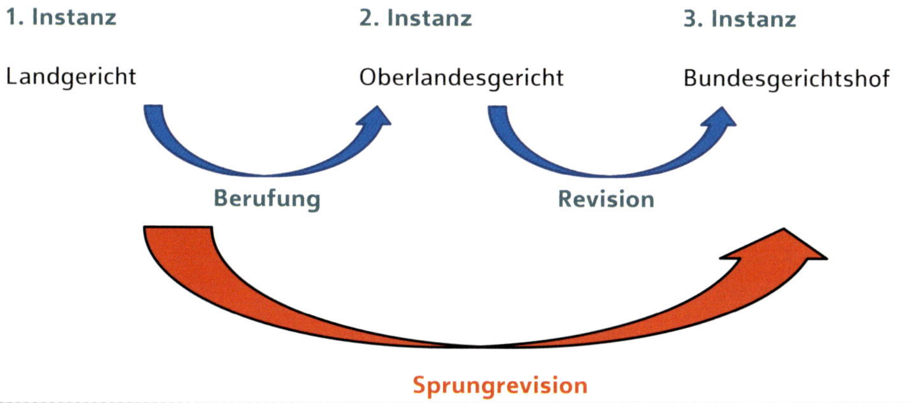

1. Instanz	2. Instanz	3. Instanz
Landgericht	Oberlandesgericht	Bundesgerichtshof

Berufung Revision

Sprungrevision

 Hinweis: Ausführungen zu den Rechtsbehelfen und Rechtsmitteln finden sich im Kapitel zum Lernfeld 11 im Band für das 3. Ausbildungsjahr (ReFa und ReNo).

3.3.2 Freiwillige Zivilgerichtsbarkeit

Die freiwillige Gerichtsbarkeit, bei der der Staat eine ordnende und vorsorgende Funktion einnimmt, gehört zur ordentlichen Zivilgerichtsbarkeit. Jedoch ist die freiwillige Gerichtsbarkeit verfahrensrechtlich von der streitigen Zivilgerichtsbarkeit zu trennen.

Im Gegensatz zur streitigen Zivilgerichtsbarkeit wird hier keine Klage eingereicht. Das Gericht der freiwilligen Gerichtsbarkeit entscheidet aufgrund eines Antrags des Antragstellers oder von Amts wegen. Aufgrund dessen gibt es auch keine Kläger und Beklagte, sondern nur Beteiligte bzw. den Antragsteller und den Antragsgegner.

Der Verfahrensgrundsatz ist hier die Amtsermittlung, d.h., das Gericht entscheidet selbst darüber, welche Beweismittel herangezogen werden sollen oder welche Ermittlungen durchgeführt werden. Die gerichtliche Entscheidung nennt sich auch nicht Urteil, sondern Beschluss.

Angelegenheiten der freiwilligen Gerichtsbarkeit sind neben den Familiensachen auch gem. § 23 a GVG z.B.
- Nachlasssachen (Nachlassgericht),
- Registersachen, wie Vereins-, Güterrechts- und Handelsregister,
- Betreuungssachen (Betreuungsgericht),
- Grundbuchsachen (Grundbuchamt).

Der Instanzenzug in Familiensachen unterscheidet sich von dem in der streitigen Zivilgerichtsbarkeit:

1. Instanz	2. Instanz	3. Instanz
Amtsgericht	Oberlandesgericht	Bundesgerichtshof

Beschwerde §§ 58 ff. FamFG   Rechtsbeschwerde §§ 70 ff. FamFG

3.3.3 Strafgerichtsbarkeit

Im Unterschied zur Zivilgerichtsbarkeit steht hier der Staat als Ankläger dem Bürger gegenüber. Die Bezeichnung ist je nach Verfahrensstand Beschuldigter, Angeschuldigter oder Angeklagter.

Sachliche Zuständigkeit

Die sachliche Zuständigkeit in Strafsachen lässt sich nicht nach einem Streitwert wie im Zivilverfahren bestimmen, sondern folgt einem anderen Aufbau. Auch die Instanzenzüge sind hier eine Besonderheit und dringend zu beachten.

Amtsgericht

vgl. LF 14 (ReFa) Kap. 7.4

Das Amtsgericht (AG) in Strafsachen entscheidet als Schöffengericht und ist mit einem Berufsrichter und zwei Schöffen besetzt. Wird die Sache im Weg der Privatklage verfolgt oder ist keine Freiheitsstrafe von mehr als zwei Jahren zu erwarten, dann entscheidet der Richter beim Amtsgericht als Strafrichter.

Das Amtsgericht in Strafsachen ist gem. § 24 GVG für folgende Angelegenheiten zuständig:

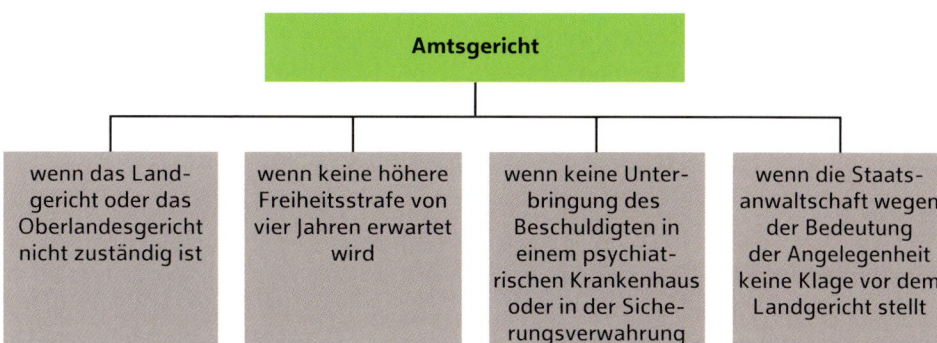

Landgericht

Angelegenheiten der **ersten Instanz** vor dem Landgericht (LG) werden vor der großen Strafkammer verhandelt. Diese ist mit drei Richtern und zwei Schöffen besetzt.

Die Strafkammern befassen sich nach § 74 GVG mit folgenden Angelegenheiten:

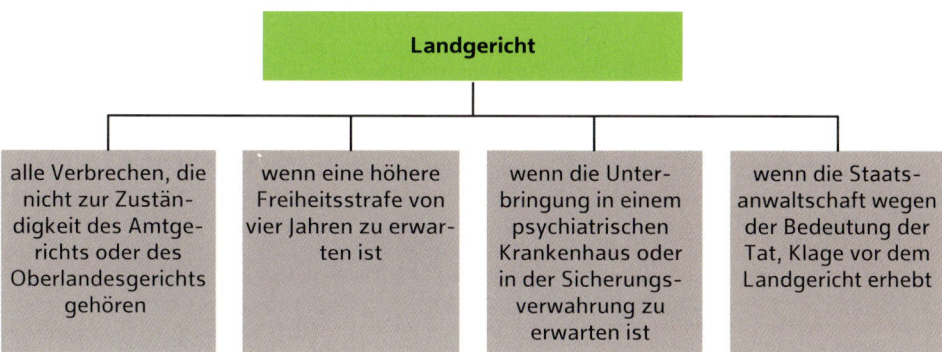

Für die in § 74 Abs. 2 GVG genannten Verbrechen wird die Sache vor der Strafkammer als Schwurgericht verhandelt.

▶Beispiel: Kapitalverbrechen wie Mord gem. § 74 Abs. 2 Nr. 4 GVG, Totschlag gem. § 74 Abs. 2 Nr. 5 GVG.

In der **zweiten Instanz** entscheidet eine kleine Strafkammer über die Berufung gegen die Urteile des Strafrichters und des Schöffengerichts beim Amtsgericht. Diese ist dann mit einem Richter und zwei Schöffen besetzt.

Besonderheit

Auch in Strafsachen hat das Landgericht spezielle Kammern eingerichtet. Dies ist zum einen die Strafkammer als Staatsschutzkammer gem. § 74 a GVG. Vor ihr werden z. B. Straftaten des Friedensverrats oder der Verschleppung verhandelt.

Zum anderen versteht sich die Strafkammer nach § 74 c GVG als Wirtschaftskammer, vor welcher Straftaten bei Vergehen gegen das Patentgesetz oder gegen das Lebensmittelrecht verhandelt werden.

Oberlandesgericht

Das Oberlandesgericht (OLG) in Strafsachen entscheidet durch einen Strafsenat, der mit fünf Richtern besetzt ist, § 122 Abs. 2 S. 1 GVG.

Nach § 120 GVG ist das Oberlandesgericht für folgende Angelegenheiten zuständig:

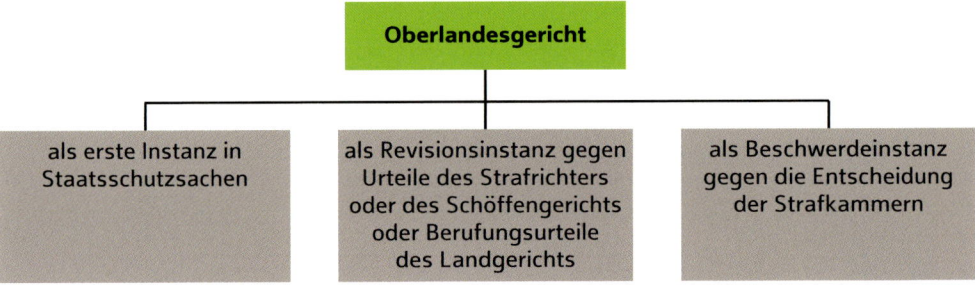

Zu den Straftaten gegen die Sicherheit des Lands gehören z. B. der Hoch- und Landesverrat nach §§ 81-83, 94 StGB und auch terroristische Aktivitäten.

In zweiter Instanz ist der Senat mit drei Berufsrichtern besetzt.

Bundesgerichtshof

Die fünf Strafsenate des Bundesgerichtshofs (BGH) sind mit je fünf Richtern besetzt. Jedem der fünf Senate sind Revisionen aus bestimmten Oberlandesgerichtsbezirken zugeteilt.

Gemäß § 135 GVG befasst sich der BGH mit folgenden Angelegenheiten:

Örtliche Zuständigkeit

Die örtliche Zuständigkeit richtet sich im Strafverfahren entweder nach dem Tatort (§ 7 StPO), dem Wohnsitz des Angeschuldigten (§ 8 StPO) oder dem Ergreifungsort (§ 9 StPO). Sofern mehrere Gerichte nach diesen Vorschriften zuständig sind, wird gem. § 12 StPO das Verfahren an dem Ort geführt, an dem die Untersuchung der Straftat zuerst eröffnet wurde.

Instanzenzug

In Strafsachen können auch im Rahmen der Instanzenzüge verschiedene Möglichkeiten der sachlichen Zuständigkeit gegeben sein.

---

1. Möglichkeit

Straftaten mit einer zu erwartenden Freiheitsstrafe unter vier Jahren, keine Unterbringung in einem psychiatrischen Krankenhaus oder in der Sicherungsverwahrung sind zu erwarten.

1. Instanz	2. Instanz	3. Instanz
Amtsgericht	Landgericht	Oberlandesgericht (od. BGH gem. § 135 Abs. 1 GVG)

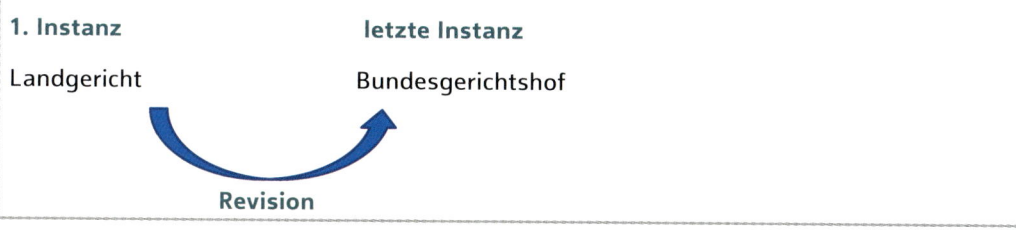

Berufung   Revision

Sprungrevision

---

2. Möglichkeit

Straftaten mit einer zu erwartenden Freiheitsstrafe von mehr als vier Jahren, Unterbringung in einem psychiatrischen Krankenhaus oder in der Sicherungsverwahrung sind zu erwarten:

1. Instanz	letzte Instanz
Landgericht	Bundesgerichtshof

Revision

 Hinweis: Eine Berufungsinstanz ist hier nicht möglich.
Das Oberlandesgericht ist nur für die in § 120 GVG genannten Angelegenheiten zuständig. Auch hier ist nur die Möglichkeit der Revision zum Bundesgerichtshof gegeben.

3.4 Besondere Gerichtsbarkeit

In Art. 95 GG ist geregelt, dass es neben der ordentlichen Gerichtsbarkeit noch die besondere Gerichtsbarkeit gibt:

- Arbeitsgerichtsbarkeit
- Sozialgerichtsbarkeit
- Finanzgerichtsbarkeit
- Verwaltungsgerichtsbarkeit

Zur besonderen Gerichtsbarkeit gehören noch folgende Gerichtsbarkeiten:

- **Patentgerichtsbarkeit** (Art. 96 Abs. 1 GG): Diese entscheidet über Angelegenheiten des gewerblichen Rechtsschutzes. In erster Instanz ist hier das Deutsche Patent- und Markenamt (Sitz in München) zuständig, in zweiter Instanz das Bundespatentgericht (Sitz in München). Letzte Instanz ist der Bundesgerichtshof.
- **Disziplinargerichtsbarkeit** (Art. 96 Abs. 4 GG). Diese entscheidet über Verletzungen der Dienstpflicht von Richtern, Bundesbeamten und Soldaten.

3.4.1 Arbeitsgerichtsbarkeit

 Die Arbeitsgerichtsbarkeit ist eine eigene Fachgerichtsbarkeit, die im Arbeitsgerichtsgesetz (ArbGG) ihre Rechtsgrundlage findet.

Die Arbeitsgerichtsbarkeit ist zuständig für Streitigkeiten am Arbeitsplatz. Hierzu gehören gem. §§ 2, 2 a ArbGG z.B.:

- Streitigkeiten zwischen Arbeitnehmer und Arbeitgeber, z.B. aus einem Arbeitsverhältnis oder über das Bestehen oder Nichtbestehen eines Arbeitsverhältnisses,

- Streitigkeiten zwischen Tarifvertragsparteien,
- Streitigkeiten zwischen Tarifparteien und Betriebsrat oder Arbeitgeber.

▶ Beispiel: Der Arbeitgeber, die Bäckerei Back oHG, hat Maja Kiesel den ihr zustehenden Lohn für den Monat September nicht überwiesen. Maja Kiesel fordert den Arbeitgeber hierzu nochmals auf. Als auch diese Aufforderung nicht zum gewünschten Erfolg führt, erhebt Maja Kiesel Klage beim Arbeitsgericht.

Grundsätzlich sind die Vorschriften der ZPO gem. § 46 Abs. 2 ArbGG anzuwenden. Jedoch gibt es einige Unterschiede, die zwischen dem Zivilgerichtsverfahren und dem Arbeitsgerichtsverfahren bestehen, da im Arbeitsgerichtsverfahren gem. § 9 ArbGG der **Beschleunigungsgrundsatz** noch stärker als im Zivilprozess gilt. Schnelles Handeln ist erforderlich, da es um den Arbeitsplatz und damit um die Lebenssicherung geht. Hierbei handelt es sich z. B. um folgende Unterschiede:

vgl. LF 10 Kap. 1.1.7

Zivilgerichtsbarkeit	Arbeitsgerichtsbarkeit
früher erster Termin gem. § 275 ZPO oder schriftliches Vorverfahren gem. § 276 ZPO	kein früher erster Termin und kein schriftliches Vorverfahren
Einlassungsfrist gem. § 274 ZPO: zwei Wochen	Einlassungsfrist gem. § 47 Abs. 1 ArbGG: eine Woche
Entscheidung ohne mündliche Verhandlung z. B. im schriftlichen Vorverfahren möglich	keine Entscheidung ohne mündliche Verhandlung

Instanzenzug der Arbeitsgerichtsbarkeit

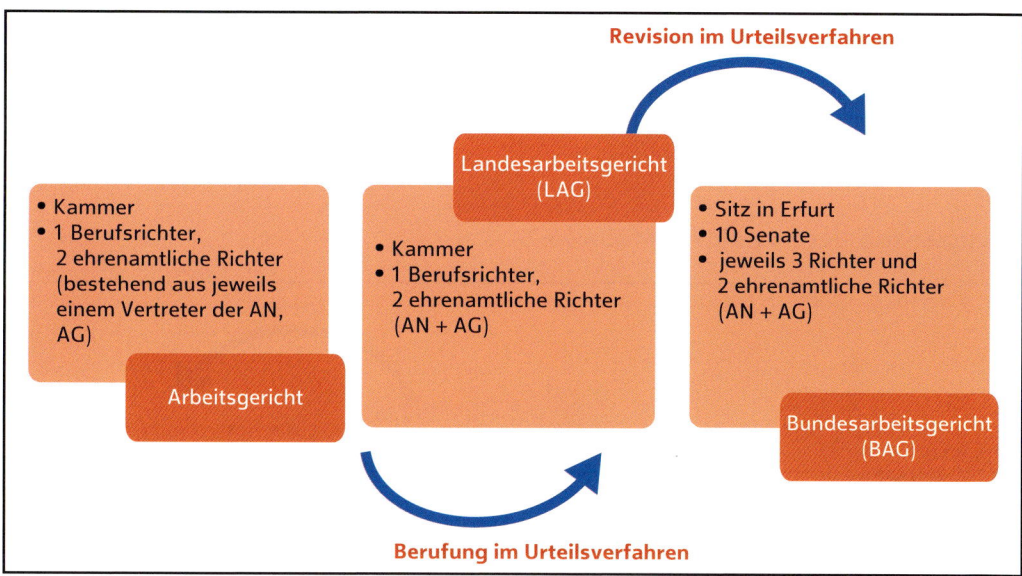

3.4.2 Sozialgerichtsbarkeit

Auch die Sozialgerichtsbarkeit ist eine eigenständige Gerichtsbarkeit, die in Angelegenheiten des Sozialrechts tätig wird. Hierzu gehören gem. § 51 SGG (Sozialgerichtsgesetz) alle öffentlich-rechtlichen Streitigkeiten, wie z. B.

vgl. LF 14, (ReFa), Kap. 1.5

• Angelegenheiten der Rentenver cherung,
• Angelegenheiten der Arbeitsförderung,

- Angelegenheiten der Unfallversicherung,
- Angelegenheiten der Sozialhilfe und des Asylbewerberleistungsgesetzes.

Eingeklagt werden kann der (vermeintliche) Anspruch jedoch erst, wenn dem Widerspruch gegen den ergangenen Bescheid mit dem Widerspruchsbescheid nicht abgeholfen wird.

▶ Beispiel: Sabine Müller bezieht Sozialhilfe. Das Landratsamt hat die Höhe der Sozialhilfe jedoch falsch festgesetzt. Da der eingelegte Widerspruch nicht den gewünschten Erfolg bringt, kann Sabine Müller Klage vor dem Sozialgericht erheben.

 Hinweis: Seit der Einführung von Arbeitslosengeld II (Hartz IV) wird die Sozialgerichtsbarkeit wesentlich häufiger angerufen als früher, da aufgrund der umfangreichen auszufüllenden Formulare und der einhergehenden Prüfung durch die Agentur für Arbeit entsprechend vermehrt Fehler auftreten können.

Durch die Sozialgerichtsbarkeit wird das in Art. 20 GG verankerte Sozialstaatsprinzip garantiert, nach dem jeder Bürger die Leistungen erhalten soll, die ihm in der Bundesrepublik Deutschland auch zustehen. Er soll weder bevorteilt werden, noch Nachteile bei der Berechnung von Sozialleistungen erleiden.

Instanzenzug der Sozialgerichtsbarkeit

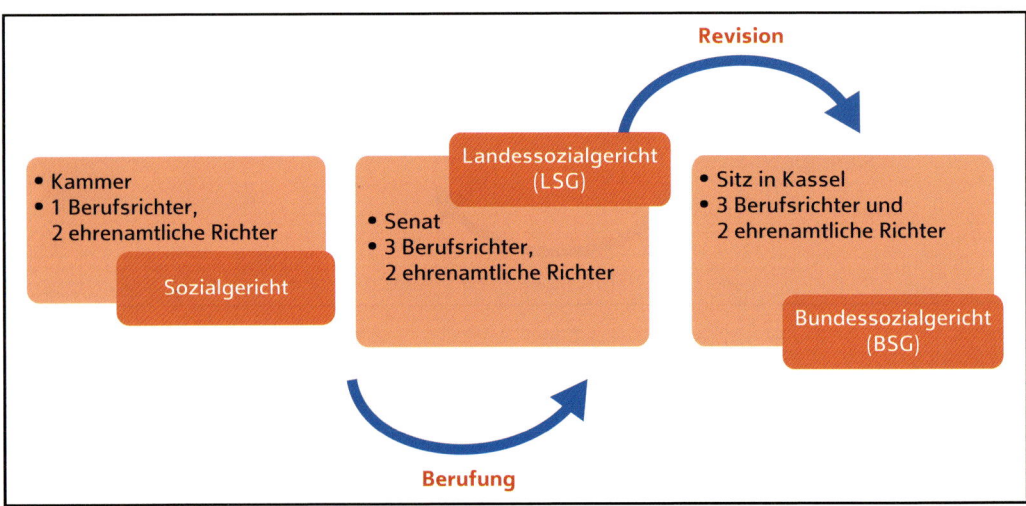

3.4.3 Finanzgerichtsbarkeit

Die Finanzgerichtsbarkeit entscheidet gem. § 33 FGO (Finanzgerichtsordnung) über abgaberechtliche Streitigkeiten. Hierzu gehören z.B. Klagen gegen Finanzämter wegen Steuerzahlungen und Klagen gegen das Hauptzollamt wegen der Festsetzung von Zöllen.

vgl. LF 14 (ReFa), Kap. 1.6

Eingeklagt werden kann der (vermeintliche) Anspruch jedoch erst, wenn dem Einspruch gegen den ergangenen Bescheid mit dem Einspruchsbescheid nicht abgeholfen wird.

▶ Beispiel: Yvonne Reichel hat vom Finanzamt einen Bescheid über die Festsetzung der Einkommensteuer erhalten. Sie ist mit der festgesetzten Nachzahlung nicht einverstanden und legt Einspruch gegen den Bescheid ein. Da dieser nicht zum gewünschten Erfolg führt, hat sie nun die Möglichkeit, Klage zu erheben.

Besonderheit bei der Finanzgerichtsbarkeit ist der zweistufige Aufbau der Instanzen. Es gibt hier keine Art Oberfinanzgericht. Somit gibt es gegen die Entscheidung des Finanzgerichts nur das Rechtsmittel der Revision, das beim Bundesfinanzhof eingereicht werden muss.

Instanzenzug der Finanzgerichtsbarkeit

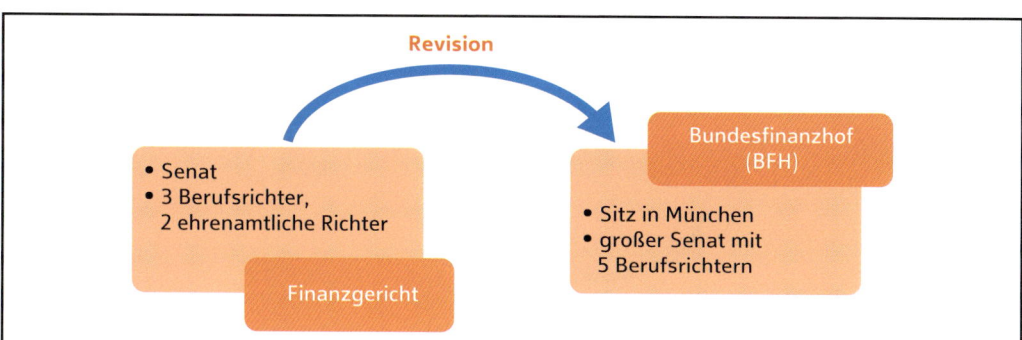

Revision

- Senat
- 3 Berufsrichter, 2 ehrenamtliche Richter

Finanzgericht

Bundesfinanzhof (BFH)
- Sitz in München
- großer Senat mit 5 Berufsrichtern

3.4.4 Verwaltungsgerichtsbarkeit

Die Verwaltungsgerichtsbarkeit ist für alle öffentlich-rechtlichen Streitigkeiten zuständig, die nicht anderen besonderen Gerichtsbarkeiten zugeordnet werden können (§ 40 VwGO =

vgl. LF 14, (ReFa), Kap. 1.4

Verwaltungsgerichtsordnung). Hierzu gehören z.B. Streitigkeiten im Baurecht, Gewerberecht, Polizei- und Sicherheitsrecht und Hochschulrecht.

Eingeklagt werden kann der (vermeintliche) Anspruch jedoch erst, wenn dem Widerspruch gegen den ergangenen Bescheid mit dem Widerspruchsbescheid nicht abgeholfen wird.

▶ Beispiel: Jürgen Kieswetter möchte neben seinem Haus ein Carport errichten. Das zuständige Bauamt hat seinen Bauantrag jedoch abgelehnt. Auch der hiergegen eingelegte Widerspruch führte nicht zum gewünschten Erfolg, sodass Jürgen Kieswetter nun gerichtlich vorgehen kann.

Durch die Verwaltungsgerichtsbarkeit wird die in Art. 19 Abs. 4 GG verlangte Überprüfbarkeit aller öffentlichen Akten garantiert. Sie bietet den Bürgerinnen und Bürgern Rechtsschutz, wenn sie glauben, durch eine Maßnahme der Verwaltung in einem ihrer Rechte verletzt worden zu sein. Dies bedeutet, dass sich in Verfahren vor der Verwaltungsgerichtsbarkeit die Partei und die Verwaltungsbehörde gegenüberstehen.

Instanzenzug der Verwaltungsgerichtsbarkeit

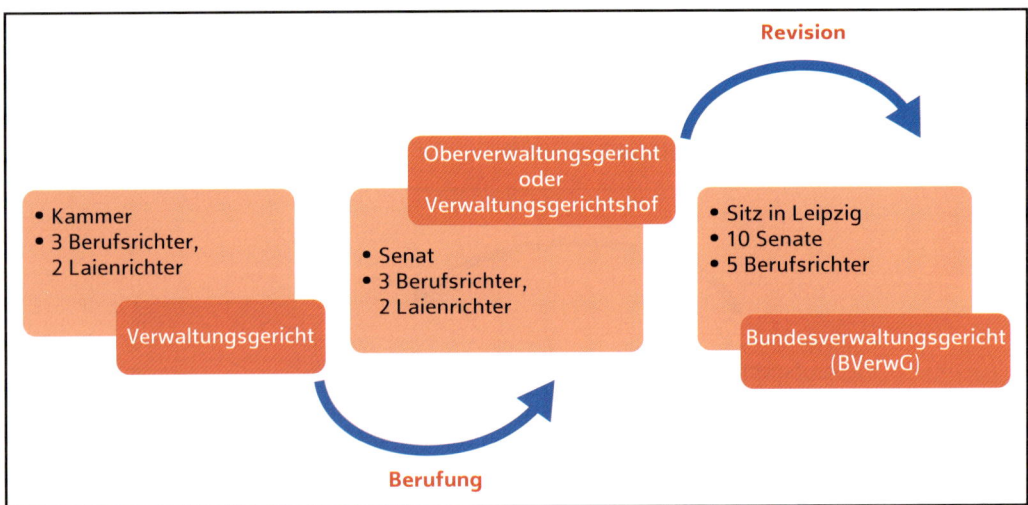

3.5 Aktenzeichen der Gerichte

Die Vergabe der gerichtlichen Aktenzeichen folgt einem ganz bestimmten Schema, dem sich eine Vielzahl von Informationen entnehmen lässt:

Zahl	Buchstabe	Zahl	Schräg-strich	Zahl
12	C	450	/	2020
Die erste Zahl kenn-zeichnet die zuständige Abteilung, die Kammer oder den Senat beim zuständigen Gericht.	Das Registerzeichen gibt Auskunft über das Rechtsgebiet der Angelegenheit und das zuständige Gericht.	laufende Nummer		Jahreszahl

Es gibt eine Vielzahl von verschiedenen Registerzeichen, z.B.:

Gerichtsbarkeit	Rechtsgebiet	Gericht	Register-zeichen
streitige Zivilgerichts-barkeit	Mahnverfahren	Amtsgericht	B
	Allgemeine Zivilsachen	Amtsgericht	C
		Landgericht	O
	Berufung in Zivilsachen	Landgericht	S
		Oberlandesgericht	U
	Revision	Bundesgerichtshof	ZR
freiwillige Gerichtsbarkeit	Familiensachen	Amtsgericht-Familiengericht	F
	Beschwerde in Familiensachen	Oberlandesgericht	UF
	Rechtsbeschwerde in Familiensachen	Bundesgerichtshof	ZB
Strafgerichts-barkeit	Strafbefehl	Amtsgericht	Cs
	Strafverfahren vor Einzel-richter	Amtsgericht	Ds
	Strafverfahren vor dem Schöffengericht	Amtsgericht	LS
	Große Strafkammer	Landgericht	KLs
	Schwurgerichtssachen	Landgericht	Ks
	Berufungsverfahren	Landgericht	Ns
	Revisionsverfahren	Oberlandesgericht	Ss
	Revisionsverfahren	Bundesgerichtshof	StR

Das Registerzeichen wird in dem jährlich von den einzelnen Gerichten aufzustellenden Geschäftsverteilungsplan (= Regelwerk, das bestimmt, wer für die Bearbeitung eines Falls zuständig ist) eingetragen. Danach wird dann der zuständige Richter bestimmt.

Zusammenfassung

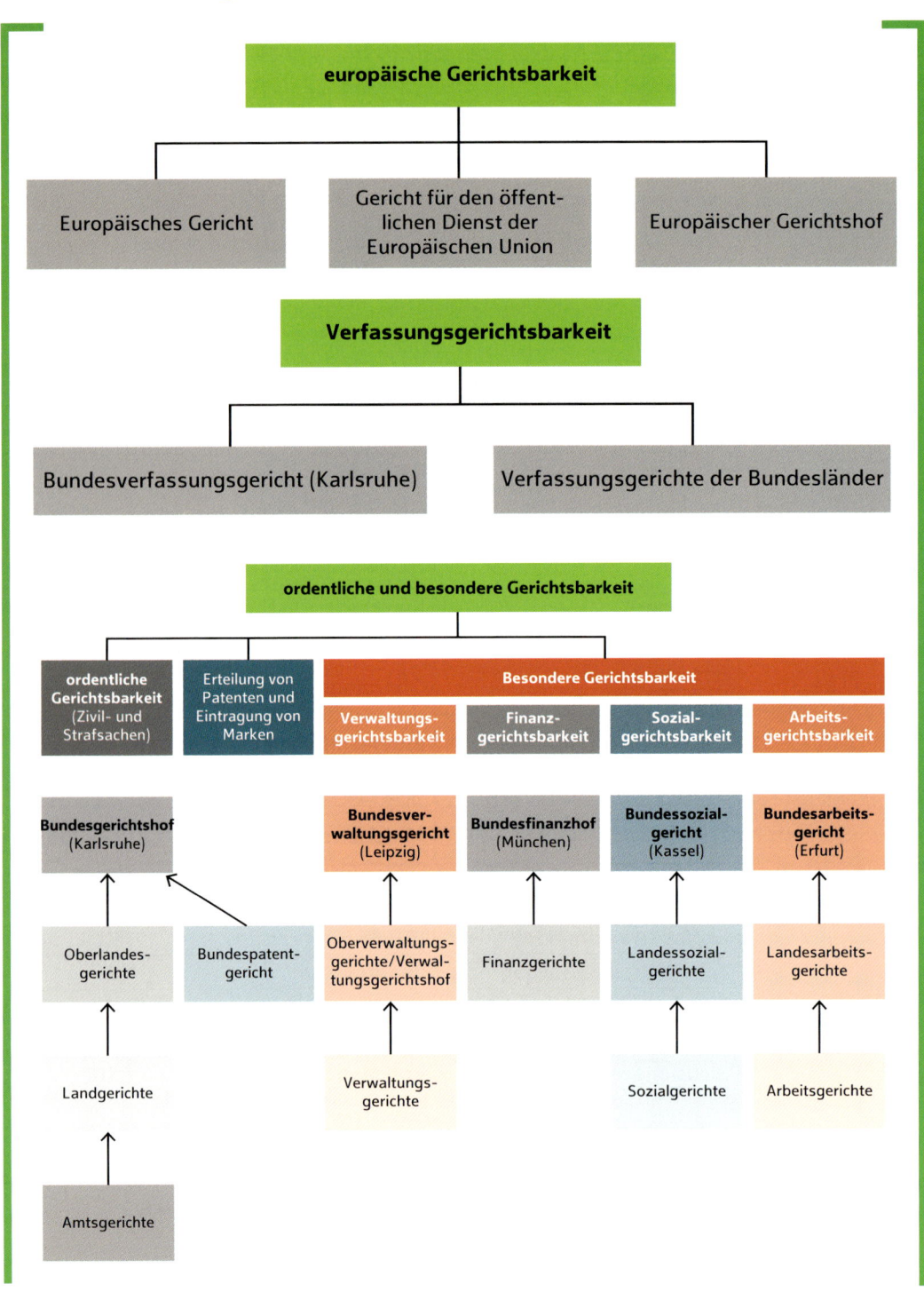

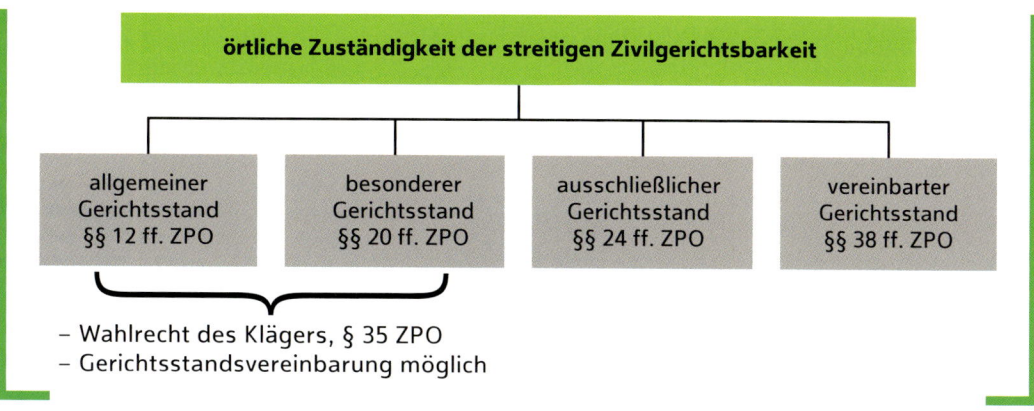

- Wahlrecht des Klägers, § 35 ZPO
- Gerichtsstandsvereinbarung möglich

◀◀ Wiederholung und Vertiefung

1. Wie werden die Verfassungsgerichte der Länder bezeichnet und wo haben sie ihren Sitz?
2. Wer oder was wird als die „Hüterin der Verfassung" bezeichnet? Nennen Sie die Quelle, in der ihre Zuständigkeiten genannt werden.
3. Erläutern Sie kurz den Aufbau der ordentlichen Gerichtsbarkeit.
4. Erläutern Sie die Funktion der Bundesgerichte innerhalb der ordentlichen Gerichtsbarkeit.
5. Welcher Streitwert ist entscheidend für die Zuständigkeit der ersten Instanz der ordentlichen Gerichtsbarkeit? Nennen Sie für folgende Fälle das sachlich zuständige Gericht:
   a) Klage gegen Mathias Graf wegen einer Geldforderung von 4 500,00 € aus einem Kaufvertrag.
   b) Klage auf Räumung einer privaten Wohnung, Streitwert 5 100,00 €
   c) Klage auf Räumung einer Redaktion (Gewerberaum), Streitwert: 12 000,00 €
6. Nennen Sie das jeweils zuständige Gericht:
   a) Kaufmann Ingo Alt erhebt Klage auf Zahlung von 6 000,00 € aus einer nicht bezahlten Bestellung von Waren gegen den Firmeninhaber Klaus Meyerl.
   b) Alfred Kauz erhebt nach erhaltener Kündigung die Kündigungsschutzklage.
   c) Gegen einen Bescheid der Bundesagentur für Arbeit auf Verweigerung der Leistung erhebt Heidi Mars nach erfolglosem Widerspruchsverfahren Klage beim zuständigen Gericht.
   d) Gegen den Kindergeldbescheid erhebt Anja Jung Klage.
   e) Die Eheleute Andy und Karin Feld wollen die Scheidung.
   f) Rudolf Schimmel erhält einen Steuerbescheid, bei dem die falschen Berechnungsgrundlagen angenommen wurden.
   g) Die Kleinfamilie Holz möchte ein Eigenheim bauen, erhält aber nicht die benötigte Baugenehmigung.

4 Die Beschäftigten einer Kanzlei

In einer Kanzlei arbeiten nicht nur ausgebildete Rechtsanwalts- und/oder Notarfachangestellte, sondern auch spezialisierte Fach- und Schreibkräfte, Studierende oder Referendarin-
nen und Referendare.

Lernsituation

Annika Sauer hat sich, bevor sie sich bei der Partnerschaft Dr. Neumann & Huber um den freien Ausbildungsplatz beworben hat, darüber informiert, welche Kenntnisse und Fähigkeiten sie während der Ausbildung erwerben wird. Aber nicht allein das war ausschlaggebend für ihre Ausbildungsentscheidung. Annika Sauer hat auch deshalb die Ausbildung zur Rechtsanwaltsfachangestellten gewählt, weil sie später unzählige Möglichkeiten hat, sich weiterzu-
bilden. Dies wird ihr auch nun wieder bewusst, als Paul Ringelmann sein Rechtsreferen-
dariat in der Kanzlei Dr. Neumann & Huber beginnt.

Arbeitsaufträge:
a) Nennen Sie fünf Themengebiete, die während der Ausbildung zur Rechtsanwaltsfachangestellten bzw. zum Rechtsanwaltsfachangestellten vermittelt werden. Listen Sie
   diese tabellarisch auf.
b) Recherchieren Sie mithilfe der ReNoPat-Ausbildungsverordnung jeweils drei zu diesen
   fünf Themengebieten passende Lerninhalte. Ordnen Sie diese Lerninhalte den Themengebieten entsprechend zu.
c) Überlegen Sie in Zweiergruppen welche Möglichkeiten Annika Sauer nach der erfolgreich bestandenen Abschlussprüfung zur Verfügung stehen, um sich weiterzubilden.
   Recherchieren Sie mithilfe des Internet etwaige hierfür vorhandene Zulassungsvoraussetzungen.
d) Überlegen Sie miteinander, wo – außer in Rechtsanwaltskanzleien – Annika Sauer
   nach Beendigung ihrer Ausbildung zur Rechtsanwaltsfachangestellten außerdem
   arbeiten könnte.
e) Tauschen Sie sich untereinander darüber aus, welche Ausbildungskanzlei juristische
   Beschäftigte anstellt. Notieren Sie alle Arten an der Wandtafel. Überlegen Sie gemeinsam,
   ob es ggf. weitere Personen gibt, die als juristische Beschäftigte in Betracht kommen.
f) Vergleichen Sie Ihre Ergebnisse untereinander.
g) Reflektieren Sie anschließend Ihr Wissen.

4.1 Auszubildende

Die Ausbildung zum Beruf der
- Rechtsanwaltsfachangestellten,
- Rechtsanwalts- und Notarfachangestellten,
- Notarfachangestellten und
- Patentanwaltsfachangestellten

ist ein anerkannter Ausbildungsberuf nach dem Berufsbildungsgesetz (BBiG) ohne Zugangsvoraussetzungen. Ausbildungsziel ist natürlich das Bestehen der Prüfungen.

Die duale Ausbildung dauert dabei drei Jahre. Es besteht jedoch die Möglichkeit der Verkürzung bzw. Verlängerung der Ausbildungsdauer.

vgl.
LF 1,
Kap. 5.5.1

Der Rahmenlehrplan sieht eine Aufteilung nach Lernfeldern vor: Im ersten Ausbildungsjahr werden grundlegende Themen der Rechtsberufe behandelt, im zweiten und dritten Ausbildungsjahr splitten sich die einzelnen Lernfelder in die berufsspezifischen Bereiche auf.

1. Ausbildungsjahr:

	Rechtsanwalts-fachangestellte	Rechtsanwalts- und Notarfachangestellte	Notarfach-angestellte	Patentanwalts-fachangestellte
1	Beruf und Ausbildungsbetrieb präsentieren			
2	Arbeitsabläufe im Team organisieren			
3	Schuldrechtliche Regelungen bei der Vorbereitung und Abwicklung von Verträgen anwenden			
4	Ansprüche außergerichtlich geltend machen			

2. Ausbildungsjahr:

	Rechtsanwalts-fachangestellte	Rechtsanwalts- und-Notarfachangestellte	Notarfach-angestellte	Patentanwalts-fachangestellte
5	Aufgaben im Personalbereich wahrnehmen			
6	Geschäftsprozesse erfassen, kontrollieren und bewerten			
7	wirtschaftliche Einflüsse auf betriebliche Entscheidungen beurteilen			

	Rechtsanwalts-fachangestellte	Rechtsanwalts- und- Notarfachangestellte	Notarfach-angestellte	Patentanwalts-fachangestellte
8	sachenrechtliche Regelungen bei der Auftragsbearbeitung anwenden			nationale gewerbliche Schutzrechte anmelden
9	Aufgaben im gerichtlichen Mahn-wesen selbstständig bearbeiten	Dienstordnungs- und beurkundungs-rechtliche Vorschriften anwenden		nationale gewerbliche Schutzrechte aufrechterhalten
10	das zivilrechtliche Mandat im erst-instanzlichen Ver-fahren bearbeiten	zivilrechtliche Zahlungsansprüche gerichtlich geltend machen	Kauf- und Überlassungs-verträge für Grundstücke vorbereiten und abwickeln	–

3. Ausbildungsjahr:

	Rechtsanwalts-fachangestellte	Rechtsanwalts- und Notarfachangestellte	Notarfach-angestellte	Patentanwalts-fachangestellte
10	–	–	–	gegen Entscheidun-gen der nationalen Anmeldebehörde fristgebunden vorgehen
11	Rechtsbehelfs- und Rechtsmittelverfah-ren begleiten		Eintragung von Grundpfandrech-ten, Lasten sowie Beschränkungen vorbereiten und abwickeln	bestehende natio-nale Schutzrechte nicht fristgebunden angreifen
12	Vorgänge in der Zwangsvollstre-ckung bearbei-ten	Vorgänge in der Zwangsvollstreckung wegen Geldforde-rungen bearbeiten	Beurkundungen im Familienrecht vorbereiten und abwickeln	Schutzrechtsstreit-sachen bearbeiten und abrechnen
13	in familien- und erbrechtlichen Angelegenheiten tätig werden	Ehe- und Partner-schaftsverträge vorbereiten und abwickeln	Beurkundungen im Erbrecht vorbereiten und abwickeln	internationale gewerbliche Schutz-rechte anmelden und die Verfahren begleiten

	Rechtsanwalts-fachangestellte	Rechtsanwalts- und Notarfachangestellte	Notarfach-angestellte	Patentanwalts-fachangestellte
14	besondere Verfahren bearbeiten	Urkunden in erbrechtlichen Angelegenheiten bearbeiten	Beurkundungen im Handels- und Gesellschafts-recht vorbereiten und abwickeln	–
15	–	liegenschaftsrechtli-che Angelegenheiten vorbereiten und abwickeln	–	–
16	–	Erstanmeldungen im Handels- und Gesell-schaftsrecht vorbe-reiten und abwickeln	–	–

In den drei Ausbildungsjahren werden u. a. folgende Inhalte vermittelt:
- Organisation der Kanzlei
- Rechte und Pflichten während der Ausbildung
- Personen der Rechtspflege (z. B. Aufgaben von Richtern, Rechtsanwälten, Notaren u. a.)
- Dienstvorschriften des Rechtsanwalts, des Notars und des Patentanwalts
- Zweige der Gerichtsbarkeit
- Überwachung von Terminen und Fristen
- Führung des erforderlichen Schriftverkehrs
- Erstellung von Vergütungsabrechnungen
- Ablauf von zivilrechtlichen Verfahren in I. und II. Instanz
- Tätigkeiten im Zwangsvollstreckungsverfahren
- Urkunden vorbereiten
- Schutzrechte anmelden

Zwischenprüfung

Im zweiten Ausbildungsjahr findet eine Zwischenprüfung statt. Der Prüfungstermin wird rechtzeitig im Vorfeld von der zuständigen Rechtsanwaltskammer bekannt gegeben. Mit der Überweisung der Prüfungsgebühr, die der Ausbildungsbetrieb übernehmen muss, sind die Auszubildenden in der Regel bereits zur Prüfung angemeldet.

In der Zwischenprüfung werden folgende Ausbildungsinhalte abgefragt:

Kommunikation und Büroorganisation	Rechtsanwendung
• Arbeitsaufgaben planen, durchführen und kontrollieren	• Stellung und Hauptpflichten des Rechtsanwalts, Notars und Patentanwalts im Rechtssystem beachten
• Post bearbeiten	• Gesetze und Verordnungen handhaben
• Akten verwalten	• Entstehung und Wirksamkeit von Rechtsgeschäften prüfen
• Datenschutzvorschriften beachten	
• Konferenzen und Besprechungen managen	• Leistungsstörungen beim Kaufvertrag feststellen
• Fristen und Termine überwachen	• Arten von Kaufleuten und Unternehmensformen unterscheiden
• Mandanten und Beteiligte serviceorientiert empfangen und betreuen	• Mahnschreiben erstellen

Die Prüfung in den beiden Themenbereichen erfolgt jeweils schriftlich. Pro Themenbereich haben die Auszubildenden 60 Minuten Zeit.

Abschlussprüfung

Wie auch bei der Zwischenprüfung werden die Prüfungstage der schriftlichen Prüfung im Vorfeld von der zuständigen Rechtsanwaltskammer bekannt gegeben. Weiterhin teilt die Rechtsanwaltskammer dem Ausbildungsbetrieb mit, bis wann die Anmeldung der Auszubildenden zur Abschlussprüfung erfolgen muss. Zur Anmeldung sind in der Regel folgende Unterlagen erforderlich:

- • Zwischenprüfungszeugnis
- • Ausbildungszeugnis
- • Lebenslauf des Auszubildenden
- • Berichtsheft

Daneben hat der Ausbildungsbetrieb die Prüfungsgebühr an die Rechtsanwaltskammer zu überweisen.

Die Abschlussprüfung richtet sich nach der jeweiligen Berufsspezialisierung und erstreckt sich auf mehrere Themengebiete:

ReFa	ReNo	NoFa	PaFa
schriftliche Prüfungsbereiche			
Geschäfts- und Leistungsprozesse, schriftlich, 60 Minuten, 15 %			
Wirtschafts- und Sozialkunde, 60 Minuten, 10 %			
Rechtsanwendung im Rechtsanwalts-bereich, 150 Minuten, 30 %	Rechtsanwendung im Rechtsanwalts- und Notarbereich, 150 Minuten, 30 %	Rechtsanwendung im Notarbereich, 150 Minuten, 30 %	Rechtsanwendung im Bereich des internationalen, regionalen und europäischen gewerblichen Rechtsschutzes, 105 Minuten, 30 %
Vergütung und Kosten, 90 Minuten, 30 %	Vergütung und Kosten, 90 Minuten, 30 %	Kosten, 90 Minuten, 30 %	Rechtsanwendung im Bereich des nationalen gewerblichen Rechtsschutzes, 135 Minuten, 30 %
mündlicher Prüfungsbereich			
Mandanten- und/oder Beteiligtenbetreuung, 15 Minuten, 15 %			

4.2 Rechtsanwaltsfachangestellte

Nach Beendigung der Ausbildung gehören Rechtsanwaltsfachangestellte zu den qualifizierten Beschäftigten einer Kanzlei.

Die Rechtsanwaltsfachangestellten unterstützen den Rechtsanwalt bei der täglichen Arbeit und übernehmen vielfältige Aufgaben, z. B.:
- Telefonate führen,
- die Mandantschaft betreuen,
- Termine vereinbaren und vorbereiten,
- Führung des Termin- und Fristenkalenders,
- Bearbeitung des Posteingangs und -ausgangs,
- Führung der Handakten,
- Erstellung von Schriftsätzen und Vergütungsabrechnungen,
- Bearbeitung des Mahn- und Vollstreckungsverfahrens sowie
- Überwachung und Verbuchung von Zahlungseingängen und -ausgängen.

Aber nicht nur in einer Rechtsanwaltskanzlei sind ausgebildete Rechtsanwaltsfachangestellte gesucht, sondern auch in Rechts- und Mahnabteilungen von Industrie, Banken, Versicherungen oder in der öffentlichen Verwaltung.

4.3 Fortbildungsmöglichkeiten

Wenn die Ausbildung erfolgreich absolviert worden ist, stehen drei weitere Fortbildungsstufen für eine höherqualifizierende Berufsbildung zur Wahl. Zum 01.01.2020 tritt die Neufassung des Berufsbildungsgesetzes (BBiG) in Kraft. Abschlüsse sollen dann künftig die Bezeichnungen „Geprüfter Berufsspezialist", „Bachelor Professional" und „Master Professional" tragen. Nach der Intention des Gesetzgebers soll die berufliche Weiterbildung gestärkt und eine Gleichwertigkeit mit hochschulischen, akademischen Abschlüssen erreicht werden. So ist auch eine internationale Flexibilisierung erreichbar. Dazu werden drei Fortbildungsstufen direkt im BBiG verankert.

Die erste Fortbildungsstufe der Geprüften Berufsspezialistin bzw. des Geprüften Berufsspezialisten soll ein Berufsbild schaffen, das die Rechtsanwaltsfachangestellten in eine materiell-rechtliche Spezialisierung führt. Diese Spezialisierung soll sich an den entsprechenden Fachanwaltschaften orientieren, z. B. „Geprüfter Berufsspezialist (eventuell Geprüfter Rechtsfachassistent) für Familien- oder Arbeitsrecht". Der Lernumfang für den Erwerb dieser Fähigkeiten und Kenntnisse soll mindestens 400 Stunden betragen.

Die zweite Fortbildungsstufe des Bachelor Professional enthält eine umfassende thematische Vertiefung des Berufsbilds, welches mit dem des Rechtsfachwirts vergleichbar ist. Als Lernumfang werden hier schon mindestens 1 200 Stunden angesetzt.

Eine Umschreibung des Titels „Geprüfte Rechtsfachwirtin" bzw. „Geprüfter Rechtsfachwirt" auf die neue Bezeichnung des „Bachelor Professional" ist (derzeit) nicht möglich, da hier Zeiten und Inhalte fehlen. Hochschulen bieten hier jedoch die Möglichkeit unter Anrechnung der erbrachten Leistungen den Bachelorabschluss zu erwerben. Auch die Fortbildungsinstitute der Rechtsanwaltskammer (vgl. https://www.rak-fortbildungsinstitut.de/gepruefte-r-rechtsfachwirt-in-2020-2022-jetzt-bis-zum-30-04-2020-anmelden/, August 2022) stellen teilweise einen Aufbaustudiengang in Aussicht.

In der dritten Fortbildungsstufe werden noch Fertigkeiten und Kenntnisse aus dem unternehmerischen und technologischen Bereich mit wählbaren Schwerpunkten wie Legal Tech oder Kanzleimarketing vermittelt. Diese Schwerpunkte könnten dann mit entsprechenden Zusatztiteln „Legal Engineer" oder „Legal Marketeer" kenntlich gemacht werden. Hier ist ein Lernumfang von 1 600 Stunden vorgesehen.

Hinweis: Die Umsetzung der Neufassung des Berufsbildungsgesetzes ist noch nicht abschließend in jedem Berufszweig geklärt (Stand August 2022). Die oben genannten Informationen entstanden durch die ersten Stellungnahmen durch den DAV und dem novellierten BBiG und werden ggf. noch überarbeitet und verändert. Dies betrifft insbesondere die konkrete Bezeichnung der drei Fortbildungsstufen.

Bei der Weiterbildung zum derzeitigen Rechtsfachwirt werden neben Inhalten zum Kanzleimanagement (z.B. Organisationsformen, Kommunikationssysteme, Beschwerdemanagement) weitere tiefer gehende rechtliche Inhalte vermittelt, sodass der Rechtsfachwirt u. a. eigenverantwortlich Akten betreuen bzw. bearbeiten kann.

Mit der „Verordnung über die Prüfung zum anerkannten Abschluss Geprüfter Rechtsfachwirt/Geprüfte Rechtsfachwirtin" (RechtsfachwPrV) wurde die Grundlage für diese weitergehende Qualifizierung in Kanzleien geschaffen.

Der Rechtsfachwirt entlastet den Rechtsanwalt, indem er gem. § 1 RechtsfachwPrV insbesondere folgende Aufgaben wahrnimmt:

- Organisation des Büroablaufs und Überwachung der Kommunikationssysteme
- betriebswirtschaftliche Problemanalysen, Leitung des Rechnungswesens
- eigenverantwortlicher Personaleinsatz sowie Personalführung, Berufsausbildung, dienstleistungsorientierter Umgang mit Mandanten und Dritten
- Betreuung des gesamten Kostenwesens der Kanzlei, Vorbereitung von Rechtsmitteln und Rechtsbehelfen
- eigenverantwortliche Bearbeitung sämtlicher Zwangsvollstreckungsangelegenheiten unter Berücksichtigung des jeweiligen materiellen Rechts

Die Weiterbildung erfolgt beispielsweise über ein Fernstudium oder über die Rechtsanwaltskammern, die zum Teil mit einem externen Dienstleister zusammenarbeiten.

Nachdem alle Weiterbildungsinhalte behandelt und die Klausuren geschrieben wurden, finden die schriftlichen und mündlichen Prüfungen vor der zuständigen Rechtsanwaltskammer

statt. Gemäß § 2 RechtsfachwPrV müssen hierfür folgende Zulassungsvoraussetzungen vorliegen:
- eine bestandene Prüfung mit zweijähriger Berufspraxis oder
- bei Nichtvorhandensein eines entsprechenden Ausbildungsberufs, eine mindestens sechs-jährige Berufspraxis, wobei die Inhalte einen wesentlichen Bezug zu den Aufgaben in einer Rechtsanwaltskanzlei haben müssen.

Die Prüfung gliedert sich gem. § 3 RechtsfachwPrV in folgende Bereiche:
- Büroorganisation und -verwaltung
- Personalwirtschaft und Mandantenbetreuung
- Mandatsbetreuung im Kosten-, Gebühren- und Prozessrecht
- Mandatsbetreuung in der Zwangsvollstreckung und im materiellen Recht

Die schriftliche Prüfung umfasst praxisorientierte Aufgaben. Je Bereich sollen mindestens zwei, höchstens jedoch vier Zeitstunden angesetzt werden. Insgesamt darf die schriftliche Prüfung jedoch nicht mehr als zwölf Stunden dauern.

Die 30-minütige mündliche Prüfung besteht aus einem praxisorientierten Situationsgespräch. Anhand dieses Gesprächs soll nachgewiesen werden, dass
- Sachverhalte systematisch analysiert werden können,
- zielorientiert gearbeitet werden kann und
- Gespräche situationsbezogen vorbereitet und durchgeführt werden können.

 Hinweis: Das Pendant zum bisherigen Rechtsfachwirt ist beiden Notarfachange-stellten der Notarfachwirt.

4.4 Juristische Beschäftigte

Juristische Beschäftigte entlasten den Rechtsanwalt. Als juristische Beschäftigte kommen z. B. in Betracht:
- Ein **angestellter Rechtsanwalt** übernimmt, je nach Absprache, eigenständig Mandate bzw. arbeitet zu, indem er z. B. Schriftsätze fertigt, Besprechungen durchführt und vor Gericht auftritt.
- **Wirtschaftsjuristinnen und Wirtschaftsjuristen** haben neben der juristischen Ausbildung eine wirtschaftswissenschaftliche Zusatzqualifikation erworben. Sie sind keine Volljuristin-nen bzw. Volljuristen, sind jedoch berechtigt, in Verfahren ohne Anwaltszwang vor den Amts-, Verwaltungs-, Arbeits-, Sozial- und Finanzgerichten aufzutreten. Das Tätigkeitsfeld

umfasst u. a. die Ausgestaltung von Arbeitsverträgen und Betriebsvereinbarungen, die Erstellung von Bilanzen und Jahresabschlüssen und die Überwachung von betrieblichen Abläufen.

- **Rechtsreferendarinnen und Rechtsreferendare** absolvieren in der Kanzlei den Vorbereitungsdienst nach dem ersten juristischen Staatsexamen und lernen so den anwaltlichen Berufsalltag kennen. Sie bereiten im Rahmen des Vorbereitungsdiensts Schriftsätze vor und führen Recherchen durch. Der bevollmächtigte Rechtsanwalt kann in Verfahren, in denen kein Anwaltszwang herrscht, diese zur Vertretung in der Verhandlung bevollmächtigen (§ 157 ZPO). In einem Anwaltsprozess dürfen sie aber vor Gericht nur auftreten, soweit sie als allgemeine Vertreter bestellt wurden (§ 53 Abs. 4 BRAO). Hierfür müssen sie aber seit mindestens zwölf Monaten im Vorbereitungsdienst beschäftigt sein (§ 53 Abs. 4 S. 2 BRAO).

- Auch eine **Assessorin bzw. Assessor des Rechts (Ass. Jur.)** entlastet den Rechtsanwalt durch vielfältige Tätigkeiten, wie z. B. Vorbereitung von Schriftsätzen und Durchführung von Recherchen. Sie bzw. er kann auch vor Gericht auftreten, jedoch nur dann, wenn sie bzw. er als allgemeine Vertretung bestellt wurden (§ 53 Abs. 4 BRAO). Eine Assessorin bzw. ein Assessor des Rechts hat die zweite juristische Staatsprüfung absolviert. Sie bzw. er wird auch als Volljuristin bzw. Volljurist bezeichnet. Die Bezeichnung „Assessorin bzw. Assessor" ist ein akademischer Titel. Nicht alle Volljuristinnen bzw. Volljuristen arbeiten nach dem bestandenen Examen als Rechtsanwälte. Einige entscheiden sich bewusst für eine Laufbahn bei einer Behörde oder als Angestellte bei einem Rechtsanwalt, ohne selbst die Zulassung zum Rechtsanwalt zu beantragen.

4.5 Sonstige Beschäftigte

Weiterhin finden sich, vor allem in größeren Kanzleien, weitere Beschäftigte, die die qualifizierten Beschäftigten entlasten:

- Die **Buchhaltungskraft** übernimmt komplett die Buchhaltung, also u. a. das Verbuchen der Einnahmen und Ausgaben sowie die Überwachung der Zahlungseingänge und -ausgänge.
- Die **Schreibkraft** unterstützt, indem sie die Phonodiktat-Schreiben schreibt.
- Die **Beschäftigten im Sekretariat**, die in der Regel eine andere Ausbildung durchlaufen haben als Rechtsanwaltsfachangestellte, unterstützen z. B. bei der Planung und Durchführung von Konferenzen und Besprechungen.
- Das **Empfangspersonal** übernimmt den Mandantenempfang und nimmt Informationen telefonisch entgegen. Die Mitteilungen werden vorsortiert und zur Sachbearbeitung weitergeleitet.

Zusammenfassung

Aufgrund der Novelle des BBiG ergeben sich folgende Aus- und Weiterbildungsmöglichkeiten:

Master Professional für ...
z. B. Legal Engineer oder Legal Maketeer

Bachelor Professional für ...
entspricht dem bisherigen Rechtsfachwirt

Geprüfter Berufsspezialist für ...
berufsspezifische Weiterbildung
z. B. für Arbeitsrecht, Strafrecht ...

- Rechtsanwaltsfachangestellte
- Rechtsanwalts- und Notar-
  fachangestellte
- Notarfachangestellte
- Patentanwaltsfachangestellte

Ausbildung
- duale Ausbildung
- in der Regel drei Jahre
- Verkürzung/Verlängerung
  möglich

Niveau 7 = gleichwertig einem akademischen Masterabschluss

Niveau 6 = gleichwertig einem akademischen Bachelorabschluss

nach Kriterien des DQR

Zielsetzung:
- Stärkung der höherqualifizierenden Berufsausbildung
- Verankerung von drei Fortbildungsstufen im BBiG
- Gleichwertigkeit mit hochschulischen Abschlüssen

Wiederholung und Vertiefung

1. Stellen Sie Ihre Kanzlei vor. Zählen Sie dabei die Beschäftigten, deren Qualifikationen und Aufgabengebiete, die von ihnen übernommen werden, auf.
2. Warum werden bestimmte Aufgaben nur von bestimmten Beschäftigten übernommen?
3. Nennen Sie vier Aufgaben, die von Rechtsanwaltsfachangestellten ausgeführt werden.
4. Welche Voraussetzungen müssen vorliegen, damit die Weiterbildung zur Rechtsfachwirtin bzw. zum Rechtsfachwirt erfolgen kann?

5 Stellung der Auszubildenden in der Kanzlei

Mit der Berufsausbildung fängt für die Auszubildenden ein neuer Lebensabschnitt an – die Berufsbildung beginnt. Die Berufsbildung wird eigentlich nie enden, da sie neben der Berufsausbildung auch die berufliche Fortbildung und die berufliche Umschulung umfasst.

Mit Beginn der Berufsausbildung kommt viel Neues auf die Auszubildenden zu:
- Was ist ein Berufsausbildungsvertrag? Was wird hierin geregelt?
- Welche Rechte und Pflichten haben Auszubildende?
- Wann beginnt das Berufsausbildungsverhältnis? Wie lange dauert es und wann endet es?
- Wie sieht die arbeitsrechtliche Einordnung aus, also welche Regelungen gelten z. B. bei Urlaub und Krankheit?

Lernsituation

Annika Sauer ist mittlerweile schon über ein halbes Jahr als Auszubildende in der Kanzlei. Es treffen bereits die ersten Ausbildungsbewerbungen für das Folgejahr im Herbst 2023 ein. Marion Webermann, die als Ausbilderin auch daran interessiert ist, dass die Auszubildenden in die Abläufe mit eingebunden werden, bezieht Annika Sauer und Julia Hoffmann in die erste Sichtung der Bewerbungen mit ein. Dabei klärt sie mit ihnen auch Fragen zum Ausbildungsverhältnis.

Annika Sauer möchte zunächst wissen, ob sie für zwei Tage Urlaub erhalten könne, da sie Trauzeugin für eine gute Freundin sein soll. Marion Webermann erklärt, dass Annika Sauer gerne die zwei Urlaubstage nehmen könne. Allerdings habe sie an einem der beiden Tage Berufsschulunterricht. Aufgrund des dualen Ausbildungssystems könne hier eine Beurlaubung nicht durch den Ausbildungsbetrieb, sondern nur durch die Berufsschule erfolgen.

Die Bewerbung der 16-jährigen Marina Sewall (geb. 13.04.2007) kommt in die nähere Auswahl. Sie hat einen guten Realschulabschluss und war auch bereits als Praktikantin in einer Anwaltskanzlei tätig. Marion Webermann gibt Annika Sauer, die ebenfalls als Minderjährige einen Ausbildungsvertrag erhalten hat, den Auftrag, einen Ausbildungsvertrag vorzubereiten. Dieser Vertrag soll die längst mögliche Probezeit sowie die Mindesturlaubszeit enthalten. Zugleich soll eine Information für Marina Sewall erfolgen, wer diesen Vertrag unterzeichnen muss, und eine Verschwiegenheitserklärung ist beizufügen. Außerdem soll Annika Sauer Rechte und Pflichten einer Auszubildenden für ein Gespräch mit Marina Sewall zusammenstellen.

Da sich im kommenden Schuljahr die Anwesenheitstage in der Berufsschule ändern und das Risiko besteht, dass alle Auszubildenden am selben Tag in der Berufsschule sind, erkundigt sich Annika Sauer bei Marion Webermann, ob sie dann nach dem Berufsschulunterricht noch arbeiten müssen. Marion Webermann erläutert, dass hier der Gesetzgeber einen Unterschied zwischen minder- und volljährigen Auszubildenden macht.

Bei der Sichtung der Bewerbungsunterlagen fällt Julia Hoffmann die Bewerbung der Abiturientin Clara Lowitzki ins Auge. Clara Lowitzki fragt im Bewerbungsanschreiben an, ob eine Verkürzung ihrer Ausbildungszeit in Betracht kommt. Auch Julia Hoffmann ist an einer Verkürzung interessiert. Im Unterschied zu Clara Lowitzki hat Julia Hoffmann zwar kein Abitur, aber einen sehr guten Schulabschluss des 1. Ausbildungsjahrs. Marion Webermann verweist sie auf das BBiG und lässt sie recherchieren, unter welchen Voraussetzungen die Ausbildung verkürzt werden kann.

Arbeitsaufträge:
a) Recherchieren Sie mithilfe des Berufsbildungsgesetzes die drei Etappen der Berufsbildung.
b) Erklären Sie den Begriff „duales Ausbildungssystem".
c) Informieren Sie sich an Ihrer Berufsschule, unter welchen Voraussetzungen eine Beurlaubung vom Berufsschulunterricht in Betracht kommt.
d) Laden Sie einen Ausbildungsvertrag der für Sie zuständigen Rechtsanwaltskammer herunter.
e) Tragen Sie in den Ausbildungsvertrag mithilfe von BBiG, JArbSchG und BUrlG die gewünschte Probezeit und Urlaubszeiten ein. Erklären Sie, wer den Vertrag unterzeichnen muss.
f) Erstellen Sie für ein eventuelles Gespräch von Annika Sauer mit Marina Sewall eine Mindmap, in welcher Sie Rechte und Pflichten der Auszubildenden nach dem BBiG zusammentragen.
g) Sind alle Pflichten von Ausbildenden im Berufsbildungsgesetz geregelt? Wenn nein, in welchen Gesetzen sind die anderen Pflichten verankert?
h) Was bedeutet es, Stillschweigen über alle personenbezogenen Daten und Tatsachen zu wahren?
i) Gegenüber welchen Personen gilt die Schweigepflicht?
j) Stellen Sie tabellarisch gegenüber, ob die minderjährige Annika Sauer und die volljährige Julia Hoffmann nach dem Berufsschulunterricht noch gesetzlich verpflichtet sind, in der Kanzlei zu arbeiten. Gehen Sie dabei von den Gegebenheiten an Ihrer Berufsschule aus.

k) Recherchieren Sie, welche Voraussetzungen gegeben sein müssen, damit Clara Lowitzki und Julia Hoffmann die Ausbildung verkürzen können.

l) Welche Gründe gibt es, die Ausbildung eventuell auch verlängern zu müssen?

m) Prüfen Sie, welchen Nettobetrag die Auszubildende Julia Hoffmann erhält, wenn das Bruttogehalt 750,00 € beträgt. Lohnsteuer entsteht keine, die gesetzliche Krankenkasse erhebt einen Zusatzbeitrag von 1,1 %, den sich Ausbilder und Auszubildende teilen.

n) Reflektieren Sie anschließend Ihr Wissen.

5.1 Rechtsgrundlagen der Ausbildung

Bei der Einstellung von Auszubildenden hat der Ausbildungsbetrieb gewisse Sorgfaltspflichten gegenüber den Auszubildenden. Aber nicht nur die Kanzlei, auch die Berufsschulen müssen auf die Einhaltung entsprechender Vorschriften achten. Hierbei gibt es für jeden Beruf einen gesetzlichen Ausbildungsrahmenplan, der Teil der Ausbildungsordnung ist.

Eine Berufsausbildung ist notwendig und wird in der modernen Zeit auch immer wichtiger. Das Lernen ist und bleibt ein lebenslanger Prozess. Die Berufsbildung kann gem. § 1 Abs. 1 BBiG in drei Etappen gegliedert werden.

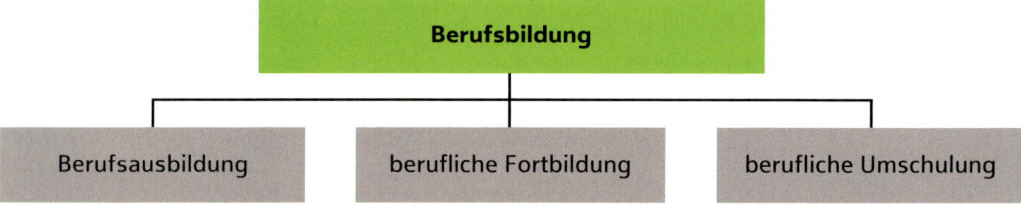

Die **Berufsausbildung** soll die berufliche Grundausbildung und den Erwerb von Berufserfahrungen vermitteln. Fachliche Fertigkeiten und Kenntnisse werden vor allem hier als Grundstein für den weiteren Werdegang der Auszubildenden gelegt (§ 1 Abs. 3 BBiG). Die Berufsschulen und die Kanzleien als Ausbildungsbetrieb bilden das Zentrum der Lernorte.

vgl. LF 1, Kap. 4.3

Durch die berufliche Fortbildung sollen die beruflichen Kenntnisse und Fertigkeiten erhalten und angepasst oder erweitert werden. Die berufliche Fortbildung soll es auch ermöglichen, beruflich aufzusteigen (§ 1 Abs. 4 BBiG). Die tägliche Praxis spielt dabei eine große Rolle. Auch die Möglichkeit verschiedener Schulungen und angebotener Fortbildungen hält den erworbenen Kenntnisstand aktuell bzw. erweitert ihn.

Gerade bei den rechtlichen Inhalten der Ausbildung sollte den Auszubildenden bewusst sein, dass das Erlernte stetigen Änderungen unterliegt. Gerade dieser Berufsgruppe muss also daran gelegen sein, sich zumindest immer auf dem neuesten Stand zu halten. Entsprechende Seminare bieten z. B. die jeweiligen Rechtsanwaltskammern an.

Des Weiteren gibt es eine Vielzahl an Fachliteratur, z. B. monatliche Zeitschriften, die rechtlich bedeutsame Inhalte sowie deren Änderungen zusammenstellen und die auch auf die Arbeitsabläufe des Sekretariats ausgerichtet sind.

Eine weitere Etappe der Berufsbildung stellt die **berufliche Umschulung** dar. Diese soll zu einer anderen beruflichen Tätigkeit befähigen (§ 1 Abs. 5 BBiG). Gründe für eine berufliche Umschulung sind z. B. eine Berufskrankheit, die Unzufriedenheit mit dem alten Beruf oder eine längere Auszeit, die einen Wiedereinstieg in den bisherigen Beruf verhindert.

Am Anfang der Berufsbildung steht jedoch immer die Ausbildung, welche bundesweit im dualen System erfolgt. Dieses System ist insbesondere durch zwei verschiedene Ausbildungsorte gekennzeichnet, welche für den Erwerb einer umfassenden Handlungskompetenz zusammenwirken:

Tipp: Die Rechtsanwaltskammer Bamberg hat einen betrieblichen Ausbildungsplan erarbeitet, der an die jeweiligen Kanzleigegebenheiten angepasst werden kann. Er steht auf der Homepage zum Download zur Verfügung: https://www.rakba.de/service/berufsausbildung/rechtsanwaltsfachangestellte/ausbildung/ (Stand: Januar 2023)

5.1.1 Vorteile der dualen Ausbildung

Das duale Ausbildungssystem bietet viele Vorteile:

- Dadurch, dass Theorie und Praxis kombiniert werden, kann das theoretisch vermittelte Wissen gleich darauf in der Praxis umgesetzt werden.
- Auch schon erlernte praktische Erfahrungen können im theoretischen Ausbildungsteil von Vorteil sein, da die Zusammenhänge dann besser verstanden werden.
- Dadurch, dass die Berufsschule die Theorie vermittelt, ist ein einheitliches theoretisches Wissen in der entsprechenden Berufsgruppe gewährleistet, d.h., die Auszubildenden haben den gleichen theoretischen Wissensstand, auch wenn in den Ausbildungskanzleien aufgrund der Fachanwaltsspezialisierung andere Prioritäten gesetzt werden.

5.1.2 Nachteile der dualen Ausbildung

Wie jedes System hat auch das duale Ausbildungssystem Nachteile:

- Die Auszubildenden haben zum Teil eine stärkere Belastung, da die Arbeitszeit ggf. mit der Schulvorbereitungszeit kollidiert, d.h., nach der Arbeitszeit muss noch für Schulaufgaben u.Ä. gelernt werden.
- Einigen Auszubildenden fällt der stetige Wechsel zwischen Berufsschule und Kanzlei schwer.
- Nicht nur im dualen Ausbildungssystem, sondern auch in der rein schulischen Ausbildung, kann es durchaus vorkommen, dass sich einige Ausbildungsinhalte mitten in der Ausbildung ändern. Die Rechtsanwaltskammern werden in diesem Fall aber zur Prüfung den Rechtsstand zu Beginn der Ausbildung abfragen. Demnach wird zum Teil altes Recht gelernt und geprüft, aber in der Praxis muss bereits neues Recht angewandt werden.

5.2 Inhalt und Abschluss des Berufsausbildungsvertrags

Der Berufsausbildungsvertrag kommt gem. § 10 BBiG durch ein privatrechtliches Vertragsverhältnis zwischen Auszubildenden und Ausbildungsbetrieb zustande. Er muss schriftlich geschlossen werden (§ 11 Abs. 1 S. 1 BBiG). Sollten Auszubildende minderjährig sein, muss ein gesetzlicher Vertreter, z.B. die Eltern, den Vertrag mit unterschreiben (§ 11 Abs. 2 BBiG).

Gemäß § 11 Abs. 1 S. 2 BBiG muss der Berufsausbildungsvertrag folgende Mindestangaben enthalten:

- Art, sachliche und zeitliche Gliederung sowie Ziel der Berufsausbildung, insbesondere die Berufstätigkeit, für die ausgebildet werden soll,
- Beginn und Dauer der Berufsausbildung,
- Ausbildungsmaßnahmen außerhalb der Ausbildungsstätte,
- Dauer der regelmäßigen täglichen Ausbildungszeit,
- Dauer der Probezeit,
- Zahlung und Höhe der Vergütung,
- Dauer des Urlaubs,
- Voraussetzungen, unter denen der Berufsausbildungsvertrag gekündigt werden kann,
- ein in allgemeiner Form gehaltener Hinweis auf die Tarifverträge, Betriebs- oder Dienstvereinbarungen, die auf das Berufsausbildungsverhältnis anzuwenden sind.

Nachdem neben Ausbilder auch Auszubildende sowie ggf. deren gesetzliche Vertreter den Berufsausbildungsvertrag unterzeichnet haben, wird dieser an die zuständige Rechtsanwaltskammer übersandt. Die Rechtsanwaltskammer prüft alle formellen Inhalte und vergibt eine einmalige Rollennummer. Die Rollennummer wird in dem Rollenverzeichnis eingetragen und registriert. Durch die Registrierung erhält der Ausbildungsbetrieb wichtige Informationen, wie z.B. den Anmeldungsschluss für die Prüfungen und wichtige Änderungen in den Ausbildungsrichtlinien.

Sobald der Berufsausbildungsvertrag registriert wurde, erhält der Ausbildungsbetrieb zwei Exemplare des Vertrags zurück, wobei ein Exemplar davon im Personalordner abgeheftet wird. Das andere Exemplar ist dem Auszubildenden gem. § 11 Abs. 3 BBiG auszuhändigen.

 Hinweis: Einen Musterausbildungsvertrag, wie ihn die Bundesrechtsanwaltskammer zur Verfügung stellt, finden Sie als PDF-Datei im Internet unter: www.brak.de/fileadmin/02_fuer_anwaelte/reno/berufsausbildungsvertrag_2021.pdf [August 2022].

5.3 Rechte und Pflichten der Auszubildenden

Die Rechte und Pflichten der Auszubildenden sind in den §§ 13–19 BBiG geregelt. Hinzu kommen weitere gesetzliche Vorschriften im Hinblick auf die Urlaubsregelung u. a.

Durch die Rechte der Auszubildenden ergeben sich auch Pflichten für die Ausbildenden bzw. umgekehrt.

5.3.1 Vergütungsanspruch der Auszubildenden

Zum 01.01.2020 trat die Neufassung des BBiG in Kraft. Dabei wird bei der Ausbildungsvergütung auf eine Mindestvergütung im § 17 BBiG im Zusammenhang mit dem Bundesausbildungsgesetz Bezug genommen. Eine angemessene Vergütung ist dann nicht gegeben, wenn diese beispielsweise im ersten Ausbildungsjahr im Jahr 2023 einen monatlichen Betrag von 620,00 € unterschreitet. Lediglich durch eine tarifvertragliche Regelung könnte eine geringere Vergütung festgelegt werden. (Stand: Januar 2023). Die Mindestvergütung soll ab 2024 jeweils zum 1. Januar des Jahrs fortgeschrieben werden.

Die einzelnen Rechtsanwaltskammern geben zur Mindestvergütung Empfehlungen ab, wobei hier Ballungsgebiete und strukturschwache Gebiete entsprechend berücksichtigt sind. Eine Übersicht mit Stand Februar 2021 bietet die Bundesrechtsanwaltskammer an (https://www. brak.de/fileadmin/newsletter_archiv/berlin/2021/2021_138anlage.pdf; August 2022).

Hieraus ist ersichtlich, dass die Ausbildungsvergütung im Kammerbezirk Hamm (Nordrhein-Westfalen) im ersten Ausbildungsjahr im Jahr 2021 lediglich bei 650,00 € liegt, während sie im Kammerbezirk Karlsruhe (Baden-Württemberg) auf mittlerweile 1 000,00 € bei Ausbildungsverhältnissen ab dem 01.10.2019 angehoben wurde.

Die Empfehlungen der jeweiligen Rechtsanwaltskammern können in Hinblick auf weitere regionale Unterschiede um bis zu 20 % unterschritten werden. Liegt die Ausbildungsvergütung jedoch mehr als 20 % unter den Empfehlungen der zuständigen Rechtsanwaltskammer, wird Unangemessenheit der Vergütung vermutet, sodass der Ausbildungsvertrag nicht in das Verzeichnis der Berufsausbildungsverhältnisse eingetragen wird.

Der Ausbildungsbetrieb kann neben der monatlichen Ausbildungsvergütung auch weitere Zahlungen leisten, z. B.:
• Weihnachtsgeld
• Urlaubsgeld
• Zulagen zur Altersvorsorge, wie z. B. vermögenswirksame Leistungen
• Fahrtkosten(zuschüsse)

Zu beachten ist jedoch, dass es für die Gewährung von Weihnachts- und/oder Urlaubsgeld keine gesetzliche Regelung gibt. Ob dieses gezahlt wird, genauso wie ein eventueller Fahrtkostenersatz oder -zuschuss, entscheidet allein der Ausbildungsbetrieb.

Tarifvertragliche Vorschriften

Für diese Ausbildung es keine tarifvertraglichen Vorschriften. Daher kommt auch eine Unterschreitung der Mindestvergütung nach § 17 Abs. 2 BBiG kaum in Betracht.

In anderen Branchen, wie z. B. dem Bauhandwerk, der IG Metall oder dem Einzelhandel, sind entsprechende tarifvertragliche Vorschriften zu beachten, die auch schon während der Ausbildung für die Auszubildenden greifen.

Entgeltfortzahlung

Sollten Auszubildende länger als sechs Wochen krank sein, steht ihnen gem. § 19 Abs. 1 Nr. 2 BBiG eine Entgeltfortzahlung zu, d.h., der Ausbildungsbetrieb zahlt den Auszubildenden sechs Wochen lang die Ausbildungsvergütung wie gewohnt weiter.

Sollten die Auszubildenden noch länger erkrankt sein, geht der Anspruch auf Entgeltfortzahlung auf die entsprechende Krankenkasse über. Diese zahlt den Auszubildenden dann das sog. Krankengeld, d.h., einen verminderten Betrag im Gegensatz zur monatlichen Vergütung, die im Berufsausbildungsvertrag vereinbart wurde. Die entsprechenden Regelungen hierzu finden sich im Sozialgesetzbuch.

5.3.2 Urlaubsanspruch und weitere Rechte der Auszubildenden

Neben dem Vergütungsanspruch bestehen noch weitere Rechte der Auszubildenden bzw. Pflichten der Ausbildenden. Ein wesentliches Recht der Auszubildenden ist die Gewährung von Urlaub.

Urlaub

Die Auszubildenden haben ein Anrecht auf Erholungsurlaub. Für Volljährige und Minderjährige treffen unterschiedliche Regelungen zu. Für beide gilt jedoch, dass der Mindesturlaub, der gesetzlich vorgeschrieben ist, weder unterschritten noch gekürzt werden darf.

Unterscheidung zwischen Arbeits- und Werktagen

Die Urlaubstage werden im Ausbildungsvertrag niedergeschrieben. Dabei wird eine Unterscheidung in Werk- oder Arbeitstage getroffen:

- Ist im Ausbildungsvertrag von **Arbeitstagen** die Rede, müssen die Auszubildenden pro Woche so viele Urlaubstage nehmen, wie sie auch regelmäßig arbeiten. Für die Auszubildenden zur bzw. zum Rechtsanwaltsfachangestellten gilt die Fünftagewoche, also Montag bis Freitag, unabhängig von den Schultagen. Sollten nun die Auszubildenden in den Ferien Urlaub für eine Woche nehmen wollen, dann muss fünf Tage Urlaub eingereicht werden. Anders ist dies in der Einzelhandelsbranche, in der auch am Samstag gearbeitet wird. Hier müssten die Auszubildenden für eine Woche Urlaub sechs Tage Urlaub einreichen.
- Nach der gesetzlichen Definition (§ 3 Abs. 2 BUrlG) sind **Werktage** alle Tage von Montag bis Samstag. Eine normale Arbeitswoche besteht damit aus sechs Werktagen. Ist nun der Urlaub in Werktagen angegeben, muss sechs Tage Urlaub für eine Woche eingereicht werden, unabhängig davon, ob an fünf oder sechs Tage gearbeitet wird.

▶ Beispiel: Sina Kerenski arbeitet an fünf Wochentagen. Sie hat laut Ausbildungsvertrag einen Urlaubsanspruch von zehn Werktagen für die Zeit von Ausbildungsbeginn am 01.09.2023 bis Jahresende, am 31.12.2023. Ihr Urlaubsanspruch in Arbeitstagen berechnet sich wie folgt: Anzahl der Urlaubstage in Werktagen (= zehn Werktage) : wöchentliche Arbeitstage (= fünf Arbeitstage) . Anzahl der Monate (= vier Monate) = 10 : 5 . 2 = acht Arbeitstage.

Urlaub für volljährige Auszubildende

Für volljährige Auszubildende gilt das Bundesurlaubsgesetz (BUrlG).

Nach § 3 BUrlG stehen den Auszubildenden mindestens 24 Werktage Urlaub im Jahr zu, also vier Wochen, d. h., bei einer 5-Tage-Arbeitswoche 20 Arbeitstage.

Berufsausbildung (§ 14 BBiG)

Ausbildende sind verpflichtet,

- dafür zu sorgen, dass den Auszubildenden die berufliche Handlungsfähigkeit vermittelt wird, die zum Erreichen des Ausbildungsziels erforderlich ist.
- entweder persönlich auszubilden oder festzulegen, wer der Ausbilder ist. Ausbildende können diese Aufgabe z. B. besonders erfahrenen Rechtsanwaltsfachangestellten oder Rechtsfachwirtinnen und Rechtsfachwirten übertragen. Diese müssen dann über die Auszubildenden wachen, durchgeführte Arbeiten kontrollieren und ggf. korrigieren u. Ä.
- den Auszubildenden kostenlos die Ausbildungsmittel zur Verfügung zu stellen, die dieser benötigt.
- die Auszubildenden zum Besuch der Berufsschule anzuhalten.
- die Auszubildenden zum Führen des Berichtshefts anzuhalten sowie die Eintragungen zu überprüfen. Den Auszubildenden ist dabei Gelegenheit zu geben, das Berichtsheft während der Ausbildungszeit zu führen.

Fürsorge (§ 14 BBiG)

Ausbildende müssen sicherstellen, dass

- die Auszubildenden charakterlich gefördert werden,
- körperlich und sittlich nicht gefährdet werden und
- nur Aufgaben übertragen bekommen, die dem Ausbildungszweck dienen und den körperlichen Kräften der Auszubildenden angemessen sind.

 Hinweis: Diese Inhalte finden sich auch im Jugendarbeitsschutzgesetz (JArbSchG), wobei § 22 JArbSchG weitreichender ist als § 14 BBiG. So dürfen Auszubildende, die noch keine 18 Jahre alt sind, z. B. auch dann nicht arbeiten, wenn ihre Gesundheit durch außergewöhnliche Hitze oder Kälte oder starke Nässe gefährdet wird.

Freistellung (§ 15 BBiG)

Auszubildende sind an Berufsschul- und Prüfungstagen freizustellen. Das Gleiche gilt auch für Ausbildungsmaßnahmen, die außerhalb der Kanzlei durchgeführt werden.

 Hinweis: Auch im Jugendarbeitsschutzgesetz ist die Freistellung für Berufsschul- und Prüfungstage festgeschrieben. Weiterhin ist in den §§ 9, 10 JArbSchG geregelt, dass Auszubildende am Tag vor der Abschlussprüfung ebenfalls freizustellen sind.

Zeugnis (§ 16 BBiG)

Bei Beendigung des Berufsausbildungsverhältnisses sind Ausbildende verpflichtet, den Auszubildenden ein schriftliches Zeugnis auszustellen. Dieses muss folgende Angaben enthalten:
- Art, Dauer und Ziel der Berufsausbildung
- erworbene berufliche Fertigkeiten, Kenntnisse und Fähigkeiten

Gemäß 16 Abs. 2 BBiG sind auf Wunsch der Auszubildenden auch das Verhalten und die Leistung in das Zeugnis aufzunehmen (sog. qualifiziertes Arbeitszeugnis).

vgl. LF 5, Kap. 3.4

5.3.3 Verschwiegenheitsverpflichtung und weitere Verpflichtungen der Auszubildenden

Auszubildende haben nicht nur Rechte, sondern auch Pflichten.

Verschwiegenheitsverpflichtung

Mit dem Ausbildungsvertrag erhalten Auszubildende auch eine Verschwiegenheitserklärung, die sie unterzeichnen und sehr genau einhalten müssen. Die Schweigepflicht dient dem Schutz der Privatsphäre einer Person. Damit diese gewahrt bleibt, ist es erforderlich, Stillschweigen über alle personenbezogenen Daten und Tatsachen zu wahren. Hierzu gehören neben dem Inhalt des Mandats besonders die Namen und Daten aller Beteiligten sowie bereits die Tatsache, dass überhaupt ein Mandatsverhältnis zu einer bestimmten Person bestanden hat.

Die Verschwiegenheitsverpflichtung ist u. a. von Rechtsanwälten, Notaren und Patentanwälten sowie von denjenigen Beschäftigten, die ihnen im konkreten Einzelfall zuarbeiten, zu beachten, ebenso von IT-Dienstleistern, Putzdiensten u. a. Die entsprechenden Vorschriften finden sich z. B. für die einzelnen Berufsgruppen in den jeweiligen Berufsordnungen (z. B. für Rechtsanwälte in § 43 a Abs. 2 BRAO und § 2 Abs. 4 BORA).

Der Rechtsanwalt belehrt zu Beginn des Arbeits- oder Ausbildungsverhältnisses die Beschäftigten über ihre Verschwiegenheitsverpflichtung. Im Anschluss an die Belehrung unterzeichnen der Rechtsanwalt und die Beschäftigten die Verschwiegenheitserklärung. Jede der Parteien erhält anschließend eine Ausfertigung der Erklärung.

Hinweis: Unter https://www.www.brak.de/fileadmin/02_fuer_anwaelte/reno/verschwiegenheitsverpflichtung_2021.pdf finden Sie eine Verschwiegenheitsverpflichtungserklärung, welche die BRAK (Stand: Februar 2021) zur Verfügung stellt.

Folgende Punkte sind zu beachten:

- Die Schweigepflicht gilt grds. gegenüber jedem, also z.B. gegenüber den Angehörigen der Mandantschaft, dem Berufskollegium, Freunden, eigenen Familienangehörigen und Medien, es sei denn, es gibt abweichende gesetzliche Regelungen.
- In bestimmten Fällen darf oder muss Auskunft erteilt werden, auch wenn eine Schweigepflicht vorliegt. Dies ist z.B. dann der Fall, wenn Betroffene ihr ausdrückliches Einverständnis gegeben haben, wenn ein rechtfertigender Notstand gem. § 34 StGB (z.B. Gefahr für Leben) vorliegt oder wenn eine schwerwiegende Straftat geplant wird, die anzeigepflichtig ist und von der der Rechtsanwalt Kenntnis erhält (z.B. Mord, Amoklauf).

Weitere Pflichten der Auszubildenden

Weiterhin haben sich die Auszubildenden nach § 13 BBiG zu bemühen, die berufliche Handlungsfähigkeit zu erwerben, die zum Erreichen des Ausbildungsziels erforderlich ist. Insbesondere sind sie verpflichtet

- die ihnen im Rahmen der Berufsausbildung aufgetragenen Aufgaben sorgfältig auszuführen,
- an Ausbildungsmaßnahmen teilzunehmen, für die sie freigestellt werden,
- den Weisungen zu folgen, die ihnen im Rahmen der Berufsausbildung von allen weisungsberechtigten Personen erteilt werden,
- die für die Ausbildungsstätte geltende Ordnung zu beachten,
- Werkzeuge, Maschinen und sonstige Einrichtungen pfleglich zu behandeln.

5.4 Beginn, Dauer und Beendigung des Ausbildungsverhältnisses

Die Berufsausbildung beginnt mit dem Tag, der zwischen Ausbildenden und Auszubildenden vereinbart und im Berufsausbildungsvertrag festgehalten wurde. In der Regel ist dies der 1. August oder der 1. September.

 Hinweis: Sofern die Auszubildenden noch keine 18 Jahre alt sind, müssen sie **vor** der Aufnahme des Berufsausbildungsverhältnisses an einer ärztlichen Untersuchung teilnehmen. Der Arzt stellt bei dieser Untersuchung eine Bescheinigung aus, die über eventuell bestehende Gesundheitsrisiken aufklärt. Von dieser Bescheinigung erhält die Ausbildungskanzlei eine Durchschrift. In bestimmten Fällen müssen weitere ärztliche Untersuchungen erfolgen. Die Regeln zur gesundheitlichen Betreuung finden sich in den §§ 32 ff. JArbSchG.

Die Berufsausbildung zu Rechtsanwaltsfachangestellten, Rechtsanwalts- und Notarfachangestellten, Notarfachangestellten und Patentanwaltsfachangestellten dauert in der Regel drei Jahre. Sie endet mit dem Tag, der laut Berufsausbildungsvertrag festgehalten wurde (§ 21 Abs. 1 BBiG) bzw. mit dem Tag der Bekanntgabe des Prüfungsergebnisses der Abschlussprüfung (§ 21 Abs. 2 BBiG).

5.4.1 Verkürzung und Verlängerung der Regelausbildungsdauer

Auf Antrag kann die Ausbildungsdauer wegen der besonderen Gründe **verkürzt** werden:

- §§ 7, 8 BBiG regeln die Verkürzung, die z. B. bei einer beruflichen Vorbildung oder eines höheren Schulabschlusses in Betracht kommt. Die Auszubildenden sollten sich diesbezüglich bereits vor Ausbildungsbeginn über die jeweiligen Möglichkeiten informieren und sich mit dem Ausbildungsbetrieb einigen, damit von vornherein eine verkürzte Ausbildung bei der zuständigen Rechtsanwaltskammer beantragt werden kann.
- Die Ausbildungszeit kann gem. § 8 BBiG auch verkürzt werden, wenn zu erwarten ist, dass das Ausbildungsziel in der verkürzten Dauer erreicht wird. Voraussetzungen für eine Verkürzung sind beispielsweise eine abgeschlossene verwaltungstechnische oder kaufmännische Ausbildung, ein abgeschlossenes vorangegangenes Studium oder zweijährige praktische Erfahrungen in einer Rechtsanwaltskanzlei. Weiterhin spielt aber auch der Notendurchschnitt der Auszubildenden eine Rolle und die Bestätigung des Ausbildungsbetriebs. Über die jeweiligen Voraussetzungen entscheiden die Rechtsanwaltskammern selbstständig. Wird über den Verkürzungsantrag positiv entschieden, dann erfolgt nach § 45 BBiG die Zulassung zu einer früheren Abschlussprüfung.

In Ausnahmefällen kann die zuständige Rechtsanwaltskammer auf Antrag der Auszubildungskanzlei nach § 8 Abs. 2 BBiG die Ausbildungsdauer **verlängern**, wenn dies erforderlich ist, um das Ausbildungsziel zu erreichen. Eine Verlängerung kommt z. B. in folgenden Fällen in Betracht:

- erkennbare schwere Mängel in der Ausbildung,
- längere, von den Auszubildenden nicht zu vertretenden Ausfallzeiten (z. B. längere Krankheit),
- körperliche, seelische oder geistige Behinderung.

Von dieser Ausbildungsverlängerung zu unterscheiden ist die Verlängerung beim Nichtbestehen der Abschlussprüfung: Nach § 21 Abs. 3 BBiG verlängert sich das Ausbildungsverhältnis auf das Verlangen der Auszubildenden hin bis zur nächstmöglichen Wiederholungsprüfung, höchstens jedoch um ein Jahr.

5.4.2 Vorzeitige Beendigung des Ausbildungsverhältnisses in und nach der Probezeit

Durch eine Kündigung, die schriftlich erfolgen muss, kann eine Beendigung des Ausbildungsverhältnisses vor Ablauf der festgelegten Ausbildungsdauer herbeigeführt werden. Es bestehen unterschiedliche Anforderungen an eine Kündigung in und nach der Probezeit.

Probezeit

Die Ausbildung beginnt mit der Probezeit, die mindestens einen Monat, höchstens jedoch vier Monate dauern darf (§ 20 BBiG).

In der Probezeit sollen Auszubildende und Ausbildende feststellen, ob eine Tätigkeit für die nächsten drei Jahre vorstellbar ist, ob die Auszubildenden also die benötigten Fähigkeiten besitzen und ob ihnen der Beruf und die Kanzlei zusagen.

Aus diesem Grund kann gem. § 22 Abs. 1 BBiG das Ausbildungsverhältnis **während der Probezeit** sowohl vom Ausbildungsbetrieb als auch von den Auszubildenden
- jederzeit,
- fristlos und
- ohne Angabe von Gründen

gekündigt werden.

 Hinweis: Sollte den Auszubildenden gekündigt werden, gilt die Ausbildung automatisch als abgebrochen, sofern nicht innerhalb einer bestimmten Frist, die bei der zuständigen Rechtsanwaltskammer bzw. der Berufsschule zu erfragen ist, durch die gekündigten Auszubildenden ein neuer Ausbildungsbetrieb angegeben wird. Ein weiterer Schulbesuch ist in dem Fall des Ausbildungsabbruchs dann auch nicht mehr möglich.

Kündigung nach der Probezeit

- **Nach der Probezeit** gilt für Auszubildende ein besonderer Kündigungsschutz. Dies bedeutet, dass der Ausbildungsbetrieb den Auszubildenden nur noch aus wichtigem Grund fristlos kündigen kann (§ 22 Abs. 2 Nr. 1 BBiG). In diesem Fall muss schriftlich angegeben werden, welche schwerwiegende Pflichtverletzung in Betracht kommt (§ 22 Abs. 3 BBiG). Als wichtiger Grund kann z.B. eine Entnahme aus der Barkasse oder die Fälschung von Schecks in Betracht kommen.

Hinweis: Die Kündigung ist jedoch gem. § 22 Abs. 4 BBiG dann unwirksam, wenn die zugrunde liegenden Gründe länger als zwei Wochen bekannt sind. Dies ist z. B. dann der Fall, wenn ein Auszubildender am 25. Oktober Geld aus der Barkasse entnommen hat, der Ausbildungsbetrieb hiervon am 1. November Kenntnis erhalten hat, die Kündigung aber erst am 25. November erfolgt.

- Gemäß § 22 Abs. 2 Nr. 2 BBiG haben Auszubildende **während der gesamten Dauer der Ausbildung** die Möglichkeit, das Ausbildungsverhältnis mit einer Frist von vier Wochen zu kündigen. Dies ist jedoch nur dann möglich, wenn die Ausbildung vollständig aufgegeben werden soll oder ein anderer Beruf in Betracht kommt. Dies bedeutet, dass nach Beendigung der Probezeit ein Wechsel des Ausbildenden (also eine andere Anwaltskanzlei) nicht mehr möglich ist. Auch hier müssen die Auszubildenden den Kündigungsgrund in der schriftlichen Kündigungserklärung angeben.

Hinweis: Sollten Auszubildende erst nach der Probezeit feststellen, dass der Ausbildungsbetrieb nicht weiter in Betracht kommt und könnte in einer neuen Ausbildungskanzlei die Ausbildung fortgesetzt werden, könnten die Auszubildenden ihren derzeitigen Ausbildungsbetrieb um einen Aufhebungsvertrag (= Berufsausbildungsvertrag wird mit beiderseitigem Einverständnis aufgelöst) bitten. Erst dann kann im neuen Ausbildungsbetrieb die Ausbildung fortgesetzt werden. Sofern dies der Fall sein sollte, sind natürlich die zuständige Rechtsanwaltskammer sowie die Berufsschule zu informieren und es ist ein neuer Berufsausbildungsvertrag zu schließen.

vgl. LF 5, Kap. 2.4.1

5.4.3 Weiterbeschäftigung nach der Ausbildung

Werden Auszubildende nach Beendigung des Berufsausbildungsverhältnisses weiter beschäftigt, ohne dass dies ausdrücklich vereinbart wurde, entsteht ein unbefristetes Arbeitsverhältnis (§ 24 BBiG). Allerdings muss der Arbeitgeber spätestens binnen eines Monats nach Beginn des Arbeitsverhältnisses die Vertragsbedingungen schriftlich festhalten. Anschließend ist der Vertrag sowohl vom Arbeitgeber als auch von den Beschäftigten zu unterzeichnen.

5.5 Überprüfung der Entgeltabrechnung

Im Vertrag wird stets der Bruttolohn angegeben.

Definition: Der Bruttolohn ist die Gesamtvergütung vor Abzug der Abgaben zur Sozialversicherung und der Abgaben an das Finanzamt.

Erst nach Abzug der Sozialversicherungsabgaben (im Regelfall zahlen beide Parteien des Arbeitsvertrags jeweils die Hälfte) und der Abgaben an das Finanzamt, ist ersichtlich, welches Nettoeinkommen tatsächlich ausgezahlt wird.

> **Definition:** Als Nettolohn wird der Teil der Vergütung bezeichnet, der am Ende ausgezahlt wird.

Hinweise:
- Wenn die Ausbildungsvergütung 325,00 € beträgt oder darunter liegt, muss der Ausbildungsbetrieb die Sozialversicherungsbeiträge allein zahlen. Die Auszubildenden sind in diesem Fall von der Zahlung befreit.
- Die Regeln für den Minijob (= monatliche Vergütung unter 520,00 €) und für den Übergangsbereich (früher „Midijob" oder „Gleitzone" genannt = monatliche Vergütung zwischen 520,01 € und 2 000,00 €) finden für Ausbildungsverhältnisse **keine** Anwendung!

5.5.1 Sozialversicherungsbeiträge

Die Sozialversicherungen umfassen in Deutschland fünf Zweige:
- Gesetzliche Rentenversicherung
- Gesetzliche Krankenversicherung
- Gesetzliche Pflegeversicherung
- Gesetzliche Arbeitslosenversicherung
- Gesetzliche Unfallversicherung

Hinweis: Bei der Beitragsbemessungsgrenze handelt es sich um eine Rechengröße in der Sozialversicherung. Der Teil der Bruttovergütung, der diese Grenze übersteigt, bleibt der Berechnung der Beiträge außer Betracht.

Rentenversicherung

Beitragssatz	18,6 % (höherer Prozentsatz bei der knappschaftlichen Rentenversicherung)
	Arbeitgeber und Arbeitnehmer zahlen hiervon jeweils die Hälfte, also 9,3 %
Beitragsbemessungsgrenze	• West: 7 300,00 € monatlich bzw. 87 600,00 € jährlich
	• Ost: 7 100,00 € monatlich bzw. 85 200,00 € jährlich (höhere Grenzen in der knappschaftlichen Rentenversicherung)

Träger	• auf Bundesebene: Deutsche Rentenversicherung Bund, Deutsche Rentenversicherung Knappschaft-Bahn-See • auf Länderebene: regionale Rentenversicherungsanstalten
Versicherungspflicht	• alle Arbeitnehmer • Auszubildende • Mütter und Väter während der Zeiten der Kindererziehung • nicht erwerbsmäßig tätige Pflegepersonen • Menschen mit Behinderung • Personen im Wehrdienst und im Bundesfreiwilligendienst • Personen, die sog. Unterhaltsersatzleistungen (z. B. Krankengeld, Arbeitslosengeld) beziehen • Studierende, die nebenbei jobben (Ausnahmeregelungen möglich) • Selbstständige, z. B. Hebammen, Künstler, Handwerker • freiwillige Versicherung ist möglich
Leistungen	z. B. • Regelaltersrente: Diese steigt seit 2012 schrittweise von 65 Jahren auf 67 Jahre an. • Rente bei teilweiser oder voller Erwerbsminderung • Hinterbliebenenrente (Witwen- und Waisenrente)

Stand: Januar 2023

Krankenversicherung

Beitragssatz	• 14,6 % – Arbeitgeber und Arbeitnehmer zahlen hiervon jeweils die Hälfte, also 7,3 %. • Die gesetzlichen Krankenkassen können einen kassenindividuellen Zusatzbeitrag erheben, der derzeit (Stand: 2023) im Durchschnitt bei 1,6 % liegt. Im Lauf des Jahrs kann es hier zu Beitragsanpassungen kommen. Der Zusatzbeitrag wird jeweils zur Hälfte von Arbeitnehmer und Arbeitgeber getragen.
Beitragsbemessungsgrenze	• für West und Ost: 4 937,50 € monatlich und 59 850,00 € jährlich

Träger	• gesetzliche Krankenkassen, wie z. B. die AOK, Betriebs-krankenkassen (BKK) • Ersatzkassen, wie z. B. die Barmer • landwirtschaftliche Krankenkasse (LKK) • Knappschaft-Bahn-See
Versicherungspflicht	• Versicherungspflichtig sind gem. § 5 SGB V (= 5. Buch des Sozialgesetzbuchs) z. B. alle Arbeitnehmer, Auszu-bildenden, Studenten und Empfänger von Arbeitslo-sengeld. • Wer mindestens ein Jahr lang über der Versicherungs-pflichtgrenze (= Jahresarbeitsentgeltgrenze) von derzeit 66 600,00 € im Jahr verdient, kann sich freiwil-lig weiter versichern oder in eine private Versicherung wechseln.
Leistungen	z. B.: • ärztliche Behandlung • Arzneimittel • Reha-Maßnahmen • Krankengeld
Besonderheit	Über die Familienversicherung sind Ehepartnerinnen bzw. Ehepartner und eingetragene Lebenspartnerinnen bzw. Lebenspartner unter bestimmten Situationen beitragsfrei mitversichert. Gleiches gilt für Kinder bis zum 18. Lebensjahr und bei bestimmten Voraussetzun-gen (Studium, Ausbildung) auch darüber hinaus.

Stand: Januar 2023

Pflegeversicherung

Beitragssatz	• 3,05 % – Arbeitgeber und Arbeitnehmer zahlen hiervon jeweils die Hälfte, also 1,525 %. • In Sachsen gibt es eine besondere Regelung: Da zur Finanzierung der Pflegeversicherung kein Feiertag abgeschafft wurde, ist der Arbeitnehmeranteil bei der Pflegeversicherung höher als im übrigen Bundesgebiet. Der Arbeitnehmeranteil beträgt 2,025 %, der Arbeitge-beranteil 1,025 %. • Versicherte, die das 23. Lebensjahr vollendet haben und kinderlos sind, zahlen einen zusätzlichen monat-lichen Beitrag von 0,35 %, also insgesamt 1,875 % und in Sachsen 2,375 %.

Beitragsbemessungsgrenze	• für West und Ost: 4 987,50 € monatlich und 59 850,00 € jährlich
Träger	Pflegekassen der jeweiligen gesetzlichen Krankenkassen
Versicherungspflicht	• Versicherungspflichtig sind alle Personen, die auch in der gesetzlichen Krankenversicherung versichert sind (§ 20 SGB XI = 11. Buch des Sozialgesetzbuchs), also z. B. alle Arbeitnehmer, Auszubildenden, Studenten und Empfänger von Arbeitslosengeld. • Wer mindestens ein Jahr lang über der Versicherungspflichtgrenze von derzeit 66 600,00 € im Jahr verdient, kann sich freiwillig weiterversichern oder in eine private Versicherung wechseln.
Leistungen	Geld- und/oder Sachleistungen (richten sich nach den Pflegestufen)
Besonderheit	Über die Familienversicherung sind Ehepartnerinnen bzw. Ehepartner und eingetragene Lebenspartnerinnen bzw. Lebenspartner unter bestimmten Situationen beitragsfrei mitversichert. Gleiches gilt für Kinder bis zum 18. Lebensjahr und bei bestimmten Voraussetzungen (Studium, Ausbildung) auch darüber hinaus.

Stand: Januar 2023

Arbeitslosenversicherung

Beitragssatz	2,6 % Arbeitgeber und Arbeitnehmer zahlen hiervon jeweils die Hälfte, also 1,2 %
Beitragsbemessungsgrenze	• West: 7 300,00 € monatlich bzw. 87 600,00 € jährlich • Ost: 7 100,00 € monatlich bzw. 85 200,00 € jährlich
Träger	• auf Bundesebene: Bundesagentur für Arbeit (Nürnberg) • auf Länderebene: Regionale Agenturen für Arbeit
Versicherungspflicht	• alle Arbeitnehmenden und Auszubildenden • außer geringfügig Beschäftigte

Leistungen	z. B. • an Arbeitnehmende: Arbeitslosengeld, Insolvenzgeld, Kurzarbeitergeld, Förderung der beruflichen Weiterbildung, berufliche Rehabilitation • an Arbeitgebende: Zuschüsse zur Ausbildungsvergütung, Probebeschäftigung behinderter Menschen, Leistungen nach dem Altersteilzeitgesetz, Zuschuss zum Arbeitsentgelt für Ungelernte

Stand: Januar 2023

Beiträge zur Unfallversicherung, Insolvenzgeldumlagen sowie Umlagen zur Entgeltfortzahlung im Krankheitsfall und zu Mutterschaftsaufwendungen trägt der Arbeitgebende alleine.

5.5.2 Abgaben an das Finanzamt

Zu den Abgaben an das Finanzamt zählen die Lohnsteuer, ggf. die Kirchensteuer sowie der Solidaritätszuschlag. Diese Abgaben zahlt der Arbeitnehmer allein.

Lohnsteuer

Die Lohnsteuer wurde für das Ersteinkommen (Steuerklassen I - IV) im Jahr 2023 erst ab einem monatlichen Bruttolohn von über 1 286,00 € fällig (Stand: Januar 2023). Sollte eine Vergütung über 1 286,00 € gegeben sein, richtet sich die Höhe der Lohnsteuer nach der jeweiligen Lohnsteuerklasse.

Dabei gibt es sechs Lohnsteuerklassen, in die die Beschäftigten kategorisiert werden. Ausschlaggebend sind verschiedene Eigenschaften, wie z. B. Familienstand, Religionszugehörigkeit oder Kinder.

Die einzelnen Lohnsteuerklassen im Überblick:

Lohnsteuerklasse I	• für ledige, verwitwete und geschiedene Beschäftigte • für verheiratete Beschäftigte, deren Ehegatte im Ausland wohnt oder die von ihrem Ehegatten dauerhaft getrennt leben
Lohnsteuerklasse II	• für Beschäftigte, bei denen die Voraussetzungen der Lohnsteuerklasse I vorliegen und denen ein Entlastungsbetrag für Alleinerziehende zusteht • Der Entlastungsbetrag wird gewährt, wenn zum Haushalt mindestens ein Kind gehört, für das Kindergeld gezahlt wird.

vgl.
LF 1,
Kap.
5.6.2
und
5.6.5

Lohnsteuerklasse III	für verheiratete Beschäftigte, wenn beide Eheleute im Inland wohnen, nicht dauernd getrennt leben und der Ehegatte keinen Arbeitslohn bezieht oder Arbeitslohn bezieht und in die Lohnsteuerklasse V eingeordnet ist
Lohnsteuerklasse IV	• für verheiratete Beschäftigte, wenn beide Eheleute Arbeitslohn beziehen, im Inland wohnen und nicht dauernd getrennt leben • Beide Eheleute gehören der Lohnsteuerklasse IV an.
Lohnsteuerklasse V	Diese Lohnsteuerklasse tritt für einen Ehegatten an die Stelle der Lohnsteuerklasse IV, wenn der andere Ehegatte in der Lohnsteuerklasse III ist.
Lohnsteuerklasse VI	für Beschäftigte, die nebeneinander von mehreren Arbeitgebenden Arbeitslohn beziehen

Kirchensteuer

Bemessungsgrundlage für die Kirchensteuer ist die Einkommen- bzw. Lohnsteuer. Der Kirchensteuersatz beträgt derzeit (Stand: Januar 2023) in Bayern und Baden-Württemberg je 8 %, in den übrigen Bundesländern 9 % der Lohnsteuer.

Solidaritätszuschlag

Nach dem am 14.11.2019 vom Bundestag beschlossenen Gesetz zur Rückführung des Solidaritätszuschlags muss ein Großteil der Steuerzahler seit 2021 keinen Solidaritätszuschlag mehr zahlen. Zwar verbleibt es auch bei einem Solidaritätszuschlag von 5,5 % der Lohnsteuer. Allerdings werden die bisherigen Freigrenzen stark erhöht. Für unverheiratete und getrennt veranlagte Steuerzahlende steigt diese Freigrenze von derzeit 972,00 €/Jahr auf 16 956,00 €/Jahr. Entsprechend steigt auch die Freigrenze bei gemeinsamer Steuerveranlagung von derzeit 1 944,00 €/Jahr auf 33 912,00 €/Jahr ab 2021.

5.6 Arbeitnehmerschutzrechte

Das Berufsbildungsgesetz, die wichtigste Vorschrift für die Berufsbildung, enthält u. a. gesetzliche Regelungen zum Berufsausbildungsvertrag, die Rechte und Pflichten der Auszubildenden sowie Beginn, Dauer und Beendigung des Ausbildungsverhältnisses.

vgl. LF 1, Kap. 5.2, 5.3 und 5.4

Daneben gelten für die Auszubildenden weitere Schutzvorschriften, die auch für „normale" Beschäftigte gelten, sowie besondere Vorschriften, die dann greifen, wenn die Auszubildenden noch minderjährig sind.

5.6.1 Arbeitszeitgesetz

Auch die Arbeitszeit der Auszubildenden ist genauestens geregelt, ebenso die Ruhepausen und die Freizeit zwischen den einzelnen Arbeitstagen. Für minderjährige Auszubildende gelten hier die Sondervorschriften des Jugendarbeitsschutzgesetzes.

Die Regelungen zur Arbeitszeit für volljährige Auszubildende finden sich im Arbeitszeitgesetz (ArbZG). Die wohl wichtigsten Regelungen lauten:

- Gemäß § 3 ArbZG darf die tägliche Arbeitszeit acht Stunden nicht überschreiten. Sie kann jedoch auf bis zu zehn Stunden verlängert werden. Dies ist aber nur dann möglich, wenn innerhalb von sechs Kalendermonaten oder innerhalb von 24 Wochen die tägliche Arbeitszeit von durchschnittlich acht Stunden nicht überschritten wird.
- Gemäß § 4 ArbZG muss bei einer Arbeitszeit von mehr als sechs bis zu neun Stunden eine Ruhepause von mindestens 30 Minuten eingeplant werden, bei einer Arbeitszeit von mehr als neun Stunden eine Pause von 45 Minuten. Die einzelnen Ruhepausen können in mehrere Zeitabschnitte aufgeteilt werden, wobei ein Zeitabschnitt jedoch mindestens 15 Minuten lang sein muss.
- Gemäß § 5 ArbZG muss nach Beendigung der täglichen Arbeitszeit eine ununterbrochene Ruhezeit von mindestens elf Stunden gewährleistet sein. Abweichende Regelungen sind z. B. in Krankenhäusern und Gaststätten möglich.
- Gemäß § 6 ArbZG gelten für die Nacht- und Schichtarbeit besondere Vorschriften im Hinblick auf die tägliche Arbeitszeit.
- Nach § 9 Abs. 1 Ziff. 1 JArbSchG gilt auch für volljährige, noch berufsschulpflichtige Auszubildende, dass sie an Berufsschultagen, an denen der Unterricht vor 09:00 Uhr beginnt, nicht mehr vor dem Unterricht beschäftigt werden dürfen.

5.6.2 Jugendarbeitsschutz

Das Jugendarbeitsschutzgesetz (JArbSchG) schützt minderjährige Auszubildende. So finden sich Sonderregelungen, die neben einer besonderen Fürsorgepflicht, auch nach dem Bundesurlaubsgesetz und dem Arbeitszeitgesetz vorgehen.

Urlaub für minderjährige Auszubildende

Gemäß § 19 JArbSchG ergeben sich folgende Urlaubsansprüche für minderjährige Auszubildende:

- mindestens 30 Werktage, wenn die Jugendlichen zu Beginn des Kalenderjahrs noch nicht 16 Jahre alt sind,
- mindestens 27 Werktage, wenn die Jugendlichen zu Beginn des Kalenderjahrs noch nicht 17 Jahre alt sind und
- mindestens 25 Werktage, wenn die Jugendlichen zu Beginn des Kalenderjahrs noch nicht 18 Jahre alt sind.

Auch das JArbSchG gibt die Urlaubstage in Werktagen an. Sollte der Urlaub im Berufsausbildungsvertrag in Arbeitstagen angegeben sein und die wöchentliche Arbeitszeit fünf Arbeitstage umfassen, gelten folgende Umrechnungen:

- 30 Werktage = 25 Arbeitstage (Rechenweg: 30 Werktage : 6 Werktage · 5 Arbeitstage = 30 : 6 · 5 = 25)
- 27 Werktage = 23 Arbeitstage (Rechenweg: 27 : 6 · 5 = 22,5 – gesetzlich (§ 5 Abs. 2 BUrlG) aufzurunden)
- 25 Werktage = 21 Arbeitstage (Rechenweg: 25 : 6 · 5 = 20,8 – gesetzlich (§ 5 Abs. 2 BUrlG) aufzurunden)

Arbeitszeitregelungen für minderjährige Auszubildende

Die Regelungen zur Arbeitszeit für minderjährige Auszubildende finden sich in §§ 8 ff. JArbSchG (= Jugendarbeitsschutzgesetz). Die wohl wichtigsten Regelungen lauten:

- Gemäß § 8 JArbSchG dürfen Auszubildende acht Stunden täglich, ausgehend von einer 40-Stunden-Woche, arbeiten. Eine Überschreitung auf bis zu 8,5 Stunden täglich ist möglich, muss aber an einem anderen Tag wieder ausgeglichen werden. Minderjährige dürfen daher auch durch Überstunden nie mehr als 40 Stunden in der Woche arbeiten. Diese Regelung sollte auch im Berufsausbildungsvertrag festgeschrieben sein. Sollte eine geringere Arbeitszeit vereinbart worden sein, gilt diese aufgrund des Günstigkeitsprinzips.
- Gemäß § 9 JArbSchG wird die Unterrichtszeit einschließlich der Pausen auf die Arbeitszeit angerechnet. Dabei ist zu beachten, dass minderjährige Auszubildende an einem Berufsschultag nicht mehr in der Kanzlei arbeiten dürfen, wenn der Unterricht vor 09:00 Uhr beginnt oder an einem Berufsschultag mehr als fünf Unterrichtsstunden stattfinden. Dies gilt aber nur an einem Unterrichtstag pro Woche, d. h., an einem zweiten Unterrichtstag können Ausbildende verlangen, dass Auszubildende nach dem Unterricht noch in der Kanzlei arbeiten.
- Gemäß §§ 10, 12 ff. JArbSchG gelten für minderjährige Auszubildende im Schichtbetrieb entsprechende Besonderheiten im Hinblick auf die tägliche Arbeitszeit.
- Gemäß § 11 JArbSchG sind auch die Ruhepausen geregelt. Dabei muss eine Pause nach 4,5 Stunden eingeplant werden. Sollten minderjährige Auszubildende eine Arbeitszeit von 4,5–6 Stunden haben, dann steht ihnen eine Pause von 30 Minuten zu, bei einer Arbeitszeit von mehr als sechs Stunden eine Pause von 60 Minuten. Zu beachten ist, dass als Ruhepause nur eine Arbeitsunterbrechung von mindestens 15 Minuten gilt.
- Gemäß §§ 13, 14 JArbSchG ist den minderjährigen Auszubildenden nach Beendigung der täglichen Arbeitszeit Freizeit von mindestens zwölf Stunden zu gewähren. Weiterhin ist eine Beschäftigung zwischen 20:00 Uhr und 06:00 Uhr nicht gestattet (Ausnahmeregelungen sind möglich!).
- Gemäß § 15 JArbSchG dürfen Auszubildende nur an fünf Tagen in der Woche beschäftigt werden. Werden sie also an einem Samstag beschäftigt, so muss gewährleistet sein, dass

sie an einem anderen Tag frei haben. Zu beachten ist hierbei, dass die beiden wöchentlichen Ruhetage nach Möglichkeit aufeinanderfolgen sollen, also dann z. B. Sonntag und Montag.

- Gemäß §§ 22 ff. JArbSchG ist eine Beschäftigung von minderjährigen Auszubildenden unter bestimmten Voraussetzungen verboten, z. B. Akkordarbeit oder die Arbeit unter Tage.

5.6.3 Mutterschutz

Auch während der Ausbildung findet das Mutterschutzgesetz (MuSchG), das dem Schutz der werdenden Mutter und des ungeborenen Kinds dient, seine Anwendung. Es soll gewährleistet werden, dass auch bei Schwangerschaft die Ausbildung unter bestimmten Voraussetzungen weiter durchgeführt werden kann.

Seit dem 01.01.2018 ist das neue Mutterschutzgesetz in Kraft. Der Schutzbereich wurde damit auch auf Schülerinnen und Studentinnen ausgeweitet.

Das Berufsausbildungsverhältnis ist in der Regel ein befristetes Beschäftigungsverhältnis. Dieses endet mit Ablauf der vertraglich vereinbarten Ausbildungsdauer oder, beim vorzeitigen Bestehen der Abschlussprüfung, mit Bekanntgabe des Prüfungsergebnisses.

Eine Schwangerschaft ändert an diesem Grundsatz nichts. Aufgrund aber eventuell eintretender Fehlzeiten durch die Schwangerschaft können die Auszubildenden die Ausbildungsdauer auf Antrag verlängern lassen. Damit soll gewährleistet werden, dass das Ausbildungsziel weiterhin erreicht werden kann. Sollte die Abschlussprüfung nicht bestanden werden, kann ebenfalls ein Antrag auf Verlängerung bis zur nächstmöglichen Abschlussprüfung, höchstens aber eine Verlängerung um ein Jahr, gestellt werden. Zuständig sind hierbei die Rechtsanwaltskammern.

Das Mutterschutzgesetz legt sog. Schutzfristen kurz vor und nach der Entbindung für die Mutter fest. Diese beginnen dabei grds. sechs Wochen vor der Entbindung und enden in der Regel acht Wochen danach. Auf Antrag kann der Schutz auch auf zwölf Wochen verlängert werden, falls es zu einer Früh- oder Mehrlingsgeburt kommt oder ein Kind mit Behinderung zur Welt gebracht wird (§ 3 MuSchG). Diese Schutzfristen sind hierbei bindend.

Anders ist dies bei Schülerinnen und Studentinnen. Die Schule oder Hochschule darf die Schwangeren ihre Ausbildung fortsetzen lassen, wenn diese es ausdrücklich verlangen (§ 3 Abs. 3 MuSchG). Sollte der Fall eintreten, dass die Schülerin oder Studentin die Ausbildung nicht weiter fortsetzen kann und eine Unterbrechung benötigt, kann sie diese Entscheidung widerrufen und eine entsprechende Pause einlegen.

Die Arbeitszeiten während der Schwangerschaft werden in § 4 MuSchG festgelegt. Die Schwangere darf nicht mehr als maximal achteinhalb Stunden täglich arbeiten. Ist die Schwangere noch keine 18 Jahre alt, dann sind es nur acht Stunden. Eine Ruhezeit von elf Stunden wird dabei ebenfalls vorgeschrieben.

Nach § 6 MuSchG darf eine Schwangere oder Stillende ebenfalls nicht mit Mehr-, Schicht-, Sonn- oder Feiertagsarbeit belastet werden, es sei denn, es wird ausdrücklich durch die Betroffene gewünscht.

Die wichtigste Regelung betrifft den Kündigungsschutz nach § 17 MuSchG. Der Kündigungsschutz beginnt mit Beginn der Schwangerschaft und endet zum Ende der Schutzfrist nach der Entbindung, jedoch mindestens bis zum Ablauf von vier Monaten nach der Entbindung. Auch während der Probezeit ist eine Kündigung nicht wirksam. Die Auszubildende selbst darf jederzeit eine Kündigung aussprechen.

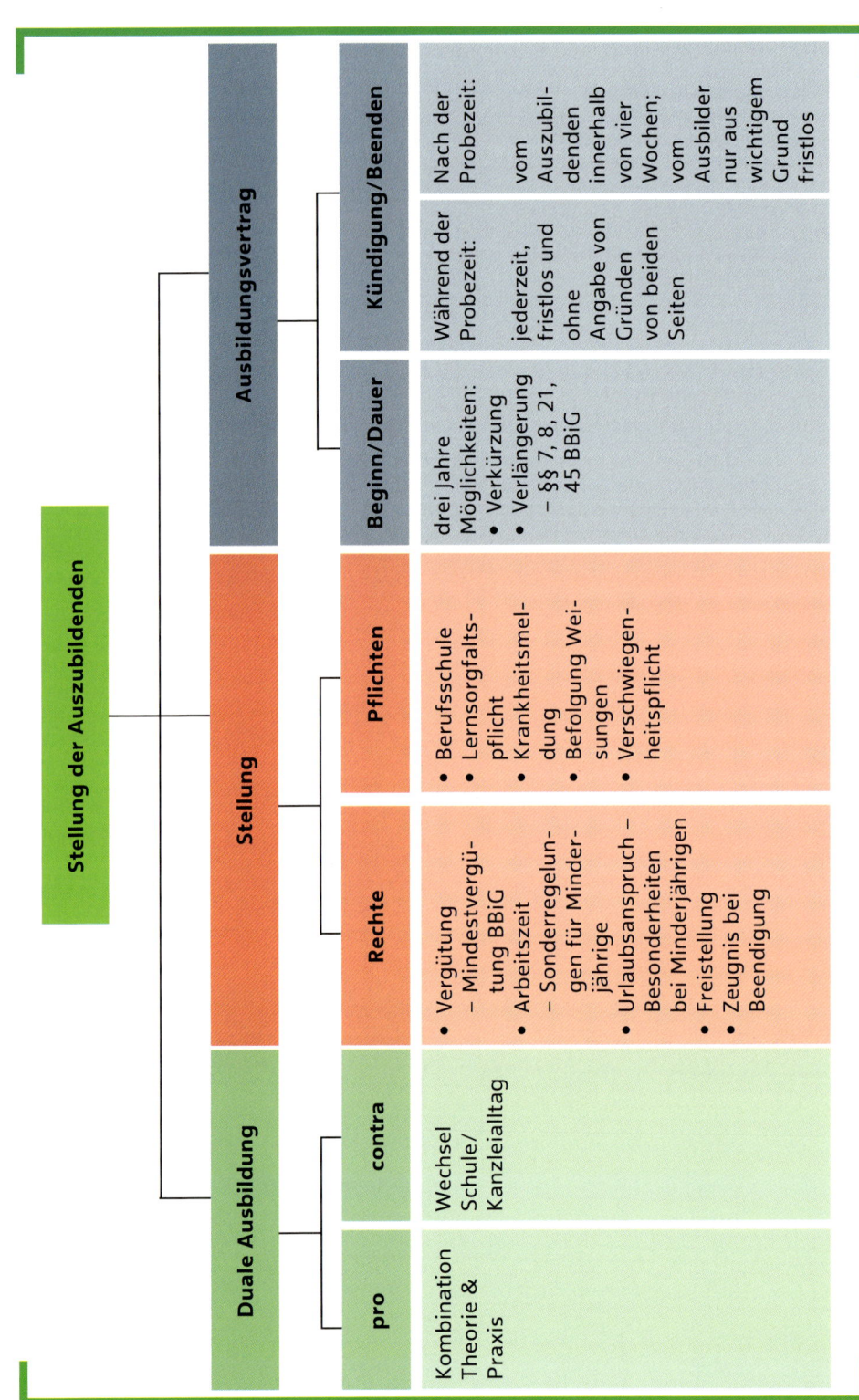

Zusammenfassung

Stellung der Auszubildenden

Ausbildungsvertrag

Beginn/Dauer	Kündigung/Beenden	
drei Jahre Möglichkeiten: • Verkürzung • Verlängerung – §§ 7, 8, 21, 45 BBiG	Während der Probezeit: jederzeit, fristlos und ohne Angabe von Gründen von beiden Seiten	Nach der Probezeit: vom Auszubildenden innerhalb von vier Wochen; vom Ausbilder nur aus wichtigem Grund fristlos

Stellung

Rechte	Pflichten

• Vergütung
  – Mindestvergütung BBiG
• Arbeitszeit
  – Sonderregelungen für Minderjährige
• Urlaubsanspruch –
  Besonderheiten bei Minderjährigen
• Freistellung
• Zeugnis bei Beendigung
	• Berufsschule
	• Lernsorgfaltspflicht
	• Krankheitsmeldung
	• Befolgung Weisungen
	• Verschwiegenheitspflicht

Duale Ausbildung

pro	contra
Kombination Theorie & Praxis	Wechsel Schule/Kanzleialltag

Wiederholung und Vertiefung

1. Stellen Sie in einer Tabelle die Vor- und Nachteile der dualen Ausbildung gegenüber.
2. Notieren Sie unter Angabe der entsprechenden Paragrafen die jeweiligen Rechte und Pflichten der Auszubildenden/Ausbildenden.
3. Unter welchen Voraussetzungen kann das Ausbildungsverhältnis gekündigt werden?
4. Nennen Sie die einschlägigen Gesetze, in denen Schutzvorschriften für Auszubildende zu finden sind.
5. Prüfen Sie, ob es dabei Besonderheiten für schwangere Auszubildende gibt.
6. Wonach richtet sich die Höhe der Ausbildungsvergütung?
7. Definieren Sie die Begriffe „Bruttolohn" und „Nettolohn".
8. Nennen Sie jeweils die Beitragshöhe der Renten-, Kranken-, Pflege- und Arbeitslosenversicherung.
9. Wer muss diese Beiträge zahlen?
10. Die Kirchensteuer und der Solidaritätszuschlag zählen zu den Abgaben an das Finanzamt. Wie werden diese Abgaben berechnet?

6 Urheberrechte in Ausbildung und Schule

Das Urheberrecht ist in Deutschland im Urheberrechtsgesetz (UrhG) niedergeschrieben. Weitere Regelungen lassen sich im Urheberrechtswahrnehmungsgesetz (UrhWG) sowie im Kunsturheberrechtsgesetz (KunstUrhG) finden.

Das Urheberrecht ist dabei dem Privatrecht zuzuordnen.

vgl. LF 1, Kap. 1.3.2

Lernsituation

Annika Sauer muss in der Schule zur Ermittlung der Projektkompetenznote eine Präsentation über den Beratungshilfeantrag halten. Sie soll hierzu eine PowerPoint-Präsentation nebst Handout erstellen. Annika Sauer möchte das Beratungshilfeantragsformular vom Justizportal Nordrhein-Westfalen verwenden, um konkret das Ausfüllen eines Antrags darzustellen. Außerdem beabsichtigt sie, ein Bild eines leeren Geldbeutels aus dem Internet zur Veranschaulichung zu verwenden. Dieses Bild ist mit dem Icon „cc by" gekennzeichnet. Inhaltlich gefällt ihr ein Zitat aus ihrem Schulbuch sehr gut und sie möchte es in ihren Vortrag einbinden.

Annika Sauer ist jedoch unsicher, inwieweit sie diese Materialien in ihrer Präsentation und in ihrem Handout verwenden darf. Die Lehrkraft hat die Klasse darauf hingewiesen, dass Urheber- sowie Leistungsschutzrechte zu beachten und Zitierregeln einzuhalten sind. Die PowerPoint-Präsentation nebst Handout sei eine Woche vor der Präsentation abzugeben, damit mittels eines Plagiatsscan-Programms geprüft werden kann, ob ein Plagiat vorliegt.

Annika Sauer ist nun ganz verwirrt und recherchiert gleich im Internet, wie man richtig Quellen und Zitate angibt und welche sie überhaupt verwenden darf.

Arbeitsaufträge:

a) Stellen Sie zusammen, welche Rechte zum Schutz des geistigen Eigentums in welchem Gesetz geregelt sind.

b) Recherchieren Sie im Internet den Begriff „Leistungsschutzrechte".

c) Erläutern Sie, auch mithilfe von Beispielen, wann ein Werk nach dem Urheberrecht als schützenswert gelten kann.

d) Erstellen Sie eine Mindmap, welche Werke nach dem UrhG wie lange schützenswert sind.

e) Recherchieren Sie im Internet, was ein Zitat und was ein Plagiat ist.

f) Überprüfen Sie gemeinsam, ob bzw. unter welchen Voraussetzungen Annika Sauer Formular, Bild und Zitat in ihre Arbeit einbinden darf.

g) Reflektieren Sie anschließend Ihr Wissen.

6.1 Schutz

In erster Linie soll das Urheberrecht die Rechte des Urhebers, also des Verfassers, an seinem Werk schützen. Diese Rechte umfassen z. B., dass nur der Urheber selbst sein Werk veröffentlichen oder eine Erlaubnis erteilen kann, dass sein Werk veröffentlicht werden darf (Veröffentlichkeitsrecht). Der Urheber hat aber auch das Recht, Kopien seines Werks anzufertigen (Vervielfältigungsrecht). Nur der Urheber soll Nutzen aus seinen kreativen Leistungen ziehen. Er ist auch an dem Gewinn zu beteiligen, wenn sein Werk durch einen Dritten veräußert wird (Gewinnbeteiligungsrecht).

Um diese Rechte ausüben zu können, muss das Werk überhaupt urheberrechtlich schützenswert sein. Gemäß § 2 UrhG gehören zu den geschützten Werken der Literatur, Wissenschaft und Kunst u. a.:
- Sprachwerke, wie Schriftwerke, Reden und Computerprogramme;
- Werke der Musik;
- pantomimische Werke einschließlich Werke der Tanzkunst;
- Werke der bildenden Künste einschließlich Werke der Baukunst und der angewandten Kunst sowie Entwürfe solcher Werke;
- Filmwerke einschließlich Werke, die ähnlich wie Filmwerke geschaffen werden;
- Darstellungen wissenschaftlicher oder technischer Art, wie Zeichnungen, Pläne, Karten, Skizzen, Tabellen und plastische Darstellungen.

§ 2 Abs. 2 UrhG definiert das Werk als persönlich geistige Schöpfung. Das bedeutet im Einzelnen:
- Das Werk muss ein persönliches sein, d. h., es muss von einem oder mehreren Menschen erstellt sein.
- Daraus folgt, dass keine Maschinen oder Tiere Urheber sein können.
- Schützenswert ist die geistige Schöpfung. Das Werk muss damit nicht körperlich greifbar sein, z. B. eine Rede.
- Die geistige Schöpfung kann körperlich greifbar gemacht werden, z. B. Ton- oder Videoaufnahmen von Reden.
- Das Werk muss ein gewisses Maß an Originalität und Individualität aufweisen, die sog. Schöpfungshöhe.

Die bloße Idee ist jedoch nicht schützenswert.

Sind die Voraussetzungen des § 2 UrhG erfüllt, ist das Werk automatisch geschützt, ohne dass es weiterer Handlungen bedarf, z. B. der Eintragung in ein Register.

§ 2 Abs. 1 Nr. 5 UrhG zählt auch sog. „Lichtbildwerke" als urheberrechtlich schützenswert auf. Diese sind besondere Fotografien und heben sich von den „Alltags-Fotos" ab. Lichtbildwerke weisen eine besondere Individualität und künstlerische Gestaltung auf.

▶ Beispiel: Portraitfotos von Angela Merkel, Architekturfotografie des Eiffelturms, Pressefotos, Reportagefotos, Kunstfotografien

Wann eine Fotografie als Lichtbildwerk von einem Lichtbild abzugrenzen ist, entscheidet im Zweifel immer der Einzelfall.

Ein Lichtbild ist nach § 72 UrhG kein schöpferisches Erzeugnis der Fotografie und weist daher auch keine Schöpfungshöhe auf. Sie entstammen der Alltagsfotografie, sog. „Knippsbilder".

▶ Beispiel: Urlaubsfotos, Partyfotos mit der Handykamera, Schnappschüsse, Luftbilder, Fotografien von Beschäftigten, Röntgenbilder/Ultraschallbilder von Ärztinnen bzw. Ärzten, Fotos in der Bedienungsanleitung.

Aus der Regelung des § 72 UrhG ergibt sich dann die Konsequenz, dass Fotografien, die nicht als Lichtbildwerke geschützt werden können, da ihnen die Schöpfungshöhe fehlt, dann als Lichtbild geschützt werden können. Nur die Dauer des Schutzes ist unterschiedlich.

6.2 Dauer des Schutzes

Das Urheberrecht ist aber nicht für immer und ewig geschützt. Gemäß § 64 UrhG erlischt das Urheberrecht 70 Jahre nach dem Tod des Urhebers. Sollten nun mehrere Personen Urheber sein, dann erlischt das Urheberrecht nach § 65 Abs. 1 UrhG erst nach Versterben des letzten Miturhebers.

Besonderheiten ergeben sich nun aus der Unterscheidung Lichtbildwerke und Lichtbilder.

Lichtbildwerke sind nach § 64 Abs. 1 UrhG für die genannten 70 Jahre geschützt. Hingegen sind die Lichtbilder nach § 72 Abs. 3 UrhG nur für 50 Jahre nach ihrer Erscheinung geschützt.

Mit dem Ende dieser Schutzfrist ist das Werk **gemeinfrei**, was bedeutet, dass jeder das Werk, ohne die Einwilligung des eigentlichen Urhebers, nutzen kann. § 5 UrhG nennt noch weitere Werke, die keinen Schutz genießen. Dazu zählen u. a. Gesetze, Verordnungen, amtliche Erlasse und Bekanntmachungen sowie Entscheidungen und amtlich verfasste Leitsätze zu Entscheidungen.

Alleinurheber und Miturheber

Wichtig für die Feststellung der Dauer des Urheberschutzes ist die Unterscheidung zwischen dem Alleinurheber und den Miturhebern. Am folgenden Beispiel soll dies verdeutlicht werden.

▶ Beispiel: Für die Abschlussfeier bildet sich eine Arbeitsgruppe, die Themen und Materialien erarbeiten soll.
   a) Die Teilnehmerinnen und Teilnehmer der Arbeitsgruppe erstellen eine Mindmap mit besonderen Erlebnissen der Klasse während ihrer Schulzeit. Der Klassensprecher Björn Borg, der später auch die Rede halten soll, macht sich hierbei Notizen und formuliert eigenständig den entsprechenden Redetext.
   b) Die Teilnehmerinnen und Teilnehmer der Arbeitsgruppe teilen sich so auf, dass jede Einzelgruppe ein Erlebnis beschreibt und den Text für die Rede zur Verfügung stellt. Der Klassensprecher Björn Borg wird in der Rede die einzelnen Texte nur zusammenfügen und wiedergeben.

Im ersten Beispiel werden nur Anregungen und Ideen gesammelt. Der Redenschreiber, also der Klassensprecher Björn Borg, formuliert selbstständig den eigentlichen Redetext und übt dabei den schöpferischen Akt alleine aus. Nur er ist am Ende Urheber der Rede.

Im zweiten Beispiel gestaltet es sich ein wenig anders. Hier schreibt jede Einzelgruppe einen Teil des Gesamttextes, welcher am Ende auch so wiedergegeben wird. Man spricht hier von einer horizontalen Arbeitsteilung. Jeder Einzeltext ist eine schöpferische und gestalterische Tätigkeit der entsprechenden Gruppe. Erst durch die Zusammenführung der einzelnen Texte entsteht die Rede und ein „roter Faden" ist nachvollziehbar. Die Einzeltexte sind somit auch nicht für sich genommen vortragbar und ergeben nur zusammen eine Geschichte. Hierbei haben also alle Teilnehmerinnen und Teilnehmer der Arbeitsgruppe ein Gesamtwerk erschaffen und sind Miturheber.

6.3 Übertragung des Urheberrechts

Das Urheberrecht ist übertragbar, aber nicht im Ganzen. Nach § 29 Abs. 2 UrhG kann der Urheber nur wirtschaftlich bedeutsame Nutzungs- und Verwertungsrechte übertragen. Nur das Urheberpersönlichkeitsrecht nach §§ 12–14 UrhG verbleibt auch beim Urheber. Das bedeutet, dass es dem Urheber obliegt zu entscheiden, ob oder wann sein Werk veröffentlicht werden soll.

Gemäß § 28 UrhG ist das Urheberrecht vererblich und kann mit einer Verfügung von Todes wegen (Testament oder Erbvertrag) auf die Erben übertragen werden. Danach kann z. B. die Alleinerbin bzw. der Alleinerbe, wie der ursprüngliche Urheber, mit dem Werk verfahren, wie sie bzw. er möchte. Dazu zählt auch, dass sie bzw. er die entsprechenden Nutzungen daraus ziehen kann. Gibt es mehrere Erben, dann müssen diese das Recht gemeinschaftlich verwalten. Durch die Vererbung wird hier auch das Urheberpersönlichkeitsrecht mit übertragen.

6.4 Verletzung des Urheberrechts

Sollte das Werk von einer dritten Person identisch genutzt und veröffentlicht oder vervielfältigt werden oder auch der Urheber nicht genannt werden, dann spricht man von einer Urheberrechtsverletzung. Das UrhG enthält für solche Fälle Regelungen, welche Ansprüche der Urheber dann gegenüber dem Dritten geltend machen kann.

- Unterlassungsanspruch, § 97 Abs. 1 S. 1 2. Alt. UrhG,
  z.B. das Abhängen eines Werkplakats
- Schadenersatzanspruch, § 97 Abs. 1 S. 1 3. Alt. UrhG,
  z.B. die Geltendmachung des entgangenen Gewinns, wenn eine CD vervielfältigt und für einen günstigeren Preis auf dem Markt verkauft wird
- Anspruch auf Ersatz immateriellen Schadens, § 97 Abs. 2 UrhG,
  z.B. durch die Nichtbenennung des Urhebers und die Vervielfältigung der Werke
- Vernichtungsanspruch, § 98 Abs. 1 UrhG
- Anspruch auf Überlassung des Verletzungsgegenstands, § 98 Abs. 2 UrhG,
  z.B. Herausgabe aller illegal erstellten Kopien

Aber auch strafrechtliche Folgen nach §§ 106 ff. UrhG sind z.B. durch eine Geld- oder Freiheitsstrafe möglich.

6.5 Urheberrecht in Schule und Ausbildung

Für den Unterricht an Schulen werden verschiedene Arbeitsmaterialien wie Lehrbücher, Arbeitsblätter, Film- oder Tonaufnahmen durch die Lehrkräfte eingesetzt. Da sich diese Materialien nicht jede Lehrkraft selbst überlegt hat, liegen auch hier Urheberrechte vor.

Dabei wird nach dem UrhG darauf abgestellt, welcher Wille des Urhebers grds. bei der Erstellung seines Werks vorlag. Dieser kann entscheiden, ob und inwieweit sein Werk genutzt werden darf. Er räumt damit ein Nutzungsrecht ein.

▶ Beispiel: Die Autorinnen des Lehrbuchs stellen eine Vielzahl von Arbeitsblättern zur Verfügung, die auch für die Schule genutzt werden sollen. Der Wille der Autorinnen ist demnach auf die Nutzung und Bearbeitung der Arbeitsblätter gerichtet.

Nutzungsrecht

Das Nutzungsrecht unterliegt aber auch Urheberrechtsschranken. Dies bedeutet, dass der Urheber auch Nutzungen dulden muss, ohne dass er seine Einwilligung für den konkreten Einsatz erteilt hat. Für den schulischen Bereich ist hier vor allem § 60 a UrhG als Grundlage heranzuziehen.

Besonders im Unterricht werden zumeist Kopien angefertigt, Videoaufnahmen vorgespielt, Zitate oder für Recherchen Multimedia-Dateien oder das Schul-Intranet genutzt.

▶ Beispiel: Für den Deutschunterricht möchte der Lehrer Ralf Bock für die Besprechung eines Romans folgende Materialien ausgeben:

a) Eine komplette Erzählung des Autors über den gleichen Roman, als eine Art Zusammenfassung für sein Werk auf 25 Seiten.

b) Vier Seiten aus einem 50-seitigen Arbeitsheft zum entsprechenden Roman.

c) 20 Seiten aus einem insgesamt 100-seitigen Buch, welches sich mit dem Roman auseinandersetzt, sog. Sekundärliteratur.

Am 01.03.2018 ist das Gesetz zur Angleichung des Urheberrechts an die aktuellen Bedürfnisse der Wissensgesellschaft (UrhWissG) in Kraft getreten, welches mit dem neuen § 60 a UrhG die unterrichtliche Nutzung von urheberrechtlich geschützten Werken regelt. Mittlerweile haben die Länder mit den Verwertungsgesellschaften einen neuen Gesamtvertrag im Hinblick auf Vervielfältigungen vom 20.12.2018 und eine Übergangsvereinbarung zum noch bestehenden Gesamtvertrag für die öffentliche Zugänglichmachung geschlossen. Ebenso erfolgte mit den Presseverlagen eine Einigung, die es ermöglicht, einzelne Beiträge aus Zeitungen und Publikumszeitschriften für den Unterricht zu nutzen.

Die im Rahmen der Gesamtverträge bislang den Schulen eingeräumten Möglichkeiten zur Nutzung urheberrechtlich geschützter Werke sind erhalten geblieben, erweitert auf den nunmehr gesetzlich definierten Umfang von 15 %. Im vorliegenden Fall hätte Ralf Bock nur 15 Seiten aus der Sekundärliteratur seinen Schülerinnen und Schülern ausgeben dürfen.

Auch in den Ausbildungsbetrieben muss daher auf das Urheberrecht geachtet werden. Für die Erstellung von Schriftsätzen kann daher nicht ein Textbaustein vollständig von einer Kollegin bzw. einem Kollegen übernommen werden. Auch bei der Wiedergabe von einschlägiger Rechtsprechung sind immer die Fundstellen und die Gerichte anzugeben.

6.6 Ausnahme Formulare

In den Kanzleien werden oftmals Formulare, wie z. B. der Antrag auf Bewilligung der Prozesskostenhilfe mit der Erklärung über die persönlichen und wirtschaftlichen Verhältnisse, benutzt.

vgl. LF 10, Kap. 6

Solche Formulare gelten gem. § 5 Abs. 2 UrhG als amtliche Werke und sind gemeinfrei. Diese werden im amtlichen Interesse, also von Behörden, Gerichten, zur allgemeinen Kenntnisnahme veröffentlicht.

Auch fehlt es Formularen an Originalität und Individualität, womit die Voraussetzung der Schöpfung eines Werks nicht erfüllt ist.

Gemeinfrei bedeutet also, dass jedermann dieses Werk kostenlos benutzen kann. Jedoch muss die Quelle auf dem Formular angegeben werden.

In der Kanzlei werden beispielsweise folgende Formulare verwendet:
- Prozesskostenhilfeantrag,
- Vollmacht des jeweiligen Rechtsanwalts,
- Vergütungsvereinbarungen,
- Verschwiegenheitserklärungen (stellt die Bundesrechtsanwaltskammer),
- Fragebögen für die Mandantschaft,
- Unfallfragebogen und
- Fragebogen zum Versorgungsausgleich.

Zusammenfassung

 Wiederholung und Vertiefung

1. Welche Werke sind urheberrechtlich nicht geschützt und wie bezeichnet man solche Werke?
2. Ab wann verliert ein urheberrechtliches Werk seinen Schutz?
3. Recherchieren Sie im Internet, welche Unterschiede im privaten und öffentlichen Bereich für den Umgang mit Veröffentlichungen oder Kopien von Medien existieren.
4. Sogenannte „verwaiste Werke" stellen eine besondere Herausforderung an Museen oder Archive dar. Recherchieren Sie im Internet, was mit „gemeinfrei" und „verwaisten Werken" gemeint ist und erklären Sie anhand der EU-Richtlinie 2012/28 EU wie diese Hürden gemeistert werden können.

7 Grundlagen der Kommunikation

Paul Watzlawick (Kommunikationswissenschaftler 1921–2007) formulierte ganz treffend:

> „Man kann nicht nicht kommunizieren."[1]

Dabei bildet jedes verbale und nonverbale Verhalten eine Botschaft. Auch ein Unterlassen kann eine klare Botschaft senden.

Jede Kommunikation hat dabei eine Sach- und eine Beziehungsebene:

- Auf der **Sachebene** werden Zahlen und Fakten durch Sehen, Sagen und Hören ausge-tauscht. Dahinter steht das „Was" einer Nachricht. Diese Ebene macht dabei nur 20 % der gesamten Kommunikation aus.
- 80 % werden über die **Beziehungsebene** ausgetauscht. Hier macht „der Ton die Musik". „Wie" wird also eine Nachricht aufgenommen. Dazu zählen auch Erfahrungswerte, die dann in die Information mit einfließen.

Diese Ebenen kann man mit dem Eisbergmodell sehr gut darstellen:

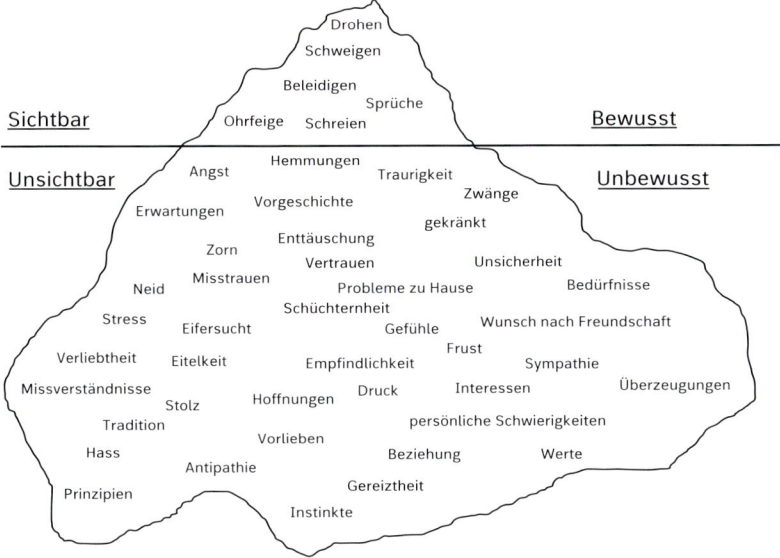

Wie auch beim Eisberg, verstecken sich 80 % der Kommunikation unter der Oberfläche. Deshalb ist auch die Beziehungsebene nicht einschätzbar, da jeder Mensch seine eigenen Erfahrungen und Werte einbezieht.

---

1 Quelle: Watzlawick, Paul/Beavin Bavelas, Janet Helmick/Jackson Don D.: Menschliche Kommunikation, 9. Auflage, Bern [u. a.]: Huber, 1996, S. 53, Übersetzer: unbekannt.

Merke: Die Beziehungsebene beeinflusst dabei die Sachebene!

Lernsituation

Annika Sauer hat immer Telefondienst, sofern sie nicht in der Schule ist. So nimmt sie auch das Gespräch entgegen, als Gustav Diez anruft. Dieser teilt Annika Sauer mit, dass er die Gebührenabrechnung, die er erhalten hat, nicht versteht. Er ist sauer auf Rechtsanwältin Dr. Annette Neumann, da die Beträge das vereinbarte Honorar übersteigen und möchte die Rechtsanwältin sofort persönlich sprechen, was jedoch aufgrund eines Gerichtstermins nicht möglich ist.

Annika Sauer versucht, das Gespräch noch freundlich zu beenden, ist danach allerdings sehr durcheinander und wendet sich an Marion Webermann. Diese kann Annika Sauer beruhigen, dass es immer einmal wieder zu Konflikten am Telefon kommen kann. Aber auch in gewöhnlichen Besprechungen kann sich die Gesprächsatmosphäre ändern. Alle Beteiligten müssen daher einen kühlen Kopf bewahren.

Aus diesem Anlass beruft Marion Webermann mit allen Auszubildenden eine Bürobesprechung ein, um noch einmal darauf aufmerksam zu machen, wie wichtig die Mandantenbindung ist und Konflikte gerade im hektischen Büroalltag schnell entstehen können. Um dies zu verbildlichen, zeichnet Marion Webermann das Vier-Ohren-Modell der Kommunikation auf das Whiteboard.

Arbeitsaufträge:

a) Tauschen Sie sich untereinander aus, ob es solche Fälle wie mit Gustav Diez und Annika Sauer auch bei Ihnen schon gab.

b) Welche Vorgehensweise ist in einer solchen Situation sinnvoll? Haben Sie hierfür ggf. Arbeitsanweisungen erhalten?

c) Recherchieren Sie in Zweiergruppen im Internet Informationen zum Kommunikationsmodell von Friedemann Schulz von Thun.

d) Erläutern Sie das in diesem Modell verwendete Bild von den „vier Ohren".

e) Überlegen Sie gemeinsam, in welche Phasen ein Gespräch unterteilt werden kann. Erläutern Sie diese Phasen kurz mithilfe von Beispielen.

f) Auf welche Gesprächsstörer muss geachtet werden, um ein Gespräch nicht negativ zu beeinflussen?

g) Wie sieht die mandantenorientierte Kommunikation bei Ihnen in der Kanzlei aus? Wie gestalten Sie den Erstkontakt und wie empfangen Sie die Mandantschaft in der Kanzlei? Überlegen Sie im Gespräch mit der Klasse, welche Umgangsformen hierbei zu beachten sind.

h) Vergleichen Sie untereinander Ihre Ergebnisse.

i) Reflektieren Sie anschließend Ihr Wissen.

7.1 Grundlagen der Gesprächsführung

Ein Gespräch und die damit verbundenen Nachrichten enthalten nicht nur das Gesagte, sondern auch das versteckt Gemeinte. Eine Nachricht wird nie nur eine Botschaft enthalten. Nicht nur die Sprache allein macht die Nachricht und deren Inhalt aus. Auch die nonverbale Kommunikation gehört zur Gesprächsführung. Körpersignale verdeutlichen den Inhalt oder sollen auch bestimmte Inhalte verbergen.

Für eine gelungene Kommunikation werden immer zwei Beteiligte, der Sender und der Empfänger der Nachricht, benötigt.

Dabei kann das Kommunikationsmodell von Friedemann Schulz von Thun als Grundlage verstanden werden:

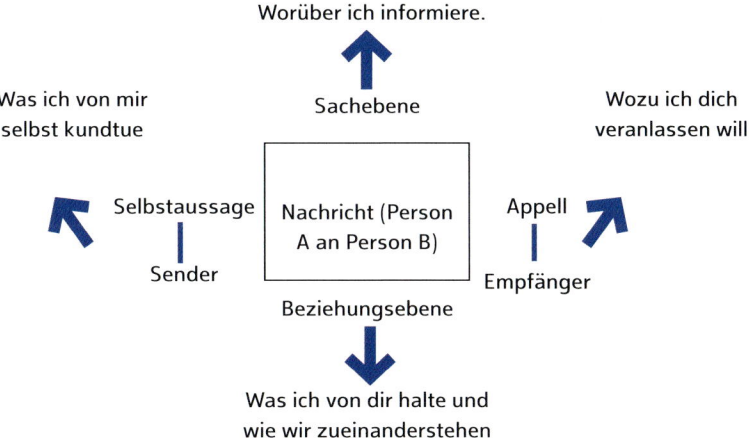

- Das **Sachohr,** welches die Nachricht aufnimmt, filtert die mitzuteilenden Dinge und Geschehnisse. Dies können z. B. die reinen Zahlen und Fakten sein.
- Das **Beziehungsohr** hört dabei, was der Sender vom Empfänger hält und wie er die Beziehung ihm gegenüber empfindet. Dieses Ohr hört nicht immer bewusst zu, sondern nimmt gewisse Schwingungen einer Nachricht auf. Dieses Ohr ist damit auch nicht das objektivste.

- Das **Selbstoffenbarungsohr** nimmt Informationen auf, die der Sender ganz unbewusst von sich preisgibt.
- Das **Appellohr** soll am Schluss hören, was der Sender eigentlich dem Empfänger mitteilen will und den Empfänger zu einer Reaktion fordern. Was soll also der Empfänger am Ende mit den übertragenen Informationen anstellen?

Mit anderen Worten:

> Gesagt ist noch nicht gehört.
> Gehört ist noch nicht verstanden.
> Und verstanden ist dabei noch nicht einverstanden.[1]

▶ Beispiel: Ein Ehepaar sitzt zusammen im Auto, bis plötzlich die Frau ruft: „Pass doch auf, die vor uns bremst schon!" Die einzelnen Ebenen lauten:

Sachebene:	„Die bremst."
Beziehung:	„Du brauchst meine Hilfe."
Selbstoffenbarung:	„Ich habe Angst."
Appell:	„Brems' endlich!"

 Analog zu den vier Ohren (= Empfänger) gibt es genauso vier Münder (= Sender). Wenn Sender und Empfänger auf diesen vier Ebenen die Äußerungen unterschiedlich deuten, kommt es zu Störungen in der Kommunikation. Dies kann Konflikte hervorrufen.

7.2 Phasen eines Gesprächsverlaufs

Abgesehen von einer Orientierungsphase, in der sich der Sender klar werden muss, was er durch das Gespräch erreichen will, kann ein Gespräch in vier Grundphasen eingeteilt werden:

▶ 1. Phase: Partnerorientierung
   Dies ist sozusagen die Einführung in jedes Gespräch. Angefangen mit der Begrüßung,
   - entweder in freundschaftlichen oder lockeren Beziehungen mit einem einfachen „Hallo"
   - oder in einer eher höflicheren Form von „Guten Tag" oder „Guten Abend".

Anhand der jeweiligen Reaktion des Gegenübers entscheidet sich schon hier, wie das Gespräch weiter verlaufen wird.

▶ 2. Phase: Sachorientierung
   In dieser Phase wird das Thema des Gesprächs eröffnet:
   - Um was geht es?
   - Soll ein Problem gelöst werden oder wird nur ein Ablauf abgefragt?

---

1 In Anlehnung an: Konrad Lorenz (1903–1989)

Hier findet die wechselseitige Orientierung an den Interessen und Sichtweisen des Gegenübers statt.

▶ 3. Phase: Problembearbeitung
Hier wird der Sachverhalt auseinandergenommen. Dabei können
- Vorschläge benannt und
- Informationen eingeholt werden, um sich ein Bild von der Situation zu machen.

Mögliche Lösungen, die für beide Beteiligte akzeptabel sind, sollen hier erarbeitet werden.

▶ 4. Phase: Vereinbarung/Zusammenfassung
Erst in dieser Phase wird das Gespräch entschieden:
- Entweder wurde das Problem gelöst oder
- die entsprechenden Informationen wurden abgeliefert.

Das Ergebnis des Gesprächs wird in dieser Phase dargestellt und sollte auch kurz festgehalten werden, beispielsweise durch das Erstellen eines Gesprächsprotokolls.

Nach diesen vier Phasen erfolgt für jeden der Beteiligten eine kurze Nachbereitungsphase, in der klar wird, was man mit dem Gespräch erreicht hat. Gegebenenfalls müssen weitere Gespräche vorbereitet oder Schritte zur Umsetzung der Lösung eingeleitet werden.

7.3 Gesprächsstörer und Gesprächsförderer

Während einer Vielzahl von Möglichkeiten, in der sich ein Gespräch entwickeln kann, können Gesprächsstörer und Gesprächsförderer auftreten.

7.3.1 Gesprächsstörer

Definition: Als Gesprächsstörer werden kommunikationserschwerende Elemente bezeichnet. Sie vermitteln negative Gefühle wie Überlegenheit, Bevormundung und Missachtung.

Gesprächsstörer können ein Gespräch sehr schnell „abtöten". Sie sollten deshalb unbedingt vermieden werden.

Es gibt viele Gesprächsstörer, z. B.:

Bagatellisieren/Herunterspielen

Die Situation wird z. B. dadurch heruntergespielt, indem der Rechtsanwalt nicht auf die Bedenken der Mandantschaft eingeht. Dadurch fühlt sich die Mandantschaft nicht ernst genommen und die Zusammenarbeit wird ernsthaft gefährdet. Im schlimmsten Fall kann es passieren, dass die Mandantschaft das Mandat kündigt und sich einen anderen Rechtsanwalt sucht.

Warnen/Drohen/Überreden

Sofern ein Rechtsanwalt die Mandantschaft überreden will, eine Einigung zu erzielen, indem er ihr erklärt, dass die Angelegenheit anders definitiv nie abgeschlossen werden kann, entsteht für die Mandantschaft ggf. der Eindruck, dass sie erpresst wird. Die Folge ist, dass sie anschließend wohl kaum noch Interesse an einer weiteren Zusammenarbeit zeigt und ggf. sogar das Mandat kündigt und sich einen anderen Rechtsanwalt sucht.

Der Besserwisser

Der Besserwisser belehrt den Rechtsanwalt in Telefonaten oder persönlichen Gesprächen, indem er z. B. immer wieder auf seine Internetrecherchen verweist.

Ausfragen

Der Rechtsanwalt, der auf eine Vielzahl von Informationen angewiesen ist, wird bei der Mandantschaft mit seiner „Ausfragerei" auf wenig Gegenliebe stoßen. Der Mandantschaft geht die

Fragenflut viel zu weit. Sie fühlt sich ausgequetscht und vertraut dem Rechtsanwalt ggf. nicht mehr.

Unterbrechen/Vom Thema ablenken

Ein Gesprächsstörer liegt auch dann vor, wenn die Mandantschaft, die gerade den Sachverhalt schildert, vom Rechtsanwalt unterbrochen wird, indem dieser einfach aufsteht, sagt, dass er gleich wieder da ist, und aus dem Raum verschwindet. Dieses Verhalten gefährdet die weitere Zusammenarbeit massiv.

Aufdrängen/Überreden

Der Rechtsanwalt möchte unbedingt mit der Mandantschaft eine Vergütungsvereinbarung dahin gehend abschließen, dass ein Stundenhonorar in Höhe von 150,00 € zu zahlen ist. Der Rechtsanwalt redet so lange auf die Mandantschaft ein, schildert ihr, wie aufwendig die Angelegenheit u. a. werden wird, bis diese genervt aufgibt und die Vergütungsvereinbarung unterzeichnet.

Monolog führen

Ein Monologgespräch liegt dann vor, wenn der Rechtsanwalt das Gespräch sehr stark dominiert und die Mandantschaft kaum zu Wort kommen lässt. Dadurch fühlt sich die Mandantschaft nicht gut betreut, da sie das Gefühl hat, dass der Rechtsanwalt nicht auf ihre Interessen eingeht. Hierdurch wird die Zusammenarbeit gefährdet.

Befehlen/Dirigieren

Wenn der Rechtsanwalt der Mandantschaft die Prozessvollmacht vorlegt und ihr sagt, sie solle gefälligst unterschreiben, wird dieser Befehlston Unbehagen auslösen und das Vertrauensverhältnis stark beeinflussen. Schließlich erklärt der Rechtsanwalt der Mandantschaft nicht, warum sie die Prozessvollmacht unterzeichnen soll.

7.3.2 Gesprächsförderer

Definition: Gesprächsförderer sind „Handwerkszeuge" der Gesprächsführung.

Gesprächsförderer sollten unbedingt in das Gespräch mit einfließen, da sie zu einer gelungenen Kommunikation beitragen können.

Es gibt viele Gesprächsförderer, z. B.:

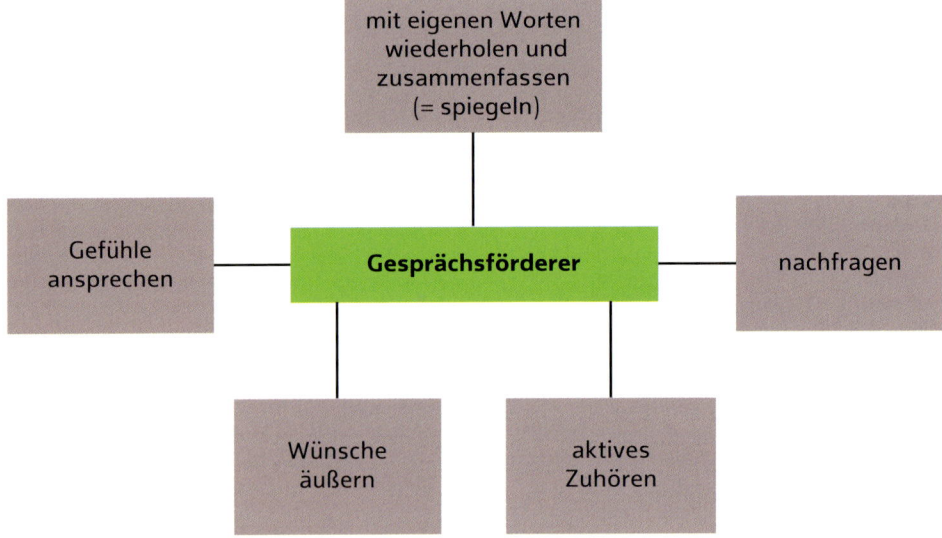

Mit eigenen Worten wiederholen und zusammenfassen (= spiegeln)

Die Mandantschaft merkt, dass der Rechtsanwalt dem Gespräch genau gefolgt ist, wenn der Rechtsanwalt die Äußerungen der Mandantschaft mit eigenen Worten wiederholt und zusammenfasst.

Nachfragen

Ein Gespräch wird positiv beeinflusst, wenn der Rechtsanwalt direkt bei der Mandantschaft nachfragt, wie diese ihre eben gemachte Äußerung genau meint.

Aktives Zuhören

Aktives Zuhören ist die gefühlsbetonte Reaktion der Gesprächspartnerin bzw. des Gesprächspartners auf eine erfolgte Äußerung. Dies liegt z. B. dann vor, wenn dem Rechtsanwalt mündlich von den Auszubildenden das gute Prüfungsergebnis mitgeteilt wird und er sich äußert „Das freut mich! Das ist ja eine super Leistung!".

Wünsche äußern

Ein Gesprächsförderer liegt auch dann vor, wenn während des Gesprächs Wünsche geäußert werden. Denn dadurch, dass der Rechtsanwalt die Mandantschaft darum bittet, ihm weitere Unterlagen zur Prüfung zu schicken, signalisiert er, dass er das eben Gehörte als wichtig erachtet und prüfen will.

Gefühle ansprechen

Eine positive Gesprächsbeeinflussung liegt auch dann vor, wenn der Rechtsanwalt die Gefühle der Mandantschaft anspricht. Dies könnte z.B. dann der Fall sein, wenn die Mandantschaft erzählt, dass sie ihren dreijährigen Sohn nur alle vier Wochen sehen darf und der Rechtsanwalt daraufhin erwidert, dass das ja schlimm ist und dass man da doch bestimmt etwas machen kann, um eine andere Regelung zu finden.

7.4 Mandantenorientierte Kommunikation

Jeder Beschäftigte in der Kanzlei sollte sich der Kommunikation besonders bewusst sein, da meist er die Kommunikation am Telefon oder an der Tür ausführen wird.

7.4.1 Erstkontakt

Der Erstkontakt ist entscheidend für die weitere Beziehung und für das folgende Gespräch. Offenheit und auch Freundlichkeit sind der Schlüssel für einen ersten angenehmen Kontakt.

Sollte der Erstkontakt am Telefon, z.B. durch eine Terminsvereinbarung erfolgen, sind eine klare und deutliche Sprache sowie eine freundliche und „lächelnde" Stimme von Vorteil.

Einige Kanzleien haben nach jahrelanger Erfahrung einen Gesprächsplan für die Telefonate entwickelt, damit auch nach Außen ein einheitliches Bild projiziert wird. Gerade die Abfrage verschiedener Daten (z.B. Vor- und Nachname, Telefonnummer für eine eventuelle Rückfrage, Sachverhaltsschilderung) ist wichtig und sollte souverän gelöst werden, um einen professionellen und vertrauenswürdigen Eindruck zu hinterlassen.

7.4.2 Empfang in der Kanzlei

Auch der Empfang an der Tür ist für die Kanzlei ein Aushängeschild. Da es eine Vielzahl von Möglichkeiten gibt, um die Mandantschaft zu empfangen, sollten Regeln festgelegt werden. Diese müssen an die räumlichen Gegebenheiten der Kanzlei angepasst werden.

▶ Beispiele: Ein persönliches Türöffnen strahlt etwas anderes aus, als wenn nur ein Türsummer den Eintritt gewährt. Auch die Abnahme von Jacken, Mänteln oder Regenschirmen zeichnet einen gewissen Respekt und Höflichkeit aus.

Sollte der Rechtsanwalt die Mandantschaft nicht gleich empfangen können, sollte diese gebeten werden, sich kurz zu setzen. Gegebenenfalls besteht hier die Möglichkeit, auch einen Grund für die Wartezeit zu nennen, z.B. ein noch nicht beendetes Telefonat oder eine Besprechung. Die Wartezeit kann z.B. durch ein angebotenes Getränk überbrückt werden.

Merke: Wichtig ist vor allem, der Mandantschaft das Gefühl zu geben, dass auch sie wichtig ist und nicht nur beiseitegestellt wird!

Sollten Fragebögen für die Mandantschaft vorhanden sein, können die Wartenden die Zeit auch zum Ausfüllen nutzen.

7.4.3 Umgangsformen

Beim Umgang mit einer Vielzahl von Mandantschaften sollten höfliche Umgangsformen selbstverständlich sein:
- Die Aussprache sollte klar und deutlich zu sein.
- Auf fachspezifische Abkürzungen (z.B. „PfÜB" für Pfändungs- und Überweisungsbeschluss, „Antrag MB" für Antrag auf Erlass eines Mahnbescheids) sollte verzichtet werden, damit die Mandantschaft alles versteht.
- Es sollte auf ein gepflegtes Äußeres geachtet werden.
- Der Empfang sollte zuvorkommend sein, z.B. durch die Abnahme der Jacken und das Hinausbegleiten.

Ob der Mandantschaft die Hand gegeben wird, ist umstritten und sollte nach persönlichem Ermessen entschieden werden. Als allgemein unhöflich gilt es jedoch, wenn die angebotene Hand abgelehnt wird. In Grippe- und Erkältungszeiten wie auch unter Beachtung der Coronaregelungen können sich die Beschäftigten der Kanzlei jedoch darauf berufen, wenn sie es freundlich erklären. Dann hat auch die Mandantschaft Verständnis und fühlt sich nicht zurückgestellt.

7.5 Feedbackregeln

Das Feedback soll eine Rückmeldung über ein Verhalten o. Ä. geben. Dadurch können Schwachstellen und Stärken aufgedeckt werden. Es kann ein Vergleich des Selbstbilds mit dem Fremdbild erfolgen.

Ein Feedback sollte regelmäßig zeitnah und auf Wunsch erfolgen. Wenn die Situation zu lange in der Vergangenheit liegt, hat das Feedback keine konstruktive Wirkung mehr und kann durchaus auch als Angriff oder als nachtragend empfunden werden. Aufgrund der vergangenen Zeit sind auch die Wahrnehmungen der Beteiligten verfälscht.

Folgende weitere Feedbackregeln sollten eingehalten werden:
- Das Feedback sollte immer positiv beginnen und auf das Wesentliche bezogen sein (keine Romane erzählen!).

- Beschreibung der konkreten Situation durch präzise Darstellung der Wahrnehmung, ohne eigene Interpretation,
- Darstellung der Interpretation, Beschreiben dessen, was das Beobachtete für einen selbst bedeutet oder wie dieses interpretiert wurde,
- Formulierung von Anregungen, Wünschen, Ideen,
- Schließen des Feedbacks mit der Sicherstellung, ob die entgegennehmende Person auch etwas damit anfangen kann.

Auch die das Feedback entgegennehmende Person sollte einige Regeln beachten:
- Feedback-Gebende sollten nicht unterbrochen werden.
- Feedback-Gebenden sollte aufmerksam zugehört werden.
- Falls es sich um ein schriftliches Feedback handelt, sollte dieses aufmerksam gelesen werden.
- Bei Unklarheiten sollte beim Feedback-Gebenden nachgefragt werden.
- Das Feedback sollte ausgewertet werden, um daraus Schlüsse ziehen zu können.

Zusammenfassung

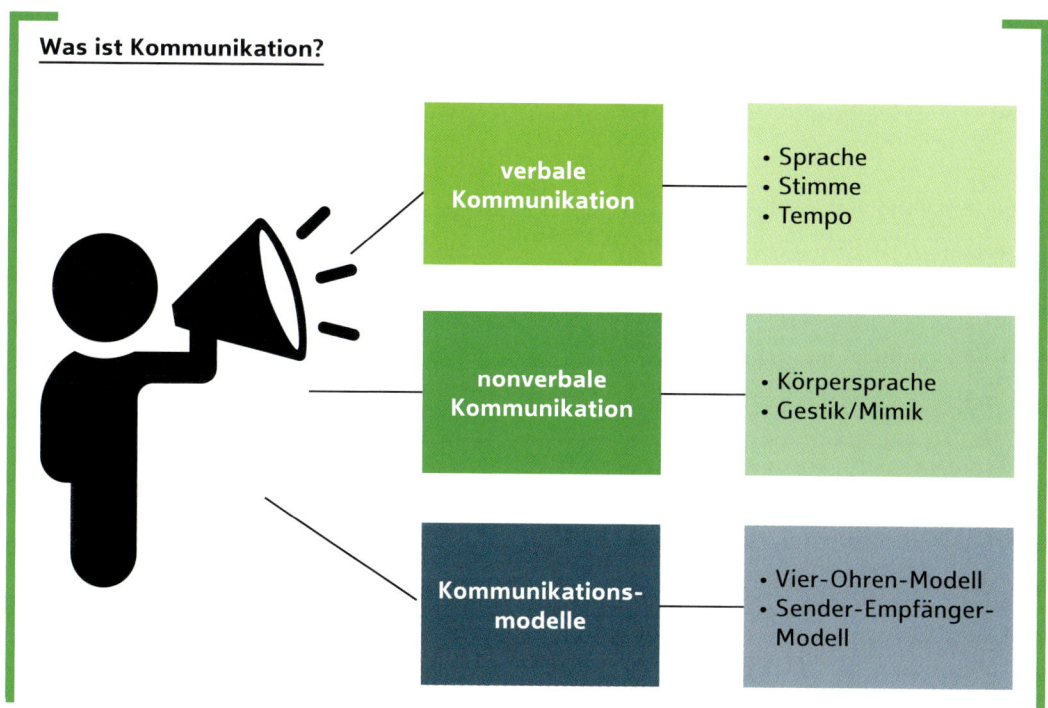

Was ist Kommunikation?

- **verbale Kommunikation**
  - Sprache
  - Stimme
  - Tempo

- **nonverbale Kommunikation**
  - Körpersprache
  - Gestik/Mimik

- **Kommunikationsmodelle**
  - Vier-Ohren-Modell
  - Sender-Empfänger-Modell

Gesprächsphasen

Partnerori-
entierung

Sachorien-
tierung

Problembe-
arbeitung

Vereinba-
rung und
Zusammen-
fassung

WICHTIG

Beachtung aller Gesprächsförderer und Gesprächsstörer, z. B.

aktives
Zuhören

Monologe
führen

nachfragen

warnen/
drohen/
überreden

◀◀ **Wiederholung und Vertiefung**

1. Erläutern Sie das sog. Eisbergmodell.
2. Nennen Sie jeweils vier Gesprächsstörer und -förderer mit dazu passendem Beispiel.
3. Stellen Sie anhand des folgenden Beispiels das Vier-Ohren-Modell (Friedemann Schulz von Thun) dar: „Es zieht!"
4. Welche Feedbackregeln sollte die das Feedback entgegennehmende Person beachten?

8 Konflikte im Kanzleialltag

Konflikte können überall im Alltag auftreten. Gerade auf der Arbeit, einem Ort, an dem man $1/_3$ seiner Zeit mit unterschiedlichen Personen verbringt, kann es vermehrt zu Konflikten kommen.

Lernsituation

Julia Hoffmann und Annika Sauer streiten sich heftig im Büro.

Julia Hoffmann: „Ich habe dir doch genau gesagt, dass du nur die Wiedervorlagen bearbeiten sollst. Für die Postbearbeitung bin ich zuständig."

Annika Sauer: „Auch ich kann die Post machen. Nur weil du schon im 3. Ausbildungsjahr bist, brauchst du dich hier nicht so aufzuspielen."

Marion Webermann stößt zu den zwei Streitenden und versucht die Sache zu schlichten und zu vermitteln.

Nicht nur bei den Beschäftigten in der Kanzlei kann es zum Streit kommen. Auch in Akten kann es vorkommen, dass sich Konflikte aufbauen, die sich leicht lösen lassen können. Anstatt beispielsweise immer wieder per E-Mail nachzufragen, kann durch ein kurzes, persönliches Telefonat schnell das Problem behoben werden. Auf diese Problematik machen beide Rechtsanwälte ihre Beschäftigten aufmerksam, um auch zeiteffektiv arbeiten zu können. Marion Webermann erzählt, dass sie nun die vierte Umladung im Scheidungsfall Uwe Kaufmann ./. Henriette Kaufmann auf dem Tisch liegen hat. Jegliche schriftliche Verlegungsanträge mit dem Hinweis, dass neu anberaumte Termine vorab telefonisch abgestimmt werden können, um erneute Verlegungen zu verhindern, werden vom Richter ignoriert. Marion Webermann ist ratlos. Sie weiß nicht, wie sie weiter vorgehen soll.

Arbeitsaufträge:

a) Diskutieren Sie mit der Klasse, welche Möglichkeiten Marion Webermann hat, damit eine erneue Umladung in der Scheidungssache Uwe Kaufmann ./. Henriette Kaufmann vermieden werden kann.

b) Überlegen Sie, was Sie persönlich als Konflikt ansehen und tauschen Sie sich hierzu untereinander aus.

c) Unterschieden werden zwei Konfliktarten, der innere und der äußere Konflikt. Überlegen Sie gemeinsam, wann ein innerer und wann ein äußerer Konflikt vorliegt.

d) Welche Konfliktursachen kommen bei Ihnen in der Kanzlei häufiger vor?

e) Überlegen Sie sich in Zweiergruppen, wie sich ein Konflikt entwickeln könnte. Erstellen Sie hierzu eine grafische Übersicht, aus der die einzelnen Phasen der Konfliktentwicklung hervorgehen.

f) Vergleichen Sie untereinander Ihre Ergebnisse.

g) Reflektieren Sie anschließend Ihr Wissen.

8.1 Was ist ein Konflikt?

Von einem Konflikt spricht man, wenn die Parteien nicht mehr in der Lage sind, eine angespannte Situation bzw. ihre Differenzen in einem direkten und sachlichen Gespräch zu klären. Dabei gehen die Beteiligten mit den Differenzen so um, dass es zu keiner Verständigung mehr kommt und das Gespräch nicht mehr konstruktiv und respektvoll geführt werden kann.

Ein Konflikt beschreibt also einen Zustand, in dem verschiedene Bedürfnisse, Wünsche, Interessen, Gefühle und Handlungen in Widerspruch zueinander stehen.

Unterschieden werden zwei Arten von Konflikten:

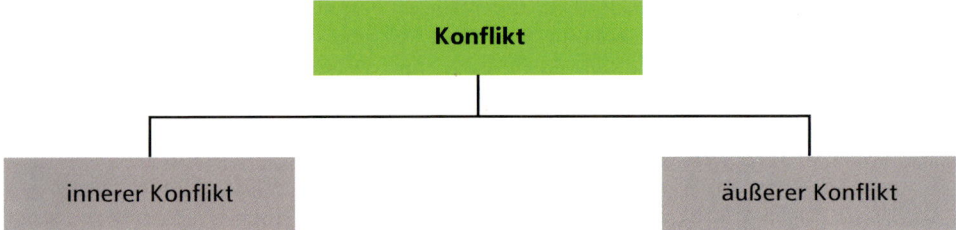

8.1.1 Innerer Konflikt

Als inneren Konflikt bezeichnet man den Verhaltenskonflikt, den eine Person mit sich selbst hat. Die Ursachen hierfür können unterschiedlicher Natur sein. Diesem Konflikt liegen häufig zwei gegensätzliche Motive oder Handlungen zugrunde.

▶ Beispiel: Die Entscheidung des Partners, in eine andere Stadt zu ziehen, steht der Entscheidung über den eigenen Arbeitsplatz, der sehr gut bezahlt ist, gegenüber.

Der innere Konflikt gestaltet sich als schwierig, da grds. nur die betroffene Person selbst diesen lösen kann.

8.1.2 Äußerer Konflikt

Der äußere Konflikt entsteht meist aus der Beziehung zu einer anderen Person oder innerhalb von Gruppen. Dieser Konflikt lässt sich oftmals antreffen, wenn zwischen zwei oder mehreren Personen ein Spannungsverhältnis besteht, die Beteiligten voneinander abhängig sind und/oder die Konfliktparteien versuchen, gegensätzliche Handlungsstrategien durchzusetzen.

▶ Beispiel: In einer Bürogemeinschaft besteht oftmals Streit über das Befüllen des gemeinsamen Kühlschranks. Eine klare Vorgabe gibt es nicht und jeder ist verpflichtet, in unregelmäßigen Abständen Milch zu kaufen. Leider halten sich daran nicht alle Beschäftigten.

8.2 Konfliktursachen

Es gibt viele mögliche Ursachen, die einen Konflikt entstehen lassen. Es kann auch vorkommen, dass mehrere Ursachen vorliegen.

Konfliktursachen lassen sich in verschiedene Bereiche einteilen:

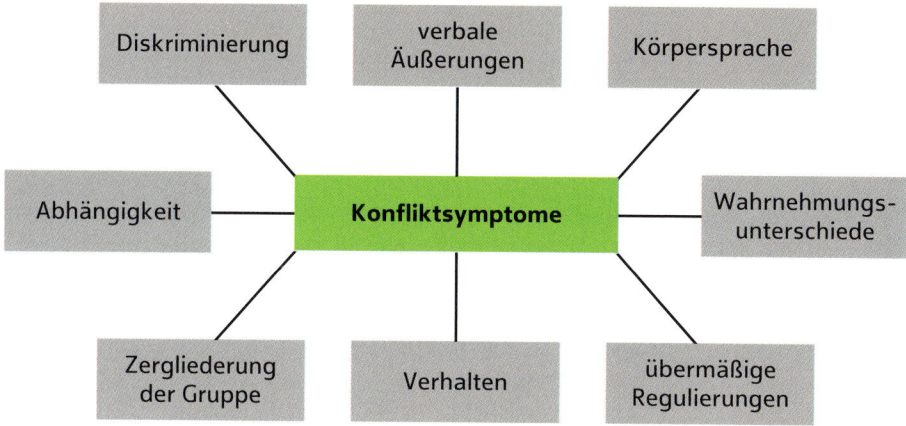

Verbale Äußerungen

Konflikte können durch verbale Äußerungen entstehen, die während eines Gesprächs zwischen zwei oder mehreren Personen geäußert werden.

▶ Beispiele: Widersprüche, Intrigen, abfällige Bemerkungen

Körpersprache

Mithilfe der Körpersprache, die jede bewusste und/oder unbewusste Bewegung eines Körperteils bzw. des ganzen Körpers umfasst, werden Gefühle ausgedrückt, die zu Konflikten führen können.

▶ Beispiele: Abwehrhaltung, gehobene Augenbrauen, Stirnrunzeln, Drohgebärden

Wahrnehmungsunterschiede

Je nachdem, wie viele Erfahrungen die in den Konflikt verwickelten Personen haben, welche Laune und welchen Charakter sie haben, wird eine Situation unterschiedlich wahrgenommen bzw. verstanden. Dabei spielt auch die Vorgeschichte eine große Rolle.

▶ Beispiel: Die Bürovorsteherin Margit Müller moniert das Verhalten der 20 Jahre jüngeren Rechtsanwaltsfachangestellten Iris Kohl am Telefon. Nach der Meinung von Margit Müller hätte Iris Kohl auf die eventuell zukünftige Mandantschaft besser eingehen müssen und sie nicht „abwürgen" dürfen. Iris Kohl erklärt ihr daraufhin, dass sie ja nur eine Seite am Telefon mitbekommen habe und eben nicht gehört habe, dass sie mehrfach beschimpft wurde.

Übermäßige Regulierungen

Vor allem in Unternehmen treten übermäßige Regulierungen auf, also Aufgaben, die unnötig „aufgebauscht" werden. Dies kann zu Konflikten führen.

▶ Beispiel: Im Möbelhaus Seelmann OHG hat die Geschäftsleitung die Anweisung gegeben, alle E-Mails, Telefonnotizen sowie den entstandenen Schriftverkehr mit Kunden zu sammeln und zu archivieren, auch wenn die Angelegenheit bereits mehr als fünf Jahre erledigt ist. Dies sehen die Angestellten als unnötig an.

Verhalten

Zu Konflikten kann auch das Verhalten von Personen, die in einer bestimmten Art und Weise handeln, führen.

▶ Beispiele: Arbeitsverweigerung, vermehrte Krankheitstage, Schweigen

Zergliederung der Gruppe

Da es im Unternehmen verschiedene Abteilungen, Verantwortlichkeiten und Weisungsbefugnisse gibt, kommt es häufig zur Zergliederung einer Gruppe. Auch dies kann zu Konflikten führen.

▶ Beispiel: Lisa Martin und Anna Kunze kennen sich schon viele Jahre und arbeiten auch zusammen in einem Büro. Da die bisherige Büroleiterin Alicia Bright in den Ruhestand geht, hat sich ihr Chef Martin Pohlmann entschlossen, Lisa Martin die Büroleiterposition zu geben. Dies versteht Anna Kunze überhaupt nicht, da sie der Meinung ist, dass sie hierfür eher geeignet ist.

Abhängigkeit

In der Praxis kommt es auch vor, dass die Ausführung einer Arbeitstätigkeit häufig von der vorherigen Arbeit einer anderen Person abhängt. Dies kann zu Konflikten führen.

▶ Beispiel: Der Steuerfachangestellte Markus Dünnwald möchte nun endlich die monatliche Umsatzsteuererklärung an das Finanzamt übermitteln. Hierfür benötigt er jedoch noch die Mitteilung über die Höhe der monatlichen Unkosten. Diese sollte seine Kollegin Miriam Uhle ermitteln, die jedoch bislang nicht dazu gekommen ist.

Diskriminierung

Zu Konflikten kann auch eine unfaire Behandlung führen. Hierfür gibt es viele mögliche Gründe, wie z. B. Geschlecht, Sprache, Rasse, Herkunft, Gesundheit oder Alter.

▶ Beispiel: Kathrin Meyer geht mit ihrem Freund Dimitri Petrow, der 30 Jahre älter ist als sie, ins Kino. Auf dem Weg dorthin treffen sie auf eine Gruppe Jugendlicher, die Dimitri Petrow aufgrund seines russischen Akzents beschimpfen.

8.3 Konfliktentwicklung

Konflikte entstehen eher selten sofort und bleiben unverändert. Sie entwickeln sich fortlaufend und weiter. Auch eine Eskalation kann durch die permanente Weiterentwicklung eintreten.

Die Entwicklung kann in mehrere Phasen eingeteilt werden:

Phase	Beschreibung
1. Phase	• Wahrnehmung von Konfliktsymptomen durch eigene negative Gefühle • Gegenüber bemerkt Symptome
2. Phase	• Konfliktanalyse = Schuldzuweisung • Dem Gegenüber wird nun die Schuld zugewiesen und dabei kommen auch Emotionen, wie z. B. sich ungerecht behandelt zu fühlen, hinzu. Durch diese Emotionen wird das objektive Denkvermögen beeinträchtigt. • Durch die Schuldzuweisung fühlt man sich selbst im Recht und die Kompromissbereitschaft wird geringer.
3. Phase	Einstellungen zum Konflikt werden aktiv: Konkurrenzhaltung, kooperative Strategie, individualisierte Strategie.
4. Phase	Konflikthandeln
5. Phase	Bewerten der Konfliktergebnisse

8.4 Ebenen der Konflikteskalation

Der Konflikt an sich wird als Kampfsituation wahrgenommen. Wenn eine friedliche Regelung nicht mehr möglich ist, kommt es daher zur Verschärfung, der Eskalation.

Nach Friedrich Glasl wird ein Modell zur Verfügung gestellt, welches die Konflikte analysiert. Die Analyse erlaubt es, die jeweilige Reaktion zu erkennen. Glasl beschreibt die Eskalation auf drei Ebenen mit jeweils drei Stufen. Diese insgesamt neun Stufen werden absteigend, zu immer tieferen und primitiveren Formen der Auseinandersetzung dargestellt.

8.4.1 Win-Win

Es sollte immer versucht werden, dass am Ende des Konflikts eine Win-Win-Situation steht, denn auf der Win-Win-Ebene gewinnen beide Konfliktparteien.

Nachfolgende Situationen beschreiben das Modell Friedrich Glasls.

1. Stufe Verhärtung	• Spannungen werden aufgebaut. • Meinungsverschiedenheiten treten auf. • Der Konflikt tritt hier als alltäglich auf und wird auch noch nicht als Konflikt wahrgenommen.
2. Stufe: Debatte	• Die Parteien überlegen sich Strategien, den anderen von der jeweiligen Meinung zu überzeugen. • Die Verschiedenheiten führen dann zum Streit und es beginnt eine eingeschränkte Sichtweise.
3. Stufe: Taten statt Worte	• Der Druck auf die andere Partnerin bzw. den anderen Partner wird erhöht, um die eigene Meinung durchzusetzen. • Es findet keine verbale Kommunikation mehr statt, da Gespräche beispielsweise abgebrochen werden und der Raum verlassen wird. • Auch das Mitgefühl für den anderen geht hier verloren.

8.4.2 Win-Lose

In dieser Phase verliert eine Partei, während die andere gewinnt.

4. Stufe: Koalition	• Hier geht es nicht mehr um die Sache, sondern nur noch darum, den Kampf zu gewinnen. • Es werden Sympathisanten gesucht und auch vor einer Denunzierung (= öffentliche Beschuldigung) wird nicht haltgemacht.

5. Stufe: Gesichtsverlust	• Die Gegenpartei wird mit Unterstellungen bombardiert.
	• Es erfolgt ein vollständiger Vertrauensverlust.
6. Stufe: Drohstrategie	• Durch Drohungen wird versucht, die Situation vollständig zu kontrollieren.
	• Die Macht soll hier zum Ausdruck kommen und Sanktionen werden benannt.

8.4.3 Lose-Lose

Beide Parteien verlieren den Konflikt in dieser Ebene.

7. Stufe: Begrenzte Vernichtung	• Der Gegenseite soll geschadet werden.
	• Sollte der eigene Schaden kleiner sein, als der der Gegenseite, wird dies als Gewinn gesehen.
8. Stufe: Zersplitterung	Eine vollständige Vernichtung erfolgt.
9. Stufe: gemeinsam in den Abgrund	Um die Gegenseite zu vernichten, nimmt man die eigene Vernichtung hin.

8.5 Umgang mit Konflikten

Es zeigt sich, dass es drei grds. Möglichkeiten gibt, mit Konflikten umzugehen. Die Entscheidung fällt aufgrund der eigenen Persönlichkeit, dem Charakter oder nach der Art des Konflikts.

8.5.1 Flucht

Dieser Ausweg kann nur für kurze Zeit in Anspruch genommen werden. Auch verschafft diese Möglichkeit nur geringe Erleichterung, da der Konflikt hier nicht beendet wird und immer weiter anschwellen kann. Durch das Ausweichen wird man auch regelmäßig keine Antwort erlangen. Die eigenen Ziele werden aufgegeben und die Konfrontation wird nicht beendet.

8.5.2 Standhalten

Beim Standhalten oder Verteidigen ist die Möglichkeit gegeben, dass die Konfrontation gelöst werden kann. Hierzu muss aber auch die andere Partei bereit sein. Problematisch ist, dass hier keine eigenen aktiven Konfliktaktivitäten entwickelt werden und die Angriffe der Gegenseite lediglich zurückgewiesen werden.

8.5.3 Angreifen

Je stärker die Emotionen im jeweiligen Konflikt sind, umso größer ist die Handlungsbereitschaft. Hier wird eine aktive, aber auch aggressive Strategie zur Konfliktlösung verfolgt. Oft wird dadurch aber über das Ziel hinausgeschossen, da keine Reflektion über den eigenen Schuldanteil erfolgt. Auch die Gegenseite kann durch den Angriff so überrollt werden, dass eine Lösung nicht mehr in Betracht kommt.

Zusammenfassung

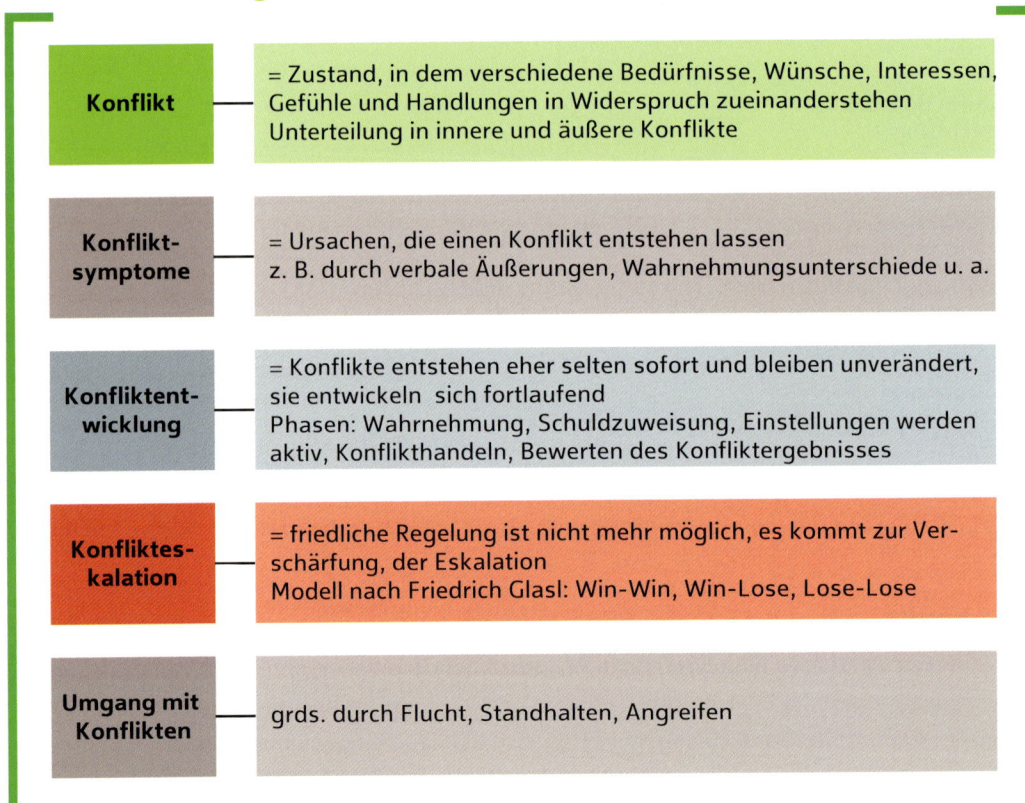

Konflikt	= Zustand, in dem verschiedene Bedürfnisse, Wünsche, Interessen, Gefühle und Handlungen in Widerspruch zueinanderstehen Unterteilung in innere und äußere Konflikte
Konflikt-symptome	= Ursachen, die einen Konflikt entstehen lassen z. B. durch verbale Äußerungen, Wahrnehmungsunterschiede u. a.
Konfliktentwicklung	= Konflikte entstehen eher selten sofort und bleiben unverändert, sie entwickeln sich fortlaufend Phasen: Wahrnehmung, Schuldzuweisung, Einstellungen werden aktiv, Konflikthandeln, Bewerten des Konfliktergebnisses
Konflikteskalation	= friedliche Regelung ist nicht mehr möglich, es kommt zur Verschärfung, der Eskalation Modell nach Friedrich Glasl: Win-Win, Win-Lose, Lose-Lose
Umgang mit Konflikten	grds. durch Flucht, Standhalten, Angreifen

◀◀ Wiederholung und Vertiefung

1. Beschreiben Sie Konflikte aus Ihrem privaten Umfeld und aus dem Berufsalltag. Ordnen Sie diese den Konfliktarten zu.
2. Finden Sie die unterschiedlichen Charaktere in Ihrer Klasse heraus. Welche Konflikte können anhand der unterschiedlichen Gruppenstruktur entstehen?
3. Was stellen Sie sich vor, was zu einer Lösung der Konflikte beitragen kann?

Lernfeld 2 – Kompetenzen

In diesem Lernfeld lernen Sie:

Kapitel 1 Organisationsformen	• die Strukturierung und Grundfunktionen von Unternehmen zu unterscheiden
	• die betrieblichen Regelungen der Organisation, der Disposition oder der Improvisation zuzuordnen
	• die einzelnen Aufgaben eines Betriebs zu verteilen (Aufbauorganisation)
	• die betrieblichen Abläufe sinnvoll zu gestalten (Ablauforganisation)
	• die verschiedenen Organisationsziele zu unterscheiden

Kapitel 2 Kanzleiorganisation	• den Posteingang und -ausgang zu bearbeiten
	• den elektronischen Schriftverkehr zu nutzen
	• die Akten mithilfe von Ordnungssystemen und -möglichkeiten zu verwalten
	• die Akten anzulegen, zu führen, abzulegen und entsprechend den Aufbewahrungsfristen zu archivieren
	• die Datenschutzvorschriften zu beachten
	• im Team zu arbeiten und bei der Teamentwicklung mitzuwirken
	• Aufgaben und Termine mithilfe von Zeitmanagementmethoden zu planen und durchzuführen
	• Stress zu vermeiden und zur Leistungssteigerung beizutragen
	• Teambesprechungen vorzubereiten und mitzugestalten
	• durch die Standardisierung von Arbeitsabläufen zu einer gleichbleibenden Qualität der Kanzleiorganisation beizutragen
	• Konferenzen/Besprechungen zu planen, vorzubereiten und durchzuführen
	• die Ergebnisse von Konferenzen/Besprechungen mithilfe eines Protokolls festzuhalten
	• zu reflektieren, was bei der nächsten Konferenz/Besprechung besser gemacht werden kann

Kapitel 3 **Kommunikations- und Informationssysteme**	• zwischen den verschiedenen Telekommunikations- und Softwarearten zu unterscheiden
	• die Möglichkeiten des internen und externen Datenaustauschs zu beurteilen
	• Informationen mithilfe des Internets und fachspezifischer Datenbanken zu beschaffen, auszuwerten, aufzubereiten und zu archivieren

Kapitel 4 **Handels- und Gesellschaftsrecht**	• wer als Kaufmann bezeichnet wird sowie die verschiedenen Kaufmannsarten zu benennen
	• was eine Firma nach dem HGB ist
	• den Aufbau des Handelsregisters sowie weitere öffentliche Register
	• welche handelsrechtlichen Vollmachten erteilt werden können
	• welche Kriterien bei der Auswahl der richtigen Rechtsform von Unternehmen eine Rolle spielen
	• welche Rechtsformen (Einzelunternehmen, Personen- und Kapitalgesellschaft, eingetragener Verein, europäische Gesellschaftsformen) gewählt werden können
	• was eine Bürogemeinschaft ist und wie sich diese von den Rechtsformen unterscheidet

Lernfeld 2: Arbeitsabläufe im Team organisieren

1 Organisationsformen

Organisationsformen sollten nicht nur in Unternehmen, sondern auch in Rechtsanwaltskanzleien und Notariaten vorhanden sein und auch angewendet werden, damit ein reibungsloser und zeitsparender Arbeitsablauf gewährleistet werden kann.

Lernsituation

Annika Sauer erfährt von Marion Webermann, dass es manchmal gar nicht so einfach ist, täglich für einen reibungslosen Ablauf in der Kanzlei zu sorgen.

Marion Webermann: „In der Regel sind in Kanzleien, aber auch in jedem anderen Büro, immer wiederkehrende Tätigkeiten, wie z. B. der Mandantenempfang, genau durchdacht, damit keine unnötige Zeit verloren geht. Aber auch der Aufbau von Unternehmen ist genau organisiert. Denke nur einmal an die Hamburger Anwaltssozietät mit fünf Rechtsanwälten, die immer wieder mit unserer Kanzlei zwecks Terminsvertretungen vor dem Amtsgericht Neustadt an der Weinstraße zusammenarbeitet. Die sind viel größer und müssen daher noch besser strukturiert sein als wir."

Annika Sauer: „Das hört sich ja so an, als ob in Kanzleien alles voll organisiert ist und somit nichts schief gehen kann."

Marion Webermann: „Das bedeutet das nun auch wieder nicht. Nicht alle Tätigkeiten fallen unter den Begriff ‚Organisation'. Es gibt auch noch die Disposition und die Improvisation."

Arbeitsaufträge:

a) Überlegen Sie miteinander, wie der Mandantenempfang bei Ihnen in der Kanzlei jeweils geregelt ist. Sammeln Sie die Stichpunkte an der Wandtafel.

b) Erstellen Sie anschließend aus den gesammelten Stichpunkten eine grafische Ablauforganisation.

c) Informieren Sie sich im Internet über den Begriff „Aufbauorganisation".

d) Welche Art der Aufbauorganisation könnte die Hamburger Anwaltssozietät gewählt haben? Begründen Sie Ihre Entscheidung.

e) Informieren Sie sich im Internet über die Begriffe „Organisation, Disposition und Improvisation".

f) Ordnen Sie den Begriffen jeweils ein Beispiel aus Ihrem Kanzleialltag zu.

g) Vergleichen Sie untereinander Ihre Ergebnisse. Ergänzen bzw. berichtigen Sie ggf. fehlende/fehlerhafte Punkte.

h) Reflektieren Sie anschließend Ihr Wissen.

1.1 Organisation, Disposition, Improvisation

Kanzleien sowie Unternehmen sollten klar strukturiert sein. Zu den wichtigsten Grundfunktionen, die in kleineren Rechtsanwaltskanzleien und Notariaten meist vom Rechtsanwalt oder Notar selbst wahrgenommen werden, gehören neben der Kanzleileitung auch die Leistungserstellung (z. B. Gespräche mit der Mandantschaft), das Personalwesen (z. B. Einstellung von Rechtsanwälten im Angestelltenverhältnis oder von Rechtsanwaltsfachangestellten), die Beschaffung (z. B. Büromaterial) und das Finanz- und Rechnungswesen (z. B. Überwachung der Zahlungen). Aufgrund der Vielzahl der notwendigen Grundfunktionen ist eine betriebliche Organisation notwendig.

Aber nicht nur in Unternehmen ist eine Organisation notwendig, auch im privaten Bereich oder in der Schule ist es sinnvoll, strukturiert an eine Sache heranzugehen, z. B. beim Lernen für eine Klassenarbeit oder für die Prüfung.

Organisation

Die Organisation ist eine dauerhafte Regelung für sich ständig wiederholende gleichartige Vorgänge, die für längere Zeit Bestand hat.

▶ Beispiele: Einkauf von Büromaterial, Vereinbarung von Besprechungsterminen

Vorteile	Nachteile
• leichte und schnelle Einarbeitung neuer Beschäftigter • wiederholtes Überlegen des gleichen Vorgangs entfällt • gleiche Qualität der Ausführung wird gewährleistet • keine Rückfragen bei Kollegen oder Vorgesetzten • bestmöglicher Arbeitsablauf eines durchdachten Vorgangs • geringer Organisationsaufwand durch einmalige Erstellung der Regelungen	• Einengung der Handlungsspielräume der Beschäftigten • geringere Selbstverwirklichungsmöglichkeiten der Beschäftigten • Ablauf des Betriebs wird von Vorgesetzten geregelt, dadurch eventuell bedingt fehlende Motivation der Beschäftigten • starre Arbeitsbewältigung

Disposition

Die Disposition ist eine Regelung, die von Fall zu Fall bei ähnlichen Situationen festgelegt wird. Gegebenenfalls wird von der Geschäftsführung (hier Leitung der Rechtsanwaltskanzlei oder Büroleitung) ein Dispositionsspielraum vorgegeben. Bei regelmäßiger Wiederkehr muss die Disposition durch generelle Regelungen ersetzt werden (= Substitutionsprinzip).

▶ Beispiele: Bestellung von Briefmarken bis zu einem Betrag von 350,00 € (über diesen Betrag hinaus nur mit Genehmigung), jährliche Urlaubsplanung

Vorteile	Nachteile
• Anpassung an sich verändernde Gegebenheiten • höhere Motivation der Beschäftigten, da diese im Dispositionsspielraum frei entscheiden können	• Gefahr von Fehlentscheidungen möglich • Verringerung des Risikos von Fehlentscheidungen durch Eingrenzung der Entscheidungsbefugnisse

Improvisation

Die Improvisation ist eine fallweise Regelung für vorläufige, ungeplante und neuartige Situationen. Bei regelmäßiger Wiederkehr muss die Improvisation durch generelle Regelungen ersetzt werden (= Substitutionsprinzip).

▶ Beispiele: Krankheitsausfälle, Ausfall der PC-Anlage

Vorteile	Nachteile
• größerer Handlungsspielraum führt zu höherer Motivation	• Gefahr von möglichen Fehlentscheidungen
• Schaffung von größerer Anpassungsfähigkeit an wechselnde Gegebenheiten	• wichtige Termine/Fristen können versäumt werden

1.2 Aufbauorganisation (statisch)

Die Aufbauorganisation legt fest, wie die einzelnen Aufgaben eines Betriebs (= Aufgabengliederung) auf verschiedene Stellen und Abteilungen eines Betriebs (= Aufgabensynthese) verteilt werden, sodass Anordnungsbefugnisse und Zuständigkeiten klar geregelt und für jeden ersichtlich sind.

Definition: Eine Abteilung umfasst mehrere sinnvoll zusammengehörende Stellen. Eine Stelle, die so viele Teilaufgaben enthält, wie eine beschäftigte Person bei normalem Arbeitspensum bewältigen kann, ist die kleinste organisatorische Einheit innerhalb eines Betriebs. Die notwendigen fachlichen und persönlichen Anforderungen lassen sich in einer Stellenbeschreibung festlegen. Diese enthält in der Regel die Stellenbezeichnung, die vorgesetzten bzw. nachgeordneten Stellen, die Aufzählung der wesentlichen Tätigkeiten, ggf. erforderliche Qualifikationen sowie eventuelle Lohn- und Gehaltsstufen.

Mithilfe eines Schaubilds, eines sog. Organigramms, lässt sich die Aufgabenverteilung innerhalb einer Rechtsanwaltskanzlei darstellen:

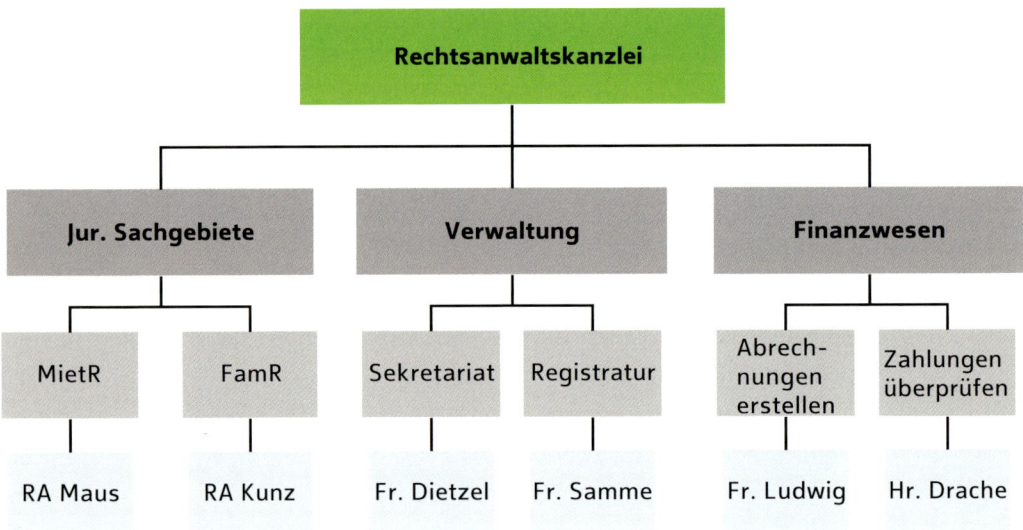

1.2.1 Einliniensystem

Das Einliniensystem hat eine strenge Organisation. Die Beschäftigten eines Betriebs sind jeweils nur einer Vorgesetzten bzw. einem Vorgesetzten unterstellt, sodass der Informationsfluss nur von unten nach oben und umgekehrt läuft. Das Einliniensystem findet sich vor allem in kleinen Betrieben, z.B. in Rechtsanwaltskanzleien mit nur einem Rechtsanwalt.

▶ Beispiel:

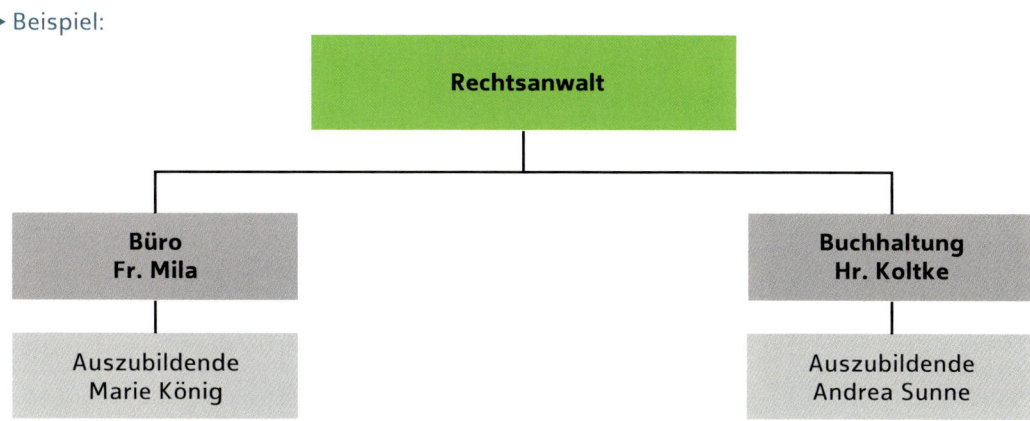

Vorteile	Nachteile
• klare Anordnungen und Entscheidungen • keine Kompetenzschwierigkeiten • sehr gute Kontrollmöglichkeiten durch die Vorgesetzte bzw. den Vorgesetzten • Vorgesetzte bzw. Vorgesetzter ist über alles informiert	• Überlastung durch Konzentration der Arbeit bei der bzw. dem Vorgesetzten • keine Spezialisierung der bzw. des Vorgesetzten möglich • Vorgesetzte bzw. Vorgesetzter wird über jede Kleinigkeit informiert • Es wird immer nur der nächste Vorgesetzte informiert, der die Information wiederum an seine bzw. seinen Vorgesetzten weiterleitet, wodurch die Bearbeitung zeit- und arbeitsintensiv wird.

1.2.2 Stabliniensystem

Das Stabliniensystem entspricht dem Einliniensystem. Die bzw. der Vorgesetzte und die leitenden Beschäftigten können jedoch zur Entlastung sog. Stabsstellen erhalten, die Beratungs- und Unterstützungsaufgaben wahrnehmen. Das Stabliniensystem findet sich vor allem in größeren Betrieben, auch in Rechtsanwaltskanzleien in denen das Einliniensystem nicht mehr ausreicht.

▶ Beispiel:

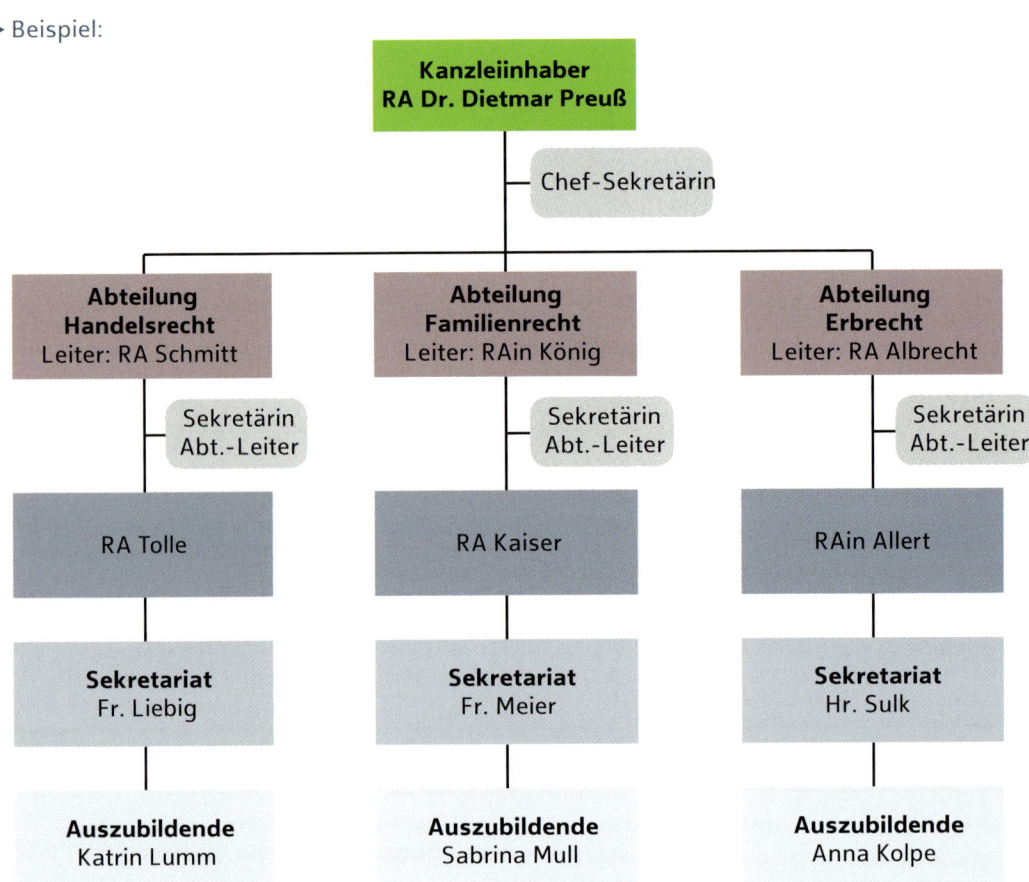

Vorteile	Nachteile
• Vorgesetzte werden entlastet • Linienstellen, die mit der Durchführung von Hauptaufgaben betraut sind, werden ebenfalls entlastet (hier z. B. der Abteilungsleiter RA Schmitt) • Nutzung von Spezialwissen • klare Kompetenzabgrenzung • hohe Entscheidungsqualität durch Einsatz von Spezialistinnen und Spezialisten	• höhere Personalkosten, da kompetente Stabsstellen-Beschäftigte teuer sind • autoritäres Führungsverhalten wird verstärkt, da Vorgesetzte nicht mehr auf Beratung der Beschäftigten angewiesen sind • Verlangsamung der Entscheidungsprozesse durch die Zwischenstelle der Stabsstellen-Beschäftigten

1.2.3 Mehrliniensystem

Das Mehrliniensystem enthält eine untergeordnete und mehrere übergeordnete Instanzen. Es erfordert eine enge Zusammenarbeit und eine gute Abstimmung der jeweiligen Stellen. Die Beschäftigten können von verschiedenen Vorgesetzten Weisungen erteilt bekommen, wobei jede beschäftigte Person eigene Aufgaben wahrnimmt und quasi als Spezialist in seinem Bereich tätig wird. Das Mehrliniensystem findet sich vor allem in großen Betrieben, z. B. in Anwaltssozietäten.

▶ Beispiel:

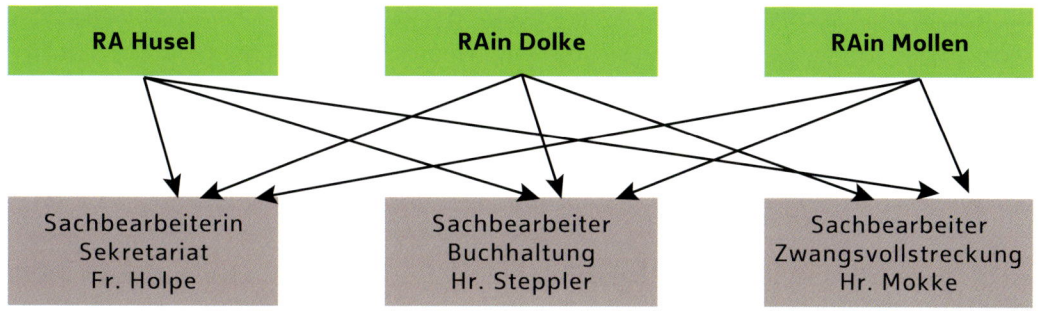

Vorteile	Nachteile
• Spezialwissen wird gefördert, dadurch Leistungssteigerung der Beschäftigten • bewusste Arbeitsteilung • kurzer und schneller Instanzenweg • Entlastung der Vorgesetzten	• Kompetenzschwierigkeiten, dadurch eventuell mangelnde Motivation der Beschäftigten • keine allein verantwortliche Stelle, dadurch eventuell Abstimmungsprobleme unter den Beschäftigten • mangelnde Information an die leitenden Stellen • Unübersichtlichkeit • keine eindeutige Auftragserteilung bzw. mangelnde Koordination • unterschiedliche Auslastung einzelner Stellen

1.2.4 Matrixsystem

Bei der Matrixorganisation wird die Leitungsfunktion auf zwei Dimensionen verteilt. Diese sind voneinander unabhängig, aber gleichberechtigt. Die Beschäftigten eines Betriebs haben mehrere Weisungsberechtigte. Die Matrixorganisation eignet sich nicht für alltägliche Probleme. Sie findet sich meist in großen industriellen Betrieben, aber auch in großen Rechtsanwaltsgesellschaften.

▶ Beispiel:

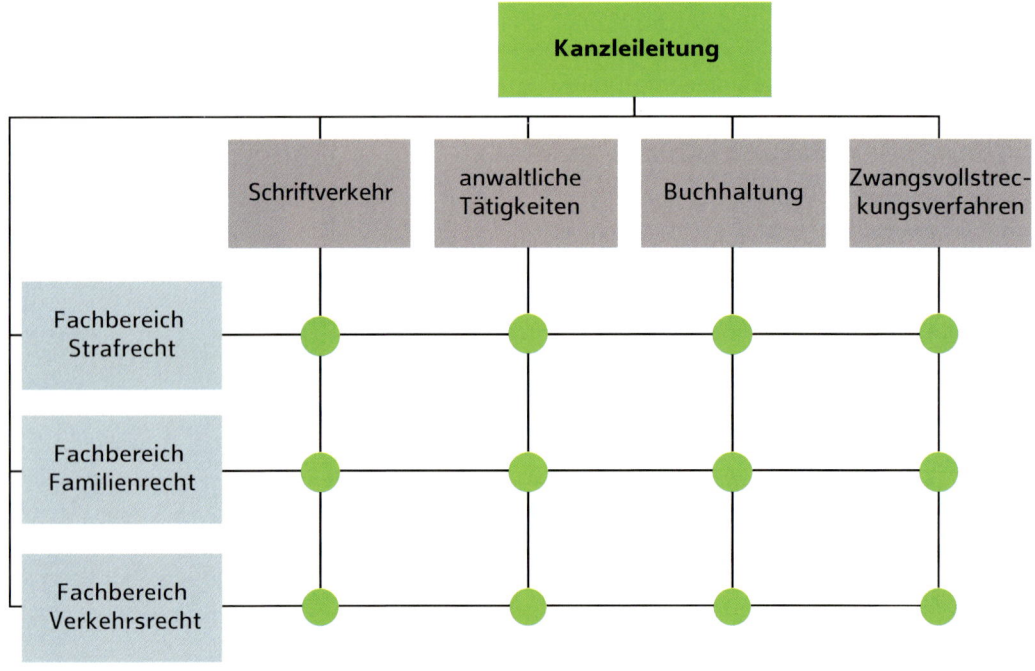

Vorteile	Nachteile
• kurze Kommunikationswege • Flexibilität durch vorübergehende Ausgestaltung • Entlastung der Unternehmens- bzw. Kanzleileitung • Spezialisierung der Leitungsfunktion • Förderung der Teamarbeit • eventuell leichtere Problemlösungen durch verschiedene Standpunkte	• Kompetenzschwierigkeiten zwischen Abteilungs- und Projektleitern • schwerfällige Entscheidungsfindung • Abstimmungsprobleme infolge Mehrfach-unterstellung • schwer abschätzbare Auslastung der Beschäftigten

1.3 Ablauforganisation (dynamisch)

Die Ablauforganisation befasst sich mit der sinnvollen Gestaltung betrieblicher Abläufe. Sie soll eine optimale Gestaltung der Arbeitsabläufe in der Kanzlei sicherstellen, sodass Arbeits-aufträge möglichst ohne Verzögerung erledigt werden. Die Ablauforganisation legt vor allem Arbeitsabläufe für einzelne, immer wiederkehrende Vorgänge fest. Sie soll Durchlaufzeiten verkürzen, Kosten einsparen, zur Termineinhaltung beitragen, die Arbeitsbedingungen verbessern und die Qualität der Arbeitsergebnisse steigern.

Funktionsorientierte Ablauforganisation

Zur Feststellung, in welcher Reihenfolge die einzelnen Arbeitsschritte optimal ausgeführt werden, werden die Arbeitsabläufe bei der funktionsorientierten Ablauforganisation in einzelne Schritte zerlegt. Es gibt zwei Möglichkeiten, die einzelnen Schritte zu erfassen: entweder durch Befragung von Fachkräften (= qualitativ) oder durch Beobachtung der Beschäftigten (= quantitativ). Die funktionsorientierte Ablauforganisation lässt sich z. B. durch ein Flussdiagramm grafisch darstellen.

▶ Beispiel: Anlagenkontrolle beim Postausgang

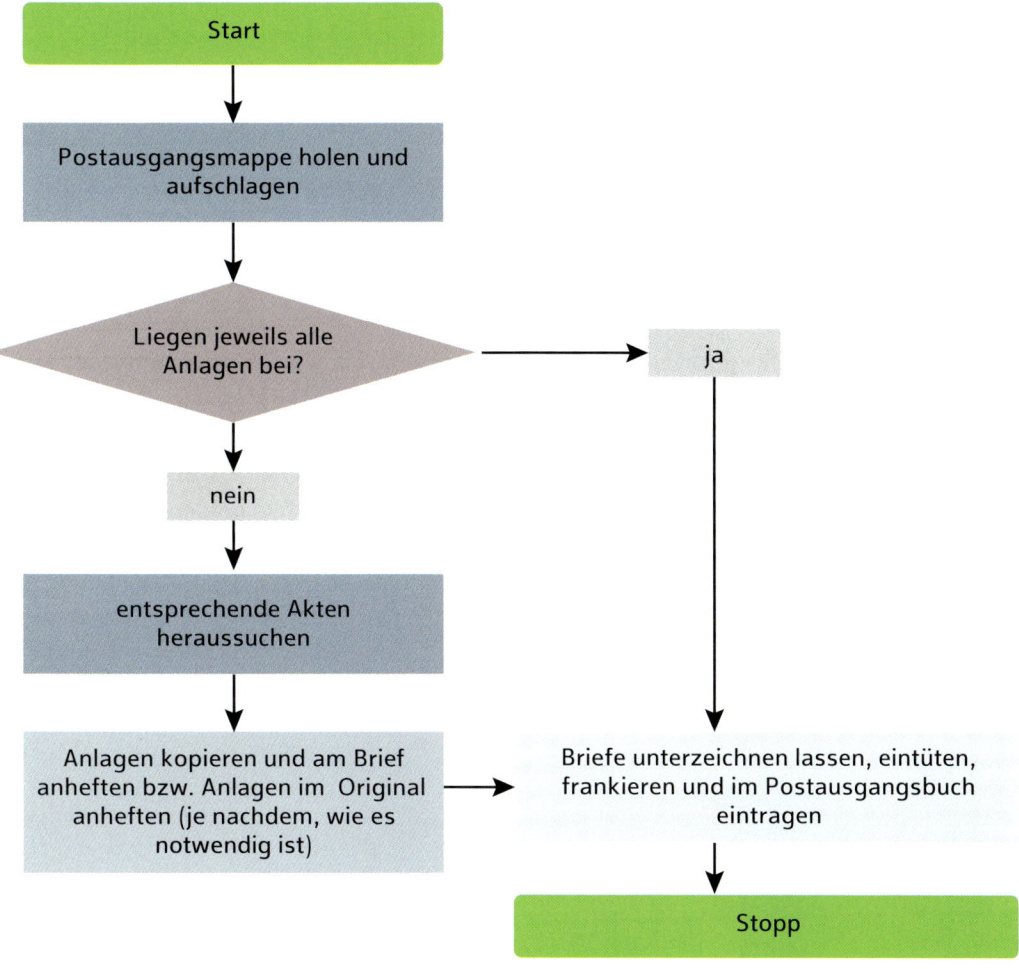

Symbolik:
Start/Stopp ▮ Tätigkeit ▮ Entscheidung ◆ Ablauflinie ⟶

Zeitorientierte Ablauforganisation

Bei der zeitorientierten Ablauforganisation werden der Beginn, das Ende und die Gesamtdauer eines Arbeitsschritts erläutert. Der Arbeitsablauf wird zeitlich optimiert abgestimmt. Hierbei werden sowohl die personellen als auch die maschinellen und technischen Gegebenheiten einbezogen. Die zeitorientierte Ablauforganisation lässt sich z. B. mit einem Balkendiagramm, das auch Gantt-Diagramm genannt wird, darstellen. Der Vorgang wird dabei als waagerechter Balken aufgezeichnet. Je nachdem wie lange der Balken ist, desto länger dauert der Vorgang.

▶ Beispiel:

Mandat	Dauer des Mandats											
	Jan.	Feb.	Mrz.	Apr.	Mai	Jun.	Jul.	Aug.	Sep.	Okt.	Nov.	Dez.
Meier ./. Huber		▮	▮	▮								
Heller ./. Keller			▮	▮	▮	▮						
Sul ./. Kay							▮	▮	▮	▮		

Raumorientierte Ablauforganisation

vgl. LF 5, Kap. 6

Die raumorientierte Ablauforganisation ist die Grundlage für die Arbeitsplatzgestaltung im Betrieb. Ihr Ziel ist es, die Transportwege für Materialien gering zu halten bzw. den Informationsaustausch zu vereinfachen, sodass Stellen, die häufig zusammenarbeiten, möglichst nahe beieinanderliegen sollten. So wird eine größtmögliche Wirtschaftlichkeit erreicht. Diese Organisationsform findet vor allem in der Industrie Anwendung, aber auch in großen Rechtsanwaltsgesellschaften.

▶ Beispiel:

Arbeitsschritt 1
Mandantenempfang durch
die Auszubildende Ina Doll

Arbeitsschritt 3
Rechtsberatung durch
den Rechtsanwalt Timo Kacz

Arbeitsschritt 4
Erstellung des anwaltlichen
Aufforderungsschreibens
durch den Rechtsanwaltsfachangestellten Maurice
Korth

Arbeitsschritt 2
Mandatsaufnahme durch die Rechtsfachwirtin Julia Kantz

1.4 Organisationsziele

> **Definition:** Organisationsziele sind Vorstellungen davon, was mithilfe der Organisation erreicht werden soll. Sie werden aus den Unternehmenszielen abgeleitet.

▶ Beispiele: Reduzierung der Kanzleiausgaben, Verminderung von Bearbeitungsfehlern

Folgende Organisationsziele werden unterschieden:

- **Quantitative Organisationsziele** sind Ziele, die durch die Vorgabe genauer Zahlen festgelegt werden.

  ▶ Beispiel: Die Kanzleiausgaben sollen im Jahr den Betrag von 450 000,00 € nicht übersteigen.

- **Qualitative Organisationsziele** sind Ziele, die nicht durch genaue Zahlen festgelegt werden können, die also lediglich subjektiv beurteilt werden können.

  ▶ Beispiel: Die Senkung der Kanzleiausgaben und eine Motivationssteigerung der Beschäftigten können konkurrierende Ziele sein, sodass beurteilt und anschließend festgelegt werden muss, welches Ziel als Erstes realisiert wird.

 Merke: Es ist deshalb wichtig, dass erkennbare Zielkonflikte bereits bei der Formulierung der Organisationsziele vermieden werden.

Zusammenfassung

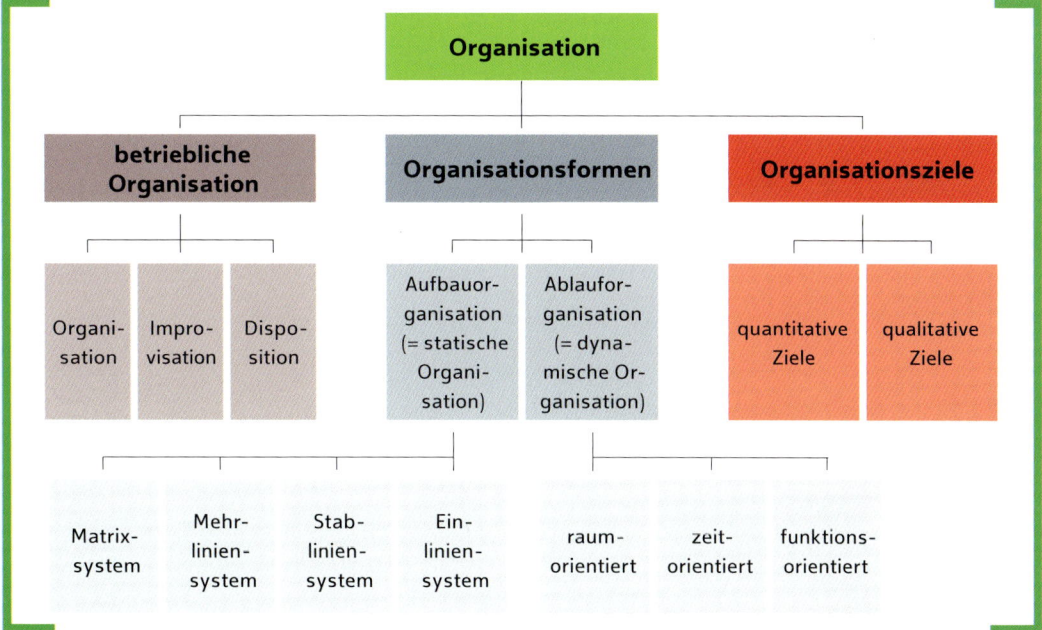

Wiederholung und Vertiefung

1. Nennen Sie die Grundfunktionen von Unternehmen.
2. Welche Möglichkeiten der Aufbauorganisation gibt es? Beschreiben Sie diese kurz.
3. Definieren Sie den Begriff der Ablauforganisation.
4. Erläutern Sie den Begriff der „zeitorientierten Ablauforganisation" und zeigen Sie diese Organisationsform anhand eines Beispiels auf.
5. Welche Organisationsziele gibt es? Wie werden diese definiert?

2 Kanzleiorganisation

Damit der Tagesablauf in Rechtsanwaltskanzleien und Notariaten reibungslos funktioniert, ist eine gute Kanzleiorganisation notwendig. Hierfür sorgen die Beschäftigten. Zu ihren vielfältigen Tätigkeiten gehören z. B. der Posteingang und -ausgang sowie die Aktenführung.

Zwingend notwendig bei einer guten Organisation sind auch Ordnungs- und Ablagemittel und damit verbunden das Wissen um die Aufbewahrungsfristen. Datenschutz, Zeit- und Qualitätsmanagement spielen ebenfalls eine große Rolle, ebenso das Konferenz- und Besprechungsmanagement, denn in unserer modernen Arbeitswelt sind Konferenzen (= Besprechungen) nicht mehr wegzudenken. Aber nicht nur im Büro finden die Zusammenkünfte statt, sondern auch im privaten Bereich, z. B. im Sportverein.

Lernsituation

Annika Sauer sitzt neben Julia Hoffmann und schaut ihr bei der Bearbeitung des Posteingangs zu. In der Post befindet sich u. a. eine Mahnung der Druckerei Tulle GmbH über die angeblich noch nicht bezahlten Visitenkarten sowie ein Brief der Mandantin Rica Reimann, die Unterlagen zu einer neuen Forderungssache, in der die Partnerschaft tätig werden soll, übersendet.

Nachdem der Posteingang fertig bearbeitet ist, legt Julia Hoffmann gleich die neue Akte an. Da noch eine Vollmacht fehlt, erstellt sie ein Schreiben an die Mandantin Rica Reimann, das noch am selben Tag in die Post gegeben wird. Julia Hoffmann versieht die Akte anschließend mit einer Wiedervorlage und hängt sie in den Aktenschrank.

Nach Eingang der unterzeichneten Vollmacht erhält Rechtsanwalt Peter Huber die Akte zur Bearbeitung. Er kommt jedoch gar nicht dazu, da sich Rica Reimann meldet und mitteilt, dass die Forderung nun doch überraschend beglichen worden sei und sich die Angelegenheit erledigt hat. Rechtsanwalt Peter Huber gibt daraufhin die Anweisung, die Akte abzulegen.

Auch beim Ablegen der Akte hat Annika Sauer zugesehen. Julia Hoffmann bittet sie anschließend darum, im Kanzleihandbuch die Arbeitsanweisung „Aktenablage" durchzulesen. Sie soll prüfen, ob diese korrekt erstellt wurde bzw. ob Ergänzungen vorgenommen werden sollten.

Arbeitsaufträge:

a) Berichten Sie Ihren Mitschülerinnen und Mitschülern, wie die Vorgehensweise bei der Bearbeitung des Posteingangs in Ihrem Ausbildungsbetrieb aussieht.

b) Welche Gemeinsamkeiten bzw. Unterschiede gibt es bei der Bearbeitung des Posteingangs in den Kanzleien bzw. Notariaten?

c) Wie lange muss die Mahnung der Druckerei Tulle GmbH nach Überprüfung des Vorgangs aufbewahrt werden?

d) Welche weiteren Vorschriften zur Aufbewahrung von Schriftgut gibt es? Erstellen Sie hierüber eine tabellarische Übersicht.

e) Welche Daten müssen in der Angelegenheit von Rica Reimann in den Handaktenbogen aufgenommen werden?

f) Wie ist der Arbeitsablauf beim Postausgang bei Ihnen im Ausbildungsbetrieb geregelt?

g) Warum ist es sinnvoll, eine Wiedervorlage zu vergeben?

h) Die Aufbewahrung der Akten in Kanzleien bzw. Notariaten erfolgt über Registratur-Systeme. Welche Registraturen gibt es und in welchem Bereich werden sie eingesetzt? Recherchieren Sie hierzu in Zweiergruppen im Internet und erstellen Sie eine Mindmap.

i) Was ist beim Ablegen der Akte zu beachten? Erstellen Sie eine Stichpunktliste.

j) Überlegen Sie miteinander, warum es sinnvoll ist, Arbeitsanweisungen zu erstellen und in regelmäßigen Abständen zu überprüfen.

k) Vergleichen Sie untereinander Ihre Ergebnisse. Ergänzen bzw. berichtigen Sie ggf. fehlende/fehlerhafte Punkte.

l) Reflektieren Sie anschließend Ihr Wissen.

2.1 Posteingang

Der „normale" Posteingang, also die „Papier-Post" geht in Rechtsanwaltskanzleien und Notariaten durch den vermehrten Einsatz des elektronischen Schriftverkehrs stetig zurück. Die Bearbeitung des Posteingangs wird jeweils innerbetrieblich geregelt. Dabei spielt es eine Rolle, welche Größe die Kanzlei bzw. das Notariat hat. Sofern es sich z. B. um einen Rechtsanwalt handelt und dieser nur eine Auszubildende bzw. einen Auszubildenden hat, wird der Rechtsanwalt die Post (zumindest am Anfang) wohl meist selbst öffnen und anschließend mit Bearbeitungshinweisen an die bzw. den Auszubildenden weitergeben. Handelt es sich um einen größeren Betrieb, unterfällt der Posteingang meist der dem Büro vorstehenden Person bzw. einer oder einem langjährigen Beschäftigten. Diese bzw. dieser geht in der Regel wie folgt vor:

Sortieren
Die eingehende Post wird nach Geschäfts- und Privatpost sortiert. Sofern „Irrläufer"
im Briefkasten liegen, werden diese ungeöffnet an die Post zurückgegeben.

↓

Öffnen
Die Geschäftspost wird geöffnet und der Inhalt den Briefhüllen entnommen.

↓

Kontrollieren
Sodann wird kontrolliert, ob dem Schreiben alle Anlagen beiliegen und ob sich noch
etwas in der Briefhülle befindet.

↓

Stempeln
Jeder Geschäftsbrief wird mit dem Eingangsstempel versehen. Auf die Privatpost wird der
Eingangsstempel auf der verschlossenen Briefhülle angebracht.

↓

Bearbeitungs-/Erledigungsvermerke anbringen
Gegebenenfalls werden gleich Bearbeitungs- und/oder Erledigungsvermerke angebracht
(z. B. Eintragen des Gerichtstermins oder der Frist).

↓

Digitalisieren
Der Posteingang sowie die Bearbeitungs- und/oder Erledigungsvermerke werden in der
Regel gleich durch Einscannen der Briefe digitalisiert.

↓

Verteilen
Zuletzt wird die Post innerbetrieblich verteilt. Dies kann z. B. dadurch geschehen,
dass die Briefe in innerbetriebliche Postfächer oder Mappen gelegt und der zuständigen
Sachbearbeiterin bzw. dem zuständigen Sachbearbeiter vorgelegt werden. Eine andere
Möglichkeit besteht darin, dass die Schreiben den (elektronischen) Akten zugeordnet
und verteilt werden.

2.1.1 Postfach

Eine Postfachnummer bekommt diejenige bzw. derjenige zugeteilt, der ein Postfach bei der Deutschen Post AG gegen Gebühr beantragt. Nach der Zuweisung der Postfachnummer muss die Post in dem abschließbaren Fach bei der zuständigen Postfiliale regelmäßig abgeholt werden. Sofern eine Postsendung von der Größe her nicht in das Postfach passt, wird von der Deutschen Post AG eine Benachrichtigungskarte in das Postfach gelegt, mit welcher die Briefsendung am Ausgabeschalter abgeholt werden kann. Zur Abholung der Post kann auch eine Person bevollmächtigt werden. Hierzu muss die Rückseite der Benachrichtigungskarte ausgefüllt werden.

2.1.2 Nachsendung

Die Deutsche Post AG bietet die Möglichkeit an, sich die Post im Fall eines Umzugs oder vorübergehender Abwesenheit (z. B. Urlaub) nachsenden zu lassen. Dieser Service muss rechtzeitig gegen Gebühr beantragt werden. Die Briefsendungen werden dann mit einem ablösbaren Aufkleber, der die aktuelle Anschrift enthält, versehen und umgeleitet. Die Zustellzeit verlängert sich dadurch auf ca. drei Tage bei Inlandssendungen.

2.2 Postausgang

Der Papier-Postausgang ist, wie auch der Posteingang, je nach Größe des Betriebs innerbetrieblich geregelt. Hierzu gehört auch die Entscheidung, ob die Brief- und Paketsendungen mit der Deutschen Post AG bzw. DHL oder mit privaten Zustellern (z. B. PIN, TNT, Hermes, UPS) versendet werden sollen. Nachfolgend wird hinsichtlich der Brief- und Paketsendungen auf die Angebote der Deutschen Post AG bzw. DHL Bezug genommen.

In der Regel sieht der Arbeitsablauf beim Postausgang wie folgt aus:

Zusammenstellen
Zunächst werden die ausgehenden Briefe, die mit Anlagen und der benötigten Anzahl von Abschriften (= Kopie des Schreibens) versehen werden, in Unterschriftenmappen eingeordnet. In der Regel unterschreibt die Sachbearbeiterin bzw. der Sachbearbeiter der Akten die zu versendenden Schreiben selbst. Es ist daher sinnvoll, wenn in der Kanzlei z. B. drei Rechtsanwälte arbeiten, auch drei Unterschriftenmappen zu führen.

Unterschreiben
Die Unterschriftenmappe wird dem Rechtsanwalt/Notar meist am späten Nachmittag bzw. frühen Abend zur Unterschrift vorgelegt.

Adressieren der Umschläge

Durch die Verwendung von Fensterbriefhüllen ist es heute kaum noch nötig, Umschläge zu adressieren. Selbst wenn das Notariat Urkunden versendet, erfolgt dies oft mit einem Anschreiben bzw. wird die Anschrift auf die Rückseite der Urkunde gedruckt, sodass ebenfalls eine Fensterbriefhülle verwendet werden kann. Sollte es dennoch nötig werden, eine Briefhülle zu adressieren, finden sich die entsprechenden Vorschriften in der DIN 5008.

Sortieren

In großen Betrieben ist es ggf. erforderlich, die Ausgangspost zu sortieren. Dies ist dann der Fall, wenn neben der „normalen" Tagespost auch Massenpost (z. B. Dialogpost) versandt werden soll.

Kontrollieren

Bevor die Briefe gefaltet/gefalzt und in die Briefhülle eingelegt werden, sollte nochmals die Richtigkeit der Anschrift kontrolliert werden. Weiterhin ist darauf zu achten, dass der Brief auch wirklich unterschrieben ist und dass alle Anlagen beiliegen.

Eintrag ins Postausgangsbuch

In das ggf. geführte Postausgangsbuch werden sämtliche Briefsendungen eingetragen, die die Kanzlei bzw. das Notariat verlassen. Beispielsweise können Datum, Empfänger, Angelegenheit und Portowert notiert werden. So kann der Mandantschaft schnell Auskunft erteilt werden, wenn diese nach dem Versanddatum eines Schreibens fragt. Weiterhin kann das Postausgangsbuch ggf. als Nachweis bei Gericht vorgelegt werden.

Falten/Falzen

Sofern die Briefe gefaltet bzw. maschinell gefalzt werden müssen, gibt es mehrere Möglichkeiten:

Bruchfalz (Einfachfalz)		Briefhülle C5 bzw. B5
Wickelfalz		Briefhülle DL (DIN lang)
Zickzackfalz (Leporellofalz)		Briefhülle DL (DIN lang)
Kreuzfalz		Briefhülle C6

Kuvertieren und Portowert bestimmen

Anschließend wird der Brief kuvertiert, d. h., in die Briefhülle eingelegt und verschlossen. Weiterhin muss der Portowert bestimmt werden. Wenn der Wert nicht eindeutig bestimmt werden kann, sollte zur Portobestimmung eine Briefwaage verwendet oder – falls nicht vorhanden – der Brief direkt bei einer Postfiliale aufgegeben werden.

Frankieren

Sobald der Portowert bestimmt wurde, muss der Brief noch frankiert werden. Hier bietet die Deutsche Post AG neben der klassischen Briefmarke verschiedene Möglichkeiten an. So gibt es z. B. Postkarten oder Umschläge, auf denen die Portowerte bereits aufgedruckt sind. Weiterhin kann mit Hilfe einer Frankiermaschine gearbeitet werden.

2.2.1 Sendungsarten

Die Deutsche Post AG unterscheidet zwischen verschiedenen Sendungsarten:

Briefe und Postkarten

Die bekanntesten Sendungsarten sind Briefe und Postkarten, die nicht nur im Geschäftsleben eingesetzt werden, sondern auch im privaten Bereich. Im Einzelnen werden unterschieden:

Art	Größe	Form	Gewicht	Porto
Postkarte	Länge: 14–23,5 cm Breite: 9–12,5 cm		150–500 g/qm	0,70 €
Standardbrief	Länge: 14–23,5 cm Breite: 9–12,5 cm Höhe: bis 0,5 cm	nur Rechteckform	bis 20 Gramm (bis 3 DIN-A4- Seiten á 80 g/m²)	0,85 €
Kompaktbrief	Länge: 10–23,5 cm Breite: 7–12,5 cm Höhe: bis 1,0 cm	nur Rechteckform	bis 50 Gramm (4–8 DIN-A4-Seiten á 80 g/m²)	1,00 €
Großbrief	Länge: 10–35,3 cm Breite: 7–25 cm Höhe: bis 2,0 cm	Quadratform möglich	bis 500 Gramm	1,60 €
Maxibrief	Länge: 10–35,3 cm Breite: 7–25 cm Höhe: bis 5,0 cm	Quadratform möglich	bis 1 000 Gramm	2,75 €

(Stand: Januar 2023)

Selbstverständlich sind Brief- und Postkartensendungen auch ins Ausland möglich. Hier sind jedoch ggf. andere Gewichts- und Größenangaben zu beachten sowie höhere Portokosten.

Päckchen und Pakete

Nach Briefen und Postkarten sind die wohl bekanntesten Sendungsarten die Päckchen und Pakete.

Diese können in den Postfilialen oder über Packstationen aufgegeben werden. Weiterhin besteht die Möglichkeit, die Päckchen und Pakete den Paketzustellerinnen und Paketzustellern mitzugeben. Dieser Service ist kostenlos, jedoch müssen die Päckchen/Pakete bereits frankiert sein.

Selbstverständlich ist es auch möglich, Päckchen und Pakete ins Ausland zu versenden. Hier sind jedoch ggf. andere Gewichts- und Größenangaben zu beachten sowie höhere Portokosten.

Weitere bekannte Sendungsarten

Gerade Firmen, aber auch Kanzleien, nutzen weitere von der Deutschen Post AG angebotene Sendungsarten:

- Die **Dialogpost** darf schriftliche Mitteilungen und Unterlagen oder Datenträger enthalten, ebenso kostenlose Proben, Produktmuster und Werbeartikel sowie Fremdbeilagen. Rechnungen und Mahnungen oder andere inhaltsgleiche Zahlungsaufforderungen sowie Verkaufswaren (außer Bücher, Broschüren, Zeitungen, Zeitschriften) dürfen per Dialogpost nicht versendet werden. Die Inhalte müssen gleich sein bzgl. Anzahl und Beschaffenheit. Weiterhin legt die Deutsche Post AG bestimmte Mindestmengen fest.
- **Büchersendungen** dürfen gedruckte Bücher, Broschüren, Notenblätter und Landkarten enthalten sowie Rechnung/Lieferschein nebst Zahlungsvordruck, ebenso wie ein Rückantwortumschlag/Rücksendeaufkleber sowie eine Leih- und/oder Buchlaufkarte. Briefe dürfen nicht beigefügt werden.

2.2.2 Besondere Versendungsformen

Neben den „normalen" Sendungsarten bietet die Deutsche Post AG gegen einen Aufpreis besondere Versendungsformen an, damit Briefsendungen schneller und/oder dokumentiert zugestellt werden können. Hierfür wird ein Barcode-Label benötigt.

> **Definition:** Ein Barcode ist ein aus unterschiedlich breiten, parallelen Strichen bestehender Code. Dieser kann optisch und elektronisch mit Lesegeräten eingelesen werden. Der Barcode ist auf einem Label (= Etikett) abgedruckt.

Auf dem Barcode-Label, das auf der Briefsendung angebracht wird, wird die gewünschte Zusatzleistung angekreuzt. Bei Einlieferung in einer Filiale dient ein Einlieferungsbeleg als Nachweis. Auf diesem ist u. a. die Sendungsnummer vermerkt. Mit dieser Nummer kann die Briefsendung im Internet nachverfolgt werden.

Die folgende Tabelle gibt einen Überblick über die am meisten verwendeten Versendungsformen der Deutschen Post AG:

Einschreiben

Das Einschreiben beweist/dokumentiert die Zustellung des Schriftstücks und dass die Briefsendung bei der Deutschen Post AG aufgegeben wurde. Der ausgestellte Einlieferungsbeleg gilt als Urkunde. Unterschieden werden zwei Arten des Einschreibens:

- Einschreiben Standard (auch bekannt als Übergabe-Einschreiben): Die Empfängerin bzw. der Empfänger (bzw. Empfangsberechtigte) quittieren den Erhalt der Briefsendung. Bei Verlust haftet die Deutsche Post AG bis zu einem Betrag von 25,00 €.

- Einschreiben Einwurf: Hier dokumentiert die Briefzustellerin bzw. der Briefzusteller der Deutschen Post AG lediglich, dass die Sendung in den Briefkasten oder in das Postfach eingeworfen wurde. Bei Verlust haftet die Deutsche Post AG bis zu einem Betrag von 20,00 €.

Rückschein

Wählt man diese Versendungsform, erhält die Absenderin bzw. der Absender eine Empfangsbestätigung mit dem Zustelldatum und der Originalunterschrift der Empfängerin bzw. des Empfängers zugeschickt.

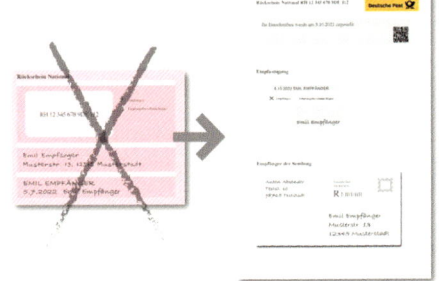

Express-Briefe/Pakete

Diese Leistung der Deutschen Post AG garantiert die Zustellung über Nacht (montags bis freitags, gegen Aufpreis auch samstags möglich). Die Deutsche Post AG haftet bei Verlust oder Beschädigung bis 500,00 € pro Sendung.

Luftpost

Sofern die Briefsendung europa- oder weltweit versandt werden soll, ist ein kleiner Vermerk bzw. Klebezettel „Luftpost/Par avion/Prioritarie" auf der Briefsendung anzubringen. Diese Leistung der Deutschen Post AG kostet keinen Aufpreis, jedoch sind die Portokosten für Briefsendungen ins Ausland bereits teurer als die Portokosten für die Inlandspost.

(Stand: Januar 2023)

 Hinweis: Es besteht die Möglichkeit, verschiedene Leistungen zu kombinieren, z. B. „Einschreiben" mit „Rückschein".

2.2.3 Vorausverfügungen

Der Absender hat die Möglichkeit, durch einen Vermerk oberhalb der Anschrift im Voraus zu verfügen, was mit der Sendung geschehen soll, sofern sie dem Empfänger nicht zugestellt werden kann:

Briefe/Postkarten national

Die Vorausverfügungen „Nicht nachsenden!" und „Bei Umzug mit neuer Anschrift zurück!" greifen auch, wenn der Empfänger mit der Deutschen Post AG einen Nachsendeauftrag vereinbart hat.

 Hinweis: Die Rücksendung unzustellbarer Sendungen (z. B. Briefe, Postkarten) erfolgt weiterhin kostenlos mit einem entsprechenden Unzustellbarkeitsvermerk auf der Sendung, auch ohne Vorausverfügung. Der Unzustellbarkeitsvermerk kann dabei wie folgt lauten:
- Empfänger/Firma unter der angegebenen Anschrift nicht zu ermitteln
- Annahme verweigert
- Empfänger soll verstorben sein
- Nicht abgeholt

Briefe international

- Bei Unzustellbarkeit zurück an Absender!
- if undeliverable return to sender

(Stand: Januar 2023)

2.3 Elektronischer Schriftverkehr

Der elektronische Schriftverkehr ist gegenüber der herkömmlichen Papierpost deutlich schneller. Die Arbeitsabläufe sind andere, müssen aber ebenso sorgfältig „abgearbeitet" werden.

2.3.1 Posteingang

Die eingehenden E-Mails und beA-/beN-Nachrichten müssen, sofern dies die Kanzleisoftware nicht automatisch vornimmt, zur jeweiligen Akte gespeichert und, falls in der Kanzlei noch zweigleisig gefahren wird, für die Papierakte ausgedruckt werden. Sofern sich neue Daten aus den elektronischen Nachrichten ergeben, wie z. B. eine geänderte Adresse oder eine neue Handynummer, muss die Datenänderung unverzüglich vorgenommen werden. Ebenso sind etwaige Fristen unverzüglich zu notieren. Anschließend erhält die sachbearbeitende Person die elektronische Nachricht zur Bearbeitung.

2.3.2 Postausgang

Im Gegensatz zum papiernen Postausgang entfällt beim elektronischen Postversand das oft lästige Ausdrucken von Schreiben, Abschriften, beglaubigten Abschriften und Anlagen. Die Schreiben müssen lediglich in der elektronischen Akte als durchsuchbare Datei abgespeichert werden, damit sie dann entweder per E-Mail (versehen mit einem Passwort, das der Mandantschaft zuvor bekannt zu machen ist) oder per beA/beN versandt werden können.

Sofern das Schreiben per beA/beN übersandt wird, wird es nebst etwaigen Anlagen zunächst im Entwurf gespeichert. Nachdem der zuständige Rechtsanwalt das Schreiben signiert hat (Signaturkarte), kann das Schreiben (mit der Mitarbeiterkarte) versandt werden. Im Anschluss daran muss überprüft werden, ob der Versand erfolgreich war. Ebenso sollte die Nachricht zur Akte exportiert werden.

2.4 Aktenverwaltung

Unter den Begriff „Aktenverwaltung" fallen nicht nur das Anlegen, Führen, Ablegen und Archivieren von Akten, sondern auch mögliche Ordnungssysteme und -möglichkeiten.

2.4.1 Ordnungssysteme

vgl.
LF 2,
Kap. 2.5

Ordnungssysteme dienen der Aufbewahrung und Archivierung von Schriftgut (= Dokumente, Unterlagen und Schreiben aller Art), um im Bedarfsfall zu einem späteren Zeitpunkt hierauf zurückgreifen zu können. Bei den Ordnungssystemen wird unterschieden zwischen Ablage- und Ordnungsmitteln.

Ablagemittel

Das Schriftgut wird mithilfe von Ablagemitteln (= Schriftgutbehälter) gesammelt und geordnet. Dabei finden verschiedene **Ablagetechniken** Verwendung:

- Die **Loseblatt-Ablage** erfolgt z. B. mit Aktendeckeln, d. h., die Dokumente/Schriftstücke liegen ungelocht in einem Aktendeckel. Auch wenn diese Möglichkeit der Ablage zeitsparend ist, so besteht doch die Gefahr, dass Unterlagen verloren gehen. Gegebenenfalls wird auch mehr Zeit beim Heraussuchen einer Akte benötigt.

- Bei der **gehefteten Ablage** werden die Dokumente/Schriftstücke gelocht in Ordnern, Heftstreifen o. Ä. abgelegt, sodass eine sichere Aufbewahrung der Unterlagen und ein besseres Wiederfinden gewährleistet sind. Sofern die Dokumente/Schriftstücke vor dem Ablegen nicht gelocht waren, bedeutet die geheftete Ablage jedoch einen erhöhten Zeitaufwand beim Ablegen.

- Die **gebundene Ablage** erfolgt durch Buch-, Klemm- oder Spiralbindung. Durch die Bindung können die zeitlich geordneten Unterlagen nicht verloren gehen. Nachträglich lässt sich jedoch auch meist nichts mehr einordnen. Gegebenenfalls entstehen für die Bindung höhere Kosten.

Die **Aufbewahrung** erfolgt über Registratur-Systeme:

	Schriftgutbehälter und Ablagetechnik	Vor- und Nachteile
Die **liegende Registratur** wird für die Altablage sowie Akten mit seltenem Zugriff verwendet. 	*Schriftgutbehälter:* • Aktendeckel • Aktenmappe • Hefter • Ablagebox *Ablagetechnik:* • Loseblatt-Ablage • geheftete Ablage • Einzelakten	*Vorteile:* • kostengünstig • gute Raumausnutzung *Nachteile:* • unübersichtlich • lange Zugriffszeit • umständliche Bearbeitung • erhöhter Aktenverschleiß • unflexibel

	Schriftgutbehälter und Ablagetechnik	Vor- und Nachteile
Die **stehende-bibliotheka-rische Registratur** wird für fortlaufend anfallende Belege (z. B. Kanzleiausgaben) verwendet.	*Schriftgutbehälter:* • Stehordner • Ablageordner • Ablageschachtel • Ablagebox *Ablagetechnik:* • geheftete Ablage • Einzelakten • Sammelakten	*Vorteile:* • übersichtlich • gute Beschriftungsmög-lichkeit • kurze Zugriffszeit • schnelle Bearbeitung • kostengünstig *Nachteile:* • ggf. viel Leerraum • unflexibel
Die **lateral-stehende Registratur** wird für dünne Akten aller Art oder Fach-zeitschriften verwendet.	*Schriftgutbehälter:* • Stehsammler • Einstellmappe • Einstellhefter *Ablagetechnik:* • Loseblatt-Ablage • eventuell geheftete Ablage • Einzelakten	*Vorteile:* • gute Raumausnutzung • übersichtlich • schnelle Bearbeitung • kostengünstig *Nachteile:* • ggf. viel Leerraum • unflexibel
Die **vertikal-hängende Registratur** (= Hängeregis-tratur) wird als Zwischen-ablage verwendet bzw. dient der Aufbewahrung der Akten im Schreibtisch.	*Schriftgutbehälter:* • Hängemappe • Hängetasche • Hängehefter • Hängeordner • Hängesammler *Ablagetechnik:* • Loseblatt-Ablage • geheftete Ablage • Einzelakten	*Vorteile:* • übersichtlich • direkter Zugriff • hohe Flexibilität • beste Arbeitsplatz-Regis-tratur • Zeitersparnis beim Zugriff und Einsortieren • flexibel *Nachteile:* • hohe Anschaffungskosten • relativ großer Platzbedarf

	Schriftgutbehälter und Ablagetechnik	Vor- und Nachteile
Die **lateral-hängende Registratur** (= Pendelregistratur) wird für starke Einzelakten und zur Aufbewahrung großer Aktenmengen verwendet. 	*Schriftgutbehälter:* • Hängemappe • Hängetasche • Hängehefter • Hängeordner • Hängesammler *Ablagetechnik:* • geheftete Ablage • ggf. Loseblatt-Ablage • Einzelakten	*Vorteile:* • gute Raumausnutzung • große Flexibilität • kostengünstig • unabhängig vom Schriftgutformat • Wiederverwendung vorhandener Möbel *Nachteile:* • schlechter Zugriff • schlechte Beschriftungsmöglichkeit

Meist werden in Rechtsanwaltskanzleien bzw. Notariaten mehrere verschiedene Registratursysteme eingesetzt, je nachdem wo und für was eine Registratur benötigt wird. Entscheidend hierbei ist auch der Raumbedarf, also ob z. B. neben der Grundfläche für Aktenschränke auch ein entsprechender Auszugsraum für die Schubladen vorhanden ist. Dementsprechend wird auch entschieden, ob beispielsweise Dreh- oder Rotiersäulen für die Aufbewahrung von Stehordnern angeschafft werden oder Beistellmöbel, die bei Bedarf „herangerollt" werden können.

Ordnungsmittel

Die Übersichtlichkeit in Registraturen wird durch Ordnungsmittel erhöht, denn so kann das Schriftgut gekennzeichnet und unterteilt werden. Es gibt verschiedene Ordnungsmittel, z. B.:
• Trennstreifen und Register aus Papier, Karton oder Kunststoff
• Rückenschilder für Stehordner u. a.
• Reiter aus Metall oder Kunststoff
• Inhaltsschilder für Vollsicht- oder Fensterreiter
• Sichtleisten, ggf. mit zusätzlich anzubringenden Reitern für Merkmale (z. B. Termine)

Auch Formulare und Dateien zählen zu den Ordnungsmitteln:

- **Formulare** erleichtern die Abwicklung von betriebsinternen Vorgängen, da sie die Bearbeiterinnen und Bearbeiter durch die vorgegebene Beschriftung führen und hierdurch die Denkarbeit und die Schreibarbeit verringert werden. Formulare werden entweder aus rationellen Gründen (z. B. Telefonnotizzettel) oder aufgrund gesetzlicher Vorschriften (z. B. Pfändungs- und Überweisungsbeschluss) verwendet. Formulare gibt es entweder als Einzelvordrucke oder in Buchform (z. B. Fristenkalender).
- **Dateien** sind strukturierte und nach bestimmten Begriffen geordnete Datensätze. Sie dienen der Informationsspeicherung auf internen und externen Speichern (z. B. Festplatte, USB-Stick). Unterschieden werden:
  - **Stammdateien:** Daten bleiben über längere Zeit unverändert und werden in gewissen Abständen durch Updates auf den neuesten Stand gebracht, z. B. Betriebssystem.
  - **Bewegungsdateien:** Daten verändern sich ständig, z. B. Kontostand der Kanzleikonten.

2.4.2 Ordnungsmöglichkeiten

Akten sollten immer einfach und schnell wieder herausgesucht werden können. Um dies zu gewährleisten, sollte die Registratur nach systematischen Gesichtspunkten aufgebaut sein. Hierfür gibt es verschiedene Ordnungsmerkmale:

Die alphabetische Ordnung erfolgt gem. DIN 5007. Hier gelten folgende Regeln:	
• Personennamen werden zunächst nach dem Anfangsbuchstaben des Nachnamens geordnet, dann ggf. nach weiteren Buchstaben.	Ihl Maier Meier
• Sofern der Nachname identisch ist, gilt der Vorname als weiteres Ordnungskriterium.	Maier, Anton Maier, Marion
• Die Umlaute ä, ö, ü werden wie ae, oe, ue geordnet, ss steht für ß. Bei Übereinstimmung steht ae, oe, ue und ss vor ä, ö, ü und ß.	Mueller, Moritz Müller, Anton
• Sofern Nach- und Vorname identisch sind, müssen weitere Merkmale hinzugefügt werden.	Maier, Marion, Kfz-Mechatronikerin Maier, Marion, RA-Fachangestellte
• Abgekürzte Vornamen werden wie selbstständige Wörter behandelt.	Aumüller, A. Aumüller, Karin
• Vorsatzwörter (van, von), akademische Grade (Dr., Prof.) und historische Namenszusätze (Freifrau) bleiben im Allgemeinen unberücksichtigt. Sie werden nach dem Vornamen angegeben.	Brock, Silke von Eike, Kurt van (Prof.)

Die alphabetische Ordnung erfolgt gem. DIN 5007. Hier gelten folgende Regeln:	
• Nach den einfachen folgen die zusammengesetzten Nachnamen.	Maier, Marion Maier-Koll, Marion
• Beim gemeinsamen Einordnen von Firmen-, Behörden- und Personennamen gilt das Alphabet. Dabei wird der vollständige offizielle Name verwendet.	Aumüller, Karin Bundesagentur für Arbeit Telekom Deutschland GmbH
• Besteht der Firmenname aus einer Kombination aus Zahlen und Buchstaben, werden die Zahlen so sortiert, als wären sie ausgeschrieben.	Aumüller, Karin 123 Mobilfunk GmbH Maier, Marion
• Feststehende Abkürzungen werden wie ein Wort behandelt.	DFB UEFA
• Weniger wichtige Wörter (und, &, der, für) bleiben unberücksichtigt.	Verein (für) Geschichtswesen Verein (der) Vogelzüchter

Bei der numerischen Ordnung werden folgende Möglichkeiten unterschieden:

• Die **Ordnung nach fortlaufenden Nummern** wird z. B. bei der Vergabe von Aktenzeichen angewandt. Sofern jedoch das Aktenzeichen nicht bekannt ist, sind dazugehörende Mandantennamen schlecht aufzufinden. Mithilfe der Suchfunktion in Microsoft Word kann hier z. B. Abhilfe geschaffen werden. Sofern das Prozessregister handschriftlich geführt wird, existiert am Ende des Buchs meist ein Suchindex, in den die Mandantennamen eingetragen werden. So kann das Aktenzeichen einfach herausgefunden werden.

▶ Beispiel:

Auszug aus dem Prozessregister:
111/2022 Müller, Lisa
112/2022 Warmuth, Ben
113/2022 Sonnen, Max
114/2022 Brand, Susanne
...

Auszug aus dem Suchindex, Buchstabe „W":
Warmuth, Ben   112/2022
Wass, Moritz   203/2021
Wonne, Lilli   005/2022
Wombat, Leni   099/2021
...

• Bei der **Ordnung nach Vorziffern** werden (interne) Geschäftsakten in große Gruppen gegliedert, die durch eine Vorziffer gekennzeichnet sind. Alle Akten, die zu dieser Gruppe gehören, erhalten dann weitere Ziffern.

▶ Beispiel:

10 = Büromaterialbestellungen
10.1 = Papier
10.2 = Druckerzubehör
10.3 = Fachliteratur
...

11 = Buchhaltung
11.1 = Kassenbuch
11.2 = Kontoauszüge
11.3 = Kostenrechnungen
...

Bei der numerischen Ordnung werden folgende Möglichkeiten unterschieden:

- Die **dekadische und halbdekadische Ordnung** (dekadisch = griechisch = „zehnteilig") wird vor allem bei Behörden angewandt. Bei der dekadischen Ordnung stehen bis zu 10 Hauptgruppen (von 0 bis 9) zur Verfügung. Diese können in weitere 10 Gruppen und diese wiederum in 10 Untergruppen gegliedert werden. Bei der halbdekadischen Ordnung wird bei den Untergruppen über die Ziffer 10 hinaus weiter fortlaufend nummeriert.

▶ Beispiel:

Hauptgruppe	Gruppe	dek. Untergruppe	halbdek. Untergruppe
0 Geschäftsführung	...	...	...
1 Verwaltung	...	...	...
2 Personal	40 Personalakte	...	...
...	41 Abrechnung	411 Monatsbezeichnung	41.1 Monatsbezeichnung
	...	412 Anschrift Beschäftigte	41.2 Anschrift Beschäftigte
		413 Weitere Daten	41.3 Weitere Daten
		414 Bezeichnung Gehalt	41.4 Bezeichnung Gehalt
		415 Höhe Gehalt	41.5 Höhe Gehalt
		416 Steuerliche Abgaben	41.6 Steuerliche Abgaben
		417 Sozialvers.-Abgaben	41.7 Sozialvers.-Abgaben
		418 Nettogehalt	41.8 Nettogehalt
		419 Bankverbindung	41.9 Bankverbindung
			41.10 Fahrtkosten
			...

Die **alphanumerische Ordnung** besteht aus Buchstaben und Ziffern, die miteinander kombiniert werden.

▶ Beispiele: Kfz-Kennzeichen (z. B. NW - PH 123), Aktenzeichen des Gerichts: 3 F 111/2020

Bei der **chronologischen (= zeitlichen) Ordnung** wird nach dem Datum geordnet. Dabei wird unterschieden zwischen der Behördenheftung (= das neueste Schriftstück wird unten angeheftet) und der kaufmännischen Heftung (= das neueste Schriftstück wird oben aufgeheftet).

Sachliche Ordnung: Sofern die anderen Ordnungsmöglichkeiten ausscheiden, kann die Registratur nach sachlichen Gesichtspunkten geordnet werden.

▶ Beispiele:

- Nach Farbe: Buchungsbelege können z. B. in blauen Ordnern aufbewahrt werden.
- Nach Sachgebieten: Akten können z. B. aufbewahrt werden, indem nach Sachgebieten (Familienrecht, Verkehrsrecht usw.) geordnet wird.

Hinweis: Größere Unternehmen und Kanzleien arbeiten oft mit einem Dokumenten-Management-System (DMS). Dieses verwaltet das gesamte Schriftgut mit einer datenbankgestützten Software. Hierfür müssen alle Schriftstücke eingescannt, digitalisiert und auf einem Server gespeichert werden.

2.4.3 Akten anlegen, führen, ablegen und archivieren

Das Anlegen, Führen, Ablegen und Archivieren der Akten ist innerbetrieblich immer anders geregelt. Es kommt schon darauf an, ob spezielle Anwalts- bzw. Notariatsprogramme verwendet werden und ob mit Papierakten, elektronischen Akten oder einer Kombination von beidem gearbeitet wird. Zu beachten ist jedoch in jedem Fall, dass die Handakten so geführt werden sollten, dass auf den ersten Blick der Sachstand des Mandats ersichtlich ist.

Akten anlegen

Akten werden in der Regel wie folgt angelegt:
- Eingabe der Stammdaten (Mandantschaft, Gegenseite, Rechtsschutzversicherung, Gericht usw.) in das Formular „Handaktenbogen" bzw. in das Anwalts-/Notariatsprogramm; ggf. anhand des von der Mandantschaft ausgefüllten Fragebogens
- Vergabe eines Aktenzeichens; sofern ein Anwalts-/Notariatsprogramm verwendet wird, vergibt dieses automatisch das neue Aktenzeichen
- Eintrag in das Prozessregister unter Angabe des Aktenzeichens, der Sache und des Anlegedatums
- sortieren der von der Mandantschaft übergebenen Unterlagen, beispielsweise nach Rechnungen und Schriftwechsel
- einordnen der Unterlagen in den Aktendeckel/Ordner (z. B. durch Trennstreifen getrennt, damit alles ohne langes Suchen wieder auffindbar ist), wobei darauf zu achten ist, dass der Handaktenbogen oben aufgeheftet ist, damit auf den ersten Blick die Daten der Mandantschaft ersichtlich sind (Der Handaktenbogen besteht in der Regel aus einem Deckblatt mit den Mandatsdaten und Platz für einzutragende Wiedervorlagen und Fristen, einem Ausgabenblatt für Porto und Kopien sowie einem Kostenblatt für eingehendes/ausgehendes Honorar/Fremdgeld u. a.)
- beschriften der Akte (z. B. durch Ordner-Rückenschilder, Inhaltsschilder)
- bei elektronischen Akten sind die Unterlagen zu digitalisieren, umzubenennen und zur Akte abzuspeichern

Akten führen

In die Akte werden neben dem Schriftwechsel mit der Mandantschaft, Telefonnotizen und Aktenvermerken auch der Schriftwechsel mit der Gegenseite, Behörden und Gerichten einsortiert. Dabei ist darauf zu achten, dass die entsprechenden Dokumente/Unterlagen nach dem Datum sortiert eingeheftet bzw. abgespeichert werden.

Weiterhin ist darauf zu achten, dass, falls eine beteiligte Person während des laufenden Mandats beispielsweise seinen Namen ändert, umzieht bzw. eine neue Mobilfunknummer erhält, diese Daten im Handaktenbogen ausgebessert bzw. ergänzt werden, ebenso wie ggf. im Prozessregister und/oder im Anwalts-/Notariatsprogramm.

  Hinweis: Regelmäßig sind Datensicherungen durchzuführen, z.B. durch das Abspeichern auf externen Festplatten.

vgl. LF 2, Kap. 3.3

Akten ablegen und archivieren

Nach Beendigung des Mandats und Ausgleich der entstandenen Kosten kann die Akte abgelegt werden. Zuvor sollten jedoch die von der Mandantschaft übergebenen Originalunterlagen an diese zurückgesandt werden, ebenso wie Urteile bzw. Vollstreckungsunterlagen im Original mit einem Hinweis auf die Aufbewahrungsfristen.

vgl. LF 2, Kap. 2.5

Anschließend wird die Akte beispielsweise aus dem Aktendeckel/Ordner entnommen, zusammengeheftet (z.B. mithilfe eines Heftstreifens) und mit einer Ablagenummer versehen. Diese Ablagenummer wird im Prozessregister und/oder im Anwalts-/Notariatsprogramm notiert, ebenso wie das Ablagedatum.

Zur Archivierung der abgelegten Akten dienen meist Schachteln oder Boxen, die in einem Lagerraum bzw. im Keller der Rechtsanwaltskanzlei bzw. des Notariats stehen. Wichtig ist, dass die Schachteln/Boxen genau beschriftet werden (z.B. mit dem Jahr der Ablage und den Ablagenummern der enthaltenen Akten), damit die Akten jederzeit wieder einfach herausgesucht werden können.

Auch elektronische Akten werden natürlich abgelegt, sobald sie beendet sind. Allerdings entfällt hier die physische Archivierung in Schachteln oder Boxen. Die Archivierung erfolgt „nur" elektronisch.

  Merke: In jedem Fall müssen beim Ablegen der Akten Datenschutzvorschriften beachtet werden.

vgl. LF 2, Kap. 2.6

2.5 Aufbewahrungsfristen

Die Akten des Rechtsanwalts bzw. Notars müssen nach Beendigung des Mandats eine bestimmte Zeit aufbewahrt werden, ebenso wie weiteres Schriftgut. Aber nicht nur im Rechtsbereich sind Aufbewahrungsfristen zu beachten, sondern auch im privaten Bereich:

Schriftgut mit Tageswert:

- enthält einmalige Informationen
- kann nach Kenntnisnahme vernichtet werden

▶ Beispiele: Werbeschreiben, Prospekte, Rundschreiben

Schriftgut mit Prüfwert:

- muss immer wieder geprüft/kontrolliert werden
- muss ggf. auf den neuesten Stand gebracht werden

▶ Beispiele: Bestellungen, Fristenkontrolle, Mahnungen

Schriftgut mit Dauerwert:

- beinhaltet wertvolle Informationen
- muss dauerhaft aufbewahrt werden

▶ Beispiele: Gründungsvertrag einer Rechtsanwaltssozietät, Patente

Schriftgut mit Gesetzeswert:

- Aufbewahrung über eine gesetzlich vorgeschriebene Zeit
- Aufbewahrung beginnt immer mit dem Schluss des Kalenderjahrs, in dem die letzte Handlung vorgenommen wurde

▶ Beispiele:

- sechs Jahre: Handakte des Rechtsanwalts (= Schriftstücke, die der Rechtsanwalt aus Anlass der Tätigkeit von der Mandantschaft oder für sie erhalten hat; Ausnahme: Schriftstücke, die die Mandantschaft bereits als Ur-/Abschrift erhalten hat) gem. § 50 BRAO (= Bundesrechtsanwaltsordnung). Die Aufbewahrungsfrist erlischt jedoch bereits vor diesem Zeitraum, wenn die Mandantschaft sechs Monate lang der Aufforderung durch den Rechtsanwalt, die Handakten in Empfang zu nehmen, nicht nachgekommen ist!
- fünf Jahre: Aufzeichnungen nach dem Geldwäschegesetz (Angaben über Vertragsparteien, Geschäftsbeziehungen und Geldtransaktionen) gem. § 8 GwG
- sieben Jahre: Sammelakte des Notars für Wechsel- und Scheckproteste gem. § 50 Abs. 1 Nr. 8 NotAktVV (= Verordnung über die Führung notarieller Akten und Verzeichnisse)
- sechs Jahre: Empfangene oder abgesandte Geschäftsbriefe; also der weitere Schriftverkehr gem. § 147 Abs. 3 AO (= Abgabenordnung). Da anwaltliche Haftungsansprüche ggf. erst nach zehn Jahren verjähren, empfiehlt es sich jedoch, die Rechtsanwaltsakte zehn Jahre aufzubewahren.

- – sieben Jahre: Nebenakten des Notars gem. 50 Abs. 1 Nr. 7 NotAktVV
- – zehn Jahre: Buchungs-/Steuerunterlagen (Rechnungen, Kontoauszüge, Kassenbücher, Jahresabschlüsse u. a.) gem. § 147 AO
- – 30 Jahre: Personalakten mit Rentenunterlagen
- – 30 Jahre: Titel und Vollstreckungsunterlagen im Original
- – 30 Jahre: Generalakten des Notars gem. § 50 Abs. 1 Nr. 9 NotAktVV
- – 100 Jahre: Urkundenverzeichnis (§ 50 Abs. 1 Nr. 1 NotAktVV), Erbvertragssammlung (§ 50 Abs. 1 Nr. 4 NotAktVV), elektronische Urkundensammlung (§ 50 Abs. 1 Nr. 5 NotAktVV)

 Hinweis: Wenn die Aufbewahrungsfrist abgelaufen ist, ist natürlich darauf zu achten, dass die Akten u. a. nicht einfach in den Papierkorb geworfen werden, sondern dass sie mittels eines Aktenvernichters („Schredder") unleserlich gemacht werden. Es gibt jedoch auch Firmen, die die Aktenvernichtung übernehmen (meist durch Papierverbrennung). Hier lohnt es sich, mehrere Angebote einzuholen und zu vergleichen.

Neben der herkömmlichen Aufbewahrung in Papierform gibt es noch die **elektronische Ablage**, wonach Dokumente, die in elektronischer Form vorliegen, nicht mehr in Papierform aufbewahrt werden müssen. Ausgenommen hiervon sind u. a. Eröffnungsbilanzen und Jahresabschlüsse.

 Hinweis: Für die elektronische Ablage gelten die gleichen Aufbewahrungsfristen, die auch für Belege in Papierform gelten.

Bei der elektronischen Ablage ist zu beachten, dass die Unveränderbarkeit gegenüber dem Original gewährleistet sein muss. Weiterhin muss sichergestellt sein, dass die Unterlagen jederzeit während der Aufbewahrungszeit verfügbar sind und lesbar gemacht werden können. Es ist deshalb darauf zu achten, dass regelmäßig auf technisch aktuelle Datenträger umgespeichert wird. So sind z. B. Daten auf Disketten mittlerweile aufgrund der eingeschränkten Verfügbarkeit von Laufwerken schwierig lesbar. Insoweit sind u. a. die Bestimmungen im Handelsgesetzbuch, in der Abgabenordnung und im Bundesdatenschutzgesetz bzw. der DSGVO zu beachten.

 Hinweis: Unterlagen, die mithilfe eines Datenverarbeitungssystems erstellt wurden, müssen zwingend digital aufbewahrt werden. Hierbei kann es sich z. B. um die elektronische Verbuchung einer Rechnung handeln oder um Übersendung einer elektronischen Rechnung per E-Mail. Auch hier sind die „normalen" Aufbewahrungsfristen zu beachten.

2.6 Datenschutz

Jede Rechtsanwaltskanzlei bzw. jedes Notariat verarbeitet Daten im Sinn der europäischen Datenschutzgrundverordnung (DSGVO). Zweck der DSGVO ist es, die einzelne Person davor zu schützen, dass sie durch den Umgang mit ihren personenbezogenen Daten in ihrem Persönlichkeitsrecht beeinträchtigt wird (Art. 1 DSGVO).

 Hinweis: Ergänzt wird die europäische Datenschutzgrundverordnung durch das neu konzipierte Bundesdatenschutzgesetz (BDSG), das Reglungen zu den Bereichen enthält, in denen die EU den einzelnen Mitgliedsländern Gestaltungsspielräume lässt.

Erhebung, Speicherung und Verwendung personenbezogener Daten

Bei der Mandatierung werden in der Regel folgende personenbezogene Daten erhoben:
- Titel, Vor- und Nachname, Geburtsdatum
- Kontaktdaten (Adresse, Telefon u. a.)
- Informationen, die für die Geltendmachung und Verteidigung der Rechte im Rahmen des Mandats notwendig sind
- Bankverbindung

Die Datenerhebung erfolgt auf Anfrage und ist für die Bearbeitung des Mandats erforderlich, z. B.:
- Identifizierung der Mandantschaft, um diese angemessen beraten/vertreten zu können
- Korrespondenz mit der Mandantschaft und Beteiligten
- Erstattung vereinnahmter Fremdgelder oder Honorarrückzahlungen

 Hinweis: Gemäß Art. 13 DSGVO müssen Rechtsanwälte und Notare Informationspflichten bzgl. der Datenverarbeitung nachkommen. Dies geschieht am besten dadurch, dass die Informationen (Name und Kontaktdaten der verantwortlichen Person, Kontaktdaten eines eventuellen Datenschutzbeauftragten u. a.) in leicht verständlicher und zugänglicher Form und in einer klaren und einfachen Sprache der Mandantschaft vor Beginn der Beratung/Vertretung ausgehändigt werden.

 Tipp: Idealerweise sollte die Datenerhebung (z. B. durch den Einsatz von Fragebögen) von der Mandantschaft unterzeichnet und zur Akte genommen werden.

Datenweitergabe an Dritte

Wenn es für die Abwicklung von Mandatsverhältnissen erforderlich ist, werden personenbezogene Daten an Dritte weitergegeben (Art. 6 DSGVO). Hierzu gehört die Weitergabe an Verfahrensgegner und deren Vertreter bzw. Rechtsanwälte, weitere Beteiligte, Gerichte und andere öffentliche Behörden zum Zweck der Korrespondenz sowie zur Geltendmachung und Verteidigung der Rechte der Mandantschaft. Die weitergegebenen Daten dürfen von dem Dritten ausschließlich zu den genannten Zwecken verwendet werden.

 Hinweis: Sollte es sich um Daten handeln, die der Schweigepflicht unterliegen, darf eine Weitergabe an Dritte nur in Absprache mit der Mandantschaft erfolgen.

Grundsätze für die Datenverarbeitung

Damit die von Rechtsanwaltskanzleien und Notariaten erhobenen Daten geschützt sind, müssen gem. Art. 5 DSGVO folgende Regeln beachtet werden:

- **Rechtmäßigkeit:** Die Daten müssen auf rechtmäßige Weise, nach Treu und Glauben und in einer für die Betroffenen nachvollziehbaren Weise verarbeitet werden.
- **Zweckbindung:** Personenbezogene Daten dürfen nur für festgelegte, eindeutige und legitime Zwecke erhoben werden. Sie dürfen nicht für andere Zwecke weiterverarbeitet werden.
  - ▶ Beispiel: Michaela Renner teilt die Daten mit, die für das angehende Arbeitsverhältnis benötigt werden. Diese Daten dürfen nur hierfür verwendet werden.

- **Datenminimierung:** Die Daten müssen dem Zweck angemessen sowie auf das für die Zwecke der Verarbeitung notwendige Maß beschränkt sein.
  - ▶ Beispiel: Inge Korn hat einen Termin bei Rechtsanwalt Manfred Schmidt. Es geht um eine erbrechtliche Beratung. Hierfür ist es nicht erforderlich, dass Daten erhoben werden wie z. B. die Steuernummer oder die Rentenversicherungsnummer.

- **Richtigkeit:** Die Daten müssen sachlich richtig und auf dem neuesten Stand sein. Sofern Daten unrichtig sind, sich diese unverzüglich zu löschen und/oder zu berichtigen.
  - ▶ Beispiel: Anna Schmitt teilt dem Notariat mit, dass sie derzeit kein Handy mehr besitzt. Die Handynummer ist unverzüglich zu löschen.

- **Speicherbegrenzung:** Die erhobenen Daten müssen in einer Form gespeichert werden, die die Identifizierung der Betroffenen nur so lange ermöglicht, wie es für die Zwecke, für die sie verarbeitet werden, erforderlich ist. In Ausnahmefällen dürfen personenbezogene Daten länger gespeichert werden, z. B. wenn es wegen steuerrechtlicher Vorschriften erforderlich ist.

- **Integrität und Vertraulichkeit:** Die personenbezogenen Daten müssen in einer Weise verarbeitet werden, die eine angemessene Sicherheit gewährleistet, einschließlich Schutz vor unbefugter oder unrechtmäßiger Verarbeitung und vor unbeabsichtigtem Verlust, Zerstörung oder Schädigung durch geeignete technische Maßnahmen.

Rechte des Betroffenen

Betroffene haben folgende Rechte:
- Widerruf der erteilten Einwilligung mit der Folge, dass die Datenverarbeitung nicht mehr weitergeführt werden darf (Art. 21 DSGVO)
- Auskunft über die zur Person gespeicherten Daten, die Empfänger, an die die Daten weitergegeben werden und den Zweck der Speicherung u. a. (Art. 15 DSGVO)
  - ▶ Beispiel: Martin Hohenstein fragt beim Verkehrszentralregister in Flensburg an, um Informationen über seinen aktuellen Punktestand zu erhalten.

- Berichtigung, sofern Daten unrichtig sind (Art. 16 DSGVO)
  - ▶ Beispiel: Der Arbeitnehmer stellt fest, dass auf seiner Gehaltsabrechnung in der Sozialversicherungsnummer ein Zahlendreher enthalten ist.

- Löschung (Art. 17 DSGVO)
  - ▶ Beispiel: Ludwig Vollerth teilt der Möbelfirma mit, dass sie seine Kundendaten aus der elektronischen Datei löschen sollen, da er nicht mehr über Neuheiten informiert werden möchte.

- Möglichkeit, die Verarbeitung personenbezogener Daten einzuschränken (Art. 18 DSGVO)
- Möglichkeit, die personenbezogenen Daten in einem strukturierten, gängigen und maschinenlesbaren Format zu erhalten (Art. 20 DSGVO)
- Beschwerdemöglichkeit bei einer Aufsichtsbehörde (Art. 77 DSGVO)

2.7 Zeitmanagement

Ein Zeitmanagement (= Methode des Selbstmanagements) hilft, die zur Verfügung stehende Zeit so einzuteilen, dass alle anfallenden Aufgaben und Termine planmäßig erledigt werden können. Damit dies reibungslos funktioniert, ist es wichtig, die Teamentwicklung mitzugestalten sowie Aufgaben und Termine im Team zu planen und zu bearbeiten. Teambesprechungen dürfen dabei nicht außer Acht gelassen werden.

2.7.1 Team und Teamentwicklung

Ein Team bezeichnet eine Gruppe von Personen, die sich im Idealfall in ihren Fähigkeiten gegenseitig ergänzen und regelmäßig miteinander in Kontakt treten, um gemeinsam etwas zu erreichen. Dies bedeutet, dass jeder das macht, was er am besten kann, sodass die Rollen klar verteilt sind. In Kleinkanzleien besteht das Team in der Regel aus dem Rechtsanwalt bzw. den Rechtsanwälten sowie allen Beschäftigten. In Großkanzleien ist ein Team dagegen eine Sachabteilung.

Sofern eine gute Zusammenarbeit im Team nicht mehr gewährleistet ist (z. B. weil langjährige Beschäftigte den Betrieb verlassen haben und neue hinzugekommen sind), muss sich das Team neu finden und Aufgaben ggf. neu verteilen usw. (= Teamentwicklung).

Ziel der Teamentwicklung ist es, ein positives Arbeitsklima zu schaffen und eine vertrauensvolle und effektive Zusammenarbeit zu gewährleisten (z. B. durch das Lösen von Konflikten oder durch das Erstellen von Regeln). So werden Kooperationsbereitschaft und Teamgeist gefördert, was wiederum der Leistungssteigerung dient.

2.7.2 Aufgaben im Team planen und bearbeiten

Das Team plant und bearbeitet Aufgaben wie folgt gemeinsam:

Terminplanung

Eine gute und sinnvolle Terminplanung ist das „A und O" in einer Rechtsanwaltskanzlei bzw. in einem Notariat. Hierbei sind folgende Punkte zu beachten:

- Termine sind sowohl im Kalender der sachbearbeitenden Person als auch im Kalender beim Empfang einzutragen. Selbstverständlich besteht auch die Möglichkeit, Termine auf Planungstafeln oder in Microsoft Outlook zu notieren.
- Bei der Terminvergabe ist darauf zu achten, dass genügend Zeit eingeplant wird. Sofern nicht abzuschätzen ist, wie lange der Termin voraussichtlich dauert, ist zusätzlich ein „Puffer" einzuplanen.
- Termine sollten nach Möglichkeit immer so gelegt werden, dass der Rechtsanwalt/Notar noch genügend Zeit hat, die „normale" tägliche Arbeit zu bewältigen. Dies bedeutet, dass Termine am besten gleich früh oder ab dem (späten) Nachmittag stattfinden sollten.
- Sollte es aufgrund einer Termindopplung (auch eventuelle Fahrtzeiten berücksichtigen!) notwendig werden, dass ein Termin verlegt werden muss, ist dies unverzüglich vorzunehmen, damit die betroffenen Personen entsprechend planen können.

 Hinweis: Gerichtstermine haben in der Regel Vorrang! Sollte es jedoch der Zufall bringen, dass es eine Dopplung von Gerichtsterminen gibt, hat in der Regel der Termin Bestand, der schon seit längerer Zeit feststeht. Hinsichtlich des „neuen" Termins ist ein Antrag auf Terminverlegung beim Gericht zu stellen.

vgl. LF 10, Kap. 7.1.4

Weitere Aufgabenplanung und -bearbeitung

Nicht nur die Planung von Terminen ist wichtig. Auch alle weiteren Aufgaben müssen planmäßig verteilt werden. So hat jede beschäftigte Person seinen Zuständigkeitsbereich, wie z. B. den Empfang der Mandantschaft, die Entgegennahme und das Weiterleiten von Telefonaten, die Bearbeitung des Posteingangs, die Abrechnung der Handakten usw.

Bei standardisierten Arbeitsabläufen, wie z.B. beim Empfang der Mandantschaft, bietet sich die Erstellung von Ablauforganisationen an, sodass zeitsparend gearbeitet werden kann. Alle weiteren Aufgaben sind je nach Anfall individuell zu lösen. Hierbei helfen Zeitmanagement-Methoden wie beispielsweise die To-do-Liste und die ABC-Methode:

To-do-Liste

Auf der To-do-Liste werden alle zu erledigenden Aufgaben untereinander notiert und nach Erledigung durchgestrichen.

Vorteile:

- Überblick über alle zu erledigenden Aufgaben
- Durch das Streichen der erledigten Aufgaben bleibt der Überblick über noch zu erledigende Aufgaben erhalten.

Nachteile:

- täglich wiederkehrende Aufgaben sind nicht gekennzeichnet
- kein Übertrag zum nächsten Tag, falls nicht alles abgearbeitet werden kann
- kein Überblick über Aufgaben, die ggf. auch am nächsten Tag erledigt werden können

ABC-Methode

Bei der ABC-Methode werden die Aufgaben in drei Kategorien eingeteilt:

- A-Aufgaben: sehr wichtig und dringend; sofort erledigen (z.B. Fristsachen)
- B-Aufgaben: wichtig, nicht so dringend; Termin setzen, ggf. delegieren (z.B. Fristablauf in drei Tagen)
- C-Aufgaben: nicht wichtig, Routineaufgaben (z.B. Aktenablage)

Die Wichtigkeit der Aufgaben kann auf verschiedene Weise ermittelt werden:

- Erstellen einer Tabelle, in der die Aufgaben, der geschätzte benötigte Zeitaufwand, die Einteilung in die Priorität A, B oder C sowie der „Erledigt-Vermerk" notiert werden. Die Tabelle könnte wie folgt aussehen:

Tätigkeit	Zeitaufwand in Minuten	Priorität			Erledigt
		A	B	C	

Durch die Spalte „Erledigt" ist auch der Übertrag der ggf. verbliebenen Aufgaben auf den nächsten Tag einfach möglich.

- Sortieren der zu erledigenden Aufgaben in drei Stapel – Prioritäten A, B oder C. Gegebenenfalls können hier auch farbliche Ablagekörbe eingesetzt werden. Zu beachten ist jedoch, dass die drei Stapel jeden Tag neu sortiert werden müssen.

Vorteile:

- einfache Anwendbarkeit
- Überblick über alle zu erledigenden Aufgaben, insbesondere diejenigen, die zwingend am heutigen Tag erledigt werden müssen
- durch den „Erledigt-Vermerk" bleibt der Überblick über noch zu erledigende Aufgaben erhalten; dadurch ggf. einfacher Übertrag zum nächsten Tag möglich

Nachteile:

- ggf. Schwierigkeiten bei der Einteilung der Aufgaben in Prioritäten und Festlegung des Zeitaufwands (ggf. zur Sicherheit nachfragen!)
- ggf. keine eindeutige Zuordnung in Priorität A, B oder C möglich

 Tipp: Es kann immer wieder etwas Unvorhergesehenes dazwischen kommen, sodass die Aufgabenbearbeitung angepasst werden muss. Sinnvoll ist daher der Einbau von „Pufferzeiten".

Stressvermeidung und Leistungssteigerung

Wenn die zu erledigenden Aufgaben nicht ordnungsgemäß in der zur Verfügung stehenden Zeit bewältigt werden können, sollte man sich nicht scheuen und um Hilfe bitten, damit alles fristgerecht erledigt werden kann. Dies dient der Vermeidung von Stress, der u. a. durch eine Erhöhung der Arbeitsbelastung entsteht.

In Umfragen klagen Arbeitnehmer immer wieder über unrealistische Zielvorgaben seitens der Arbeitgeber und über fehlende Regenerationsphasen zwischen den einzelnen Projekten. Diese Punkte sorgen für eine negative Motivation und sind somit kontraproduktiv bei der Bewältigung der täglichen Aufgaben.

Folgende Tipps helfen, Stress zu vermeiden und zur Leistungssteigerung beizutragen:

- **Zielvorgaben:** Die Zielvorgaben sollten realistisch und nicht tätigkeitsfremd sein sowie keine zusätzliche Beanspruchung zu den normalen Aufgaben darstellen. Weiterhin sollten täglich maximal fünf klare Ziele formuliert werden, sodass der Fokus auf diesen Aufgaben liegt.
- **Feedback:** Ständiges Feedback von den Teammitgliedern erleichtert die Zielführung.
- **Teamarbeit:** Es sollte in sinnvoll zusammengestellten Teams zusammengearbeitet werden, da dadurch weniger Stress entsteht und somit auch die Fehlerquote sinkt.
- **Teamstärkung:** Wichtig ist es auch, das Gemeinschaftsgefühl im Team zu stärken, beispielsweise durch ein gemeinsames Essen am Abend nach der Arbeit.

2.7.3 Teambesprechungen vorbereiten und mitgestalten

In jedem Team sollte es regelmäßig Besprechungen geben, denn hierdurch wird die Arbeit im Team gefördert. Teambesprechungen können beispielsweise

- der Information dienen (z. B. Überblick über neue gesetzliche Regelungen),
- zur Problemlösung beitragen (z. B. Auffangen kranker Beschäftigter durch Leistung von Überstunden) oder
- der Entscheidungsvorbereitung dienen (z. B. Sammeln von Ideen vor der Anschaffung einer neuen Computeranlage).

Auch Anerkennung und Kritik können, soweit sie das gesamte Team betreffen, in Teambesprechungen ausgesprochen werden.

 Tipp: Damit eine Teambesprechung nicht durch lästige Telefonanrufe gestört wird, sollte während des Termins der Anrufbeantworter eingeschaltet bzw. der Termin der Besprechung so gelegt werden, dass er außerhalb der Kanzleiöffnungszeiten liegt.

Beschäftigte können zur Vorbereitung von Teambesprechungen beitragen bzw. diese mitgestalten, indem sie beispielsweise etwaige auftretende Probleme ansprechen, Ideen zur Fehlervermeidung vortragen oder den anderen Teammitgliedern neueste Gerichtsentscheidungen vorstellen. Dies alles kann, sofern es sich anbietet, z. B. durch eine PowerPoint-Präsentation geschehen oder mithilfe von Handouts.

Bei der Teambesprechung können zum Sammeln von Informationen/Daten bzw. zur Findung von Problemlösungen beispielsweise folgende Methoden angewandt werden:

Brainstorming

Beim Brainstorming ist im Vorfeld ein Protokollant zu bestimmen, der jede Idee der teilnehmenden Personen notiert. Bei der Durchführung sollten folgende Hinweise beachtet werden:

- Jede Idee wird notiert, auch wenn sie auf den ersten Blick vielleicht nicht so gut zum Thema passt.
- Jede teilnehmende Person kann sich, so oft sie möchte, äußern.
- Während der Sammlung von Informationen o. Ä. sind Rückfragen, kritische Äußerungen oder Kommentare zu den von den teilnehmenden Personen genannten Punkten nicht erlaubt.
- Die teilnehmenden Personen sollten langsam, deutlich und laut sprechen.
- Die teilnehmenden Personen sollten keine langen (Schachtel-)Sätze verwenden.
- Beim Notieren der Äußerungen ist auf eine korrekte Rechtschreibung und Grammatik zu achten.

Erst nachdem alle Informationen o. Ä. gesammelt sind, werden die notierten Äußerungen geordnet und ggf. bewertet.

Mindmapping

Um eine Mindmap erstellen zu können, wird zunächst ein Blatt Papier benötigt. Dieses sollte unliniert sein und mindestens das Format DIN-A4 haben. In der Mitte des Blatts wird das Thema notiert. Anschließend wird wie folgt vorgegangen:

- Zu dem Thema werden Überschriften (entspricht z. B. Kapitelüberschriften in einem Buch) gesucht. Diese werden auf den sog. Hauptästen notiert.
  - ▶ Beispiel: Es geht um das Thema „Bewerbung". Einige Hauptäste könnten dann z. B. lauten: „Bewerbungsschreiben", „Bewerbungsmappe", „Vorstellungsgespräch" u. a.

- Um weiter in die Tiefe zu gehen, können den Hauptästen noch Zweige hinzugefügt werden.
  - ▶ Beispiel: Dem Hauptast „Bewerbungsschreiben" könnten Zweige zugeordnet werden, die z. B. wie folgt lauten: „höflich", „korrekte Rechtschreibung und Grammatik" u. a.

- Je nachdem um welches Thema es sich handelt und ob noch weiter in die Tiefe gegangen werden kann, können natürlich den Zweigen weitere kleine Verästelungen hinzugefügt werden.

 Tipp: Sinnvoll ist der Einsatz von verschiedenen Farben, damit die Übersichtlichkeit der Mindmap gewährleistet ist. Natürlich können auch Bilder oder Grafiken eingefügt werden, die das Ganze auflockern.

Damit eine Mindmap reibungslos erstellt werden kann, sollten folgende Regeln beachtet werden:

- Jede teilnehmende Person darf die Mindmap mitgestalten; am sinnvollsten ist es, wenn die Reihenfolge vorher festgelegt wird.
- Um Zusammenhänge darzustellen, können Pfeile verwendet werden.
- Die Begriffe sollten kurz und treffend sein.
- Es sollte stets auf eine korrekte Rechtschreibung und Grammatik geachtet werden.
- Es sollten keine bzw. möglichst wenige Abkürzungen verwendet werden.

2.8 Qualitätsmanagement

Der Begriff „Qualitätsmanagement" bezeichnet laut DIN 9000 aufeinander abgestimmte Tätigkeiten zum Leiten und Lenken einer Organisation bzgl. Qualität.

Ziele des Qualitätsmanagements

Das Qualitätsmanagement möchte durch eine Standardisierung von Arbeitsabläufen eine gleichbleibende Qualität in der Kanzleiorganisation sicherstellen.

Des Weiteren zielt das Qualitätsmanagement auf eine ständige Verbesserung der Prozesse ab, um durch Vorbeugemaßnahmen Fehler zu vermeiden sowie durch Korrekturmaßnahmen entstandene Fehler zu korrigieren. Dies erfolgt durch einen kontinuierlichen Verbesserungsprozess (PDCA):

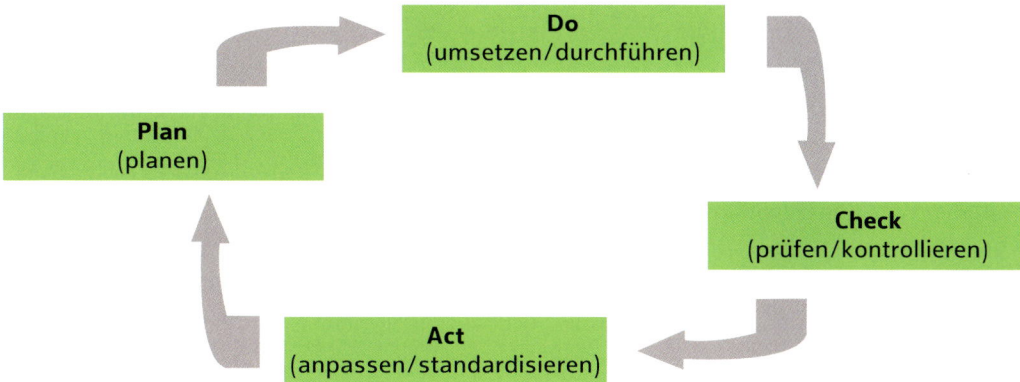

▶ Beispiel: Marion Webermann stellt fest, dass der Posteingang anders strukturiert werden müsste, da derzeit viel Zeit verloren geht. Sie macht sich daher Gedanken und arbeitet einen neuen Prozessablaufplan (= Ablauforganisation) aus, der anschließend zunächst probeweise umgesetzt wird. Nach Überprüfung kann der Ablaufplan ggf. nochmals angepasst werden.

vgl. LF 2, Kap. 1.3

Die erstellten Prozessablaufpläne (und ggf. die dazugehörigen Arbeitsanweisungen) sollten den Beschäftigten in Form eines Kanzleihandbuchs zur Verfügung gestellt werden, damit diese bei Bedarf jederzeit nachlesen können. Ein solches Handbuch erleichtert auch die Einarbeitung von neuen Beschäftigten.

Der Unterschied zwischen Prozessablaufplan und Arbeitsanweisung liegt darin, dass die Arbeitsanweisung ins Detail geht, d.h., genau auflistet, welche Punkte der Reihe nach abgearbeitet werden müssen. Am folgenden Beispiel wird der Unterschied deutlich gemacht:

▶ Beispiel: Beim Prozessablaufplan „Posteingang" könnte die Arbeitsanweisung zum Punkt „Öffnen der Post" wie folgt lauten: 1. Brieföffner zum Öffnen der Briefe verwenden; 2. Brief an der Längsseite aufschlitzen; 3. Aufpassen, dass der Brief sowie ggf. beiliegende Anlagen nicht mit aufgeschlitzt werden.

Qualitätsmanagement-Zertifizierung

Für Unternehmen, auch für Rechtsanwaltskanzleien und Notariate, besteht die Möglichkeit, sich nach DIN EN ISO 9001 zertifizieren zu lassen. Eine solche Qualitätsmanagement-Zertifizierung bietet viele Vorteile:

- Die internen Arbeitsabläufe werden transparenter.
- Eine schnellere Einarbeitung neuer Beschäftigter ist möglich.
- Durch eine effizientere Arbeitsweise werden die Kanzleikosten reduziert.
- Arbeitsabläufe innerhalb der Kanzlei werden durch das Erstellen von Arbeitsanweisungen verbindlich festgehalten.

- Das Haftungsrisiko wird durch die Regelung der Arbeitsabläufe (z. B. bei der Fristwahrung) minimiert.
- Alle Rechtsanwälte und Beschäftigte einer Kanzlei werden in die Qualitätssicherung einbezogen, sodass dadurch die Teamarbeit gefördert wird.

Weiterhin kann das Qualitätssiegel des Zertifizierungsunternehmens (z. B. TÜV, DEKRA) beim Marketing eingesetzt werden. Hier ist jedoch zwingend darauf zu achten, dass richtig geworben wird, denn die Zertifizierung bezieht sich nur auf die Arbeitsabläufe in der Kanzleiorganisation, also die interne Qualitätskontrolle, nicht auf die rechtliche Beratung und Vertretung!

2.9 Konferenz- und Besprechungsmanagement

Damit Konferenzen nicht ergebnislos verlaufen, sondern sich effektiv auf die Arbeit auswirken, sollten sie organisatorisch und inhaltlich gut vorbereitet sein. Sie finden meist in gleichmäßigem Turnus statt oder aus besonderem Anlass wegen eines bestimmten Falls oder eines aufgetretenen Problems.

Es gibt verschiedene Möglichkeiten, eine Konferenz durchzuführen:

- Telefonkonferenz
- Videokonferenz
- persönliche Konferenz

Telefon- und/oder Videokonferenzen bieten sich an, wenn die teilnehmenden Personen einen langen Anreiseweg hätten, um an einer Konferenz teilzunehmen. So können die teilnehmenden Personen Zeit und Geld sparen. Manchmal ist jedoch eine persönliche Konferenz nicht zu ersetzen. Dies ist z. B. dann der Fall, wenn sich die teilnehmenden Personen persönlich kennenlernen sollen oder wenn heikle Dinge zu besprechen sind.

2.9.1 Planung und Koordination

Eine Konferenz kann nicht einfach „aus dem Hut gezaubert" werden. Sie muss im Vorfeld durchgeplant und koordiniert werden. In der Regel übernimmt diese Arbeit die Konferenzleitung, also diejenige Person, die durch die Konferenz führt und darauf achtet, dass auch alle geplanten Punkte angesprochen werden. Es besteht natürlich die Möglichkeit, eine Assistentin bzw. einen Assistenten in die Planung mit einzubeziehen.

Die Planung und Koordination einer Konferenz sollte folgende Punkte umfassen:

- Damit die Konferenzteilnehmer planen können, ist es wichtig, dass der Termin rechtzeitig vorher bekannt gegeben wird oder eine Terminumfrage (z. B. über Microsoft Outlook oder Doodle) gestartet wird. So ist gewährleistet, dass allen Konferenzteilnehmern der Termin bekannt ist und sie diesen auch wahrnehmen können.
- Wenn der Termin feststeht, ist dieser zunächst fix im Kalender einzutragen, damit kein anderer Termin zu diesem Zeitpunkt vereinbart wird.
- Sobald bekannt ist, wie viele Personen an der Konferenz teilnehmen, muss ein geeigneter Ort gefunden werden. Die Konferenz sollte in einem an die Anzahl der Teilnehmer angepassten Raum stattfinden (nicht zu groß und nicht zu klein) und an einem Ort, der für alle gut erreichbar ist.
- Im Fall der Durchführung einer Telefon- oder Videokonferenz ist zu klären, welche Technik eingesetzt werden soll. Bei der Wahl des Anbieters muss darauf abgestellt werden, ob es um Geschäftsgeheimnisse geht. Sobald dies der Fall ist, sollte eine Firma ausgewählt werden, die die Verschlüsselung der Daten und Datenschutz verspricht. Andernfalls kann ein anderer kostenloser Anbieter gewählt werden. Wichtig ist, dass die Teilnehmer eine Einwahlnummer und PIN erhalten, um sich zum vereinbarten Termin einwählen zu können. Haben die Teilnehmer die Einwahlnummer gewählt, werden sie von einem Sprachcomputer begrüßt und gebeten, die PIN einzugeben und den Namen aufzusprechen. Beim „Betreten" des „Konferenzraums" werden die Teilnehmer sodann namentlich angekündigt.
- Anschließend sollte die Konferenzleitung eine sog. „Agenda" (= Tagesordnung) erstellen, also einen Ablaufplan der Konferenz mit Zeit- und Themenangaben. Ergänzt wird die Agenda durch die Angabe von Zeit und Ort der Konferenz.
- Wenn die Agenda steht, sollte die Konferenzleitung diese an alle Konferenzteilnehmer weiterleiten, damit diese informiert sind und sich ggf. Gedanken/Notizen machen können. Dabei sollte darauf geachtet werden, dass die Agenda wenigstens zwei Wochen vor Beginn der Konferenz vorliegt, damit diese genug Vorbereitungszeit haben.

2.9.2 Vorbereitung

Vorweggenommen sei an dieser Stelle, dass eine noch so gute Vorbereitung kein absolutes Gelingen der Konferenz garantieren kann. Eine gute Vorbereitung verhindert jedoch in jedem Fall einen Misserfolg.

Vorgehensweise bei der Vorbereitung

Die Konferenzleitung muss

- darauf achten, dass die zu behandelnden Themen einen Zusammenhang bilden,
- sich fragen, welche Ziele durch die Konferenz erreicht werden sollen,
- entscheiden, welche Unterlagen (z. B. Handout) oder Sichthilfen (z. B. Flipchart, Power-Point-Präsentation) eingesetzt werden sollen,
- ggf. das Handout für die Teilnehmer oder die Sichthilfen vorbereiten und vervielfältigen,
- darauf achten, dass der Konferenzablauf zeitlich klar strukturiert ist und dass bei (längeren) Konferenzen ausreichend Pausen vorhanden sind,
- sich überlegen, wie eventuelle Nichtteilnehmer vom Ergebnis der Konferenz informiert werden (z. B. durch die kommentarlose Übermittlung des Gesprächsprotokolls oder mittels eines ausführlichen Briefs) und
- sich Notizen machen, damit alle Punkte während der Konferenz auch angesprochen werden. Sinnvoll ist es, wenn hierzu Karteikarten genutzt werden oder eine Stichpunktliste. Unprofessionell dagegen ist es, wenn alles in Satzform ausgearbeitet ist, da dann nicht auf einen Blick ersichtlich ist, was noch angesprochen werden muss.

Konferenzarten

Die Konferenzleitung kann zwischen verschiedenen Konferenzarten wählen, wobei während einer Konferenz durchaus mehrere Arten vorkommen können:

- Die **Informationskonferenz** dient dazu, Informationen und Ideen zu sammeln, zu interpretieren und zu verstehen.
- Die **Problemlösungskonferenz** dient der Lösung von Problemen. Diese sollen im Lauf der Konferenz beschrieben werden. Anhand möglichst vieler Gesichtspunkte, die zusammengetragen werden, ergeben sich Lösungsalternativen.
- Die **Entscheidungskonferenz** dient dazu, die erarbeiteten Problemlösungsalternativen zu prüfen, zu bewerten und darüber zu entscheiden, wie das Problem am besten angegangen wird. Bei der Bewertung muss beachtet werden, ob es sich um eine kurzfristige oder langfristige Entscheidung handelt. Anschließend sollte die Konferenzleitung Kriterien vorschlagen, mit denen kontrolliert werden kann, ob das Problem so auch wirklich gelöst wurde.
- Die **Konfliktkonferenz** dient dazu, Konflikte zu untersuchen und zu bewältigen bzw. zu versuchen eine Lösung zu finden. Hierfür müssen zunächst die einzelnen Positionen der Parteien geklärt werden, indem Vor- und Nachteile sorgfältig abgewogen werden. Auch die Vorgeschichte des Konflikts sollte mitberücksichtigt werden und der Gedanke daran, welchen Nutzen die Konfliktlösung hat.

Einsatz von Hilfsmitteln

Zur Visualisierung von Ergebnissen oder Informationen sind Hilfsmittel unerlässlich. Jedoch sollte die Konferenzleitung darauf achten, dass nicht zu viele Hilfsmittel eingesetzt werden, damit die Konferenz nicht „überfrachtet" wird. Sinnvoll ist es auch, wenn verschiedenfarbige Stifte bereitgelegt werden, damit hierdurch nochmals eine Abgrenzung erfolgen kann (z. B. grün = feststehende Tatsachen; blau = mögliche Lösungen).

Am häufigsten werden folgende Hilfsmittel eingesetzt:
- Handout in Papierform für die Teilnehmer
- Beamer (z. B. Darstellung einer PowerPoint-Präsentation, Vorführung eines kurzen Films)
- Whiteboard
- Flipchart

2.9.3 Durchführung

Wenn die Konferenz gut vorbereitet wurde, sollte die Durchführung kein Problem darstellen. Wichtig ist jedoch, dass die Konferenzleitung zeitig genug vor Ort ist, um alles bereitzulegen.

Ablauf der Konferenz

Sobald alle teilnehmenden Personen anwesend sind, geht die Konferenzleitung wie folgt vor:
- Begrüßung der teilnehmenden Personen
- Überblick über die Punkte geben, die in der Konferenz besprochen werden sollen
- Ansprechen jedes einzelnen Punkts, wobei die teilnehmenden Personen miteinander und untereinander Ideen sammeln, Lösungsvorschläge entwickeln usw.
- am Ende der Konferenz das Ergebnis kurz zusammenfassen
- Verabschiedung der teilnehmenden Personen

Mögliche Probleme beim Ablauf der Konferenz

- Bei Konferenzen ist Pünktlichkeit eigentlich ein Muss. Es kann jedoch immer einmal vorkommen, dass eine teilnehmende Person etwas verspätet kommt. Die Konferenzleitung sollte daher vor Beginn der Konferenz noch 5–10 Minuten warten, dann jedoch anfangen, da sonst die geplanten Zeiten nicht eingehalten werden können.
- Sollte während der Durchführung der Konferenz beispielsweise der Beamer ausfallen, sollte die Konferenzleitung versuchen, dieses Problem zu lösen. Falls dies innerhalb kurzer Zeit nicht gelingt, sollte – ggf. anhand der den teilnehmenden Personen vorliegenden Unterlagen – in der Konferenz fortgefahren werden. Die PowerPoint-Präsentation oder der kurzen Film, der gezeigt werden sollte, könnte in diesem Fall im Nachgang zur Konferenz per E-Mail an die teilnehmenden Personen gesandt werden.

- Sollten die teilnehmenden Personen durcheinanderreden bzw. sich ständig ins Wort fallen, sollte die Konferenzleitung einschreiten.
- Bei einer Telefon- oder Videokonferenz sollte die Konferenzleitung auf folgende Punkte achten und die teilnehmenden Personen ggf. darauf aufmerksam machen:
  - Tassen und Gläser sollten wegen des Geräuschpegels durch das Abstellen u. a. nicht zu nah am Mikrofon platziert werden.
  - Eventuelle Störquellen (z. B. Klingeln eines anderen Telefongeräts, Handy-Rückkopplung) sollten entfernt werden.
  - Fenster und Türen sollten aufgrund eventuell störender Geräusche geschlossen bleiben.
  - Wenn die teilnehmenden Personen ähnlich klingende Stimmen haben, sollten sie ihren Namen dazu sagen, wenn sie das Wort ergreifen.

Mögliche Methoden bei der Durchführung einer Konferenz

Bei der Durchführung einer Konferenz können verschiedene Methoden eingesetzt werden. Zu den bekanntesten und am meisten eingesetzten Methoden zählen Brainstorming und Mindmapping sowie die Pro-und-Kontra-Aufstellung.

Beim Einsatz dieser Methoden kann die Konferenzleitung z. B. auf zusammengestellten Tischen einen großen leeren Fotokarton auflegen und diesen nach und nach mit den von den Teilnehmern gesammelten Informationen usw. füllen. Das Ergebnis kann dann anschließend an einem „schwarzen Brett" o. Ä. angebracht werden.

2.9.4 Ergebnisse aufzeichnen

Die Konferenzergebnisse können auf verschiedene Art und Weise aufgezeichnet werden:
- Eine Möglichkeit besteht darin, dass die Konferenz digital aufgezeichnet wird. Dies kann beispielsweise durch das Mitlaufen eines Handdiktiergeräts geschehen. Anschließend kann anhand der Aufzeichnung das Protokoll am Computer noch zusätzlich erfasst werden.

Hinweis: Vor der digitalen Aufzeichnung muss die Zustimmung aller teilnehmenden Personen eingeholt werden, da es sonst rechtliche Probleme dahin gehend geben kann, dass die digitale Aufzeichnung das Persönlichkeitsrecht, also das Recht am gesprochenen Wort, verletzt. Diese Zustimmung sollte schriftlich eingeholt werden (Nachweis!).

- Am häufigsten wird wohl ein „einfaches" Protokoll geführt. Dies bedeutet, dass diejenige bzw. derjenige, die bzw. der im Vorfeld dazu bestimmt wird, sich während der Konferenz Notizen macht und das Gesprächsprotokoll nach der Konferenz mit dem Computer erfasst.

Protokollarten

Es werden folgende Protokollarten unterschieden:

- Das **Wortprotokoll** enthält alle Äußerungen der Teilnehmer in der direkten Rede. Das Wortprotokoll hat die größte Beweiskraft.
- Das **Verlaufsprotokoll/Gesprächsprotokoll** enthält chronologisch sortiert die personenbezogenen und gekürzten Beiträge in indirekter Rede.
- Das **Kurzprotokoll** enthält Ergebnisse, Aufträge und Gründe für das Zustandekommen von Ergebnissen.
- Das **Ergebnisprotokoll** enthält die Ergebnisse und Aufträge.
- Das **Gedächtnisprotokoll** wird meist nachträglich erstellt und hängt von der Erinnerungsfähigkeit der Protokollführerin bzw. des Protokollführers ab.

Nach Erstellung des Protokolls wird dieses (ggf. auch die digitale Datei der Aufzeichnung) an alle Beteiligten versandt. Die Verteilung erfolgt meist per E-Mail, da dies einfach, schnell und kostengünstig ist. Die Konferenzteilnehmer haben so die Möglichkeit, der Protokollführerin bzw. dem Protokollführer eventuell fehlende Sachverhalte oder Unrichtigkeiten mitzuteilen.

Erstellung des Protokolls am Computer

Für die Erstellung des Protokolls bietet es sich an, ein Formular anzulegen, das immer wieder verwendet werden kann. Ein solches Formular lässt sich z. B. mithilfe einer Tabelle und Feldern/Feldklammern erstellen. Es könnte wie folgt aussehen: vgl. LF 3, Kap. 5.4.2 und 5.4.3

Protokoll { }	
Datum:	{ }
Uhrzeit:	{ }
Ort:	{ }
Teilnehmer:	{ }
Entschuldigt abwesend:	{ }
Konferenzleitung:	{ }
Protokollführung:	{ }
Tagesordnungspunkte:	
{ }	

Das Protokoll soll nach der DIN 5008 folgende Informationen enthalten:

Protokollanfang	• das für die Erstellung des Protokolls verantwortliche Unternehmen bzw. die verantwortliche Abteilung • Protokollart • Anlass der Konferenz • Datum, Beginn und Ende der Konferenz • die An- und Abwesenden • Leitung und Protokollführung • Tagesordnung
Protokollschluss	• Datum der Ausfertigung • Name/Unterschrift der Leitung • Name/Unterschrift der Protokollführerin bzw. des Protokollführers • ggf. Verteiler und/oder Auflistung der Anlagen

Inhaltlich soll das Protokoll nach der DIN 5008 Wortbeiträge, Abstimmungen u. a. chronologisch, vollständig, klar und neutral im Präsens wiedergeben. Eventuell vorgelegte Unterlagen, z. B. eine PowerPoint-Präsentation, sollten dem Protokoll als Anhang beigefügt werden.

Die DIN 5008 empfiehlt, dass neben dem Protokolltext eine separate Spalte eingefügt und an entsprechender Stelle auf Termine, Aufgaben u. a. hinzuweisen ist (= To-do-Liste). Die To-do-Liste kann aber auch am Ende des Protokollinhalts stehen.

 Hinweis: Im Titel „Übungsfälle zur Zwischen- und Abschlussprüfung", der die vorliegende Buchreihe ergänzt,wird bei den Übungsfällen zur Zwischenprüfung bei Ziff. d) ein Protokoll mit To-do-Liste verwendet.

2.9.5 Nachbereitung

Eine Nachbereitung der Konferenz sollte auf jeden Fall stattfinden, damit eventuelle Fehler in einer weiteren Konferenz nicht wieder auftreten. Die Konferenzleitung sollte deshalb im Rahmen der Nachbereitung folgende Fragen beantworten:

• War die Konferenz gut vorbereitet? Auch in Hinblick auf (technische) Hilfsmittel?
• War der Ort der Anzahl der an der Konferenz teilnehmenden Personen angepasst, also weder zu groß noch zu klein?
• War der Zeitpunkt gut gewählt? Also nicht unbedingt kurz vor Feierabend o. Ä.?
• War die angesetzte Zeit für die anzusprechenden Punkte ausreichend? Konnte also alles angesprochen/abgeklärt werden?
• Waren genügend Pausen zur Erholung vorhanden?
• Fand zu Beginn der Konferenz eine kurze Vorstellung über den Ablauf und die Dauer der Konferenz statt?
• Wurde die Konferenz unplanmäßig unterbrochen? Wenn ja, warum?
• Wie war das Umfeld? Waren genug Erfrischungsgetränke und/oder Snacks vorhanden?
• Haben sich die teilnehmenden Personen wohlgefühlt?

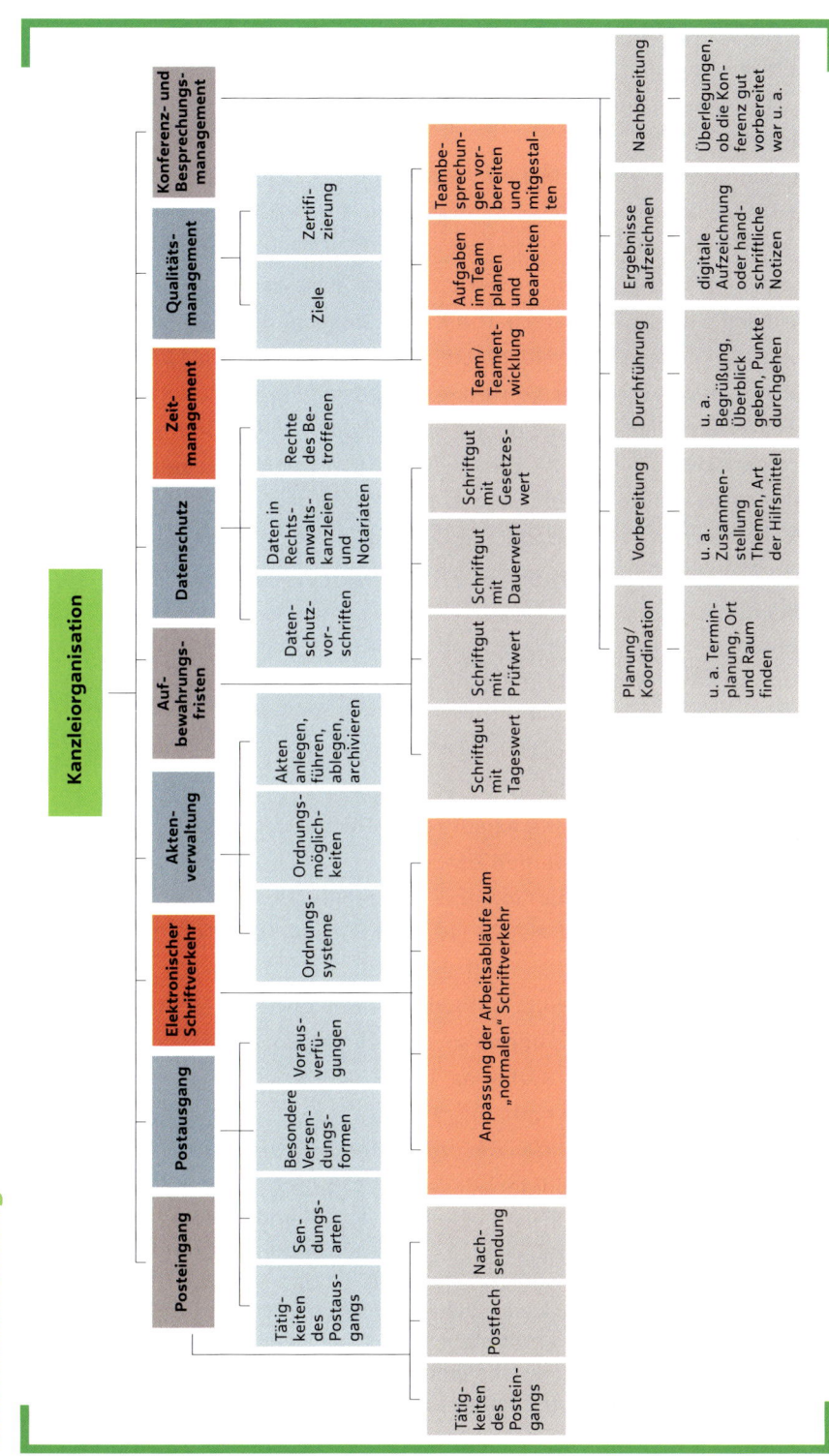

Wiederholung und Vertiefung _____

1. In Rechtsanwaltskanzleien und Notariaten spielt der Posteingang und -ausgang eine wichtige Rolle. Wie sollte in der Partnerschaft Dr. Neumann & Huber in folgenden Fällen vorgegangen werden?

   a) Der Postbote Jan Sommer drückt Marion Webermann die Tagespost in die Hand. Bei der Durchsicht der Post sieht Marion Webermann, dass Jan Sommer ihr versehentlich einen Brief in die Hand gedrückt hat, der nicht an die Partnerschaft Dr. Neumann & Huber adressiert ist.

   b) Beim Öffnen der Post stellt Marion Webermann fest, dass dem Schreiben der Rechtsanwälte Herrmann & Gute, Partnerschaft die Anlagen nicht beigelegt wurden.

   c) Die Partnerschaft Dr. Neumann & Huber bietet für ihre Mandanten eine Informationsveranstaltung an. Die Mandanten sollen über diese Veranstaltung per Post informiert werden.

   d) Julia Hoffmann fertigt einen Brief an, der an Hubert Voll geht. Der Brief soll so versendet werden, dass ein Nachweis in der Akte ist, wer den Brief wann entgegengenommen hat.

2. Schriftgut wird mithilfe von Ablagemitteln gesammelt und geordnet. Dabei werden drei verschiedene Ablagetechniken verwendet. Erklären Sie diese.

3. Bei gewissen Unterlagen gibt es eine gesetzliche Aufbewahrungsfrist. Nennen Sie drei Beispiele hierfür.

4. In Teambesprechungen besteht die Möglichkeit, Ideen/Informationen/Daten mit den Methoden „Brainstorming" und „Mindmapping" zu sammeln und zu ordnen. Stellen Sie die beiden Methoden kurz vor.

5. Welche Inhalte sollte die sog. „Agenda" haben?

6. Welche Konferenzarten gibt es? Erklären Sie diese kurz.

7. Während der Konferenz können Probleme auftreten. Nennen Sie zwei Beispiele und erklären Sie kurz, wie diese gelöst werden können.

8. Verfassen Sie ein Protokoll anhand der folgenden Daten:
   - Protokoll der Konferenz vom 27.04.2023 (10:00–13:00 Uhr) in 67434 Neustadt an der Weinstraße, Grainstraße 101
   - Teilgenommen haben Rechtsanwältin Katharina Schuh sowie deren Mandantin Beatrix Kuhn, Rechtsanwältin Dr. Maria Gutmeier sowie deren Mandant Martin Kuhn.
   - Konferenzleitung: Rechtsanwältin Katharina Schuh
   - Protokollführung: Rechtsanwältin Katharina Schuh
   - Es ging um die Trennungsmodalitäten des Noch-Ehepaars Beatrix und Martin Kuhn. Im Einzelnen ging es um folgende Punkte:
     - Aufteilung des Hausrats: Beatrix Kuhn behält alle Möbel und Einrichtungsgegenstände bis auf die Möbel im Büro (Schreibtisch, Regale) und Esszimmer (Vitrine, Tisch mit acht Stühlen), die Martin Kuhn erhält.
     - Hausanwesen: Es wird zunächst ein Sachverständigengutachten über den Wert des Anwesens eingeholt. Von dem ermittelten Wert zahlt Beatrix Kuhn ihrem Noch-Ehemann die Hälfte und bleibt im Anwesen wohnen.
     - Gartengrundstück: Das Gartengrundstück erhält Martin Kuhn. Beatrix Kuhn erhält hierfür keinen Ausgleich.

3 Kommunikations- und Informationssysteme

In einem Büro werden tagtäglich vielfältige Kommunikations- und Informationssysteme benötigt und verwendet. Ohne diese wäre der Kontakt mit der Mandantschaft und/oder Beteiligten bzw. die Recherche von benötigten Informationen nur erschwert möglich.

Lernsituation

Peter Peich hat eine offene Darlehensforderung gegenüber Nikolaus Kull. Dieser hat trotz mehrfacher Aufforderung das Darlehen in Höhe von 5 000,00 € zzgl. Zinsen noch nicht zurückgezahlt. Daher beauftragt Peter Peich Rechtsanwältin Katharina Schuh. Diese bittet den Mandanten Peter Peich zunächst, baldmöglichst noch den Darlehensvertrag zu übersenden. Peter Peich sendet die-  sen per E-Mail, also einem Kommunikationsmittel, an Rechtsanwältin Katharina Schuh. In der Kanzlei wird die E-Mail über das Programm Microsoft Outlook empfangen, von Julia Hoffmann ausgedruckt und Rechtsanwältin Katharina Schuh vorgelegt. Bevor Rechtsanwältin Katharina Schuh Nikolaus Kull anschreibt, bittet sie Julia Hoffmann, zu recherchieren, ob ein Insolvenzverfahren eröffnet wurde. Die Daten des Nikolaus Kull liegen alle vor.

Arbeitsaufträge:

a) Zu welcher Kommunikationsart (mündlich, schriftlich, schriftlich-bildlich) gehört die E-Mail?

b) Ordnen Sie den drei Kommunikationsarten weitere Kommunikationsmittel zu. Erstellen Sie hierüber in Zweiergruppen eine tabellarische Übersicht.

c) Welche weiteren Möglichkeiten des Datenaustauschs gibt es? Erstellen Sie hierzu eine Mindmap.

d) Recherchieren Sie im Internet, welche Softwarearten es gibt. Notieren Sie Stichpunkte. Zu welcher Softwareart gehört Microsoft Outlook?

e) Überlegen Sie in Zweiergruppen, welche Recherchemöglichkeiten es grds. im Internet gibt. Notieren Sie Ihre Ergebnisse.

f) Wie findet Julia Hoffmann am einfachsten heraus, ob über das Vermögen des Nikolaus Kull ein Insolvenzverfahren eröffnet wurde?

g) Vergleichen Sie untereinander Ihre Ergebnisse. Ergänzen bzw. berichtigen Sie ggf. fehlende/fehlerhafte Punkte.

h) Reflektieren Sie anschließend Ihr Wissen.

3.1 Kommunikationsmittel

> **Definition:** Kommunikation ist der Austausch von Informationen und Nachrichten zwischen Kommunikationspartnern mit Hilfe von technischen Hilfsmitteln über eine räumliche Distanz hinweg.

Gerade mithilfe der elektronischen Medien gibt es heute sehr viele Möglichkeiten, mit anderen Menschen zu kommunizieren. Unterschieden werden folgende Kommunikationsarten:

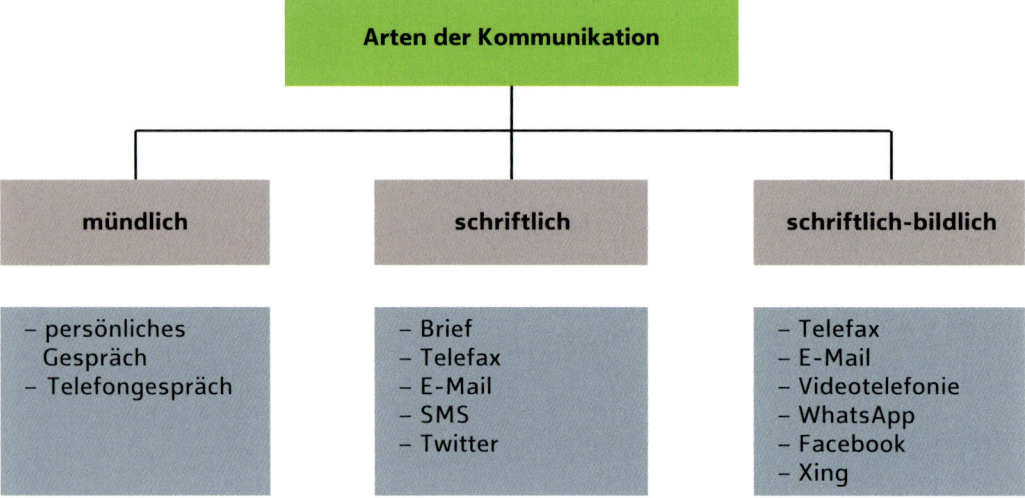

3.1.1 Telefon

Das Telefon ist im Geschäftsbetrieb das wohl bekannteste und am meisten genutzte Kommunikationsmittel. Hier wird zwischen der analogen und digitalen Festnetztelefonie sowie dem Mobilfunk unterschieden.

Analoge Festnetztelefonie

Bei der analogen Festnetztelefonie werden akustische Schwingungen in elektrische Schwingungen übertragen. Diese werden dann an die Telefonzentrale bzw. Vermittlungsstelle weitergeleitet. Ab der Vermittlungsstelle erfolgt die Übertragung innerhalb des Netzes des Telefonanbieters digital. Der analoge Anschluss ist dabei auf nur eine Rufnummer beschränkt.

Eingesetzt wird die analoge Festnetztelefonie bei Telefonanschlüssen mit nur einem Endteilnehmer ohne Telefonanlage und in Unternehmen als analoge Endgeräte für einfache Nebenstellen ohne Komfortmerkmale.

Digitale Festnetztelefonie

Es gibt mehrere Möglichkeiten der digitalen Festnetztelefonie:

- **DSL/VoIP („Digital Subscriber Line", „Voice over Internet Protocol")**
  - Beim DSL werden digitale Daten über Kupferkabel übertragen.
  - Bei VoIP werden Gesprächsdaten in das Internetprotokoll verpackt und über das Internet übertragen. Voraussetzung ist ein DSL-Anschluss. Bei VoIP ist kein separater Telefonanschluss nötig. Dies hat jedoch zur Folge, dass bei einem Ausfall der Internetverbindung auch keine Telefonverbindung möglich ist.
  - Es können verschiedene Komfortleistungen genutzt werden, z. B.:

Komfortleistung	Beschreibung
Anklopfen	Diese Funktion zeigt während des Telefonats durch einen kurzen Signalton an, wenn eine weitere Person anruft. Es besteht dann die Möglichkeit, das Gespräch anzunehmen, ohne das Erste zu unterbrechen.
Anrufbeantworter	Es besteht die Möglichkeit, die anrufende Person über die Nichterreichbarkeit eines Anschlusses zu informieren. Dies kann beispielsweise ohne Aufzeichnungsmöglichkeit erfolgen („Unser Büro ist morgen wieder ab 09:00 Uhr besetzt.") oder mit Aufzeichnungsmöglichkeit („Sprechen Sie bitte nach dem Signalton."). Diese Komfortleistung hat in vielen Fällen die herkömmlichen Anrufbeantworter abgelöst. *Hinweis:* Als virtueller Anrufbeantworter im Netz wird auch oft die T-Net-Box verwendet. Mittels einer 0800er-Nummer und einer PIN kann diese abgehört werden.
Konferenzschaltung	In einem bestehenden Gespräch wird eine weitere Anruferin bzw. ein weiterer Anrufer zugeschaltet, sodass alle Personen miteinander sprechen können.
Rufnummern-übertragung	Sofern die Rufnummernübertragung freigeschaltet ist, wird der Gesprächspartnerin bzw. dem Gesprächspartner sofort angezeigt, wer sie bzw. ihn erreichen will.
Rufumleitung	Am Telefon kann eingestellt werden, dass jeder, der den Anschluss anwählt, automatisch an eine bestimmte Nummer weitergeleitet wird.

- **Glasfaseranschluss**
  Hierbei werden die digitalen Daten nicht in Form elektrischer Impulse über Kupferkabel, sondern als Lichtimpulse durch Lichtwellenleiter übertragen. Hierdurch sind Datenraten von mehreren Gigabit pro Sekunde möglich.

Mobilfunk

Gesprächsdaten werden digital über eine Funkverbindung übertragen. Aufgrund der Verbreitung des Smartphones und Standards wie LTE („Long Term Evolution" = 4G) und 5G ist die eine Nutzung des Internets überall und jederzeit möglich. Die Verwendung des Smartphones ermöglicht auch eine Vielzahl von Komfortleistungen.

Gesprächsarten

Beim Telefonieren werden verschiedene Gesprächsarten unterschieden, z. B.:
- **Flatrate:** Die Flatrate ist in den Festnetzgebühren enthalten. Separate minutenabhängige Entgelte fallen im Normalfall nur noch bei Auslands- und Mobilfunkverbindungen an.
- **Sonderrufnummern:** Für Sonderrufnummern fallen keine bzw. separate Gebühren an. Am bekanntesten sind folgende Nummern:

Sonderrufnummer	Angebot	Kosten für Anrufende
0800	Serviceangebote von Firmen für ihre Kundinnen und Kunden	keine
0180	Bestellhotline, Telefaxabruf u. a.	richten sich nach der 5. Stelle der Rufnummer, z. B. 0180 8 …
0137 oder 0138	Abstimmung bei Fernseh- sendungen u. a.	richten sich ebenfalls nach der 5. Stelle der Rufnummer

Telefonverzeichnisse

Sowohl Telefondienste-Anbieter als auch private Anbieter stellen verschiedene Telefonver- zeichnisse zur Verfügung, in die die teilnehmende Person auf Wunsch eingetragen wird. Die bekanntesten Telefonverzeichnisse sind wohl das Telefonbuch und das Branchentelefonbuch (= Gelbe Seiten). Diese werden gedruckt an die Haushalte bzw. Firmen ausgeliefert. Immer größere Bedeutung erlangen jedoch die von den Anbietern zur Verfügung gestellten Internet- dienste, z. B. www.telefonbuch.de bzw. www.gelbeseiten.de. Mit deren Hilfe gelingt es meist schneller, die gewünschte Telefonnummer, soweit sie eingetragen ist, herauszufinden.

3.1.2 Telefax

Mit einem Telefaxgerät können schriftliche Vorlagen originalgetreu über das öffentliche Tele- fonnetz übermittelt werden. Voraussetzung hierfür sind eine Anschalte-Einrichtung (z. B. ISDN-Karte, Modem, Direktanschluss), ein Telefaxgerät bzw. ein telefaxfähiger Computer und ein Telefaxanschluss (= Telefonanschluss).

Nach Einlage der zu übermittelnden Vorlage wird die Empfängerin bzw. der Empfänger ange- wählt. Sobald die Verbindung hergestellt wurde, wird die Vorlage eingezogen, abgetastet und in Form von elektrischen Signalen übertragen.

Nach dem Versenden des Telefaxes kann ein Sendebericht ausgedruckt werden. Dieser sagt jedoch nichts darüber aus, ob das Telefax auch tatsächlich angekommen ist.

Telefaxgeräte

Unterschieden werden folgende Telefaxgeräte:

- **Multifunktionale Geräte**, die sich wohl zwischenzeitlich in jedem Büro finden, können drucken, scannen, kopieren und natürlich faxen.
- Telefaxe können auch mittels eines **Computer-Faxes** versandt werden. Hierzu wird eine Faxkarte mit der dazugehörenden Software benötigt. So können Texte und Grafiken in ein Computer-Fax integriert und sodann versandt werden.
- **Internet-Faxe** ermöglichen es, Dokumente in digitaler Form zu übermitteln. Voraussetzung ist jedoch, dass die Empfängerin bzw. der Empfänger auch ein Internet-Fax hat.

3.1.3 E-Mail

Die E-Mail ist eine auf elektronischem Weg übertragene Nachricht. Sie wird als wichtigster und meistgenutzter Internetdienst angesehen und ist aus dem (Geschäfts-)Alltag nicht mehr wegzudenken. Die erste E-Mail hat übrigens Raymond Samuel Tomlinson im Jahr 1971 versandt. In Deutschland wurde die erste E-Mail am 03.08.1984 von der Universität Karlsruhe empfangen.

Vorteile des E-Mail-Versands	Nachteile
• kann jederzeit versendet werden, unabhängig von Geschäftszeiten • bequem und komfortabel von zu Hause, vom Büro oder vom Smartphone aus möglich • schnell und aktuell • kostengünstig im Vergleich zum Briefversand • spart Papier und Verpackungsmaterial • Anhängen aller Dateiformate möglich, ebenso wie die Weiterbearbeitung der Anhänge (aber darauf achten, dass ein entsprechendes Programm zur Verfügung steht) • Möglichkeit des gleichzeitigen Versands an mehrere Empfänger bzw. einfache Weiterleitung • Möglichkeit der Archivierung der E-Mails • Empfangskontrolle • Postdifferenzierung durch Nutzung mehrerer E-Mail-Adressen • in Kombination mit einem Nachrichtenübermittlungsprogramm (z. B. Microsoft Outlook) ist eine einfache Terminfestlegung möglich	• nicht jedes Schriftstück kann/sollte wegen der fehlenden Beweiskraft bzw. der Vertraulichkeit per E-Mail gesendet werden • oftmals fehlender Respekt oder Höflichkeit • ungebetene Spam-Mails • auf Rechtschreibung und Grammatik wird weniger geachtet

3.1.4 De-Mail

Die De-Mail ist eine abgewandelte Form der klassischen E-Mail. Allerdings dient sie gem. § 1 De-Mail-G (= De-Mail-Gesetz) der sicheren, vertraulichen und nachweisbaren Kommunikation im Internet. Die Beweiskraft einer De-Mail wird in § 371 a Abs. 2 ZPO bestimmt.

Betreiber der De-Mail sind in der Regel privatwirtschaftliche Unternehmen (z. B. GMX, Telekom Deutschland GmbH), die sog. De-Mail-Provider, welche von der zuständigen Aufsichtsbehörde zugelassen werden müssen. Bei einem der De-Mail-Provider wird, um die De-Mail nutzen zu können, ein Konto eingerichtet. Anschließend können über dieses Benutzerkonto elektronische Briefe mit Sende-, Empfangs- und Abholbestätigungen gegen Gebühr gesendet und empfangen werden. Daneben gibt es auch die Möglichkeit, elektronische Briefe per Einschreiben zu übersenden. De-Mails werden grds. verschlüsselt verschickt und beim De-Mail-Provider auf Schadsoftware überprüft.

3.1.5 Besonderes elektronisches Anwaltspostfach (beA)

Das besondere elektronische Anwaltspostfach (beA) hat das elektronische Gerichts- und Verwaltungspostfach (EGVP) abgelöst. Rechtliche Grundlage für das beA ist das Gesetz zur Förderung des elektronischen Rechtsverkehrs mit den Gerichten (ERV-Gesetz).

Seit 01.01.2022 besteht für alle Rechtsanwälte die sog. aktive Nutzungspflicht, d. h., jeder Rechtsanwalt muss Nachrichten über das beA senden und empfangen können. Dies betrifft u. a. den Schriftverkehr mit den Gerichten.

 Hinweis: Seit Januar 2022 sind auch die Behörden in den elektronischen Rechtsverkehr eingestiegen (= besonderes elektronisches Behördenpostfach = beBPo), ebenso wie andere Prozessbeteiligte und Bürger (= elektronisches Bürger- und Organisationenpostfach = eBO). Auch Steuerberater sollen künftig auf den elektronischen Rechtsverkehr umsteigen (= besonderes elektronisches Steuerberaterpostfach = beSt).

Voraussetzungen

Um das beA nutzen zu können, wird ein Computer mit einer leistungsfähigen Internetanbindung mit einer Datenrate von mindestens zwei Megabit pro Sekunde benötigt.

Der Zugriff auf das beA erfolgt für Rechtsanwaltskanzleien ohne Anwaltssoftware über einen Internetbrowser. Für Kanzleien, die eine Anwaltssoftware nutzen, sieht das beA eine Integrationsmöglichkeit vor. Die Anmeldung erfolgt durch eine Berechtigungskarte und eine PIN. Weiterhin ist ein Kartenlesegerät erforderlich. Das Kartenlesegerät muss für eine qualifizierte elektronische Signatur zugelassen sein, d. h., es muss mit einem Tastaturblock ausgestattet sein, sodass die PIN, unabhängig von einer Tastatur, direkt am Kartenlesegerät eingegeben werden kann.

Für eine effektive Nutzung des beA sind ein Drucker und ein Scanner bzw. ein Multifunktionsgerät erforderlich. Der Scanner sollte es ermöglichen, dass verschiedene Auflösungen einstellbar sind, da bei einer geringeren Dateigröße der Versand der Dokumente über das beA einfacher ist.

Vorteile des beA

- Die zugangsberechtigten Beschäftigten können die eingehende Post vorab bearbeiten.
- Der Rechtsanwalt wird, sofern er dies möchte, per E-Mail über den Eingang von Nachrichten im beA informiert.
- Es wird eine hohe Sicherheit dadurch gewährleistet, dass im Posteingangsfach lediglich Absender und Datum sichtbar sind. Erst beim Öffnen wird die Nachricht entschlüsselt und der Betreff sichtbar. Wird die Nachricht nach dem Öffnen wieder geschlossen, wird sie automatisch erneut verschlüsselt. Der Betreff bleibt dann allerdings sichtbar.
- Mithilfe eines Nachrichtenjournals kann der Sendeversuch im Fall von auftretenden Störungen oder Problemen bei der Übermittlung nachgewiesen werden. Dies bedeutet, dass die Abläufe rechtssicher dokumentiert werden, sodass ggf. eine Wiedereinsetzung in den vorigen Stand möglich ist.
- Eingegangene Dokumente können beliebig sortiert werden, z. B. nach dem Aktenzeichen. Allerdings bietet das beA aus Kapazitäts- und Kostengründen kein Nachrichtenarchiv, d. h., dass in regelmäßigen Abständen die Nachrichten in ein eigenes Dateiablagesystem übertragen und/oder ausgedruckt und im beA gelöscht werden müssen.
- In einer Datenbank sind alle Gerichte, Rechtsanwälte u. a., die über das beA rund um die Uhr erreicht werden können, hinterlegt.

3.1.6 Besonderes elektronisches Notarpostfach (beN)

Notare nutzen zur Online-Kommunikation mit Gerichten und Behörden das besondere elektronische Notarpostfach (beN). Die Nutzung des beN erfolgt über die XNP-Anwendung. Um Zugang zu erhalten, sind entweder Nutzername und Passwort oder Signaturkarte und PIN erforderlich.

3.2 Software

> **Definition:** Software ist eine Sammelbezeichnung aller Computerprogramme und -daten, die den Rechnerbetrieb ermöglichen. Programme sind Anweisungen für die Computerarbeit, die in einer computerlesbaren Form für die unterschiedlichsten Zwecke erstellt werden.

Es werden folgende Arten der Software unterschieden:

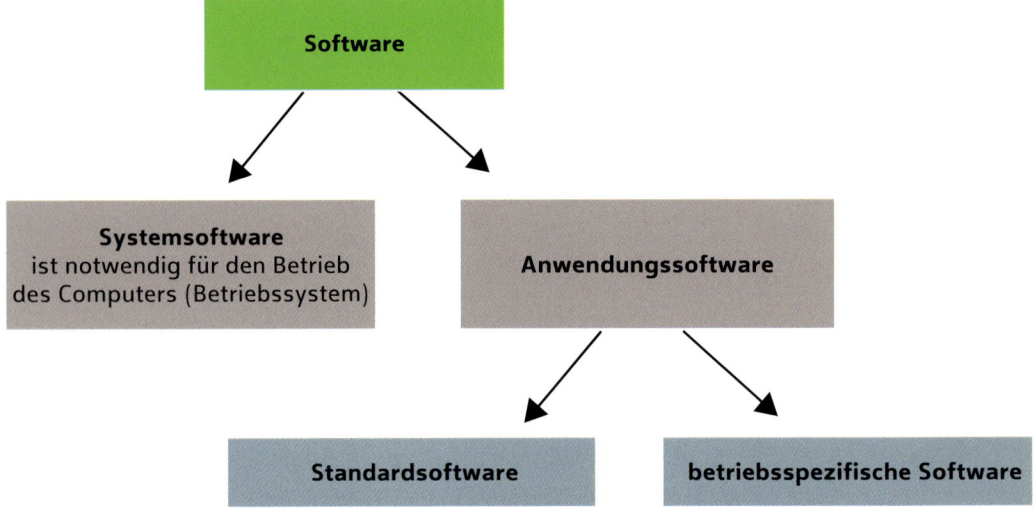

 Hinweis: Die Nutzung von Software, aber auch von Apps, wird seit einigen Jahren auch als „Legal Tech" bezeichnet, meint also die zunehmende Digitalisierung im Rechtsbereich.

3.2.1 Standardsoftware

> **Definition:** Standardsoftware sind Programme, die einen klar definierten Anwendungsbereich abdecken. Sie können als vorgefertigtes Produkt käuflich erworben werden.

Standardmäßig wird wohl mit Office-Programmen gearbeitet. Diese enthalten in der Regel Schreib-, Tabellenkalkulations-, Präsentations- und Nachrichtenübermittlungsprogramme.

3.2.2 Betriebsspezifische Software

Einige Firmen haben sich darauf spezialisiert, betriebsspezifische Software für Rechtsanwaltskanzleien und Notariate anzubieten. Diese sind genau auf die Tätigkeit des Rechtsanwalts und des Notars zugeschnitten und erleichtern die tägliche Arbeit in der Kanzlei, indem bei richtiger Datenpflege beispielsweise schnell und mit wenigen Mausklicks Forderungsaufstellungen oder Kostenrechnungen erstellt werden können.

3.3 Interner und externer Datenaustausch

> **Definition:** Der Begriff Datenaustausch beinhaltet das Weiterleiten von Daten zwischen Firmen oder Personen jeglicher Art.

Der Datenaustausch kann in vielfältiger Weise erfolgen: per Brief oder elektronisch (z. B. per E-Mail, spezielle Datenübermittlungsprogramme wie sv.net u. a.). Es besteht jedoch auch die Möglichkeit, Speichermedien zu verwenden, wie z. B.:

Speichermedium	Beschreibung
externe Festplatte	Die externe Festplatte ist auch bekannt als Hard Disk (= HD). Sie ist ein magnetisches Speichermedium, bei dem Daten auf die Oberfläche von rotierenden Scheiben geschrieben werden. Das Lesen dieser Daten erfolgt durch berührungsloses Abtasten der Magnetisierung der Festplattenoberfläche.
CD-ROM „Compact Disc Read Only Memory" (= kompakter Festwertspeicher)	Das optische Speichermedium wird vor allem für digitale Daten als dauerhafter Speicher und als Audio-CD verwendet. Eine CD-ROM hat eine Speicherkapazität bis zu 900 MB (= Megabyte) und eine Lebensdauer von 10–50 Jahren.

Speichermedium	Beschreibung
DVD „Digital Versatile Disc" (= digitale vielseitige Scheibe)	Das digitale Speichermedium verfügt über eine deutlich höhere Speicherkapazität als die CD, nämlich 4,7 GB (Single Layer) bzw. 8,5 GB (Dual Layer). Die DVD gehört zu den optischen Datenspeichern und hat eine Lebensdauer von ca. zehn Jahren. Bekannt ist die DVD vor allem durch Video-Filme.
USB-Stick „Universal Serial Bus Stick" (= Bus-System-Stick)	Der Wechselspeicher, der sich durch eine hohe Speicherkapazität und Zugriffsgeschwindigkeit auszeichnet, wird direkt an einem USB-Port des Computers angeschlossen. Er funktioniert gleich nach dem Einstecken.
SD-Karte „Secure Digital Memory Card" (= sichere digitale Speicherkarte)	Die SD-Karte ist ein digitales Speichermedium. Eingesetzt wird sie vor allem bei mobilen Geräten, wie z. B. Kameras oder MP3-Playern.
NAS „Network Attached Storage" (= Netzwerkspeicher)	NAS-Speicher stellen die Speicherkapazität von mehreren physischen Festplatten den Nutzerinnen und Nutzern im Netzwerk zur Verfügung. Die einzelnen Nutzergruppen können unterschiedliche Zugriffsrechte besitzen. Hierdurch kann gewährleistet werden, dass vertrauliche Daten nur entsprechend berechtigten Nutzerinnen und Nutzern zur Verfügung gestellt werden. Die Festplatten können zur Erhöhung der Ausfallsicherheit gespiegelt werden.
Cloud-Speicher	Im Gegensatz zum NAS liegen hier die Daten bei einem Anbieter im Internet. Bei der Auswahl des Anbieters muss darauf geachtet werden, dass dieser die Daten nur innerhalb der europäischen Union speichert und die Richtlinien der DSGVO beachtet werden.

Tipp: In der Praxis sollten externe Datenträger, die von der Gegenseite oder von der Mandantschaft übergeben werden, zunächst durch Virenprogramme überprüft werden, damit keine Viren oder Trojaner in das Firmennetzwerk gelangen können. Das Gleiche gilt für E-Mails und ihre Anhänge.

3.4 Informationsbeschaffung

Zur Informationsbeschaffung wird in vielen Bereichen das Internet verwendet. Um die Kommunikation zwischen Computern über Netzwerke zu ermöglichen, wurden einheitliche Standards geschaffen. So wird jedem Computer, der auf das Internet zugreift, eine sog. IP-Adresse (= Internet Protocol Adresse) zugewiesen. Diese besteht aus vier durch Punkte getrennten Zahlengruppen. Mithilfe des DNS (engl. Domain Name System = System zur Auflösung von Namen) bzw. der URL (engl. Uniform Resource Locator = einheitlicher Quellenanzeiger) ist der Zugriff auf eine bestimmte Webseite bzw. auf die Homepage (= Startseite einer Internetpräsentation) möglich.

Die **Internetadresse** setzt sich wie folgt zusammen:

http://	www.	rae-neumann-huber	.de
Hypertext Transfer Protokoll (= Vorschrift, wie Daten übertragen werden)	World Wide Web (= Informations-system)	Domainname	Top-Level-Domain

Es gibt verschiedene **Top-Level-Domains**, hier ein Auszug:

.de	Deutschland	.uk	Großbritannien
.us	USA	.fr	Frankreich
.com	kommerzielle Anbieter	.org	private Einrichtungen
.edu	Bildungseinrichtungen	.info	informative Angebote

3.4.1 Internetrecherche

Das Internet ermöglicht es, wesentlich einfacher als früher an Informationen zu gelangen. So besteht beispielsweise die Möglichkeit, Informationen über das zuständige Gericht (z. B. Richterbesetzung), die gegnerische Rechtsanwaltskanzlei (z. B. Fachgebiete) oder eine Behörde (z. B. zuständige Abteilung) einzuholen.

Sofern unklar ist, auf welcher Webseite die gesuchten Informationen zu finden sind, ist es am Sinnvollsten, Suchmaschinen (z. B. Google, Bing) zu verwenden. Diese arbeiten mit Schlagwortverzeichnissen oder einer Volltextsuche. Für den Rechtsanwalts- bzw. Notariatsbereich gibt es spezielle Suchmaschinen, wie z. B. www.anwalt-suchservice.de.

3.4.2 Fachspezifische Datenbanken

Mithilfe fachspezifischer Datenbanken können juristische Sachverhalte, die für die Bearbeitung der Angelegenheit benötigt werden, schnell und einfach recherchiert werden. Bei der Verwendung mancher Datenbanken ist eine Registrierung erforderlich. Gegebenenfalls muss auch ein Jahresbeitrag geleistet werden.

Nachfolgend eine kleine Auswahl fachspezifischer Datenbanken:

www.handelsregister.de	www.juris.de
www.insolvenzbekanntmachungen.de	www.vorsorgeregister.de
www.gesetze-im-internet.de	www.testamentsregister.de
www.unternehmensregister.de	www.vollstreckungsportal.de

 Merke: Mittlerweile steht auch das Akteneinsichtsportal für die Gewährung der elektronischen Akteneinsicht in einigen Bundesländern, u. a. in Baden-Württemberg und Bremen, bereits zur Verfügung. Wenn der Antrag auf Akteneinsicht vom zuständigen Gericht geprüft und bewilligt wurde, kann der antragstellende Rechtsanwalt mittels Benutzername und Kennwort die Akte einsehen.

3.4.3 Informationen auswerten, aufbereiten und archivieren

Bei der **Auswertung** von Informationen ist darauf zu achten, dass nur Daten von seriösen Webseiten verwendet werden und dass immer mehrere Quellen vorgewiesen werden können, die den gleichen Sachverhalt aufweisen.

Um Informationen **aufzubereiten**, stehen vielfache Möglichkeiten zur Verfügung. Beispielsweise kann über die Recherche ein Aktenvermerk oder eine Mindmap angefertigt werden. Natürlich besteht auch die Möglichkeit der mündlichen Information.

Informationen, die im Internet recherchiert werden, können natürlich auch **archiviert** werden. Dies wird z. B. dadurch erreicht, dass die Suchergebnisse ausgedruckt und in der zugehörigen Akte abgeheftet werden bzw. in der E-Akte abgespeichert werden.

Zusammenfassung

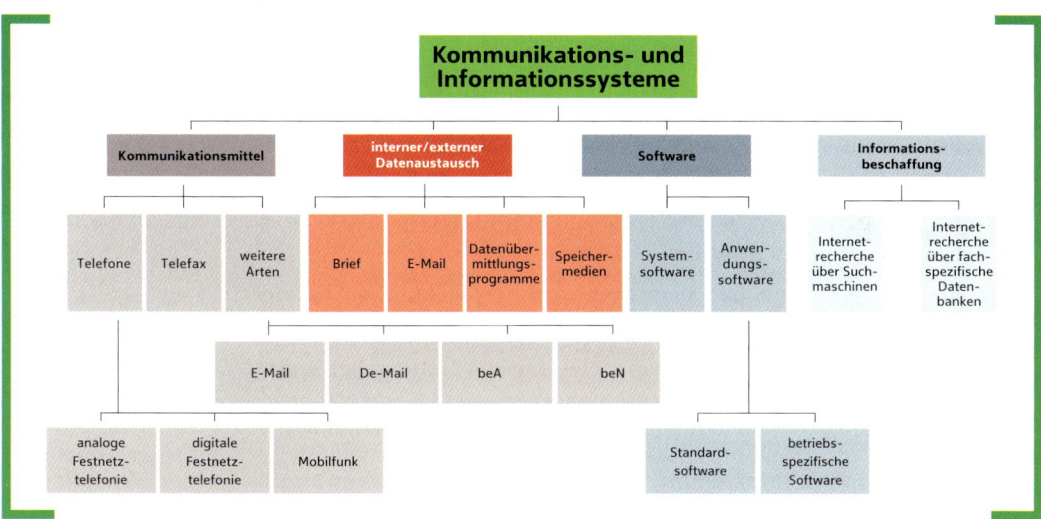

 Wiederholung und Vertiefung

1. Definieren Sie den Begriff „Kommunikation".
2. Erklären Sie drei Komfortleistungen, die bei der digitalen Festnetztelefonie und beim Mobilfunk genutzt werden können.
3. Welche Vor- und Nachteile hat der Versand von Schriftstücken per E-Mail? Nennen Sie jeweils drei Vor- und Nachteile.
4. Wie ist eine Internetadresse aufgebaut? Nennen Sie hierzu ein Beispiel.

4 Handels- und Gesellschaftsrecht

Das Handelsgesetzbuch (HGB) enthält Regelungen zu folgenden handelsrechtlichen Grundbegriffen:

- Kaufmann (§§ 1 ff. HGB)
- Firma (§§ 17 ff. HGB)
- Handelsregister (§§ 8 ff. HGB)
- handelsrechtliche Vollmachten: Prokura, Handlungsvollmacht (§§ 48 ff. HGB)

Weiterhin finden sich im Handelsgesetzbuch, aber auch im BGB, im Aktiengesetz u. a., Vorschriften zu den verschiedenen Rechtsformen, die Unternehmen wählen können. Bei der Entscheidung für eine Rechtsform spielen verschiedene Kriterien eine Rolle:

- **Kapital:** Wer bringt das Kapital in das Unternehmen mit ein? Wie wird das Kapital aufgebracht? In Form von Barmitteln (Bargeld, Bankguthaben), Sachwerten (z. B. Grundstücke, Waren, Maschinen), Rechtswerten (z. B. Patente, Wertpapiere) oder Dienstleistungen? Soll es ein Mindestkapital geben?
- **Haftung:** Wer soll für das Einstehen von Verpflichtungen haften? In welchem Umfang erfolgt die Haftung (beschränkt oder unbeschränkt)?
- **Geschäftsführung und Vertretung:** Wer hat die Leitungsbefugnis (= Geschäftsführungsbefugnis) im Innenverhältnis? Wer darf die Firma im Außenverhältnis gegenüber Dritten vertreten (= Vertretungsmacht)?
- **Gewinn- und Verlustverteilung:** Wie soll ein erzielter Gewinn verteilt werden bzw. wie soll ein Verlust vom Unternehmen getragen werden?
- **Firmierung:** Welcher Firmenname soll gewählt werden? Der Zusatz der Rechtsform darf jedenfalls auf keinen Fall fehlen.

Lernsituation

 Die Büro Perfekt AG mit Sitz in Karlsruhe beschäftigt den langjährigen Mitarbeiter Andreas Kusterer. Die Geschäftsführung benötigt Entlastung und möchte Andreas Kusterer mehr mit einbinden. So soll es ihm ermöglicht werden, dass er beispielsweise neue Beschäftigte einstellen und neue Betriebsgrundstücke kaufen kann. Es soll ihm also umfassende Vollmacht erteilt werden, die auch im Handelsregister eingetragen werden soll.

Die überwiegenden Geschäftspartner der Büro Perfekt AG sind die Schreibwaren Hans Obermüller GmbH und die EDV-Drucker Mack OHG. Beratend steht der Büro Perfekt AG die Partnerschaft Dr. Neumann & Huber, Rechtsanwälte, zur Verfügung. Im Marketing wird die Büro Perfekt AG von der Martin Marketing UG (haftungsbeschränkt) unterstützt.

Arbeitsaufträge:

a) Recherchieren Sie in Gruppenarbeit folgende Punkte und erstellen Sie hierüber eine tabellarische Übersicht:
  • Welche handelsrechtlichen Vollmachten gibt es?
  • Wie und von wem können die handelsrechtlichen Vollmachten erteilt werden?
  • Wie enden bzw. erlöschen diese?
  • Müssen handelsrechtliche Vollmachten in einem Register eingetragen werden?

b) Wie ist das Handelsregister aufgebaut? Erstellen Sie hierüber eine grafische Übersicht.

c) Recherchieren Sie in Zweiergruppen im Internet, welche öffentlichen Register es neben dem Handelsregister noch gibt. Notieren Sie Stichpunkte zu den Inhalten der jeweiligen öffentlichen Register.

d) Welche Vollmacht muss die Büro Perfekt AG Andreas Kusterer erteilen, damit er neue Mitarbeiter einstellen und neue Betriebsgrundstücke kaufen kann? Muss die Vollmacht in einem Register eingetragen werden? Wenn ja, wo genau?

e) Die Büro Perfekt AG hat viele Geschäftspartnerinnen und Geschäftspartner mit unterschiedlichen Rechtsformen. Ordnen Sie diese Rechtsformen mithilfe einer Grafik den Gesellschaftsformen „Personengesellschaften" und „Kapitelgesellschaften" zu und erläutern Sie den Unterschied zwischen den beiden Gesellschaftsformen.

f) Vergleichen Sie untereinander Ihre Ergebnisse. Ergänzen bzw. berichtigen Sie ggf. fehlende/fehlerhafte Punkte.

g) Reflektieren Sie anschließend Ihr Wissen.

4.1 Kaufmann

Kaufmann ist, wer ein Handelsgewerbe betreibt (§ 1 HGB). Merkmale eines Handelsgewerbes sind eine dauernde und planmäßige Tätigkeit, die selbstständig ausgeübt wird mit der Absicht, Gewinn zu erzielen. Die Tätigkeit muss weiterhin legal sein und nach außen hin in Erscheinung treten. Treten die Erwerbsgeschäfte jedoch nur gelegentlich auf, begründen sie noch kein Handelsgewerbe und damit keine Kaufmanneigenschaft.

Merke: Nicht als Handelsgewerbe gelten die Tätigkeiten freier Berufe, wie beispielsweise Rechtsanwälte und Rechtsanwältinnen, Notare und Notarinnen, Ärzte und Ärztinnen, Architekten und Architektinnen sowie Land- und Forstwirte und Forstwirtinnen, soweit sie ihre Tätigkeit nicht in der Rechtsform einer GmbH oder AG ausüben.

vgl. LF 2, Kap. 4.9.4, 4.10.1

vgl. LF 2, Kap. 4.5

Kaufleute haben beispielsweise das Recht, handelsrechtliche Vollmachten zu erteilen. Sie haben jedoch auch Pflichten, wie beispielsweise die Führung der Handelsbücher und die Übernahme einer selbstschuldnerischen Bürgschaft. Auch haben Kaufleute u. a. die Möglichkeit, ein vom Kalenderjahr abweichendes Wirtschaftsjahr festzusetzen.

vgl. LF 2, Kap. 4.3

Es werden drei **Kaufmannsarten** unterschieden, die im Handelsregister eingetragen werden:

- **Istkaufmann:** Jeder Gewerbebetrieb, der nach Art und Umfang des Geschäfts eine kaufmännische Einrichtung (= Einrichtungen und Gerätschaften, die der kaufmännischen Betriebsführung dienen) benötigt, ist ein Istkaufmann. Die Handelsregistereintragung hat rechtsbezeugende (= deklaratorische) Wirkung.
- **Kannkaufmann:** Die Kaufmannseigenschaft entsteht kraft freiwilliger Eintragung ins Handelsregister. Die Handelsregistereintragung hat rechtserzeugende (= konstitutive) Wirkung.
  - ▶Beispiel: Kleingewerbetreibende, land- und forstwirtschaftliche Unternehmen, die eine kaufmännische Einrichtung benötigen.
- **Formkaufmann:** Alle Kapitalgesellschaften (GmbH, UG, AG, KGaA) sind kraft Rechtsform Kaufmann, ebenso wie eingetragene Genossenschaften (eG) und der Versicherungsverein auf Gegenseitigkeit (VVaG). Die Handelsregistereintragung hat, wie beim Kannkaufmann, eine rechtserzeugende (= konstitutive) Wirkung.

4.2 Firma

Im normalen Sprachgebrauch werden alle Unternehmen gerne als „Firma" bezeichnet. Aus rechtlicher Sicht besteht zwischen dem Begriff „Firma" und dem Begriff „Unternehmen" jedoch ein Unterschied.

vgl. LF 2, Kap. 4.6, 4.9, 4.10, 4.11

Das Unternehmen ist eine organisatorisch-rechtliche Einheit, die eine wirtschaftliche Tätigkeit ausübt. Hierzu gehören u. a. Einzelunternehmen, Personen- und Kapitalgesellschaften und eingetragene Vereine. Eine Firma dagegen ist der im Handelsregister eingetragene Name, unter dem ein Kaufmann sein Handelsgewerbe betreibt und seine Unterschrift abgibt. Ein Kaufmann kann unter seiner Firma klagen und verklagt werden. Bei der Firma handelt es sich aber nicht nur um einen Namen. Sie stellt auch einen Vermögenswert dar, den ein Käufer beim Firmenerwerb mit bezahlen muss.

Der Kaufmann kann zwischen folgenden **Firmenarten** frei wählen:

- **Personenfirma:** Einer oder mehrere Namen von natürlichen Personen
  ▶Beispiele: Andreas Kupfer e. Kfm., Kupfer & Held OHG
- **Sachfirma:** Bezeichnung bezieht sich auf den Gegenstand der Unternehmung
  ▶Beispiele: Modehaus KG, Wildhandel e. K.
- **Fantasiefirma:** Fantasiebezeichnung möglich
  ▶Beispiele: Blütenette GmbH, Tischleindeckdich AG
- **Gemischte Firma:** Kombination aus Personen-, Sach- und Fantasiefirma
  ▶Beispiele: Autohaus Knauer KG, Haargenau Friseur GmbH

Unerlässlich ist bei allen vier Möglichkeiten der **Firmenzusatz**, der aus der Rechtsform der Firma besteht. Welche Rechtsformzusätze notwendig sind, ist in § 19 Abs. 1 HGB geregelt:

- **Einzelkaufleute:** Die Bezeichnung „eingetragener Kaufmann" oder „eingetragene Kauf-frau" bzw. „e. K.", „e. Kfm." oder „e. Kffr.".
- **Offene Handelsgesellschaft:** die Bezeichnung „offene Handelsgesellschaft" bzw. „oHG/OHG".
- **Kommanditgesellschaft:** die Bezeichnung „Kommanditgesellschaft" bzw. „KG".

Wenn in der OHG oder in der KG keine natürliche Person persönlich haftet, muss die Firma eine Bezeichnung enthalten, welche die Haftungsbeschränkung kennzeichnet, also beispiels-weise „GmbH", „KGaA" oder „GmbH & Co. KG" (§ 19 Abs. 2 HGB).

Weiterhin müssen folgende **Firmengrundsätze** berücksichtigt werden:

- **Firmenöffentlichkeit:** Die Firma muss im Handelsregister eingetragen werden, damit u. a. die Haftungs- und Gesellschaftsverhältnisse für jedermann ersichtlich sind.
- **Firmenwahrheit und -klarheit:** Die Firma darf keine irreführenden Angaben enthalten und muss dem Handelsgewerbe entsprechen.
  ▶Beispiel: Deutet die Firma auf ein Lebensmittelgeschäft hin, darf nicht ausschließlich Kleidung verkauft werden. Das Angebot an Lebensmitteln muss überwiegen.
- **Firmenausschließlichkeit:** Die neue Firma muss sich von bereits bestehenden Firmen am Ort unterscheiden.
  ▶Beispiel: Wenn es vor Ort bereits eine „Kneemeier GmbH" gibt, darf die neue Firma nicht „Kneemeyer GmbH" heißen.
- **Firmenbeständigkeit:** Der Firmenname kann vom neuen Inhaber weitergeführt werden. Hierzu ist jedoch die Weiterführung des Handelsgewerbes erforderlich und die Zustim-mung des alten Geschäftsinhabers bzw. dessen Erben. Der neue Firmeninhaber kann die Weiterführung des Handelsgewerbes durch einen Zusatz kennzeichnen.
  ▶Beispiel: Kosmetikstudio Klara Keller, vormals Maria Meier

Auf **Geschäftsbriefen bzw. in E-Mails** sind folgende **Pflichtangaben** zwingend mit aufzu-nehmen (§ 37 a HGB): Firma, Ort der Handelsniederlassung, Registergericht, Nummer, unter der die Firma in das Handelsregister eingetragen ist. Im Fall der Nichteinhaltung droht eine Festsetzung von Zwangsgeld vom Registergericht.

vgl. LF 3, Kap. 5.1, 5.2

Merke: Bei Kapitalgesellschaften sind zusätzlich weitere Angaben erforderlich (§ 80 AktG, § 35 a GmbHG). So müssen u. a. alle Vorstandsmitglieder bzw. alle Personen der Geschäftsführung mit angegeben werden.

4.3 Handelsregister

Das Handelsregister ist ein öffentliches Verzeichnis aller Kaufleute eines Amtsgerichtsbezirks. Es soll der Öffentlichkeit die Rechtsverhältnisse der eingetragenen kaufmännischen Gewerbebetriebe aufzeigen. In das Handelsregister darf jeder zu Informationszwecken Einsicht nehmen. Seit 01.08.2022 fällt für die Einsicht keine Gebühr mehr an. Auch werden die Eintragungen in elektronischer Weise veröffentlicht:

- Handelsregister: www.handelsregister.de
- Elektronischer Bundesanzeiger: www.bundesanzeiger.de
- Elektronisches Unternehmensregister: www.unternehmensregister.de

Die Anmeldung zum Handelsregister (Entstehung, Veränderung oder Löschung des Gewerbebetriebs) erfolgt elektronisch in öffentlich-beglaubigter Form. Dies bedeutet, dass die Erklärung schriftlich abgefasst und die Unterschrift z. B. von einem Notar beglaubigt sein muss. Das Registergericht überprüft dabei den Inhalt der Anmeldung.

Das Handelsregister ist in **zwei Abteilungen** gegliedert:

Abteilung A (HRA)	Abteilung B (HRB)
• Einzelunternehmen • Personengesellschaften • Europäische wirtschaftliche Interessenvereinigungen	• Kapitalgesellschaften • Versicherungsvereine auf Gegenseitigkeit • Europäische Gesellschaft (SE)
Inhalt: • Firma • Name der Geschäftsinhaber bzw. Namen der persönlich haftenden Gesellschafter • Ort der Niederlassung • Bestellung oder Abberufung der Prokuristen • Namen und Einlagen der Kommanditisten • Tag der Eintragung • Unterschrift der Registerbeamtin bzw. des Registerbeamten	*Inhalt:* • Firma • Namen der Vorstandsmitglieder (AG), der Geschäftsführung (GmbH) bzw. der persönlich haftenden Gesellschafter (KGaA) • Ort der Niederlassung • Gegenstand des Unternehmens • Höhe des Haftungskapitals • Abschluss des Gesellschaftsvertrags • Bestellung oder Abberufung der Prokuristen • Tag der Eintragung • Unterschrift der Registerbeamtin bzw. des Registerbeamten

Zu beachten ist, dass die Unterschriften der Zeichnungsberechtigten beim Registergericht hinterlegt werden müssen.

Bei der Eintragung ins Handelsregister wird unterschieden zwischen deklaratorischer (= rechtsbekundender) Wirkung und konstitutiver (= rechtsbegründender) Wirkung.

 Merke: Deklaratorisch bedeutet, dass die Tatsachen und/oder Rechte auch ohne Eintragung rechtswirksam sind. Sie werden mit der Eintragung öffentlich bekannt gemacht, z. B. Erteilung und Löschung der Prokura. **Konstitutiv** heißt, dass die Tatsachen und/oder Rechte erst durch die Eintragung rechtswirksam werden, z. B. die Rechtsfähigkeit bei Kapitalgesellschaften.

vgl. LF 2, Kap. 4.5.1

Öffentlicher Glaube

Die Eintragungen im Handelsregister erzeugen die Vermutung der Richtigkeit. In § 15 HGB ist Folgendes geregelt:

- Eingetragene Tatsachen können gegenüber Dritten geltend gemacht werden, sofern dieser beweist, dass er die Tatsache weder kannte, noch kennen musste (= positive Publizität), § 15 Abs. 2 HGB.
  ▶Beispiel: Egon Weier wird die Prokura entzogen. Dies wird gleich im Handelsregister eingetragen und bekannt gemacht. Egon Weier veräußert zwei Monate später die Aktenschränke des Gewerbebetriebs. Für den Betrieb ist dieses Rechtsgeschäft nicht bindend.

- Nicht eingetragene Tatsachen braucht ein Dritter nicht gegen sich gelten zu lassen, es sei denn, dass er sie kannte (= negative Publizität), § 15 Abs. 1 HGB.
  ▶Beispiel: Der Prokurist Fabian Fell verlässt den Gewerbebetrieb, um sich beruflich zu verändern. Die Prokura wird im Handelsregister jedoch nicht gelöscht. Fabian Fell veräußert den Laptop und das Smartphone, die ihm der Gewerbebetrieb zur Verfügung gestellt hatte, an einen Dritten, der von dessen beruflicher Veränderung nichts wusste. Für den Betrieb ist dieses Rechtsgeschäft bindend.

- Ist eine einzutragende Tatsache unrichtig bekannt gemacht, kann sich ein gutgläubiger Dritter auf den Inhalt der Bekanntmachung berufen. Dies gilt nur dann nicht, wenn er die Unrichtigkeit kannte (§ 15 Abs. 3 HGB).
  ▶Beispiel: Die Prokuristin Marion Hallig kauft für den Gewerbebetrieb ein Grundstück zur Errichtung einer Lagerhalle. Im Handelsregister steht, dass Marion Hallig Einzelprokura erteilt wurde. Dies ist jedoch nicht der Fall, da sie nur zusammen mit Hans Maus handeln darf (= Gesamtprokura). Leider wurde diese Tatsache falsch zur Eintragung im Handelsregister angemeldet. Für den Betrieb ist dieses Rechtsgeschäft bindend.

Muster eines Handelsregisterauszugs

Handelsregister B des Amtsgerichts Neustadt an der Weinstraße	Abteilung B Wiedergabe des aktuellen Registerinhalts Abruf vom 12.08.2020	Nummer der Firma: **HRB 536548**
	Seite 1 von 1	

1. Anzahl der bisherigen Eintragungen:

2

2. a) Firma:

Blütenette GmbH

b) Sitz, Niederlassung, Zweigniederlassungen:

Neustadt an der Weinstraße

c) Gegenstand des Unternehmens:

Betrieb eines Blumen-Internethandels, Bestellung von Blumensträußen, Blumentöpfen und Blumenvasen, Onlinekurs zum Binden von Blumensträußen.

3. Grund – oder Stammkapital:

25.000,00 €

4. a) Allgemeine Vertretungsregelung:

Ist nur ein Geschäftsführer bestellt, so vertritt er die Gesellschaft allein. Sind mehrere Geschäftsführer bestellt, so wird die Gesellschaft durch zwei Geschäftsführer oder durch einen Geschäftsführer gemeinsam mit einem Prokuristen vertreten.

b) Vorstand, Leitungsorgan, geschäftsführende Direktoren, persönlich haftende Gesellschafter, Geschäftsführer, Vertretungsberechtigte und besondere Vertretungsbefugnis:

Einzelvertretungsberechtigt; mit der Befugnis, im Namen der Gesellschaft mit sich im eigenen Namen oder als Vertreter eines Dritten Rechtsgeschäfte abzuschließen: Geschäftsführer: Altenstein, Manuel, Neustadt an der Weinstraße, * 21.09.1965

5. Prokura:

Einzelprokura
Kunz, Kasimir, * 01.05.1970

6. a) Rechtsform, Beginn, Satzung oder Gesellschaftsvertrag:

Gesellschaft mit beschränkter Haftung

Gesellschaftsvertrag vom 28.01.2010
Zuletzt geändert durch Beschluss vom 28.11.2011

b) Sonstige Rechtsverhältnisse:

---

7. Tag der letzten Eintragung:
05.12.2011

4.4 Weitere öffentliche Register

Neben dem Handelsregister, dessen Vorschriften im Handelsgesetzbuch geregelt sind, gibt es weitere öffentliche Register, die ebenfalls beim Amtsgericht geführt werden:

- Das **Unternehmensregister**, das nicht auf ein Gewerbe beschränkt ist, sondern alle Unternehmen enthält, die im Handels-, Partnerschafts- und Genossenschaftsregister eingetragen sind, wird im Auftrag der Bundesregierung betrieben. Eingetragen werden u. a. Name, Anschrift, Rechtsform und Wirtschaftszweig des Unternehmens, der Zeitpunkt der Aufnahme bzw. Aufgabe der Tätigkeit, alle sozialversicherungspflichtig Beschäftigten sowie Angaben zum Zusammenhang zwischen Unternehmen und deren Zweigniederlassungen. Es gilt lediglich die negative Publizität. Einsicht in das Unternehmensregister darf jede Person nehmen.

- Das **Transparenzregister** wird beim Bundesanzeiger geführt. Es enthält Angaben zum wirtschaftlichen Eigentümer, die Gesellschaften oder sonstige juristische Personen machen müssen, wenn sich die Angaben nicht aus anderen öffentlichen Registern ergeben. Behörden haben im Rahmen der Aufgabenerfüllung vollen Zugang zum Transparenzregister. Im Einzelfall kann jede Person Einsicht nehmen, sofern diese ein berechtigtes Interesse darlegt.

- Das **Partnerschaftsregister** beinhaltet die Rechtsverhältnisse der Partnerschaftsgesellschaften. Eingetragen werden Name und Sitz der Partnerschaft sowie der Vor- und Nachname jedes Partners, dessen Geburtsdatum und Wohnort sowie der ausgeübte Beruf. Es gilt die positive und die negative Publizität. Einsicht in das Partnerschaftsregister darf jede Person nehmen.

- Dem **Genossenschaftsregister** können die Rechtsverhältnisse der eingetragenen Genossenschaften entnommen werden. Eingetragen werden Firma, Sitz, Statut und Vorstand. Es gilt die positive und die negative Publizität. Einsicht in das Genossenschaftsregister darf jede Person nehmen.

- Im **Vereinsregister**, das die Rechtsverhältnisse der eingetragenen Vereine enthält, werden Name, Sitz, Satzung und Vorstand festgehalten. Es gilt lediglich die negative Publizität. In das Vereinsregister darf jede Person Einsicht nehmen.

- Im **Güterstandsregister** werden beispielsweise auf Antrag der Eheleute Eintragungen der Abweichungen vom gesetzlichen Güterstand der Eheleute, d. h., Gütergemeinschaft oder Gütertrennung, vorgenommen. Es gilt lediglich die negative Publizität. Einsicht in das Güterstandsregister erhält jede Person.

- Das **Grundbuch** enthält alle Rechtsverhältnisse der im Amtsgerichtsbezirk gelegenen Grundstücke. Eingetragen werden Eigentumsverhältnisse, Lasten und Beschränkungen sowie Grundpfandrechte. Es gilt sowohl die positive als auch die negative Publizität. Einsicht in das Grundbuch darf nehmen, wer ein berechtigtes Interesse nachweist bzw. wenn der Eigentümer einwilligt.

4.5 Handelsrechtliche Vollmachten

Geschäftsinhaberinnen und Geschäftsinhaber können durch die durch Rechtsgeschäft begründete Vertretungsmacht (= Vollmacht) eine dritte Person bestimmen, die sie vertritt. Diese Vollmachten sind im Handelsgesetzbuch geregelt. Es handelt sich um die Prokura (§§ 48–53 HGB) und die Handlungsvollmacht (§§ 54–58 HGB).

 Hinweis: Es gibt jedoch auch die Möglichkeit, dass die Geschäftsinhaberin bzw. der Geschäftsinhaber kraft Gesetzes vertreten wird (= gesetzlicher Vertreter). Dies sind dann z. B. die Eltern bzw. der Vormund bei nicht voll geschäftsfähigen natürlichen Personen, der Vorstand bei einem eingetragenen Verein und bei Personengesellschaften die vertretungsberechtigten Gesellschafter.

4.5.1 Prokura

Die Prokura ist die umfassendste Art der handelsrechtlichen Vollmachten. Sie umfasst gerichtliche und außergerichtliche Geschäfte und Rechtshandlungen, die der Betrieb eines Handelsgewerbes mit sich bringt. Einschränkungen sind im Innenverhältnis möglich, im Außenverhältnis sind sie jedoch unwirksam.

Definition: Das Innenverhältnis regelt die innerbetrieblichen Beziehungen, das Außenverhältnis dagegen die Beziehungen zu Dritten, also z. B. zu Geschäftspartnerinnen und Geschäftspartnern.

Erlaubte Rechtshandlungen

Der Prokurist darf im Innenverhältnis z. B. Beschäftigte einstellen und entlassen, Zweigstellen errichten und Handlungsvollmachten erteilen. Im Außenverhältnis kann er z. B. Betriebsgrundstücke kaufen (nicht verkaufen oder belasten, z. B. durch eine Hypothek oder eine Grundschuld, die der Sicherung eines Kredits dienen), Darlehen aufnehmen und Prozesse führen.

 vgl. LF 8, Kap. 2.4

 vgl. LF 2, Kap. 4.5.2 **Merke:** Grundstücke belasten und verkaufen darf der Prokurist nur mit besonderer Erlaubnis (= Einzelvollmacht).

Nicht erlaubte Rechtshandlungen

Der Prokurist darf einer dritten Person keine Prokura erteilen bzw. entziehen, keine Jahresab-schlüsse und Steuererklärungen unterzeichnen sowie keine Änderungen der Firma und Anmel-dungen zum Handelsregister vornehmen. Er darf auch das Handelsgeschäft nicht einstellen oder veräußern und das Insolvenzverfahren nicht beantragen. Diese Tätigkeiten müssen die Fir-meninhaberinnen bzw. Firmeninhaber selbst vornehmen, da es sich hierbei um höchstpersön-liche Rechtsgeschäfte handelt.

vgl. LF 12, Kap. 1.4

Arten

Es gibt verschiedene Arten der Prokura:
- **Einzelprokura:** Ein Prokurist handelt allein.
- **Gesamtprokura:** Zwei oder mehrere Prokuristen handeln gemeinsam.
- **Filialprokura:** Die Vollmacht gilt nur für eine ganz bestimmte Filiale.

Formvorschriften

Erteilt wird die Prokura ausdrücklich schriftlich oder mündlich durch die Geschäftsinhaberin bzw. den Geschäftsinhaber oder ihren bzw. seinen gesetzlichen Vertreter. Anschließend erfolgt die Eintragung im Handelsregister. Die Eintragung der Prokura hat deklaratorische Wirkung, d. h., mit der Eintragung wird das Bestehen des Rechtsverhältnisses festgestellt.

Die Prokura kann jederzeit durch Widerruf entzogen werden. Ohne Widerruf endet sie mit der Einstellung des Handelsgewerbes, der Beendigung des Arbeitsverhältnisses oder mit dem Tod des Prokuristen. Das Erlöschen muss jeweils im Handelsregister eingetragen werden.

 Hinweis: Die Prokura erlischt nicht mit dem Tod der Geschäftsinhaberin bzw. des Geschäftsinhabers.

Zeichnung

Der Prokurist muss unter der Firmenbezeichnung seinen Namen nennen. Die Unterschrift erfolgt sodann mit dem Zusatz „pp." oder „ppa." (für „per procura" = mit der Macht einer Pro-kura, bevollmächtigt), damit die Stellvertretung erkennbar ist.

4.5.2 Handlungsvollmacht

Die Handlungsvollmacht ist eine Vollmacht für gewöhnliche Geschäfte und Rechtshandlungen in einem Handelsgewerbe. Der Umfang der Vollmacht kann jedoch sowohl im Innen- als auch im Außenverhältnis beschränkt werden. Auch kann die Vertretungsmacht so beschränkt werden, dass der Handlungsbevollmächtigte nur mit einer anderen Person zeichnungsberechtigt ist.

Nicht erlaubte Rechtshandlungen

Der Handlungsbevollmächtigte darf keine Grundstücke belasten und veräußern, keine Prozesse im Namen des Handelsgewerbes führen, keine Darlehen aufnehmen und keine Verbindlichkeiten aus einem Wechsel (= Wertpapier des Zahlungs- und Kreditverkehrs) eingehen. Weiterhin darf er keine Rechtsgeschäfte vornehmen, die auch einem Prokuristen untersagt sind.

Arten

Es gibt verschiedene Arten der Handlungsvollmacht:
- **allgemeine Handlungsvollmacht (= Gesamtvollmacht):** Vollmacht zu Rechtshandlungen, soweit sie im Rahmen des betreffenden Handelsgewerbes üblich sind (z. B. Beschäftigte einstellen und entlassen).
- **Artvollmacht (= Teilvollmacht):** Vollmacht für gleichartige immer wiederkehrende Geschäfte und Rechtshandlungen (z. B. Kassieren).
- **Einzelvollmacht (= Spezialvollmacht):** Vollmacht für einzelne bzw. besondere Geschäfte und Rechtshandlungen (z. B. Kauf einer neuen Telefonanlage). Die Einzelvollmacht geht z. T. über die Befugnisse der Prokura hinaus (z. B. Grundstücke verkaufen).

Formvorschriften

Erteilt wird die allgemeine Handlungsvollmacht ausdrücklich schriftlich oder mündlich bzw. stillschweigend durch konkludentes Handeln durch die Geschäftsinhaberin bzw. den Geschäftsinhaber, deren bzw. dessen gesetzliche Vertreter oder Prokuristen. Die anderen Formen der Vollmacht kann jeder Bevollmächtigte als Untervollmacht erteilen. Die Handlungsvollmacht wird nicht im Handelsregister eingetragen.

Die Handlungsvollmacht kann jederzeit durch Widerruf entzogen werden. Ohne Widerruf endet sie mit der Einstellung des Handelsgewerbes, der Beendigung des Arbeitsverhältnisses oder mit dem Tod des Handlungsbevollmächtigten.

 Hinweis: Die Einzelvollmacht erlischt bereits mit Erledigung des Auftrags. Die Handlungsvollmacht an sich erlischt nicht mit dem Tod der Geschäftsinhaberin bzw. des Geschäftsinhabers.

Zeichnung

Der Handlungsbevollmächtigte muss unter der Firmenbezeichnung seinen Namen nennen. Die Unterschrift erfolgt sodann mit einem Zusatz, aus dem sich das Vollmachtsverhältnis ergibt:
- **allgemeine Handlungsvollmacht:** „i. V." für „in Vollmacht"
- **Artvollmacht:** „i. A." für „im Auftrag"
- **Einzelvollmacht:** „i. A." für „im Auftrag"

Hinweis: Die Zusätze „i. A." und „i. V." werden im nicht-juristischen Sprachgebrauch oft nur verwendet, um unterschiedliche Hierarchieebenen auszudrücken. Dies bedeutet beispielsweise, dass in der Praxis teilweise Abteilungsleitungen mit dem Zusatz „i. V." unterschreiben, obwohl diese keine Allgemeine Handlungsvollmacht besitzen (z. B. Unterzeichnung eines Schriftstücks, wenn die eigentlich zuständige Person verhindert ist).

4.6 Einzelunternehmen

Ein Einzelunternehmen kann, wie der Name schon sagt, von einer einzelnen Person gegründet werden, und zwar ohne große finanzielle Rücklagen. Diese Person wird als Eigentümer bzw. Inhaber bezeichnet. Das Einzelunternehmen ist die am häufigsten gewählte Rechtsform in der Wirtschaft. Sie ist typisch für kleine und mittlere Betriebe.

Im Einzelnen gilt Folgendes:

Rechtsgrundlage	HGB, BGB, GewO (= Gewerbeordnung)
Gründung	Die Gründung ist formlos möglich. Sie erfolgt dadurch, dass der Einzelunternehmer seine Geschäfte aufnimmt.
Rechtspersönlichkeit	Das Einzelunternehmen selbst ist nicht rechtsfähig. Dagegen kann der Einzelunternehmer, der eine natürliche Person und damit Träger von Rechten und Pflichten ist, unter seiner Firma klagen und verklagt werden.
Kapital	Es ist kein Mindestkapital vorgeschrieben.
Geschäftsführung und Vertretung	Geschäftsführungsrecht und Vertretungsmacht liegen allein beim Einzelunternehmer. Dieser ist damit in seinen Entscheidungen frei und ungebunden.
Gewinn- und Verlustverteilung	Der Einzelunternehmer trägt Gewinn und Verlust allein.
Haftung	Der Einzelunternehmer haftet allein, persönlich und unbeschränkt mit seinem Privat- und Geschäftsvermögen.
Firmierung	Sofern der Einzelunternehmer Kaufmann ist und eine Eintragung in das Handelsregister erfolgt, ist er verpflichtet, eine Firma anzunehmen, wobei der Firmenzusatz „eingetragene Kauffrau" oder „eingetragener Kaufmann" bzw. die Abkürzungen „e. K.", „e. Kffr.", „e. Kfm." nicht fehlen darf.

vgl. LF 4, Kap. 3.1.1

vgl. LF 2, Kap. 4.2

4.7 Bürogemeinschaft

Eine Bürogemeinschaft stellt keine Rechtsform dar. Sie ist ein Zusammenschluss von mehreren Personen zur Berufsausübung in gemeinsamen Büroräumen. Sinnvoll beim Bilden einer Bürogemeinschaft ist es, darauf zu achten, dass die Berufe auch „zusammenpassen", also nicht komplett branchenfremd sind.

Zweck einer Bürogemeinschaft ist die gemeinsame Nutzung von Arbeitsmitteln (z. B. Computeranlage) und von Personal, ohne dass die eigene Selbstständigkeit aufgegeben wird. Jeder einzelne Berufsträger bleibt somit eigenständig tätig. Dies bedeutet, dass er seine Tätigkeiten eigenständig abrechnet und nicht für die anderen Mitglieder der Bürogemeinschaft haftet.

Der große Vorteil einer Bürogemeinschaft liegt darin, dass die einzelnen Mitglieder Geld sparen, da sie nicht allein die anfallenden Kosten (z. B. Miete, Personalkosten, Strom) zahlen müssen.

Gemäß § 59 q BRAO können sich auch Rechtsanwälte zu einer Bürogemeinschaft verbinden. Auch mit Personen, die nicht zur Rechtsanwaltschaft zugelassen sind, kann eine Bürogemeinschaft geschlossen werden, es sei denn, die Verbindung ist mit dem Beruf des Rechtsanwalts nicht vereinbar und kann das Vertrauen in seine Unabhängigkeit gefährden. Nicht vereinbar sind nach der Rechtsprechung makelnde Tätigkeiten, also z. B. ein Grundstücksmakler.

4.8 Berufsausübungsgesellschaften

Seit 01.08.2022 können sich Rechtsanwälte zu sog. Berufsausübungsgesellschaften zusammenschließen (§ 59 b Abs. 1 BRAO). Der Antrag auf Zulassung einer Berufsausübungsgesellschaft muss bei der zuständigen Rechtsanwaltskammer gestellt werden (§ 59 f Abs. 1 BRAO).

Die Berufsausübungsgesellschaften können gem. § 59 b Abs. 2 BRAO folgende Rechtsformen haben:
- Gesellschaften nach deutschem Recht einschließlich der bislang ausgeschlossenen Handelsgesellschaften
- Europäische Gesellschaften
- Gesellschaften, die zulässig sind nach dem Recht eines Mitgliedsstaats der Europäischen Union oder eines Vertragsstaats des Abkommens über den Europäischen Wirtschaftsraum

Dies bedeutet, dass nun auch die Ein-Personen-Anwalts-GmbH ausdrücklich erlaubt ist.

Hinweis: Personengesellschaften, bei denen keine Haftungsbeschränkung vorliegt und deren Gesellschafter und Mitglieder der Geschäftsführungs- und Aufsichtsorgane ausschließlich aus Rechtsanwälten oder Angehörigen eines bereits bisher genannten sozietätsfähigen Berufs angehören (z. B. Steuerberater), bedürfen keiner Zulassung.

Rechtsanwälten ist es gem. § 59 c BRAO erlaubt, sich mit sämtlichen Personen, die einen freien Beruf ausüben, zu verbinden. Es ist also nicht nur eine Verbindung mit Steuerberatern und Wirtschaftsprüfern o. Ä. möglich, sondern z. B. auch mit Architekten oder Dolmetschern. Eine Verbindung ist nur dann nicht möglich, wenn die Verbindung mit dem Beruf des Rechtsanwalts nicht vereinbar ist oder das Vertrauen in seine Unabhängigkeit gefährdet ist.

Als „Rechtsanwaltsgesellschaft" darf sich jedoch nur die Berufsausübungsgesellschaft bezeichnen, bei denen Rechtsanwälte die Mehrheit der Stimmrechte haben und bei denen die Mehrheit der Mitglieder des Geschäftsführungsorgans ebenfalls Rechtsanwälte sind (§ 59 p BRAO).

Berufsausübungsgesellschaften müssen an ihrem Sitz eine Kanzlei betreiben und können selbst als Verfahrens- und Prozessbevollmächtigte beauftragt werden. Sie haben dieselben Rechte und Pflichten wie ein Rechtsanwalt (§ 59 l Abs. 1 BRAO). Nichtanwälte können die Mandantschaft in Prozessen aber nicht vertreten (§ 59 l Abs. 2 BRAO).

Hinweis: Gemäß § 31 b BRAO erhalten zugelassene Berufsausübungsgesellschaften ein eigenes beA-Postfach (= elektronisches Gesellschaftspostfach). Das persönliche Postfach für jeden Rechtsanwalt bleibt aber erhalten.

4.9 Personengesellschaften

Personengesellschaften kommen durch den Zusammenschluss von zwei oder mehreren natürlichen und/oder juristischen Personen zustande. Gründe für einen Zusammenschluss gibt es viele, z. B. Erhöhung des Eigenkapitals und der Kreditwürdigkeit, Verteilung der Arbeitslast, persönliche Gründe (Alter, Krankheit) u. a.

Merke: Bei Personengesellschaften steht die persönliche Mitarbeit im Unternehmen im Vordergrund.

4.9.1 Partnerschaftsgesellschaft (PartG)

Eine Partnerschaft ist ein Zusammenschluss von Freiberuflern (z. B. Architekten, Rechtsanwälte, Notare) gleicher/unterschiedlicher Fachrichtungen. Partner können nur natürliche Personen sein. Diese sind Träger von Rechten und Pflichten. Jeder Partner muss aktiv tätig sein.

Mit wem sich Rechtsanwälte und Notare zusammenschließen dürfen, regeln das anwaltliche und das notarielle Berufsrecht (§ 59 c BRAO, § 9 BNotO).

▶ Beispiele:
- ein Fachanwalt für Steuerrecht und ein Steuerberater bilden eine Partnerschaft
- zwei junge Rechtsanwälte, die ihren Kanzleisitz in Neustadt a. d. Weinstraße haben, bilden eine Partnerschaft

Im Einzelnen gilt Folgendes:

Rechtsgrundlage	• PartGG (= Partnerschaftsgesellschaftsgesetz) • Ergänzend §§ 705 ff. BGB (Regelungen zur GbR und OHG)
Gründung	• Mindestens zwei natürliche Personen, die freiberuflich tätig sind. • Der Partnerschaftsvertrag sowie etwaige Nachträge müssen schriftlich geschlossen werden (§ 3 Abs. 1 PartGG). • Nach Abschluss des Vertrags erfolgt die Anmeldung zur Eintragung im Partnerschaftsregister. Zuständig ist das Amtsgericht, in dessen Bezirk der Sitz der Firma liegt. In der Anmeldung muss jeder Partner die Zugehörigkeit zu dem freien Beruf, den er in der Partnerschaft ausübt, nachweisen. • Die Partnerschaft entsteht mit der rechtsbegründenden Eintragung im Partnerschaftsregister.
Rechtspersönlichkeit	Die Partnerschaft ist keine juristische Person, besitzt also keine eigene Rechtspersönlichkeit. Sie kann aber vor Gericht klagen und verklagt werden, ist also teilrechtsfähig.
Kapital	• Es ist kein Mindestkapital vorgeschrieben. • Für jeden Partner muss ein Kapitalkonto geführt werden. • Das Gesellschaftsvermögen ist Gesamthandsvermögen. Dies bedeutet, dass alle Partner anteilig am Gesellschaftsvermögen beteiligt sind und nur gemeinschaftlich darüber verfügen können.

vgl.
LF 2,
Kap. 4.4

vgl.
LF 4,
Kap.
3.1.1

Geschäftsführung	• Jeder Partner muss seine Leistung unter Beachtung des geltenden Berufsrechts erbringen.
	• Alle Partner sind zur Geschäftsführung berechtigt und verpflichtet. Im Partnerschaftsvertrag können nur einzelne Partner von der Führung der sonstigen Geschäfte (z. B. Einstellung von Angestellten, Abschluss eines Mietvertrags) ausgeschlossen werden.
	• Grundsätzlich hat jeder Partner das Recht, gewöhnliche Geschäfte (z. B. Neuverteilung der Aufgaben) allein vorzunehmen, widerspricht jedoch ein anderer Partner einem Geschäft, so hat dieses zu unterbleiben.
	• Wird Gesamtgeschäftsführung vereinbart, so ist die Zustimmung aller Partner zur Vornahme von gewöhnlichen Geschäften notwendig.
	• Bei außergewöhnlichen Geschäften (z. B. Grundstücksverkauf) ist die Zustimmung aller Partner notwendig.
	• Die Geschäftsführungsbefugnis kann einem Partner ohne seine Einwilligung nur aus wichtigem Grund durch Gesellschafterbeschluss entzogen werden (§ 712 Abs. 1 BGB).
Vertretung	• Jeder Partner ist zur Vertretung berechtigt und verpflichtet.
	• Die Vertretungsmacht erstreckt sich auf alle gewöhnlichen und außergewöhnlichen Geschäfte sowie auf gerichtliche und außergerichtliche Rechtshandlungen. Sie kann nicht eingeschränkt werden.
	• Jeder Partner ist allein zur Vertretung ermächtigt, sofern nicht ein Ausschluss im Partnerschaftsvertrag vereinbart wurde.
	• Es besteht die Möglichkeit, im Partnerschaftsvertrag eine Gesamtvertretungsmacht dahin gehend zu vereinbaren, dass alle oder mehrere Partner die Gesellschaft nur gemeinsam vertreten können.
	• Die Vertretungsbefugnis kann einem Partner ohne seine Einwilligung nur aus wichtigem Grund durch eine gerichtliche Entscheidung entzogen werden (§ 7 Abs. 3 PartGG i. V. m. § 127 HGB).
Gewinn- und Verlustverteilung	• Sofern im Partnerschaftsvertrag nichts Abweichendes vereinbart wurde, erhält/trägt jeder Partner den gleichen Anteil.
	• Die Partner können die Verteilung des Gewinns/Verlusts erst nach Auflösung der Gesellschaft verlangen.
	• Ist die Gesellschaft von längerer Dauer, muss die Verteilung am Schluss jedes Geschäftsjahrs erfolgen.

		• Reicht das Gesellschaftsvermögen zur Begleichung des Verlusts nicht aus, haben die Partner eine Nachschusspflicht, d. h., sie müssen ihr Gesellschaftsvermögen im vereinbarten Verhältnis bis zur Deckung des Verlusts aufstocken.
	Haftung	• Für Verbindlichkeiten haften die Partner gesamtschuldnerisch (= solidarisch = Gläubiger kann Forderung vom Gesellschafter oder vom Unternehmen verlangen, egal, wer die Verbindlichkeit im Unternehmen eingegangen ist; unter den Gesellschaftern besteht eine Ausgleichspflicht) und unbeschränkt (= mit Privat- und Gesellschaftsvermögen). • Die Partner können vertraglich vereinbaren, dass die Haftung auf den Partner beschränkt wird, der die Leistung erbringt oder verantwortlich leitet. In diesem Fall haftet nur der Partner mit seinem Privatvermögen, der für den Fall zuständig war. Die anderen Partner haften lediglich mit ihrem Gesellschaftsvermögen. • Weiter kann durch Gesetz die Haftung auf einen bestimmten Höchstbetrag beschränkt werden, wenn eine Pflicht zum Abschluss einer Berufshaftpflichtversicherung begründet wird.
vgl. LF 2, Kap. 4.2	**Firmierung**	Die Partnerschaft übt kein Handelsgewerbe aus und führt somit auch keine Firma. Sie ist jedoch berechtigt, einen Namen zu führen. Dieser muss gem. § 2 Abs. 1 PartGG folgende Punkte enthalten: • Name mindestens eines Partners (Vorname nicht erforderlich) • Zusatz „und Partner" oder „Partnerschaft" • Berufsbezeichnung aller in der Partnerschaft vertretenen Berufe
	Auflösung	Die Auflösung der Partnerschaft kann z. B. erfolgen durch • Zeitablauf • Auflösungsbeschluss • Eröffnung des Insolvenzverfahrens über das Gesellschaftsvermögen • gerichtliche Entscheidung
vgl. LF 12, Kap. 1.4	**Ausscheiden eines Partners**	• Ein Partner scheidet aus der Gesellschaft aus, wenn er die Zulassung zu dem freien Beruf verliert, den er in der Gesellschaft ausübt. • Bei Tod, Kündigung oder Eröffnung des Insolvenzverfahrens eines Partners, scheidet dieser ebenfalls aus der Gesellschaft aus. Im Gesellschaftsvertrag kann jedoch geregelt werden, dass die Partnerschaft vererblich ist, dies aber nur dann, wenn der Erbe ein Angehöriger des freien Berufs ist.

Im Partnerschaftsgesellschaftsvertrag müssen gem. § 3 PartGG folgende Punkte enthalten sein:

• Name und Sitz der Partnerschaft,
• Gegenstand der Partnerschaft,
• Name, Vorname und Wohnort jedes Partners sowie
• der in der Partnerschaft ausgeübte Beruf eines jeden Partners.

Im Gesellschaftsvertrag werden meistens noch Beginn, Dauer und Geschäftsjahr der Partnerschaft, Anteile jedes Partners, Berufsausübung, Entnahmen, Urlaub und Krankheit u. Ä. geregelt.

Der Gesellschaftsvertrag für die Partnerschaft Dr. Neumann & Huber könnte z.B. wie folgt abgefasst sein:

Partnerschaftsvertrag

zwischen

Rechtsanwältin Dr. Annette Neumann,
Spitalbachstraße 15, 67433 Neustadt an der Weinstraße

und

Rechtsanwalt Peter Huber,
Mandelring 26, 67433 Neustadt an der Weinstraße

– im folgenden Partner genannt –

§ 1

1. Die Partnerschaft trägt den Namen Dr. Neumann & Huber, Rechtsanwälte, Partnerschaft. Sie hat ihren Sitz in 67343 Neustadt an der Weinstraße, Grainstraße 101.
2. Die Partner gestatten einander wechselseitig die Weiterführung ihres Namens im Namen der Partnerschaft über ihr Ausscheiden aus der Partnerschaft hinaus ohne zeitliche Befristung.
3. Gegenstand der Partnerschaft ist die gemeinschaftliche Ausübung des freien Berufs als Rechtsanwälte.
4. Partner kann nur sein, wer als Rechtsanwalt zugelassen ist.

§ 2

1. Die Partnerschaft beginnt mit dem Tag ihrer Eintragung in das Partnerschaftsregister.
2. Die Dauer der Partnerschaft ist unbestimmt.
3. Geschäftsjahr ist das Kalenderjahr. Das erste Geschäftsjahr endet am 31.12.2015.

---

§ 3

1. Die Partner sind mit folgenden Anteilen an der Partnerschaft beteiligt:
   - Dr. Annette Neumann: 50 %
   - Peter Huber: 50 %
2. Die Partner erbringen folgende Einlagen:
   - Dr. Annette Neumann: 15.000,00 €
   - Peter Huber: 15.000,00 €
3. Das ab dem Beginn der Partnerschaft aus Mitteln der Gesellschaft angeschaffte Inventar wird Vermögen der Partnerschaft. Über ihr persönliches Inventar erstellen die Partner zu Beginn der Partnerschaft jeweils eine Inventarliste.
4. Die ab Beginn der Partnerschaft eingehenden Honorare sind Einnahmen der Partnerschaft, auch dann, wenn sie bereits zuvor erbrachte Leistungen vergüten. Alle durch die Berufsausübung veranlassten Ausgaben sind Ausgaben der Partnerschaft, so z. B. Kammerbeiträge, laufende Betriebskosten, Kosten für Fachliteratur und Fortbildungen o. Ä.
5. Die Partnerschaft ermittelt das Jahresergebnis durch eine Überschussrechnung jeweils zum 31.03. des Folgejahrs, erstmals zum 31.03.2016.

§ 4

1. Die Partner üben im Rahmen der Partnerschaft den freien Beruf des Rechtsanwalts aus, der den Gegenstand der Partnerschaft bildet. Dabei beachten sie das geltende Berufsrecht.
2. Die Partner stellen der Partnerschaft ihre volle Arbeitskraft zur Verfügung. Sie gehen von einem Tätigkeitsumfang von mindestens 50 Stunden pro Woche aus. An Arbeitszeiten sind sie nicht gebunden.
3. Nebentätigkeiten bedürfen der vorherigen Zustimmung des anderen Partners.
4. Die Partner betreuen die Mandate gemeinschaftlich, indem sie sich gegenseitig fortlaufend über den Sachstand informieren und sich ggf. hierzu beraten.

§ 5

Zu „Geschäftsführung und Vertretung", „Gewinn- und Verlustverteilung", „Haftung" und „Ausscheiden eines Partners aus der Partnerschaft" gelten die gesetzlichen Regelungen.

§ 6

1. Vor Beginn eines Geschäftsjahrs beschließen die Partner die Höhe der Entnahmen, die monatlich im Voraus erfolgt. Die Entnahmen richten sich nach der Beteiligung an der Partnerschaft.
2. Sofern sich nach der Feststellung des Jahresabschlusses ein Restgewinn ergibt, ist dieser noch an die Partner auszuzahlen. Sofern die Entnahmen zu hoch gewesen sein sollten, müssen die Partner den Betrag an die Partnerschaft zurückzahlen.

§ 7

1. Jeder Partner hat Anspruch auf Urlaub von 30 Arbeitstagen, wobei die Woche mit fünf Arbeitstagen gerechnet wird. Während des Urlaubs vertreten sich die Partner gegenseitig. Die Zeit des Urlaubs ist einvernehmlich festzulegen.
2. Sofern ein Partner erkrankt, vertreten sich die Partner gegenseitig bis zu drei Monate im Kalenderjahr, ohne dass dies den Gewinnanteil des betroffenen Partners beeinträchtigt. Bei einer länger andauernden Erkrankung müssen die Partner darüber entscheiden, ob zu lasten des Gewinnanteils des betroffenen Partners ein Rechtsanwalt zur Vertretung eingestellt wird.

§ 8

Änderungen und Ergänzungen dieses Vertrags bedürfen der Schriftform.

§ 9

Sollten einzelne Bestimmungen dieses Vertrags unwirksam sein oder werden, bleibt der Vertrag im Übrigen wirksam. Die Partner ersetzen die unwirksame Klausel durch eine solche, die dem wirtschaftlichen Sinn der ursprünglichen Klausel nahekommt.

Neustadt an der Weinstraße, den 15.01.2015

Dr. Annette Neumann

RAin Dr. Annette Neumann

Peter Huber

RA Peter Huber

 Hinweis: Seit 2013 gibt es die Möglichkeit, eine „Partnerschaftsgesellschaft mit beschränkter Berufshaftung" (= PartG mbB) zu führen. So wurde für die freien Berufe die Möglichkeit geschaffen, die Berufshaftung zu beschränken. Die Gründung einer Kapitalgesellschaft ist damit nicht erforderlich. Damit die Partnerschaftsgesellschaft den Zusatz „mit beschränkter Berufshaftung" führen darf, muss die Gesellschaft eine erhöhte Berufshaftpflichtversicherung abschließen. Für sonstige Verbindlichkeiten, wie z. B. die Gehälter der Beschäftigten, haften die Partner weiterhin persönlich.

4.9.2 Gesellschaft bürgerlichen Rechts (GbR)

Die Gesellschaft des bürgerlichen Rechts, die auch als BGB-Gesellschaft bezeichnet wird, ist die im BGB geregelte Grundform, auf der auch andere Gesellschaftsformen, wie die OHG, die KG und die Stille Gesellschaft, aufbauen. Sie kommt auch häufig im privaten Bereich vor, ohne dass es den betreffenden Personen bewusst ist.

Bei der GbR sind sich zwei oder mehrere natürliche und/oder juristische Personen darüber einig, einen gemeinsamen Zweck zu fördern. Dadurch entsteht automatisch und formlos eine GbR, auch wenn diese Bezeichnung nicht verwendet wird.

Die GbR wird schon für eine einmalige Handlung (z. B. Lottospiel, Wohngemeinschaften, Fahrgemeinschaften), auf Zeit (z. B. Bau eines Autobahnabschnitts) oder auf Dauer (z. B. Betrieb eines Gewerbeunternehmens oder im freiberuflichen Bereich, z. B. Rechtsanwaltssozietät) angelegt.

 Merke: Unterschieden wird bei der GbR die Innen- und Außengesellschaft. Eine Außen-GbR besteht, wenn die GbR nach außen auftritt (z. B. gegenüber Dritten). Die Innen-GbR dagegen tritt als solche nicht nach außen hin auf (z. B. Fahrgemeinschaft).

Im Einzelnen gilt Folgendes:

Rechtsgrundlage	§§ 705 ff. BGB
Gründung	• Mindestens zwei natürliche und/oder juristische Personen. • Der Gesellschaftsvertrag, der die Pflichten der Gesellschafter sowie das Ziel regelt, kann aus einer formlosen Vereinbarung bestehen. Er kann also auch mündlich geschlossen werden. • Es erfolgt kein Eintrag ins Handelsregister.
Rechtspersönlichkeit	Die GbR ist keine juristische Person, besitzt also keine eigene Rechtspersönlichkeit. Sie kann aber vor Gericht klagen und verklagt werden, ist also teilrechtsfähig. Die Außen-GbR dagegen hat eine Sonderstellung. Sie ist rechts- und parteifähig, soweit durch die Teilnahme am Rechtsverkehr eigene Rechte und Pflichten begründet werden.
Kapital	• Es ist kein Mindestkapital vorgeschrieben. • Für jeden Gesellschafter muss ein Kapitalkonto geführt werden. • Das Gesellschaftsvermögen ist Gesamthandsvermögen.
Geschäftsführung	• Alle Gesellschafter sind zur Geschäftsführung berechtigt und verpflichtet. • Grundsätzlich besteht ein Gesamtgeschäftsführungsrecht. Dies bedeutet, dass für jedes Geschäft die Zustimmung aller Gesellschafter erforderlich ist. • Vertraglich kann vereinbart werden, dass das Geschäftsführungsrecht auf einen oder mehrere Gesellschafter übertragen wird. Zu beachten ist dabei, dass die von der Geschäftsführung ausgeschlossenen Gesellschafter ein Widerspruchs- und Nachprüfungsrecht haben.

Vertretung	• Grundsätzlich besteht eine Gesamtvertretungsmacht. Dies bedeutet, dass die Gesellschafter nur durch gemeinschaftliches Auftreten die Gesellschaft wirksam vertreten können. • Wenn einem Gesellschafter aufgrund des Gesellschaftsvertrags die Befugnis zur Geschäftsführung zusteht, ist er auch ermächtigt, die Vertretung zu übernehmen. • Vertraglich kann auch vereinbart werden, dass jeder oder bestimmte Gesellschafter die GbR nach außen vertreten und Rechtsgeschäfte vornehmen kann.
Gewinn- und Verlustverteilung	• Sofern im Gesellschaftsvertrag nichts Abweichendes vereinbart wurde, erhält/trägt jeder Gesellschafter den gleichen Anteil. • Die Gesellschafter können die Verteilung des Gewinns/Verlusts erst nach Auflösung der Gesellschaft verlangen. • Ist die Gesellschaft von längerer Dauer, muss die Verteilung am Schluss jedes Geschäftsjahrs erfolgen. • Reicht das Gesellschaftsvermögen zur Begleichung des Verlusts nicht aus, haben die Gesellschafter eine Nachschusspflicht, d. h., sie müssen ihr Gesellschaftsvermögen im vereinbarten Verhältnis bis zur Deckung des Verlusts aufstocken.
Haftung	• Jeder Gesellschafter haftet gesamtschuldnerisch, unbeschränkt und unmittelbar (= Gläubiger kann Forderung auch vorrangig bei jedem Gesellschafter einfordern, muss sich nicht zuerst an das Unternehmen wenden). • Wer als Gesellschafter in eine bestehende GbR eintritt, haftet nicht für die vorher begründeten Verbindlichkeiten. • Die persönliche Haftung für Vertragsschulden und sonstige Schulden besteht auch über das Ende des konkreten Betriebs fort.
Firmierung	Die GbR führt keine Firma, da sie kein Kaufmann ist. Die GbR ist jedoch berechtigt, eine Geschäftsbezeichnung zu führen.
Auflösung	Die Auflösung der GbR kann z. B. erfolgen durch: • Kündigung oder Tod eines Gesellschafters, sofern im Gesellschaftsvertrag keine anderweitige Regelung getroffen wurde • Auflösungsbeschluss • Insolvenzeröffnung über das Vermögen eines Gesellschafters • Zeitablauf • Erreichung bzw. Nichterreichung des Gesellschaftszwecks • Vereinigung der Gesellschaftsanteile in einer Hand

4.9.3 Offene Handelsgesellschaft (OHG)

Die OHG (oder auch oHG abgekürzt) ist eine Personengesellschaft, deren Zweck auf den Betrieb eines Handelsgewerbes unter gemeinschaftlicher Firma gerichtet ist und bei der keine Haftungsbeschränkung der Gesellschafter vorliegt. Sie wird vor allem von größeren Handelsbetrieben als Rechtsform gewählt.

Im Einzelnen gilt Folgendes:

Rechtsgrundlage	• §§ 105 ff. HGB • §§ 705 ff. BGB
Gründung	• Mindestens zwei natürliche und/oder juristische Personen. • Der Gesellschaftsvertrag, der die Pflichten der Gesellschafter sowie das Ziel regelt, kann aus einer formlosen Vereinbarung bestehen. Er kann also auch mündlich geschlossen werden. • Die OHG muss in das Handelsregister eingetragen werden. Zuständig ist das Amtsgericht, in dessen Bezirk der Sitz der Firma liegt. • Die Anmeldung muss enthalten: Name, Vorname, Geburtsdatum und Wohnort jedes Gesellschafters, Firma und Sitz der Gesellschaft, Zeitpunkt der Aufnahme der Geschäftstätigkeit.
Rechtspersönlichkeit	Die OHG ist keine juristische Person, besitzt daher keine eigene Rechtspersönlichkeit. Sie kann aber vor Gericht klagen und verklagt werden, ist also teilrechtsfähig.
Kapital	• Es ist kein Mindestkapital vorgeschrieben. • Für jeden Gesellschafter muss ein Kapitalkonto geführt werden. • Das Gesellschaftsvermögen ist Gesamthandsvermögen.
Geschäftsführung	• Alle Gesellschafter sind zur Geschäftsführung berechtigt und verpflichtet. Ein Ausschluss kann jedoch im Gesellschaftsvertrag vereinbart werden. • Grundsätzlich hat jeder Gesellschafter das Recht, gewöhnliche Geschäfte allein vorzunehmen, widerspricht jedoch ein anderer Gesellschafter einem Geschäft, so hat dieses zu unterbleiben. • Wird Gesamtgeschäftsführung vereinbart, so ist die Zustimmung aller Gesellschafter zur Vornahme von gewöhnlichen Geschäften notwendig. • Bei außergewöhnlichen Geschäften ist die Zustimmung aller Gesellschafter notwendig.

vgl.
LF 2,
Kap. 4.3

vgl.
LF 4,
Kap.
3.1.1

	• Bei der Erteilung der Prokura müssen alle geschäftsführenden Gesellschafter zustimmen. Der Widerruf dagegen kann von einem geschäftsführenden Gesellschafter allein erfolgen. • Die Geschäftsführungsbefugnis kann einem Gesellschafter ohne seine Einwilligung nur aus wichtigem Grund durch Gesellschafterbeschluss entzogen werden (§ 712 Abs. 1 BGB).
Vertretung	• Jeder Gesellschafter ist zur Vertretung berechtigt und verpflichtet. • Die Vertretungsmacht erstreckt sich auf alle gewöhnlichen und außergewöhnlichen Geschäfte, auf Erteilung und Widerruf der Prokura sowie auf gerichtliche und außergerichtliche Rechtshandlungen. Sie kann nicht eingeschränkt werden. • Jeder Gesellschafter ist allein zur Vertretung ermächtigt, sofern nicht ein Ausschluss im Gesellschaftsvertrag vereinbart wurde. • Die Vertretung kann auch durch bevollmächtigte Personen erfolgen, z. B. durch Prokuristen oder Handlungsbevollmächtigte. • Es besteht die Möglichkeit, im Gesellschaftsvertrag eine Gesamtvertretungsbefugnis zu vereinbaren. Dies kann z. B. dadurch geschehen, dass alle oder mehrere Gesellschafter die OHG nur gemeinsam vertreten können oder dass jeder Gesellschafter nur zusammen mit einem Prokuristen die OHG vertreten darf. • Die Vertretungsbefugnis kann einem Gesellschafter ohne seine Einwilligung nur aus wichtigem Grund durch eine gerichtliche Entscheidung entzogen werden (§ 127 HGB).
Gewinn- und Verlustverteilung	• Sofern im Gesellschaftsvertrag keine anderweitige Regelung getroffen wurde, erhalten alle Gesellschafter vom Jahresgewinn jeweils 4 % vom Kapitalanteil. Der Rest wird nach Köpfen verteilt. Der nicht entnommene Gewinn wird dem Kapitalkonto gutgeschrieben. • Ein eventueller Jahresverlust wird nach Köpfen verteilt und vom Kapitalkonto eines jeden Gesellschafters abgezogen, sofern im Gesellschaftsvertrag keine anderweitige Regelung getroffen wurde.
Haftung	• Die Gesellschafter haften gesamtschuldnerisch, unbeschränkt und unmittelbar. • Die Gesellschafter haften bei ihrem Eintritt in die OHG für alle bisherigen Schulden sowie bei ihrem Ausscheiden noch fünf Jahre lang für die bei ihrem Austritt vorhandenen Verbindlichkeiten, es sei denn, es handelt sich um Ansprüche, die einer kürzeren Verjährung unterliegen.

Firmierung	Der Firmenname der OHG setzt sich zusammen aus einer Personen-, Sach- oder Fantasiebezeichnung (oder gemischte Bezeichnung) sowie der Rechtsformbezeichnung „Offene Handelsgesellschaft" oder einer allgemein verständlichen Abkürzung („OHG" oder „oHG").
Auflösung	Die Auflösung der OHG kann z. B. erfolgen durch: • Zeitablauf • Auflösungsbeschluss (z. B. wenn die Ertragslage schlecht ist, Streitigkeiten unter den Gesellschaftern vorliegen u. a.) Eröffnung des Insolvenzverfahrens über das Gesellschafts-vermögen • gerichtliche Entscheidung • Kündigung oder Tod eines Gesellschafters, sofern im Gesell-schaftsvertrag keine anderweitige Regelung getroffen wurde
Sonstiges	• Sollten im Gesellschaftsvertrag abweichende Regelungen hinsichtlich der Geschäftsführung und Vertretung geschlos-sen werden (z. B. Gesamtvertretungsbefugnis durch alle oder mehrere Gesellschafter), so muss dies im Handelsregister eingetragen werden. • Jedem Gesellschafter steht ein Kontrollrecht zu, d. h., jeder Gesellschafter hat das Recht, sich über die Geschäfte der OHG zu informieren. Er kann in diesem Rahmen die Handels-bücher und Papiere einsehen und sich aus ihnen eine Bilanz anfertigen.

4.9.4 Kommanditgesellschaft (KG)

Die KG ist eine Personengesellschaft zum Betrieb eines Handelsgewerbes unter gemein-schaftlicher Firma mit unterschiedlicher Haftung der Gesellschafter. Während beim Teilhafter (= Kommanditist) die Haftung gegenüber den Gesellschaftsgläubigern auf den Betrag einer bestimmten Vermögenseinlage beschränkt ist, findet beim Vollhafter (= Komplementär) keine Haftungsbeschränkung statt.

Die KG ist bei kleineren und mittleren Unternehmen verbreitet, da sie die Möglichkeit bietet, die Eigenkapitalbasis zu erweitern, ohne die Geschäftsführungs- und Vertretungsverhältnisse erweitern zu müssen. Sie ist daher besonders als Familienbetrieb geeignet.

Im Einzelnen gilt Folgendes:

Rechtsgrundlage	§§ 161 ff. HGB
Gründung	• Mindestens zwei natürliche und/oder juristische Personen; davon mindestens ein Komplementär und ein Kommanditist. • Der Gesellschaftsvertrag kann aus einer formlosen Vereinbarung bestehen, also auch mündlich geschlossen werden. • Die KG muss in das Handelsregister eingetragen werden. Zuständig ist das Amtsgericht, in dessen Bezirk der Sitz der Firma liegt. • Die Anmeldung muss enthalten: Name, Vorname, Geburtsdatum und Wohnort jedes Gesellschafters, Firma und Sitz der Gesellschaft, Zeitpunkt der Aufnahme der Geschäftätigkeit, Bezeichnung der Kommanditisten sowie den Betrag der Einlage jedes Kommanditisten.
Rechtspersönlichkeit	Die KG ist keine juristische Person, sodass sie keine eigene Rechtspersönlichkeit besitzt. Sie kann aber vor Gericht klagen und verklagt werden, ist also teilrechtsfähig.
Kapital	• Es ist kein Mindestkapital vorgeschrieben. • Für jeden Gesellschafter muss ein Kapitalkonto geführt werden. • Das Gesellschaftsvermögen ist Gesamthandsvermögen.
Geschäftsführung	• Jeder Komplementär ist zur Geschäftsführung berechtigt und verpflichtet. Ein Ausschluss kann jedoch im Gesellschaftsvertrag vereinbart werden. • Den Kommanditisten steht keine Geschäftsführungsbefugnis zu. Diese kann ihnen jedoch mit Gesellschaftsvertrag eingeräumt werden. • Grundsätzlich hat jeder Komplementär das Recht, gewöhnliche Geschäfte allein vorzunehmen, widerspricht jedoch ein anderer Komplementär einem Geschäft, so hat dieses zu unterbleiben. • Wird Gesamtgeschäftsführung vereinbart, so ist die Zustimmung aller Komplementäre zur Vornahme von gewöhnlichen Geschäften notwendig. • Bei außergewöhnlichen Geschäften ist die Zustimmung aller Komplementäre notwendig, wobei den Kommanditisten ein Widerspruchsrecht zusteht. • Bei der Erteilung der Prokura müssen alle Komplementäre zustimmen. Der Widerruf dagegen kann von einem Komplementär allein erfolgen. • Die Geschäftsführungsbefugnis kann einem Gesellschafter ohne seine Einwilligung nur aus wichtigem Grund durch Gesellschafterbeschluss entzogen werden (§ 712 Abs. 1 BGB).

vgl.
LF 2,
Kap. 4.3

vgl.
LF 4,
Kap.
3.1.1

vgl.
LF 2,
Kap. 4.5.1

Vertretung	• Jeder Komplementär ist zur Vertretung berechtigt und verpflichtet.
	• Die Vertretungsmacht erstreckt sich auf alle gewöhnlichen und außergewöhnlichen Geschäfte, auf Erteilung und Widerruf der Prokura sowie auf gerichtliche und außergerichtliche Rechtshandlungen. Sie kann nicht eingeschränkt werden.
	• Kommanditisten dürfen die KG nicht vertreten. Die Vertretungsmacht kann ihnen auch nicht mit Gesellschaftsvertrag eingeräumt werden.
	• Jeder Komplementär ist allein zur Vertretung ermächtigt, sofern nicht ein Ausschluss im Gesellschaftsvertrag vereinbart wurde.
	• Es besteht die Möglichkeit, im Gesellschaftsvertrag eine Gesamtvertretungsbefugnis (= alle oder mehrere Komplementäre dürfen die KG nur gemeinsam vertreten) zu vereinbaren.
	• Die Vertretungsbefugnis kann einem Komplementär ohne seine Einwilligung nur aus wichtigem Grund durch eine gerichtliche Entscheidung entzogen werden (§ 127 HGB).
Gewinn- und Verlustverteilung	• Vom Jahresgewinn erhalten alle Gesellschafter jeweils 4 % vom Kapitalanteil, den Rest in einem angemessenen Verhältnis, sofern im Gesellschaftsvertrag nichts Abweichendes geregelt wurde.
	• Ein eventueller Jahresverlust wird in angemessenem Verhältnis auf alle Gesellschafter verteilt, sofern im Gesellschaftsvertrag keine anderweitige Regelung getroffen wurde.
	• Bei der angemessenen Verteilung ist zu berücksichtigen, dass der Komplementär ein höheres Risiko trägt und mehr Arbeitsleistung erbringt.
Haftung	• Die Komplementäre haften gesamtschuldnerisch, unbeschränkt und unmittelbar.
	• Die Kommanditisten haften nur bis zur Höhe ihrer Einlage.
	• Komplementäre und Kommanditisten haften bei ihrem Eintritt in die KG für alle bisherigen Schulden sowie bei ihrem Ausscheiden noch fünf Jahre lang für die bei ihrem Austritt vorhandenen Verbindlichkeiten, es sei denn, es handelt sich um Ansprüche, die einer kürzeren Verjährung unterliegen.
Firmierung	Der Firmenname der KG setzt sich zusammen aus einer Personen-, Sach- oder Fantasiebezeichnung (oder gemischte Bezeichnung) sowie der Rechtsformbezeichnung „Kommanditgesellschaft" oder einer allgemein verständlichen Abkürzung („KG").

Auflösung	Die Auflösung der KG kann z. B. erfolgen durch:
	• Auflösungsbeschluss
	• Eröffnung des Insolvenzverfahrens über das Gesellschaftsvermögen
	• Zeitablauf
	• gerichtliche Entscheidung
Sonstiges	• Sollten im Gesellschaftsvertrag abweichende Regelungen hinsichtlich der Geschäftsführung und Vertretung geschlossen werden, so muss dies im Handelsregister eingetragen werden.
	• Den Kommanditisten steht ein Kontrollrecht durch Einsicht in die Bücher am Jahresende zu, ansonsten nur aus wichtigen Gründen durch Vorlage eines Gerichtsbeschlusses.

vgl.
LF 12,
Kap. 1.4

vgl.
LF 2,
Kap. 4.3

Sonderfall GmbH & Co. KG: Die GmbH & Co. KG ist eine besondere Form der KG. Komplementär ist jedoch keine natürliche Person, sondern eine GmbH als juristische Person. Im Einzelnen gilt Folgendes:

vgl.
LF 2, Kap.
4.9.4 und
4.10.1

- Die Haftung beschränkt sich auf das Gesellschaftsvermögen der GmbH (mindestens 25 000,00 €), also des Komplementärs, sowie auf die von den Kommanditisten geleisteten Einlagen.
- Die Geschäftsführer der GmbH sind zur Geschäftsführung berechtigt und verpflichtet; die Kommanditisten sind von der Geschäftsführung ausgeschlossen.
- Sofern im Gesellschaftsvertrag nichts Abweichendes geregelt wurde, erhalten alle Gesellschafter vom Jahresgewinn jeweils 4 % vom Kapitalanteil, den Rest in einem angemessenen Verhältnis. Ein eventueller Jahresverlust wird in angemessenem Verhältnis auf alle Gesellschafter verteilt.
- Die GmbH & Co. KG ist verpflichtet, ihren Jahresabschluss im elektronischen Bundesanzeiger (www.bundesanzeiger.de) zu veröffentlichen (= Publizitätspflicht).

4.9.5 Stille Gesellschaft

Eine stille Gesellschaft liegt vor, wenn sich eine natürliche oder juristische Person am Handelsgewerbe einer anderen Person mit einer Vermögenseinlage beteiligt.

Nach §§ 230 ff. HGB kann die stille Gesellschaft formfrei gegründet werden. Sie ist nach außen hin nicht erkennbar und wird nicht in das Handelsregister eingetragen. Weiterhin gilt Folgendes:

- Das durch den stillen Gesellschafter eingebrachte Kapital steht dem Firmeninhaber zu.
- Der Firmeninhaber kann mit dem Kapital frei wirtschaften.
- Der stille Gesellschafter wird am Gewinn angemessen beteiligt, haftet aber lediglich in Höhe seiner Einlage.

Unterschieden wird zwischen der typischen und der atypischen stillen Gesellschaft:

- Bei der **typischen stillen Gesellschaft** steht dem stillen Gesellschafter lediglich ein Kontrollrecht zu, jedoch kein Recht zur Geschäftsführung und Vertretung.
- Eine **atypisch stille Gesellschaft** liegt vor, wenn dem stillen Gesellschafter zusätzlich zum Kontrollrecht auch ein Mitspracherecht sowie eine Beteiligung an den Vermögenswerten zuerkannt wird (= „Mitunternehmerschaft").

Die Auflösung einer stillen Gesellschaft kann erfolgen durch Vereinbarung, Zeitablauf, Tod des Firmeninhabers (nicht Tod des stillen Gesellschafters), Insolvenz des Firmeninhabers oder des stillen Gesellschafters, befristete Kündigung durch einen Gesellschafter oder einen Gläubiger des stillen Gesellschafters oder durch eine außerordentliche Kündigung bei wichtigem Grund.

4.10 Kapitalgesellschaften

Kapitalgesellschaften entstehen durch den Zusammenschluss von Kapital und besitzen als juristische Person eine eigene Rechtspersönlichkeit, sind also Träger von Rechten und Pflichten. Die Unternehmensfunktionen bei Kapitalgesellschaften sind auf verschiedene Organe (Vorstand/Geschäftsführer, Aufsichtsrat, Gesellschafter-/Haupt-/Generalversammlung) verteilt.

vgl. LF 4, Kap. 3.1.1

Merke: Bei den Kapitalgesellschaften steht die Hingabe von Kapital im Vordergrund, nicht die persönliche Mitarbeit der Gesellschafter.

4.10.1 Gesellschaft mit beschränkter Haftung (GmbH)

Die GmbH kann zu jedem vom Gesetz zulässigen Zweck errichtet werden. Als Handelsgesellschaft ist die GmbH Kaufmann. Für die Verbindlichkeiten der GmbH haftet den Gläubigern gegenüber nur das Gesellschaftsvermögen. Dadurch ist diese Gesellschaftsform für viele Unternehmer interessant, vor allem findet sie sich jedoch in der mittelständischen Wirtschaft.

vgl. LF 2, Kap. 4.1

Im Einzelnen gilt Folgendes:

Rechtsgrundlage	GmbHG (= Gesetz betreffend die Gesellschaften mit beschränkter Haftung)
Gründung	• Mindestens eine natürliche und/oder juristische Person. • Der Gesellschaftsvertrag muss notariell beurkundet werden. Er muss mindestens beinhalten: Name, Sitz und Gegenstand der GmbH, Betrag des Stammkapitals, Zahl und Nennbeträge der Geschäftsanteile, die jeder Gesellschafter für seine Stammeinlage übernimmt.

	• Die GmbH muss ins Handelsregister eingetragen werden. Zuständig ist das Amtsgericht, in dessen Bezirk der Sitz der Firma liegt. vgl. LF 2, Kap. 4.3
Organe	• Geschäftsführung = Leitungsorgan – wird laut Satzung bestellt oder durch Beschluss der Gesellschafterversammlung – Pflicht zur Bilanzierung und Abgabe der Steuererklärung, Einberufung der Gesellschafterversammlung u. a. • Aufsichtsrat = Überwachungsorgan – Bei Gesellschaften mit mehr als 500 Arbeitnehmern muss ein Aufsichtsrat errichtet werden, ansonsten kann seine Bestellung in der Satzung vorgeschrieben sein. – Pflicht zur Überwachung der Geschäftsführung, Zustimmung zur Bestellung von Prokuristen und Handlungsbevollmächtigten • Gesellschafterversammlung = Beschlussorgan – Repräsentation der Gesamtheit der Gesellschafter – Pflicht zur Überwachung der Geschäftsführung, Feststellung des Jahresabschlusses, Verteilung des Gewinns u. a. – Sie kann der Geschäftsführung Weisungen hinsichtlich der laufenden Geschäftsführung erteilen.
Kapital	• Es muss ein Stammkapital von mindestens 25 000,00 € vorliegen, wobei bei der Gründung die Hälfte hiervon eingezahlt sein muss. • Jede geleistete Stammeinlage stellt einen Geschäftsanteil an der GmbH dar. Dieser Anteil ist Bemessungsgrundlage für das Stimmrecht und die spätere Gewinnverteilung. • Jeder Gesellschafter kann nur eine Stammeinlage leisten. Diese muss auf volle Euro lauten. • Die Mindeststammeinlage jedes Gesellschafters beträgt 1,00 €.
Geschäftsführung	• Die GmbH muss einen oder mehrere Geschäftsführer haben. Diese müssen nicht zwingend Gesellschafter der GmbH sein. • Zur Geschäftsführung sind lediglich natürliche und unbeschränkt geschäftsfähige Personen berechtigt und verpflichtet. • Die Geschäftsführer führen die Geschäfte nach den Weisungen der Gesellschafterversammlung und im Rahmen von Gesetz und Satzung. • Sofern die GmbH nur einen Geschäftsführer hat, übt dieser die Geschäftsführung allein aus (= Einzelgeschäftsführung). • Hat die GmbH mehrere Geschäftsführer, besteht grds. Gesamtgeschäftsführungsbefugnis, sofern im Gesellschaftsvertrag keine anderweitige Regelung getroffen wurde. • Die Geschäftsführer können nur mit Zustimmung der Gesellschafterversammlung Prokura oder Handlungsvollmacht erteilen. vgl. LF 2, Kap. 4.5

Vertretung	• Die Geschäftsführer der GmbH besitzen auch die Vertretungsmacht, d. h., sie gelten als gesetzliche Vertreter und vertreten die GmbH gerichtlich und außergerichtlich.
	• Die Vertretungsmacht kann nicht eingeschränkt werden.
	• Sofern die GmbH nur einen Geschäftsführer hat, vertritt dieser die Gesellschaft allein (= Einzelvertretungsmacht).
	• Hat die GmbH mehrere Geschäftsführer, besteht grds. Gesamtvertretungsmacht, sofern im Gesellschaftsvertrag keine anderweitige Regelung getroffen wurde.
	• Im Gesellschaftsvertrag kann eine abweichende Gesamtvertretungsmacht dahin gehend vereinbart werden, dass die GmbH durch mindestens zwei Geschäftsführer vertreten wird oder durch einen Geschäftsführer zusammen mit einem Prokuristen.
Gewinn- und Verlustverteilung	• Die Gesellschafter erhalten Gewinnanteile entsprechend ihrer Stammeinlage, sofern im Gesellschaftsvertrag nichts Abweichendes geregelt wurde.
	• Es besteht auch die Möglichkeit, einen Gewinnvortrag für das kommende Geschäftsjahr zu vereinbaren oder freiwillige Gewinnrücklagen zu bilden.
	• Ein eventueller Verlust kann wie folgt ausgeglichen werden: Gewinnvortrag aus dem Vorjahr, Auflösung von Gewinnrücklagen, Nachschüsse der Gesellschafter, Verlustvortrag in das kommende Geschäftsjahr.
Haftung	• Die GmbH haftet nur mit ihrem Gesellschaftsvermögen.
	• Die Gesellschafter haften nur dann persönlich, wenn die Einlage noch nicht voll geleistet oder nachträglich entnommen wurde (= beschränkte Haftung).
Firmierung	Der Firmenname setzt sich zusammen aus einer Personen-, Sach- oder Fantasiebezeichnung (oder gemischte Bezeichnung) sowie dem Zusatz „Gesellschaft mit beschränkter Haftung" oder einer allgemein verständlichen Abkürzung („GmbH").
Auflösung	Die Auflösung der GmbH kann z. B. erfolgen durch
	• Gesellschafterbeschluss mit ¾-Mehrheit, sofern im Gesellschaftsvertrag keine anderweitige Regelung getroffen wurde
	• Eröffnung des Insolvenzverfahrens über das Gesellschaftsvermögen
	• Zeitablauf
	• gerichtliches Urteil

vgl.
LF 12,
Kap. 1.4

Sonstiges	• Sollten im Gesellschaftsvertrag abweichende Regelungen hinsichtlich der Geschäftsführung und Vertretung geschlossen werden, so muss dies im Handelsregister eingetragen werden. Eingetragen werden muss auch jede Veränderung in den Personen der Gesellschafter oder des Umfangs ihrer Beteiligung. • Die GmbH ist verpflichtet, ihren Jahresabschluss im elektronischen Bundesanzeiger (www.bundesanzeiger.de) zu veröffentlichen (= Publizitätspflicht). • Weitere Möglichkeiten: Vertriebs-GmbH (= Ein Unternehmen überträgt z. B. aus steuerlichen Gründen den Vertrieb der Erzeugnisse an eine zu diesem Zweck gegründete GmbH.), Betriebs-GmbH (= Unternehmenszusammenschluss, um die Erzeugnisse kostensparend gemeinsam zu produzieren.)

vgl. LF 2, Kap. 4.3

Im Gesellschaftsvertrag müssen gem. § 3 Abs. 1 GmbHG folgende Punkte enthalten sein:
- Name und Sitz der GmbH,
- Gegenstand der GmbH,
- Betrag des Stammkapitals sowie
- Zahl und Nennbeträge der Anteile, die jeder Gesellschafter für seine Stammeinlage übernimmt.

Sofern die GmbH auf eine gewisse Zeit beschränkt sein soll oder den Gesellschaftern neben der Leistung von Kapitaleinlagen noch andere Verpflichtungen auferlegt werden sollen, müssen diese Bestimmungen in den Gesellschaftsvertrag mit aufgenommen werden (§ 3 Abs. 2 GmbHG). Weiterhin werden im Gesellschaftsvertrag meistens noch Beginn, Dauer und Geschäftsjahr der GmbH, Urlaub und Krankheit u. Ä. geregelt.

Die Regelungen im notariellen Gesellschaftsvertrag der Paper & More GmbH, eines Büromateriallieferers der Partnerschaft Dr. Neumann & Huber, könnten wie folgt aussehen:

---

§ 1

1. Die GmbH trägt den Namen Paper & More GmbH. Sie hat ihren Sitz in 76149 Karlsruhe, Klammweg 83.
2. Gegenstand der GmbH ist der Großhandel von Büromaterial.

§ 2

1. Die GmbH beginnt mit der Eintragung in das Handelsregister.
2. Die Dauer der GmbH ist unbestimmt.

---

§ 3

1. Das Stammkapital der GmbH beträgt 25.000,00 €.
2. Das Stammkapital ist eingeteilt in 25 000 Geschäftsanteile (Nr. 1-25 000) im Nennbetrag von jeweils 1,00 €. Hiervon haben die Gesellschafter übernommen:
   - Günther Rutte, geb. am 28.01.1975, Welfenstraße 15, 76137 Karlsruhe:
     12 500 Anteile (Nr. 1-12 500) gegen Bareinlage von 12.500,00 €
   - Maren Kugel, geb. Schultz, geb. am 21.09.1976, Erlachseeweg 23, 76227 Karlsruhe:
     12 500 Anteile (Nr. 12 501-25 000) gegen Bareinlage von 12.500,00 €

§ 4

1. Geschäftsjahr ist das Kalenderjahr. Das erste Geschäftsjahr endet am 31.12.2014.
2. Der Jahresabschluss muss jeweils zum 31.03. des folgenden Jahrs (erstmals zum 31.03.2015) aufgestellt werden. Die Bekanntmachung erfolgt im elektronischen Bundesanzeiger.

(Hier können die Gesellschafter ggf. vom Gesetz abweichende Regelungen zu „Geschäftsführung und Vertretung", „Gewinn-/Verlustverteilung" und „Gesellschafterbeschlüsse und -versammlungen" treffen oder spezifische Regelungen hinsichtlich des Tods oder der Kündigung eines Gesellschafters.)

§ 5

Ein Gesellschafter darf ohne die vorherige Zustimmung der anderen Gesellschafter in dem Geschäftsbereich, der Gegenstand der GmbH ist, keine Geschäfte für eigene oder fremde Rechnung tätigen. Das Verbot umfasst auch die Beteiligung als stiller Gesellschafter an Konkurrenzunternehmen.

§ 6

Die Gründungskosten trägt die GmbH.

§ 7

Die Gesellschafter verpflichten sich, im Fall einer sich aus diesem Vertrag ergebenden Streitigkeit vor Klageerhebung eine Schlichtung bei einer anerkannten Schlichtungsstelle durchzuführen.

§ 8

Sollten einzelne Bestimmungen dieses Vertrags unwirksam sein oder werden, bleibt der Vertrag im Übrigen wirksam. Anstelle der unwirksamen Bestimmung soll eine angemessene Regelung gelten, die dem nahekommt, was die Gesellschafter gewollt hätten, wenn sie bei Abschluss des Gesellschaftsvertrags diesen Punkt beachtet hätten.

4.10.2 Unternehmergesellschaft/UG (haftungsbeschränkt)

Die UG (haftungsbeschränkt) wird auch als „Mini-GmbH" bezeichnet und ist in § 5 a GmbHG geregelt. Bei der UG (haftungsbeschränkt) handelt es sich um keine neue Rechtsform, sondern um eine GmbH mit einem geringeren Mindestkapital, sodass sie die Bezeichnung „Unternehmergesellschaft (haftungsbeschränkt)" oder „UG (haftungsbeschränkt)" tragen muss.

vgl.
LF 2,
Kap.
4.10.1

Die UG (haftungsbeschränkt) ist wie die GmbH eine juristische Person, besitzt also eine eigene Rechtspersönlichkeit. Gegründet wird die UG (haftungsbeschränkt) bis auf geringe Abweichungen wie die „normale" GmbH:

- Das Stammkapital muss mindestens 1,00 € betragen.
- Sacheinlagen sind unzulässig.
- Das Stammkapital muss in bar in voller Höhe eingezahlt werden, damit die Eintragung ins Handelsregister erfolgen kann.
- Jährlich muss mindestens 25 % des Jahresüberschusses in eine Rücklage eingestellt werden.
- Wenn die Rücklage mit dem Stammkapital den Betrag von 25 000,00 € übersteigt, können die Gesellschafter einen Kapitalerhöhungsbeschluss fassen und sind dann von der Rücklagenbildung befreit. Weiterhin können sie ihre Firmierung ändern und als „normale" GmbH auftreten.

4.10.3 Aktiengesellschaft (AG)

Die AG ähnelt in ihrer Struktur der GmbH. Durch die Eintragung ins Handelsregister wird die AG zur juristischen Person mit der Folge, dass die Gründungsgesellschafter, also die Aktionäre, die der eigentliche „Inhaber" der AG sind, von ihrer persönlichen Haftung entbunden werden. Dies bedeutet, dass die AG nur mit dem Gesellschaftsvermögen haftet. Die Unternehmensform der AG findet sich vor allem in Großbetrieben von Industrie und Handel sowie bei Banken und Versicherungen.

vgl.
LF 2,
Kap.
4.10.1

Im Einzelnen gilt Folgendes:

Rechtsgrundlage	AktG (= Aktiengesetz)
Gründung	• Mindestens eine natürliche und/oder juristische Person.
	• Die Satzung (= Gesellschaftsvertrag) muss notariell beurkundet werden. Sie muss mindestens beinhalten: Name, Sitz und Gegenstand der AG, Höhe des Grundkapitals, Nennbetrag, Anzahl und Art der Aktien sowie Zahl der Mitglieder des Vorstands.
	• Die AG muss ins Handelsregister eingetragen werden. Zuständig ist das Amtsgericht, in dessen Bezirk der Sitz der Firma liegt.

vgl.
LF 2,
Kap. 4.3

Organe	• Vorstand = Leitungsorgan
	– Der Vorstand (mindestens eine natürliche Person) wird durch den Aufsichtsrat bestellt und abberufen.
	– Bei mehreren Vorständen muss ein Vorstandsvorsitzender bestellt werden.
	– Er wird auf fünf Jahre gewählt.
	– Pflicht zur Führung der Handelsbücher, Erstellung des Jahresabschlusses (Bilanz, Gewinn- und Verlustrechnung) u. a.
	• Aufsichtsrat = Überwachungsorgan
	– Er besteht aus Arbeitnehmer- und Aktionärsvertretern (mindestens drei, höchstens 21 Mitglieder).
	– Er überwacht die Geschäftsführung des Vorstands.
	– Er vertritt die AG gerichtlich und außergerichtlich gegenüber dem Vorstand.
	– Aufsichtsratssitzungen erfolgen vierteljährlich (Themen: Information durch den Vorstand über die wirtschaftliche Lage der AG, Prüfung der Bücher und Fassung von Beschlüssen).
	– Er wählt aus seiner Mitte einen Aufsichtsratsvorsitzenden sowie mindestens einen Stellvertreter.
	• Hauptversammlung = Beschlussorgan
	– Sie ist die Interessenvertretung der Aktionäre (= Gesellschafter).
	– Die Aktionäre haben vielfältige Rechte, u.a. Stimmrecht, Beschlussrecht (z.B. Satzungsänderungen, Auflösung der Gesellschaft, Verwendung des Bilanzgewinns), Auskunftsrecht (jeder Aktionär kann vom Vorstand Auskunft verlangen).
	– Jährlich findet eine ordentliche Hauptversammlung statt.
	– Eine außerordentliche Hauptversammlung ist dann einzuberufen, wenn es das Wohl der AG erfordert.
Kapital	• Es muss ein Grundkapital von mindestens 50 000,00 € aufgebracht werden. Bei der Gründung muss mindestens ¼ hiervon eingezahlt sein.
	• Die Gesellschaftsanteile werden als Aktien (= Urkunden über die Beteiligung an der AG) bezeichnet. Sie werden meistens (ist aber nicht zwingend!) an der Börse gehandelt.
	• Die Aktien sind Bemessungsgrundlage bei der späteren Gewinnverteilung. Es gibt Nennbetragsaktien (= lauten auf einen bestimmten Betrag) und Stückaktien (= haben keinen Nennwert, sondern lauten auf einen bestimmten Anteil am Grundkapital).
	• Jeder Gesellschaftsanteil, also jede Aktie, muss einen Wert von mindestens 1,00 € haben.

Geschäftsführung	• Sofern die AG nur einen Vorstand hat, übt dieser die Geschäftsführung allein aus (= Einzelgeschäftsführung).
	• Hat die AG mehrere Vorstände, besteht grds. Gesamtgeschäftsführungsbefugnis, sofern in der Satzung keine anderweitige Regelung getroffen wurde.
	• Die Geschäftsführungsbefugnis kann beschränkt werden.
	• Der Vorstand muss die von der Hauptversammlung beschlossenen Maßnahmen durchführen.
Vertretung	• Der Vorstand der AG besitzt auch die Vertretungsmacht, d. h., er gilt als gesetzlicher Vertreter und vertritt die AG gerichtlich und außergerichtlich.
	• Die Vertretungsmacht kann nicht eingeschränkt werden.
	• Sofern die AG nur einen Vorstand hat, vertritt dieser die Gesellschaft allein (= Einzelvertretungsmacht).
	• Hat die AG mehrere Vorstände, besteht grds. Gesamtvertretungsmacht. In der Satzung oder durch Beschluss des Aufsichtsrats kann hiervon abweichend z. B. eine Einzelvertretungsbefugnis für ein Vorstandsmitglied oder eine gemeinschaftliche Vertretung durch ein Vorstandsmitglied und einen Prokuristen festgelegt werden.
Gewinn- und Verlustverteilung	• Nachdem der Jahresüberschuss ermittelt wurde, muss dieser verteilt werden: Zuerst muss ein eventueller Verlustvortrag aus dem Vorjahr ausgeglichen werden. Anschließend ist ein Betrag in die gesetzliche Gewinnrücklage einzustellen (5 % des Jahresüberschusses, bis 10 % des Grundkapitals erreicht sind).
	• Die AG hat zudem noch die Möglichkeit, vom verbleibenden Gewinn (= Bilanzgewinn) weitere Rücklagen zu bilden.
	• Anschließend erhalten die Aktionäre eine Dividende (= der auf eine Aktie entfallende Anteil an der Gewinnausschüttung).
	• Sofern dann noch ein Gewinn verbleibt, wird dieser in das nächste Geschäftsjahr vorgetragen.
	• Ein eventueller Verlust kann wie folgt ausgeglichen werden: Gewinnvortrag aus dem Vorjahr, Verlustvortrag in das kommende Geschäftsjahr, Auflösung von Gewinnrücklagen, Auflösung der Kapitalrücklage oder stiller Rücklagen (z. B. Grundstücksverkauf).
Haftung	• Die AG haftet nur mit ihrem Gesellschaftsvermögen.
	• Die Aktionäre haften nur mit ihrem Anteil am Grundkapital zzgl. des Agios (= höherer Preis für ein Wertpapier im Vergleich zum Nennwert).

Firmierung	Der Firmenname setzt sich zusammen aus einer Personen-, Sach- oder Fantasiebezeichnung (oder gemischte Bezeichnung) sowie dem Zusatz „Aktiengesellschaft" oder einer allgemein verständlichen Abkürzung („AG").
Auflösung	Die Auflösung der AG kann z. B. erfolgen durch: • Beschluss der Hauptversammlung mit ¾-Mehrheit, sofern in der Satzung keine anderweitige Regelung getroffen wurde • Eröffnung des Insolvenzverfahrens über das Gesellschaftsvermögen • Zeitablauf • gerichtliches Urteil
Sonstiges	• Sollten in der Satzung abweichende Regelungen hinsichtlich der Geschäftsführung und Vertretung geschlossen werden, so muss dies im Handelsregister eingetragen werden. • Die AG ist verpflichtet, ihren Jahresabschluss im elektronischen Bundesanzeiger (www.bundesanzeiger.de) zu veröffentlichen (= Publizitätspflicht).

vgl. LF 12, Kap. 1.4

vgl. LF 2, Kap. 4.3

4.10.4 Kommanditgesellschaft auf Aktien (KGaA)

vgl. LF 2, Kap. 4.10.3 und 4.9.4

Die KGaA ist eine Sonderform der AG, bei der die Elemente der KG eine Rolle spielen. Die KGaA gilt als übernahmeresistent, selbst wenn über die Börse das Eigenkapital erhöht wird. Dadurch ist sie auch für Familienunternehmen geeignet.

Bei der KGaA werden zwei Arten von Gesellschaftern unterschieden:
• Der persönlich haftende Gesellschafter (= Vollhafter, Komplementär), der in seiner Rechtsstellung dem Komplementär einer KG entspricht.
• Die Kommanditaktionäre, die lediglich an dem in Aktien zerlegten Grundkapital beteiligt sind und nicht persönlich für die Verbindlichkeiten der Gesellschaft haften. Sie entsprechen in ihrer Rechtsstellung den Aktionären der AG.

Im Einzelnen gilt Folgendes:

Rechtsgrundlage	§§ 278 ff. AktG
Gründung	• Mindestens ein Komplementär und ein Kommanditaktionär. • Die Satzung (= Gesellschaftsvertrag) muss notariell beurkundet werden. Sie beinhaltet u. a. Name, Sitz und Gegenstand der KGaA, Höhe des Grundkapitals. • Die KGaA muss ins Handelsregister eingetragen werden. Zuständig ist das Amtsgericht, in dessen Bezirk der Sitz der Firma liegt.

vgl. LF 2, Kap. 4.3

Organe	• Vorstand = Leitungsorgan Der Vorstand (= Komplementär/e) vertritt die KGaA im Innen- und Außenverhältnis. • Aufsichtsrat = Überwachungsorgan Er sorgt für die Ausführung der Beschlüsse der Hauptversammlung. • Hauptversammlung = Beschlussorgan Sie führt Kapitalerhöhungen durch, bestellt den Aufsichtsrat u. a.
Kapital	• Es muss ein Grundkapital von mindestens 50 000,00 € vorliegen. • Das Kapital setzt sich zusammen aus den Vermögenseinlagen der Komplementäre sowie dem in Aktien zerlegten Grundkapital der Kommanditaktionäre.
Geschäftsführung und Vertretung	Die Komplementäre besitzen die Geschäftsführungs- und Vertretungsbefugnis. Diese Befugnis ist vergleichbar mit der eines Vorstands bei der AG, wobei sie weitreichender ist, da der Aufsichtsrat lediglich als Kontrollorgan tätig sein kann.
Gewinn- und Verlustverteilung	• Sofern in der Satzung keine Regelung getroffen wurde, erhält jeder Komplementär einen Anteil vom Jahresgewinn in Höhe von 4 % seines Kapitalanteils. Der Rest wird nach Köpfen verteilt. • Ein eventueller Verlust mindert den Kapitalanteil der Komplementäre. • Die Kommanditaktionäre erhalten jeweils eine Gewinnausschüttung gemäß ihrem Aktienanteil.
Haftung	• Die Komplementäre haften gesamtschuldnerisch, unbeschränkt und unmittelbar. • Die Kommanditaktionäre haften nur bis zur Höhe ihrer Beteiligung.
Firmierung	Der Firmenname setzt sich zusammen aus einer Personen-, Sach- oder Fantasiebezeichnung (oder gemischte Bezeichnung) sowie dem Zusatz „Kommanditgesellschaft auf Aktien" oder einer allgemein verständlichen Abkürzung („KGaA").
Auflösung	Die Auflösung der KGaA kann z. B. erfolgen durch: • Auflösungsbeschluss • Eröffnung des Insolvenzverfahrens über das Gesellschaftsvermögen • Zeitablauf
Sonstiges	Die KGaA ist verpflichtet, ihren Jahresabschluss im elektronischen Bundesanzeiger (www.bundesanzeiger.de) zu veröffentlichen (= Publizitätspflicht).

vgl. LF 12, Kap. 1.4

4.10.5 Eingetragene Genossenschaft (eG)

Die eG ist eine Gesellschaft mit nicht beschränkter Mitgliederzahl. Der Zweck einer eG ist darauf gerichtet, den Erwerb oder die Wirtschaft ihrer Mitglieder oder deren soziale/kulturelle Belange durch gemeinschaftlichen Geschäftsbetrieb zu fördern. Dies bedeutet, dass sich einzelne Personen zu einem gemeinschaftlichen Geschäftszweck zusammenschließen und am Markt auftreten (z. B. Winzergenossenschaft, Baugenossenschaft). Die eG darf keine anderweitigen Geschäfte führen, d. h., die Winzergenossenschaft darf z. B. keine Kleidung herstellen und verkaufen.

Im Einzelnen gilt Folgendes:

vgl.
LF 2,
Kap. 4.4

Rechtsgrundlage	GenG (= Genossenschaftsgesetz)
Gründung	• Mindestens drei Mitglieder (= Genossen). • Das Statut (= Gesellschaftsvertrag) muss schriftlich abgefasst und von den Gründern der eG unterzeichnet sein. Es enthält u. a. Gegenstand, Firma und Sitz der Genossenschaft, Höhe der Geschäftsanteile, Regelung über den Vorsitz in Versammlungen und die Protokollierung von Beschlüssen. • Die eG muss in das Genossenschaftsregister eingetragen werden. Zuständig ist das Amtsgericht, in dessen Bezirk der Sitz der Genossenschaft liegt.

Organe	• Vorstand = Leitungsorgan unter Wahrung der Betriebsinteressen Er vertritt und leitet die eG in allen gerichtlichen und außergerichtlichen Angelegenheiten.
	• Aufsichtsrat = Überwachungsorgan des Vorstands unter Wahrung der Kapitalinteressen
	• Generalversammlung = Beschlussorgan unter Wahrung der Mitgliederinteressen
	  – Jedes Mitglied hat unabhängig von den Geschäftsanteilen eine Stimme.
	  – Sie stellt den Jahresabschluss fest, wählt Vorstand und Aufsichtsrat usw.

Kapital	• Ein Mindestkapital ist nicht vorgeschrieben. • Das Vermögen setzt sich aus den Einlagen der Mitglieder, den sog. Geschäftsanteilen zusammen. • Sofern ein Mitglied aus der eG ausscheidet, muss diese den Anteil üblicherweise zurückzahlen, sodass das Eigenkapital einer eG schwankt.

Geschäftsführung und Vertretung	Der Vorstand vertritt die eG im Innen- und Außenverhältnis.
Gewinn- und Verlustverteilung	• Der entstandene Gewinn ist im ersten Geschäftsjahr entsprechend den Geschäftsanteilen auf die Mitglieder zu verteilen. Für jedes weitere Geschäftsjahr erfolgt die Verteilung im Verhältnis zum ermittelten Guthaben des vorhergegangenen Geschäftsjahrs. • Ein eventueller Verlust wird von den Geschäftsanteilen der Mitglieder abgezogen, sofern im Statut keine abweichende Regelung getroffen wurde.
Haftung	Für die Verbindlichkeiten haftet den Gläubigern nur das Vermögen der eG.
Firmierung	Der Firmenname setzt sich zusammen aus einer Sachbezeichnung sowie dem Zusatz „eingetragene Genossenschaft" oder einer allgemein verständlichen Abkürzung („eG").
Auflösung	Die Auflösung der eG kann z. B. erfolgen durch: • Auflösungsbeschluss der Generalversammlung • Eröffnung des Insolvenzverfahrens über das Gesellschaftsvermögen • Zeitablauf
Sonstiges	Die eG ist verpflichtet, ihren Jahresabschluss im elektronischen Bundesanzeiger (www.bundesanzeiger.de) zu veröffentlichen (= Publizitätspflicht).

vgl.
LF 12,
Kap. 1.4

4.11 Eingetragener Verein (e. V.)

> **Definition:** Ein Verein im Sinn des BGB ist ein auf Dauer angelegter Zusammenschluss von natürlichen oder juristischen Personen zur Verwirklichung eines gemeinsamen Zwecks.

Der Verein führt einen Gesamtnamen, tritt nach außen als Einheit auf, ist in seinem Bestand vom Mitgliederwechsel unabhängig und hat nicht zwingend notwendig ein Vermögen. Unterschieden werden der nicht-rechtsfähige Verein sowie der rechtsfähige, also der eingetragene Verein (e. V.).

Der eingetragene Verein erreicht seine Rechtsfähigkeit durch die Eintragung in das Vereinsregister des zuständigen Amtsgerichts, wobei der Vereinssitz maßgeblich ist. Durch die

vgl.
LF 2,
Kap. 4.4

vgl.
LF 4,
Kap.
3.1.1

Eintra- gung erhält er den Zusatz „e. V.". Eingetragene Vereine sind juristische Personen, d. h., sie sind Träger von Rechten und Pflichten, sodass sie vor Gericht klagen und verklagt werden können.

Voraussetzungen für die Gründung eines eingetragenen Vereins:

- Mindestmitgliederanzahl: sieben (§ 56 BGB)
- Gründerinnen und Gründer müssen in der Regel volljährig sein.
- Vereinssatzung, u. a. mit Name und Sitz des Vereins, Bestimmungen über Mitgliedsbeitrag, Mitgliedereintritt und -austritt (§§ 57, 58 BGB), vor allem aber Hinweis auf den Zweck des Vereins, der nicht auf einen wirtschaftlichen Geschäftsbetrieb gerichtet sein darf (§ 21 BGB)
- Bildung von zwei Organen (§§ 26, 32 BGB):
  - Der **Vorstand** vertritt den e. V. gerichtlich und außergerichtlich. Die Vertretungsmacht kann in der Satzung mit Wirkung gegen Dritte beschränkt werden (z. B. Geschäfte ab bestimmtem Wert nur mit vorheriger Zustimmung der Mitglieder).
  - Die **Mitgliederversammlung** wählt den Vorstand und entscheidet in allen Vereinsange-legenheiten (die nicht vom Vorstand oder einem anderen in der Satzung bestimmten Organ zu besorgen sind) mit der in der Satzung bestimmten Mehrheit. In der Praxis findet regelmäßig eine jährliche Mitgliederversammlung statt. Es sind jedoch auch außer-ordentliche Mitgliederversammlungen möglich.

Der e. V. kann aufgelöst werden durch Beschluss der Mitgliederversammlung (§ 41 BGB), durch Eröffnung des Insolvenzverfahrens (§ 42 BGB), durch Vereinsfusion, wenn die Zahl der Mitglie-der unterschritten wird (§ 73 BGB) oder aufgrund eines behördlichen Verbots (§ 3 VereinsG).

Hinweis: Gemäß § 73 BGB hat das zuständige Amtsgericht auf Antrag des Vereins-vorstands und, wenn dieser Antrag nicht binnen drei Monaten gestellt wird, von Amts wegen nach Anhörung des Vorstands dem e. V. die Rechtsfähigkeit dann zu entzie-hen, wenn die Zahl der Vereinsmitglieder auf unter drei herabsinkt. Dies bedeutet, dass der e. V. noch nicht aufgelöst wird, wenn er weniger als sieben Mitglieder hat.

4.12 Europäisches Gesellschaftsrecht

Das EU-Recht spielt auch im Gesellschaftsrecht eine wichtige Rolle. Zum einen gibt es zahl-reiche EU-Verordnungen, die auf die Angleichung des nationalen Gesellschaftsrechts der Mit-gliedsstaaten abzielen. Zum anderen haben die EU-Grundfreiheiten auch in diesem Bereich unmittelbaren Einfluss.

So haben in Deutschland tätige Unternehmen aufgrund der Niederlassungsfreiheit in der EU gem. Art. 49, 54 AEUV nach der Rechtsprechung des Europäischen Gerichtshofs (EuGH) auch die Mög-lichkeit, eine Gesellschaftsform eines anderen EU-Mitgliedsstaats zu wählen. Dies gilt auch dann, wenn die Gesellschaft ihre Tätigkeit hauptsächlich oder ausschließlich in Deutschland ausübt. In der Vergangenheit wurde daher z. B. häufiger die englische Limited („Ltd.") gewählt, aber auch die Gesellschaftsformen anderer Länder können für manche Unternehmensgründerinnen und Unternehmensgründer weiterhin von Vorteil sein, etwa die polnische Spólka z ograniczona odpowiedzialnoscia (sp. z o.o.).

Daneben gibt es auch eigene Gesellschaftsformen nach EU-Recht:

- Die Europäische Aktiengesellschaft (Europa-AG), oder auch Societas Europea (SE), ist eine Gesellschaftsform für große Unternehmen, die in verschiedenen Mitgliedstaaten tätig sind. Durch diese Gesellschaftsform ist eine Verlegung des Sitzes innerhalb der Mitgliedsstaaten ohne Auflösung oder Gründung von Tochtergesellschaften möglich. Die SE kann nur durch Verschmelzung oder Umwandlung gegründet werden, nicht als Neugründung. Bekannte Unternehmen mit dieser Gesellschaftsform sind beispielsweise die Versicherungsunternehmen Allianz und Hannover Rück, der Chemiekonzern BASF oder der Sportartikelhersteller Puma.

- Die Europäische Genossenschaft, auch Societas Cooperativa Europaea (SCE) genannt, soll kleinen und mittelständischen Unternehmen die Möglichkeit grenzüberschreitender Kooperation eröffnen. Wie bei der deutschen Genossenschaft besteht der Zweck der SCE in der Förderung von Tätigkeiten der Mitglieder und der Befriedigung von Mitgliederbedürfnissen. Bei einer Neugründung müssen mindestens fünf natürliche oder juristische Personen beteiligt sein, wovon mindestens zwei ihren (Wohn)Sitz in einem der EU-Mitgliedsstaaten haben. Das eingezahlte Gründungskapital beträgt 30 000,00 €. Für die Gründung in Deutschland ist eine Eintragung in das Genossenschaftsregister erforderlich. Der Sitz der SCE kann in einen anderen Mitgliedstaat verlegt werden, ohne dass eine Auflösung und neue Eintragung erforderlich ist.

vgl. LF 4, Kap. 3.1.1

vgl. LF 2, Kap. 4.4

- Weiterhin ist die Gründung einer englischen Limited (Ltd.) möglich. Die Limited ist eine primär in Großbritannien verwendete Gesellschaftsform, ähnlich der deutschen Aktiengesellschaft. Bei der Gründung ist zu beachten, dass alle Formalien nach englischem Recht zu erfolgen haben. Jeder EU-Bürger kann eine Limited gründen, wenn sich der Hauptsitz in England befindet und mindestens ein englischer Vertreter vorhanden ist. Als Gründungskapital reicht theoretisch 1 Pfund aus. Weitere Voraussetzungen sind ein Gesellschaftsvertrag und die Bestellung eines Direktors. Im Gesellschaftsvertrag werden die Rechtsverhältnisse wir Firmierung und Unternehmensgegenstand festgehalten. Der Direktor muss schriftlich bestimmt werden. Die Eintragung der Limited muss beim englischen Handelsregister (Companies House) erfolgen.

Zusammenfassung

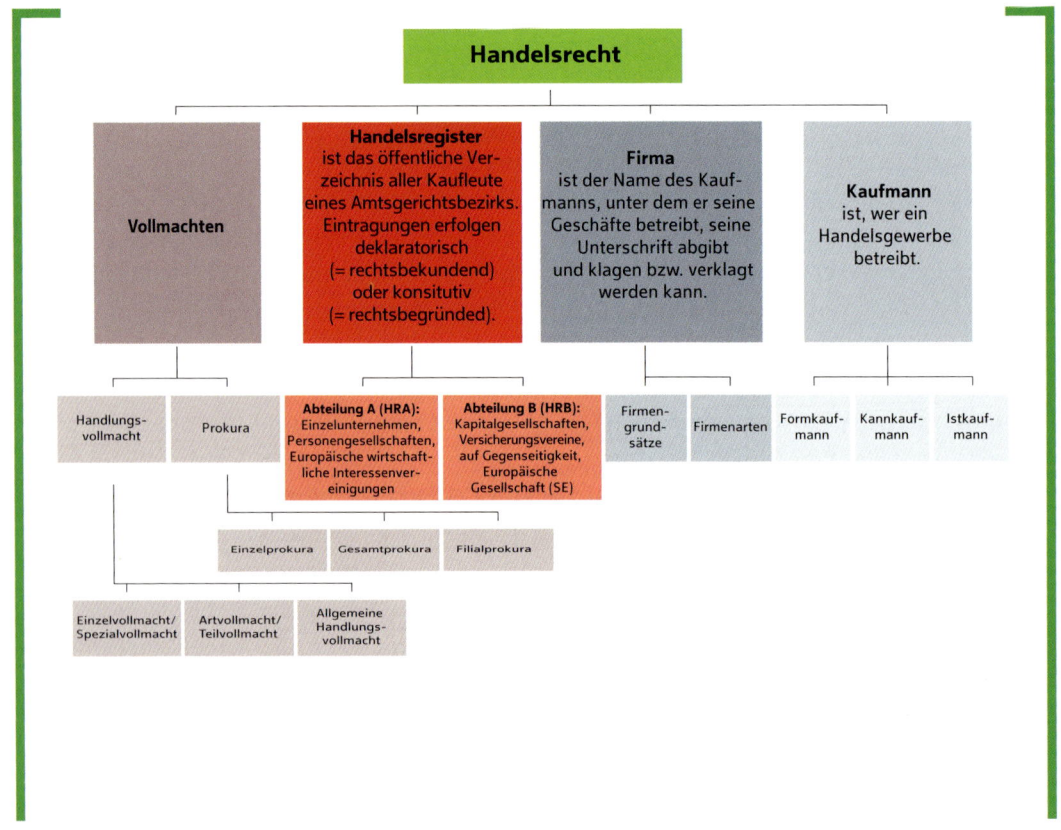

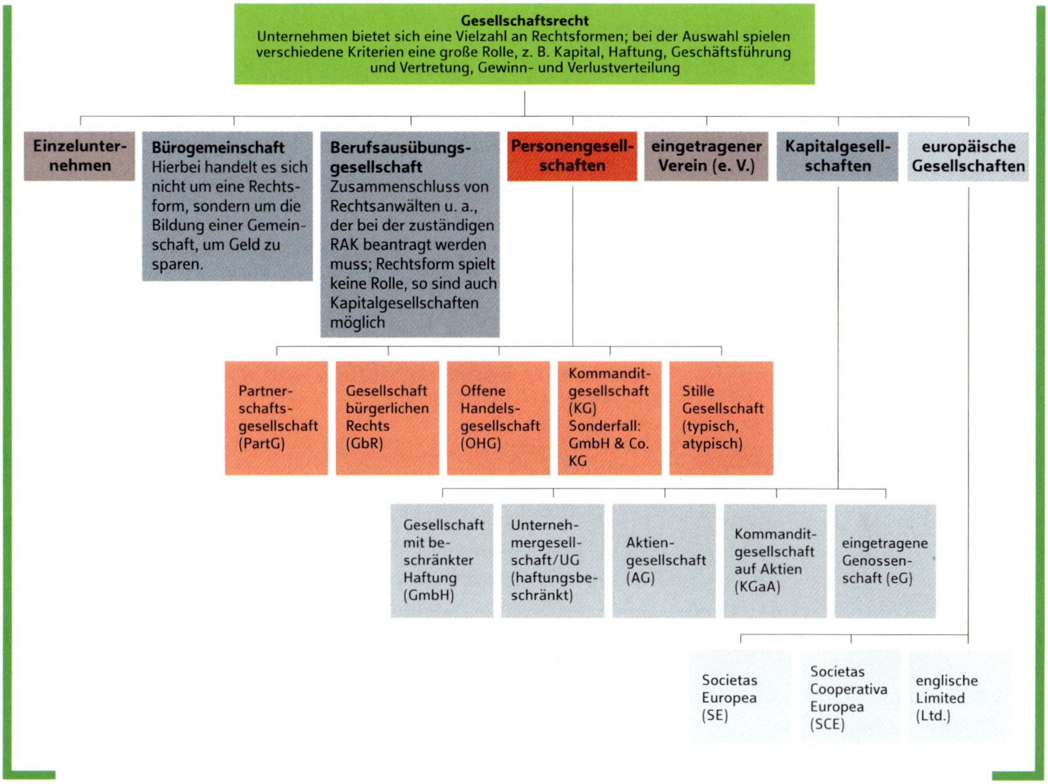

Gesellschaftsrecht
Unternehmen bietet sich eine Vielzahl an Rechtsformen; bei der Auswahl spielen verschiedene Kriterien eine große Rolle, z. B. Kapital, Haftung, Geschäftsführung und Vertretung, Gewinn- und Verlustverteilung

Einzelunternehmen	Bürogemeinschaft	Berufsausübungsgesellschaft	Personengesellschaften	eingetragener Verein (e. V.)	Kapitalgesellschaften	europäische Gesellschaften
	Hierbei handelt es sich nicht um eine Rechtsform, sondern um die Bildung einer Gemeinschaft, um Geld zu sparen.	Zusammenschluss von Rechtsanwälten u. a., der bei der zuständigen RAK beantragt werden muss; Rechtsform spielt keine Rolle, so sind auch Kapitalgesellschaften möglich				

Personengesellschaften:
- Partnerschaftsgesellschaft (PartG)
- Gesellschaft bürgerlichen Rechts (GbR)
- Offene Handelsgesellschaft (OHG)
- Kommanditgesellschaft (KG) Sonderfall: GmbH & Co. KG
- Stille Gesellschaft (typisch, atypisch)

Kapitalgesellschaften:
- Gesellschaft mit beschränkter Haftung (GmbH)
- Unternehmergesellschaft/UG (haftungsbeschränkt)
- Aktiengesellschaft (AG)
- Kommanditgesellschaft auf Aktien (KGaA)
- eingetragene Genossenschaft (eG)

europäische Gesellschaften:
- Societas Europea (SE)
- Societas Cooperativa Europea (SCE)
- englische Limited (Ltd.)

 **Wiederholung und Vertiefung**

1. Erstellen Sie eine Mindmap, die die handelsrechtlichen Grundbegriffe enthält. Notieren Sie auch die jeweiligen Paragrafen des Handelsgesetzbuchs und weitere Begriffe, die in diesem Zusammenhang im Gesetz genannt werden.
2. Erläutern Sie die drei Kaufmannsarten.
3. Welche Firmengrundsätze gibt es und was verstehen Sie darunter?
4. Nennen Sie die Abteilungen des Handelsregisters mit ihren Inhalten.
5. Welche handelsrechtlichen Vollmachten gibt es?
6. Erläutern Sie die Gewinn- und Verlustverteilung der GbR.
7. Kann Sebastian Rudolph, ein geschäftsführender Gesellschafter der Rudolph & Sohn OHG, allein über Erteilung und Widerruf der Prokura entscheiden?
8. Welche Inhalte muss ein GmbH-Gesellschaftsvertrag zwingend aufweisen?
9. Gibt es bzgl. der Haftung einen Unterschied zwischen der GmbH und der AG?
10. Die KGaA hat zwei Arten von Gesellschaftern. Nennen Sie diese.

Lernfeld 3 – Kompetenzen

In diesem Lernfeld lernen Sie:

Kapitel 1 **Entscheidungsgrundlagen für den Abschluss eines Kaufvertrags und wirtschaftlich sinnvolle Warenbestellung**	• Anbieterinnen und Anbieter zu recherchieren • den Materialbedarf zu ermitteln • Angebote einzuholen • vergleichbare Kriterien zu entwickeln und anhand dieser Angebote zu vergleichen • Waren unter Berücksichtigung wirtschaftlicher Aspekte zu bestellen • eine Entscheidungsgrundlage in Form einer Tabelle zu erstellen • Waren anzunehmen, richtig zu kontrollieren und zu lagern • Absagen zu formulieren

Kapitel 2 **Rechtsgrundlagen und Wirksamkeit eines Kaufvertrags**	• die Bücher des BGB und ihre Rechtsgebiete zu unterscheiden • einen Kaufvertrag zu definieren • die Voraussetzungen von rechtsverbindlichen Willenserklärungen (Angebot und Annahme) zu beurteilen • zu prüfen, ob Willenserklärungen nichtig sind • Willensmängel rechtlich zu beurteilen • Irrtümer bei Willenserklärungen zu erkennen • die Anfechtbarkeit von Willenserklärungen korrekt zu prüfen • wann ein Mensch geschäftsfähig ist • was beschränkte Geschäftsfähigkeit bedeutet • die Voraussetzungen der Stellvertretung zu prüfen

Kapitel 3 **Vertragsabwicklung überwachen**	• ein Erfüllungsgeschäft zu überwachen • allgemeine Leistungsstörungen im Kaufrecht zu prüfen • was die Unmöglichkeit der Leistungserbringung im Kaufrecht bedeutet • wie die Gefahrtragung im Kaufrecht geregelt ist • was die Voraussetzungen des Schuldnerverzugs sind • wann ein Sach- oder Rechtsmangel einer Kaufsache gegeben ist • welche Rechte den Käuferinnen und Käufern bei Mängeln der Kaufsache zustehen • warum die Mängelrechte auch ausgeschlossen sein können

Kapitel 4 **Betriebliche Berechnungen durchführen**	• nach einfachem und zusammengesetztem Dreisatz Aufgaben zu lösen • den Umtausch von Euro in eine andere Währung und umgekehrt auszurechnen • einen Prozentwert auszurechnen • einen Prozentsatz zu berechnen • den Grundwert zu beziffern • Zinsen auf den Tag genau zu berechnen • die Höhe des Zinssatzes und das zugrunde liegende Kapital auszurechnen • Kosten und Prämienzahlungen u. a. gerecht auf mehrere Personen zu verteilen

Kapitel 5 **Führen des erforderlichen Schriftverkehrs**	• Geschäftsbriefe normgerecht zu gestalten • geschäftliche E-Mails normgerecht zu gestalten • die Regeln des Phonodiktats • ein elektronisches Textverarbeitungsprogramm effizient zu nutzen • anhand einer Beispielsituation die Vorzüge effektiver Textarbeit zu beurteilen

Lernfeld 3: Schuldrechtliche Regelungen bei der Vorbereitung und Abwicklung von Verträgen anwenden

1 Entscheidungsgrundlagen für den Abschluss eines Kaufvertrags und wirtschaftlich sinnvolle Warenbestellung

Kaufentscheidungen müssen im beruflichen Alltag ständig getroffen werden. Oft sind es simple, immer wiederkehrende, ähnliche Entscheidungen, die keine oder zumindest keine aufwendige Recherche verlangen.

Im Geschäftsbetrieb werden täglich Waren benötigt, um den Bürobetrieb aufrechtzuerhalten. Selbst bei diesen alltäglichen Waren sollte der Bedarf ermittelt werden und das günstigste Angebot gewählt werden. Da jeden Tag Druckerpapier benötigt wird, liegt im günstigen Einkauf ein entsprechendes Einsparpotenzial.

Aber je teurer und komplexer das zu kaufende Produkt ist, desto umfangreicher sind in der Regel auch die zugrunde liegenden Entscheidungskriterien.

Lernsituation

 Rechtsanwalt Peter Huber und Rechtsanwältin Dr. Annette Neumann sind sich einig, dass die Kanzlei ein neues Multifunktionsgerät benötigt. Drucken, faxen, scannen und auch fotokopieren soll die Neuanschaffung können. Gemeinsam mit der Büroleiterin Marion Webermann entscheiden sie, die Auszubildende Julia Hoffmann, die auch sonst den Wareneinkauf für die Kanzlei regelt, mit der Suche nach einem geeigneten Gerät zu beauftragen. Sie soll die Kaufentscheidung so vorbereiten, dass eine Wahl ohne weitere Recherche getroffen werden kann.

Julia Hoffmann merkt schnell, dass sie zu wenige Informationen hat, um den Auftrag gut ausführen zu können. Sie möchte genau wissen, was das Gerät alles können sollte und möchte auch andere Kriterien herausfinden, die für eine Kaufentscheidung wichtig sein könnten. Nachdem sie noch einmal mit ihren Kollegen über die verschiedenen Anforderungen an das Gerät gesprochen hat, führt Julia Hoffmann eine Internetrecherche durch, um eine Kaufentscheidung treffen zu können.

Julia Hoffmann hat im Grund schon relativ viel Erfahrung mit der Bestellung von Waren für die Kanzlei. Denn seit dem 2. Ausbildungsjahr gehört es außerdem zu ihren Aufgaben, den Bestand an Bürobedarf zu kontrollieren und ggf. neues Material zu bestellen. Julia Hoffmann prüft z. B. regelmäßig, ob noch ausreichend Papier vorhanden ist. Sie stellt fest, dass neues Papier bestellt werden muss. Sie erledigt diese Bestellung und nimmt die bestellte Ware auch entgegen.

Arbeitsaufträge:

a) Überlegen Sie in Zweiergruppen vorab **eigene** Kriterien für die Kaufentscheidung hinsichtlich des Multifunktionsgeräts. Was wäre bei einem solchen Gerät in Ihrer Kanzlei wichtig?

b) Vergleichen Sie untereinander Ihre Ergebnisse.

c) Stellen Sie fest wie in Ihrer Kanzlei die Bestellung von Arbeitsmitteln geregelt ist und besprechen Sie anschließend innerhalb der Klasse, wie in anderen Kanzleien der Bestellvorgang abläuft.

d) Führen Sie eine Internetrecherche durch, um geeignete Multifunktionsgeräte für Ihre Kanzlei zu finden.

e) Führen Sie eine Internetrecherche zu den Testergebnissen von Telefonanlagen durch und diskutieren Sie das Ergebnis miteinander.

f) Welche Waren werden in der Kanzlei, in der Sie arbeiten, regelmäßig bestellt und welche Bestellwege werden genutzt?

g) Würde sich das Bestellverhalten in Ihrer Kanzlei ändern, wenn Sie mehr Lagerfläche zur Verfügung hätten? Diskutieren Sie.

h) Was ist das Ziel einer Bezugskalkulation?

i) Wer kontrolliert in der Regel in Ihrer Kanzlei den Eingang der Ware?

j) Reflektieren Sie anschließend Ihr Wissen.

1.1 Kaufentscheidende Kriterien erarbeiten und Waren unter Berücksichtigung wirtschaftlicher Aspekte bestellen

Entscheidungskriterien sind **Richtlinien, nach denen eine Entscheidung getroffen werden kann**. Allgemeine Kriterien bei Kaufentscheidungen sind:
- Preis einer Ware,
- Verfügbarkeit einer Ware sowie
- Nutzen einer Ware.

Dann gilt es noch den **Bedarf für eine Entscheidung** zu ermitteln. Hier spielt der **Nutzen** der Ware eine Rolle. Grundsätzlich ist es so, dass die Entscheidung umso leichter fällt, je mehr **Informationen zum Entscheidungsbedarf** vorliegen.

Aus diesem Grund sollten möglichst alle Personen, die von der Entscheidung betroffen sind, an der Entscheidung teilhaben. Das geht allerdings nur in kleineren Unternehmen. In größeren Abteilungen oder Unternehmen, in denen mehr als zehn Personen arbeiten, wird man nicht jede einzelne nach ihrer Meinung fragen. Das wäre zu umständlich und würde eine rasche Entscheidungsfindung blockieren. Deshalb wird der Einkauf von Arbeitsgeräten und Arbeitsmitteln in großen Firmen zentral geregelt.

Mit dem Multifunktionsgerät werden vor allem drei Personen arbeiten. Über Outlook lädt Julia Hoffmann Marion Webermann und die andere Auszubildende Annika Sauer zu einer Besprechung ein.

Da in erster Linie die Büroangestellten mit dem neuen Drucker arbeiten werden, lädt Julia Hoffmann auch nur diese zur Besprechung ein. So hält sie den Teilnehmerkreis gering und sorgt außerdem dafür, dass die Wünsche der Kollegen, die am meisten mit der Neuanschaffung zu tun haben, Berücksichtigung finden. Das spart Kosten und führt zur Zufriedenheit.

 Tipp: Um eine Besprechung möglichst kurz zu halten, kann man auch ein Meeting im Stehen durchführen.

Jede Kaufentscheidung beinhaltet neben den **allgemeinen Kriterien** wie Preis, Verfügbarkeit und Nutzen auch noch **besondere Kriterien**. Diese besonderen Kriterien sind verbunden mit den Bedürfnissen, die mit der Kaufentscheidung jeweils befriedigt werden sollen.

Besondere Kriterien bei einem Multifunktionsgerät sind:
- Leistungsfähigkeit des Druckers,
- einfache Bedienbarkeit,
- Druckqualität,
- Folgekosten und
- Kundenservice.

Bei der Besprechung in der Kanzlei stellt sich heraus, dass
- das Druckaufkommen bei ca. 1 000 Seiten pro Monat liegt,
- alle Wert legen auf eine einfache Bedienbarkeit des Geräts und eine Druckfunktion über das Smartphone,
- die Druckqualität im Textdruck ausgezeichnet sein muss, Fotodruck geringe Priorität hat,
- alle einen Kundenservice vor Ort wünschen,
- sowohl Druck- als auch Scanfunktion zweiseitig drucken bzw. scannen können sollten,
- eine direkte Archivierung auf dem betriebseigenen Server möglich sein sollte.

1.1.1 Angebote einholen und Anbieter recherchieren

Da die Anzahl der infrage kommenden Multifunktionsgeräte unüberschaubar ist und Julia Hoffmann sich nicht mit der Qualität auskennt, beschließt sie auf das Fachwissen der einschlägigen Testergebnisse zurückzugreifen. Dazu macht sie eine Internetrecherche mit den Suchwörtern „Multifunktionsdrucker + Testergebnisse".

Das sind Julia Hoffmanns Rechercheergebnisse:

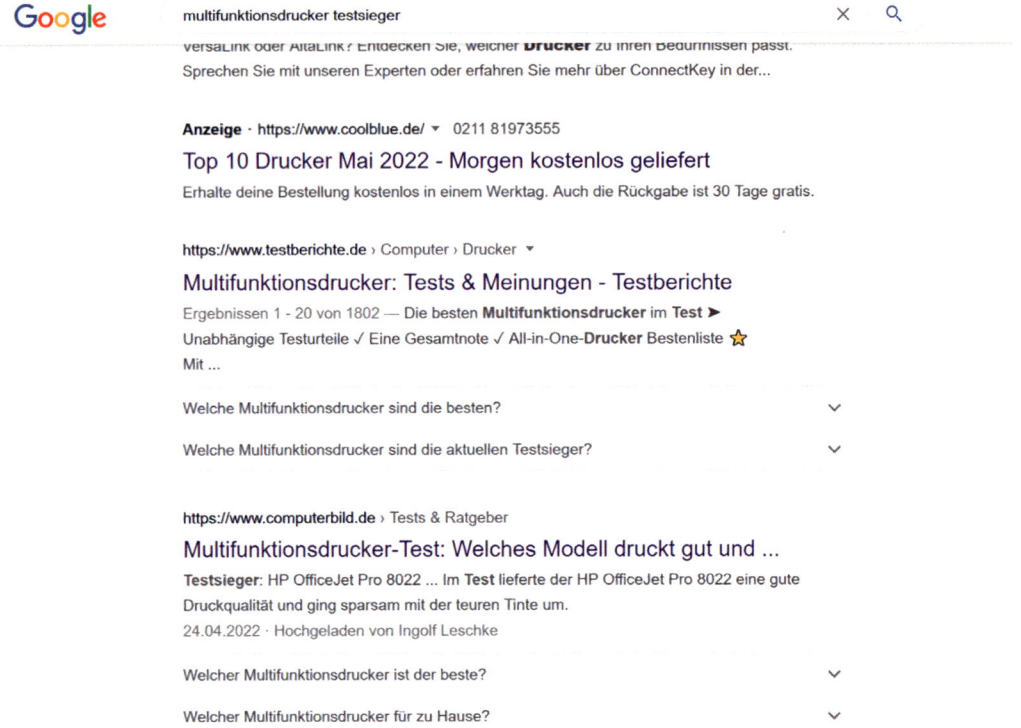

Testergebnisse sollte man vor komplexen Kaufentscheidungen immer zurate ziehen. Die Testergebnisse müssen dann mit den eigenen Entscheidungskriterien in Verbindung gesetzt werden.

Nach der Auswertung der Testergebnisse und des Vergleichs mit den erarbeiteten Anforderungskriterien wurden unter Berücksichtigung der Anschaffungs- und Folgekosten fünf verschiedene Modelle ausgewählt.

Julia Hoffmann muss nun die günstigsten Anbieterinnen und Anbieter für diese Modelle recherchieren. Da alle einen Kundenservice vor Ort wünschen, sollte es sich um eine Anbieterin bzw. einen Anbieter handeln der max. 30 km entfernt ist. Dazu bieten sich die elektronischen gelben Seiten an. Hier gibt sie „Computerhardware" und „Neustadt an der Weinstraße" ein und hat auf einen Klick acht Anbieterinnen und Anbieter gefunden.

An diese wendet sich Julia Hoffmann mit folgender Bitte per Brief, Fax oder E-Mail:

Anfrage wegen eines Angebots

Sehr geehrte Damen und Herren,

unsere Kanzlei benötigt ein neues Multifunktionsgerät. Infrage kommen dafür fünf Modelle, die ich hier auflistе:

- ... (Modell A)
- ... (Modell B)
- ... (Modell C)
- ... (Modell D)
- ... (Modell E)

Bitte nennen Sie uns zu jedem Modell, das Sie liefern können, den Preis, zu dem Sie es anbieten. Wir legen Wert auf einen guten Kundenservice vor Ort. Sollten Sie damit auch dienen können, dann informieren Sie mich auch über diese Kosten.

Gerne warte ich in der kommenden Woche auf Ihr Angebot.

Mit freundlichen Grüßen

Julia Hoffmann

 Tipp: Gerade in der Computerbranche ist es vollkommen üblich in einem solchen Fall eine E-Mail zu schreiben. Selbst wenn man beim Händler vor Ort kaufen möchte, ist es gut die Onlinepreise zu kennen. So hat man eine gute Verhandlungsbasis, wenn es zu einer Einigung kommt.

1.1.2 Vergleichbare Kriterien entwickeln

Angebote kann man nur anhand von **vergleichbaren Kriterien** miteinander vergleichen. Zunächst müssen also immer erst solche Kriterien entwickelt werden.

Außerdem müssen die Kriterien so dargestellt werden, dass die Kaufentscheidung getroffen, aber vor allem auch von anderen Personen, die nicht den Auswahlprozess begleitet haben, nachvollzogen werden kann. Die Vor- und Nachteile der Kaufentscheidung müssen auf einen Blick erkennbar sein.

1.1.3 Entscheidungsgrundlage erstellen

Am besten dazu geeignet ist eine Tabelle.

Für die Kaufentscheidung in der Kanzlei sind folgende Kriterien relevant:

• Druckqualität,

• leichte Bedienbarkeit aller Funktionalitäten,

• Service der Anbieterin bzw. des Anbieters und

• der Preis.

Mit folgender Tabelle können die einzelnen Modelle gut hinsichtlich der erarbeiteten wichtigen Kriterien verglichen werden:

Gerät	Modell A	Modell B	Modell C	Modell D	Modell E
Druckqualität	++	++	o	+	o
Bedienbarkeit	o	++	o	+	++
Service	–	++	++	++	+
Preis	+	o	+	o	++
Händler/Service	Technik GbR	Elektro Markt	Computer Handel	EDV-Service	Gut und Günstig

 Tipp: Wichtig ist es, die Tabelle nicht mit zu vielen Kriterien zu überfrachten, weil sie dadurch unübersichtlich wird. In der Regel reichen drei bis fünf Parameter aus, um eine fundierte Entscheidung treffen zu können. Durch ein Bewertungsspektrum von ++ für sehr gut bis zu – für sehr schlecht erhält man sehr schnell ein übersichtliches Bewertungsergebnis.

Nach der Tabelle sollte die Wahl auf das Modell B fallen.

1.1.4 Materialbedarf ermitteln

Bei der Ermittlung des Bedarfs ist einerseits vom **angenommenen Verbrauch** auszugehen, aber andererseits auch vom **Lagerplatz**, der zur Verfügung steht. Zudem kommt es auch darauf an, ob sich die Ware gut lagern lässt oder ob durch eine lange Lagerzeit ein Qualitätsverlust eintreten kann, was z. B. bei Lebensmitteln der Fall sein kann.

▶ Beispiel Bedarfsermittlung: In der Kanzlei werden täglich 150 Briefe und Kopien gefertigt, die im Durchschnitt drei Seiten umfassen. Daraus ergibt sich ein Papierbedarf von 450 Seiten (150 · 3) pro Tag, also rund 500 Blatt pro Tag. Papier wird in einem Pack zu jeweils 500 Blatt verkauft. Üblicherweise sind in einem Karton fünf Packs zusammengefasst. Die Ware wird in einem Schrank gelagert. Dort ist Platz für rund acht Kartons. Um nicht unnötig viel Zeit mit Bestellungen zu verbringen, sollte Material, das nicht verderben kann, in so großer Menge bestellt werden, wie gelagert werden kann.

Vor der Bestellung muss zunächst ein **Angebotsvergleich**, bei dem Angebote verschiedener Lieferanten miteinander verglichen werden, durchgeführt werden. Angebotsvergleiche können und sollten auch durchgeführt werden, wenn Leistungen in Form von Dienst- oder Handwerksleistungen bezogen werden.

Folgende Kriterien sollten in den Angebotsvergleich einfließen:
- Preis, einschließlich der Nebenkosten wie z. B. Versandkosten,
- Wareneigenschaften und
- Preisnachlässe, Rabatte oder Boni.

Bei Angebotsvergleichen von Dienst- oder Handwerksleistungen sollten noch Kriterien wie Skonti oder Zahlungsfristen berücksichtigt werden.

Diese Kriterien sollten den eigenen Bedürfnissen entsprechend gewichtet und sortiert werden, sodass im Anschluss eine fundierte Kaufentscheidung getroffen werden kann. In der Regel wird der **Preis das ausschlaggebende Kriterium** für die Kaufentscheidung sein. In der Regel kann auch bei Internetkäufen auf Rechnung bestellt werden, sodass Auszubildende die Bestellung allein abwickeln können.

Ausschlaggebend ist der sog. **Einstandspreis**, der auch Beschaffungspreis oder Bezugspreis genannt wird. Der Einstandspreis wird folgendermaßen anhand der sog. **Bezugskalkulation** ermittelt:
- Preis je Einheit ohne Umsatzsteuer, zzgl. eventueller Zuschläge, etwa für Mindermengen
- abzgl. Preisabschläge
- zzgl. Transportkosten
- zzgl. Bezugsnebenkosten, wie z. B. Transportversicherung, Zölle

Der mit Hilfe dieser Kalkulation ermittelte Bezugspreis ist eine wichtige Grundlage zum Vergleich von Angeboten. Allerdings ist meist eine so genaue Berechnung des Bezugspreises im normalen Büroalltag nicht notwendig, weil es sich in der Regel um Waren handelt, die die Büroartikelversender vorrätig haben und die dort zu einem festen Preis angeboten werden. Bei den Büroartikelversendern wird in der Regel auch der Nettopreis angeboten, der als Grundlage für die Kalkulation dient, weil die Vorsteuer abgezogen wird.

▶ **Beispiel:** In der Kanzlei wird grds. DIN-A4 80 g/m² Weiß 92 CIE Papier verwendet. Auch Julia Hoffmann recherchiert ausschließlich nach Preisen für ein solches Papier bei Büroartikelversendern im Internet.

Die verschiedenen Angebote müssen aber miteinander verglichen werden. Dazu kann man folgende Tabelle nutzen:

	Papier A	Papier B	Papier C
Nettopreis pro Pack	2,61	2,97	3,49
Menge/Packs	40	40	40
Rabatt	-	-	2,49
Gesamtpreis in €	107,01	118,80	99,60

Wichtig für die Vergleichbarkeit von Preisen ist es, stets den Bezugspreis für eine Einheit zu berechnen, in dem Fall also für ein Pack. Dann sollten erst die eventuellen Rabatte Berücksichtigung finden, sodass der günstigste Preis ermittelt werden kann. Spielen weitere Parameter beim Preis eine Rolle wie z. B. Skonti etc., so sind diese ebenfalls in der Tabelle zu berücksichtigen.

▶ **Beispiel:** Der anfangs teuerste Preis ist aufgrund der Mengenrabattierung am günstigsten. Julia Hoffmann bestellt Papier C. Die Bestellung gibt sie per Internet bei dem Büroartikelversender auf.

vgl. LF 3, Kap. 5.5.2

1.2 Waren annehmen, kontrollieren und lagern

Bei einer Lieferung sollte stets als Erstes kontrolliert werden, ob die Lieferung auch so geliefert wurde wie bestellt. Die Ware muss also hinsichtlich **Qualität** und **Quantität** kontrolliert werden.

▶ **Beispiel:** Julia Hoffmann hat 80-g-Papier in reinweiß zum Nettogesamtpreis von 99,60 € bestellt. Die Bestellung wurde korrekt ausgeliefert.

Die Ware muss nun auch richtig gelagert werden. Bei Büromaterial werden an die Lagerung keine besonderen Anforderungen gestellt. Es reicht in der Regel aus, wenn die Ware trocken gelagert wird. Üblicherweise gibt es in Kanzleien einen Materialschrank. Größere Kanzleien verfügen oft auch über einen Materialraum.

Innerhalb des Materialschranks oder des Materialraums sollte die Ware systematisch aufbewahrt werden, sodass man schnell alles findet. Papier sollte gut greifbar sein, weil man das am häufigsten benötigt. Dann bietet es sich an, einen guten Zugriff auf Ordner zu haben. Für das Kleinmaterial wie Trennstreifen, Klebeband sollte eine eigene Ecke reserviert sein, damit man nicht lange suchen muss.

Zusammenfassung

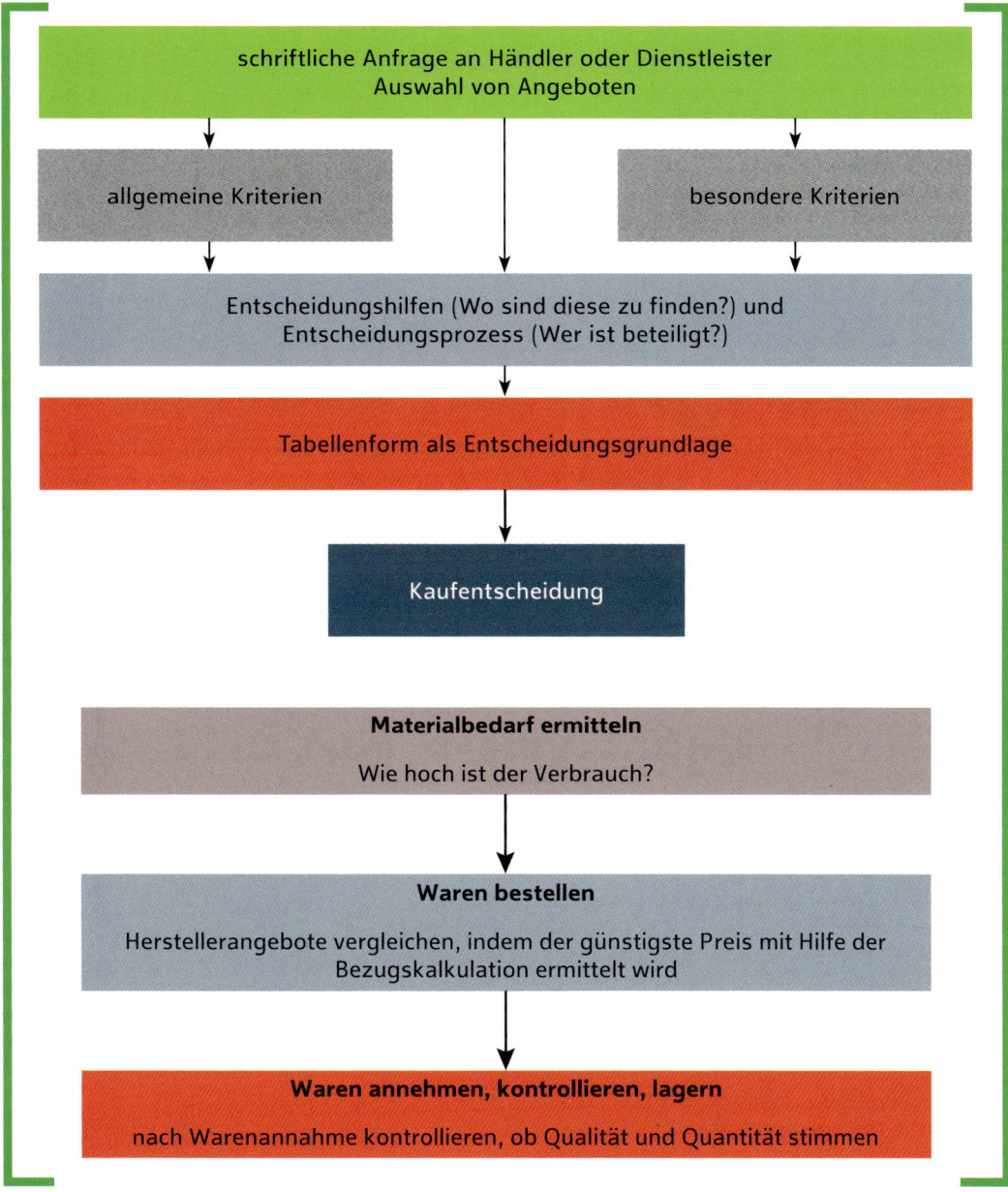

schriftliche Anfrage an Händler oder Dienstleister
Auswahl von Angeboten

allgemeine Kriterien

besondere Kriterien

Entscheidungshilfen (Wo sind diese zu finden?) und
Entscheidungsprozess (Wer ist beteiligt?)

Tabellenform als Entscheidungsgrundlage

Kaufentscheidung

Materialbedarf ermitteln

Wie hoch ist der Verbrauch?

Waren bestellen

Herstellerangebote vergleichen, indem der günstigste Preis mit Hilfe der
Bezugskalkulation ermittelt wird

Waren annehmen, kontrollieren, lagern

nach Warenannahme kontrollieren, ob Qualität und Quantität stimmen

Wiederholung und Vertiefung

1. Welche allgemeinen Kriterien für eine Kaufentscheidung kennen Sie?
2. Wer sollte unbedingt am Entscheidungsprozess über eine Neuanschaffung beteiligt werden?
3. Wie viele einzelne Kriterien sollte ein Übersichtsblatt für eine Kaufentscheidung höchstens haben?
4. Erstellen Sie eine Tabelle mit sinnvollen Entscheidungskriterien für eine Telefonanlage.
5. Ermitteln Sie den Papierbedarf in Ihrer Kanzlei für zwei Monate.
6. Nennen Sie weitere Bezeichnungen für den Bezugspreis.
7. Erstellen Sie einen Angebotsvergleich für einen Bürostuhl, der ergonomischen Anforderungen entspricht. Suchen Sie sich dafür ein Modell aus und recherchieren Sie dafür nach unterschiedlichen Angeboten, indem Sie das Internet nutzen.
8. Berechnen Sie den günstigsten Bezugspreis für 100 Ordner.
   Lieferant A berechnet pro Ordner 2,29 €; ab dem Bezug von fünf Ordnern kostet ein Ordner 1,99 €. Lieferant B berechnet pro Ordner ebenfalls 2,29 € und der Käufer erhält 15 % Rabatt bei einer Bestellung von 100 Stück.

2 Rechtsgrundlagen und Wirksamkeit eines Kaufvertrags

Kaufverträge sind täglicher Bestandteil des Lebens und natürlich auch des Geschäftslebens. Kaufverträge sind Rechtsgeschäfte und haben als solche ihre Grundlagen in unseren Gesetzen. Bei Kaufverträgen spielt vor allem das Bürgerliche Gesetzbuch (BGB) eine bedeutende Rolle. Nahezu alle Normen, die beim Kaufvertrag wichtig sind, finden sich dort.

Leider verläuft die vertragliche Abwicklung eines Kaufs nicht immer reibungslos. Es können verschiedene Schwierigkeiten bei der Vertragsabwicklung auftreten. Die entsprechenden Lösungen zu diesen Problemen finden sich ebenfalls im BGB.

Lernsituation

Annika Sauer hat Hausaufgaben zu erledigen. Sie muss die wichtigsten Normen zum Kaufvertragsschluss aus dem BGB heraussuchen. Annika Sauer fragt Julia Hoffmann nach den Ursprüngen und dem Aufbau des BGB. Julia Hofmann erklärt ihr die Grundlagen anhand des von ihr vorbereiteten Kaufs des Multifunktionsgeräts. Tatsächlich hat Rechtsanwältin Dr. Annette Neumann beim örtlichen Elektrofachmarkt das Modell B für die Kanzlei erworben.

Diesen Einkauf konnte Rechtsanwältin Dr. Annette Neumann gut selbst durchführen. Sie hatte genug Zeit dafür, weil Gerichtstermine ausgefallen sind. Ansonsten hätte ihr Kollege Peter Huber sie vertreten können.

Arbeitsaufträge:

a) Schlagen Sie selbst im BGB nach: Wo finden sich die wichtigsten Normen zum Kaufvertrag?

b) Zu welchem Buch des BGB gehört der Kaufvertrag?

c) Erläutern Sie, was in den anderen Büchern des BGB enthalten ist.

d) Nennen Sie Kaufverträge, die Sie in Ihrem Leben schon abgeschlossen haben. Überlegen Sie gemeinsam mit Ihren Mitschülerinnen und Mitschülern.

e) Tauschen Sie sich untereinander darüber aus, welche anderen Vertragstypen Sie noch kennen.

f) Besprechen Sie, was in der Regel unter dem „Kleingedruckten" in Verträgen zu verstehen ist.

g) Überlegen Sie miteinander, wie man Bote und Stellvertreter abgrenzen könnte.

h) Warum ist die rechtliche Konstruktion der Stellvertretung im wirtschaftlichen Leben so wichtig? Finden Sie Beispiele, in denen eine Stellvertretung unerlässlich ist.

i) In welchem Buch des BGB müssen Sie nach der wichtigsten Norm für die Stellvertretung suchen? Schlagen Sie den Paragrafen nach.

j) Lesen Sie die neu eingefügten §§ 327-327 u BGB und §§ 475 a-e BGB durch.

k) Reflektieren Sie anschließend Ihr Wissen.

2.1 Inkrafttreten des BGB

Das BGB trat am 01.01.1900 zur Zeit des Deutschen Kaiserreichs in Kraft. Zwischenzeitlich hat der Gesetzgeber natürlich mehrfach das BGB geändert, um es an die sich wandelnden Verhältnisse anzupassen. Die letzte für Sie sehr wichtige Reform fand zu Beginn des Jahrs 2022 statt. Die Änderungen gelten vorwiegend für Verträge, die ab dem 01.01.2022 abgeschlossen wurden. Die technische Entwicklung im Bereich der Digitalisierung machte diese Anpassungen notwendig. Der Gesetzgeber hat zahlreiche Vorschriften über Kaufverträge mit digitalen Produkten erlassen. Neu eingefügt wurden die §§ 327-327 u BGB, die Verbraucherverträge mit digitalen Produkten regeln. Zusätzlich eingefügt wurden auch die §§ 475 a-e BGB, die sich mit dem Verbrauchsgüterkauf über digitale Produkte befassen. Der Verbrauchsgüterkauf ist in § 474 BGB definiert. Demnach handelt es sich dabei um einen Kauf einer beweglichen Ware, der Käufer ist dabei ein Verbraucher nach § 13 BGB, der Verkäufer ein Unternehmer nach § 14 BGB.

2.2 Diese Regelungen trifft das BGB

Das BGB regelt die **Rechtsverhältnisse zwischen Privatpersonen**, d. h., zwischen Rechtssubjekten, z. B. Verbrauchern oder Unternehmern, die einander gleichgestellt sind. Zwischen diesen Rechtssubjekten besteht also **kein Über-Unterordnungsverhältnis** wie es für das öffentliche Recht kennzeichnend ist.

Das BGB besteht aus fünf sog. Büchern. Diese Bücher enthalten die Normen zu den folgenden Rechtsgebieten:

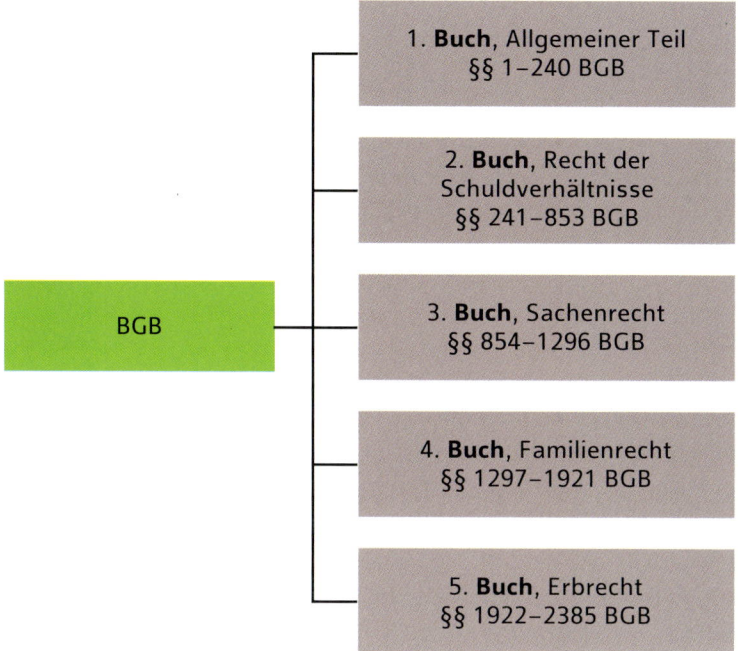

Der allgemeine Teil enthält grds. Normen, die auch für alle anderen Teile des BGB gelten. Manchmal gibt es jedoch in den anderen Büchern Spezialnormen, die dem jeweiligen Rechtsgebiet besser gerecht werden. Dann verdrängen diese speziellen Normen die allgemeinen Regelungen.

Im 2. Buch des BGB (§§ 241–853 BGB) wird das Schuldrecht, ein wesentlicher Teil des Kaufrechts, behandelt. Das Schuldrecht umfasst das Recht der Schuldverhältnisse. Es regelt also die Rechtsverhältnisse aufgrund derer eine Person, genannt Schuldner, einer anderen Person, genannt Gläubiger, etwas schuldet.

Das Sachenrecht wird im 3. Buch des BGB behandelt und ordnet die Beziehung einer Person zu einer Sache. Hierhin gehört z. B. das Eigentumsrecht.

Merke: Der Unterschied zwischen Schuld- und Sachenrecht besteht darin, dass das Schuldrecht dem Gläubiger ein Recht auf Leistung nur **gegen eine bestimmte Person** gibt. Das Sachenrecht eröffnet dem Inhaber des Rechts aber die Möglichkeit, sein Recht **gegenüber jedermann** auszuüben.

2.3 Wirksamkeit eines Kaufvertrags

Für das Wirksamwerden eines Kaufvertrags ist es entscheidend, ob Willenserklärungen abgegeben wurden und ob Rechts- und Geschäftsfähigkeit vorliegt.

2.3.1 Definition eines Kaufvertrags

Durch den Kaufvertrag wird der Verkäufer einer Sache verpflichtet, dem Käufer die Sache zu übergeben und das Eigentum an ihr zu verschaffen (§ 433 Abs. 1 S. 1 BGB). **Voraussetzung** ist also einerseits ein **wirksamer Kaufvertrag** und andererseits die **Übereignung der geschuldeten Sachen**.

Abstraktionsprinzip

Aus diesen Voraussetzungen (Vertrag und Übereignung) ergibt sich ein wichtiges Prinzip unseres Rechtssystems: das sog. Abstraktionsprinzip. Es besagt, dass das **Verpflichtungsgeschäft**, also der schuldrechtliche Vertrag und das **Erfüllungsgeschäft**, also die sachenrechtliche Übereignung, in ihrem rechtlichen Bestand **voneinander unabhängig** sind.

▶ Beispiel: Rechtsanwältin Dr. Annette Neumann kauft das Multifunktionsgerät und bezahlt es sofort. Aber aufgrund von Lieferschwierigkeiten des Herstellers erhält sie das Gerät erst eine Woche später.

Nach deutschem bürgerlichem Recht müssen nun drei Vorgänge getrennt betrachtet werden:
- Der Kaufvertrag gem. § 433 Abs. 1 BGB. Das ist ein **Verpflichtungsgeschäft** oder auch Kausalgeschäft mit dem Inhalt: Rechtsanwältin Dr. Annette Neumann und die Elektrohandlung Peter Schraud GmbH sind sich einig, dass Rechtsanwältin Dr. Annette Neumann das Multifunktionsgerät und die Elektrohandlung das Geld bekommen soll.
- Erst als Rechtsanwältin Dr. Annette Neumann das Gerät eine Woche später erhält, erlangt sie durch das **Verfügungsgeschäft** gem. § 929 S. 1 BGB auch *Eigentum* daran.
- Rechtsanwältin Dr. Annette Neumann hat ihre Verpflichtung aus dem Kaufvertrag, die **Bezahlung**, also Übergabe und Übereignung der Geldsumme, sofort erfüllt. Sie war sich mit der Elektrohandlung Peter Schraud GmbH darüber einig, dass sie das Eigentum an dem Geld in Höhe des Kaufpreises bekommen soll.

Ein Kaufvertrag ist eine **übereinstimmende Willenserklärung** von mindestens zwei Personen, bei denen die zeitlich erste Willenserklärung **Angebot** und die zeitlich zweite Willenserklärung **Annahme** genannt wird.

▶ Beispiel: Rechtsanwältin Dr. Annette Neumann erklärt, dass sie das Multifunktionsgerät zum Preis von 310,00 € kaufen möchte (Angebot). Der Händler stimmt zu (Annahme).

2.3.2 Die Willenserklärungen beim Kaufvertrag

Zunächst ist für die Wirksamkeit eines Kaufvertrags also entscheidend, ob entsprechende Willenserklärungen überhaupt abgegeben wurden. Wurden keine Willenserklärungen abgegeben, kann der Vertrag nicht entstehen. Bei Willenserklärungen wird zwischen empfangsbedürftigen und nicht empfangsbedürftigen Willenserklärungen unterschieden.

2.3.3 Bestandteile und Wirksamwerden von Willenserklärungen

Bestandteile

Sowohl empfangsbedürftige als auch nicht empfangsbedürftige Willenserklärungen bestehen zum einen aus dem **inneren Willen** und zum anderen aus der **Äußerung dieses Willens**.
Der innere Wille kann auch subjektiver Tatbestand heißen. Er setzt sich zusammen aus dem **Handlungswillen**, dem **Erklärungswillen** und dem **Geschäftswillen**:

• Der **Handlungswille** ist das **Bewusstsein zu handeln**. Bei unbewussten Reflexen fehlt dieser Handlungswille, weil eben nicht **bewusst gehandelt** wird.

▶ Beispiel: Der Verkäufer zeigt Rechtsanwältin Dr. Annette Neumann ein anderes Multifunktionsgerät. Sie schüttelt als Antwort mit dem Kopf. Damit stellt sie klar, dass sie dieses Angebot nicht annehmen möchte. Das Kopfschütteln erfolgt bewusst als Antwort auf die Frage und ist deshalb eben kein unbewusster Reflex.

Der Erklärungswille ist das Bewusstsein der handelnden Person, **irgendetwas rechtlich Erhebliches** zu erklären. Der handelnden Person muss klar sein, dass sie rechtsgeschäftlich tätig wird.

▶ Beispiel: Rechtsanwältin Dr. Annette Neumann unterschreibt einen Kaufvertrag für ein Multifunktionsgerät in der Meinung, dass es sich um das zuvor ausgesuchte Gerät handelt. In Wirklichkeit ist es aber ein anderes Fabrikat. Hier fehlt es nicht an dem Erklärungswillen, denn es ist Rechtsanwältin Dr. Annette Neumann klar, dass sie rechtsgeschäftlich tätig wird.

▶ Beispiel: Rechtsanwältin Dr. Annette Neumann winkt ihren Kollegen in einer Kneipe zu. Der Wirt ist der Auffassung, dass sie so darauf aufmerksam machen möchte, dass ihr noch ein Bier gebracht wird. Hier fehlt es am Erklärungswillen, denn Rechtsanwältin Dr. Annette Neumann wollte nicht rechtsverbindlich handeln.

• **Geschäftswille** ist der Wille der handelnden Person mit der Erklärung, eine **bestimmte Rechtsfolge** herbeizuführen.

▶Beispiel: Der Verkäufer möchte Rechtsanwältin Dr. Annette Neumann das Multifunktionsgerät zum Preis von 250,00 € verkaufen. Verspricht er sich aber und bietet das Gerät zum Preis von 230,00 € an, liegt zwar beim Verkäufer ein Erklärungsbewusstsein vor, weil er rechtsgeschäftlich handeln wollte. Aber es mangelt am Geschäftswillen, weil er diese konkrete Rechtsfolge nicht herbeiführen wollte.

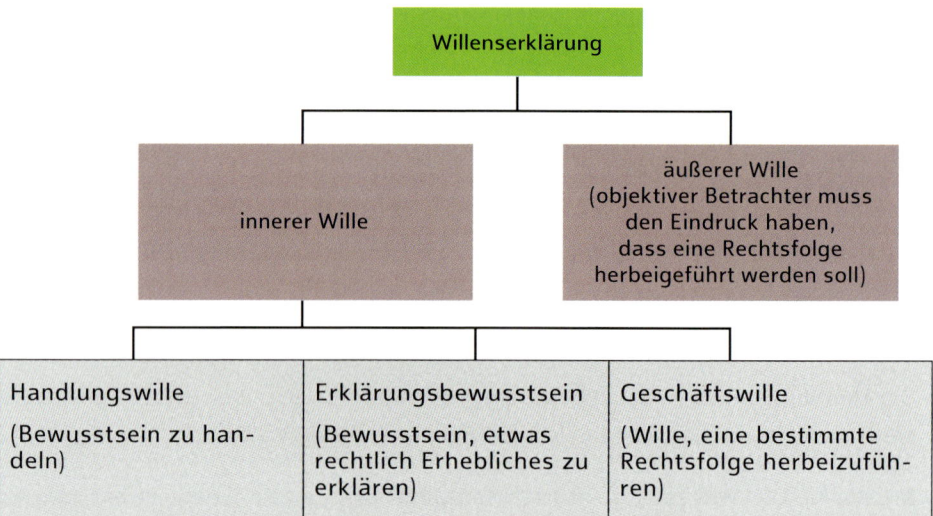

Unter der **Abgabe einer Willenserklärung** wird in der Regel eine bewusste und willentliche Äußerung im Rechtsverkehr verstanden.

▶ Beispiel: Eine Bestellkarte für ein juristisches Fachbuch liegt schon unterschrieben auf dem Schreibtisch von Rechtsanwältin Dr. Annette Neumann. Sie möchte aber noch einmal über die Bestellung nachdenken. Marion Webermann schickt die Karte schon mal ab. Daraufhin wird das Buch an Rechtsanwältin Dr. Annette Neumann geliefert. Folge: Es ist kein wirksamer Kaufvertrag zustande gekommen, weil Rechtsanwältin Dr. Annette Neumann sich nicht willentlich geäußert hat. Sie wollte eine solche Willenserklärung nicht oder zumindest noch nicht abgeben. Also liegt mangels Abgabe keine wirksame Willenserklärung vor.

Willenserklärungen müssen auch **zugehen.** Beim Zugang ist zwischen empfangsbedürftigen und nicht empfangsbedürftigen Willenserklärungen zu unterscheiden:

• **Nicht empfangsbedürftige Willenserklärungen** sind Erklärungen, die nicht an eine andere Person gerichtet sind. Sie sind schon wirksam, wenn sie bloß abgegeben werden.
  ▶Beispiel: Ein Testament muss nicht vor dem Tod des Erblassers den Erben zugehen, um wirksam zu sein.

• **Empfangsbedürftige Willenserklärungen** müssen einer anderen Person zugehen. Dabei kommt es darauf an, ob die Willenserklärung gegenüber Abwesenden oder Anwesenden erfolgt. Eine Willenserklärung gegenüber Abwesenden ist nur **wirksam**, wenn sie dem Empfänger **zugeht**, d.h., sie muss in den Machtbereich des Empfängers gelangt sein und der Empfänger muss nach normalen Umständen von ihr Kenntnis nehmen können. Eine tatsächliche Kenntnisnahme ist also nicht erforderlich. Die gesetzliche Regelung dazu findet sich in § 130 Abs. 1 BGB: „Eine Willenserklärung, die einem anderen gegenüber abzugeben ist, wird, wenn sie in dessen Abwesenheit abgegeben ist, in dem Zeitpunkt wirksam, in welchem sie ihm zugeht."

▶Beispiel: Die Annahme eines Angebots zum Kauf einer Ware muss der Vertragspartnerin bzw. dem Vertragspartner zugehen, d.h., sie bzw. er muss die Möglichkeit haben, davon Kenntnis zu erlangen.

Bei einer empfangsbedürftigen Willenserklärung gegenüber Anwesenden ist mangels anderer gesetzlicher Regelung der Grundgedanke des § 130 BGB heranzuziehen. Eine **schriftliche Erklärung** wird danach mit Übergabe in den Machtbereich des Empfängers wirksam. **Eine mündliche Willenserklärung** wird schon mit der Abgabe wirksam, weil der Empfänger sie dann hören kann.

Zugangshindernisse

Der Gesetzgeber hat nicht geregelt, was passiert, wenn die Willenserklärung wegen des **Verhaltens des Empfängers** diesem nicht oder verspätet zugeht.

Es ist zwischen der **berechtigten und unberechtigten Verweigerung** zu unterscheiden. Entsprechend dem gesunden Menschenverstand, geht die berechtigte Verweigerung zulasten des Erklärenden und die unberechtigte Verweigerung zulasten des Erklärungsempfängers.

▶ Beispiel: **Berechtigte Verweigerung**: Der Empfänger weigert sich, einen nicht ausreichend frankierten Brief anzunehmen.

▶ Beispiel: **Unberechtigte Verweigerung:** Der Arbeitnehmer Clemens Kerner leert nicht mehr seinen Briefkasten, weil er ein Kündigungsschreiben seines Arbeitgebers Julius Schrader e. K. erwartet, das auch tatsächlich schon eingetroffen ist. Das Kündigungsschreiben ist Clemens Kerner zugegangen, denn er war in der Lage, in zumutbarer Weise vom Inhalt der Erklärung Kenntnis zu nehmen.

Vereitelt der Erklärungsempfänger den rechtzeitigen Zugang, so liegt eine sog. **Zugangsverzögerung** oder eine **Zugangsverhinderung** vor. Rechnet jemand mit dem Eingang von Willenserklärungen, so muss er geeignete Vorkehrungen treffen, damit ihn die Willenserklärungen auch erreichen. Der Erklärende muss alles Zumutbare und Erforderliche tun, damit seine Erklärungen den Empfänger auch erreichen. Eine wiederholte Zustellung ist jedoch nicht nötig, wenn die Adressatin bzw. der Adressat den Zugang verhindert oder sogar vereitelt.

Angebot und Annahme

Die zeitlich erste Willenserklärung zum Abschluss eines Kaufvertrags heißt **Angebot.** In § 145 BGB ist die Bindung an diesen Antrag geregelt. Danach ist derjenige, der einem anderen die Schließung eines Vertrags anträgt, an diesen Antrag gebunden, es sei denn, dass er diese Gebundenheit ausgeschlossen hat.

Von dem Angebot ist die sog. **Aufforderung** zur Abgabe eines Angebots zu unterscheiden. Diese Aufforderung ist rechtlich nicht von Bedeutung. Die am Kauf interessierte Person gibt dann erst daraufhin ihr rechtsverbindliches Angebot ab.

▶ Beispiel: Prospekte mit angebotenen Waren oder Auslagen in Geschäften sind lediglich eine Aufforderung, ein Angebot abzugeben.

Mit der **Annahme** erklärt sich die Vertragspartnerin bzw. der Vertragspartner einverstanden mit dem Angebot. Der Vertrag kommt also zustande mit den vereinbarten Bedingungen, d. h., Angebot und Annahme müssen inhaltlich übereinstimmen.

Die Annahme kann **formlos erfolgen**. Für bestimmte Rechtsgeschäfte, z. B. für einen Immobilienkauf, gelten besondere Formvorschriften. Die Annahme kann auch durch **konkludentes Verhalten** erfolgen, d. h., die bzw. der Annehmende muss nicht ausdrücklich sagen, dass sie bzw. er das Angebot annimmt, sondern kann durch ihr bzw. sein bloßes Handeln das Angebot annehmen. Das ergibt sich aus § 151 BGB. Danach kommt der Vertrag auch zustande, wenn die Annahme gegenüber der bzw. dem Antragenden nicht erklärt wird, wenn nach der Verkehrssitte eine solche Erklärung nicht zu erwarten ist, oder die bzw. der Antragende auf sie verzichtet hat.

▶ Beispiel: Die Ware wird zugesandt und der Käufer überweist den Rechnungsbetrag.

Würde man in allen Fällen auf eine ausdrückliche Annahme bestehen, so würde das die Rechtsbeziehungen unnötig verkomplizieren.

Bloßes Schweigen kann jedoch unter Privatpersonen nicht als Annahme gedeutet werden.

▶ Beispiel: Man erhält unaufgefordert ein Buch von einem unbekannten Unternehmen zugesandt und in dem dazu gehörigen Brief heißt es, dass man einen bestimmten Geldbetrag bezahlen muss, falls man es behält. Durch das Behalten des Buchs, das lediglich ein Schweigen auf ein Angebot darstellt, kommt keine Annahme zustande.

Im **Handelsrecht** kann aber auch **Schweigen als Annahme** gedeutet werden. Geht einem Kaufmann von jemandem, mit dem er in einer Geschäftsbeziehung steht, ein Antrag zu, ist der Kaufmann verpflichtet, unverzüglich zu antworten, weil sein Schweigen als Annahme des Antrags gilt (§ 362 Abs. 1 HGB). Man spricht dann von einem **Schweigen auf ein kaufmännisches Bestätigungsschreiben**. Mit den besonderen Bestimmungen im Handelsrecht möchte der Gesetzgeber den Rechtsverkehr unter Kaufleuten vereinfachen und die Vertragsabwicklung beschleunigen.

Übereinstimmung von Angebot und Annahme

Die Willenserklärungen müssen in ihrem bezweckten Rechtserfolg übereinstimmen. Der Vertrag kommt nicht zustande, wenn sich Angebot und Annahme in wesentlichen Punkten nicht entsprechen.

Der Preis ist z. B. ein **wesentlicher Bestandteil** bei einem Kaufvertrag. Wenn hingegen über **vertragliche Nebenpunkte keine Einigung** erzielt wurde, sind die Wünsche der Vertragspartnerinnen bzw. Vertragspartner zu erforschen. Fragen Sie sich, ob die Vertragspartnerinnen bzw. Vertragspartner den Vertrag als geschlossen betrachten, obwohl noch keine Einigkeit über diesen Punkt herrscht. Erst wenn diese Auslegung des Parteiwillens zu keinem Ergebnis führt, ist der Vertrag im Zweifel nicht geschlossen, § 154 Abs. 1 BGB.

Besteht keine Übereinstimmung, so spricht man von einem **Einigungsmangel** oder einem sog. **Dissens.**
- Bei einem **offenen Dissens** gem. § 154 BGB ist den Vertragspartnern klar, dass sie sich nicht geeinigt haben.
  - ▶ Beispiel: Der Elektrohändler Peter Schraud GmbH fordert 330,00 € für das Multifunktionsgerät. Rechtsanwältin Dr. Annette Neumann macht aber deutlich, dass sie nur 280,00 € bezahlen möchte. Es greifen die Rechtsfolgen des § 150 Abs. 2 BGB ein. Danach gilt eine Annahme unter Erweiterungen, Einschränkungen oder sonstigen Änderungen als Ablehnung, verbunden mit einem neuen Antrag.

- Bei dem **versteckten Einigungsmangel** oder **verdeckten Dissens**, meinen die Parteien irrtümlich, sich geeinigt zu haben, aber in Wirklichkeit stimmen ihre Willenserklärungen nicht überein (§ 155 BGB). Im Leben kommt es so gut wie gar nicht vor, dass sich Käufer und Verkäufer über Hauptpflichten nicht einig sind und es nicht bemerken. Aber es kann schon einmal bei den Nebenpflichten passieren, dass man vergisst, sich über einen Vertragspunkt zu einigen. Dann gilt die **Auslegungsregel** des § 155 BGB nach der das Vereinbarte gilt, sofern anzunehmen ist, dass der Vertrag auch ohne eine Bestimmung über diesen Punkt geschlossen worden wäre.

Die falsche Bezeichnung schadet übrigens nicht bei einem Vertrag. Das bedeutet, dass dennoch übereinstimmende Willenserklärungen anzunehmen sind, wenn beide Partnerinnen bzw. Partner z. B. die Kaufsache falsch bezeichnen, aber beide übereinstimmend dasselbe meinen.

▶ **Beispiel:** Sandra Wranitz möchte ein bestimmtes Modell einer Küchenmaschine mit Namen MX 05 kaufen. Im Kaufvertrag wird irrtümlich das Modell als NX 05 beschrieben. Der Fehler in der Bezeichnung wird von beiden Vertragspartnern nicht bemerkt.

2.3.4 Widerruf von Willenserklärungen

Gemäß § 130 Abs. 1 S. 2 BGB wird die Willenserklärung nicht wirksam, wenn der Vertragspartnerin bzw. dem Vertragspartner vorher oder gleichzeitig mit dem Zugang der Erklärung ein Widerruf zugeht. Insoweit schafft das Gesetz Klarheit. Es gibt jedoch Fälle, in denen der Widerruf erst nach der zu widerrufenden Erklärung der Vertragspartnerin bzw. dem Vertragspartner zugeht.

▶ **Beispiel:** Rechtsanwältin Dr. Annette Neumann hat von der Elektrohandlung Peter Schraud GmbH im Ort ein Angebot für einen Multifunktionsdrucker erhalten. Sie hat dieses Angebot schriftlich angenommen und einen entsprechenden Brief bei der Elektrohandlung abends nach Geschäftsschluss in den Briefkasten geworfen. Sie überlegt es sich jedoch anders, weil sie abends im Internet noch ein günstigeres Angebot findet. Sie formuliert deshalb einen Widerruf, den sie am Nachmittag des folgenden Tags in den Briefkasten der Elektrohandlung wirft. Dieser liest zuerst den Widerruf.

 Hinweis: Es ist möglich, streng nach dem Gesetzeswortlaut vorzugehen, der einen früheren oder gleichzeitigen Widerruf fordert. Die Annahme ist schon vormittags der Elektrohandlung zugegangen, wenn man von einer „normalen" Briefkastenleerung am Vormittag ausgeht. Der Widerruf ist also erst später zugegangen. Es sprechen aber auch Argumente dafür, die Wirksamkeit des Widerrufs zu bejahen, weil der Elektrohändler in dem Fall nicht schutzwürdig ist. Er hat Kenntnis von dem Widerruf und kann deshalb nicht auf die wirksame Annahme vertrauen. Für beide Ansichten lassen sich also Argumente finden. In der Praxis wird es allerdings oft schwierig sein zu beweisen, dass der Widerruf zuerst zur Kenntnis genommen wurde.

2.3.5 Nichtigkeit von Willenserklärungen

Neben den Voraussetzungen zur Entstehung des Vertragsverhältnisses dürfen keine sog. rechtshindernden Einwendungen vorliegen, die die Entstehung des Kaufvertrags verhindern.

Die Grafik enthält einen Überblick über die rechtshindernden Einwendungen:

rechtshindernde Einwendungen sind z. B.:

§ 134 BGB: Ein Rechtsgeschäft, das gegen ein gesetzliches Verbot verstößt, ist nichtig.

§ 138 BGB: Ein Rechtsgeschäft, das gegen die guten Sitten verstößt, ist nichtig.

§ 125 BGB: Ein Rechtsgeschäft, dem es an der gesetzlich vorgeschriebenen Form mangelt, ist nichtig.

§ 116 S. 2 BGB: Eine Willenserklärung ist nichtig, wenn sie einem anderen gegenüber abzugeben ist und dieser den geheimen Vorbehalt kennt.

§ 118 BGB: Eine nicht ernst gemeinte Willenserklärung, die in der Erwartung abgegeben wird, dass die mangelnde Ernsthaftigkeit erkannt wird, ist nichtig.

§ 117 BGB: Wurde eine Willenserklärung nur zum Schein abgegeben, so ist sie nichtig.

Die §§ 134, 138 BGB setzen dem Rechtsgeschäft inhaltliche Schranken mit der Folge, dass das Rechtsgeschäft nichtig ist. Diese beiden Normen sind eine wichtige **Beschränkung der Vertragsfreiheit. Der Grund für diese Beschränkung liegt darin, dass** der Gesetzgeber in den verschiedensten Bereichen Verbote erlassen hat und es Einzelnen nicht gestattet sein kann diese Verbote mittels der Vertragsfreiheit zu umgehen. Dies würde zu Widersprüchen innerhalb der Rechtsordnung führen. Es würden rechtsgeschäftliche Verpflichtungen entstehen, die nicht vereinbar sind mit den Gesetzen.

Nichtigkeit gem. § 134 BGB

Gemäß § 134 BGB ist ein Rechtsgeschäft, das gegen ein gesetzliches Verbot verstößt, nichtig, wenn sich aus dem Gesetz nicht etwas anders ergibt.

Gesetzliche Verbote i. S. d. § 134 BGB sind **alle deutschen formellen und materiellen Rechtsnormen.** Dazu zählen nicht nur formelle Gesetze wie z. B. das Strafgesetzbuch, sondern auch Rechtsverordnungen, Satzungen und auch das Gewohnheitsrecht. Die einzelne Norm muss sich auf den Inhalt des Rechtsgeschäfts beziehen lassen, damit das Rechtsgeschäft dann als

vgl.
LF 1,
Kap. 1.1.3

nichtig i. S. d. § 134 BGB anzusehen ist, d.h., die zivilrechtliche Wirksamkeit muss mit dem Sinn und Zweck des Verbotsgesetzes unvereinbar sein.

▶ Beispiel: Ein Rauschgiftabhängiger vereinbart mit seinem Dealer, dass dieser ihm Crystal aus Tschechien zum Kauf mitbringen soll. Diese Vereinbarung ist rechtlich unwirksam, da die Einfuhr und der Verkauf von Betäubungsmitteln gem. § 29 BtMG (Betäubungsmittelgesetz) strafbar ist. Der Dealer ist also nicht verpflichtet, sich an die Vereinbarung zu halten, durch die er sich letzten Endes strafbar machen würde. Der Drogenkonsument kann konsequenterweise auch nicht berechtigt sein, zur Durchsetzung seiner Rechte aus § 433 Abs. 1 BGB gerichtliche Hilfe in Anspruch zu nehmen.

Aber § 134 BGB enthält die **Einschränkung,** dass sich aus dem Gesetz nicht etwas anderes ergeben darf. Damit ist gemeint, dass das Rechtsgeschäft dennoch wirksam ist, wenn es sich aus dem Verbotsgesetz selbst ergibt. Für die Beurteilung der Nichtigkeit eines Rechtsgeschäfts nach § 134 BGB spielt also das Verbotsgesetz eine entscheidende Rolle. Durch die **Auslegung des einzelnen Verbotsgesetzes** ist zu entscheiden, ob die zivilrechtliche Nichtigkeit des Rechtsgeschäfts dem Sinn und Zweck der Verbotsnorm entspricht. Das muss stets für den Einzelfall ermittelt werden und kann teilweise recht schwierig sein.

▶ Beispiel: Die Elektrohandlung Peter Schraud GmbH wird von ihrem Kunden Kevin Vogel am Sonntag im Geschäft angerufen und diese schließt mit ihm einen Kaufvertrag über ein Multifunktionsgerät ab. Kevin Vogel kann die Lieferung des Geräts verlangen. Das Ladenschlussgesetz verbietet zwar den Verkauf am Sonntag, aber es hat nicht zum Ziel den Rechtserfolg des Kaufvertrags zu verhindern, sondern dient in erster Linie der Fürsorge der Beschäftigten der Elektrohandlung, die vor Sonntagsarbeit geschützt werden sollen.

Nichtigkeit gem. § 138 Abs. 1 BGB

Ein Rechtsgeschäft ist ebenfalls nichtig, wenn es **gegen die guten Sitten** (§ 138 Abs. 1 BGB) **verstößt.** Der Begriff, der „guten Sitten" ist ein sog. **unbestimmter Rechtsbegriff,** d.h., dass der Gesetzgeber den Inhalt nicht genau bestimmt hat und deshalb dieser Begriff ausgelegt werden muss. Der Bundesgerichtshof (BGH) hat den schon vom Reichsgericht (RG) entwickelten Grundsatz, ein Rechtsgeschäft sei nichtig, wenn es „gegen das Anstandsgefühl aller billig und gerecht Denkenden verstößt" übernommen. Daraus ergibt sich zum einen, dass zur Beurteilung der Sittenwidrigkeit von Rechtsgeschäften ein an den allgemeinen Vorstellungen der Bevölkerung orientierter Maßstab anzulegen ist und dass dieser Maßstab sich entsprechend der Anschauungen in der Bevölkerung verändern kann. Damit ist gemeint, dass das Rechtsgeschäft **nicht im Widerspruch zur derzeit herrschenden Rechts- und Sozialmoral** stehen sollte.

Darüber hinaus muss aber auch diese Definition erläutert werden. Hilfreich ist es in einem solchen Fall, sich zu überlegen, welchem Schutzzweck das Gesetz dienen soll.

Das Gesetz soll dem Schutz der jeweiligen Vertragsparteien dienen. So kann die Sittenwidrigkeit in der Handlungsweise gerade gegenüber der Geschäftspartnerin bzw. dem Geschäftspartner zu sehen sein. Objektiv muss das Rechtsgeschäft gegen die Auffassung eines anständigen Durchschnittsmenschen verstoßen. Subjektiv müssen die jeweiligen Vertragspartner die Umstände kennen, aus denen sich die Sittenwidrigkeit ergibt.

▶ Beispiel: Als Gegenleistung für ein günstiges Darlehen, verpflichtet sich der Gastwirt Hugo Kühn gegenüber einer Brauerei, 30 Jahre lang eine bestimmte Mindestmenge Bier abzunehmen und kein anderes Bier in seiner Gaststätte auszuschenken. Wegen der langen Laufzeit der vertraglichen Bindung ist die Sittenwidrigkeit des Vertrags anzunehmen und deshalb ist der Vertrag gem. § 138 Abs. 1 BGB nichtig.

Es können aber auch die **Handlungen beider Geschäftspartnerinnen** bzw. **Geschäftspartner** nicht zu billigen sein, wenn die Interessen der Allgemeinheit oder die Interessen Dritter durch diese Handlungsweise in hohem Maß verletzt werden. Hierhin gehören die Fälle, in denen durch die Vereinbarung schützenswerte Interessen von Dritten oder der Allgemeinheit verletzt werden.

▶ Beispiel: Der Schuldner Oliver Much sichert dem Gläubiger Antonio Mauri gegenüber eine Schuld von 150 000,00 € mit einer Sicherheitsleistung von 2,5 Millionen Euro ab. In diesem Fall ist die gewährte Sicherheit im Verhältnis zur Schuld viel zu hoch. Das könnte die Interessen anderer Gläubiger verletzen. Ihnen ist eine Vollstreckung in das Vermögen unmöglich gemacht.

Sonderfall der Sittenwidrigkeit: Wucher

Wucher gem. § 138 Abs. 2 BGB ist ein Sonderfall der Sittenwidrigkeit. Danach sind insbesondere die Rechtsgeschäfte nichtig durch die jemand **unter Ausbeutung** der Zwangslage, der Unerfahrenheit, des Mangels an Urteilsvermögen oder der erheblichen Willensschwäche eines anderen sich oder einem Dritten für eine Leistung Vermögensvorteile versprechen oder gewähren lässt, die **in einem auffälligen Missverhältnis zu der Leistung** stehen. Hier ist der Gesetzgeber sehr viel konkreter geworden. Es muss objektiv ein auffälliges Missverhältnis von Leistung und Gegenleistung vorliegen und subjektiv muss eine Vertragspartei die missliche Lage eines anderen ausbeuten. Eine **Ausbeutung** liegt immer dann vor, wenn die schlechte Lage einer Geschäftspartnerin bzw. eines Geschäftspartners ausgenutzt wird, um einen unverhältnismäßig hohen Gewinn zu erzielen.

 Hinweis: Nach dem Wortlaut des § 138 Abs. 2 BGB ist nicht nur die Nichtigkeit des Verpflichtungsgeschäfts die Rechtsfolge wie bei §§ 134, 138 Abs. 1 BGB. Bei Vorliegen von § 138 Abs. 2 BGB ist auch das Verfügungsgeschäft nichtig.

▶ Beispiel: Der junge und unerfahrene Thomas Frei (21) möchte mithilfe eines Heiratsvermittlers eine Frau kennenlernen. Für die Kontaktaufnahme zu drei angeblich heiratswilligen jungen Frauen bezahlt er 7 500,00 €. Zwar steht hier die Leistung in einem auffälligen Missverhältnis zur Gegenleistung, aber Wucher verlangt darüber hinaus noch die Ausbeutung einer schlechten Lage. Hier käme die Unerfahrenheit von Thomas Frei in Betracht. Für die Unerfahrenheit würde es ausreichen, dass Thomas Frei aufgrund seines jugendlichen Alters und seiner bisherigen Lebenserfahrung nicht damit rechnen konnte, dass für die Kontaktvermittlung solche Preise verlangt werden würden. Ergibt sich aus dem Sachverhalt, dass dieses Merkmal nicht bejaht werden kann, ist zu untersuchen, ob nicht die Vertragsbeziehungen dem „Anstandsgefühl aller billig und gerecht Denkenden" gem. § 138 Abs. 1 BGB widersprechen.

Insofern ist § 138 Abs. 2 BGB nicht als abschließende Regelung zu verstehen, sondern ermöglicht als ein Beispielfall für ein sittenwidriges Rechtsgeschäft die Anwendung des § 139 BGB.

Nichtigkeit wegen Formmangels

§ 125 BGB besagt, dass ein Rechtsgeschäft, welches nicht der durch Gesetz vorgeschriebenen Form entspricht, nichtig ist. Dieser sog. Formmangel hat also die Nichtigkeit des Rechtsgeschäfts zur Folge. Formvorschriften gehören zu den rechtshindernden Einwendungen, d. h., werden die Formvorschriften verletzt, dann entsteht kein vertraglicher Anspruch.

Damit der Rechtsverkehr erleichtert wird, sind Rechtsgeschäfte in der Regel formlos wirksam. In Ausnahmefällen schreibt das Gesetz dennoch eine besondere Form, häufig die Schriftlichkeit oder die notarielle Beurkundung des Rechtsgeschäfts, vor. Eine Formvorschrift kann mehrere Funktionen haben, die auch gleichzeitig vorliegen können:

- **Warnfunktion**, d. h., der Erklärende soll vor übereilten Entscheidungen geschützt werden.
- **Beratungsfunktion**, d. h., der Erklärende soll über die Auswirkungen des Rechtsgeschäfts (meist durch einen Notar) beraten werden.
- **Beweisfunktion**, d. h., die Formvorschrift dient der leichteren Beweisbarkeit von Abschluss und Inhalt des Rechtsgeschäfts.
- **Kontrollfunktion**, d. h., es findet eine behördliche Kontrolle der vorgenommenen Rechtsgeschäfte statt.

Eine Formvorschrift, die alle diese Funktionen umfasst, ist z. B. der § 311 b Abs. 1 S. 1 BGB. Danach bedarf ein Vertrag, durch den sich der eine Teil verpflichtet, das Eigentum an einem Grundstück zu übertragen oder zu erwerben, der notariellen Beurkundung.

▶ Beispiel: Klara Reimann möchte ein Unternehmen gründen und benötigt dafür einen Bankkredit. Mangels anderer Sicherheiten möchte ihr die Bank diesen Kredit jedoch nur geben, wenn ihre als Beamtin tätige Mutter dafür bürgt. Gemäß § 766 BGB ist dieser Bürgschaftsvertrag zwischen der Bank und der Mutter jedoch nur rechtwirksam geschlossen, wenn die Mutter die Bürgschaftserklärung schriftlich erteilt. Die Schriftlichkeit beinhaltet einerseits eine Warnfunktion, d. h., der Bürge wird vor übereilten Entscheidungen geschützt, andererseits dient die Schriftlichkeit auch der leichteren Beweisbarkeit vom Inhalt der Bürgschaftserklärung.

Teilnichtigkeit

Nach § 139 BGB ist das **gesamte Rechtsgeschäft nichtig**, wenn nicht anzunehmen ist, dass es auch ohne den nichtigen Teil vorgenommen sein würde. Bei § 139 BGB handelt es sich um eine Auslegungsregel. Die Prüfung der Anwendbarkeit erfolgt in drei Schritten:

1. Schritt: Es müsste also zunächst nach dem Willen der Geschäftspartnerinnen und Geschäftspartner ein einheitliches Rechtsgeschäft vorliegen.	
2. Schritt: Ein Teil dieses Rechtsgeschäfts müsste – egal ob aufgrund der §§ 134, 138 BGB oder wegen Formmangels – nichtig sein.	3. Schritt: Mithilfe der Auslegung ist zu ermitteln, ob das restliche Rechtsgeschäft trotz Nichtigkeit eines Teils gültig ist oder nicht.

2.3.6 Willensmängel

Weitere rechtshindernde Einwendungen sind die Willensmängel. Von einem Willensmangel spricht man, wenn der **Wille des Erklärenden nicht mit dem objektiven Inhalt der Erklärung übereinstimmt.**

Im Wesentlichen gibt es im bürgerlichen Recht vier Fallgruppen von Willensmängeln:

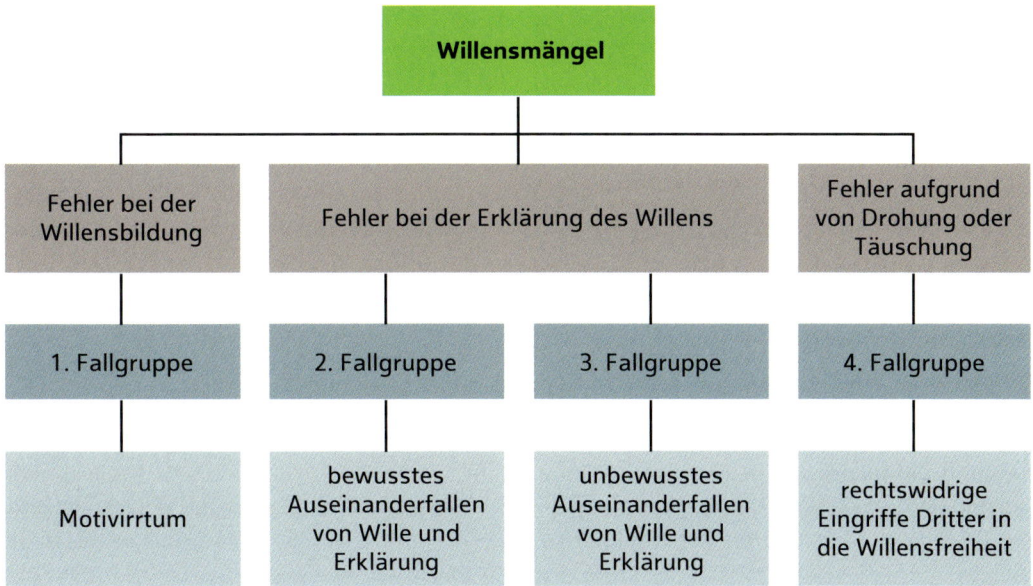

Die 1. Fallgruppe

Die 1. Fallgruppe spielt, juristisch gesehen, keine Rolle, denn ein solcher **Irrtum über die Motive** ist unbeachtlich für die Rechtswirksamkeit von Willenserklärungen.

▶ Beispiel: Julia Schnell kauft sich eine Hose, in dem Glauben, beim besten Angebot in der Stadt zugegriffen zu haben. Ein Geschäft weiter findet sie die gleiche Hose jedoch noch preiswerter. Es liegt kein Willensmangel vor.

Die 2. Fallgruppe

Die **2. Fallgruppe** betrifft Fälle, in denen **Wille und Erklärung bewusst auseinanderfallen**.

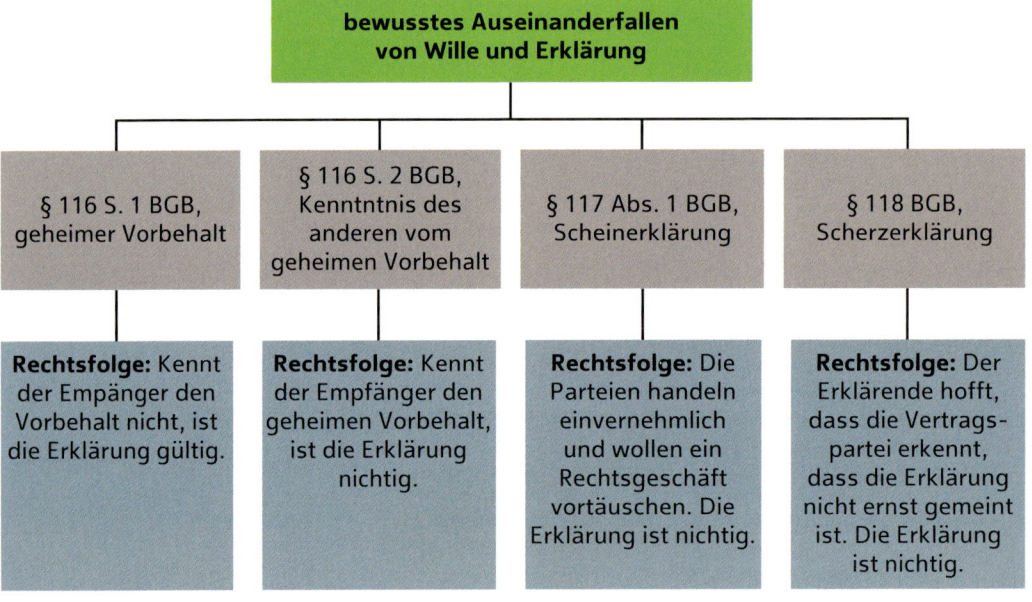

Geheimer Vorbehalt: Ein geheimer Vorbehalt liegt vor, wenn jemand eine Erklärung abgibt, die er in Wahrheit nicht abgeben will. Diesen bewussten Vorbehalt behält der Erklärende aber für sich. Gemäß § 116 S. 1 BGB ist dieser Vorbehalt grds. unbeachtlich, d. h., die rechtsge-schäftliche Erklärung ist grds. wirksam. Der Schutz der auf die Erklärung vertrauenden Vertragspartei geht vor.

▶ Beispiel: Der Arbeitnehmer Falk Neuhof kündigt seine Arbeitsstelle. Insgeheim hofft er aber darauf, dass der Arbeitgeber, die Malerei Bunt GmbH, mit einer höheren Gehalts-zahlung versuchen wird, ihn zum Bleiben zu bewegen. Wenn die Malerei Bunt GmbH diesen Vorbehalt nicht kennt, kann sie auf die Wirksamkeit der Erklärung vertrauen und die Erklärung ist in ihrem Interesse gültig.

2.3 Wirksamkeit eines Kaufvertrags

Anders ist die Lage aber zu beurteilen, wenn der **Erklärungsempfänger den geheimen Vorbehalt kennt**. Dann ist der Schutz des Erklärungsempfängers nicht nötig, denn er weiß, dass seine Vertragspartei die Erklärung nicht ernst gemeint hat. In diesem Fall ist die Erklärung nach § 116 S. 2 BGB nichtig.

▶ Beispiel: Durchschaut die Malerei Bunt GmbH das Spiel, ist sie nicht schutzwürdig und die Kündigung vom Arbeitnehmer Falk Neuhof ist nicht wirksam.

Scheinerklärung: Eine Scheinerklärung liegt vor, wenn der Erklärende eine empfangsbedürftige Willenserklärung nur zum Schein abgibt. Diese Willenserklärung ist dann gem. § 117 Abs. 1 BGB nichtig. Anders als beim geheimen Vorbehalt nach § 116 S. 2 BGB handeln hier beide Parteien einvernehmlich. Sie möchten durch ein bewusstes Zusammenwirken das Rechtsgeschäft nur vortäuschen. Ein zum Schein vorgenommenes Rechtsgeschäft ist nichtig, denn es wäre unsinnig, wenn das Gesetz Vertragsparteien Rechtsfolgen aufzwingen würde, die beide nicht gewollt haben.

▶ Beispiel: Die Geschäftspartnerin Miriam Dreeger des fliegenden Händlers Dirk Billesheim gibt vor, von seiner Ware begeistert zu sein, um das umstehende Publikum zum Kauf anzuregen.

In der Praxis kommt es vor, dass durch ein Scheingeschäft ein anderes Geschäft verdeckt werden soll und sich beide Parteien darüber auch einig sind. Dann greift § 117 Abs. 2 BGB ein. Danach finden die geltenden Vorschriften für das verdeckte Rechtsgeschäft Anwendung.

▶ Beispiel: Der Käufer Axel Jandl vereinbart mit der Verkäuferin Claudia Reisewitz, einen Preis von 130 000,00 € für ein Einfamilienhaus zu zahlen. Im Kaufvertrag beurkundet werden jedoch nur 110 000,00 €, um so Notargebühren und Grunderwerbsteuer zu sparen. Bei dem beurkundeten Kaufvertrag über 110 000,00 € handelt es sich um ein nichtiges Scheinrechtsgeschäft gem. § 117 Abs. 1 BGB. Einen vertraglichen Anspruch auf Zahlung des tatsächlichen, mündlich vereinbarten Kaufpreises von 130 000,00 € gibt es auch nicht, denn der Kaufvertrag ist mangels Beurkundung, die bei Immobilienkäufen vorgeschrieben ist (§§ 311 Abs. 1, 125 S. 1 BGB), formnichtig. Hätte es sich um einen Kaufvertrag über eine bewegliche Sache, wie z. B. ein Auto gehandelt, wäre keine bestimmte Form erforderlich gewesen und das verdeckte Geschäft über 130 000,00 € wäre wirksam, nicht jedoch das Scheingeschäft.

vgl.
LF 3,
Kap. 2.3.5

 Merke:
- Ist das Beurkundete nicht gewollt, greift § 117 Abs. 1 BGB. **Folge:** Nichtigkeit.
- Ist das Gewollte nicht beurkundet, greift § 117 Abs. 2 BGB.
  Folge: Wirksamkeitserfordernisse des verdeckten Geschäfts prüfen.

Scherzerklärung: Eine Scherzerklärung liegt vor, wenn der Erklärende eine nicht ernsthafte Willenserklärung in der Absicht abgibt, dass die mangelnde Ernsthaftigkeit erkannt wird. Gemäß § 118 BGB ist eine solche Willenserklärung nichtig. Der Unterschied zu § 116 S. 1 BGB liegt darin, dass der Erklärende fest davon ausgeht, dass die andere Vertragspartei weiß, dass er nur scherzt.

▶ Beispiel: Peter Nordmann ruft scherzhaft in die Gaststätte: „Lokalrunde für alle!" Diese Willenserklärung ist nichtig, denn Peter Nordmann möchte nicht, dass durch seinen Scherz Rechtsfolgen ausgelöst werden.

Bei der Anwendung des § 118 BGB kommt es nur auf die Sicht des Erklärenden an. Aus § 122 BGB kann der Dritte, der auf die Erklärung vertraut hat, einen Anspruch auf Ersatz des sog. Vertrauensschadens haben, weil er auf die Rechtswirksamkeit der Erklärung vertraut hat.

Die 3. Fallgruppe

Die **3. Fallgruppe** betrifft Fälle, in denen **Wille und Erklärung unbewusst auseinanderfallen**. Der Erklärende ahnt nicht, dass seiner Erklärung eine andere Bedeutung beigemessen wird.

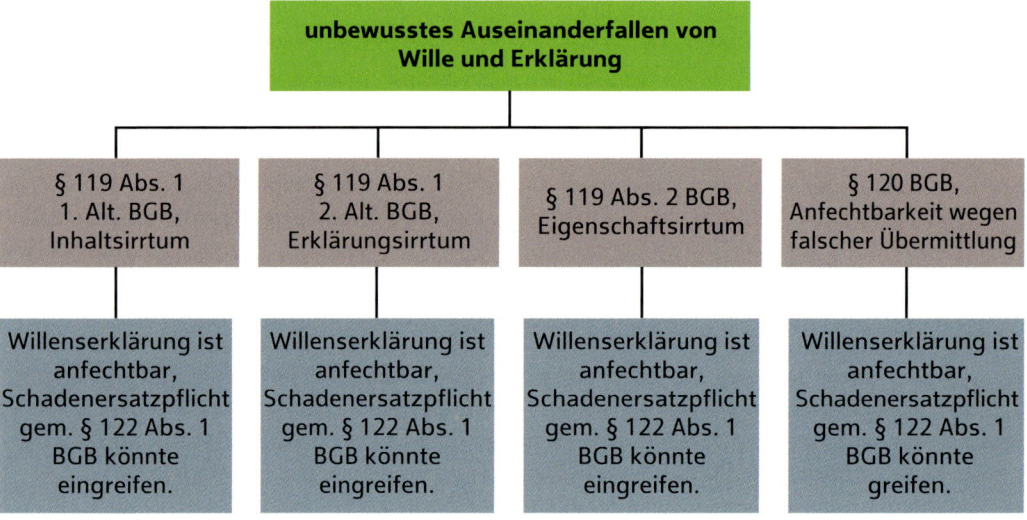

Hier handelt es sich also immer um dieselbe Rechtsfolge: Die Willenserklärung ist bei unbewusstem Auseinanderfallen von Wille und Erklärung **anfechtbar.** Wenn dem Erklärenden also der Geschäftswille fehlt, dann ist die Erklärung nicht automatisch nichtig, denn sonst würden die vom Gesetzgeber erlassenen Normen zur Anfechtung überflüssig sein. Der Empfänger der Willenserklärung wird dadurch geschützt, dass ihm nach einer Anfechtung gem. § 122 Abs. 1 BGB ein Schadenersatz zusteht.

Mehrere Prüfungsschritte sind erforderlich, um die Anfechtbarkeit von Willenserklärungen zu prüfen:

1. Schritt: Auslegung der Willenserklärung: Was wurde tatsächlich erklärt? Was war gewollt? Fallen Erklärtes und Gewolltes bewusst auseinander, greifen die §§ 116–118 BGB ein. Liegt ein unbewusstes Auseinanderfallen vor, dann geht es weiter in der Prüfungsreihenfolge.

▼

2. Schritt: Es muss geprüft werden, ob eine wirksame Anfechtungserklärung gegenüber dem Anfechtungsgegner vom Anfechtungsberechtigten gem. §§ 142 Abs. 1, 143 Abs. 1 BGB vorliegt. Dabei handelt es sich um eine einseitige, empfangsbedürftige Willenserklärung, die formlos ausdrücklich oder konkludent abgegeben werden kann (§§ 133, 157 BGB).

▶ **3. Schritt:** Die Anfechtungserklärung muss gem. § 130 Abs. 1 BGB dem Anfechtungsgegner zugehen.

4. Schritt: Die Anfechtungserklärung muss den richtigen Adressaten treffen. Gemäß § 143 Abs. 2 BGB ist bei einem Vertrag grundsätzlich der Vertragspartner und bei einem einseitigen empfangsbedürftigen Rechtsgeschäft gem. § 143 Abs. 3 S. 1 BGB der Empfänger der Willenserklärung der richtige Vertragspartner.

▼

5. Schritt: Das Vorliegen der Anfechtungsgründe gem. §§ 119, 123 BGB ist zu prüfen.

▶ **6. Schritt:** Die Anfechtungsfrist gem. §121 BGB muss bei den Anfechtungsgründen gem. §§ 119, 120 BGB gewahrt werden. Danach muss die Anfechtung unverzüglich, d. h., ohne schuldhaftes Zögern erfolgen, nachdem der Anfechtende von dem Anfechtungsgrund Kenntnis erlangt hat. Bei der Anfechtung gem. § 123 BGB muss die Frist des § 124 BGB gewahrt werden.

Die einzelnen Anfechtungsgründe sind:

Inhaltsirrtum: Ein Inhaltsirrtum gem. § 119 Abs. 1 1. Alt. BGB liegt vor, wenn der Erklärende bei Abgabe einer Willenserklärung **über deren Inhalt im Irrtum** war. Der Erklärende irrt sich also über die rechtliche Bedeutung seiner Erklärung.

▶ Beispiel: Ruth Prossinger fragt nach dem Preis einer Designerhose. Statt 390,00 €, die die Verkäuferin nennt, versteht sie irrtümlich 290,00 € und nimmt erfreut das Angebot an. Ruth Prossinger irrt hier über die Bedeutung ihrer Erklärung. Sie nimmt an, sie geht auf das Angebot zum Preis von 290,00 € ein, aber in Wahrheit gibt sie eine Willenserklärung mit dem Inhalt „Ich nehme das Angebot von 390,00 € an." ab.

Ein Inhaltsirrtum berechtigt nur zur Anfechtung, wenn der **Irrtum für die Willenserklärung ursächlich ist**. Das bedeutet, dass die Willenserklärung nicht abgegeben worden wäre, wenn der Erklärende sich nicht geirrt hätte.

▶ Beispiel: Nur wenn anzunehmen ist, dass Ruth Prossinger die Hose auch für 390,00 € gekauft hätte, weil es ihr auf die 100,00 € bei so einem schönen Stück nicht ankommt, wäre der Irrtum für die Abgabe der Willenserklärung nicht ursächlich.

Merke: Der Erklärende weiß, was er sagt, er weiß aber nicht, was er damit sagt.

Erklärungsirrtum: Beim Erklärungsirrtum gem. § 119 Abs. 1 2. Alt. BGB will der Erklärende eine Erklärung mit einem solchen Inhalt überhaupt nicht abgeben. Es liegt ein Irrtum in der Erklärungshandlung vor.

▶ Beispiel: Der Elektrohändler Torben Pauly möchte einen Fernseher für 980,00 € verkaufen. In seinem schriftlichen Angebot verschreibt er sich jedoch und bietet den Fernseher für 890,00 € an.

Auch beim Erklärungsirrtum muss der Irrtum ursächlich für die Abgabe der Willenserklärung sein. Die Abgrenzung zwischen beiden Irrtümern kann im Einzelfall jedoch schwierig sein.

 Merke: Der Erklärende weiß nicht, was er sagt.

Tabellarische Übersicht zur Abgrenzung zwischen Inhalts- und Erklärungsirrtum

	Inhaltsirrtum, § 119 Abs. 1 1. Alt. BGB	Erklärungsirrtum, § 119 Abs. 1 2. Alt. BGB
Gründe für den Irrtum	Irrtum über die Person der Geschäftspartnerin bzw. des Geschäftspartners, die Art des Geschäfts oder den Gegenstand des Geschäfts: Erklärender erklärt, was er erklären will, aber seine Erklärung bedeutet in Wirklichkeit etwas anderes, als er beabsichtigt.	Vergreifen, verlesen, verschreiben, vertippen: Der Erklärende erklärt nicht, was er erklären möchte, weil er sich vertut.
Zeitpunkt des Irrtums	Der Mangel der Erklärung liegt im Geschäftswillen.	Der Mangel der Erklärung liegt in der Erklärung.

Eigenschaftsirrtum: Gemäß § 119 Abs. 2 BGB gilt auch der Irrtum über solche **Eigenschaften der Person** oder **der Sache**, die **im Verkehr als wesentlich angesehen werden** als Irrtum über den Inhalt der Erklärung.

▶ Beispiel: Der Flohmarktverkäufer Tim Borzig bietet ein altes Gemälde zum Kauf an. Er denkt, dass es sich dabei um ein Kunstwerk von geringem Wert eines unbekannten Künstlers handelt. Erst nachdem er das Bild verkauft hat, stellt sich heraus, dass es sich um ein wertvolles Bild eines berühmten Malers handelt. Tim Borzig kann seine Erklärung anfechten, weil er sich über eine wesentliche Eigenschaft des Bilds geirrt hat.

Dieser Eigenschaftsirrtum ist ein **Unterfall des Motivirrtums**. Grundsätzlich ist der Motivirrtum unbeachtlich, aber nicht wenn ein Irrtum über wesentliche Eigenschaften einer Person oder Sache vorliegt.

Als Irrtum über den Inhalt der Erklärung gilt auch der Irrtum über solche **Eigenschaften** der Person oder der Sache, die im **Verkehr als wesentlich** angesehen werden.
Eigenschaften i. S. d. § 119 Abs. 2 BGB sind alle wertbildenden Faktoren, die der Sache unmittelbar und auf Dauer anhaften (herrschende Meinung). Der tatsächliche Wert einer Sache selbst gehört jedoch nicht dazu, sondern dieser bildet sich aus der Summe der wertbildenden Faktoren. Als **verkehrswesentlich** wird diese Eigenschaft bezeichnet, wenn sie für das konkrete Rechtsgeschäft objektiv von Bedeutung ist. Im obigen Beispiel ist der Maler des Kunstwerks entscheidend, denn sein Bekanntheitsgrad hat Einfluss auf den Preis.

Eine **Person** kann außer den Vertragsparteien auch ein Dritter sein, wenn das Rechtsgeschäft sich auf ihn bezieht. Eigenschaften einer Person sind z. B. berufliche Kenntnisse und Fertigkeiten, das Alter oder die Zahlungsfähigkeit.

Nicht nur dingliche Gegenstände wie z. B. Gemälde, sondern auch Forderungen sind **Sachen** i. S. d. § 119 Abs. 2 BGB.

Die 4. Fallgruppe

Die **4. Fallgruppe** umfasst Fehler aufgrund von Drohung oder Täuschung. Sie befasst sich also mit rechtswidrigen Eingriffen Dritter in die Willensfreiheit.

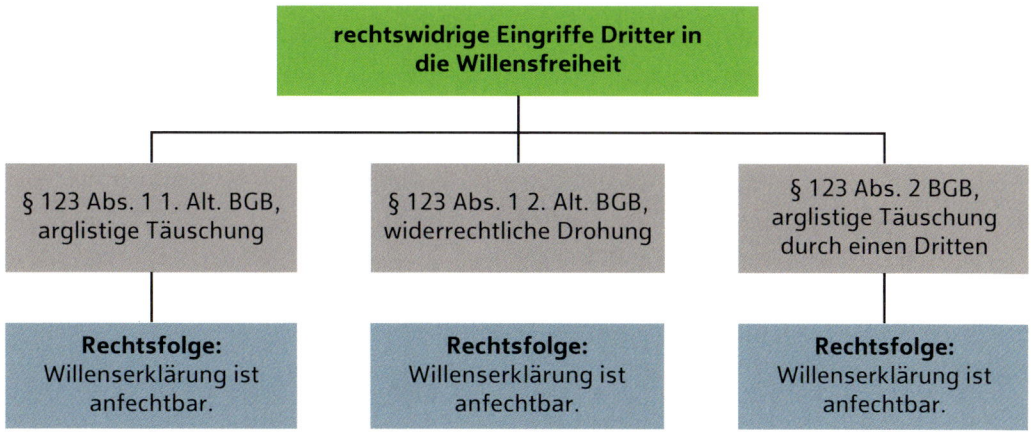

Arglistige Täuschung: Wird jemand durch arglistige Täuschung zur Abgabe einer Willenserklärung bestimmt, kann er diese anfechten (§ 123 Abs. 1 1. Alt. BGB).

Täuschung bedeutet Hervorrufen oder Aufrechterhalten eines Irrtums durch Vorspiegeln oder Unterdrücken von Tatsachen. Die Täuschung kann also sowohl durch ein Unterlassen einer Handlung als auch durch positives Tun erfolgen. Das Unterlassen einer Handlung wird dem Tun aber nur gleichgestellt, wenn eine Pflicht zur Aufklärung besteht. Eine Aufklärung müsste nach Treu und Glauben geboten sein.

▶ Beispiel: Der unseriöse Gebrauchtwagenhändler Johannes Essig bietet ein Auto mit der Laufleistung von 42 000 km an. In Wirklichkeit ist der Wagen aber 142 000 km gelaufen. Der Tachostand zeigt aber keinen sechsstelligen Kilometerstand an. Der Kaufinteressent Konrad Zwiesel fragt nach dem Kilometerstand und wird von Johannes Essig in Hinblick auf die Laufleistung belogen. Konrad Zwiesel kauft den Wagen, letzten Endes in dem Glauben für einen Pkw mit einer Laufleistung von 42 000 km einen guten Preis gezahlt zu haben.

▶ Beispiel: Johannes Essig unterlässt es, Konrad Zwiesel über die nur fünfstellige Tachoanzeige aufzuklären. Es wäre jedoch seine Pflicht gewesen, über eine so wesentliche Eigenschaft wie die Laufleistung des Pkw zu informieren. Das Unterlassen von Johannes Essig reicht also für eine Täuschungshandlung aus.

Manchmal kommen bei Vertragsschlüssen **Angaben „ins Blaue hinein"** vor. Der Erklärende kennt dann zwar die Unrichtigkeit seiner Angaben nicht positiv, aber er rechnet mit der Unrichtigkeit. Das reicht für die Annahme einer Täuschung aus.

Arglistig bedeutet, dass die bzw. der Täuschende vorsätzlich handeln muss, d. h., sie bzw. er muss wissen und wollen, dass die bzw. der andere aufgrund der Täuschungshandlung eine entsprechende Willenserklärung abgibt.

Dann muss die Täuschungshandlung noch ursächlich für die Abgabe der Willenserklärung gewesen sein. Das bedeutet, dass die bzw. der Getäuschte die Willenserklärung aufgrund der Täuschung abgegeben haben muss. Ist das nicht der Fall, dann kann die bzw. der Getäuschte sich nicht auf § 123 Abs. 1 1. Alt. BGB berufen.

Widerrechtliche Drohung: Wird jemand durch eine widerrechtliche Drohung zur Abgabe einer Willenserklärung bestimmt, kann sie bzw. er diese anfechten (§ 123 Abs. 1 2. Alt. BGB).

Drohen ist das In-Aussicht-Stellen eines künftigen Übels. Der bzw. die Drohende muss vorgeben, auf den Eintritt dieses Übels Einfluss zu haben. Als Übel ist jeder Nachteil anzusehen. **Widerrechtlich** ist eine Drohung, wenn

• das eingesetzte Mittel widerrechtlich ist,
• der erstrebte Zweck der Drohung widerrechtlich ist oder
• der Einsatz eines an sich rechtmäßigen Mittels zur Erreichung eines an sich rechtmäßigen Ziels widerrechtlich ist, also Widerrechtlichkeit der sog. „Mittel-Zweck-Relation" vorliegt.

▶ Beispiel: Mafiosi Roberto Corleone erklärt dem Inhaber eines italienischen Ristorante Luca Varese, dass sein Betrieb zu Kleinholz geschlagen wird, wenn er seine Waren fortan nicht bei einem bestimmten Lieferanten zu einem Spezialpreis erwirbt.

Die Widerrechtlichkeit ist unproblematisch gegeben, weil sowohl das Mittel als auch der erstrebte Zweck der Drohung widerrechtlich sind.

Anders ist es in folgendem Fall:

▶ Beispiel: Marion Herdmann droht nach einem Verkehrsunfall dem Unfallverursacher Heinz Löwinger, die Polizei hinzuzuziehen, sollte er nicht ein Schuldanerkenntnis unterschreiben. Hier fehlt es an der Widerrechtlichkeit der Drohung, denn Marion Herdmann hat das Recht, bei einem Verkehrsunfall die Polizei hinzuzuziehen. Der Unfallverursacher kann das Schuldanerkenntnis nicht anfechten, weil kein Anfechtungsgrund gegeben ist.

Arglistige Täuschung durch einen Dritten: Hat eine dritte Person die Täuschung verübt, ist die Erklärung nur anfechtbar, wenn der Erklärungsempfänger die Täuschung kannte oder kennen musste (§ 123 Abs. 2 BGB).

Wird die Täuschung von einem „Dritten" verübt, so ist eine Anfechtung des Vertrags nur eingeschränkt möglich, nämlich dann, wenn die Vertragspartei die Täuschung kannte oder fahrlässig nicht kannte. Anderenfalls ist die gutgläubige Vertragspartei schutzwürdig. **Dritter** i. S. d. § 123 Abs. 2 BGB ist nicht, wer auf Seiten oder im Lager des Erklärungsempfängers steht und mit dessen Wille in die Vertragsverhandlungen eingeschaltet ist, wie z. B. ein Vertreter oder Verhandlungsgehilfe. Dritter ist also nur der am Geschäft Unbeteiligte.

▶ Beispiel: Uwe Mütz mimt in einer Antiquitätenschau den sachverständigen Besucher und äußert sich sehr lobend gegenüber dem Kaufinteressenten Julien Bartosch über einen Tisch, den er dem Biedermeier zuordnet. Nachdem sich Uwe Mütz entfernt hat, kommt der Verkäufer Jörg Pohlheber auf den Kaufinteressenten Julien Bartosch zu und bietet den Tisch für 1 800,00 € an. Tatsächlich handelt es sich jedoch um eine wertlose Fälschung. Uwe Mütz und Jörg Pohlheber haben sich miteinander abgestimmt, um so Käufer anzulocken. Jörg Pohlheber hat die Vertragsverhandlungen allein geführt. Uwe Mütz war auch nicht sein Stellvertreter. Uwe Mütz ist deshalb „Dritter" und eine Anfechtung ist für den Käufer gem. § 123 Abs. 2 BGB möglich.

Ebenso wie bei den Anfechtungsgründen aufgrund eines Irrtums, müssen auch bei der Anfechtung aufgrund von Täuschung oder Drohung, die unter Ziff. 2.3.7 dargelegten **Voraussetzungen vorliegen**: Es muss eine Anfechtungserklärung gem. §§ 143 Abs. 1, 142 Abs. 1, 133, 157 BGB abgegeben werden. Diese muss gegenüber dem richtigen Anfechtungsgegner (§ 143 Abs. 2–4 BGB) abgegeben werden und ihm auch zugehen (§ 130 Abs. 1 BGB). Für die **Anfechtungsfrist** gilt jedoch § 124 BGB. Die Frist beginnt erst mit der Entdeckung der

Täuschung bzw. dem Ende der Zwangslage und beträgt ein Jahr. Wenn seit Abgabe der durch die Täuschung verursachten Willenserklärung zehn Jahre vergangen sind, kann eine Anfechtung nicht mehr erfolgen.

2.3.7 Rechtsfolgen der Anfechtung

Wird ein anfechtbares Rechtsgeschäft wirksam angefochten, ist es gem. § 142 BGB als von Anfang an nichtig anzusehen. Wurde lediglich der schuldrechtliche Vertrag angefochten und hat eine Partei bereits den Vertrag erfüllt, bleibt diese Verfügung gem. dem sog. **Abstraktionsprinzip** wirksam. Das wird aber in der Regel nicht gewünscht sein und die Leistung kann gem. §§ 812 ff. BGB zurück verlangt werden.

vgl. LF 3, Kap. 2.3.1

2.3.8 Rechts- und Geschäftsfähigkeit

Rechtsfähigkeit natürlicher Personen

> **Definition:** Rechtsfähig ist, wer **Träger von Rechten und Pflichten** sein kann.

Bezogen auf Kaufverträge bedeutet das, dass die jeweilige Vertragspartei Bezugssubjekte der Rechte und Pflichten aus einem Kaufvertrag sein muss. Vereinfacht gesagt, muss die Fähigkeit bestehen, Partnerin oder Partner eines Vertrags sein zu können. Ist diese Voraussetzung schon nicht gegeben, kann kein Vertrag zustande gekommen sein.

▶ Beispiel: Wer rechtsfähig ist, kann Eigentümer einer Sache sein, Erbe eines Vermögens oder auch Schuldner einer Forderung.

Gemäß § 1 BGB **beginnt** die Rechtsfähigkeit eines jeden Menschen, also einer **natürlichen Person**, mit der **Vollendung der Geburt**. Sie **endet** mit dem **Tod**. Das ergibt sich daraus, dass sich keine Regelung im Gesetz findet, die ein früheres Ende der Rechtsfähigkeit bestimmt. Heute gilt der sog. Hirntod als Todeszeitpunkt, wenn Gehirnströme nicht mehr gemessen werden können.

Rechtsfähigkeit von juristischen Personen

Neben den natürlichen Personen kennt die Rechtsordnung auch sog. juristische Personen. Juristische Personen sind die von der rechtlichen Ordnung als **selbstständige Rechtsträger anerkannten Personenvereinigungen** oder **Vermögensmassen**.

vgl. LF 4, Kap. 3.1.1

▶ Beispiel: Sportverein (§ 21 BGB), GmbH (§ 13 Abs. 1 GmbHG), Stiftung (§ 80 Abs. 1 BGB)

Mit der Anerkennung von juristischen Personen als Rechtssubjekte unterstützt die Rechts ordnung das Bedürfnis der Menschen nicht nur als einzelner Mensch, sondern auch im Zusammenschluss mit anderen Menschen aktiv rechtliche Ziele realisieren zu können und als Personengesamtheit rechtlich auftreten zu können. Juristische Personen sind als Rechtssubjekte unabhängig von ihrem jeweiligen Mitgliederbestand. Sie können Träger eines Rechts, aber genauso gut auch Inhaber einer Forderung sein. Aber nicht jede Personenvereinigung ist automatisch mit Rechtsfähigkeit ausgestattet. Es sind nur solche Personenvereinigungen rechtsfähig, denen das Gesetz die Rechtsfähigkeit ausdrücklich verleiht. Rechtsfähigkeit besitzt nur der eingetragene Verein gem. § 21 BGB, aber nicht der nicht eingetragene Verein gem. § 54 BGB. Das zieht gravierende Unterschiede in den Rechtsfolgen nach sich.

▶ Beispiel: Toni Heinze kauft als Vereinsmitglied ausdrücklich für seinen eingetragenen Fußballverein neue Trikots ein. Der Vertragspartner des Trikothändlers ist der Verein. Werden die Trikots nicht bezahlt, kann sich der Händler direkt an den Verein, vertreten durch den Vorsitzenden, wenden. Bei einem nicht eingetragenen Verein ist der Vertragspartner des Trikothändlers das jeweilige handelnde Mitglied. Allenfalls kann sich der Händler noch an die anderen Vereinsmitglieder, vertreten durch Toni Heinze, wenden. Das ist allerdings eher umständlich.

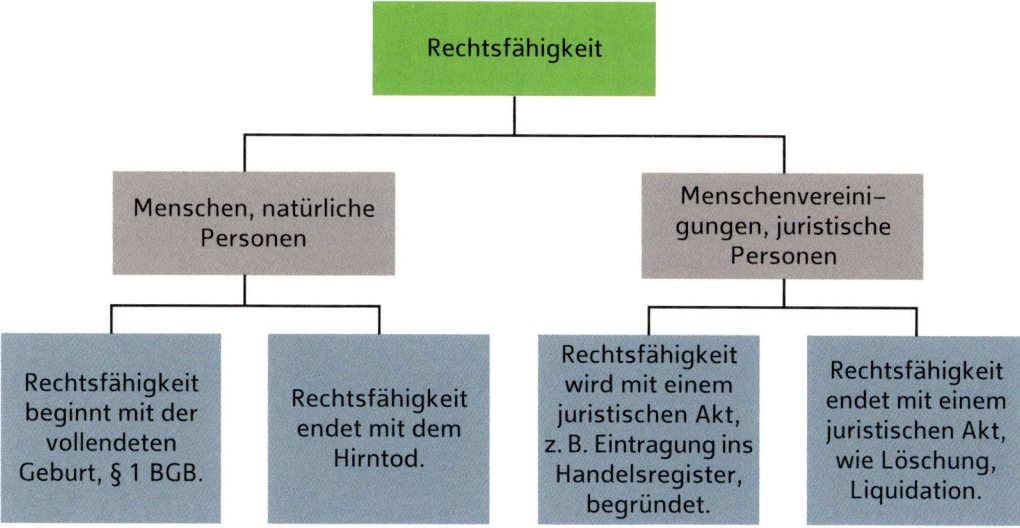

Geschäftsfähigkeit

> **Definition: Geschäftsfähigkeit** ist die Fähigkeit, selbst Rechtsgeschäfte wirksam vorzunehmen. Im Gegensatz zur Rechtsfähigkeit, die einen statischen Zustand beschreibt, kann aufgrund der Geschäftsfähigkeit die rechtliche Lage geändert werden.

Voraussetzung für die Geschäftsfähigkeit ist, dass die handelnde Person ein Mindestmaß an Einsichts- und Urteilsfähigkeit besitzt. Daraus lässt sich schlussfolgern, dass **juristische Personen** ausnahmslos **geschäftsunfähig** sind, denn sie selbst besitzen keine Einsichts- und Urteilsfähigkeit. Nur wenn sie durch für sie handelnde Personen vertreten werden, können sie am Rechtsleben teilnehmen und rechtsgeschäftliche Erklärungen durch die Vertretung abgeben.

▶ Beispiel: Für einen eingetragenen Verein handelt der Vorsitzende.

Die geschäftsunfähige Person kann nur über seine **gesetzlichen Vertreter** am Rechtsleben teilnehmen. Für die Kinder sind das in der Regel ihre Eltern, wie sich aus §§ 1626, 1629 Abs. 1 S. 2 BGB ergibt. Für geschäftsunfähige Volljährige handelt meist der **gesetzliche Betreuer** (§ 1902 BGB). Die Willenserklärung eines Geschäftsunfähigen ist gem. § 105 Abs. 1 BGB unwirksam. Eine ihm gegenüber abgegebene Willenserklärung wird gem. § 131 Abs. 1 BGB erst mit Zugang bei seinem gesetzlichen Vertreter wirksam.

Aber nicht alle Menschen sind uneingeschränkt geschäftsfähig. Die Rechtsordnung **schützt** Menschen, die an einem Mangel an Einsichts- und Urteilsfähigkeit leiden. Dieser Schutz hat **Vorrang vor den Interessen des Rechtsverkehrs**. Es gibt keinen guten Glauben an die Geschäftsfähigkeit eines Menschen.

In erster Linie macht der Gesetzgeber die Geschäftsfähigkeit des Menschen von dem Erreichen eines bestimmten Alters abhängig. Kinder, die das 7. Lebensjahr noch nicht vollendet haben, sind geschäftsunfähig (§ 104 Nr. 1 BGB). Volle Geschäftsfähigkeit erlangen Kinder mit dem 18. Geburtstag.

▶ Beispiel: Die sechsjährige Susanne Klein bekommt von Ihrer Tante 3,00 € geschenkt und kauft sich davon Süßigkeiten. Der Kaufvertrag ist nicht wirksam zustande gekommen, denn Susanne Klein ist geschäftsunfähig.

Selbst wenn das für die Geschäftsfähigkeit notwendige Alter vorliegt, so kann der betreffende Mensch dennoch nicht geschäftsfähig sein, wenn er an einer krankhaften Beeinträchtigung seiner Geistestätigkeit leidet (§ 104 Nr. 2 BGB).

▶ Beispiel: Klara Belli ist verschwendungssüchtig und hat deshalb einen gesetzlichen Betreuer, der einen Einwilligungsvorbehalt gegenüber ihren Rechtsgeschäften hat. Klara Belli kann deshalb keinen wirksamen Handy-Vertrag eingehen. Klara Belli kann aber als volljährige Geschäftsunfähige gem. § 105 a BGB geringwertige Geschäfte des täglichen Lebens wirksam vornehmen. Sie kann sich also etwa ein Brötchen wirksam kaufen.

Beschränkte Geschäftsfähigkeit

Die mit dem Heranwachsen von Kindern verbundene geistige Entwicklung trägt der Gesetzgeber dadurch Rechnung, dass er die beschränkte Geschäftsfähigkeit gem. § 106 BGB eingeführt hat. Nach den Vorschriften der §§ 107–113 BGB sind die Rechtsgeschäfte von Kindern **zwischen dem 7. und dem 18. Lebensjahr** wirksam bzw. können Wirksamkeit erlangen, wenn sie nachträglich durch die gesetzlichen Vertreter genehmigt werden. Geschäfte betreuter Personen, die nach § 1903 BGB unter Einwilligungsvorbehalt gestellt sind, werden ebenso behandelt.

Nur ausschließlich **rechtlich vorteilhafte Geschäfte** können von beschränkt geschäftsfähigen Minderjährigen wirksam vorgenommen werden (§ 107 BGB). Ein rechtlicher Vorteil liegt vor, wenn die rechtliche Stellung des Minderjährigen durch das Rechtsgeschäft verbessert wird. Hierbei kommt es nur auf die rechtliche und nicht auf die wirtschaftliche Betrachtungsweise an.

▶ Beispiel: Die 16-jährige Lisa Preisler kauft zum Preis von 20,00 € ein Longboard, das eigentlich 180,00 € wert ist. Dieses Geschäft ist zwar wirtschaftlich, aber nicht rechtlich vorteilhaft, denn Lisa Preisler wäre durch den Kaufvertrag verpflichtet, die 20,00 € zu übereignen. Damit das Geschäft wirksam ist, müssten ihre Eltern nachträglich zustimmen, d. h., sie müssten das Geschäft genehmigen.

Kaufverträge können also niemals rechtlich vorteilhaft sein, denn Minderjährige sind durch das Verpflichtungsgeschäft stets verpflichtet, die zu übereignende Sache oder das Geld zu übergeben.

▶ Beispiel für ein rechtlich vorteilhaftes Geschäft: Lisa Preisler bekommt das Longboard geschenkt.

Dann gibt es noch die **rechtlich neutralen Geschäfte**, also die Geschäfte, bei denen der Minderjährige weder einen rechtlichen Vorteil noch einen Nachteil hat.

▶ Beispiel: Lisa Preisler veräußert das Longboard ihres 20-jährigen Bruders mit dessen Einverständnis an eine Freundin. Hier ist Lisa Preisler nicht schutzwürdig, denn durch das für sie rechtlich neutrale Geschäft hat sie keinen Nachteil, denn das Longboard gehörte ihr nicht.

Auch rechtlich nicht vorteilhafte **Rechtsgeschäfte** mit denen der Erziehungsberechtigte **von vornherein einverstanden** ist, können rechtswirksam von einem beschränkt geschäftsfähigen Minderjährigen gem. § 107 BGB vorgenommen werden. Für **rechtlich nicht vorteilhafte**

Geschäfte bedarf der beschränkt geschäftsfähige Minderjährige der Einwilligung seines gesetzlichen Vertreters (§ 107 BGB). Eine Einwilligung ist **eine vorherige Zustimmung** gem. § 183 BGB, die jedoch bis zur Vornahme des Rechtsgeschäft auch widerrufen werden kann.

Nachträgliche Genehmigung

Liegt keine Einwilligung für ein rechtlich nachteiliges Rechtsgeschäft vor, hängt die Wirksamkeit davon ab, ob die Eltern nachträglich das Rechtsgeschäft gem. § 108 BGB genehmigen. Eine Genehmigung ist eine **nachträgliche Zustimmung** zu dem Rechtsgeschäft, gem. § 184 Abs. 1 BGB. Bis die Genehmigung erteilt wird, ist das Rechtsgeschäft schwebend unwirksam, d. h., es ist noch nicht entschieden, welche Rechtsfolgen es entfaltet.

▶ Beispiel: Der 17-jährige Luca Prinz kauft sich ein Smartphone mit erspartem Geld. Die Eltern wissen davon zunächst nichts. In dieser Zeit ist der Vertrag schwebend unwirksam. Aber als sie davon erfahren, sind sie mit dem Kauf einverstanden und genehmigen ihn nachträglich. Damit sind die Rechtsfolgen des Vertrags klar. Er ist wirksam geschlossen worden und Luca Prinz erhält das Smartphone und muss es auch bezahlen.

Die nachträgliche Genehmigung kann gem. § 182 Abs. 1 BGB sowohl dem Minderjährigen als auch dem Vertragspartner gegenüber erklärt werden.

Wenn der Minderjährige volljährig wird, während ein von ihm geschlossener Vertrag noch schwebend unwirksam ist, tritt seine Genehmigung **an die Stelle der Genehmigung seines bisherigen gesetzlichen Vertreters** (§ 108 Abs. 3 BGB). Aus dem Wortlaut ergibt sich, dass der Minderjährige dieses Rechtsgeschäft nun tatsächlich entweder konkludent oder ausdrücklich genehmigen muss. Es reicht nicht aus, dass er einfach nur volljährig wird.

Die Vertragspartnerin bzw. der Vertragspartner kann gem. § 108 Abs. 2 BGB den gesetzlichen Vertreter zur **Erklärung über die Genehmigung auffordern.** Das macht Sinn, denn es sollen keine unnötigen Unsicherheiten im Rechtsverkehr entstehen, indem eine der Vertragsparteien über die Rechtsfolgen eines Vertrags zu lange im Unklaren gelassen wird. Gemäß § 108 Abs. 1 S. 1 BGB kann die Genehmigung dann nur noch gegenüber der Vertragspartnerin bzw. dem Vertragspartner erklärt werden.

Widerrufsrecht der Vertragsparteien

Bis zur Genehmigung sind die Vertragsparteien zum Widerruf berechtigt (§ 109 Abs. 1 BGB). Damit soll für die Vertragspartnerin bzw. den Vertragspartner eines Minderjährigen mehr Rechtssicherheit geschaffen werden, denn sie bzw. er weiß ja bis zur Genehmigung nicht, ob sie bzw. er auf die Gültigkeit dieses Rechtsgeschäfts vertrauen darf. Wenigstens soll sie bzw. er dann den Vertrag gegenüber dem Minderjährigen oder auch gegenüber dem gesetzlichen Vertreter widerrufen dürfen. Das ist eine Abweichung von dem Grundsatz, dass Verträge bindend sind (§§ 145 ff. BGB). Gemäß § 109 Abs. 2 BGB kann aber nur widerrufen werden, wenn sie bzw. er nicht wusste, dass sie bzw. er einen Vertrag mit einem beschränkt Geschäftsfähigen abschließt. War es doch bekannt, so kann nur widerrufen werden, wenn der Minderjährige wahrheitswidrig behauptet hat, die Einwilligung läge vor.

Abgabe einer Willenserklärung gegenüber einem beschränkt Geschäftsfähigen

Bisher wurden nur Fälle behandelt, in denen der beschränkt Geschäftsfähige eine Willenserklärung abgibt. Aber es werden natürlich auch **Willenserklärungen gegenüber beschränkt Geschäftsfähigen** abgegeben. Der Gesetzgeber hat hierzu eine eindeutige Regelung erlassen: Gemäß § 131 BGB wird die Willenserklärung grds. erst dann wirksam, wenn sie **dem gesetzlichen Vertreter des beschränkt Geschäftsfähigen zugeht.**

Schon mit dem Zugang bei dem beschränkt Geschäftsfähigen wird die Willenserklärung diesem gegenüber nur in **zwei Ausnahmefällen** wirksam, nämlich wenn
• die Erklärung dem beschränkt Geschäftsfähigen lediglich einen rechtlichen Vorteil bringt oder
• der gesetzliche Vertreter seine **Einwilligung erteilt** hat.

Vertragsangebote stellen einen rechtlichen Vorteil dar und so wird das Angebot mit Zugang bei dem Minderjährigen wirksam. Das bloße Angebot ist mit keinem rechtlichen Nachteil verbunden, denn die Rechtsposition des Minderjährigen verbessert sich. Nimmt der Minderjährige hingegen den Vertrag an, stellt die Annahme, wie bereits gezeigt, so gut wie nie einen rechtlichen Vorteil dar, weil sie in der Regel Verpflichtungen des Minderjährigen nach sich zieht. Liegt in diesem Fall auch keine Einwilligung des gesetzlichen Vertreters vor, kann die Willenserklärung nach dem Wortlaut des § 131 Abs. 2 BGB i. V. m. § 131 Abs. 1 BGB erst mit Zugang bei dem gesetzlichen Vertreter wirksam werden.

Taschengeldparagraf

Im täglichen Leben wäre es für alle Beteiligten sehr umständlich, wenn wirklich in jedes einzelne Rechtsgeschäft, das Minderjährige tätigen möchten, vorher eingewilligt werden muss. Um im Alltag Erleichterung zu schaffen, wurde der § 110 BGB, der sog. Taschengeldparagraf, eingeführt. Dieser stellt systematisch gesehen einen **Sonderfall des § 107 BGB** dar. Mit ihm wird quasi unter bestimmten Voraussetzungen eine Einwilligung erteilt, auch wenn vorher der Inhalt des Rechtsgeschäfts nicht genau bestimmt war.

▶ Beispiel: In Abstimmung mit seinen Eltern spart der 15-jährige Hans Mendrick einen Großteil seines Taschengelds, um sich dann ein neues Smartphone zu kaufen.

Die **Einwilligung** liegt hier in der **Überlassung des Taschengelds**. Sie wird konkludent für die Rechtsgeschäfte erteilt, die Minderjährige nach der Vorstellung ihrer Eltern vornehmen dürfen.

 Hinweis: Ratengeschäfte sind nicht vom § 110 BGB umfasst. Der Gesetzgeber ging nicht davon aus, dass die Eltern damit einverstanden sind, dass ihr Kind sich langfristig vertraglich bindet. Das ergibt sich aber auch aus dem Wortlaut des § 110 BGB. Darin heißt es, dass Minderjährige die vertragsmäßige Leistung **bewirkt haben müssen,** damit der Vertrag wirksam ist. Damit ist gemeint, dass Minderjährige ihre Leistungspflicht **vollkommen erfüllt haben müssen.**

Weitere Voraussetzung ist, dass die Mittel den Minderjährigen zu einem **bestimmten Zweck** oder zur **freien Verfügung** überlassen worden sind.

▶ Beispiel: Für die Klassenfahrt geben die Eltern ihrer Tochter Kathrin Kilian 50,00 € mit. Damit ist klar, dass Kathrin Kilian mit diesem Geld alle Rechtsgeschäfte tätigen darf, die auf der Klassenfahrt anfallen.

Unter Umständen kann zweifelhaft sein, welche Rechtsgeschäfte noch von dieser Einwilligung gedeckt sind.

▶ Beispiel: Der 16-jährige Axel Hillenstein kauft sich von seinem Taschengeld ein Rubbellos und gewinnt 10 000,00 €. Er kann sein Glück kaum fassen, denn damit hat er nun genug Geld, um ein Moped zu kaufen, dessen Anschaffung seine Eltern ihm aber verboten haben. Der Kauf des Mopeds wäre nicht durch den Taschengeldparagraf gedeckt. Zum einen, weil die Eltern generell die Anschaffung eines Mopeds ablehnen, aber auch weil der Kauf allein mit den Mitteln des Taschengelds nicht möglich gewesen wäre.

Aber auch altersunangemessene Geschäfte sind nicht vom § 110 BGB umfasst.

 Hinweis: Am besten orientieren Sie sich daran, was für einen Minderjährigen des entsprechenden Alters nach den allgemeinen Anschauungen altersangemessene Rechtsgeschäfte sind.

Übersicht: Geschäftsfähigkeit

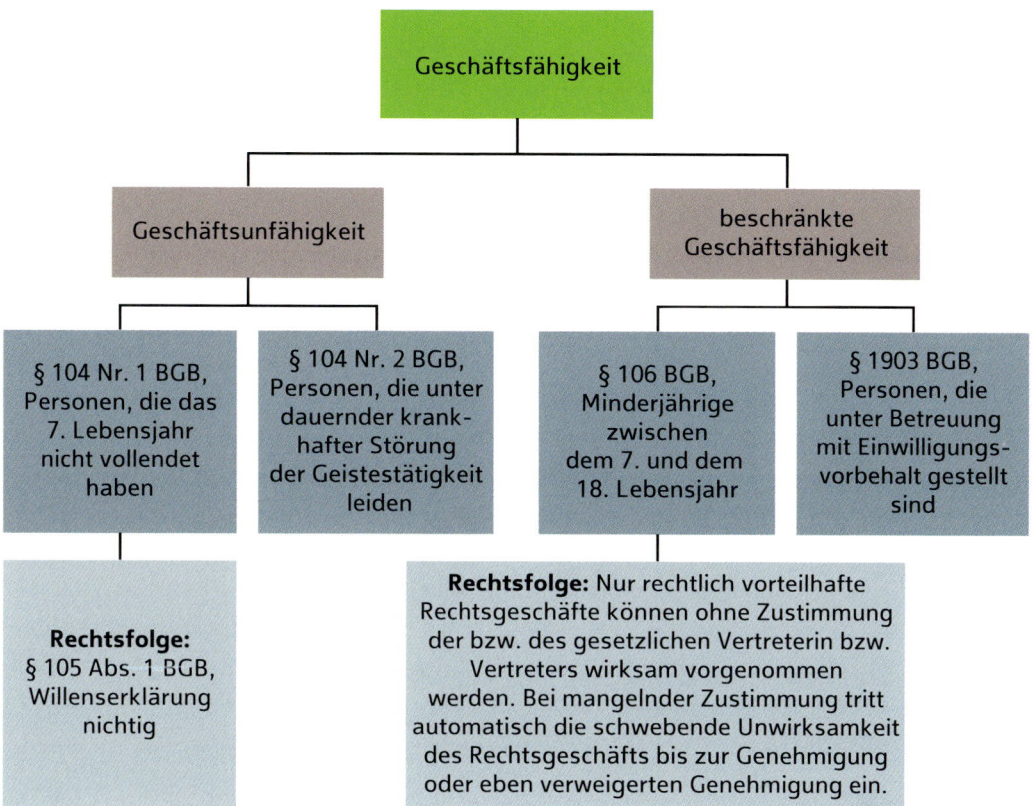

Teilgeschäftsfähigkeit

Im Gesetz finden sich noch zwei Ausnahmevorschriften zur Geschäftsfähigkeit.

Nach § 112 BGB ist der Minderjährige, wenn ihn der gesetzliche Vertreter mit Genehmigung des Familiengerichts zum selbstständigen Betrieb eines Erwerbgeschäfts ermächtigt, für solche Geschäfte unbeschränkt geschäftsfähig, welche der Geschäftsbetrieb mit sich bringt. Das ist ein wenig praxisrelevanter Paragraf, weil wenige Minderjährige Erwerbsgeschäfte betreiben.

Umso wichtiger ist allerdings die folgende Norm, denn sie betrifft alle minderjährigen Auszubildenden: Ermächtigt der gesetzliche Vertreter den Minderjährigen in Dienst oder Arbeit zu treten, so ist der Minderjährige für solche Rechtsgeschäfte unbeschränkt geschäftsfähig, welche die Eingehung oder Aufhebung eines gestatteten Dienst- oder Arbeitsverhältnisses oder die Erfüllung der arbeitsvertraglichen Verpflichtungen betreffen.

2.4 Stellvertretung

Um überprüfen zu können, ob ein wirksamer Vertrag zustande gekommen ist, müssen ggf. die gesetzlichen Vorschriften zur Stellvertretung beachtet werden.

2.4.1 Bedeutung der Stellvertretung

Die Bedeutung der Stellvertretung ist vor allem im Wirtschaftsleben zu erkennen: Dort gibt es oft das Bedürfnis, dass jemand für einen anderen rechtsgeschäftlich handelt. Ein Inhaber eines großen Unternehmens kann nicht alle Rechtsgeschäfte in seiner Firma allein tätigen. Dafür würde es schon an der nötigen Zeit fehlen. Aus diesem Grund ist die Konstruktion der Stellvertretung sehr sinnvoll. Jemand kann an der Stelle der Unternehmerin bzw. des Unternehmers rechtsverbindlich für das Unternehmen handeln.

Normalerweise werden nur diejenigen Personen Vertragspartnerinnen und Vertragspartner, die miteinander den Vertrag geschlossen haben. Durch die Stellvertretung gerät nun ein Dritter, nämlich die Stellvertreterin bzw. der Stellvertreter, zwischen die beiden Vertragsparteien und gibt für einen von ihnen die entsprechende Willenserklärung ab.

In den §§ 164 ff. BGB ist die Stellvertretung geregelt. Nach diesen Vorschriften ist es möglich, sich sowohl bei der Abgabe als auch bei der Annahme von Willenserklärungen vertreten zu lassen.

2.4.2 Voraussetzungen der Stellvertretung

Die Voraussetzungen einer wirksame Stellvertretung gem. § 164 Abs. 1 BGB lauten:

1. Die Stellvertretung muss zulässig sein.	3. Diese muss er in fremdem Namen abgegeben haben.	6. Es darf kein verbotenes Insichgeschäft vorliegen.
2. Die Vertretung muss eine eigene Willenserklärung abgeben.	4. Dazu muss er die erforderliche Vertretungsmacht gehabt haben.	5. Die Vertretung muss innerhalb der Vertretungsmacht gehandelt haben.

Zulässigkeit

Außer bei höchstpersönlichen Willenserklärungen ist die Stellvertretung bei jeder Willenserklärung zulässig.

▶ Beispiel: Weder bei Eheschließungen (§ 1311 BGB) noch bei der Testamentserrichtung (§ 2064 BGB) kann man sich vertreten lassen. Diese Willenserklärungen müssen stets persönlich abgegeben werden.

Eigene Willenserklärung

Der Vertreter muss immer eine eigene Willenserklärung abgeben. Bei diesem Prüfungspunkt spielt die **Unterscheidung zum Boten** eine Rolle: Der Bote gibt stets eine fremde Willenserklärung ab, weil er die Willenserklärung nur weiterleitet. Unproblematisch ist die Abgrenzung bei **schriftlichen Erklärungen**, die weitergegeben werden. Da ist der Übermittler stets Bote. Für den Boten gelten die Vorschriften der §§ 164 ff. BGB nicht.

Etwas schwieriger ist die Prüfung der eigenen Willenserklärung bei **mündlichen Erklärungen**.

 Merke: Es kommt auf die genaue Formulierung der handelnden Person an. Aus ihr geht die Position ob als Bote oder Stellvertreter hervor.

▶ Beispiel: Der Bote sagt: „Mein Freund lässt ausrichten, dass ich die Zeitung für ihn kaufen soll." Der Stellvertreter sagt: „Ich kaufe die Zeitung für meinen Freund."

Grundsätzlich ist nach dem äußeren Auftreten zu beurteilen, ob es sich bei der handelnden Person um einen Stellvertreter oder Boten handelt. Bei dem äußeren Auftreten ist vor allem entscheidend, was die handelnde Person sagt.

 Tipp: Fragen Sie sich stets: Wie würde ein objektiver Erklärungsempfänger das Handeln der dritten Person deuten?

Folgende **Abgrenzungsprobleme** können auftreten:

Bei **formgebundenen Rechtsgeschäften,** z. B. bei einem Immobilienkauf, muss bei der Stellvertretung die Erklärung des Stellvertreters und bei dem Boten die Erklärung des Geschäftsherrn die vorgeschriebene Form aufweisen.

▶ Beispiel: Der Unternehmer Peter Kaltenbrunner schließt mit Uwe Joachim einen Kaufvertrag über ein Grundstück. Nach der Zahlung des Kaufpreises durch Peter Kaltenbrunner soll die Auflassung erfolgen. In der Kaufvertragsurkunde bevollmächtigt Peter Kaltenbrunner seinen Angestellten Dirk Helbling, die Auflassungserklärung für ihn abzugeben. Nach Zahlung des Kaufpreises erklärt Dirk Helbling im Namen von Peter Kaltenbrunner die Auflassung vor dem Notar gegenüber dem Käufer, der dann auch als Eigentümer eingetragen wird.

Gemäß § 925 BGB muss die Auflassung bei gleichzeitiger Anwesenheit beider Erklärenden vor einer zuständigen Stelle erklärt werden. Da Dirk Helbling hier als Stellvertreter auftrat, war die Erklärung formwirksam, denn er hat eine eigene Willenserklärung abgegeben. Wäre er nur Bote gewesen, wäre die Erklärung nicht formwirksam gewesen, denn dann wäre der erklärende Peter Kaltenbrunner faktisch nicht anwesend gewesen, denn die Auflassung muss ja bei gleichzeitiger Anwesenheit beider Erklärender erklärt werden.

Die Abgrenzung zwischen Stellvertreter und Bote ist auch bei der **Geschäftsunfähigkeit des Handelnden** wichtig.

Da der Stellvertreter eine eigene Willenserklärung abgibt, darf er **nicht geschäftsunfähig** sein. Gemäß § 165 BGB darf er **aber beschränkt geschäftsfähig** sein. Beschränkt Geschäftsfähige dürfen rechtlich neutrale Geschäfte wirksam vornehmen. Die Rechtsfolgen eines Geschäfts in Stellvertretung treffen nicht den Stellvertreter, sondern den Vertretenen. Deshalb ist das Geschäft für den Stellvertreter rechtlich neutral. Da der Bote keine eigene Willenserklärung abgibt, kommt es auf seine Geschäftsfähigkeit nicht an.

vgl. LF 3, Kap. 2.3.8

 Merke: Ist das Hänschen noch so klein, kann es doch schon Bote sein.

Ebenso ist die Abgrenzung zwischen Vertreter und Boten bei einer **fehlerhaften Erklärung** von Bedeutung. Gemäß § 166 Abs. 1 BGB treffen die rechtlichen Folgen einer durch Willensmängel beeinflussten Willenserklärung nicht die Person den Vertretenen, sondern den Vertreter. Ein Irrtum des Vertreters wird dem Vertretenen zugerechnet, sodass der Vertretene das Rechtsgeschäft anfechten kann.

Übermittelt der Bote eine Willenserklärung unbewusst falsch, kann der Geschäftsherr sie gem. § 120 BGB anfechten. Das Risiko der Falschübermittlung trägt der Erklärende, also der Vertragspartner (§ 122 BGB). Der vorsätzlich falsch übermittelnde Bote übermittelt hingegen keine fremde Erklärung i. S. d. § 120 BGB. Er gibt eine eigene Willenserklärung unter fremdem Namen ab und wird daher wie ein vollmachtloser Vertreter behandelt.

Handeln im fremden Namen

Gemäß § 164 Abs. 1 S. 1 BGB muss der Vertreter im Namen des Vertretenen handeln. Das kann entweder **ausdrücklich geschehen** („Ich kaufe das Auto für meine Mutter.") oder es kann sich auch **aus den Umständen ergeben**, § 164 Abs. 1 S. 2 BGB. Es muss auf jeden Fall für den Vertragspartner offenkundig sein, mit wem er ein Rechtsgeschäft abschließt. Deshalb spricht man bei dieser Voraussetzung auch vom **Offenkundigkeitsprinzip**.

▶ Beispiel: Üblicherweise versteigern Auktionshäuser die Ware für ihre Kundschaft. Dementsprechend versteigert der Auktionator Willi Haberkorn ein Gemälde und erteilt dem Bieter Martin Hurtig den Zuschlag ohne den Namen seines Auftraggebers zu verraten. Hier ist der Kaufvertrag zwischen dem Bieter und dem Auftraggeber des Auktionators zustande gekommen.

Bei Geschäften des täglichen Lebens, die sofort bar bezahlt werden, kommt es auf das Offenkundigkeitsprinzip nicht an, weil der Vertragspartner in der Regel kein Interesse daran hat, zu wissen, wer sein wirklicher Vertragspartner ist.

▶ Beispiel: In unserer Lernsituation mit Annika Sauer und Julia Hoffmann ist davon auszugehen, dass Julia Hoffmann in der Bäckerei nicht erzählt hat, für wen sie Brötchen kauft. Obwohl sie nicht offenbart hat, für wen sie Brötchen kauft, liegt eine wirksame Stellvertretung vor.

Erforderliche Vertretungsmacht

Die Stellvertretung setzt voraus, dass der Vertreter Vertretungsmacht besitzt.

Diese Vertretungsmacht kann auf verschiedenen Gründen beruhen.

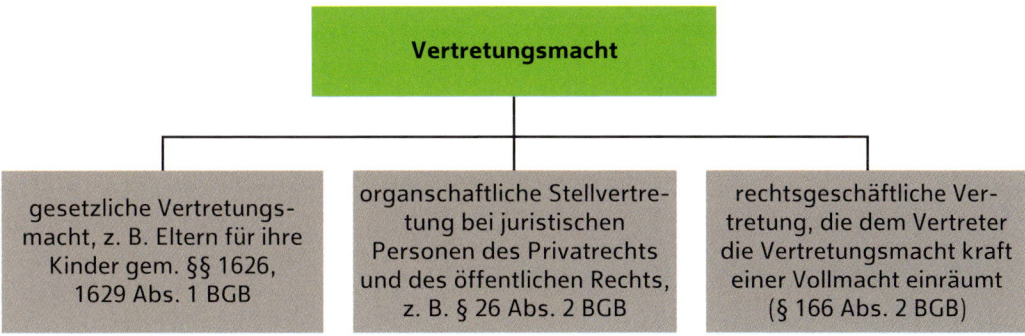

Hat ein **Vertreter ohne Vertretungsmacht** gehandelt, wirkt sein Handeln nicht für und gegen den Vertretenen. Die zu vertretende Person könnte aber das Rechtsgeschäft gem. §§ 177 Abs. 1, 184 BGB genehmigen. Die Genehmigung kann er sowohl gegenüber dem Vertreter als auch der dritten Person gegenüber aussprechen. Bis zur Genehmigung bleibt der Vertrag schwebend unwirksam.

Erteilung der Vollmacht

Grundsätzlich kann jede Person aufgrund des Selbstbestimmungsrechts nach seinem Belieben darüber entscheiden, ob und in welchem Umfang eine andere Person für ihn Rechtsgeschäfte vornehmen darf. Die Vollmachtserteilung ist ein einseitiges, grds. nicht formbedürftiges Rechtsgeschäft. Als einseitige empfangsbedürftige Willenserklärung wird sie mit Zugang wirksam.

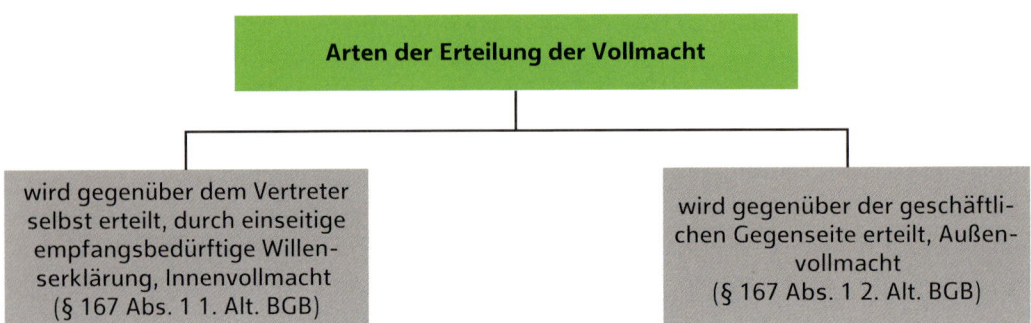

Handeln innerhalb der Vertretungsmacht

Bei der Prüfung der Erteilung der Vollmacht ist auch zu untersuchen, ob sich das Rechtsgeschäft in den Grenzen der erteilten Vollmacht hält. Überschreitet es die Grenzen, so treten die Rechtsfolgen der Stellvertretung nicht ein.

Missbrauch der Vertretungsmacht

Überschreitet der Vertreter die Grenzen der Vertretungsmacht im Innenverhältnis zum Vertretenen, handelt es sich um einen Missbrauch der Vertretungsmacht. Die Rechtsfolge ist, dass das von dem Vertreter abgeschlossene Rechtsgeschäft trotzdem in der Regel für und gegen den Vertretenen wirkt, es sei denn die dritte Person ist nicht schutzwürdig.

▶ Beispiel: Ariane Liebermann ist von ihrem Arbeitgeber, der Bauunternehmung Schott OHG, bevollmächtigt, einen Pkw für das Unternehmen zu kaufen. Diese Vollmacht gilt aber nur bis zu 20 000,00 €. Ariane Liebermann kauft aber ein Auto für 25 000,00 €. Damit überschreitet sie die Grenzen der Vertretungsmacht. Das Rechtsgeschäft zwischen dem Arbeitgeber und dem Autohändler ist dennoch wirksam.

Erlöschen der Vollmacht

Das Erlöschen der Vollmacht ist in § 168 BGB geregelt.

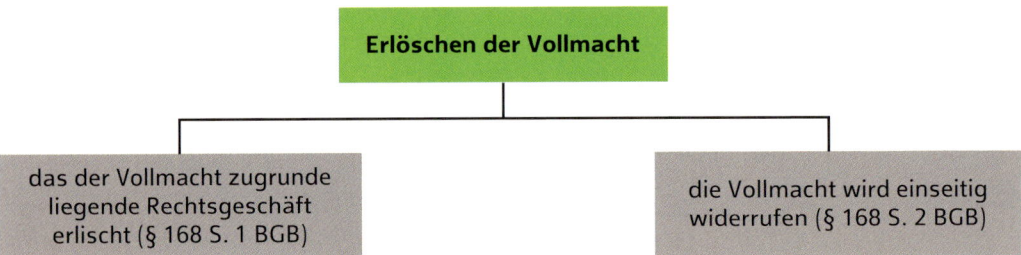

Erlöschen des der Vollmacht zugrunde liegenden Rechtsgeschäfts

Das Erlöschen der Vollmacht bestimmt sich nach dem ihrer Erteilung zugrunde liegenden Rechtsverhältnis (§ 168 S. 1 BGB). Das bedeutet, dass mit Beendigung des der Vollmacht zugrunde liegenden Rechtsgeschäfts (Arbeits-, Dienst-, Geschäftsbesorgungsvertrags oder Auftrags) auch die Vollmacht erlischt. Hier findet sich eine Durchbrechung des Abstraktionsprinzips.

vgl.
LF 4,
Kap. 1

▶ Beispiel: In der Abteilung der Einkaufsleiterin Ursula Winke kam es zu Unregelmäßigkeiten. Deshalb wird Ursula Winke von der Geschäftsführung die Einkaufsvollmacht entzogen, sie bleibt aber weiterhin in ihrer beruflichen Position.

Einseitiger Widerruf der Vollmacht

Gemäß § 168 S. 2 BGB ist die Vollmacht auch bei Fortbestehen des Rechtsverhältnisses widerruflich, sofern sich nicht aus dem Grundverhältnis etwas anderes ergibt. Gemeint ist damit die Vereinbarung der Unwiderruflichkeit der Vollmacht.

Gemäß § 170 BGB bleibt die Vollmacht gegenüber der dritten Person in Kraft, bis ihm das Erlöschen von der Vollmachtgeberin bzw. dem Vollmachtgeber mündlich oder schriftlich angezeigt wird.

▶ Beispiel: Fuhrparkunternehmer Ingo Lauckmann hat dem Tankstellenpächter Maik Heinisch gegenüber erklärt, dass seine Angestellte Marlen Kurz die Vollmacht hat, für ihn die Wagen zu betanken. Das Erlöschen der Vollmacht muss er Maik Heinisch anzeigen.

Duldungs- und Anscheinsvollmacht

Die Duldungs- und Anscheinsvollmachten wurden von der Rechtsprechung als besondere Arten von Vollmachten entwickelt.

Handelt jemand ohne Vollmacht für eine andere Person und duldete der Vertretene dieses Verhalten, liegt eine **Duldungsvollmacht** vor, wenn die dritte Person die fehlende Vertretungsmacht nicht kannte und auch nicht hätte kennen müssen. Die Rechtsfolge ist, dass der Vertretene so behandelt wird, als hätte er tatsächlich eine Vollmacht erteilt.

Bei der **Anscheinsvollmacht** weiß der Vertretene nicht, dass er vertreten wird. Er hätte dies jedoch bei pflichtgemäßer Sorgfalt erkennen und verhindern können.

Eine dritte Person, also die Vertragspartnerin bzw. der Vertragspartner, ist hier schutzwürdig, weil sie auf die Wirksamkeit der Vollmacht vertraut hat und auch darauf vertrauen konnte.

Verbot des Insichgeschäfts

Ein Insichgeschäft ist ein Rechtsgeschäft, das eine Person sich selbst gegenüber vornimmt.

Das Insichgeschäft ist in § 181 BGB geregelt: Nur wenn das Geschäft ausschließlich in der Erfüllung einer Verbindlichkeit besteht, ist ein Vertreter befugt, im Namen des Vertretenen mit sich im eigenen Namen oder als Vertreter eines Dritten ein Rechtsgeschäft vorzunehmen.

Das Verbot des Insichgeschäfts fußt auf dem Gedanken, dass die Mitwirkung derselben Person auf beiden Seiten Interessenkonflikte schürt.

▶ Beispiel: Kurt Wiemers betreut seine volljährige, geistig behinderte Tochter als gesetzlicher Betreuer. Ihm obliegt auch die Vermögenssorge. Der Tochter gehört ein Hausgrundstück. Das möchte der Vater von seiner Tochter kaufen. Dabei handelt es sich um ein unzulässiges Insichgeschäft.

▶ Beispiel: Der Vertreter Ingo Wilkens der Unternehmerin Gerlinde Schwarz schließt mit sich selbst einen Vertrag, indem er sein Jahresgehalt um 5 000,00 € erhöht.

Nimmt ein Vertreter ein Insichgeschäft vor, so überschreitet er seine Vertretungsmacht. Das Rechtsgeschäft ist jedoch nicht nichtig. Dem Vertretenen steht die Möglichkeit offen, das Rechtsgeschäft im Nachhinein zu genehmigen.

In gesetzlich geregelten Ausnahmefällen ist das Insichgeschäft von Anfang an wirksam. Zum einen kann die bzw. der Vertretene gem. § 181 Hs. 1 BGB dem Vertreter das Insichgeschäft gestatten. Zum anderen ist es dann gültig, wenn es nur in der Erfüllung einer Verbindlichkeit besteht (§ 181 BGB).

▶ Beispiel: Restaurantbesitzerin Birgit Möltgen kauft von ihrer Angestellten Heike Wommel ein Klavier für den Gastraum. Zu den Aufgaben von Heike Wommel gehört es, auch Verträge für das Restaurant abzuschließen und sie ist entsprechend von Birgit Möltgen bevollmächtigt worden. Heike Wommel erfüllt daher die Pflicht der Geschäftsinhaberin Birgit Möltgen zur Kaufpreiszahlung, indem sie den geschuldeten Betrag aus der Restaurantkasse von Birgit Möltgen nimmt.

Zusammenfassung

> **Wirksamkeit eines Kaufvertrags** (Voraussetzung ist die Abgabe von mindestens zwei Willenserklärungen, von denen die erste Angebot und die zweite Annahme heißt) wird nach den Vorschriften § 433 BGB geprüft.

1. Wirksame Willenserklärung	2. Zugang muss vorliegen • empfangsbedürftige Willenserklärung • nicht empfangsbedürftige Willenserklärung	3. Bestandteile der Willenserklärung müssen vorliegen • Handlungswille • Erklärungswille • Geschäftsbindungswille	4. Übereinstimmen der Willenserklärungen, kein Dissens
5. Willenserklärung darf nicht nichtig sein. (§§134, 138, 125 BGB)	6. Willenserklärung darf nicht wirksam angefochten sein. (§§ 116-119, 123 BGB)	7. Vertragsschließende Personen müssen geschäftsfähig sein, oder zumindest beschränkt geschäftsfähig. Vorschriften zum Minderjährigenrecht beachten. (§§ 106 ff. BGB)	8. eventuell wirksame Stellvertretung

 Wiederholung und Vertiefung

1. In welchem Buch des BGB finden sich Ausführungen zum Familienrecht?
2. Was versteht man unter dem Begriff Vertragsfreiheit?
3. In welchem Alter ist man geschäftsunfähig, in welchem geschäftsfähig?
4. Der fünf Jahre alte Leon Bergmann hat von seinem Opa 3,00 € bekommen, damit er die neuste Tageszeitung für ihn holt. Leon Bergmann kauft die Zeitung und bringt sie seinem Opa. Ist ein wirksamer Kaufvertrag zustande gekommen? Wer sind die Vertragspartner?
5. Die 17-jährige Lisa Karsten kauft sich ein neues Smartphone. Ihre Eltern schimpfen, weil sie ohne zu fragen so viel Geld ausgegeben hat. Aber letzten Endes billigen die Eltern den Kauf, weil Lisa Karsten ein günstiges Angebot erwischt hat. Ist ein wirksamer Kaufvertrag zwischen Lisa und dem Verkäufer zustande gekommen. Wenn ja, zu welchem Zeitpunkt?
6. Sie sitzen mit zwei Bekannten zusammen in einem Café. Jeder von Ihnen bestellt etwas zu trinken. Plötzlich sind die beiden anderen weg und die Bedienung meint, dass Sie als die Letzte den kompletten Verzehr bezahlen müssen. Stimmt das? Erläutern Sie.
7. Welche Irrtümer berechtigen zur Anfechtung von Verträgen?
8. Was sind die Voraussetzungen einer wirksamen Stellvertretung?

3 Vertragsabwicklung überwachen

Einen Vertrag schließen ist eine Sache, aber Verträge werden ja nicht um der bloßen Vereinbarung willen geschlossen, sondern mit dem Vertragsschluss soll eine Rechtsfolge ausgelöst werden. Im vorangegangenen Kapitel ging es darum, was alles bei dem Vertragsschluss, also bei dem zugrunde liegenden Verpflichtungsgeschäft, schief gehen kann. Nun erfahren Sie, welche unliebsamen Folgen die Vertragsabwicklung, also die jeweiligen Erfüllungsgeschäfte mit sich bringen können, wenn es nicht so läuft, wie erwartet. Schwierigkeiten, die bei der Vertragsabwicklung auftauchen, nennt man Leistungsstörungen. Darunter werden verschiedene Fälle zusammengefasst, in denen sich die Schuldner nicht so verhalten, wie es die Erfüllung des Vertragszwecks erfordert. Zu den Leistungsstörungen werden insbesondere die Unmöglichkeit der Leistung, der Verzug einer Vertragspartei und die sog. Fälle der Schlechtleistung gezählt. Sie lernen, welche Handlungsmöglichkeiten Ihnen bei den einzelnen Leistungsstörungen zur Verfügung stehen.

Lernsituation

Annika Sauer ist schlechter Stimmung. Sie erzählt Julia Hoffmann, dass sie ein gebrauchtes Fahrrad gekauft hat. Kurz vor der vereinbarten Übergabe ist dieses Fahrrad jedoch dem Verkäufer gestohlen worden. Annika Sauer hat schon den Kaufpreis bezahlt, aber der Verkäufer ist nicht mehr in der Lage, ihr das Fahrrad zu geben. Was ist nun zu tun?

Allgemein ist die Laune in der Kanzlei heute nicht so gut wie sonst. Marion Webermann hat für die Kanzlei auf Bitten von Rechtsanwältin Dr. Annette Neumann eine neue, moderne Kaffeemaschine bestellt. Leider funktioniert diese Maschine nicht: Das Wasser wird nicht aufgeheizt und Kaffee kann zum Ärger aller nicht gebrüht werden.

Dazu kommt noch, dass ein separates Programm angeschafft wurde, um den E-Mail-Verkehr der Kanzlei optimal zu sichern. Jedoch wurde das Programm ohne einen funktionierenden Installationscode ausgeliefert, so dass die Software nicht installiert werden kann.

Arbeitsaufträge:
a) Überlegen Sie, aus welchen Gründen eine Leistung noch unmöglich sein kann.
b) Wie ist es, wenn Geld geschuldet wird? Kann man sich darauf berufen, dass die Geldleistung unmöglich ist, weil man gerade kein Geld hat? Diskutieren Sie innerhalb der Klasse, wie die Unmöglichkeit, Geldschulden zu bezahlen, rechtlich zu beurteilen ist.

c) Lesen Sie sich § 434 BGB gründlich durch. Liegt ein Fehler vor, wenn eine Software nicht installiert werden kann?

d) Finden Sie weitere Paragrafen im BGB, die sich mit Verträgen über digitale Produkte befassen.

e) Welche Mängel könnte es bei gekauften Sachen noch geben? Fallen Ihnen Beispiele aus Ihrem Alltag ein? Diskutieren Sie miteinander das Ergebnis.

f) Überlegen Sie sich geeignete Maßnahmen, um Zahlungseingänge zu überwachen.

g) Diskutieren Sie das Ergebnis miteinander.

h) Überlegen Sie, ob es im BGB besondere Vorschriften für den Kauf von digitalen Produkten gibt und ob diese im Fall des Softwarekaufs der Kanzlei Anwendung finden.

i) Reflektieren Sie anschließend Ihr Wissen.

3.1 Verpflichtungsgeschäft, Ort und Zeit der Leistung und Erfüllungsgeschäft überwachen

Leider kommen nicht immer alle Vertragsparteien ihren Verpflichtungen nach. Zahlungen werden manchmal nur teilweise oder auch gar nicht geleistet.

▶ Beispiel: Die Kanzlei vertritt das Möbelhaus Schönes Wohnen OHG, das sich sofort meldet, wenn Kundinnen und Kunden ihre Rechnungen nicht bezahlen. Es ist Julia Hoffmanns Aufgabe, diese Zahlungseingänge zu überwachen und ggf. geeignete Maßnahmen einzuleiten.

Um Zahlungseingänge überwachen zu können, bietet sich eine tabellarische Aufstellung an. In dieser können alle erforderlichen Daten, wie z. B. das Aktenzeichen, das Datum der Leistung, Teilzahlungen, zu zahlende Zinsen, aufgenommen werden. Weiterhin besteht die Möglichkeit, mit aufzunehmen, ob/wann ein Zahlungsaufforderungsschreiben versandt wurde.

3.1.1 Überblick behalten

Bei vielen unterschiedlichen Vorgängen, die aber letzten Endes alle die gleiche Vorgehensweise erfordern, kann man schnell die Übersicht verlieren, in welchem Stadium sich die einzelne Sache gerade befindet.

Sofern es in Ihrer Rechtsanwaltssoftware keine Funktion gibt, die diese Aufgabe erfüllen kann, ist es hilfreich, wenn Sie mittels einer Excel-Tabelle den jeweiligen Stand der einzelnen Vorgänge im Auge behalten.

Die Tabelle könnte so aussehen:

Datum (aktuell)	01.01.2023
Basiszinssatz	1,62 %
Verzugsaufschlag	5,00 %
Verzugszinssatz	6,62 %

Status	Name	Aktenzeichen	Betrag	Forderung entstanden	Fälligkeit	Teilbetrag gezahlt	Schuld/ Restschuld	Verzugszinsen
offen	Müller, Peter	H-265-2023	519,00 €	01.01.2023	31.01.2023		519,00 €	2,92 €
teilw. bezahlt	Schmidt, Anna	H-274-2023	1 850,00 €	01.01.2023	31.01.2023	500,00 €	1 350,00 €	7,59 €
							0,00 €	0,63 €
							0,00 €	0,00 €

Zu beachten ist, dass in Schaltjahren die Zinsberechnungen mit 366 Zinstagen durchzuführen ist.

 Tipp: Im Internet stehen viele gut funktionierende Rechner zur Verfügung, um die Höhe der Verzugszinsen auszurechnen. Hier ist ein hilfreicher Link: https://basis-zinssatz.de/zinsrechner/

vgl.
LF 4,
Kap. 2.1
In der 5. Spalte ist die Fälligkeit der Forderung notiert. Fällig ist eine Forderung, wenn der Schuldner berechtigt ist, sie zu verlangen. Üblich ist es jedoch, dass die Zinsen erst ab dem Tag nach der Fälligkeit berechnet werden. Dieses Datum ist für die Zinsberechnung zugrunde zu legen.

In unserem Beispiel liegt stets eine **vertragliche Fälligkeit** vor, denn das Möbelhaus und die Käufer haben sich in dem Kaufvertrag darüber geeinigt, wann das Erfüllungsgeschäft erfolgen soll. Von daher gibt es hier keine Probleme bei der Ermittlung der Fälligkeit.

Häufig kommt es vor, dass der Schuldner einen Teilbetrag der Forderung bezahlt. In der 6. Spalte sind die Teilzahlungen vermerkt. Zu beachten ist, dass die bezahlten Teilbeträge die Zinsen auf die Hauptforderung vermindern. In der 7. Spalte wird die Restschuld berechnet.

Die Verzugszinsen betragen in der Regel fünf Prozentpunkte über dem Basiszinssatz. Der Basiszinssatz beträgt seit dem 01.01.2023 1,62 %. Der seit dem 01.07.2016 für Handelsgeschäfte geltende Zinssatz von neun Prozentpunkten über dem Basiszinssatz (derzeit also 10,62 %) ist auf Schuldverhältnisse anzuwenden, die nach dem 01.07.2016 entstanden sind. Das sind sicherlich die meisten Schuldverhältnisse, mit denen Sie während Ihrer Ausbildung zu tun haben. Unter www.basiszinssatz.info finden Sie einen praktischen Zinsrechner und weitere Informationen zum Basiszinssatz.

 Hinweis: Der Basiszinssatz des BGB ist die Grundlage für die Berechnung von Verzugszinsen. Die Deutsche Bundesbank berechnet nach den gesetzlichen Vorgaben des § 247 Abs. 1 BGB den Basiszinssatz. Der aktuelle Stand wird gem. § 247 Abs. 2 BGB im Bundesanzeiger veröffentlicht.

3.1.2 Forderungsschreiben verfassen

Wenn eine Forderung ausbleibt, also in der Regel Geld nicht gezahlt wird, so muss der säumige Zahler zunächst zur Zahlung aufgefordert werden.

vgl. LF 4, Kap. 3.3 und 5.2

In der letzten Spalte der Tabelle kann der Stand der Bearbeitung notiert werden.

3.2 Allgemeine Leistungsstörungen im Kaufrecht

Zu den allgemeinen Leistungsstörungen im Kaufrecht gehören die Unmöglichkeit der Leistung, der Schuldnerverzug und der Schadenersatzanspruch anstelle der Leistung.

3.2.1 Unmöglichkeit der Leistung

Unmöglichkeit liegt vor, wenn der Schuldner die Leistung, zu der er aufgrund des Schuldverhältnisses verpflichtet ist, nicht mehr erbringen kann. Bei einem Kaufvertrag schuldet der Verkäufer dem Käufer die Übergabe und Übereignung der Kaufsache.

Es können verschiedene Gründe vorliegen, die dazu führen, dass eine Übereignung nicht mehr möglich und die Leistungspflicht damit ausgeschlossen ist.

§ 275 Abs. 1–3 BGB beinhaltet **verschiedene Konstellationen**, in denen eine **Leistungspflicht ausgeschlossen** ist.

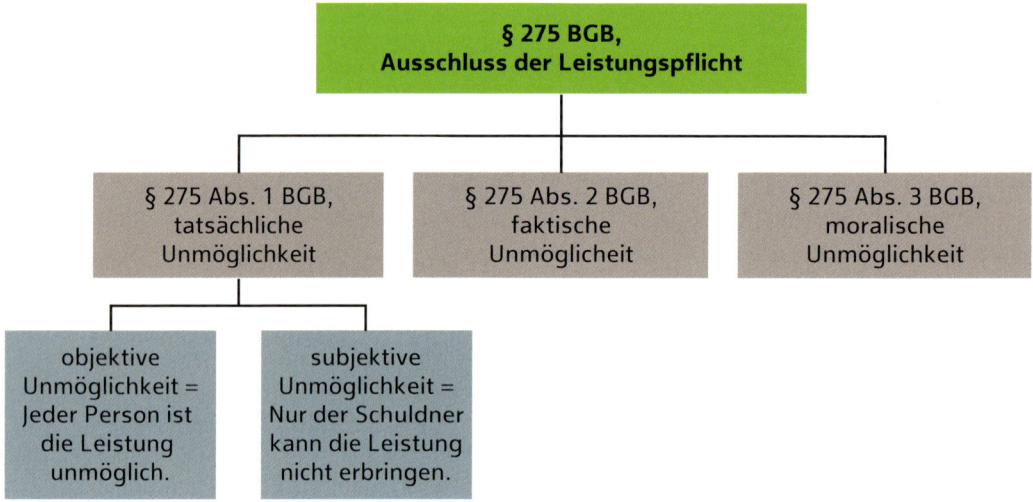

Tatsächliche Unmöglichkeit

Bei der tatsächlichen Unmöglichkeit gem. § 275 Abs. 1 BGB **erlischt die Leistungspflicht kraft Gesetzes**, also sozusagen automatisch.

Man unterscheidet dabei zwischen objektiver und subjektiver Unmöglichkeit.

Definition: Bei der objektiven Unmöglichkeit ist die Leistung für Jedermann unmöglich, d. h., keiner kann die Leistung erbringen.

▶ Beispiel: Das von Annika Sauer gekaufte Fahrrad wurde nicht gestohlen, sondern ist bei einem Unfall vollkommen zerstört worden. Niemand kann dieses Fahrrad mehr übereignen und übergeben.

Bei der subjektiven Unmöglichkeit kann hingegen gerade der Schuldner die Leistung nicht erbringen.

▶ Beispiel: Im Ausgangsfall wurde das Fahrrad gestohlen. Der Verkäufer selbst kann es nun nicht mehr übergeben. Eine Übergabe ist jedoch nicht für jedermann unmöglich. Die Diebin z. B. könnte das Fahrrad übergeben.

Tritt das Leistungshindernis **vor Vertragsschluss** ein, so spricht man von **anfänglicher Unmöglichkeit**. Ist die Leistung von Anfang an unmöglich, regelt § 311 a BGB die Rechtsfolgen. Gemäß § 311 a Abs. 2 BGB kann der Gläubiger entweder Schadenersatz oder Ersatz seiner Aufwendungen verlangen. Dies gilt aber nicht, wenn der Schuldner bei Vertragsschluss nicht wusste, dass er nicht leisten kann.

Tritt das Leistungshindernis erst **nach Vertragsschluss** ein, liegt **nachträgliche Unmöglichkeit** vor, z. B. wie im Ausgangsfall. Die Rechtsfolgen ergeben sich aus §§ 280 Abs. 1, 3, 283 BGB. Der Gläubiger kann Schadenersatz verlangen, wenn der Schuldner die Pflichtverletzung zu vertreten hat.

Faktische Unmöglichkeit: Ausschluss der Leistungspflicht bei grob unverhältnismäßigem Aufwand

§ 275 Abs. 2 BGB gewährt dem Schuldner eine Einrede, wenn die Leistung hohen Aufwand erfordert, der in einem groben Missverhältnis zu dem wirtschaftlichen Leistungsinteresse des Gläubigers steht. Damit der Grundsatz der Vertragsbindung nicht aufgeweicht wird, soll § 275 Abs. 2 BGB auf wirkliche Extremfälle beschränkt bleiben. Deshalb hat die Vorschrift im Alltagsleben keine große Bedeutung.

vgl. LF 4, Kap. 2.2

▶ Beispiel: Das Schiff mit den verkauften amerikanischen Autos sinkt und die Autos liegen nun auf dem Meeresgrund und können nicht mehr übergeben werden.

Moralische Unmöglichkeit: Ausschluss der Leistungspflicht bei Unzumutbarkeit höchstpersönlicher Leistungen

§ 275 Abs. 3 BGB gewährt dem Schuldner eine **Einrede** gegen eine **von ihm persönlich** zu erbringende Leistung, die ihm nach Abwägung des seiner Leistung entgegenstehenden Hindernisses mit dem Leistungsinteresse des Gläubigers nicht zugemutet werden kann. Diese Vorschrift enthält eine Sonderregelung für persönlich zu erbringende Leistungen und betrifft deshalb in erster Linie Dienst- und Arbeitsverträge.

▶ Beispiel: Entertainerin Elke Meller sagt einen Auftritt ab, weil ein naher Angehöriger im Sterben liegt.

Gefahrtragung für die mangelnde Vertragserfüllung

Bei gegenseitigen Verträgen muss geprüft werden, wer letztendlich die Konsequenzen zu tragen hat, wenn es nicht zu der Vertragserfüllung kommt.

Zu unterscheiden ist zwischen **Leistungsgefahr** und **Gegenleistungs-** oder **Preisgefahr**. Mit Leistungsgefahr ist das Risiko des Schuldners gemeint, trotz Untergangs der Sache leisten zu müssen. Preisgefahr bezeichnet im Gegensatz dazu also das Risiko der Gegenseite, die Leistung zu erbringen. Zudem ist noch zwischen **Stück-** und **Gattungsschulden** zu unterscheiden.

Stückschuld

Eine **Stückschuld** liegt vor, wenn die Schuld nach individuellen Merkmalen konkret bestimmt ist.

▶ Beispiel: Das Fahrrad in der Lernsituation zu Beginn des Kapitels. Hier haben sich die Vertragsparteien auf den Kauf eines bestimmten Fahrrads geeinigt.

Ist dem Schuldner die Erbringung der Leistung gem. des § 275 Abs. 1, 2 oder 3 BGB unmöglich geworden und wird er deshalb von seiner Leistungspflicht befreit, kann auch der Gläubiger nicht länger verpflichtet bleiben. Gemäß § 326 Abs. 1 S. 1 BGB entfällt der Anspruch auf die Gegenleistung, z. B. die Kaufpreiszahlung.

Gattungsschulden

Von **Gattungsschulden** spricht man, wenn der Kaufgegenstand keine konkrete Sache ist, sondern nur der Gattung nach bestimmt ist. Der Schuldner schuldet gem. § 243 Abs. 1 BGB eine Sache von mittlerer Art und Güte. Hierunter fallen auch Geldschulden.

▶ Beispiel: Geschuldet werden 5 kg Kartoffeln.

Bei einer Gattungsschuld gibt es immer mehrere taugliche Erfüllungsgegenstände, sodass grds. keine Unmöglichkeit eintreten kann, wenn einzelne Sachen dieser Gattung untergehen. Denkbar ist es aber dennoch, dass eine ganze Gattung untergeht: Das wäre z. B. dann der Fall, wenn die Leistungspflicht sich auf eine bestimmte Anzahl von Gegenständen bezieht.

▶ Beispiel: Das Lager eines Lieferanten brennt ab, damit gehen die Waren, die dort gelagert sind, unter und es tritt Unmöglichkeit ein.

Gemäß § 243 Abs. 2 BGB wird der Verkäufer beim Untergang einer Gattungsschuld nur frei, wenn eine sog. **Konkretisierung der Sache** eingetreten ist, d. h., der Schuldner muss das seinerseits **zur Leistung Erforderliche getan haben**. Dementsprechend hat der Schuldner einer Gattungsschuld stets ein Interesse daran, dass er seine Gattungsschuld möglichst schnell konkretisiert, weil dann bei einem Untergang der Sache § 275 BGB eingreift. Was der Schuldner dazu im Einzelnen unternehmen muss, richtet sich nach der getroffenen Vereinbarung. Aus der Vereinbarung lässt sich entnehmen, ob der Schuldner verpflichtet ist, die Waren nur bereit zu stellen, zu schicken oder sogar zu bringen.

Gemäß § 326 Abs. 2 BGB bleibt der Käufer jedoch zur Gegenleistung verpflichtet und trägt somit die Preisgefahr, wenn er für den Untergang oder die Verschlechterung allein oder weitgehend verantwortlich ist.

Gefahrtragung im Kaufrecht

Im Kaufrecht gibt es besondere Vorschriften, die die Gefahrtragung regeln:

- § 446 Abs. 1 BGB bestimmt, dass die **Preisgefahr mit der Übergabe der Kaufsache** auf den Käufer übergeht, also dann, wenn der Käufer Besitz an der Sache erlangt hat. § 446 BGB bezieht sich dabei aber nur auf den zufälligen Untergang der Sache, d.h., auf einen Untergang der Sache, der weder vom Käufer noch vom Verkäufer zu vertreten ist. Von der Übergabe an trägt der Käufer die Nutzungen und die Lasten der Kaufsache.

  ▶ Beispiel: Das Ehepaar Heinze kauft beim Autohändler Werner Ricks einen Pkw. Das Auto wird am vereinbarten Liefertermin ordnungsgemäß an die Ehefrau übergeben, die es in der Garage parkt. Damit ist die sog. Preisgefahr auf das Ehepaar Heinze übergegangen. In der Nacht brennt die Garage zusammen mit dem Auto ab. Das Auto „geht also unter", d. h., es ist zerstört. Das Ehepaar muss trotzdem den Kaufpreis bezahlen, weil die Preisgefahr bereits übergegangen ist, denn das Auto wurde übergeben.

- § 447 BGB ist eine besondere Vorschrift über die **Gefahrtragung beim Versendungskauf**. Versendet der Verkäufer auf Wunsch des Käufers die verkaufte Sache an einen anderen Ort als den Erfüllungsort, so geht die Gefahr auf den Käufer über, sobald die Sache dem Spediteur vom Verkäufer übergeben wurde (§ 447 Abs. 1 BGB).

  ▶ Beispiel: Youngtimer-Händler René Lorbatz aus Wipperfürth kauft bei einem anderen Autohändler ein Cabriolet aus den 70er-Jahren. Auf sein Verlangen hin wird das Auto auf einen Transporter geladen und nach Wipperfürth gebracht. Der Autotransporter hat jedoch auf der Fahrt dorthin einen Unfall und das Cabriolet wird zerstört. René Lobartz muss den vereinbarten Kaufpreis trotzdem zahlen, weil er das Transportrisiko trug.

- Diese Vorschrift gilt jedoch gem. § 474 Abs. 2 S. 2 BGB nicht beim Verbrauchsgüterkauf. Die Preisgefahr trägt dann bis zur Ablieferung der Ware der Verkäufer. Im Unterschied zum Verbraucher hat der Unternehmer mehr Einfluss auf den Transport der Ware. Der Händler bestimmt die näheren Umstände der Versendung, wie z. B. die Verpackung und wählt auch das Transportunternehmen aus. Deshalb wäre es nicht gerecht, wenn der Verbraucher das Risiko des Transports tragen würde. Der Gefahrübergang erfolgt beim Verbrauchsgüterkauf ausschließlich gem. § 446 BGB.

  ▶ Beispiel: Martin Florstett bestellt gerne Kleidung im Internet. Ein Paket erreicht ihn jedoch nicht, weil es im Lagerraum des Logistikunternehmens brennt. Die Preisgefahr ist noch nicht übergegangen, denn das Paket ist noch nicht zugestellt worden. Martin Florstett muss nicht zahlen.

Beim **Handelskauf** wird meist ein Versendungskauf vereinbart, d. h., der Händler verpflichtet sich, die Ware durch eine Spedition zu versenden. Dann trägt der Käufer das Risiko des Untergangs. Das Transportrisiko trägt der Käufer.

3.2.2 Schuldnerverzug

Der Schuldner ist verpflichtet, bei Fälligkeit die geschuldete Leistung zu erbringen. Tut er das nicht, liegt darin eine Pflichtverletzung gem. § 280 Abs. 1 BGB.

In den meisten Fällen entsteht dem Gläubiger durch eine Verzögerung der Leistung – dem sog. Schuldnerverzug – ein Schaden. Gemäß § 280 Abs. 2 BGB kann er diesen Schaden, der durch eine Verzögerung der Leistung eingetreten ist, aber nur unter den zusätzlichen Voraussetzungen des § 286 BGB ersetzt verlangen. In § 286 BGB sind die Voraussetzungen des Schuldnerverzugs geregelt.

Handelt es sich um eine Geldforderung, wird der Schuldnerverzug auch manchmal Zahlungsverzug genannt.

Voraussetzungen des Schuldnerverzugs

1. Es muss ein vertragliches Schuldverhältnis zwischen den Parteien bestehen.	4. Der Schuldner muss die Nichtleistung bei Vorliegen der objektiven Vollzugsvoraussetzungen zu vertreten haben (§ 286 Abs. 4 BGB).
2. Es muss eine Pflichtverletzung in Form einer Leistungsverzögerung vorliegen. Die geschuldete Leistung muss trotz Möglichkeit der Leistung und Durchsetzbarkeit des Anspruchs nicht erbracht worden sein.	3. Zusätzliche Voraussetzungen des Verzugs gem. § 286 BGB müssen gegeben sein: • entweder eine Mahnung des Gläubigers (§ 286 Abs. 1 BGB) oder • ein Umstand, der die Mahnung entbehrlich macht (§ 286 Abs. 2 BGB) oder • der Ablauf von 30 Tagen nach Fälligkeit und Rechnungsstellung.

Die ersten beiden Voraussetzungen sind eindeutig, d. h., es muss ein vertragliches Schuldverhältnis zwischen den Parteien bestehen und es muss eine Pflichtverletzung vorliegen, sodass eine Leistungsverzögerung gegeben ist.

▶ Beispiel: Die Käuferin eines Pkw zahlt trotz Fälligkeit, die sich aus dem Kaufvertrag ergibt, den vereinbarten Kaufpreis nicht.

Mahnung

Eine Mahnung ist eine **einseitige, empfangsbedürftige Aufforderung an den Schuldner**, die geschuldete Leistung zu erbringen. Sie kann auch mündlich erfolgen.

▶ Beispiel: Der Vermieter Lorenz Feisel trifft seinen Mieter Vincent Drewing, der ihm eine Monatsmiete schuldet, im Treppenhaus und sagt ihm, dass er innerhalb einer Woche die schon fällige Mietzahlung erwartet.

Um den Rechtsverkehr zu vereinfachen, sind in § 286 Abs. 2 BGB verschiedene Fälle aufgelistet die eine **Mahnung entbehrlich machen**. Der häufigste Fall ist, dass eine **Leistung nach dem Kalender bestimmt** worden ist. Das kommt sehr häufig vor, z.B. bei Bestellungen. Auch in unserem Beispiel mit dem Pkw-Kauf ist die Leistung nach dem Kalender bestimmt, sodass eine Mahnung entbehrlich ist.

Nach § 286 Abs. 3 BGB kommt der Schuldner einer Entgeltforderung auch **ohne Mahnung spätestens dann in Verzug**, wenn er nicht **innerhalb von 30 Tagen nach Fälligkeit und Zugang einer Rechnung leistet.**

Vertreten müssen der Nichtleistung

Das Vertreten müssen des Schuldners wird zunächst vermutet, aber der Schuldner kann sich entlasten.

▶ Beispiel: Ist der Schuldner schwer erkrankt oder bei Fällen von höherer Gewalt, z.B. extreme Wettereinbrüche, hat der Schuldner die Nichtleistung nicht zu vertreten.

Rechtsfolgen des Schuldnerverzugs

Der Gläubiger hat einen Anspruch auf Ersatz des Verzögerungsschadens, §§ 280 Abs. 1 u. 2, 286 BGB. Dieser Schaden wird auch Verspätungs- oder Verzugsschaden genannt. Darunter ist der Schaden zu verstehen, den der Gläubiger durch die Verzögerung der Leistung erlitten hat. Neben diesem Anspruch bleibt der Anspruch auf die Erfüllung des Vertrags bestehen. Der Gläubiger ist finanziell so zu stellen wie er stehen würde, wenn die Leistung rechtzeitig erbracht worden wäre. Wird Geld geschuldet, kann der Gläubiger beim Schuldnerverzug Verzugszinsen verlangen (§ 288 Abs. 1 S. 1 BGB).

▶ Beispiel: Der Youngtimer-Händler René Lobartz hätte ein Auto mit einem Gewinn von 500,00 € weiterverkaufen können. Ein anderer Händler hat ihm aber dieses Auto nicht rechtzeitig geliefert. Diesen Verzögerungsschaden von 500,00 € kann er von dem anderen Händler verlangen.

3.2.3 Schadenersatz statt der Leistung

Hat der Gläubiger aufgrund der Verzögerung sein Interesse an der Leistung verloren, kann er Schadenersatz statt der Leistung verlangen (§§ 280 Abs. 1 u. 3, 281 BGB). Er verzichtet dann auf die zuerst geschuldete Leistung und macht stattdessen Schadenersatz geltend.

Voraussetzungen des Schadenersatzanspruchs

1. Es muss ein vertragliches Schuldverhältnis zwischen den Parteien bestehen.	3. Der Gläubiger muss dem Schuldner erfolglos eine angemessene Nachfrist bestimmt haben (§ 281 Abs. 1 S. 1 BGB).
2. Es muss eine Pflichtverletzung in Form einer Leistungsverzögerung vorliegen. Die geschuldete Leistung muss trotz Möglichkeit der Leistung und Durchsetzbarkeit des Anspruchs nicht erbracht worden sein.	4. Die Nichtleistung trotz Möglichkeit der Leistung, Durchsetzbarkeit der Forderung und Fristsetzung muss der Schuldner zu vertreten haben.

vgl. LF 3, Kap. 3.2.2

Die beiden ersten Voraussetzungen sind eindeutig.

Der Gläubiger muss dem Schuldner eine **angemessene Frist zur Leistung** bestimmt haben (§ 281 Abs. 1 S. 1 BGB). Der Schuldner soll durch die Fristsetzung eine letzte Chance bekommen, den Vertrag zu erfüllen und so die wirtschaftlichen Nachteile abzuwenden, die mit der Schadenersatzpflicht verbunden sind. Die Nachfristsetzung kann entbehrlich sein, wenn der Schuldner die Leistung endgültig und ernsthaft verweigert, § 286 Abs. 2 BGB.

Die **Angemessenheit** der Nachfrist beurteilt sich nach den Umständen des Einzelfalls und unter Berücksichtigung der Interessen beider Vertragspartner.

Es ist zudem zu prüfen, ob besondere Umstände vorliegen, sodass die Nachfrist gem. § 281 Abs. 2 BGB entbehrlich ist.

Rechtsfolgen des Schadenersatzanspruchs

Durch den Schadenersatz statt der Leistung soll der Gläubiger so gestellt werden, wie er bei ordnungsgemäßer Erfüllung stehen würde. Es soll der durch die Nichterfüllung entstandene Schaden ersetzt werden.

3.3 Leistungsstörungen im Kaufrecht: Mangel der Kaufsache

Hat der Kaufgegenstand einen **Sach- oder Rechtsmangel**, also einen Fehler, greifen die Sonderregelungen der §§ 434 ff. BGB ein, um den Besonderheiten des Kaufrechts gerecht zu werden.

3.3.1 Sachmangel

Ob ein Sachmangel vorliegt, ergibt sich aus § 434 BGB.

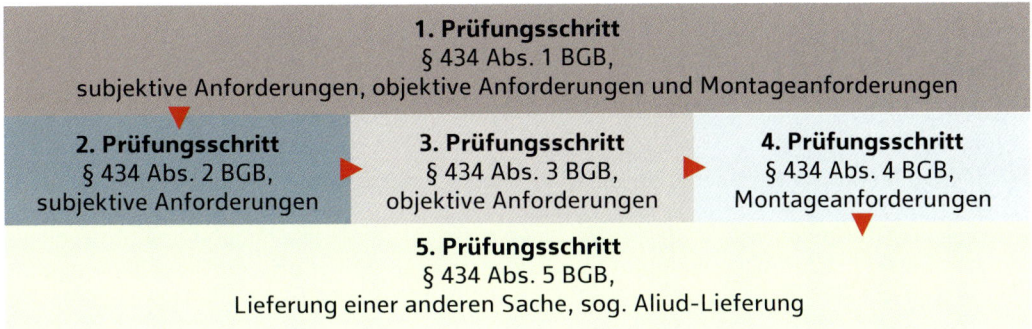

1. Prüfungsschritt: subjektive Anforderungen, objektive Anforderungen, Montagean-forderungen

§ 434 Abs. 1 BGB bildet praktisch den Obersatz für die nachfolgende konkretere Prüfung, die in den weiteren Abschnitten des Paragrafen erläutert wird. § 434 Abs. 1 BGB sieht eine Gleich-rangigkeit der subjektiven und objektiven Anforderungen sowie der Montageanforderung vor.

Seit 2022 gilt dieser Mangelbegriff für Verbrauchsgüterkaufverträge zwingend. Der Ver-brauchsgüterkauf ist in § 474 BGB definiert. Demnach handelt es sich dabei um einen Kauf einer beweglichen Sache, der Käufer ist dabei ein Verbraucher nach § 13 BGB, der Verkäufer ein Unternehmer nach § 14 BGB. Hingegen hat § 434 Abs. 1 BGB diese zwingende Auswirkung für Kaufverträge zwischen Unternehmern. Diese können weiterhin ausdrücklich oder konklu-dent eine Beschaffenheit der Kaufsache vereinbaren.

 Merke: Eine Sache, welche die vertraglich vereinbarte Beschaffenheit hat, kann somit trotzdem mangelhaft sein.

2. Prüfungsschritt: subjektive Anforderungen

Die Sache muss den subjektiven Anforderungen entsprechen. Das bedeutet, dass die Kauf-sache, um nicht mangelhaft zu sein, der vertraglichen Vereinbarung der Parteien entsprechen muss. Das wird gem. § 434 Abs. 2 BGB geprüft. Die Sache entspricht den subjektiven Anfor-derungen, wenn sie
1. die vereinbarte Beschaffenheit hat,
2. sie sich für die nach dem Vertrag vorausgesetzte Verwendung eignet, und
3. mit dem vereinbarten Zubehör und den vereinbarten Anleitungen, einschließlich Montage- und Installationsanleitungen, übergeben wird.

Zu der Beschaffenheit nach § 434 Abs. 2 S. 1 Nr. 1 BGB gehören

- Art,
- Menge,
- Qualität,
- Funktionalität,
- Kompatibilität,
- Interoperabilität und
- sonstige Merkmale der Sache, für die die Parteien Anforderungen vereinbart haben.

▶ Beispiel: Julia Hoffmann hat für die Kanzlei einen in die Küchenzeile einbaubaren Kaffeevollautomaten bestellt. Schriftlich vereinbart wurde, dass dieser mit der erforderlichen Montageanleitung geliefert wird. Bei der Lieferung fehlt jedoch die Montageanleitung und der Vollautoamt kann erst einmal nicht eingebaut werden.

Hierbei handelt es sich um einen Mangel i. S. d. § 434 Abs. 1 BGB, weil die vertraglich vereinbarte Montageanleitung fehlt.

Die Vereinbarung der Vertragsparteien über die Beschaffenheit einer Sache kann auch **konkludent**, also stillschweigend, erfolgt sein. Kauft jemand ein Gemälde eines bekannten Malers und zahlt dafür den angemessenen Preis, ist anzunehmen, dass konkludent vereinbart ist, dass das Gemälde echt ist.

Ferner muss der Sachmangel bei Gefahrübergang vorliegen. Nach den herkömmlichen Beweisregeln müsste der Käufer beweisen, dass der Mangel vorlag, als er die Sache kaufte. Das ist für die meisten Käufer schwierig zu beweisen. Aus diesem Grund hat der Gesetzgeber § 477 Abs. 1 BGB eingefügt. Dabei handelt es sich um die sog. **Beweislastumkehr**. Es wird vermutet, dass die Sache bereits bei Gefahrübergang mangelhaft war, wenn sich der Mangel innerhalb von einem Jahr nach Gefahrübergang zeigt. Das gilt aber nicht, wenn diese Vermutung mit der Art der Sache oder des Mangels unvereinbar ist.

Bei Waren mit digitalen Elementen, etwa einer Smartwatch, wurde der Zeitraum gem. § 477 Abs. 2 BGB sogar auf zwei Jahre erweitert.

3. Prüfungsschritt: objektive Anforderungen

Die Sache muss den objektiven Anforderungen entsprechen. Den objektiven Anforderungen entspricht die Sache gem. § 434 Abs. 3 BGB, wenn sie sich

- für die gewöhnliche Verwendung eignet und
- eine Beschaffenheit aufweist, die bei Sachen der gleichen Art üblich ist.

Zudem entspricht die Sache den objektiven Anforderungen, wenn sie der Beschaffenheit einer Probe oder eines Musters entspricht, die oder das der Verkäufer dem Käufer vor Vertragsschluss zur Verfügung gestellt hat. Außerdem muss sie mit dem Zubehör einschließlich der

Verpackung, der Montage- oder Installationsanleitung sowie anderen Anleitungen übergeben werden, deren Erhalt der Käufer erwarten kann.

▶ Beispiel: Das obige Beispiel trifft auch hier zu: Bei einem Kaffeevollautomaten, der in eine Küchenzeile einzubauen ist, darf auch nach den objektiven Voraussetzungen die Einbauanleitung nicht fehlen.

4. Prüfungsschritt: Montageanforderungen

Gem. § 434 Abs. 4 BGB entspricht die Sache den Montageanforderungen, wenn

- die Montage sachgemäß durchgeführt worden ist oder
- zwar unsachgemäß durchgeführt worden ist, dies jedoch weder auf einer unsachgemäßen Montage durch den Verkäufer noch auf einem Mangel in der vom Verkäufer übergebenen Anleitung beruht.

Dass der Verkäufer hierbei auch für einen Mangel verantwortlich ist, obwohl er die Montage nicht höchstpersönlich vorgenommen hat, ergibt sich aus dem allgemeinen Rechtsprinzip, dass Leistungen grundsätzlich anderen Personen übertragen werden dürfen.

5. Prüfungsschritt: Lieferung einer anderen Sache

Nach § 434 Abs. 5 BGB steht es einem Sachmangel gleich, wenn der Verkäufer eine andere Sache als die vertraglich geschuldete Sache liefert. Die Lieferung einer zu geringen Menge fällt nun bereits unter § 434 Abs. 2 S. 1 Nr. 1 BGB.

▶ Beispiel: Statt des Kaffeevollautomaten, den sich die Kanzlei ausgesucht hat, wird ein anderes Gerät geliefert.

 Tipp: § 434 BGB wurde 2022 neu gefasst. Die meisten Anforderungen an den Begriff des Sachmangels stehen nun im Gesetz. Wenn Sie § 434 BGB aufmerksam lesen, hilft Ihnen das sehr bei der Beurteilung, ob ein Sachmangel vorliegt.

Öffentliche Äußerungen

Zu den objektiven Anforderungen an eine sachmangelfreie Sache gehören nach § 434 Abs. 3 Nr. 2 b BGB auch die öffentlichen Äußerungen, die von dem Verkäufer oder einem anderen Glied der Vertragskette oder in deren Auftrag, insbesondere in der Werbung oder auf dem Etikett, abgegeben wurden. Damit will der Gesetzgeber sicherstellen, dass nicht mit Unwahrheiten geworben wird. Aber der Verkäufer ist an diese Äußerungen nicht gebunden, wenn

- er sie nicht kannte und auch nicht kennen konnte,
- die Äußerung im Zeitpunkt des Vertragsschlusses in derselben oder in gleichwertiger Weise berichtigt war oder
- die Äußerung die Kaufentscheidung nicht beeinflussen konnte.

Das Gesetz nennt hier selbst den Hauptanwendungsfall, nämlich dass die Äußerungen „in der Werbung oder auf dem Etikett" angegeben sein müssen. „Andere Glieder der Vertragskette" können etwa Beschäftigte des Verkäufers sein. Es muss eine Äußerung **über bestimmte Eigenschaften der Kaufsache** vorliegen. Allgemein werbliche Äußerungen wie z. B. „bestes Waschmittel der Welt" fallen nicht darunter.

3.3.2 Rechtsmangel

Ebenso greifen die Vorschriften des Mängelrechts, wenn die Kaufsache einen Rechtsmangel hat. Ein Rechtsmangel liegt immer dann vor, wenn eine **dritte Person** aufgrund eines privaten oder öffentlichen Rechts das Eigentum, den Besitz oder den Gebrauch der Sache oder des Rechts **beeinträchtigen** kann (§ 435 S. 1 BGB).

▶ **Beispiel:** Gerd Schüngel kauft in einer Onlineauktion ein Fahrrad. Dieses Fahrrad wurde aber gestohlen, was Gerd Schüngel nicht weiß. Er kann dennoch kein Eigentum daran erwerben, weil ein gutgläubiger Erwerb von gestohlenen Sachen nicht möglich ist (§ 935 Abs. 1 BGB). Der Verkäufer kann ihm also kein Eigentum an dem Fahrrad verschaffen. Das Fahrrad hat somit einen Rechtsmangel.

Weiteres häufiges Beispiel ist auch der Verkauf einer bereits vermieteten Wohnung, wenn der Käufer nichts von der Vermietung ahnt. Er erwirbt dann kein Eigentum frei von Rechten Dritter, weil der Mieter Anspruch auf Gebrauchsüberlassung gegenüber dem Käufer hat.

Die Kaufsache ist auch dann mit einem Rechtsmangel belastet, wenn **im Grundbuch ein Recht eingetragen ist**, das nicht besteht (§ 435 S. 2 BGB).

Entscheidender Zeitpunkt für das Vorliegen eines Rechtsmangels ist der Eigentumsübergang an den Käufer. Bei den Sachmängeln kommt es dagegen auf den Zeitpunkt des Gefahrübergangs an.

3.4 Folgen bei Mängeln im Kaufrecht

Die gesetzlichen Rechte des Käufers bei Mängeln einer Sache ergeben sich aus § 437 BGB.

Folgende Möglichkeiten hat der Käufer:
- **Nacherfüllung**, § 439 BGB
  - Beseitigung des Mangels
  - Lieferung einer mangelfreien Sache
- **Rücktritt**, §§ 440, 323 und 326 Abs. 5 BGB
- **Minderung**, § 441 BGB
- **Schadenersatz**, §§ 440, 280, 281, 283 und 311 a BGB
- **Ersatz vergeblicher Aufwendungen**, § 284 BGB

3.4.1 Anspruch auf Nacherfüllung

Definition: Nacherfüllung bedeutet, dass der Käufer die Beseitigung des Mangels oder die Lieferung einer mangelfreien Sache verlangen kann.

Voraussetzungen des Anspruchs auf Nacherfüllung, §§ 437 Nr. 1, 439 BGB

1. wirksamer Kaufvertrag	5. keine Verjährung des Anspruchs (§ 438 BGB)
2. Mangelhaftigkeit der Sache	4. kein Ausschluss der Nacherfüllung: • durch Vertrag • Kenntnis des Käufers (§ 442 BGB) • Unmöglichkeit (§ 275 Abs. 1–3 BGB) • berechtigte Verweigerung (§ 439 Abs. 4 BGB)
3. Ausübung des Wahlrechts durch den Käufer	

Die ersten beiden Prüfungspunkte sind eindeutig.

Wahlrecht des Käufers bei der Art der Nacherfüllung

vgl. LF 3, Kap. 2.3 und 3.3

Der Käufer hat grds. die **freie Wahl** zwischen Nachbesserung und Nachlieferung. **Nachbesserung** ist die Reparatur der gekauften Sache und **Nachlieferung** bedeutet, dass eine neue Sache gegen Rückgabe der bisherigen defekten Sache geliefert wird.

Problematisch kann es werden, wenn der Käufer eine **Sache** gekauft hat, **die nicht ohne Weiteres nachgeliefert werden kann,** z. B. eine antike Kommode. Hierbei handelt es sich eindeutig um eine Stückschuld. Der Wortlaut des § 439 BGB unterscheidet aber nicht zwischen Stück- und Gattungsschulden. Am sinnvollsten ist es auch hier, den Parteiwillen zu erforschen, um zu einer guten Lösung zu kommen: Gehen die Vertragsparteien davon aus, dass die Kaufsache durch eine andere Sache ersetzt werden kann, steht einer Nachlieferung nichts im Weg.

Kein Ausschluss der Nacherfüllung

Grundsätzlich dürfen die Vertragsparteien auch Abweichungen von den gesetzlichen Vorschriften vereinbaren, also auch einen **Ausschluss der Nacherfüllung**. Gerade bei den Mängelrechten könnte das aber zu einem Missbrauch führen, deshalb ist ein Ausschluss von Mängelrechten nur in sehr engen Grenzen möglich.

Alle **Rechte des Käufers** aufgrund eines Mangels **sind ausgeschlossen**, wenn er bei Vertragsschluss den **Mangel kannte** (§ 442 Abs. 1 S. 1 BGB).

Die Nachlieferung und/oder die Nachbesserung müssen **möglich sein.** Niemand kann zur Leistung von Unmöglichem verpflichtet sein. Das ergibt sich für das Mängelrecht aus §§ 275 Abs. 2, 3, 439 Abs. 4 BGB. Der Verkäufer kann die Nacherfüllung verweigern, wenn:

• sie in einem groben Missverhältnis zum Leistungsinteresse des Käufers steht,

• oder wenn sie ihm wegen in seiner Person liegenden Gründen nicht zugemutet werden kann,

• oder wenn sie ihm über die Regelung des § 275 BGB hinausgehend, nur mit unverhältnismäßig hohen Kosten möglich ist, § 439 Abs. 4 BGB.

Für die Beurteilung, ob unverhältnismäßig hohe Kosten vorliegen, sind folgende Punkte maßgeblich:

• der Wert der Sache in mangelfreiem Zustand,

• die Bedeutung des Mangels,

• die Höhe der Nachbesserungskosten und

• die Nachteile für den Käufer, wenn auf die Nachlieferung zurückgegriffen wird.

▶ Beispiel: Bei preiswerten Alltagsdingen, wie einfachen Toastern für 20,00 €, ist eine Nachbesserung im Regelfall mit unverhältnismäßig hohen Kosten verbunden, sodass nur eine Nachlieferung wirtschaftlich sinnvoll ist.

Durch die Vorschrift des § 439 Abs. 4 BGB soll dem Verkäufer ein Schutz gegen das Nacherfüllungsverlangen des Käufers gegeben werden.

Bei der Unverhältnismäßigkeit gem. § 439 Abs. 4 BGB kann es sich einerseits um eine **absolute Unverhältnismäßigkeit** und andererseits um eine **relative Unverhältnismäßigkeit** handeln. In beiden Fällen muss stets im Einzelfall zwischen dem Interesse des Käufers an einer mangelfreien Sache und den Kosten des Verkäufers abgewogen werden.

Von **absoluter Unverhältnismäßigkeit** spricht man, wenn sowohl die Nachlieferung als auch die Nachbesserung unverhältnismäßig hohe Kosten beim Verkäufer verursachen. Man muss prüfen, ob der Wert der mangelfreien Sache oder die Bedeutung des Mangels die Kosten der jeweiligen Nacherfüllung (Nachbesserung oder Nachlieferung) rechtfertigen.

Das kann nur im Einzelfall entschieden werden und deshalb gibt es auch keine klaren Grenzwerte.

Aber es gibt eine **Faustregel:** Absolute Unverhältnismäßigkeit liegt vor, wenn die Nacherfüllungskosten 150 % des Werts der beanstandeten Kaufsache im mangelfreien Zustand oder 200 % des mangelbedingten Minderwerts übersteigen.

▶ Beispiel: Ein Motorboot kostet 30 000,00 €. Es hat einen defekten Motor und ein Austausch-motor würde 17 000,00 € kosten. Mit dem Motordefekt ist das Boot etwa 6 000,00 € weniger wert. Die Nacherfüllungskosten betragen hier zwar nicht 150 % des Werts des Motorboots, aber sie übersteigen den Minderwert von 6 000,00 € um mehr als 200 %. Somit wäre eine Nacherfüllung absolut unverhältnismäßig.

Bei der **relativen Unverhältnismäßigkeit** muss zwischen den Kosten für den Verkäufer und dem Interesse des Käufers an der gewählten Art der Nachbesserung abgewogen werden. Sie ist immer dann gegeben, wenn der Kostenvergleich zwischen den beiden Arten der Nacher-füllung eine davon unverhältnismäßig erscheinen lässt.

Nach einer **Faustformel** geht man von einer relativen Unverhältnismäßigkeit aus, wenn die Kosten für die gewählte Art der Nacherfüllung die jeweilige Alternative der Nacherfüllung zwischen 10 % und 25 % übersteigt.

▶ Beispiel: Bei einem Geschirrspüler lässt sich der Deckel des Reinigungsmittelbehälters nicht korrekt schließen. Eine Reparatur kostet nur 80,00 € inklusive Montage. Die Nachlieferung würde jedoch 600,00 € kosten. Besteht hier der Käufer auf Nachlieferung, würde der Verkäu-fer aufgrund relativer Unverhältnismäßigkeit diese Form der Nacherfüllung ablehnen können.

Keine Verjährung des Anspruchs

Die Verjährung richtet sich beim Mängelrecht nach der besonderen Regelung des § 438 BGB. Sie beträgt regelmäßig zwei Jahre (§ 438 Abs. 1 Nr. 3 BGB).

vgl. LF 4, Kap. 2.2.2

Eine verlängerte Verjährungsfrist von fünf oder 30 Jahren gilt gem. § 438 Abs. 1 Nr. 1, 2 BGB dagegen nur für Mängel
- in Form eines dinglichen Rechts oder eines sonstigen im Grundbuch eingetragenen Rechts,
- für Bauwerke und
- bei einer Sache, die entsprechend ihrer üblichen Verwendungsweise für ein Bauwerk ver-wendet worden ist und dessen Mangelhaftigkeit verursacht hat.

Rechtsfolgen des Anspruchs auf Nacherfüllung

Liegt ein Anspruch auf Nacherfüllung vor, trägt der Verkäufer die Kosten der Nacherfüllung einschließlich Transport- und Materialkosten (§ 439 Abs. 2 BGB).

Steht dem Käufer ein Anspruch auf Nacherfüllung zu, hat dieser Anspruch Vorrang vor den anderen Mängelrechten, d.h., grds. kann der Käufer nicht sofort Schadenersatz verlangen, vom Vertrag zurücktreten oder den Kaufpreis mindern. Er muss zunächst seinen Nacherfül-lungsanspruch geltend machen. Der Verkäufer soll so eine zweite Chance bekommen, seinen Vertrag doch noch zu erfüllen.

3.4.2 Anspruch auf Rücktritt

Rücktritt aufgrund einer mangelhaften Sache bedeutet, dass der Vertrag rückabgewickelt wird, dass also die Rechtsfolgen aus dem Kaufvertrag rückgängig gemacht werden. Das Rücktrittsrecht ist ein sog. Gestaltungsrecht. Das bedeutet, dass eine Partei allein, in diesem Fall der Käufer, auf das Schuldrechtsverhältnis Einfluss nehmen kann.

Voraussetzungen des Rücktritts bei möglicher Nacherfüllung,
§§ 437 Nr. 2, 440, 323 BGB

Ist die Nacherfüllung grds. möglich, müssen die folgenden Voraussetzungen für einen wirksamen Rücktritt gegeben sein:

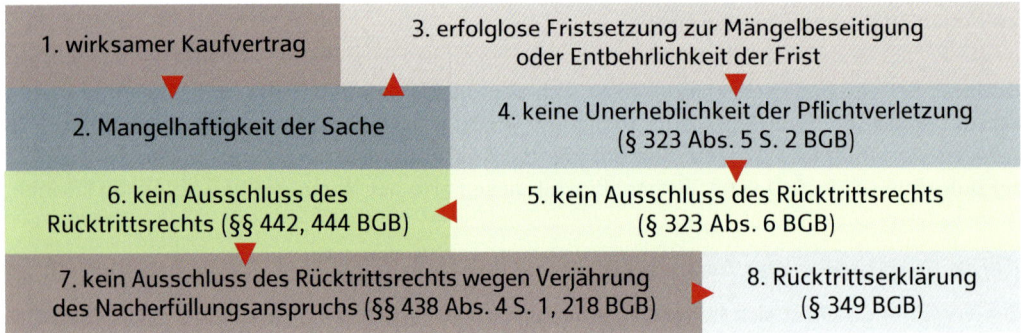

Die Problematik zu den ersten beiden Prüfungspunkten wurde schon erörtert. Ihre Aufzählung dient hier nur der Vollständigkeit.

Erfolglose Fristsetzung zur Mängelbeseitigung oder Entbehrlichkeit der Frist

Eine angemessene Nachfrist muss erfolglos abgelaufen sein (§ 323 Abs. 1 BGB).

Angemessen ist die Nachfrist, wenn die zeitliche Spanne für den Verkäufer ausreicht, die Leistung endgültig zu erfüllen. Die Frist ist aber nicht so lang zu bemessen, dass der Verkäufer genügend Zeit hat, die Leistungspflicht nun zum ersten Mal zu erfüllen. Es kommt bei der Beurteilung der Fristlänge auf den Einzelfall an.

Setzt der Käufer dem Verkäufer eine **zu knappe Frist**, ist die Fristsetzung nicht unwirksam. Es beginnt dann eine angemessene Frist, nach deren Ablauf der Käufer vom Vertrag zurücktreten kann. Spätestens mit der Fristsetzung muss der Käufer sich äußern, ob er Nachlieferung oder Nachbesserung wünscht. Das ist verständlich, denn der Verkäufer muss wissen, was er zu tun hat.

Unter bestimmten Umständen, kann die Nachfrist jedoch gem. § 323 Abs. 2 BGB entbehrlich sein:
- ernsthafte, endgültige Erfüllungsverweigerung des Verkäufers (§ 323 Abs. 2 Nr. 1 BGB):
  In diesem Fall wäre eine Nachfristsetzung von vornherein nicht Erfolg versprechend.
- relatives Fixgeschäft (§ 323 Abs. 2 Nr. 2 BGB):
  Das bedeutet, dass in dem Vertrag ein Termin für die Leistung vereinbart wurde und der Käufer deutlich gemacht hat, dass er an einer späteren Leistung kein Interesse hat.

  ▶ Beispiel: Hannelore Wenig kauft ein Matrosen-Karnevalskostüm, was allerdings nicht auf Lager ist. Sie macht deutlich, dass sie das Kostüm auf jeden Fall vor Rosenmontag benötigt. Sie bekommt dann allerdings ein falsches Kostüm geliefert. Eine Nachfristsetzung ist hier entbehrlich, weil das Kostüm nach Rosenmontag für Hannelore Wenig keinen Sinn mehr macht.

- Sonstige besondere Umstände, Abwägung beiderseitiger Interessen (§ 323 Abs. 2 Nr. 3 BGB):
  Eine Nachfrist ist auch dann entbehrlich, wenn unter **Abwägung der gegenseitigen Interessen ein sofortiger Rücktritt gerechtfertigt erscheint**. Aus den Umständen des Einzelfalls muss sich ergeben, dass es für den Käufer unzumutbar ist, dem Verkäufer vor dem Rücktritt noch eine Nachfrist zur Nacherfüllung zu setzen und ihn stattdessen zu einem sofortigen Rücktritt berechtigen.
  An die Feststellung derartiger besonderer Umstände sind hohe Anforderungen zu stellen. Ein Abwarten darf dem Käufer nicht mehr zuzumuten sein.

Besonderheiten des Kaufrechts
- Verweigerung bei den Arten der Nacherfüllung (§§ 440 S. 1 1. Alt., 439 Abs. 4 BGB):
  In einem solchen Fall ist eine Fristsetzung sinnlos, weil der Verkäufer die Nacherfüllung verweigert hat.

- Fehlschlagen der Nacherfüllung (§ 440 S. 1 2. Alt. BGB):
  Der Käufer hat bereits eine Art der Nacherfüllung gewählt, aber diese ist fehlgeschlagen. In der Regel wird eine Nacherfüllung als fehlgeschlagen angesehen, wenn der Verkäufer zweimal an ihr gescheitert ist. Ist die Sache aber besonders kompliziert, kann von dieser Faustregel auch abgewichen werden.

  ▶ Beispiel: Inka Trappe hat sich einen neuen Monitor gekauft. Leider ist das Bild darauf nicht so gut wie erwartet: Es ist körnig. Der Händler bessert zweimal ohne Erfolg nach. Danach kann Inka Trappe ohne Fristsetzung vom Vertrag zurücktreten.

- Unzumutbarkeit der Nacherfüllung (§ 440 S. 1 3. Alt. BGB):
  Unzumutbarkeit ist anzunehmen, wenn der Verkäufer den Käufer beschimpft oder er ihm einen Mangel arglistig verschwiegen hat.

Keine Unerheblichkeit der Pflichtverletzung

Ist die Pflichtverletzung nur unerheblich, ist der Rücktritt wegen eines Mangels der Kaufsache ausgeschlossen (§ 323 Abs. 5 S. 2 BGB). Dabei muss man den Einzelfall betrachten. Es darf nicht unverhältnismäßig sein, wenn das ganze Schuldverhältnis rückabgewickelt wird.

Kein Ausschluss des Rücktrittsrechts

Gemäß § 323 Abs. 6 BGB ist der Rücktritt ausgeschlossen, wenn der Käufer für den Umstand, der ihn zum Rücktritt berechtigen würde, allein oder weit überwiegend verantwortlich ist oder wenn der vom Verkäufer nicht zu vertretende Umstand zu einer Zeit eintritt, zu welcher der Käufer im Verzug der Annahme ist.

Es sind hier nicht die Fälle gemeint, in denen der Käufer die Mangelhaftigkeit der Kaufsache zu vertreten hat, sondern er muss die Umstände zu vertreten haben, die zum Ausbleiben der Nacherfüllung führen. Auch der Annahmeverzug bezieht sich auf die Nacherfüllung.

▶ Beispiel: Ulf Brück ist zum verabredeten Termin zweimal nicht zu Hause und der Verkäufer kann deshalb die Nachbesserung an dem gelieferten mangelhaften Computer nicht vornehmen.

Kein Ausschluss des Rücktrittsrechts nach den besonderen Regeln des Kaufrechts

Ebenso wie andere Mängelrechte, kann der Rücktritt gem. §§ 442, 444 BGB wegen Kenntnis des Käufers oder wegen einer anderen Abrede der Vertragsparteien ausgeschlossen sein.

Kein Ausschluss des Rücktrittsrechts wegen Verjährung des Nacherfüllungsanspruchs

Ein Rücktritt ist unwirksam, wenn der Nacherfüllungsanspruch verjährt ist und der Verkäufer sich darauf beruft (§§ 438 Abs. 4 S. 1, 218 Abs. 1 S. 1 BGB). Über diese Vorschriften wirkt sich die Verjährung des Nacherfüllungsanspruchs also auch auf den Rücktritt aus.

Zudem wandelt sich das Schuldverhältnis Kaufvertrag in ein Rückgewährschuldverhältnis gem. § 346 BGB um, wenn der Käufer sein Rücktrittsrecht ausübt. Es entstehen also neue Ansprüche, die gem. § 195 BGB regelmäßig in drei Jahren verjähren.

Rücktrittserklärung

Der Käufer muss dem Verkäufer gegenüber den Rücktritt wirksam erklärt haben (§ 349 BGB).

Rücktritt bei unmöglicher Nacherfüllung

Der Rücktritt bei unmöglicher Nacherfüllung hat fast die gleichen Voraussetzungen wie der Rücktritt bei der möglichen Nacherfüllung. Seine gesetzlichen Grundlagen stehen in den §§ 437 Nr. 2, 323, 326 Abs. 5 BGB. Eine Fristsetzung ist aber wegen der Unmöglichkeit der Nacherfüllung weder sinnvoll noch erforderlich.

Voraussetzung für einen Anspruch nach § 326 Abs. 5 BGB ist, dass Unmöglichkeit i. S. d. § 275 Abs. 1–3 BGB vorliegt. Sowohl Nachlieferung als auch Nachbesserung müssen unmöglich sein.

▶ Beispiel: Marco Scheel hat ein seltenes Modell eines Oldtimers von einem Händler erworben, das als fahrbereit angepriesen wurde. Nach der Lieferung stellt sich heraus, dass der Wagen nicht fährt. Das benötigte Ersatzteil, um den Wagen zu reparieren, ist nicht mehr lieferbar und der Händler Jürgen Preetz kann das seltene Automobil auch nicht nachliefern. Wäre eine Nachlieferung aber doch möglich, so wäre das Wahlrecht von Marco Scheel darauf beschränkt.

Rechtsfolgen der Rücktrittserklärung

Tritt der Käufer wirksam vom Vertrag zurück, wandelt sich der Kaufvertrag in ein Rückgewährschuldverhältnis. Käufer und Verkäufer haben die erbrachten Leistungen gem. §§ 346 ff. BGB rückzugewähren: Der Käufer muss die Ware zurückgeben und der Verkäufer das Geld.

Manchmal wird die Ware beschädigt und hat deshalb für den Verkäufer keinen oder einen geringeren Wert. Das Rücktrittsrecht des Käufers ist durch so eine Verschlechterung nicht berührt, aber er müsste gem. § 346 Abs. 2 BGB grundsätzlich Wertersatz leisten.

3.4.3 Anspruch auf Minderung

Der Käufer kann auch den Kaufpreis mindern, d. h., er kann weniger bezahlen. Die Minderung ist wie der Rücktritt ein Gestaltungsrecht.

Voraussetzungen des Minderungsrechts (§§ 437 Nr. 2, 441 BGB)

1. wirksamer Kaufvertrag	3. Minderungserklärung (§ 441 Abs. 1 S. 1 BGB)
2. Vorliegen der Rücktrittsvoraussetzungen (§ 441 Abs. 1 S. 1 BGB)	4. kein Ausschluss des Minderungsrechts wegen Verjährung des Nacherfüllungsanspruchs (§ 438 Abs. 5 BGB)

Die Probleme beim ersten Prüfungspunkt wurden bereits erörtert. Die Erwähnung dient nur der Vollständigkeit.

Vorliegen der Rücktrittsvoraussetzungen

Nach dem Wortlaut des § 441 Abs. 1 S.1 BGB kann der Käufer mindern „statt" zurückzutreten. Deshalb müssen die Rücktrittsvoraussetzungen vorliegen. Wie beim Rücktritt ist auch bei der Minderung der Vorrang der Nacherfüllung zu beachten, d.h., der Käufer muss zunächst eine Nacherfüllung verlangen. Grundsätzlich muss also eine Frist zur Nacherfüllung vom Käufer gesetzt werden, wenn diese nicht nach den Vorschriften der §§ 323 Abs. 2, 326 Abs. 5 oder 440 BGB entbehrlich ist.

Gemäß § 441 Abs. 1 S. 2 BGB findet der Ausschlussgrund des § 323 Abs. 5 S. 2 BGB keine Anwendung, d.h., der Käufer kann den Kaufpreis auch im Fall einer nur unerheblichen Pflichtverletzung reduzieren. Das entspricht dem Wunsch des Gesetzgebers, einen Vertrag mit geringen Mängeln nicht vollständig rückabzuwickeln. Bei der Minderung bleibt der Vertrag erhalten. Der Käufer behält die mangelhafte Ware und bekommt dafür Ersatz.

Minderungserklärung

Der Verkäufer muss die Minderung gem. § 441 Abs. 1 S. 1 BGB erklären.

Kein Ausschluss des Minderungsrechts wegen Verjährung des Nacherfüllungsanspruchs

Die Minderung kann als Gestaltungsrecht nicht verjähren, aber wenn der Nacherfüllungsanspruch verjährt ist, kann der Käufer die Minderung nicht mehr geltend machen. Regelmäßig verjährt der Nacherfüllungsanspruch nach zwei Jahren.

Rechtsfolgen

Die Minderungserklärung muss zugehen. Erst dann treten die Rechtsfolgen ein.

Hat der Käufer den Kaufpreis noch nicht gezahlt, muss er nur noch den geminderten Kaufpreis bezahlen. Hat er schon vor Eintritt der Minderung bezahlt, kann er nach § 441 Abs. 4 S. 1 BGB den Betrag zurückverlangen, der den geminderten Kaufpreis übersteigt.

Der Minderungsbetrag errechnet sich nach § 441 Abs. 3 BGB. Bei der Minderung ist der Kaufpreis in dem Verhältnis herabzusetzen, in welchem zur Zeit des Vertragsschlusses der Wert der Sache in mangelfreiem Zustand zu dem wirklichen Wert gestanden haben würde. Wenn nötig, kann die Minderung auch durch eine Schätzung ermittelt werden.

> **Formel: geminderter Preis = alter Preis · Wert mit Mangel : Wert ohne Mangel**

Nach § 441 Abs. 3 Nr. 1 BGB ist der Kaufpreis in dem Verhältnis herabzusetzen, in welchem zur Zeit des Vertragsschlusses der Wert der Sache in mangelfreiem Zustand zu dem wirklichen Wert gestanden haben würde.

▶ Beispiel: Kathrin Hieden kauft sich ein gebrauchtes Smartphone für 100,00 €. Weil es einen kleinen Defekt hat, ist es aber nur 50,00 € wert. Ohne diesen Mangel hätte es einen Wert von 200,00 €.

> **Ergebnis: 100,00 € · 50,00 € : 200,00 € = 25,00 €**

Der geminderte Preis beträgt somit 25,00 €. Hat Kathrin Hieden schon den vereinbarten Kaufpreis gezahlt, muss ihr der Verkäufer die Differenz erstatten.

3.4.4 Anspruch auf Schadenersatz

Der Käufer kann auch Ansprüche auf Schadenersatz haben, wenn die Ware mangelhaft ist.

Zu unterscheiden ist zwischen Schadenersatzansprüchen neben der Leistung gem. § 280 Abs. 1 BGB und Schadenersatzansprüchen statt der Leistung nach § 280 Abs. 1 und 3 BGB.

Schadenersatz neben der Leistung

Dieser Schadenersatz ersetzt solche Schäden, die aufgrund der Mangelhaftigkeit der Sache endgültig eingetreten sind. Die Abgrenzung zwischen dem Schadenersatz neben der Leistung und dem Schadenersatz statt der Leistung kann folgendermaßen vorgenommen werden: Man fragt sich, ob eine Nacherfüllung den Schaden entfallen lässt oder nicht. Bleibt der **Schaden trotz der gedachten erfolgreichen Nacherfüllung bestehen**, handelt es sich um einen **Schaden**, der durch den Schadenersatz **neben der Leistung** gem. § 280 Abs. 1 BGB ersetzt wird.

▶ Beispiel: Lise Maunz kauft eine neue Waschmaschine, die beim ersten Waschgang ausläuft, weil aus dem porösen Schlauch Wasser austritt. Sie kann wegen der kaputten Waschmaschine Nacherfüllung verlangen, aber angesichts des Wasserschadens in ihrer Wohnung, der auch nicht durch eine ordnungsgemäße Nacherfüllung beseitigt werden kann, kann sie Schadenersatz gem. § 280 Abs. 1 BGB, also Schadenersatz neben der Leistung verlangen. Würde Lise Maunz hingegen Schadenersatz für die defekte Waschmaschine und den Wasserschaden verlangen, so wäre dies Schadenersatz statt der Leistung.

Voraussetzungen des Schadenersatzanspruchs neben der Leistung (§§ 437 Nr. 3, 280 Abs. 1 BGB)

1. Bestehen eines wirksamen Kaufvertrags ▼	3. Vertretenmüssen des Verkäufers (§ 280 Abs. 1 S. 2 BGB) ▼
2. Pflichtverletzung des Verkäufers: Mangelhaftigkeit der Kaufsache	4. keine Verjährung (§ 438 BGB)

Zu dem ersten Prüfungspunkt gibt es keine Besonderheiten. Auch der zweite Prüfungspunkt ist unproblematisch. Die Pflichtverletzung des Verkäufers besteht darin, dass er keine mangelfreie Ware geliefert hat.

Vertreten müssen des Verkäufers

Die Pflichtverletzung muss der Verkäufer zu vertreten haben. Der Gesetzgeber hat in § 280 Abs. 1 S. 2 BGB negativ formuliert: „Dies gilt nicht …". Durch diese negative Formulierung macht der Gesetzgeber deutlich, dass grds. vermutet wird, dass der **Verkäufer** seine **Pflichtverletzung zu vertreten hat**, wenn keine Anhaltspunkte für das Gegenteil vorhanden sind. Gemäß § 276 Abs. 1 S. 1 BGB hat der Verkäufer sowohl eine vorsätzliche als auch eine fahrlässige Pflichtverletzung zu vertreten.

Aber: Bei Massenprodukten, wie z. B. Computertastaturen, trifft den Verkäufer keine Untersuchungspflicht hinsichtlich sämtlicher Kaufgegenstände. Anders ist es bei einem Händler, der über ausreichende Sachkunde verfügt und der keine Massenprodukte verkauft.

Verjährung des Anspruchs auf Schadenersatz neben der Leistung

 Wie beim Anspruch auf Nacherfüllung bestimmt sich die Verjährung nach der **besonderen Vorschrift des § 438 BGB**.

vgl. LF 3, Kap. 3.4.1

Rechtsfolgen des Anspruchs

Den entstandenen Schaden hat der Verkäufer gem. §§ 249 ff. BGB zu ersetzen. Dabei ist der Käufer so zu stellen, als ob die mangelhafte Sache nicht geliefert worden wäre.

▶ Beispiel: Wie in dem obigen Beispielsfall geschildert, wird Lise Maunz der Schaden ersetzt, der durch das ausgelaufene Wasser eingetreten ist.

Schadenersatz statt der Leistung

Der Schadenersatz statt der Leistung kann statt der Nacherfüllung verlangt werden. Dieser Anspruch steht in einem Alternativverhältnis zu den anderen Mängelrechten.

 Merke: Wenn eine hypothetische Nacherfüllung den Schaden entfallen ließe, handelt es sich um einen Schadenersatzanspruch statt der Leistung.

Bei der „Leistung" handelt es sich um den Anspruch auf Nacherfüllung.

Bei diesem Anspruch ist zwischen **anfänglicher Unmöglichkeit** der Nacherfüllung, **nachträglicher Unmöglichkeit** der Nacherfüllung und **möglicher Nacherfüllung** zu unterscheiden:

- Schadenersatz statt der Leistung bei anfänglicher Unmöglichkeit der Nacherfüllung (§§ 437 Nr. 3, 311 a Abs. 2 BGB):
  Voraussetzung ist neben den schon bekannten Prüfungspunkten (wirksamer Kaufvertrag, Vorliegen eines Mangels der Kaufsache, keine Verjährung), dass die Nacherfüllung von Anfang an unmöglich ist und dass der Verkäufer dieses Leistungshindernis bei Vertragsschluss gekannt hat bzw. seine Unkenntnis zu vertreten hat (§ 311 a Abs. 2 BGB).

  ▶ Beispiel: Karl Mühlhoff kauft einen angeblich unfallfreien Wagen, was jedoch nicht der Wahrheit entspricht. Die Nachbesserung ist unmöglich, weil aus einem Unfallwagen kein unfallfreier Pkw gemacht werden kann. Zudem ist eine Nachlieferung unmöglich, weil sich der Kauf hier auf genau diesen konkreten Wagen bezogen hat. Der Gebrauchtwagenhändler hatte Anhaltspunkte, dass der Wagen nicht unfallfrei war, und hätte deshalb die Unfallfreiheit genauer prüfen müssen. Karl Mühlhoff kann daher Schadenersatz statt der Leistung verlangen.

- Schadenersatz statt der Leistung bei nachträglicher Unmöglichkeit der Nacherfüllung (§§ 437 Nr. 3, 280 Abs. 1, 3, 283 BGB):
  Voraussetzung ist neben den schon bekannten Prüfungspunkten (wirksamer Kaufvertrag, Vorliegen eines Mangels der Kaufsache, keine Verjährung), dass die Nacherfüllung nachträglich gem. § 283 S. 1 BGB unmöglich i. S. d. § 275 BGB geworden ist. Zudem muss der Verkäufer seine Pflichtverletzung – die Unmöglichkeit der Nacherfüllung – zu vertreten haben (§ 280 Abs. 1 S. 2 BGB).

  ▶ Beispiel: Der im Weg der Nacherfüllung an Lia Henze zu liefernde Ersatz-Pkw brennt in der Garage des Verkäufers vor Übergabe an Lia Henze ab.

- Schadenersatz statt der Leistung bei möglicher Nacherfüllung (§§ 437 Nr. 3, 280 Abs. 1, 3, 281 BGB):

  Neben den schon bekannten Prüfungspunkten (wirksamer Kaufvertrag, Vorliegen eines Mangels der Kaufsache, keine Verjährung), ist zu prüfen, ob eine Nacherfüllung möglich ist. Der Käufer muss erfolglos eine Frist zur Nacherfüllung gesetzt haben oder eine solche Frist muss entbehrlich sein, §§ 280 Abs. 3, 281 BGB. Der Verkäufer muss entweder die fehlende Nacherfüllung oder die Lieferung der mangelhaften Kaufsache zu vertreten haben.

  ▶ Beispiel: Torben Engels kauft sich einen Blu-Ray-Player, der nicht funktioniert. Er gewährt dem Verkäufer eine angemessene Frist zur Nachbesserung, die dieser jedoch nicht einhält. Torben Engels kann nach Ablauf der Frist Schadenersatz statt der Leistung verlangen.

Rechtsfolgen

Der Käufer kann gem. §§ 249 ff. BGB vom Verkäufer diejenigen Schäden ersetzt verlangen, die dadurch entstanden sind, dass eine mangelfreie Lieferung nicht erfolgt ist. Er ist so zu stellen, wie er bei einer mangelfreien Lieferung stehen würde.

Der Käufer kann zwischen dem sog. großen und kleinen Schadenersatz gem. §§ 249 ff. BGB wählen.

- Beim kleinen Schadenersatz kann der Käufer die mangelhafte Sache behalten und verlangt nur den durch den mangelbedingten Minderwert entstandenen Schaden ersetzt.
- Beim großen Schadenersatz gibt der Käufer die mangelhafte Sache zurück und erhält dafür den gesamten Kaufpreis vom Verkäufer. Diesen großen Schadenersatz kann der Käufer nur bei einer erheblichen Pflichtverletzung verlangen.

Gemäß § 281 Abs. 4 BGB ist der Anspruch auf Leistung ausgeschlossen, sobald der Käufer Schadenersatz verlangt.

3.4.5 Anspruch wegen vergeblicher Aufwendungen

Anspruch auf Ersatz der Aufwendungen hat der Käufer nur, wenn die Voraussetzungen des Schadenersatzes statt der Leistung gem. §§ 437 Nr. 3 2. Alt., 284 BGB vorliegen.

▶ Beispiel: Carmen Ritter mietet eine Garage an, weil sie einen Kaufvertrag über ein Auto abgeschlossen hat. Das Auto ist jedoch nicht mangelfrei und sie macht Schadenersatz statt der Leistung geltend. Die Garage benötigt sie nun nicht mehr, aber sie muss dafür noch drei Monatsmieten bezahlen. Auch für diese Aufwendungen kann sie vom Verkäufer des Autos Ersatz verlangen.

Die Anspruchsvoraussetzungen des Aufwendungsersatzes sind die gleichen wie beim Schadenersatz. Anstelle der Rechtsfolgen gem. §§ 249 ff. BGB wird § 284 BGB geprüft. Danach kann der Käufer anstelle des Schadenersatzes Ersatz der Aufwendungen verlangen

- die er im Vertrauen auf den Erhalt der Leistung gemacht hat und
- auch machen durfte, es sei denn
- der Zweck der Aufwendungen wäre auch ohne die mangelhafte Kaufsache nicht erreicht worden.

3.5 Ausschluss der Mängelrechte

Mängelrechte werden ausgeschlossen, wenn ein vertraglicher Haftungsausschluss, eine Kenntnis oder grob fahrlässige Unkenntnis oder eine Rügeobliegenheit des Kaufmanns vorliegt.

3.5.1 Vertraglicher Haftungsausschluss

Die Vertragsparteien können grds. bei der Sachmängelhaftung einen kompletten Haftungsausschluss vereinbaren, wenn sie das für richtig halten. Das ergibt sich aus dem Grundsatz der Privatautonomie und auch indirekt aus § 444 BGB, der die Möglichkeit eines Haftungsausschlusses voraussetzt. Ein solcher Haftungsausschluss kann beispielsweise als Gegenleistung für einen Preisnachlass vereinbart werden. Bei Internetauktionen wird ein Haftungsausschluss auch häufig vereinbart. Ist der Käufer damit nicht einverstanden, bietet er eben nicht auf die Ware.

Allerdings sind **verschiedene Einschränkungen** zu beachten, die entweder die Vereinbarungsmöglichkeiten einschränken oder die es verhindern, dass sich eine Vertragspartei auf den zuvor vereinbarten Ausschluss berufen kann:

- Ein Haftungsausschluss in vorformulierten Vertragsbedingungen (AGB) ist nur eingeschränkt möglich.
- Die Regelungen zum Verbrauchsgüterkauf beschränken ebenfalls die Möglichkeit zur Vereinbarung eines Haftungsausschlusses.
- Hat der Verkäufer den Mangel arglistig verschwiegen oder eine Garantie für die Beschaffenheit der Sache übernommen, kann er sich nicht auf einen Haftungsausschluss berufen (§ 444 BGB).

3.5.2 Kenntnis oder grob fahrlässige Unkenntnis

Die Mängelrechte des Käufers sind ausgeschlossen, wenn er bei Vertragsschluss den Mangel kennt. Ist der Mangel ihm infolge grober Fahrlässigkeit unbekannt geblieben, kann er Rechte wegen dieses Mangels nur geltend machen, wenn der Verkäufer den Mangel arglistig verschwiegen hat oder eine Garantie für die Beschaffenheit der Ware übernommen hat, § 442 Abs. 1 BGB.

Der Sinn dieser Vorschrift erklärt sich von selbst: Der Käufer würde sich widersprüchlich verhalten, wenn er zunächst eine Sache in Kenntnis des Mangels kauft und dann aufgrund dieses Mangels Rechte geltend machen möchte.

3.5.3 Rügeobliegenheit des Kaufmanns

Wenn es sich für beide Vertragsparteien um einen Handelskauf handelt und beide Parteien handeln bei Vertragsschluss auch im Rahmen ihres Handelsgewerbes, dann gelten die Vorschriften des HGB.

Den Kaufmann trifft als Käufer insbesondere die Rügeobliegenheit des § 377 HGB. Danach hat der Käufer die Ware unverzüglich, d.h., ohne schuldhaftes Zögern, nach Ablieferung durch den Verkäufer zu untersuchen, und wenn sich ein Mangel zeigt, dem Verkäufer unverzüglich diesen Mangel anzuzeigen. Unterlässt der Käufer diese Anzeige, so gilt die Ware als genehmigt, es sei denn, dass es sich um einen Mangel handelt, der bei der Untersuchung nicht erkennbar war (§ 377 Abs. 2 HGB).

▶ Beispiel zur Sorgfalt der Untersuchungspflicht: Der Käufer Hannes Dietzsch von verschlossenen Konservendosen muss nicht jede einzelne öffnen, weil das die Ware unbrauchbar machen würde. Es genügt, wenn er die Lieferung stichprobenartig kontrolliert.

Sinn dieser besonderen Vorschrift für das Handelsrecht ist es, den Warenverkehr im Geschäftsleben zu erleichtern. Es soll über eine Lieferung schnell Rechtssicherheit bestehen. Unterlässt der Käufer diese Untersuchung, so kann er aus Mängeln, die er bei einer solchen Untersuchung entdeckt hätte, keine Rechte mehr herleiten. Die Untersuchung ist also eine Handlung, die im eigenen Interesse des Käufers liegt.

Hat der Verkäufer den Mangel arglistig verschwiegen, kann er sich gem. § 377 Abs. 5 HGB nicht auf einen Ausschluss der Mängelrechte gem. § 377 Abs. 2, 3 HGB berufen.

Zusammenfassung

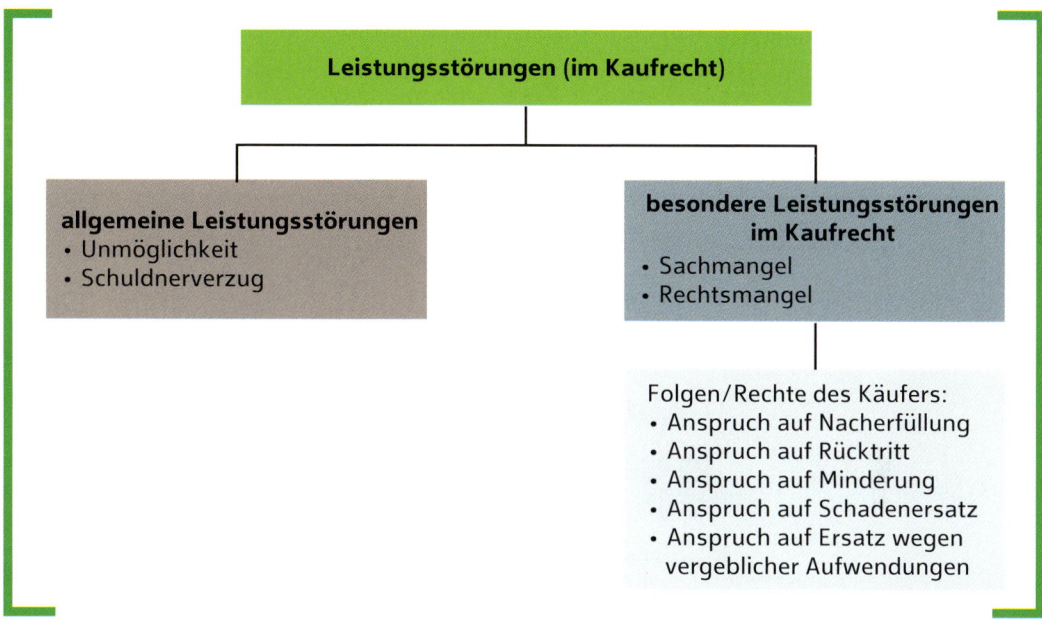

Leistungsstörungen (im Kaufrecht)

allgemeine Leistungsstörungen
• Unmöglichkeit
• Schuldnerverzug

besondere Leistungsstörungen im Kaufrecht
• Sachmangel
• Rechtsmangel

Folgen/Rechte des Käufers:
• Anspruch auf Nacherfüllung
• Anspruch auf Rücktritt
• Anspruch auf Minderung
• Anspruch auf Schadenersatz
• Anspruch auf Ersatz wegen vergeblicher Aufwendungen

◄◄ Wiederholung und Vertiefung

1. Nennen Sie die verschiedenen Arten der Unmöglichkeit, die in § 275 BGB normiert sind.
2. Erläutern Sie den Unterschied zwischen Stückschuld und Gattungsschuld.
3. Erklären Sie den Begriff „Gefahrtragung im Kaufrecht".
4. Kann ein Minderjähriger wirksam abmahnen? Begründen Sie Ihre Antwort.
5. Wann liegen keine Sachmängel gem. § 434 BGB vor?
6. Wann liegt ein Rechtsmangel gem. § 435 BGB vor?
7. Schlagen Sie die §§ 437, 439, 440 und 441 BGB nach und lesen Sie diese aufmerksam.
8. Nennen Sie die Mängelrechte, die dem Käufer einer Sache zustehen.
9. Versuchen Sie, die entsprechende Vorschrift im Gesetz zu finden, die die Möglichkeit eines Haftungsausschlusses beim Kaufvertrag voraussetzt.
10. Nennen Sie ggf. Gründe, die einen Käufer bewegen könnten, einen Haftungsausschluss zu vereinbaren.

4 Betriebliche Berechnungen durchführen

Betriebliche Berechnungen „tauchen" tagtäglich im Kanzleialltag auf, wie z. B. bei der Erstellung von Kostenrechnungen oder beim Anfertigen von Forderungsaufstellungen. Hilfreich sind vor allem folgende Berechnungsmethoden: Dreisatz, Währungsrechnen, Prozentrechnen, Zinsrechnen und Verteilungsrechnen.

Lernsituation

Rechtsanwältin Katharina Marschner hat vergangene Woche an einem Vormittag einen Gerichtstermin beim Amtsgericht Bruchsal wahrgenommen und am selben Tag nachmittags beim Landgericht Heidelberg. Sie erledigte beide Termine auf einer Geschäftsreise. Nun soll Oxana Schuhmann die Abrechnung der entstandenen Reisekosten und Abwesenheitsgelder vornehmen und die Kosten auf die Akten verteilen. Ihr liegen hierfür folgende Daten vor: Bei Einzelabrechnung hätte Rechtsanwältin Katharina Marschner zum Gerichtstermin beim Amtsgericht Bruchsal 178 km fahren müssen und wäre 3,50 Stunden abwesend gewesen. Zum Termin nach Heidelberg wären 114 km angefallen. Die Kanzleiabwesenheit hätte sich mit 4,00 Stunden ergeben. Da Rechtsanwältin Katharina Marschner die beiden Termine an einem Tag erledigt hat, ist sie insgesamt nur 182 km gefahren und war 6,25 Stunden nicht in der Kanzlei.

Nach ihrer Rückkehr in der Kanzlei diktiert Rechtsanwältin Katharina Marschner noch 15 Schreiben und Schriftsätze. Aufgrund von Krankheitsfällen liegen noch 30 „alte" Briefe, die geschrieben werden müssen. Am nächsten Tag muss alles geschrieben und versandt werden. Zum Glück sind Jana Seidel und Oxana Schuhmann wieder beide in der Kanzlei und werden an diesem Tag unterstützt von der Praktikantin Maren Neubert, die in den Schulferien immer mal wieder in den Kanzleiablauf hineinschnuppert. Das wirkt sich positiv auf die Schreibarbeit aus. Jana Seidel und Oxana Schuhmann benötigen für 50 Briefe 300 Minuten. Da Maren Neubert die beiden unterstützt, sparen sie Zeit.

In einem der Briefe führt Rechtsanwältin Katharina Marschner aus, dass der Gegner Ben Meister aus dem Darlehensvertrag Zinsen in Höhe von 6 % ab dem 01.01.2021 schuldet. Er hat zwar am 30.05.2022 den Darlehensbetrag von 5 000,00 € zurückgezahlt, die Zinsen jedoch nicht.

Arbeitsaufträge:

a) Ermitteln Sie die Kosten für die Geschäftsreise und verteilen Sie diese auf die Akten.

b) Berichten Sie in der Klasse, ob und wie oft Sie in der Kanzlei bereits das Verteilungsrechnen angewandt haben.

c) Errechnen Sie mithilfe des zusammengesetzten Dreisatzes, wie lange Jana Seidel, Oxana Schuhmann und Maren Neubert für das Schreiben der 45 Briefe benötigen.

d) Wie setzt sich der zusammengesetzte Dreisatz zusammen?

e) Der Dreisatz erhielt seinen Namen dadurch, dass die Lösung der Aufgabe in drei Schritten erfolgt. Um welche drei Schritte handelt es sich hierbei?

f) Ermitteln Sie die Höhe der Zinsen, die Ben Meister noch zahlen muss.

g) Tauschen Sie sich in der Klasse darüber aus, wie bei Ihnen in der Kanzlei die Zinsen berechnet werden.

h) Vorliegend handelt es sich um einen fest vereinbarten Zins. Welches ist laut Gesetz der übliche zu zahlende Zins?

i) Vergleichen Sie untereinander Ihre Ergebnisse. Ergänzen bzw. berichtigen Sie ggf. fehlende/fehlerhafte Punkte/Berechnungen.

j) Reflektieren Sie anschließend Ihr Wissen.

4.1 Dreisatz

Der Dreisatz bildet vielfach die Grundlage im kaufmännischen Rechnen. Er wird beispielsweise bei der Währungsrechnung und beim Prozentrechnen verwendet. Seinen Namen erhielt der Dreisatz übrigens dadurch, dass die Lösungen der Aufgaben in drei Schritten erfolgen.

4.1.1 Einfacher Dreisatz

Ein einfacher Dreisatz liegt vor, wenn aus einer bekannten Größe eine unbekannte Größe errechnet wird. Beim einfachen Dreisatz wird zwischen dem geraden und dem ungeraden Dreisatz unterschieden.

Gerader Dreisatz

Ein gerader Dreisatz liegt vor, wenn sich durch die Veränderung einer Größe die andere Größe in die gleiche Richtung verändert. Dies bedeutet:

- Je **mehr** Ware gekauft wird, desto **mehr** Geld muss bezahlt werden bzw.
- je **weniger** Ware gekauft wird, desto **weniger** Geld muss bezahlt werden.

▶ Beispiel: Annika Sauer recherchiert im Internet für Marion Webermann, dass bei ihrem Büromateriallieferer 25 Ordner 50,00 € kosten. Marion Webermann stellt nach nochmaliger Überprüfung fest, dass 10 Ordner vorerst ausreichen. Wie viel Euro kosten nun die 10 Ordner?

Lösung: Zunächst sind der Bedingungssatz und der Fragesatz zu ermitteln, wobei darauf zu achten ist, dass die gesuchte Größe am Ende steht.

- Bedingungssatz: Was ist gegeben?   25 Ordner kosten   50,00 €
- Fragesatz: Was ist gesucht?   10 Ordner kosten   x €

Der Rechenweg ist folgender:

- Wie viel Euro kostet 1 Ordner?
- 50,00 € : 25 Ordner = 2,00 €
- Wie viel Euro kosten 10 Ordner, wenn 1 Ordner 2,00 € kostet?

$$x = \frac{50,00 \text{ €}}{25 \text{ Ordner}} \cdot 10 \text{ Ordner} = 20,00 \text{ €}$$

Der Schlusssatz lautet: 10 Ordner kosten 20,00 €.

Ungerader Dreisatz

Ein ungerader Dreisatz liegt vor, wenn sich durch die Veränderung einer Größe die andere Größe in die umgekehrte Richtung ändert. Dies bedeutet:
- Je **mehr** Maler arbeiten, desto **weniger** Zeit benötigen sie bzw.
- je **weniger** Maler arbeiten, desto **mehr** Zeit benötigen sie.

▶ Beispiel: Der Empfangsbereich der Kanzlei soll renoviert werden. Die Malerfirma hat hierfür 4 Tage veranschlagt. Marion Webermann spricht jedoch nochmals mit dem Inhaber der Malerfirma und fragt, ob statt den 2 Malern nicht 4 Maler kommen könnten. Wie viele Tage würde die Renovierung dann dauern?

Lösung: Zunächst sind der Bedingungssatz und der Fragesatz zu ermitteln, wobei darauf zu achten ist, dass die gesuchte Größe am Ende steht.

- Bedingungssatz: Was ist gegeben?   2 Maler benötigen 4 Tage
- Fragesatz: Was ist gesucht?   4 Maler benötigen x Tage

Der Rechenweg ist folgender:

- Wie viele Tage braucht 1 Maler?
- 2 Maler · 4 Tage = 8 Tage
- Wie viele Tage brauchen 4 Maler, wenn 1 Maler 8 Tage benötigt?

$$x = \frac{2 \text{ Maler} \cdot 4 \text{ Tage}}{4 \text{ Maler}} = 2 \text{ Tage}$$

Der Schlusssatz lautet: 4 Maler benötigen 2 Tage.

4.1.2 Zusammengesetzter Dreisatz

Der zusammengesetzte Dreisatz setzt sich aus mehreren einfachen Dreisätzen zusammen. Dabei ist es unerheblich, ob diese gerade oder ungerade sind.

▶ Beispiel: Die beiden Auszubildenden Julia Hoffmann und Annika Sauer schreiben am Vormittag 40 kurze Briefe in 150 Minuten. Marion Webermann unterstützt die beiden Auszubildenden am Nachmittag. Wie lange brauchen sie alle für 35 kurze Briefe?

Lösung: Zunächst sind wieder der Bedingungssatz und der Fragesatz zu ermitteln, wobei darauf zu achten ist, dass die gesuchte Größe am Ende steht.

- Bedingungssatz: Was ist gegeben?   2 Angestellte schreiben 40 Briefe in 150 Minuten
- Fragesatz: Was ist gesucht?   3 Angestellte schreiben 35 Briefe in   x Minuten

Der Rechenweg ist folgender:

- Wie viele Minuten benötigt 1 Angestellte für 40 Briefe?

$$150 \text{ Minuten} \cdot 2 \text{ Angestellte} = 300 \text{ Minuten}$$

- Wie viele Minuten benötigen 3 Angestellte für 40 Briefe?

$$\frac{150 \text{ Minuten} \cdot 2 \text{ Angestellte}}{3 \text{ Angestellte}} = 100 \text{ Minuten}$$

- Wie viele Minuten benötigen 3 Angestellte für 1 Brief?

$$\frac{150 \text{ Minuten} \cdot 2 \text{ Angestellte}}{3 \text{ Angestellte} \cdot 40 \text{ Briefe}} = 2,5 \text{ Minuten}$$

- Wie viele Minuten brauchen 3 Angestellte für 35 Briefe, wenn 3 Angestellte für einen Brief 2,50 Minuten benötigen?

Es ergibt sich somit folgende Berechnung:

2 Angestellte – 40 Briefe – 150 Minuten
3 Angestellte – 35 Briefe –   x Minuten

$$x = \frac{150 \text{ Minuten} \cdot 2 \text{ Angestellte} \cdot 35 \text{ Briefe}}{3 \text{ Angestellte} \cdot 40 \text{ Briefe}} = 87{,}50 \text{ Minuten}$$

Der Schlusssatz lautet: 3 Angestellte schreiben 35 Briefe in 87,50 Minuten.

4.2 Währungsrechnen

Die Banken nehmen die Umrechnung des Euro in andere Währungen zu veränderlichen Kursverhältnissen vor. Sie kaufen den Euro zum Ankaufskurs (= Geldkurs) an und verkaufen den Euro zum Verkaufskurs (= Briefkurs). Dabei wird der Ankaufskurs immer niedriger sein als der Verkaufskurs, da die Banken mit der Differenz ihre Kosten decken bzw. ihren Gewinn erzielen.

4.2.1 Umtausch von Euro in eine andere Währung

▶ Beispiel: Julia Hoffmann möchte ihren Urlaub dieses Jahr in Newcastle verbringen. Da Großbritannien nicht zum Euroraum gehört, muss sie bei der Bank Euro in Britische Pfund wechseln lassen. Im Vorfeld überlegt sie, dass sie für ihren Aufenthalt wohl 400,00 € an Bargeld benötigt. Bevor sie zur Bank geht, ermittelt sie selbst, wie viel Britische Pfund sie für den Betrag von 400,00 € bekommt.

Lösung: Zunächst muss Julia Hoffmann den Kurs für Britische Pfund ermitteln. Dies kann z.B. über das Internet erfolgen. Sie ermittelt: 1,00 € = 0,8943 GBP. Dann erfolgt die Berechnung mithilfe des Dreisatzes:

$$1{,}00 \text{ €} = 0{,}8943 \text{ GBP}$$
$$400{,}00 \text{ €} = \quad x \text{ GBP}$$

$$x = \frac{400{,}00 \text{ €} \cdot 0{,}8943 \text{ GBP}}{1{,}00 \text{ €}} = 357{,}72 \text{ GBP}$$

4.2.2 Umtausch einer anderen Währung in Euro

Beispiel: Julia Hoffmann stellt nach ihrem Newcastle-Urlaub fest, dass sie noch 40 GBP übrig hat. Nun möchte sie wissen, wie viel Euro sie hierfür von der Bank wieder bekommt. Sie ermittelt wieder vorab selbst.

Lösung: Zunächst muss Julia Hoffmann wieder den Kurs ermitteln. Dieser hat sich nicht geändert. Er lautet: 1,00 € = 0,8943 GBP. Dann erfolgt die Berechnung mithilfe des Dreisatzes:

$$0,8943 \text{ GBP} = 1,00 \text{ €}$$
$$40,00 \text{ GBP} = \quad x \text{ €}$$

$$x = \frac{1,00 \text{ € } \cdot 40,00 \text{ GBP}}{0,8943 \text{ GBP}} = 44,73 \text{ €}$$

4.3 Prozentrechnen

Die Prozentrechnung macht verschiedene Werte vergleichbar. Die Berechnung erfolgt über den einfachen Dreisatz mit geradem Verhältnis.

Beim Prozentrechnen kommen folgende Größen vor:
- Prozentwert (W)
- Prozentsatz (p)
- Grundwert (G)

4.3.1 Berechnung des Prozentwerts

Die Formel zur Berechnung des Prozentwerts lautet:

$$\text{Prozentwert (W)} = \frac{\text{Prozentsatz (p)} \cdot \text{Grundwert (G)}}{100}$$

▶ Beispiel: Rechtsanwältin Dr. Annette Neumann kauft sich einen neuen leistungsfähigen Laptop für 1 190,00 €. Die Firma Meyer Elektrik gewährt einen Rabatt von 5 %. Wie viel Euro Rabatt wird gewährt?

$$W = \frac{5 \cdot 1\,190,00}{100} = 59,50 \text{ €}$$

Die Firma Meyer Elektrik gewährt einen Rabatt von 59,50 €.

4.3.2 Berechnung des Prozentsatzes

Die Formel zur Berechnung des Prozentsatzes lautet:

$$\text{Prozentsatz (p)} = \frac{\text{Prozentwert (W)} \cdot 100}{\text{Grundwert (G)}}$$

▶ Beispiel: Rechtsanwalt Peter Huber kauft sich eine neue Robe, da der Preis von 315,11 € um 29,11 € gesenkt wurde. Um wie viel Prozent wurde der Preis gesenkt?

$$p = \frac{29,11 \cdot 100}{315,11} = 9,24 \text{ \%}$$

Der Preis der Robe wurde um 9,24 % gesenkt.

4.3.3 Berechnung des Grundwerts

Die Formel zur Berechnung des Grundwerts lautet:

$$\text{Grundwert (G)} = \frac{\text{Prozentwert (W)} \cdot 100}{\text{Prozentsatz (p)}}$$

▶ Beispiel: Die Portokosten der Partnerschaft Dr. Neumann & Huber beliefen sich im Jahr 2021 auf 2 350,00 €. Dies waren 5 % der gesamten Betriebsausgaben. Wie hoch waren die gesamten Betriebsausgaben im Jahr 2020?

$$G = \frac{2\,350,00 \cdot 100}{5} = 47\,000,00 \text{ €}$$

Die Betriebsausgaben im Jahr 2020 beliefen sich auf 47 000,00 €.

Vermehrter Grundwert

In der Praxis kommt es häufig vor, dass der Grundwert mit einem Aufschlag versehen wird (z. B. Gehaltserhöhung, Preiserhöhung bei öffentlichen Verkehrsmitteln, Nettopreis zzgl. Umsatzsteuer). In diesem Fall spricht man von einem vermehrten Grundwert.

▶ Beispiel 1: Marion Webermann erhält ein Gehalt von 2 850,00 €. Zum 1. Januar des Folgejahrs erhält sie eine Gehaltserhöhung von 2 %. Wie hoch ist das neue Gehalt?

altes Gehalt	2 850,00 € =	100 %
+ Erhöhung		+ 2 %
= neues Gehalt ab 1. Januar des Folgejahrs		102 %

$$G_{neu} = \frac{G_{alt} \cdot (100 + \text{Erhöhung})}{100} = \frac{2\,850,00 \cdot 102}{100} = 2\,907,00\ €$$

Marion Webermann erhält ab 1. Januar des Folgejahrs ein Gehalt von 2 907,00 €.

▶ Beispiel 2: Annika Sauer benötigt eine neue Fahrkarte. Nach einer Erhöhung von 5 % beträgt der Preis der Monatskarte nun 76,00 €. Wie viel Euro kostete die Fahrkarte vor der Erhöhung?

alter Preis		100 %
+ Erhöhung		+ 5 %
= neuer Preis	76,00 € =	105 %

$$G_{alt} = \frac{G_{neu} \cdot 100}{100 + \text{Erhöhung}} = \frac{76,00 \cdot 100}{105} = 72,38\ €$$

Die Fahrkarte kostete vor der Erhöhung 72,38 €.

Verminderter Grundwert

In der Praxis kommt es auch vor, dass der Grundwert mit einem Abschlag versehen wird (z. B. Rabatt, Gehalt abzgl. Sozialversicherungsbeiträge und Steuern). In diesem Fall spricht man von einem verminderten Grundwert.

▶ Beispiel 1: Rechtsanwältin Katharina Schuh benötigt ein neues Smartphone. Dieses kostet 349,99 €. Ihr wird jedoch ein Rabatt von 2 % gewährt. Wie hoch ist der neue Preis?

alter Preis	349,99 € =	100 %
− Rabatt		− 2 %
= neuer Preis		98 %

$$G_{neu} = \frac{G_{alt} \cdot (100 - \text{Rabatt})}{100} = \frac{349,99 \cdot 98}{100} = 342,99\ €$$

Das Smartphone kostet nun nur noch 342,99 €.

▶ Beispiel 2: Rechtsanwalt Peter Huber hat privat ein Darlehen aufgenommen. Er hat bereits 35 % der Darlehensschulden zurückgezahlt, sodass die Darlehensschuld jetzt 55 000,00 € beträgt. Wie hoch war der gesamte Rückzahlungsbetrag?

Darlehen		100 %
– Tilgung		– 35 %
= Darlehensschuld (= p_{neu})	55 000,00 € =	65 %

$$G_{neu} = \frac{\text{Darlehensschuld aktuell} \cdot 100}{p_{neu}} = \frac{55\,000,00 \cdot 100}{65} = 84\,615,38\ €$$

Der gesamte Rückzahlungsbetrag belief sich auf 84 615,38 €.

4.4 Zinsrechnen

Das Zinsrechnen ist eine Form des Prozentrechnens. Die Rechengrößen lauten:

- Zinsen (z)
- Kapital (K)
- Zinssatz (p)
- Zeit/Tage (t)

Beim Zinsrechnen ist es wichtig, die Zinstage richtig zu berechnen. Dabei wird zwischen der kaufmännischen (Spar- und Festgeldkonten, Kontokorrentkonten, Ratenkredite und langfristige Darlehen) und der bürgerlichen Methode (üblich bei Bundeswertpapieren und börsennotierten Anleihen) unterschieden.

	kaufmännische Methode	bürgerliche Methode
Beginn	1. Tag der Laufzeit wird nicht mitgerechnet	1. Tag der Laufzeit wird mitgerechnet
Kalenderjahr	360 Tage	365 bzw. 366 (Schaltjahr) Tage
Monate	30 Tage, auch wenn Fälligkeit am 31.	tatsächliche Monatstage
Monat Februar	• 30 Tage, wenn die Laufzeit über den Februar hinausgeht • bei Ende am 28./29. sind 28 bzw. 29 Tage anzusetzen	tatsächliche Monatstage

Nachfolgend wird die kaufmännische Methode angewandt.

4.4.1 Berechnung der Zinsen

Die Formel zur Berechnung der Zinsen lautet:

$$\text{Zinsen (z)} = \frac{\text{Kapital (K)} \cdot \text{Zinssatz (p)} \cdot \text{Zeit (t)}}{100 \cdot 360}$$

▶ Beispiel: Die Partnerschaft Dr. Neumann & Huber hat einen Betrag von 20 000,00 € zurückgelegt. Die Bank zahlt im Jahr einen Zinssatz von 2,5 %. Wie viel Euro Zinsen ergeben sich in einem Jahr?

$$z = \frac{20\,000,00 \cdot 2,5 \cdot 360}{100 \cdot 360} = 500,00 \text{ €}$$

Da sich die 360 im Bruch kürzen lassen, vereinfacht sich die Formel für die Jahreszinsen:

$$z = \frac{20\,000,00 \cdot 2,5}{100} = 500,00 \text{ €}$$

Die Partnerschaft erhält in einem Jahr 500,00 € Zinsen.

4.4.2 Berechnung des Kapitals

Die Formel zur Berechnung des Kapitals lautet:

$$\text{Kapital (K)} = \frac{\text{Zinsen (z)} \cdot 100 \cdot 360}{\text{Zinssatz (p)} \cdot \text{Zeit (t)}}$$

▶ Beispiel: Rechtsanwältin Katharina Schuh hat ein Festgeldkonto angelegt. Am Jahresende erhält sie von der Bank Zinsen in Höhe von 135,00 €. Der Zinssatz beträgt 1,5 %. Welches Kapital hat sie angelegt?

$$K = \frac{135{,}00 \cdot 100 \cdot 360}{1{,}5 \cdot 360} = 9\,000{,}00\ €$$

Rechtsanwältin Katharina Schuh hat 9 000,00 € angelegt.

4.4.3 Berechnung des Zinssatzes

Die Formel zur Berechnung des Zinssatzes lautet:

$$\text{Zinssatz (p)} = \frac{\text{Zinsen (z)} \cdot 100 \cdot 360}{\text{Kapital (K)} \cdot \text{Zeit (t)}}$$

▶ Beispiel: In einer zivilrechtlichen Angelegenheit zahlt die Gegenseite neben der Hauptforderung (1 000,00 €) Zinsen in Höhe von 4,00 € für den Zeitraum vom 01.01.2022 bis 31.01.2022. Wie hoch ist der Zinssatz?

$$p = \frac{4{,}00 \cdot 100 \cdot 360}{1\,000{,}00 \cdot 30} = 4{,}8\ \%$$

Der Zinssatz beläuft sich auf 4,8 %.

4.4.4 Berechnung der Zeit/Tage

Die Formel zur Berechnung der Zeit in Tagen lautet:

$$\text{Zeit (t)} = \frac{\text{Zinsen (z)} \cdot 100 \cdot 360}{\text{Kapital (K)} \cdot \text{Zinssatz (p)}}$$

▶ Beispiel: Annika Sauer hat ihre Ersparnisse in Höhe von 450,00 € zu einem Zinssatz von 0,5 % angelegt. Die Bank schreibt ihr am 31.12.2021 Zinsen von 2,25 € gut. Wann hat Annika Sauer ihre Ersparnisse angelegt?

$$t = \frac{2{,}25 \cdot 100 \cdot 360}{450{,}00 \cdot 0{,}5} = 360 \text{ Tage}$$

31.12.2021 – 360 Tage = 05.01.2021

Annika Sauer hat ihre Ersparnisse am 05.01.2021 angelegt.

4.5 Verteilungsrechnen

Das Verteilungsrechnen wird z.B. eingesetzt, um Prämien, Gewinnzahlungen, Reisekosten und Abwesenheitsgelder sowie Prozesskosten anteilmäßig auf mehrere Personen zu verteilen.

vgl. LF 4, Kap. 5.4.2

4.5.1 Ganzzahlige Verteilungsverhältnisse

Vorgehensweise bei der Berechnung:
• Die gegebenen Größen sind in eine Tabelle einzutragen.
• Die jeweiligen Anteile sind zu ermitteln und anschließend zu addieren.
• Der Wert eines Anteils ist zu berechnen.
• Indem der Wert eines Anteils mit der Zahl der einzelnen Anteile multipliziert wird, errechnen sich die gesuchten Werte.
• Sofern für die Berechnung ein Anteilswert benötigt wird, ist dieser zu ermitteln, indem die Summe der Einzelkosten durch die Gesamtkosten dividiert und auf vier Nachkommastellen gerundet wird. Indem der Anteilswert sodann mit der Zahl der einzelnen Anteile multipliziert wird, errechnen sich die gesuchten Werte.

▶ Beispiel 1: Die Partnerschaft Dr. Neumann & Huber hat, dank des Engagements ihrer vier Mitarbeitenden, im ersten Halbjahr des Geschäftsjahrs einen großartigen Gewinn erzielt. Die Partner zahlen deshalb eine Prämie von 8 575,00 € aus. Diese richtet sich nach der durchschnittlichen wöchentlichen Arbeitszeit während des ersten Halbjahrs. Rechtsanwältin Katharina Schuh arbeitete 50 Stunden, Marion Webermann 45 Stunden, die beiden Auszubildenden Annika Sauer und Julia Hoffmann jeweils 40 Stunden. Welche Prämie erhalten die Beschäftigten jeweils?

Lösung:

Personen	Wochenstunden	Prämienanteile
Katharina Schuh	50	2 450,00 €
Marion Webermann	45	2 205,00 €
Annika Sauer	40	1 960,00 €
Julia Hoffmann	40	1 960,00 €
Summe	*175*	*8 575,00 €*

1 Anteil = 8 575,00 € : 175 = 49,00 €

▶ **Beispiel 2:** Rechtsanwalt Peter Huber hat als Testamentsvollstrecker das Vermögen von Kunigunde Schäfer, in Höhe von 45 000,00 €, zu gleichen Teilen an deren Freundinnen Klara Bachmann, Rita Keller und Eva Dornhagen zu verteilen. Hierbei muss er beachten, dass Eva Dornhagen bereits zu Lebzeiten von Kunigunde Schäfer einen Betrag von 3 000,00 €, in Vorgriff auf das Erbe, erhalten hat. Welchen Betrag erhält jeder Erbe?

Lösung:

Personen	Anteile	Vorleistung	Erbschaftsanteil	
Klara Bachmann	1		16 000,00 €	
Rita Keller	1		16 000,00 €	
Eva Dornhagen	1	– 3 000,00 €	13 000,00 €	(16 000,00 € – 3 000,00 €)
Summe	*3*		*45 000,00 €*	

zzgl. Vorleistung			3 000,00 €	
Gesamt			48 000,00 €	

1 Anteil = 48 000,00 € : 3 = 16 000,00 €

 Merke: Sofern bereits Vorleistungen geleistet wurden, müssen diese – um den Wert eines Anteils ermitteln zu können – der zu verteilenden Summe hinzugerechnet werden. Nachdem der Wert eines Anteils errechnet wurde, müssen die Vorleistungen entsprechend abgezogen werden.

4.5.2 Verteilungsverhältnisse mit Bruchzahlen

Vorgehensweise bei der Berechnung:

- Die gegebenen Größen sind in eine Tabelle einzutragen.
- Es ist der Hauptnenner zu ermitteln. Jeder Bruch ist auf diesen Hauptnenner zu erweitern.
- Gegebenenfalls muss der Restanteil durch Subtraktion aller Brüche vom Ganzen ermittelt werden.
- Der Wert eines Anteils ist zu berechnen.
- Indem der Wert eines Anteils mit der Zahl der einzelnen Anteile multipliziert wird, errechnen sich die gesuchten Werte.

▶ Beispiel 1: Oxana Schuhmann wurde von ihrer Tante im Testament bedacht. Sie erhält 2/4 von deren Vermögen. Rica Schuhmann erhält 1/3 und die Freundin Elvira Rützel den Rest. Das Vermögen beläuft sich auf insgesamt 64 992,00 €. Wie viel Euro erhält jeder vom Nachlass?

Lösung:

Personen	Anteile	gleichnamige Brüche	Zahl der Anteile	Erbanteil in €
Oxana Schuhmann	2/4	6/12	6	32 496,00 €
Rica Schuhmann	1/3	4/12	4	21 664,00 €
Elvira Rützel	Rest	2/12	2	10 832,00 €
Summe		*12/12*	*12*	*64 992,00 €*

1 Anteil = 64 992,00 € : 12 = 5 416,00 €

▶ Beispiel 2: In dem Rechtsstreit Toni Thalmann ./. Sabine Rettner haben die Parteien auf Anraten des Amtsgerichts Aachen einen Vergleich geschlossen. Hiernach hat der Kläger Toni Thalmann 1/4 der Kosten zu tragen, die Beklagte Sabine Rettner 3/4. Die Prozesskosten des Rechtsstreits belaufen sich auf 2 515,28 €. Wie hoch sind die Kosten, die die Parteien jeweils zu tragen haben?

Lösung:

Personen	Anteile	Zahl der Anteile	Kostenanteil
Toni Thalmann	1/4	1	628,82 €
Sabine Rettner	3/4	3	1 886,46 €
Summe	*4/4*	*4*	*2 515,28 €*

1 Anteil = 2 515,28 € : 4 = 628,82 €

Zusammenfassung

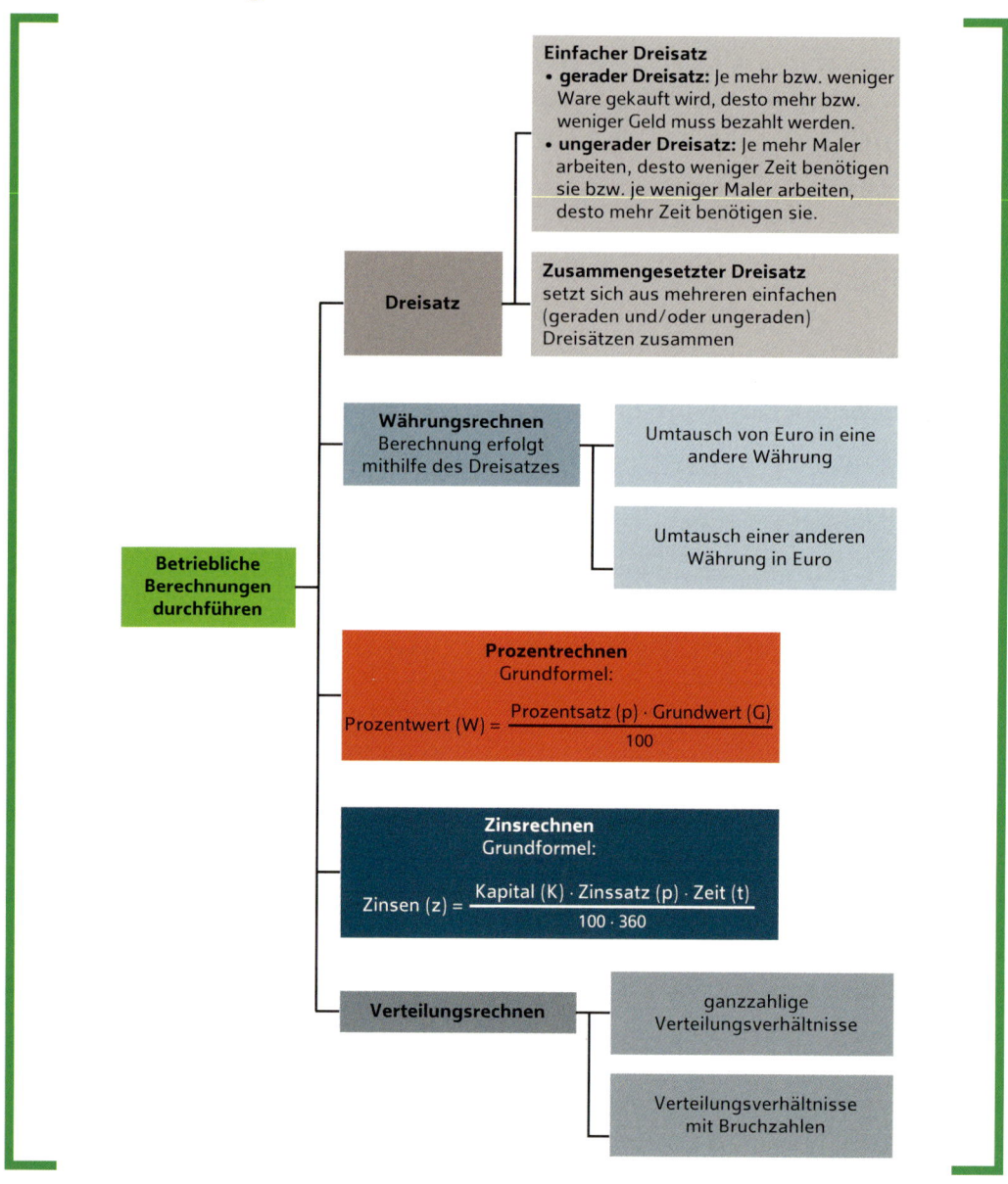

Einfacher Dreisatz
- **gerader Dreisatz:** Je mehr bzw. weniger Ware gekauft wird, desto mehr bzw. weniger Geld muss bezahlt werden.
- **ungerader Dreisatz:** Je mehr Maler arbeiten, desto weniger Zeit benötigen sie bzw. je weniger Maler arbeiten, desto mehr Zeit benötigen sie.

Zusammengesetzter Dreisatz
setzt sich aus mehreren einfachen (geraden und/oder ungeraden) Dreisätzen zusammen

Dreisatz

Währungsrechnen
Berechnung erfolgt mithilfe des Dreisatzes

Umtausch von Euro in eine andere Währung

Umtausch einer anderen Währung in Euro

Betriebliche Berechnungen durchführen

Prozentrechnen
Grundformel:

$$\text{Prozentwert (W)} = \frac{\text{Prozentsatz (p)} \cdot \text{Grundwert (G)}}{100}$$

Zinsrechnen
Grundformel:

$$\text{Zinsen (z)} = \frac{\text{Kapital (K)} \cdot \text{Zinssatz (p)} \cdot \text{Zeit (t)}}{100 \cdot 360}$$

Verteilungsrechnen

ganzzahlige Verteilungsverhältnisse

Verteilungsverhältnisse mit Bruchzahlen

◀◀ **Wiederholung und Vertiefung**

1. Der Dreisatz bildet vielfach die Grundlage des betrieblichen Rechnens.
   a) Welche Arten des Dreisatzes gibt es?
   b) Wann wird der Dreisatz noch verwendet?

2. Im Kanzleialltag benötigen Sie täglich den Dreisatz. Vervollständigen Sie die Tabellen.

a) Marion Webermann bestellt Papier. Ermitteln Sie den Rechnungsbetrag.

Preis pro Karton: (1 Karton = 5 Pack)	Packungsanzahl:					
	4	9	15	17	23	28
10,55 €						
11,10 €						
11,50 €						
12,50 €						
13,30 €						
15,75 €						

b) Rechtsanwältin Dr. Annette Neumann gibt die Renovierung der Kanzleiräume in Auftrag. Das Angebot wird mit „Mann-Stunden" abgegeben. Ermitteln Sie die Dauer der Renovierungsarbeiten in Stunden.

kalkulierte Std.:	Anzahl der Arbeiter:					
	3	5	6	7	8	9
40						
45						
65						
78						
80						
95						

3. Rechtsanwalt Peter Huber betreut seit Jahren Robert Davis aus den USA. Zur Klärung einiger wichtiger Details reiste er bereits zu Robert Davis nach New York. Anschließend verbrachte er dort auch ein paar Tage privat. Vor der Abreise in die USA ließ er in der

Bank Geld wechseln. Rechnen Sie die Euro-Beträge in US-Dollar um. Runden Sie dabei auf zwei Nachkomma-Stellen.

Kurs:	Euro-Betrag:					
	1 200,00 €	1 500,00 €	2 300,00 €	2 800,00 €	3 400,00 €	3 700,00 €
1,2528						
1,2833						
1,3051						
1,3231						
1,3428						
1,3621						

4. Prozentrechnen – Vervollständigen Sie die folgende Tabelle:

Grundwert	50,00		1 340,00	150,00	2 300,00	
Prozentwert	2,50	3,84			52,90	30,96
Prozentsatz		3,20	7,50	2,30		4,80

5. Zinsrechnen – Vervollständigen Sie die folgende Tabelle:

Kapital		1 200,00	20 000,00	150,00	2 300,00	1 290,00
Tage	120,00	60,00	36,00		144,00	
Zinssatz	1,50	1,20		2,30	1,25	2,40
Zinsen	5,00		44,00	0,69		8,60

5 Führen des erforderlichen Schriftverkehrs

Damit der anfallende Schriftverkehr fachgerecht erledigt werden kann, sollte bekannt sein, welche Papierformate und -gewichte es gibt. Vor allem aber sollten die Rechtschreib- und Grammatikregeln, die Schreibweise von Ortsbezeichnungen in der Empfängeranschrift sowie die Regeln der DIN 5008 für den A4-Geschäftsbrief angewandt werden können:

- Empfängeranschriften
- Geschäftsbrief-Vorlage mit Informationsblock
- Aufbau eines Geschäftsbriefs

Weiterhin regelt die DIN 5008 die Gestaltung von geschäftlichen E-Mails u. a.

Den anfallenden Schriftverkehr erledigen bedeutet aber auch, die Regeln des Phonodiktats zu beherrschen sowie Möglichkeiten zu kennen, Schreiben effizient zu gestalten, z. B. mithilfe der Serienbrief-Funktion.

Lernsituation

Die Partnerschaft Dr. Neumann & Huber benötigt neue Briefbögen. Da die beiden Partner beim letzten Mal mit dem Preis-Leistungs-Verhältnis bei ihrem langjährigen Lieferanten nicht mehr zufrieden waren, soll ein Angebot bei der Brief & Druck AG, Landauer Straße 101, 67434 Neustadt an der Weinstraße, info@brief-druck.de, eingeholt werden.

Annika Sauer erhält von Rechtsanwältin Dr. Annette Neumann den Auftrag, der E-Mail-Anfrage den aktuellen Briefbogen im Anhang beizufügen und anzufragen, wie viel 500 Briefbögen kosten und wann diese geliefert werden könnten.

Nachdem Annika Sauer die E-Mail-Anfrage losgeschickt hat, widmet sie sich einer weiteren Aufgabe. Marion Webermann möchte nämlich die Arbeitsabläufe bei der Schreibarbeit in der Kanzlei effizienter gestalten. Sie hat sich überlegt, dass für die

Kanzleibedürfnisse Schnellbausteine, Tabellen und Felder/Feldklammern infrage kommen. Annika Sauer erhält nun den Auftrag, zu überlegen, in welchen Bereichen sich das Anlegen von Schnellbausteinen lohnt.

Am späten Nachmittag kommt eine E-Mail von der Firma Brief & Druck AG. Die E-Mail enthält das Angebot Nr. 55 vom 21.04.2022. Dieses sagt der Partnerschaft zu, sodass Annika Sauer von Rechtsanwältin Dr. Annette Neumann den Auftrag erhält, das Angebot anzunehmen.

Arbeitsaufträge:
a) Erstellen Sie in Zweiergruppen eine Checkliste für die Schreib- und Gestaltungsregeln von E-Mails im geschäftlichen Schriftverkehr.
b) Verfassen Sie die geschäftlichen E-Mails, mit denen Annika Sauer das Angebot einholt und später das Angebot annimmt. Beachten Sie bei der Erstellung der E-Mails die Grammatik- und Rechtsschreibregeln sowie die Vorschriften der DIN 5008.
c) Berichten Sie in der Klasse, ob in Ihrer Kanzlei Schnellbausteine eingesetzt werden und wenn ja, in welchem/welchen Bereich/en.
d) Vergleichen Sie untereinander Ihre Ergebnisse und ergänzen Sie ggf. Ihre Notizen.
e) Reflektieren Sie anschließend Ihr Wissen.

5.1 Geschäftsbriefe normgerecht gestalten

Um Geschäftsbriefe normgerecht erstellen zu können, muss u.a. bekannt sein, welche Geschäftsbrief-Vorlagen es gibt und aus welchen Bestandteilen ein A4-Brief besteht.

5.1.1 Papierformate und -gewichte

Der Begriff „Papier" ist in der DIN 6730 genau definiert. Es handelt sich hiernach um einen flächigen, im Wesentlichen aus Pflanzenfasern bestehenden Werkstoff. Holz und Altpapier sind die Hauptrohstoffe bei der Herstellung.

Papierformate

Die Papierformate sind in der DIN EN ISO 216 festgelegt. Das Ausgangsformat der A-Reihe (= Hauptreihe) ist A0 mit einer Größe von 841 x 1 189 mm (= ca. 1 m²). Das nächstkleinere Format wird immer durch das Halbieren der jeweils längeren Seite erreicht. Das bekannteste Format ist A4. Die B- und C-Reihen enthalten die Formate für Briefhüllen, Schriftgutbehälter u. a.

Die Formate der A-Reihe im Einzelnen:

Format	Größe in mm	Beispiele	Versendung per Post
A0	841 x 1 189	Landkarte	
A1	594 x 841	Fahrplan	
A2	420 x 594	Tageszeitung	
A3	297 x 420	Zeichenblock	
A4	**210 x 297**	**Kopier- und Schreib-papier, großes Schulheft**	• **ungefaltet: C4** • **gefaltet auf A5: C5** • **gefaltet auf 1/3-A4: DL (DIN lang)**
A5	148 x 210	kleines Schulheft, Karteikarte	• ungefaltet: C5 • gefaltet auf A6: C6
A6	105 x 148	Postkarte	ungefaltet: C6
A7	74 x 105	Kfz-Schein, Taschenkalender	
A8	52 x 74	Visitenkarte	
A9	37 x 52	Passbild	
A10	26 x 37	Briefmarke	

Papiergewichte

Das Papiergewicht wird immer in Gramm pro Quadratmeter angegeben:

Bezeichnung	Gewicht	Beispiele
Papier	bis 150 g/m²	Kopier- und Schreibpapiere
Karton	bis 600 g/m²	Aktendeckel
Pappe	über 600 g/m²	Umzugskarton

5.1.2 Ortsbezeichnungen in der Empfängeranschrift

Zu den Ortsbezeichnungen gehören die Straßennamen, die Hausnummern, die Postfachangabe sowie die Postleitzahl.

Straßennamen

Die Grundregel bei der Schreibweise der Straßennamen lautet: „Das erste Wort wird prinzipiell großgeschrieben." Im Einzelnen ist Folgendes zu beachten:

• Straßennamen werden zusammengeschrieben, wenn der Name aus einem Bestimmungswort und einem Grundwort besteht und dabei das Bestimmungswort unverändert bleibt. Kommt jedoch ein gebeugtes Adjektiv vor, wird der Straßenname getrennt geschrieben.

▶ Beispiele: Einsteinstraße, Marienweg, Postplatz, Lange Gasse, Breite Straße, Neuer Weg

• Straßennamen werden getrennt geschrieben, wenn das Bestimmungswort eine Beugungsendung erhält, also eine Ableitung auf „-er" von einem Orts- oder Ländernamen vorliegt. Wenn jedoch der Orts- oder Ländername oder ein Familienname selbst auf „-er" endet, wird der Straßenname zusammengeschrieben.

▶ Beispiele: Münchner Straße, Neustädter Weg, Römerplatz, Müllergasse

• Mit Bindestrich werden Straßennamen geschrieben, wenn sie aus einer Aneinanderreihung mehrerer Hauptwörter oder Namen bestehen.

▶ Beispiele: Rudolf-Diesel-Straße, König-Ludwig-Platz, Albert-Einstein-Ring

• Im Straßennamen werden alle zum Namen gehörenden Adjektive und Zahlwörter großgeschrieben, im Übrigen finden die Regeln der deutschen Rechtschreibung Anwendung.

▶ Beispiele: Bei der Kapelle, Am Unteren Rheinufer, Bei den Drei Eichen

Hausnummern

Die DIN 5008 enthält die Schreib- und Gestaltungsregeln von Hausnummern:

• Die Hausnummer folgt dem Straßennamen mit einem Leerzeichen Abstand.

▶ Beispiel: Klostergasse 5

- Zusammengesetzte Hausnummern werden mit dem Langstrich als Zeichen für „bis" oder mit dem Schrägstrich geschrieben.

▶ Beispiele: Konrad-Bergius-Ring 12 – 14, Gustav-Heinemann-Platz 5/7

- Hausnummern mit nachfolgendem Buchstaben werden von diesem durch ein Leerzeichen getrennt. Der Buchstabe kann je nach örtlichen Gegebenheiten klein- oder großgeschrieben werden.

▶ Beispiele: Europaallee 51 a, Bei der Bergsiedlung 5 B

- Stockwerk- und Wohnungsangaben werden durch je zwei Schrägstriche von der Hausnummer abgetrennt. Vor und nach den Schrägstrichen folgt jeweils ein Leerzeichen. Vor der Angabe der Wohnungsnummer ist noch der Buchstabe „W" für „Wohnung" zu schreiben.

▶ Beispiele: Am Neuen Wall 13 // W 5, Kastanienallee 35 // 1. Stock

Postfachnummern

Eine Postfach-Angabe kann den Straßennamen in der Empfängeranschrift ersetzen. Postfach-Sendungen erhalten in der Regel eine eigene Postleitzahl als Sendungen, die an eine Hausanschrift zugestellt werden. Die Postfachnummern werden nach der DIN 5008 von rechts beginnend zweistellig gegliedert.

▶ Beispiele: Postfach 5 68 89, Postfach 12 34

Postleitzahlen

Die Postleitzahl wird laut DIN 5008 fünfstellig ohne Leerzeichen geschrieben. Beginnen Postleitzahlen mit einer „0", dann darf diese nicht weggelassen werden. Zwischen der Postleitzahl und dem Ort steht immer ein Leerzeichen.

▶ Beispiele: 01067 Dresden, 20095 Hamburg, 80331 München

5.1.3 Empfängeranschriften

Die Empfängeranschriften stehen im sog. „Anschriftfeld". Das Anschriftfeld teilt sich in die Zusatz- und Vermerkzone mit Rücksendeangabe und in die Anschriftzone:

5 4 3 2 1	= Zusatz- und Vermerkzone mit Rücksendeangabe (1,77 cm hoch)
1 2 3 4 5	= Anschriftzone (2,73 cm hoch)

(verkleinert dargestellt)

In der Zusatz- und Vermerkzone, die aus fünf Zeilen besteht, steht in der jeweils obersten Zeile die einzeilige Rücksendeangabe. Mögliche Zusatzangaben/Vermerke stehen in den weiteren vier Zeilen. In diesem Fall schiebt sich die Beschriftung zeilenweise nach oben. Die Anschriftzone besteht aus sechs Zeilen; die Beschriftung erfolgt abwärts. Für die Zusatz- und Vermerkzone ist eine kleinere Schriftgröße zu verwenden.

Wenn mehr als fünf Zeilen in der Zusatz- und Vermerkzone oder mehr als sechs Zeilen in der Anschriftzone benötigt werden, ist es zulässig, den Platz der jeweils anderen Zone mit zu nutzen. Sollte dies auch nicht ausreichen, ist die Schriftgröße zu reduzieren, wobei eine Schriftgröße von 8 Punkt nicht unterschritten werden darf. Bei Schriftgrößen, die kleiner als 10 Punkt sind, sind serifenlose Schriften zu verwenden (z. B. Arial oder Calibri).

Bei der Gestaltung der Empfängeranschrift ist genau geregelt, welche Daten in die jeweiligen Zonen aufzunehmen sind:

5 4 3 2 1	Zusatz- und Vermerkzone mit Rücksendeangabe	Rücksendeangabe (Postanschrift Absender) elektronischer Freimachungsvermerk, Vorausverfügung (Nicht nachsenden), Versendungsform (z. B. Einschreiben Rückschein)
1	Anschriftzone	Anrede, Berufs- und/oder Firmenbezeichnung
2		Akademischer Grad/Titel, Vor- und Nachname
3		Straße und Hausnummer, Postfach
4		Postleitzahl, Bestimmungsort
5		Länderbezeichnung
6		Platz für erweiterte Anschrift

Hierbei gelten folgende Regeln:

- Zwischen der Zusatz- und Vermerkzone sowie der Anschriftzone darf keine Leerzeile stehen.
- Satzzeichen können innerhalb der Anschrift stehen, am Zeilenende jedoch nur in der Zusatz- und Vermerkzone.
- Ortsteilnamen dürfen oberhalb der Zustell- oder Abholangabe ohne Postleitzahl vermerkt werden, aber nicht als Zusatz zum Bestimmungsort.

Bei der Empfängeranschrift unterscheidet man die Personen-, die Unternehmens- und die Auslandsanschrift, die jeweils weitere spezifische Regeln aufweisen:

Personenanschrift

- Berufs- und Amtsbezeichnungen stehen direkt hinter der Anrede.
- Akademische Grade (z.B. Diplom- und Doktorgrade) stehen vor dem Namen, Bachelor- und Mastergrade hinter dem Namen.
- Die Amts- und Ehrenbezeichnung „Prof." steht unmittelbar vor dem Namen bzw. vor dem akademischen Grad.
- Wenn der Briefempfänger nicht der Wohnungsinhaber ist, steht der Name des Wohnungs-inhabers unter dem Namen des Empfängers. Dabei wird nicht mehr „c/o ..." geschrieben, sondern „bei ...".

▶ Beispiele:

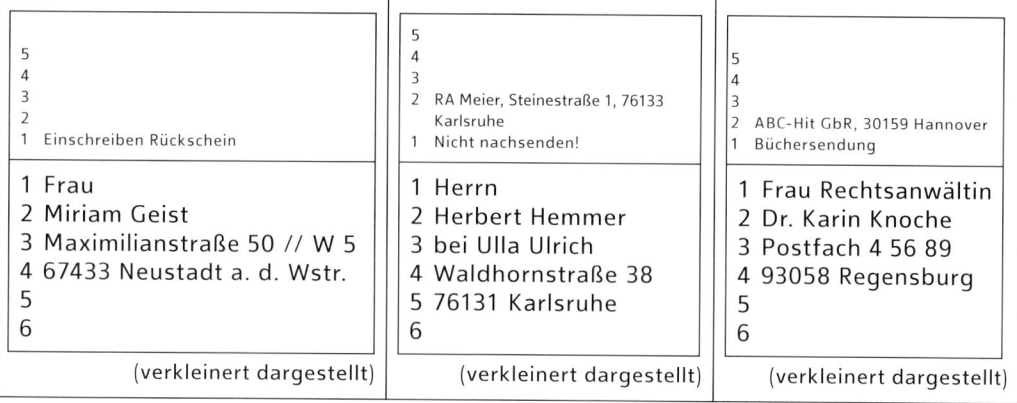

5	5	5
4	4	4
3	3	3
2	2 RA Meier, Steinestraße 1, 76133 Karlsruhe	2 ABC-Hit GbR, 30159 Hannover
1 Einschreiben Rückschein	1 Nicht nachsenden!	1 Büchersendung
1 Frau	1 Herrn	1 Frau Rechtsanwältin
2 Miriam Geist	2 Herbert Hemmer	2 Dr. Karin Knoche
3 Maximilianstraße 50 // W 5	3 bei Ulla Ulrich	3 Postfach 4 56 89
4 67433 Neustadt a. d. Wstr.	4 Waldhornstraße 38	4 93058 Regensburg
5	5 76131 Karlsruhe	5
6	6	6
(verkleinert dargestellt)	(verkleinert dargestellt)	(verkleinert dargestellt)

Unternehmensanschrift

- Längere Firmenbezeichnungen sind auf zwei Zeilen zu verteilen.
- Der Begriff „Firma" darf entfallen, wenn aus der Empfängerbezeichnung ersichtlich ist, um welche Firma es sich handelt.
- Bei im Handelsregister eingetragenen Einzelunternehmen ist der Zusatz „e. K." bzw. „e. Kffr." oder „e. Kfm." anzugeben.

- Sofern der Brief eine bestimmte Beschäftigte bzw. einen bestimmten Beschäftigten in der Firma erreichen soll, ist der Name der bzw. des Beschäftigten unter der Firmenbezeichnung mit aufzunehmen.
- Bei Großempfängeranschriften muss weder ein Postfach noch eine Straßenbezeichnung mit Hausnummer angegeben werden.

▶ Beispiele:

5	5	5
4	4	4
3 Loseblatt KG, 28195 Bremen	3	3
2 Nicht nachsenden!	2	2 RA Meier, Steinstr. 1, 76133 Karlsruhe
1 Express	1 K. Maus, Wardamm 1, 28259 Bremen	1 Einschreiben Einwurf
1 Hotelgruppe Sun GmbH	1 Bauunternehmen	1 Bundesverfassungsgericht
2 Frau Miriam Koch	2 Markus Richter GmbH	2 Schlossbezirk 3
3 Ofener Straße 15/17	3 Postfach 12 24	3 76131 Karlsruhe
4 26121 Oldenburg	4 93058 Regensburg	4
5	5	5
6	6	6
(verkleinert dargestellt)	(verkleinert dargestellt)	(verkleinert dargestellt)

Auslandsanschrift

- Zu verwenden ist die lateinische Schrift und arabische Ziffern.
- Bestimmungsort und Bestimmungsland sind in Großbuchstaben zu schreiben.
- Der Bestimmungsort ist nach Möglichkeit in der Sprache des Bestimmungslands anzugeben, das Bestimmungsland jedoch in deutscher Sprache.
- Die weiteren Bestandteile der Empfängeranschrift können sich an den Regeln des jeweiligen Lands orientieren.

▶ Beispiele:

5	5	5
4	4	4
3	3 RA Meier, Steinstr. 1, 76133 Karlsruhe	3
2 K. Maus, Wardamm 1, 28259 Bremen	2 Mit Luftpost	2 RA Meier, Steinstr. 1, 76133 Karlsruhe
1 Mit Luftpost	1 Vorab per Telefax	1 Mit Luftpost
1 Herrn	1 Herrn	1 Books and Co.
2 Roger Meier	2 Pedro Alberti	2 1331 Wilshire Blvd. # 13
3 Talstraße 1	3 Via Gallia 18	3 LOS ANGELES, CA 90036
4 8001 ZÜRICH	4 00183 ROMA	4 USA
5 SCHWEIZ	5 ITALIEN	5
6	6	6
(verkleinert dargestellt)	(verkleinert dargestellt)	(verkleinert dargestellt)

374

5.1.4 Geschäftsbrief-Vorlagen

Bei den Geschäftsbrief-Vorlagen wird laut DIN 5008 zwischen dem hochgestellten Anschriftenfeld (Form A) und dem tiefgestellten Anschriftenfeld (Form B) unterschieden. Der Unterschied liegt im Feld für den Briefkopf, das bei Form A wesentlich kleiner ist als bei Form B. Geschäftsbrief-Vorlagen enthalten den Informationsblock, der die Geschäftszeichen enthält, die Daten des vorausgegangenen Schriftwechsels und das Briefdatum. Laut DIN 5008 werden zwei Arten unterschieden.

Informationsblock

Laut DIN 5008 werden zwei Arten unterschieden:

Standardinformationsblock	Gestalteter Informationsblock
Hinter den linksbündig angeordneten Leitwörtern • Ihr Zeichen • Ihre Nachricht vom • Unser Zeichen • Unsere Nachricht vom • Name • Telefon • Telefax • E-Mail • Datum stehen die zugehörigen Angaben in der im Brief verwendeten Schriftart und -größe. Weiterhin ist zu beachten: • Für die E-Mail-Adresse kann eine kleinere Schriftgröße verwendet werden, mindestens jedoch 8 Punkt. • Nach den Leitwörtern „Unsere Nachricht vom" und „E-Mail" sollte jeweils eine Leerzeile stehen.	Im Gegensatz zum Standardinformationsblock dürfen beim gestalteten Informationsblock Leitwörter ergänzt, weggelassen oder verändert werden. Weiterhin ist zu beachten: • Die Angaben zu den Leitwörtern sollten an einer neuen Fluchtlinie angeordnet werden, wobei vom längsten Leitwort auszugehen ist. Zu beachten ist jedoch ein angemessener Abstand von mindestens einem Leerzeichen. • Die Leitwörter haben zwar die gleiche Schriftart wie die zugehörigen Angaben, jedoch eine kleinere Schriftgröße, als die im Brief verwendete. • Die Angaben hinter den Leitwörtern sind identisch mit Schriftart/-größe im Brief. • Die Angaben sollten mit Leerzeilen gruppiert werden. • Einzelne Angaben dürfen bei Platznot in einer kleineren Schriftgröße geschrieben werden, mindestens jedoch in einer 8-Punkt-Schrift.

▶ Beispiel: (verkleinert dargestellt)

Ihr Zeichen: 155/2018
Ihre Nachricht vom: 25.02.2022
Unser Zeichen: 201/2018
Unsere Nachricht vom:

Name: RA Peter Huber
Telefon: +49 6321 5632-0
Telefax: +49 6321 5632-15
E-Mail: info@rae-neumann-huber.de

Datum: 16.03.2022

Beispiel: (verkleinert dargestellt)

Ihr Zeichen:	155/2018
Ihre Nachricht vom:	25.02.2022
Unser Zeichen:	201/2018
Name:	RA Peter Huber
Sekretariat:	Marion Webermann
Telefon:	+49 6321 5632-11
Telefax:	+49 6321 5632-15
Datum:	16.03.2022

Nachfolgend wird an einem Briefbogen der Rechtsanwaltskanzlei Dr. Neumann & Huber aufgezeigt, welche Maße im Einzelnen (Angabe in mm) zu berücksichtigen sind. Grundlage ist die Form B und der gestaltete Informationsblock.

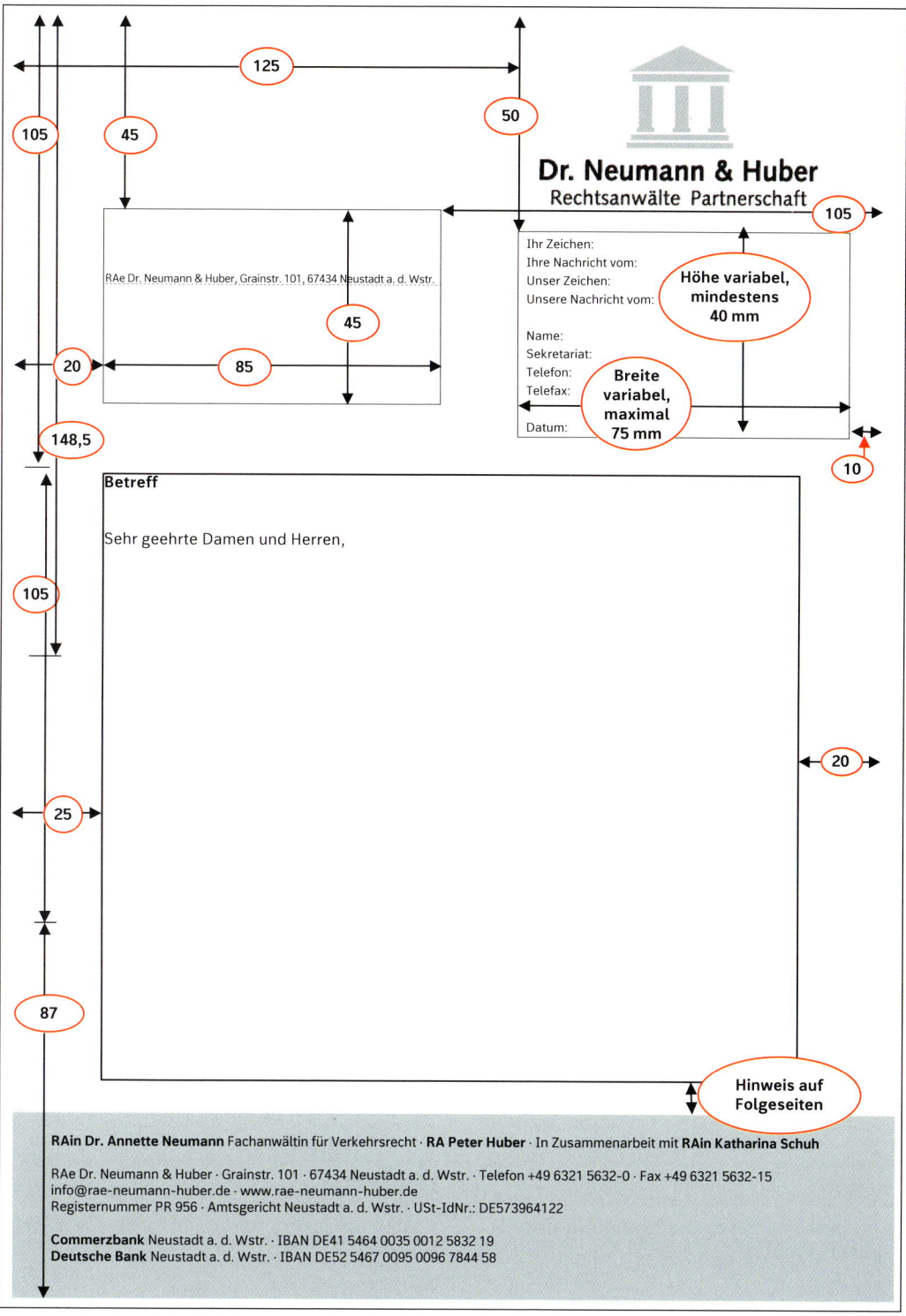

Dr. Neumann & Huber
Rechtsanwälte Partnerschaft

125
50
105
45
105

RAe Dr. Neumann & Huber, Grainstr. 101, 67434 Neustadt a. d. Wstr.

45
20
85

Ihr Zeichen:
Ihre Nachricht vom:
Unser Zeichen:
Unsere Nachricht vom:

Höhe variabel, mindestens 40 mm

Name:
Sekretariat:
Telefon:
Telefax:

Breite variabel, maximal 75 mm

Datum:

10

148,5

Betreff

Sehr geehrte Damen und Herren,

105

25

20

87

Hinweis auf Folgeseiten

RAin Dr. Annette Neumann Fachanwältin für Verkehrsrecht · **RA Peter Huber** · In Zusammenarbeit mit **RAin Katharina Schuh**

RAe Dr. Neumann & Huber · Grainstr. 101 · 67434 Neustadt a. d. Wstr. · Telefon +49 6321 5632-0 · Fax +49 6321 5632-15
info@rae-neumann-huber.de · www.rae-neumann-huber.de
Registernummer PR 956 · Amtsgericht Neustadt a. d. Wstr. · USt-IdNr.: DE573964122

Commerzbank Neustadt a. d. Wstr. · IBAN DE41 5464 0035 0012 5832 19
Deutsche Bank Neustadt a. d. Wstr. · IBAN DE52 5467 0095 0096 7844 58

Hinweis: Bei den Geschäftsangaben am Fuß der Briefvorlage ist noch zu beachten, dass, sofern es sich um eine Kapitalgesellschaft handelt, ggf. weitere Angaben erforderlich sind, wie z. B. bei der Aktiengesellschaft der Name des Vorsitzenden des Aufsichtsrats (mindestens ein ausgeschriebener Vorname sowie der Familienname). Die genauen Vorschriften sind den entsprechenden Gesetzestexten zu entnehmen.

5.1.5 Einzelne Bestandteile des A4-Geschäftsbriefs

Der „eigentliche" A4-Geschäftsbrief beginnt erst nach dem Informationsblock. Die DIN 5008 regelt im Einzelnen:

Grundlegendes

- **Zeilenabstand:** Der Brieftext sollte in einfachem Zeilenabstand geschrieben werden. Lediglich Schriftstücke besonderer Art (z. B. Verkehrswertgutachten) dürfen mit größerem Zeilenabstand geschrieben werden.
- **Schriftart, Schriftgröße und Schriftstile:** Ausgefallene Schriftarten (z. B. Schreibschriften) sind in fortlaufendem Text zu vermeiden, ebenso wie Schriftgrößen unter 10 Punkt und Schriftstile (z. B. Kapitälchen).
- **Seitennummerierung:** Die Seiten eines Briefs sind ab der zweiten Seite fortlaufend zu nummerieren. Dabei steht zwischen Text und Seitenkennzeichnung mindestens eine Leerzeile. Folgende Möglichkeiten der Seitennummerierung stehen zur Auswahl:
  - **„– X –"**
    Diese Art der Seitennummerierung sollte vorzugsweise zentriert in der Kopfzeile stehen. Hier wird in der Fußzeile durch drei Pünktchen auf Folgeseiten hingewiesen.
  - **„Seite X von Y"**
    Diese Art der Seitennummerierung sollte vorzugsweise rechtsbündig in der Fußzeile stehen, auch schon auf der ersten Seite.

Tipp: In der Praxis werden die Seitenzahlen meist über das verwendete Office-Programm eingefügt. In diesem Fall sollte auf jeden Fall überprüft werden, ob die Einrichtung korrekt ist.

Betreff und Teilbetreff

Beim Brief werden Betreff und Teilbetreff, die beide an der Fluchtlinie beginnen, unterschieden:

Betreff	Teilbetreff
= stichwortartige Inhaltsangabe des gesamten Briefs	= stichwortartige Inhaltsangabe für einen Briefteil
Der Betreff	Der Teilbetreff

Betreff	Teilbetreff
• folgt dem Informationsblock mit einem Abstand von zwei Leerzeilen, • wird ohne Schlusspunkt geschrieben, • wird bei längerem Text sinngemäß auf mehrere Zeilen verteilt und • darf durch Fettschrift und/oder Farbe hervorgehoben werden.	• wird mit Schlusspunkt geschrieben und • wird durch Fettschrift und/oder Farbe hervorgehoben. Der nachfolgende Text wird unmittelbar angefügt. Vor dem Teilbetreff muss ein Absatz eingefügt werden.

 Hinweis: Die DIN 5008 empfiehlt, falls im Betreff vertrauliche oder sensible Daten angegeben werden und das Schreiben in einer Briefhülle/Versandtasche mit Sichtfenster verschickt wird, den Betreff um den Abstand von ein bis zwei Leerzeilen tiefer beginnen zu lassen. So soll verhindert werden, dass der Brief im Umschlag verrutscht und über das Sichtfenster der Betreff des Schreibens sichtbar wird. Dies kann allerdings in der Regel nur in größeren Umschlägen passieren, da das Schreiben in den kleinen Umschlägen nicht verrutschen kann.

Anrede und Text

Nach dem Betreff folgen zwei weitere Leerzeilen, bevor die Anrede folgt. Diese wird durch eine Leerzeile vom nachfolgenden Text getrennt. Der Text selbst wird, wenn Absätze erforderlich sind, durch je eine Leerzeile gegliedert. Er sollte nicht im Blocksatz angeordnet werden. Es ist der „Flatterrand" (mit Silbentrennung) zu bevorzugen. Wenn dennoch der Blocksatz verwendet wird, sind größere Zwischenräume in der Zeile durch Silbentrennung zu vermeiden.

Briefschluss

Der Briefschluss besteht aus dem Gruß, der Bezeichnung der Firma/Behörde, dem Namen der unterzeichnenden Person und ggf. dem sog. Zusatz, der angibt, welche Art der Vollmacht die unterzeichnende Person in der Firma/Behörde hat. Alle Bestandteile des Briefschlusses stehen an der Fluchtlinie und sollten nicht gesondert auf einer Folgeseite stehen.

- Der **Gruß** folgt dem Text mit einem Abstand von einer Leerzeile. Dem Gruß folgt kein Satzzeichen.
- Die **Firmenbezeichnung** darf bei Bedarf auf mehrere Zeilen verteilt werden. Sie wird mit einer Leerzeile vom Gruß abgesetzt.
- Der **Name der unterzeichnenden Person** wird maschinenschriftlich wiedergegeben. Die Wiedergabe des Namens sollte laut DIN 5008 dabei innerbetrieblich geregelt werden. Sinnvoll ist jedoch die Angabe von Vor- und Nachname. Die Anzahl der Leerzeilen vor der Namenswiedergabe richtet sich nach der Notwendigkeit. In der Praxis werden jedoch meist drei Leerzeilen eingefügt. Sofern zwei Personen unterschreiben (z.B. bei Kapitalgesellschaften), wird die Reihenfolge der Unterschriften innerbetrieblich festgelegt, wobei in der

Regel die ranghöhere Person links unterzeichnet. Der Name der rechts unterzeichnenden Person steht dann in angemessenem Abstand zur Person, die links unterzeichnet.

- Die **Zusätze** „i. A." (= im Auftrag), „i. V." (= in Vollmacht) und „ppa./pp." (= per procura) stehen zwischen der Bezeichnung der Firma/Behörde und der maschinenschriftlichen Namenswiedergabe oder direkt vor dem Namen.

▶ Beispiele:

Freundliche Grüße • Dr. Neumann & Huber Rechtsanwälte • i. A. *Marion Webermann* • Marion Webermann	Mit freundlichem Gruß • • *Dr. Annette Neumann* • Dr. Annette Neumann Rechtsanwältin
Mit freundlichen Grüßen • RAe Dr. Neumann & Huber • i. A. *Julia Hoffmann* • Julia Hoffmann	Freundliche Grüße • Bauunternehmen Huber & Söhne GmbH • • *Miriam Kühne* *Klaus Hebel* • ppa. Miriam Kühne i. V. Klaus Hebel

(verkleinert dargestellt)

Anlagen- und Verteilvermerk

Dem Briefschluss kann noch der Anlagen- und/oder Verteilvermerk folgen:

Anlagenvermerk	**Verteilvermerk**
Folgende Schreib- und Gestaltungsregeln sind zu beachten: • Das Wort „Anlage" bzw. „Anlagen" darf durch Fettschrift hervorgehoben werden. • Der Anlagenvermerk folgt der maschinenschriftlichen Angabe des Unterzeichners mit einem Abstand von einer Leerzeile. • Sofern keine Namenswiedergabe erfolgt, steht der Anlagenvermerk mindestens drei Leerzeilen nach dem Gruß bzw. der Firmenbezeichnung. • Bei Platzmangel kann der Anlagenvermerk „hochgezogen" werden. Er steht dann nicht mehr an der Fluchtlinie, sondern 125 mm von der linken Blattkante entfernt neben dem Gruß.	Der Verteilvermerk wird verwendet, wenn mitgeteilt werden soll, dass das Schreiben gleichzeitig an verschiedene Empfänger versandt wurde. Folgende Schreib- und Gestaltungsregeln sind zu beachten: • Das Wort „Verteiler" darf durch Fettschrift hervorgehoben werden. • Die weiteren Regeln, die für den Anlagenvermerk gelten, gelten auch für den Verteilvermerk. Werden sowohl der Anlagen- als auch der Verteilvermerk verwendet, folgt der Verteilvermerk dem Anlagenvermerk nach einer Leerzeile. Diese Leerzeile darf bei Platzmangel entfallen.

▶ Beispiele:

Freundliche Grüße • Dr. Neumann & Huber Rechtsanwälte • i. A. *Marion Webermann* • Marion Webermann • **Anlage**	Mit freundlichem Gruß • • *Dr. Annette Neumann* • Dr. Annette Neumann Rechtsanwältin • **Anlage** 1 Vollmacht • **Verteiler** Kurt Lanze
Mit freundlichen Grüßen • Bauunternehmen Huber & Söhne GmbH • *Katharina Neuer* • i. A. Katharina Neuer	**Anlagen** 1 Prospekt 1 Preisliste • **Verteiler** Carolin Meyer Leon Beiermann

(verkleinert dargestellt)

Beglaubigungsvermerk bei Behörden

Ein Behördenbrief wird in der Regel nicht eigenhändig unterzeichnet und endet daher mit einem Beglaubigungsvermerk. Der Briefschluss besteht dann aus dem Gruß, dem Zusatz, dem Namen der bearbeitenden Person (eventuell mit Amtsbezeichnung), dem Wort „Beglaubigt" und dem Namen der beglaubigenden Person mit Amtsbezeichnung. Der Beglaubigungsvermerk kann wie der Anlagen- und Verteilvermerk „hochgezogen" werden. In diesem Fall sind die dementsprechenden Regeln anzuwenden.

▶ Beispiele:

Freundliche Grüße • im Auftrag Kundermann • Beglaubigt • • Siegel- • abdruck • Mutig Verwaltungsangestellter	Mit freundlichem Gruß • im Auftrag Kundermann	Beglaubigt • • • Siegel • Mutig Verwaltungsangestellter

(verkleinert dargestellt)

Werbliche Elemente

Werbliche Elemente, wie z. B. „PS:" und „Übrigens:" werden mit mindestens einer Leerzeile Abstand am Ende des Briefs vor den Geschäftsangaben aufgeführt. Sie dürfen farbig hervorgehoben werden.

▶ Beispiele:

Freundliche Grüße • Bauunternehmen Huber & Söhne GmbH • *Katharina Neuer* • i. A. Katharina Neuer • PS: Kennen Sie schon unser Rabattsystem? Wir beraten Sie gerne.	Mit freundlichem Gruß • Buchhandel Meierl GbR • i. A. *Kevin Vollerts* • Kevin Vollerts • Übrigens: Wir verlosen 15 Buchpakete im Wert von jeweils 40,00 €. Weitere Informationen hierzu auf unserer Homepage.

5.2 Geschäftliche E-Mails normgerecht gestalten

Beim Verfassen von E-Mails ist zunächst darauf zu achten, dass die verwendeten Schriftarten Standardschriftarten sind, damit die Empfängerin bzw. den Empfänger beim Lesen der E-Mail kein „Buchstabensalat" erwartet. Weiterhin sind natürlich die Regelungen der deutschen Rechtschreibung und Zeichensetzung zu beachten. Auf die Verwendung von Emoticons sollte bei geschäftlichen E-Mails verzichtet werden bzw. sollten sie nur sparsam genutzt werden. Laut DIN 5008 sind weitere Regeln zu beachten, die anhand des folgenden Beispiels erläutert werden.

▶ Beispiel:

An ...	hubert.voll@gmx.de ①
Cc ...	②
Bcc ...	
Betreff:	Hubert Voll wg. Forderung ③

Sehr geehrter Herr Voll,   ④

bitte teilen Sie mir noch mit, wann die Gegenseite die Teilzahlungen von 500,00 € ⑤ und 350,00 € auf die Rechnung vom 30.01.2022 bezahlt hat.

Freundliche Grüße   ⑥

Rechtsanwaltskanzlei
Dr. Neumann & Huber

Katharina Schuh

Telefon: +49 6321 5632-0
Telefax: +49 6321 5632-15
E-Mail: katharina.schuh@rae-neumann-huber.de
Internet: www.rae-neumann-huber.de

Firmensitz und Postanschrift: Grainstraße 101, 67434 Neustadt an der Weinstraße
Partner: RAin Dr. Annette Neumann, RA Peter Huber
Partnerschaftsgesellschaft Amtsgericht Neustadt an der Weinstraße PR 956

- Die Anschrift, der Verteiler und der Betreff sind vorgegebene Zeilen eines E-Mail-Kopfs.
- Bei der **Anschrift** (vgl. Ziff. 1) ist eine eindeutige E-Mail-Adresse zu verwenden. Diese Adresse ist weltweit einmalig und setzt sich wie folgt zusammen:

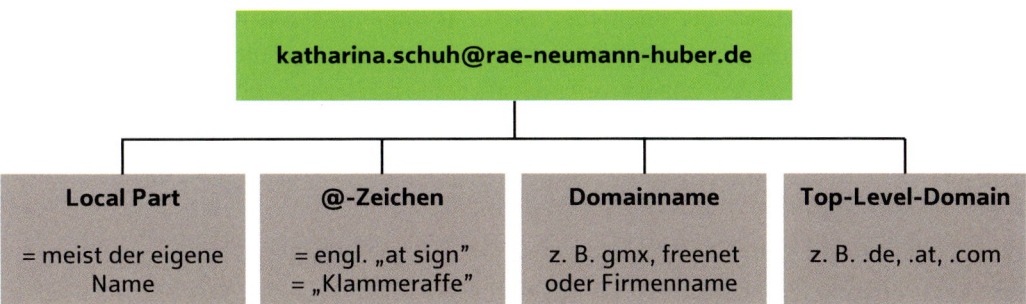

Local Part	@-Zeichen	Domainname	Top-Level-Domain
= meist der eigene Name	= engl. „at sign" = „Klammeraffe"	z. B. gmx, freenet oder Firmenname	z. B. .de, .at, .com

- In das **Verteilerfeld** (vgl. Ziff. 2) können bei „Cc..." (= Carbon Copy; weitere Empfänger von Kopien dieser E-Mail) und bei „Bcc..." (= Blind Carbon Copy; für Empfänger ist nicht ersichtlich, wer eine Kopie dieser E-Mail erhält) weitere E-Mail-Adressen eingetragen werden.

- Der **Betreff** (vgl. Ziff. 3), die stichwortartige Inhaltsangabe, hat eine zentrale Bedeutung für die Bearbeitung und Verwaltung von E-Mails, sodass die Angabe zwingend erforderlich ist.
- Die **Anrede** (vgl. Ziff. 4) ist fester Bestandteil. Sie beginnt an der Fluchtlinie und wird durch eine Leerzeile vom Text abgesetzt. Falls die Angabe von Bezugszeichen sinnvoll ist, stehen diese übrigens vor der Anrede. Die Anrede wird von den Bezugszeichen dann mit zwei Leerzeilen abgesetzt.
- Der **Text** (vgl. Ziff. 5) wird einzeilig, als Fließtext und ohne Silbentrennung erfasst. Absätze sind vom nachfolgenden Text durch jeweils eine Leerzeile zu trennen. Sollte im Text eine Aufzählung enthalten sein, so sind Beginn und Ende der Aufzählung vom übrigen Text durch eine Leerzeile zu trennen. Die einzelnen Aufzählungsglieder dürfen durch Leerzeilen getrennt werden, vor allem wenn sie mehrzeilig sind.
- Der **E-Mail-Abschluss** (vgl. Ziff. 6) enthält den Gruß sowie Kommunikations- und Firmenangaben. Zwingend sollte er auch die E-Mail- und/oder die Internetadresse enthalten. Zum Abschluss einer E-Mail gehören auch die Angaben über die Eintragung im entsprechenden Register, die Post- und Hausanschrift, der Sitz der Gesellschaft, der Name des Geschäftsführers u. a. In der Praxis wird der E-Mail-Abschluss meist als elektronischer Textbaustein zugesteuert, da dies die Arbeit erheblich vereinfacht.
- Um die Vertraulichkeit zu gewährleisten, sollten wichtige Mitteilungen durch **digitale Signatur** und/oder verschlüsseltes Übertragen gegen unberechtigtes Lesen und Veränderungen geschützt werden. Hierfür gibt es spezielle Programme. Die Verschlüsselung sollte aber nur dann erfolgen, wenn die Empfängerin bzw. der Empfänger die Nachricht auch entschlüsseln kann. Eine Alternative hierzu sind z. B. Dateien, die mit Passwortschutz versehen sind.

5.3 Phonodiktat

In Rechtsanwaltskanzleien und Notariaten spielt das Phonodiktat teilweise noch eine große Rolle, auch wenn in vielen Unternehmen bereits Spracherkennungssoftware eingesetzt wird. Eine weitere Möglichkeit des Diktierens ist das Direktdiktat (= Diktat in den Computer). Diese Möglichkeit wird jedoch nur dann angewendet, wenn es sich um ein kurzes Schreiben handelt.

5.3.1 Diktatregeln

Beim Diktieren sind Regeln zu beachten, die in der DIN 5009 festgelegt sind:

Aussprache

Beim Diktieren ist es vor allem wichtig, dass deutlich diktiert wird. Um Hörfehler zu vermeiden, ist Folgendes zu beachten:
- Aus der Ziffer „2" wird im Diktat „zwo".

- Die Monatsnamen „Juni" und „Juli" werden zu „Juno" und „Julei".
- Bei Zahlengruppen ist jede Ziffer einzeln anzusagen. Das Gleiche gilt bei alphanumerischen Daten. Hier muss ziffern- und buchstabenweise von links angesagt werden. Ausgenommen hiervon sind Kalenderdaten, Währungsbeträge, Maße und Gewichte.
- Jahreszahlen sind zweiteilig (Jahrhundert und Jahr im Jahrhundert) anzusagen. Ausgenommen hiervon sind die Jahre 2000 bis 2009.

Konstanten

Konstanten sind feststehende Bezeichnungen aus den Rechtschreibregeln und der DIN 5008. Dazu zählen z. B. alle Satzzeichen, „groß", „klein", „leer", „Absatz", „Ende dieses Schreibens".

Anweisungen

Anweisungen unterscheiden sich von Konstanten dadurch, dass sie immer durch „Stopp" eingeleitet und durch „Text" beendet werden. Typische Anweisungen sind z. B. „fett", „zentrieren", „Buchstabieren", „Aufstellung". Beim Buchstabieren von Namen und Fachbegriffen sollten die amtlichen Buchstabiertafeln verwendet werden:

	Buchstabiertafel Inland	Buchstabiertafel international		Buchstabiertafel Inland	Buchstabiertafel international
A	Aachen	Alfa	O	Offenbach	Oscar
Ä	Umlaut Aachen	Umlaut Alfa	Ö	Umlaut Offenbach	Umlaut Oscar
B	Berlin	Bravo	P	Potsdam	Papa
C	Chemnitz	Charlie	Q	Quickborn	Quebec
Ch	–	–	R	Rostock	Romeo
D	Düsseldorf	Delta	S	Salzwedel	Sierra
E	Essen	Echo	Sch	–	–
F	Frankfurt	Foxtrot	ß	Eszett	Eszett
G	Goslar	Golf	T	Tübingen	Tango
H	Hamburg	Hotel	U	Unna	Uniform
I	Ingelheim	India	Ü	Umlaut Unna	Umlaut Uniform
J	Jena	Juliett	V	Völklingen	Victor
K	Köln	Kilo	W	Wuppertal	Whiskey
L	Leipzig	Lima	X	Xanten	X-ray
M	München	Mike	Y	Ypsilon	Yankee
N	Nürnberg	November	Z	Zwickau	Zulu

▶ Beispiel: Damit deutlich wird, was Konstanten und Anweisungen sind, werden nachfolgend die Konstanten in rot und die Anweisungen in grün dargestellt.

Diktat	Fertiger Text
Liebe Mitarbeiterinnen und Mitarbeiter – Komma – Absatz Wir laden Sie sehr herzlich zu unserer Weihnachtsfeier ein – Punkt Die Veranstaltung findet statt – Absatz – Stopp – zentrieren – am dritten Dezember um neunzehn Uhr – Punkt – Text – Absatz – Fluchtlinie Freundliche Grüße – Ende dieses Schreibens – Diktatende	Liebe Mitarbeiterinnen und Mitarbeiter, wir laden Sie sehr herzlich zu unserer Weihnachtsfeier ein. Die Veranstaltung findet statt am 3. Dezember um 19:00 Uhr. Freundliche Grüße

5.3.2 Diktiergeräte und -zubehör

Die Klassifizierung der Diktiergeräte erfolgt nach der DIN 9765. Bei den älteren Geräten wird das Diktierte noch analog auf Bandkassetten aufgenommen. Die neueren Geräte nutzen bereits die Digitaltechnik mithilfe von Speicherkarten. Es besteht aber auch die Möglichkeit der direkten Abspeicherung im Computer und der Übertragung über das Netzwerk. So kann der Rechtsanwalt oder Notar z. B. auch unterwegs oder zu Hause diktieren und die Datei ins Netzwerk einstellen oder per E-Mail an das Sekretariat übersenden. Die Beschäftigten im Sekretariat benötigen zur Übertragung des Diktierten einen Kopfhörer/Stetofon und einen Fußschalter.

5.4 Schreiben an Beteiligte effizient erstellen

Die nachfolgenden Erläuterungen beziehen sich auf die Version Microsoft Word 365.

5.4.1 Schnellbausteine

Eine effiziente Gestaltung von Schreiben an Beteiligte wird dadurch erreicht, dass die Arbeit so einfach wie möglich gemacht wird. Schnellbausteine sind sinnvoll, wenn in Schreiben immer wieder die gleichen Formulierungen verwendet werden.

Anlegen des Schnellbausteins

- Erfassen des Satzes/Absatzes, der als Baustein abgespeichert werden soll. Hier als Beispiel: „Bitte vereinbaren Sie mit unserem Sekretariat einen Termin, damit wir das weitere Vorgehen besprechen können."
- Markieren des Satzes/Absatzes.
- In der Registerkarte *Einfügen* wird bei der Gruppe *Text* das Icon *Schnellbausteine* ausgewählt.

- Wird der Pfeil unter *Schnellbausteine* ange-klickt, muss *AutoText* und dann *Auswahl im AutoText-Katalog* speichern ausgewählt werden.
- Im sich öffnenden Fenster wird als Name für den zu erstellenden Baustein „Terminver-einbarung" eingegeben. Bei der Kategorie wird *Neue Kategorie erstellen* ausgewählt und „Anwalt" eingegeben. Die weiteren Angaben können übernommen werden. Anschließend wird mit *OK* bestätigt.

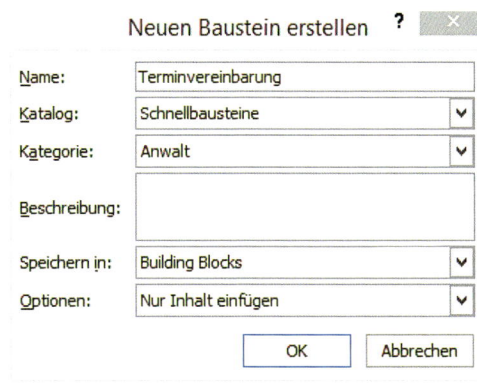

 Tipp: Es ist sinnvoll, eine Kategorie zu vergeben, da Microsoft Word viele Standard-einträge anbietet. So kann der Schnellbaustein später schnell und einfach einge-fügt, bearbeitet oder gelöscht werden.

Einfügen des Schnellbausteins

Es gibt verschiedene Möglichkeiten, Schnellbausteine einzufügen:

1. Möglichkeit:

Den Namen des Schnellbausteins an die einzufügende Stelle im Dokument schreiben und die Funktionstaste F3 drücken.

2. Möglichkeit:

- Der Cursor wird an die Stelle gesetzt, an der der Schnellbaustein eingefügt werden soll.
- Wird anschließend *Schnellbausteine* und *AutoText* angeklickt, kann dort der Baustein „Terminvereinbarung" ausgewählt werden.

3. Möglichkeit:

- Der Cursor wird an die Stelle gesetzt, an der der Schnellbaustein eingefügt werden soll.
- Wird anschließend der Pfeil unter *Schnellbau-steine* angeklickt, kann dort *Organizer für Bau-steine* ausgewählt werden.
- Nun kann aus der Kategorie „Anwalt" der Schnellbaustein „Terminvereinbarung" ausge-wählt werden. Durch das Klicken auf *Einfügen* wird der Schnellbaustein eingefügt.

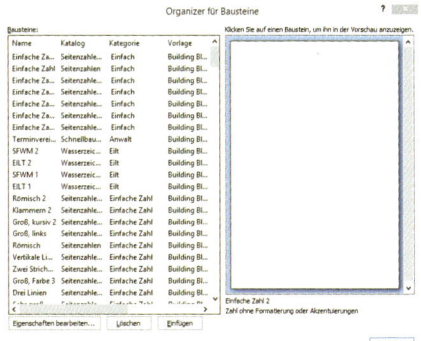

Über das Fenster *Organizer für Bausteine* können Schnellbausteine auch gelöscht bzw. die Eigenschaften (Speichername, Kategorie u. a.) bearbeitet werden. Hierfür muss zunächst jeweils der gewünschte Schnellbaustein ausgewählt werden.

Drucken des Schnellbausteins

Die gespeicherten Schnellbausteine können alle ausgedruckt werden. Hier muss im Drucker-menü bei *Einstellungen – Dokumenteigenschaften – AutoText-Einträge* gewählt und mit *OK* bestätigt werden.

5.4.2 Tabellen

Auch Tabellen können der Effizienz dienen. So können mithilfe von Tabellen beispielsweise Artikellisten übersichtlich gestaltet werden. In der DIN 5008 ist der Aufbau einer Tabelle dar-gelegt und die Regeln, die beim Erstellen von Tabellen zu beachten sind.

Eine Tabelle besteht aus folgenden Komponenten:
- Die **Überschrift** steht in der Regel über der Tabelle. Sie darf jedoch auch in den Tabellen-kopf integriert werden. Komplett verzichtet werden darf auf die Überschrift nur, wenn sich der Inhalt der Tabelle aus dem vorangegangenen Text ergibt.
- Der **Tabellenkopf** ist durch waagerechte und senkrechte Trennungslinien übersichtlich zu gliedern. Er enthält alle Spaltenbezeichnungen, die zentriert werden sollten.
- Die **Vorspalte** enthält alle Zeilenbezeichnungen. Für die Zeilenbezeichnungen wird eine linksbündige Beschriftung empfohlen. Die Vorspalte muss nicht zwingend in der Tabelle vorhanden sein.
- Die **Felder/Zellen** sind die wohl wichtigsten Bestandteile der Tabelle. Sie werden mit einem Mindestabstand von 11 mm zur senkrechten Linie beschriftet. Zwischen Text- und Feldbe-grenzung sollte ein gleichmäßiger Abstand festgelegt werden. In den Feldern/Zellen soll-ten Zahlen rechtsbündig und Text linksbündig ausgerichtet werden. Unbeschriftete Felder sind z. B. durch Schwärzen zu entwerten.

Insgesamt sollte die Tabelle innerhalb der Seitenränder stehen und zentriert ausgerichtet werden. Sie ist vom vorangegangenen und zum nachfolgenden Text mit einem angemesse-nen Abstand abzusetzen.

Eine Tabelle sollte nicht über zwei oder mehrere Seiten hinausgehen. Sofern sich dies nicht vermeiden lässt, ist der Tabellenkopf auf der/den Folgeseite/-n zu wiederholen.

In Microsoft Word lässt sich eine Tabelle einfach einfügen und bearbeiten:

Tabelle einfügen

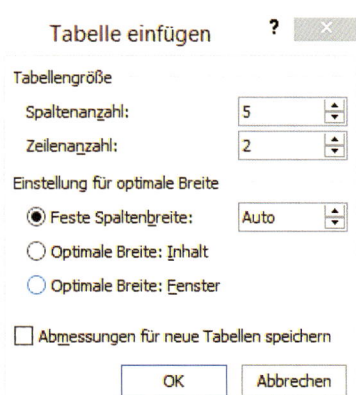

- Der Cursor wird im Dokument an der Stelle positioniert, an der die Tabelle eingefügt werden soll.
- In der Registerkarte *Einfügen* in der Gruppe *Tabellen* wird sodann das Icon *Tabelle* ausgewählt.
- Anschließend wird auf den Pfeil unter *Tabelle* geklickt und *Tabelle einfügen* ausgewählt. Im sich öffnenden Fenster kann nun ausgewählt werden, wie viele Zeilen und Spalten benötigt werden. Als optimale Breite empfiehlt sich, die Standardeinstellung „Auto" zunächst zu übernehmen. Anschließend wird mit *OK* bestätigt.

 Tipp: Es besteht auch die Möglichkeit, direkt unter dem Icon *Tabelle* auszuwählen, welche Tabelle eingefügt werden soll. Hier bestehen mehrere Auswahlmöglichkeiten. So kann eine Tabelle beispielsweise dadurch eingefügt werden, dass die benötigten Spalten und Zeilen einfach nur angeklickt werden (orange dargestellt). Die Tabelle kann auch selbst gezeichnet werden oder es kann eine Excel-Tabelle bzw. eine von Microsoft Word gestaltete Tabelle eingefügt werden.

Tabelle bearbeiten

Bevor die Tabelle bearbeitet wird, ist es sinnvoll, diese zunächst auszufüllen. Anschließend können Spalten, Zeilen und Zellen eingerichtet werden. Um eine Tabelle zu bearbeiten, gibt es u. a. folgende Möglichkeiten:

1. Möglichkeit:

- Markieren der Tabelle
- Es erscheinen sodann unter „Tabellentools" zwei neue Registerkarten: Tabellenentwurf und Layout.
- Über diese Registerkarten können beispielsweise Zellen verbunden, Zellen-/Spaltengrößen angepasst und Textrichtungen verändert werden.

2. Möglichkeit:

- Markieren der Tabelle
- Durch Rechtsklick auf die Tabelle wird das Kontextmenü geöffnet. Hier können ebenfalls verschiedene Formatierungen vorgenommen werden.

5.4.3 Felder/Feldklammern

Effektivität wird auch durch den Einsatz von Feldern und Feldklammern erreicht. Dabei werden die Felder als Platzhalter, die durch die sog. Feldklammern dargestellt werden, verwendet. Felder/Feldklammern können beispielsweise in Schnellbausteinen eingefügt werden oder beim Serienbrief-Hauptdokument. Sehr nützlich sind sie auch beim Erstellen von Formularen.

Einfügen von Feldklammern

- Der Cursor wird an die Stelle gesetzt, an der ein Platzhalter eingefügt werden soll.
- Anschließend müssen gleichzeitig die Tasten „Strg" und „F9" gedrückt werden. Es erscheint: { }

Anspringen von Feldklammern

- Positionierung des Cursors an den Textanfang
- Sobald nun die Funktionstaste „F11" gedrückt wird, springt der Cursor die erste Feldklammer an, sodass der erste Platzhalter durch Text o. Ä. ersetzt werden kann.
- Wenn nun die nächste Feldklammer angesprungen werden soll, wird einfach wieder die Taste „F11" gedrückt und schon springt der Cursor zur nächsten Feldklammer.

Feldklammern sichtbar machen

Sollten die eingefügten Feldklammern am Computerbildschirm nicht sichtbar sein, muss die entsprechende Einstellung in Microsoft Word geändert werden.

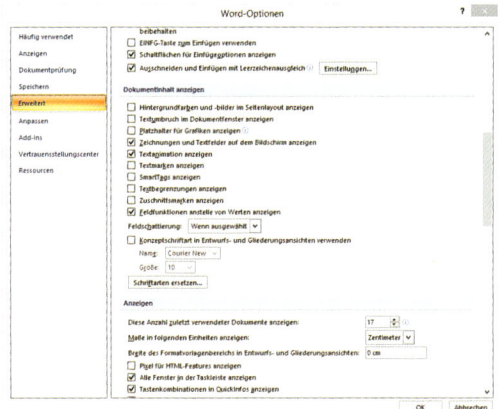

- Bei einem Klick auf *Datei* (oben links) öffnet sich ein Fenster. Dort muss *Optionen* ausgewählt werden.
- Anschließend wird *Erweitert* ausgewählt.
- Bei *Dokumentinhalt anzeigen* muss das Häkchen bei *Feldfunktionen anstelle von Werten anzeigen* gesetzt werden. Anschließend wird die Einstellung mit *OK* bestätigt.

5.4.4 Serienbrief

Auch der Serienbrief dient der Schreibeffizienz. Der Einsatz von Serienbriefen ist z.B. dann sinnvoll, wenn eine Erbengemeinschaft oder eine Wohnungseigentümergemeinschaft vertreten wird. Zum Erstellen eines Serienbriefs werden eine Datenquelle und ein Seriendruck-Hauptdokument benötigt:

Erstellen der Datenquelle

- Öffnen eines neuen Dokuments.
- In dieses Dokument wird eine Tabelle eingefügt. Diese Tabelle sollte in der 1. Zeile die Spaltenüberschriften enthalten, damit diese von Microsoft Word später als Feldnamen erkannt werden. Ab der 2. Zeile sind die Datensätze einzugeben.

vgl. LF 3, Kap. 5.4.2

▶ Beispiel:

Vorname	Nachname	Straße	Wohnort
Sebastian	Müller	Holzweg 1	67098 Bad Dürkheim
...			

- Die Tabelle sollte anschließend so abgespeichert werden, damit sie auch ein anderer Sachbearbeiter problemlos findet.

Erstellen des Seriendruck-Hauptdokuments

Zunächst muss der Kanzleibriefbogen geöffnet und neu abgespeichert werden. Anschließend wird wie folgt vorgegangen:

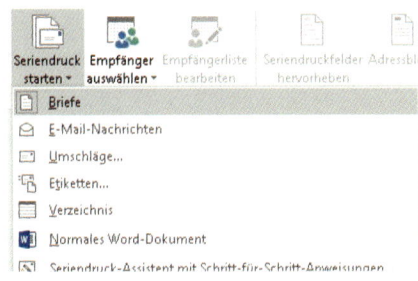

- Im Register *Sendungen* in der Gruppe *Seriendruck starten* muss die Funktion *Seriendruck starten* angeklickt und im sich öffnenden Fenster *Briefe* ausgewählt werden.

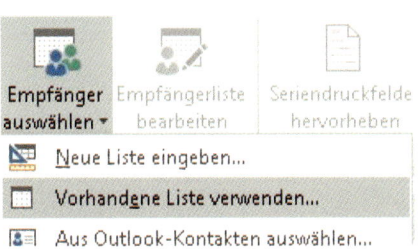

- Anschließend muss die erstellte Datenquelle geöffnet werden, indem im Register *Sendungen* in der Gruppe *Seriendruck starten* auf *Empfänger auswählen* geklickt wird. Im sich öffnenden Fenster muss *Vorhandene Liste verwenden* ausgewählt werden, sodass die im Vorfeld erstellte Datenquelle eingefügt werden kann.

- Nun wird das Hauptdokument erfasst. Sobald ein Seriendruckfeld laut Datenquelle eingefügt werden soll, wird im Register *Sendungen* in der Gruppe *Schreib- und Einfügefelder* die Funktion *Seriendruckfeld einfügen* angeklickt und aus der Liste aller Seriendruckfelder das gewünschte Feld ausgewählt.

 Tipp: Mit dem Einfügen von Bedingungsfeldern können bestimmte Angaben für die Serienbrief-Empfänger unterschiedlich gestaltet werden, z. B. bei der Anrede. Zum Einfügen von Bedingungsfeldern muss im Register *Sendungen* in der Gruppe *Schreib- und Einfügefelder* die Funktion *Regeln* angeklickt werden. Es öffnet sich sodann ein Fenster, in dem die Funktion *Wenn ... Dann ... Sonst ...* aktiviert werden muss. Anschließend wird der entsprechende Feldname ausgewählt und ein Vergleichswort eingegeben. Unter „Dann diesen Text einfügen" und „Sonst diesen Text einfügen" muss nun nur noch der gewünschte Text eingegeben werden.

 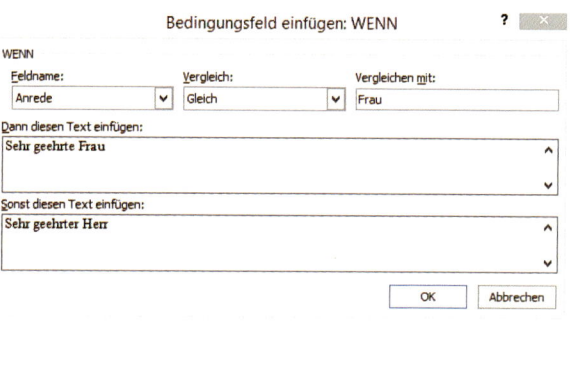

Verbinden der Datenquelle mit dem Seriendruck-Hauptdokument

Bevor die Datenquelle und das Seriendruck-Hauptdokument verbunden werden, sollte das „Vorschau"-Feld genutzt werden, um zu sehen, ob auch alles richtig eingerichtet ist. Dies wird wie folgt erreicht: Register *Sendungen*, Gruppe *Vorschau Ergebnisse*, Funktion *Vorschau Ergebnisse*.

Sobald nun im daneben stehenden Feld zwischen den Datensätzen gewechselt wird, indem auf die Pfeile geklickt wird, wird der fertige Serienbrief angezeigt.

Die Datenquelle wird nun wie folgt mit dem Seriendruck-Hauptdokument verbunden:

Im Register *Sendungen* in der Gruppe *Fertig stellen* wird die Funktion *Fertig stellen und zusammenführen* ausgewählt. Im sich öffnenden Fenster werden die Datensätze ausgewählt, die gedruckt werden sollen. Sobald die Datensätze ausgewählt wurden, erscheinen die verbundenen Dateien als neue Datei „Serienbriefe".

Tipp: Natürlich können die Serienbrief-Empfänger nach verschiedenen Kriterien ausgewählt werden (= filtern). Um die Datensätze zu filtern, wird im Register *Sendungen* in der Gruppe *Seriendruck starten* die Funktion *Empfängerliste bearbeiten* ausgewählt. Hier können durch Anklicken der Spaltenüberschriften die gewünschten Datensätze ausgewählt werden. Über dieses Menü können übrigens auch Datensätze gelöscht oder neue Datensätze hinzugefügt werden.

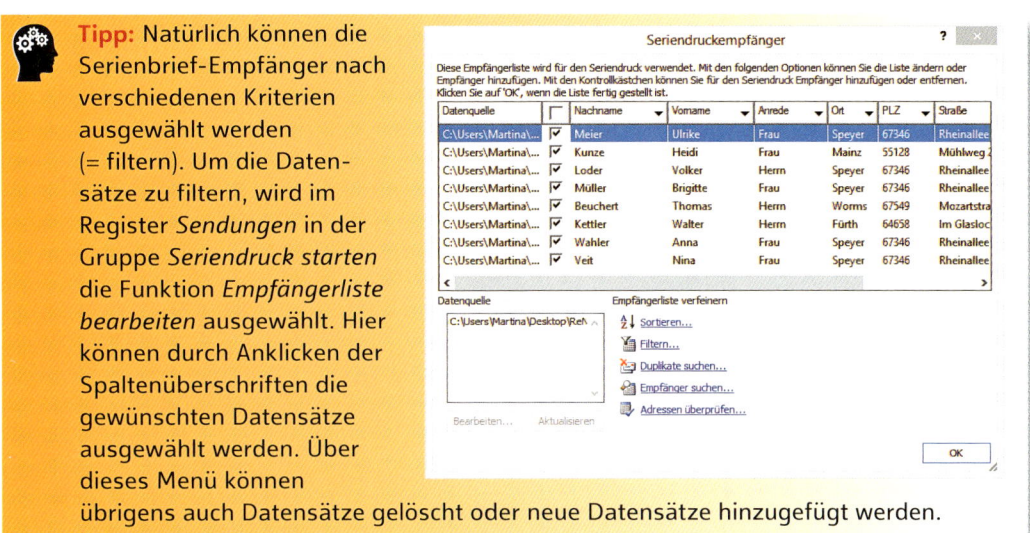

5.5 Situationsaufgaben

Nachfolgend wird jeweils ein Beispielschreiben anhand einer Situationsbeschreibung formuliert. Diese Schreiben werden verkleinert dargestellt und stellen keine Musterlösung dar, sie sollen lediglich der Anregung dienen.

Den Briefbogen der Kanzlei Dr. Neumann & Huber finden Sie unter dem vorne abgedruckten Webcode zum Buch.

5.5.1 Angebote einholen

Situationsbeschreibung: Da die Phonodiktatanlage in die Jahre gekommen ist, entscheiden sich Rechtsanwältin Dr. Annette Neumann und Rechtsanwalt Peter Huber dafür, neue Geräte anzuschaffen und von analoger auf digitale Technik umzusteigen. Julia Hoffmann erhält von

Rechtsanwalt Peter Huber am 13.04.2023 den Auftrag, bei zwei Firmen (Büroartikelhersteller Dudel AG, Beethovenstraße 80, 70195 Stuttgart; Firma Koll GmbH, Ludwig-Mond-Straße 55, 34121 Kassel) Angebote einzuholen. Die Rechtsanwaltskanzlei benötigt vier Handdiktiergeräte jeweils inklusive SD-Karte, USB-Kabel und Akku. Dazu werden drei Abspielgeräte inklusive Fußschalter und Ohr-Hörer benötigt.

Dr. Neumann & Huber
Rechtsanwälte Partnerschaft

Ihr Zeichen:	
Ihre Nachricht vom:	
Unser Zeichen:	jh
Unsere Nachricht vom:	
Name:	RA Peter Huber
Sekretariat:	Julia Hoffmann
Telefon:	+49 6321 5632-13
Telefax:	+49 6321 5632-15
Datum:	13.04.2023

RAe Dr. Neumann & Huber, Grainstr. 101, 67434 Neustadt a. d. Wstr.

Büroartikelhersteller Dudel AG
Beethovenstraße 80
70195 Stuttgart

Angebot hinsichtlich einer digitalen Phonodiktatanlage

Sehr geehrte Damen und Herren,

wir bitten um Erstellung eines Angebots hinsichtlich einer digitalen Phonodiktatanlage mit folgenden Komponenten:

– vier Handdiktiergeräte, jeweils inklusive SD-Karte, USB-Kabel und Akku
– drei Abspielgeräte, jeweils inklusive Fußschalter und Ohr-Hörer

Für eine baldige Erledigung wären wir sehr dankbar.

Freundliche Grüße

Peter Huber
Rechtsanwalt

Die Firma Koll GmbH erhält ein gleichlautendes Schreiben.

 Tipp: Beim Einholen von Angeboten sollte unbedingt darauf geachtet werden, dass alle Eigenschaften und Wünsche genau aufgelistet werden und ggf. ein Zeit- und/ oder Budgetrahmen angegeben wird, denn je genauer die Informationen sind, die dem Anbieter mitgeteilt werden, desto besser und präziser wird auch das Angebot.

5.5.2 Bestellungen aufgeben

Situationsbeschreibung: Die neue Phonodiktatanlage soll bei der Firma Dudel AG zum Preis von 720,00 € bestellt werden. Das Angebot Nr. 155 vom 04.05.2023 sagt der Partnerschaft Dr. Neumann & Huber zu. Julia Hoffmann erhält am 18.05.2023 den entsprechenden Schreibauftrag von Rechtsanwalt Peter Huber.

Dr. Neumann & Huber
Rechtsanwälte Partnerschaft

Ihr Zeichen:	155
Ihre Nachricht vom:	04.05.2023
Unser Zeichen:	jh
Unsere Nachricht vom:	
Name:	RA Peter Huber
Sekretariat:	Julia Hoffmann
Telefon:	+49 6321 5632-13
Telefax:	+49 6321 5632-15
Datum:	18.05.2023

RAe Dr. Neumann & Huber, Grainstr. 101, 67434 Neustadt a. d. Wstr.
Büroartikelhersteller Dudel AG
Beethovenstraße 80
70195 Stuttgart

Bestellung einer digitalen Phonodiktatanlage

Sehr geehrte Damen und Herren,

wir danken für Ihr Angebot vom 04.05.2023, das uns zusagt.

Hiermit bestellen wir die digitale Phonodiktatanlage gem. Angebot Nr. 155 zum Preis von 720,00 €.

Freundliche Grüße

Peter Huber
Rechtsanwalt

Tipp: Wenn aufgrund eines Angebots eine Bestellung aufgegeben wird, sollte darauf geachtet werden, dass auf das Angebot Bezug genommen wird, dass also beispielsweise die Angebots- und/oder Kundennummer angegeben wird. So kann die Bestellung direkt zugeordnet werden und die gesamten Daten müssen nicht explizit nochmals angegeben werden.

5.5.3 Absagen erteilen

Situationsbeschreibung: Das Angebot der Firma Koll GmbH (Angebot Nr. 36 vom 05.05.2023). sagt der Partnerschaft Dr. Neumann & Huber nicht zu. Julia Hoffmann erhält daher am 18.05.2023 den Auftrag von Rechtsanwalt Peter Huber, der Firma Koll GmbH abzusagen.

Dr. Neumann & Huber
Rechtsanwälte Partnerschaft

Ihr Zeichen:	36
Ihre Nachricht vom:	05.05.2023
Unser Zeichen:	jh
Unsere Nachricht vom:	

RAe Dr. Neumann & Huber, Grainstr. 101, 67434 Neustadt a. d. Wstr.
Firma
Koll GmbH
Ludwig-Mond-Straße 55
34121 Kassel

Name:	RA Peter Huber
Sekretariat:	Julia Hoffmann
Telefon:	+49 6321 5632-13
Telefax:	+49 6321 5632-15
Datum:	18.05.2023

Digitale Phonodiktatanlage

Sehr geehrte Damen und Herren,

vielen Dank für Ihr Angebot vom 05.05.2023.

Wir sind nach Prüfung der eingeholten Anfragen zu dem Ergebnis gekommen, dass wir Ihr Angebot nicht annehmen können. Aufgrund der besseren Konditionen haben wir uns für einen anderen Anbieter entschieden.

Freundliche Grüße

Peter Huber
Rechtsanwalt

Tipp: Sofern ein Angebot abgelehnt und der anbietenden Firma eine Absage erteilt wird, ist darauf zu achten, dass dies zeitnah erfolgt. Sinnvoll ist es, wenn dabei eine kurze Begründung angegeben wird, denn so werden ggf. telefonische Nachfragen vermieden.

Zusammenfassung

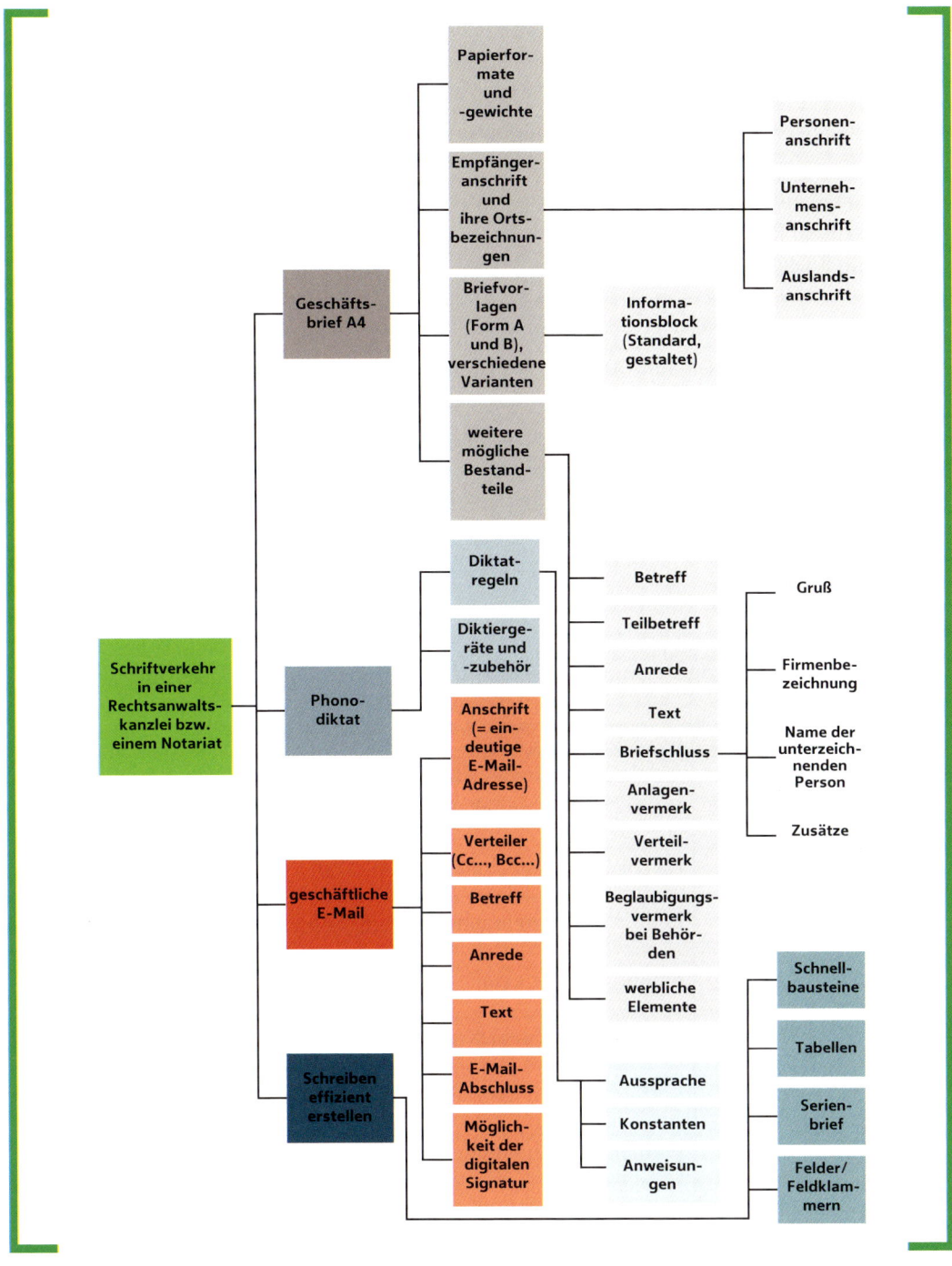

Wiederholung und Vertiefung

1. Gestalten Sie folgende Anschriften DIN-gerecht.
   a) Amtsgericht Dresden, Roßbachstraße 6, 01069 Dresden, Einschreiben Rückschein
   b) Kraftfahrt-Bundesamt, Karin Kumme, Fördestraße 16, 24944 Flensburg, Absender: Peter Uhl, Thomas-Mann-Straße 5, 08280 Aue
   c) Maria Koster, wohnhaft bei Ulrich Wagner, Spitalhofstraße 95 // 3. Stock, 94032 Passau, Nicht nachsenden!
   d) Stephan Murs, Bei der Wollkämmerei 15 b, Stadtteil Wilhelmsburg, 21107 Hamburg, Absender: RAin Unne, Trettaustraße 1 a, 21109 Hamburg
   e) Jakub Kowalski, Kolejowa 40, 01-210 Warszawa/Warschau, Polen, Absender: RAin Unne, Trettaustraße 1 a, 21109 Hamburg
   f) Books & More, 41 Mary Street, PO Box 601, Dublin 1, Irland, Per Luftpost, Absender: Peter Uhl, Thomas-Mann-Straße 5, 08280 Aue

2. Erstellen Sie ein Telefonnotiz-Formular mit folgenden Begriffen: Datum, Uhrzeit, aufge-nommen von, Anrufer, Telefonnummer, E-Mail-Adresse, Mitteilung. Verwenden Sie hierzu eine Tabelle und Felder/Feldklammern.

3. Die Partnerschaft Dr. Neumann & Huber vertritt einige Wohnungseigentümergemein-schaften. Nach und nach sollen diese in Datenquellen erfasst werden. Ebenso sollen häufig vorkommende Schreiben als Serienbrief-Hauptdokument abgespeichert werden. Julia Hoffmann erhält zunächst von Rechtsanwalt Peter Huber folgende Arbeitsauf-träge:
   • Erstellen Sie folgende Datenquelle und speichern Sie diese unter „WEG1" ab:

Anrede	Vorname	Nachname	Straße	PLZ	Ort	Wohnungsnr.
Frau	Ulrike	Meier	Rheinallee 1 b	67346	Speyer	1
Frau	Heidi	Kunze	Mühlweg 25	55128	Mainz	2
Herrn	Volker	Loder	Rheinallee 1 b	67346	Speyer	3
Frau	Brigitte	Müller	Rheinallee 1 b	67346	Speyer	4
Herrn	Thomas	Beuchert	Mozartstraße 9	67549	Worms	5
Herrn	Walter	Kettler	Im Glasloch 5 a	64658	Fürth	6
Frau	Anna	Wahler	Rheinallee 1 b	67346	Speyer	7
Frau	Nina	Veit	Rheinallee 1 b	67346	Speyer	8

- Erstellen Sie folgendes Serienbrief-Hauptdokument (Speichername: „WEG-Übersendung-Protokoll"):

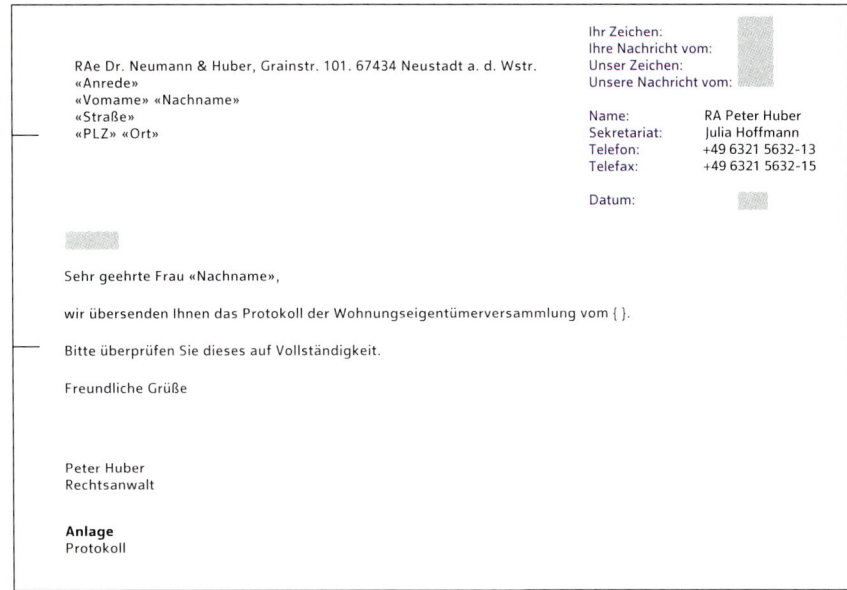

- Ergänzen Sie folgende Daten:
  Aktenzeichen: 55/2020; Datum des Briefs: 22.06.2022; Betreff: WEG Rheinallee 1 b, 67346 Speyer; Datum des Protokolls: 08.06.2022
- Verbinden Sie anschließend die Datenquelle mit dem Serienbrief-Hauptdokument und senden Sie das Schreiben an alle Wohnungseigentümer.
- Speichern Sie das Schreiben ab unter „WEG-Übersendung-Protokoll-22.06.2023".

4. Die Partnerschaft Dr. Neumann & Huber soll eine neue Küchenzeile erhalten. Es liegen auch bereits zwei Angebote vor:
  - Das Küchenstudio Sunny GmbH, Theodor-Heuss-Straße 5/8, 67346 Speyer, verlangt laut Angebot Nr. 189 vom 22.06.2022 für die Lieferung der Küchenzeile mit Mikrowelle, Elektroherd, Kühlschrank mit Kühlfach und Spülmaschine 14.000,00 €.
  - Das Möbelhaus Winter & Sommer GmbH, Kaiserslauterer Straße 10 – 14, 67098 Bad Dürkheim, fordert laut Angebot Nr. 209 vom 29.06.2022 für die gleichen Leistungen einen Betrag von 12.500,00 €. Allerdings ist in diesem Betrag auch die Montage enthalten.

Die beiden Partner entscheiden sich für das Angebot des Möbelhauses Winter & Sommer GmbH, da dieses günstiger ist. Rechtsanwältin Dr. Annette Neumann erteilt Marion Webermann den Auftrag, entsprechende Schreiben zu fertigen. Die Schreiben gehen am 30.06.2022 zur Post. Erfassen Sie diese Schreiben. Verwenden Sie hierzu den Kanzleibriefbogen. Diesen finden Sie unter dem vorne abgedruckten Webcode zum Buch.

Lernfeld 4 – Kompetenzen

In diesem Lernfeld lernen Sie:

Kapitel 1 Ermittlung des Anspruchs	• die richtige Anspruchsgrundlage zu ermitteln und zu prüfen • vertragliche/gesetzliche Anspruchsgrundlagen zu unterscheiden • die wichtigsten Vertragsarten und ihre Merkmale zu unterscheiden • Anspruchsgrundlagen aus Geschäftsführung ohne Auftrag zu prüfen • Anspruchsgrundlagen aus ungerechtfertigter Bereicherung zu prüfen • Anspruchsgrundlagen aus unerlaubter Handlung (Deliktsrecht) zu prüfen

Kapitel 2 Durchsetzbarkeit des Anspruchs	• die Durchsetzbarkeit eines Anspruchs zu prüfen • die Fälligkeit eines Anspruchs zu prüfen • rechtshindernde, rechtsvernichtende und rechtshemmende Einwendungen zu unterscheiden • Verjährungsfristen und ihre Wirkung zu beurteilen • Fristen zu berechnen • einen Fristenkalender zu führen

Kapitel 3 Außergerichtliche Geltendmachung des Anspruchs	• die Unterscheidung zwischen natürlichen und juristischen Personen kennen • die Partei- und Prozessfähigkeit der Beteiligten in einem Rechtsstreit zu beurteilen • die Anschrift der Gegenseite zu ermitteln • anwaltliche Aufforderungsschreiben zu verfassen • welche Möglichkeiten es zur außergerichtlichen Streitbeilegung gibt • welche Vor- und Nachteile das gerichtliche Mahnverfahren bietet • die Unterschiede zwischen Leistungs-, Feststellungs- und Gestaltungsklage im Zivilverfahren kennen

Kapitel 4 **Tätigkeit des Rechtsanwalts abrechnen**	• die Grundlagen des anwaltlichen Gebührenrechts kennen • den Gegenstandswert der anwaltlichen Tätigkeit zu ermitteln • die außergerichtliche Tätigkeit des Rechtsanwalts abzurechnen (vertragliche/gesetzliche Vergütung) • Mandantschaft über die Möglichkeit der Beratungshilfe aufzuklären, diese ggf. zu beantragen und die Angelegenheit abzurechnen • Kostenrechnungen nach steuer- und gebührenrechtlichen Vorschriften zu erstellen

Kapitel 5 **Führen des erforderlichen Schriftverkehrs**	• Einwohnermeldeamtsanfragen normgerecht zu verfassen • anwaltliche Aufforderungsschreiben normgerecht zu verfassen • Mandantschaft mithilfe von normgerechten Schreiben über den Sachstand zu informieren • Kostenrechnungen an die Mandantschaft zu übermitteln • Mahn- und Kündigungsschreiben normgerecht zu erstellen

Lernfeld 4: Ansprüche außergerichtlich geltend machen

1 Ermittlung des Anspruchs

Um die Forderungen der Mandantschaft durchsetzen zu können, muss zunächst geklärt werden, ob die Mandantin oder der Mandant überhaupt einen Anspruch hat, ob also ein Anspruch entstanden ist. Dazu muss in jedem einzelnen Fall überlegt werden, welche Anspruchsgrundlagen infrage kommen und ob die Voraussetzungen dieser Anspruchsgrundlagen vorliegen. In einem zweiten Schritt wird dann geprüft, ob der Anspruch auch rechtlich durchsetzbar ist.

vgl.
LF 4,
Kap. 2

 Hinweis: In der Praxis ist nicht nur die rechtliche Durchsetzbarkeit von Ansprüchen zu bedenken, sondern auch immer die faktische. Ob ein Anspruch für die Mandantschaft durchsetzbar ist, hängt auch davon ab, ob für sie günstige Tatsachen bewiesen werden können oder ob die Gegenseite überhaupt zahlungsfähig ist.

Lernsituation

Rechtsanwältin Katharina Schuh hat einen Termin mit dem neuen Mandanten Aaron Menger, an dem auch Julia Hoffmann teilnimmt, um den Sachverhalt zu protokollieren. Aaron Menger erzählt Folgendes:

„Vor acht Monaten oder so, im Oktober glaube ich, aber ich habe die Rechnung noch, ich kann das nachschauen, jedenfalls habe ich da meinen VW in die Werkstatt auf der Hauptstraße gebracht. Die gehört, glaube ich, einem Thorsten Schneider. Er sollte den Wagen durchchecken und die Bremsbeläge erneuern. Hat mich 468,00 € gekostet – ganz stolzer Preis, wie ich finde und alles umsonst. Nicht lange danach, vielleicht vier Monate nach der Reparatur fuhr ich auf einer Landstraße und konnte plötzlich in einer Kurve nicht mehr bremsen. Ich bin in einer Hecke gelandet. Das war ein Schreck, aber zum Glück ist mir nichts passiert, weil der Airbag ausgelöst hat. Nur meine neue Brille, die ich erst kurz zuvor gekauft hatte – für 260,00 €, es ist ja alles so teuer inzwischen – war zerbrochen. Man kann von Glück sagen, dass nicht mein ganzes Gesicht zerschnitten wurde. Und der Wagen war natürlich hin. Ist ja klar, dass ich nicht zu diesem Pfuscher gegangen bin, sondern den Wagen dann in einer anderen Werkstatt habe reparieren lassen. 4 800,00 € hat das gekostet! Die von dieser Werkstatt haben auch gleich gesagt, dass der Schneider klar ersichtlich fehlerhafte Bremsbeläge eingebaut hat, das würden die auch vor Gericht beschwören. Dass der Schneider das alles bezahlt ist ja wohl das Mindeste, oder?"

Arbeitsaufträge:

a) Überlegen Sie in Gruppenarbeit, was Aaron Menger in diesem Fall tatsächlich errei- chen möchte, also welche Ansprüche er gegen wen geltend machen möchte und notie- ren Sie diese.

b) Recherchieren Sie in Gruppenarbeit, welche fünf Arten von Anspruchsgrundlagen es grds. gibt und erstellen Sie dazu eine Mindmap mit wichtigen Punkten zu jeder Art.

c) Diskutieren Sie in Ihrer Gruppe, ob in diesem Fall einige Arten der Anspruchsgrundla- gen grds. nicht in Frage kommen und wenn ja, welche diese sind. Notieren Sie Ihr Dis- kussionsergebnis in Stichpunkten.

d) Recherchieren Sie im Inhaltsverzeichnis Ihres BGB, welche grds. Vertragsarten im Buch 2, Abschnitt 8 geregelt sind und notieren Sie zehn Beispiele.

e) Überlegen Sie in Gruppenarbeit, ob Ihnen noch weitere Verträge einfallen und notie- ren Sie diese.

f) Diskutieren Sie, welche Vertragsart hier vorliegen könnte und erstellen Sie eine Mind- map, in der die hier vorliegende Vertragsart von zwei ähnlichen Vertragsarten abge- grenzt wird.

g) Überlegen Sie in einem zweiten Schritt, welche Anspruchsgrundlagen für jeden ein- zelnen Anspruch hier konkret in Frage kommen und notieren Sie die dazugehörigen Paragrafen.

h) Recherchieren Sie das Prüfschema für den § 823 Abs. 1 BGB. Lesen Sie § 823 Abs. 1 BGB und markieren Sie dabei, aus welchen Formulierungen im Gesetzestext sich die sechs Prüfpunkte ergeben, die bei der Anwendung dieser Vorschrift vorliegen müssen. Dis- kutieren Sie, ob es dabei auch Prüfpunkte gibt, die nicht eindeutig aus dem Wortlaut hervorgehen, sondern hinzugedacht werden müssen. Vergleichen Sie Ihr Ergebnis mit dem Prüfschema.

i) Wenden Sie die ermittelten Prüfpunkte auf den vorliegenden Fall an und notieren Sie das Ergebnis. Unterstellen Sie dabei, dass die Aussage der zweiten Werkstatt stimmt und beweisbar ist.

j) Reflektieren Sie anschließend Ihr Wissen.

1.1 Die Anspruchsgrundlage

Alle Forderungen, die geltend gemacht werden, bedürfen einer rechtlichen Grundlage. Eine solche Rechtsgrundlage oder **Anspruchsgrundlage** ergibt sich aus der Rechtsbeziehung der Beteiligten.

Eine Rechtsbeziehung zwischen zwei (oder mehreren) Personen, kraft derer die eine Partei (Gläubiger) berechtigt ist, von der anderen Partei (Schuldner) eine Leistung zu fordern, nennt man **Schuldverhältnis** (§ 241 BGB).

vgl. LF 3, Kap. 2.2

403

Man unterscheidet grds. zwischen vertraglichen Schuldverhältnissen und gesetzlichen Schuldverhältnissen. Innerhalb dieser Kategorien gibt es jedoch viele einzelne Anspruchsgrundlagen, die alle ihre eigenen Anwendungsvoraussetzungen haben. Diese müssen dann im Einzelnen geprüft werden.

 Hinweis: Um einen Anspruch geltend machen zu können, müssen immer verschiedene Überlegungen angestellt werden:

- **1. Ist der Anspruch entstanden?**

vgl.
LF 3,
Kap. 3.2.5
und 2.3.8

Dies ist der Fall, wenn die Tatbestandsvoraussetzungen der Anspruchsgrundlage erfüllt sind und keine rechtshindernden Einwendungen (z.B. fehlende Geschäftsfähigkeit einer Vertragspartei, § 105 BGB, Formunwirksamkeit des Vertrags, § 125 BGB) vorliegen.

- **2. Ist der Anspruch nicht untergegangen?**

vgl.
LF 3,
Kap. 2.3.6,
2.3.7 und
3.2.1

Dies ist der Fall wenn keine rechtsvernichtenden Einwendungen (z.B. Unmöglichkeit, § 275 Abs. 1 BGB, Anfechtung, § 142 Abs. 1 S. 3 BGB, Kündigung) vorliegen.

- **3. Ist der Anspruch auch durchsetzbar?**

vgl.
LF 4,
Kap. 2.2.2

Dies ist der Fall, wenn der Anspruch fällig ist und keine vorübergehenden oder dauerhaften Einreden vorliegen (z.B. Stundung der Verjährung, § 214 Abs. 1 BGB).

Um die richtige(n) Anspruchsgrundlage(n) zu ermitteln, muss zunächst geklärt werden, wer was von wem fordert und worauf er sich dabei stützt.

 Merke: Der Anspruch wird ermittelt indem man fragt: **WER will WAS von WEM WORAUS?**

Frage	Antwort	Beispiel Kaufvertrag
WER	Gläubiger	Verkäufer
WAS	Forderung	Kaufpreis
VON WEM	Schuldner	Käufer
WORAUS	Anspruchsgrundlage	§ 433 Abs. 2 BGB

Es ist möglich, dass mehrere Anspruchsgrundlagen nebeneinander bestehen. Dies bezeichnet man als **Anspruchskonkurrenz**. Grundsätzlich stehen dabei mehrere Ansprüche unabhängig nebeneinander und die Mandantschaft kann sich auf alle stützen.

▶ Beispiel: Anton Recher mietet von Klaus Obermeier eine Ferienwohnung. Er verursacht schuldhaft einen Brand, bei dem die Ferienwohnung zerstört wird. Klaus Obermeier möchte Schadenersatz für die Mietwohnung. Zwischen den Beteiligten bestand ein Vertragsverhältnis (Mietvertrag). Klaus Obermeier kann seinen Anspruch also auf eine vertragliche Anspruchsgrundlage (Pflichtverletzung aus dem Mietvertrag) stützen. Darüber hinaus hat Anton Recher eine unerlaubte Handlung begangen (Verursachung des Brands). Klaus Obermeier kann seinen Schadenersatzanspruch also auch auf deliktische Anspruchsgrundlagen stützen (§ 823 Abs. 1 BGB oder § 823 Abs. 2 BGB i. V. m. § 303 StGB oder § 826 BGB).

Zunächst muss nach Anspruchsgrundlagen gesucht werden, die die gewünschte Rechtsfolge (**Was** will die Mandantschaft? Den Kaufpreis, Schadenersatz, Herausgabe einer Sache) mit sich bringen.

▶ Beispiel: Die Mandantschaft möchte Schadenersatz. In Betracht kommen alle Anspruchsgrundlagen, die Schadenersatzansprüche begründen können, z. B. § 280 Abs. 1 BGB, § 286 Abs. 1 BGB, § 335 Abs. 1 BGB, §§ 326 Abs. 1, 463 BGB, § 635 BGB, § 823 Abs. 1 BGB.

Je nach Sachverhalt kommen jedoch nur bestimmte Anspruchsgrundlagen infrage. Die infrage kommenden Anspruchsgrundlagen sollten in folgender Reihenfolge geprüft werden:

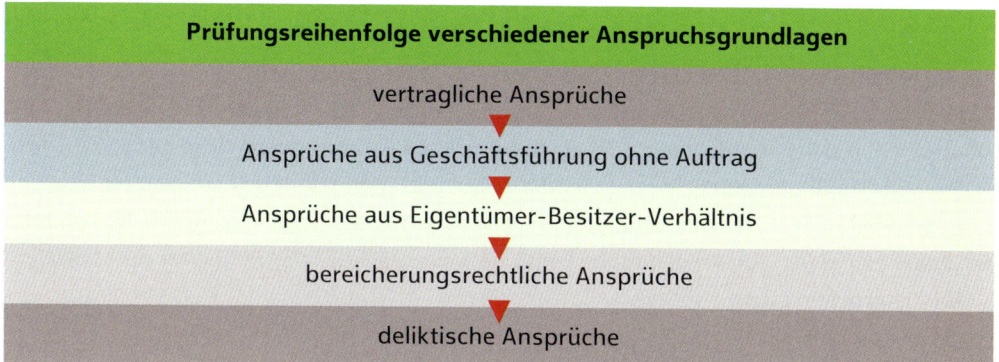

1.2 Vertragliche Schuldverhältnisse

Vertragliche Schuldverhältnisse kommen durch Rechtsgeschäft zwischen den Parteien, also in der Regel durch einen Vertrag, zustande. Dadurch entstehen Pflichten und Rechte auf beiden Seiten.

▶ Beispiele: Kaufvertrag, Mietvertrag, Werkvertrag

Die **Vertragsfreiheit** (vgl. Art. 2 Abs. 1 GG) erlaubt den Vertragsparteien grds. zu vereinbaren, was sie möchten. Die gesetzlichen Regelungen finden in der Regel nur Anwendung, wenn die Parteien keine entsprechende Vereinbarung getroffen haben.

In den §§ 241–432 BGB finden sich die Regelungen, die für alle Schuldverhältnisse (vertragliche wie gesetzliche) gelten **(Allgemeiner Teil des Schuldrechts)**. Im **Besonderen Teil des Schuldrechts** in den §§ 433 ff. BGB sind verschiedene Arten von Verträgen geregelt.

Neben diesen ausdrücklich im BGB geregelten Verträgen können die Parteien je nach Bedarf aber auch verschiedene Vertragstypen kombinieren oder ganz andere Verträge schließen (sog. **Verträge sui generis** oder eigener Art).

▶ Beispiele: Leasing-Vertrag, Factoring-Vertrag, Franchise-Vertrag sind Verträge eigener Art. Essen und Trinken in einem Restaurant entspricht einem typengemischten Vertrag mit Elementen aus Kauf-, Miet- und Dienstvertrag.

Bei vertraglichen Schuldverhältnissen unterscheidet man zwischen Primär- und Sekundärpflichten:

Primärpflichten ergeben sich unmittelbar aus dem jeweiligen Vertrag. Ihre Erfüllung ist Ziel und Zweck des Vertrags.

Sekundärpflichten entstehen erst bei Störungen im Vertragsverhältnis, wenn also eine Primärpflicht nicht erfüllt wurde (z. B. wenn der Verkäufer die Ware nicht liefert). Die daraus entstehenden Ansprüche werden auch **Ansprüche wegen Leistungsstörung** genannt. Diese sind einerseits im Allgemeinen Teil des Schuldrechts geregelt, aber auch speziell für einzelne Verträge im Besonderen Teil des Schuldrechts. Die allgemeinen Sekundäransprüche kommen in der Regel nur dann zur Anwendung, wenn es keine gesetzliche Regelung zu speziellen Sekundäransprüchen gibt.

Bei den Primärpflichten unterscheidet man wiederum zwischen **leistungsbezogenen Pflichten** (§ 241 Abs. 1 BGB) und **nicht leistungsbezogenen Pflichten** (§ 241 Abs. 2 BGB, auch Schutzpflichten genannt).

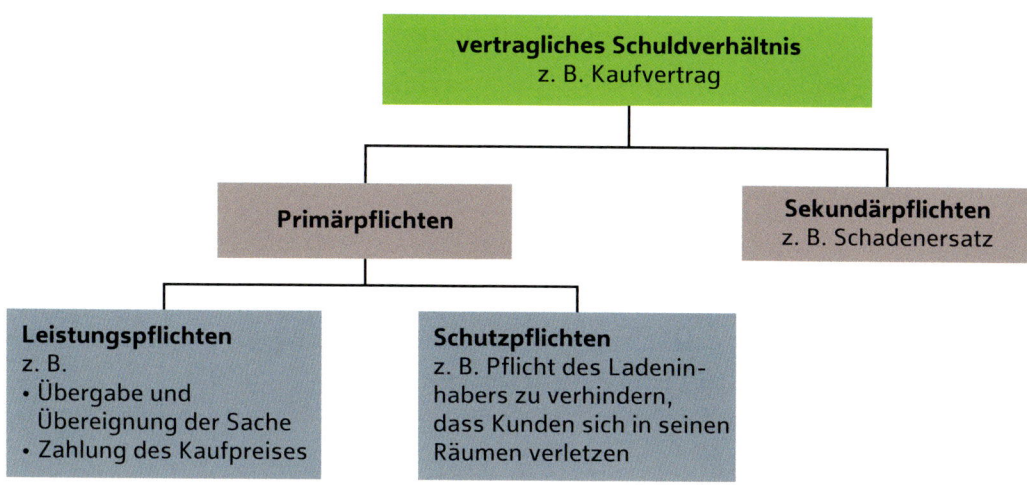

Wird eine der Pflichten verletzt, so entstehen bei der anderen Partei entsprechende rechtliche Ansprüche, je nachdem was die Parteien vereinbart haben bzw. je nachdem um welche Art von Vertrag es sich handelt.

1.2.1 Der Kaufvertrag

Kaufverträge schließen wir im täglichen Leben häufig ab: beim Einkaufen im Supermarkt, beim Bestellen im Onlineshop oder beim Kauf eines Döners an der Imbissbude.

Meistens ist der Gegenstand eines Kaufvertrags eine **Sache** (Definition in § 90 BGB). Es können aber auch Rechte (z. B. Marken, Patente oder Forderungen, § 398 BGB) oder sonstige Gegenstände (z. B. Strom, Gas, Software) oder Sachgesamtheiten (z. B. ein Unternehmen) i. S. v. § 453 Abs. 1 BGB verkauft werden.

Durch den Kaufvertrag entstehen **Rechte und Pflichten** für beide Parteien:

Die **Primärpflichten beim Kaufvertrag** sind:

Der Verkäufer einer Sache ist verpflichtet, die Sache zu übergeben und dem Käufer Eigentum daran zu verschaffen (§ 433 Abs. 1 S. 1 BGB).
Der Käufer ist verpflichtet, die Sache abzunehmen und den vereinbarten Kaufpreis zu zahlen (§ 433 Abs. 2 BGB).

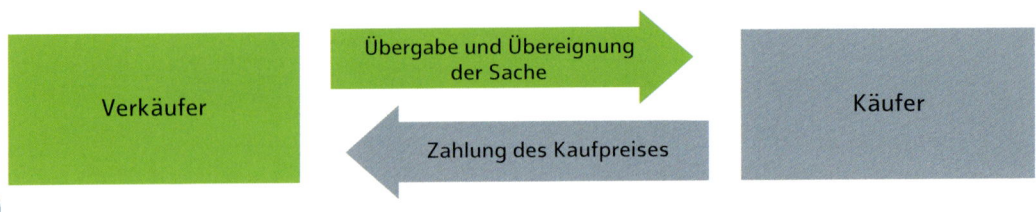

vgl. LF 3, Kap. 3.2, 3.3 Der Kaufgegenstand muss zudem frei von **Sach- und Rechtsmängeln** sein (§ 433 Abs. 1 S. 2 BGB).

vgl. LF 3, Kap. 3.4 Ist die Sache mangelhaft, hat der Käufer weitere Rechte und der Verkäufer weitere Pflichten **(Sekundärpflichten beim Kaufvertrag)**. Der Käufer kann:

- **Nacherfüllung** verlangen (§ 439 BGB, also die Beseitigung des Mangels oder die Lieferung einer mangelfreien Sache)
- vom Vertrag **zurücktrete**n (§§ 440, 323 und 326 Abs. 5 BGB, also die Rückabwicklung des Vertrags, der Verkäufer gibt den Kaufpreis zurück, der Käufer die Sache)
- den Kaufpreis **mindern** (§ 441 BGB, also weniger bezahlen)
- **Schadenersatz** verlangen (§§ 440, 280, 281, 283 und 311 a BGB, falls dadurch, dass eine mangelhafte Sache geliefert wurde, zusätzliche Kosten beim Käufer entstanden sind)
- **Ersatz für vergebliche Aufwendungen** verlangen (§ 284 BGB)

▶ Beispiel: Heinz Köhler hat im Internet einen Kühlschrank bestellt. Als er geliefert wird, stellt Heinz Köhler fest, dass die Innenbeleuchtung nicht funktioniert. Er wendet sich daraufhin an den Kundendienst und verlangt, dass die Beleuchtung repariert oder ihm ein neuer Kühlschrank zugesandt wird.

Der Käufer hat einen Anspruch auf Übergabe der Sache (Primärpflicht des Verkäufers). Wird ihm eine beschädigte Sache übergeben, so hat er neue Ansprüche (Sekundärpflichten des Verkäufers), z. B. den Anspruch die beschädigte Sache reparieren zu lassen.

Sonderformen

Für Kaufverträge zwischen einem Verbraucher und einem Unternehmer über Waren (**Verbrauchsgüterkauf**, § 474 Abs. 1 BGB) gibt es Sondervorschriften, die den Sinn haben, den Verbraucher besonders zu schützen. So darf gem. § 476 Abs. 1 BGB zum Nachteil des Verbrauchers nicht von den gesetzlichen Gewährleistungsbestimmungen abgewichen werden. Zudem wird gem. § 477 BGB bei einem Mangel, der innerhalb eines Jahrs seit Gefahrübergang auftaucht, vermutet, dass die Sache bereits beim Kauf mangelhaft war. Der Verbraucher muss also nicht beweisen, dass ein Mangel vorlag. Zusätzlich gibt es in den §§ 327 ff. BGB und §§ 475 b ff. BGB Sondervorschriften für Verträge über digitale Produkte, also z. B. Tablets oder Smartwaches.

Zu beachten sind auch die besonderen Vorschriften bei sog. **Fernabsatzverträgen** (§§ 312 c ff. BGB), also Verträgen die z. B. telefonisch oder online geschlossen werden.

Verbraucher haben bei solchen Verträgen ein besonderes 14-tägiges **Widerrufsrecht** (§§ 312 g, 355 BGB) und der Unternehmer zahlreiche Informations- und Belehrungspflichten.

Abgrenzung zu Tausch und Schenkung

Der Kaufvertrag muss von ähnlichen Vereinbarungen, wie dem Tausch und der Schenkung, abgegrenzt werden.

Im Gegensatz zum Kaufvertrag ist beim **Tausch**vertrag **kein Entgelt** zu zahlen, sondern die **Gegenleistung** besteht in der **Übergabe und Übereignung einer Sache**. Die Vorschriften zum Kaufvertrag werden hier gem. § 480 BGB entsprechend angewendet, sodass z. B. die gleichen Gewährleistungsrechte bei mangelhaften Sachen wie beim Kauf gelten.

Auch eine **Schenkung** erfolgt ohne Entgelt, aber im Gegensatz zum Tausch auch komplett ohne Gegenleistung. Eine Schenkung liegt vor, bei einer **unentgeltlichen Zuwendung**, durch die jemand aus seinem Vermögen einen anderen bereichert (§ 516 BGB). Wird das Geschenk nicht sofort übergeben, sondern verpflichtet sich der Schenkende, die Zuwendung in der Zukunft zu vollziehen spricht man von einem **Schenkungsvertrag**, der gem. § 518 BGB **notariell beurkundet** werden muss. Wird das Geschenk jedoch übergeben, wird der Formmangel einer fehlenden Beurkundung geheilt. Für Verbraucherverträge, also solche zwischen Unternehmern und Verbrauchern, über die Schenkung digitaler Produkte gelten wiederum die Sonderregelungen der §§ 327 ff. BGB.

In der Praxis kommen auch häufig sog. **gemischte Schenkungen** vor, bei denen die Zuwendung nicht vollständig ohne Gegenleistung erfolgt, beispielsweise, wenn die Eltern ihrem Kind einen Gebrauchtwagen für einen Bruchteil des Marktwerts überlassen. Die schenkungsrechtlichen Vorschriften kommen in einem solchen Fall nur dann zur Anwendung, wenn der schenkungsrechtliche Teil überwiegt, ansonsten gelten die Vorschriften über den Kaufvertrag. Eine Schenkung kann nach § 530 Abs. 1 BGB **widerrufen** werden, wenn sich die beschenkte Person durch eine schwere Verfehlung gegen die schenkende Person oder einen nahen Angehörigen der schenkenden Person **groben Undanks** schuldig macht.

1.2.2 Der Dienstvertrag

In einem Dienstvertrag (§§ 611–630 BGB) wird vereinbart, dass eine Partei einen bestimmten Dienst erbringt (**Dienstverpflichteter**) und die andere Partei dafür eine Vergütung zahlt (**Dienstberechtigter**).

▶ Beispiele: Arbeitsvertrag zwischen Arbeitgeber und Arbeitnehmer, Beauftragung einer Rechtsanwältin oder eines Steuerberaters zur allgemeinen Vertretung in einer Sache, IT-Support, Handy-Vertrag

Im Gegensatz zum Werkvertrag wird im Rahmen eines Dienstvertrags nur eine **bestimmte Tätigkeit**, nicht jedoch ein bestimmter Erfolg geschuldet.

▶ Beispiel: Der Rechtsanwalt schuldet der Mandantschaft nicht den Erfolg vor Gericht, sondern die Anwaltstätigkeit selbst (Rechtsberatung, Schreiben an das Gericht etc.).

Die Pflichten des Dienstverpflichteten sind:
- **Leistung der versprochenen Dienste** entsprechend der vertraglichen Vereinbarung
- ggf. Aufklärungs- oder Verschwiegenheitspflichten

Die Pflichten des Dienstberechtigten sind:
- **Zahlung der vereinbarten Vergütung**
- Pflicht, Schutzmaßnahmen für Leben und Gesundheit zu treffen (§ 618 BGB)

In § 612 BGB ist geregelt, dass eine **Vergütung** zu zahlen ist, auch wenn die Vertragsparteien dies nicht ausdrücklich vereinbart haben, aber üblicherweise für diese Art von Dienst eine Vergütung gezahlt wird.

▶ Beispiel: Jana Bauer hat drei Monate für Amadeus Kramer als Privatsekretärin gearbeitet. Über ein Gehalt haben sie nicht gesprochen. Jana Bauer hat trotzdem Anspruch auf eine Vergütung. Diese richtet sich danach, was sonst für vergleichbare Tätigkeiten gezahlt wird.

Für den Dienstvertrag sind **keine eigenen Gewährleistungsrechte** geregelt, sodass hier das allgemeine Leistungsstörungsrecht nach §§ 280 ff. BGB zur Anwendung kommt. Wird also eine Dienstleistung nicht zur Zufriedenheit des Dienstherren erbracht, gibt es **keine gesonderte Haftung für Sach- oder Rechtsmängel**, sondern nur die Möglichkeit zum Schadenersatz wegen Pflichtverletzung oder zur Kündigung des Vertrags.

Das Dienstverhältnis endet mit Ablauf der vereinbarten Zeit, mit Erreichung seines Zwecks oder durch Kündigung (ordentliche Kündigung, § 621 BGB; fristlose Kündigung, § 627 BGB).

Bei Arbeitsverträgen sind zusätzlich die speziellen arbeitsrechtlichen Vorschriften zu beachten (§ 622 BGB, aber auch andere Gesetze wie z. B. das Teilzeit- und Befristungsgesetz).

Für Verträge über medizinische Behandlungen (Behandlungsvertrag) gibt es Sondervorschriften in den §§ 630 a ff. BGB.

1.2.3 Der Werkvertrag

Durch einen Werkvertrag (§§ 631–651 BGB) verpflichtet sich eine Partei (**Unternehmer**) zur Herstellung eines individuellen Werks und die andere Partei (**Besteller**) zur Zahlung der vereinbarten

Vergütung (Werklohn). Beim Werkvertrag wird also im Gegensatz zum Dienstvertrag nicht nur eine bestimmte Tätigkeit, sondern auch ein bestimmtes **Arbeitsergebnis** geschuldet.

▶ Beispiele: eine Autowerkstatt repariert einen Pkw nach einem Unfall, eine Webdesignerin erstellt eine Homepage für ein Unternehmen, ein Rechtsanwalt wird mit der Erstellung eines Gutachtens beauftragt

Die Pflichten des Unternehmers sind:
* **Herstellung des Werks**
* Übergabe und ggf. Übereignung des Werks
* ggf. Aufklärungs- und Schutzpflichten (z.B. fachmännische Beratung)

Die Pflichten des Bestellers sind:
* **Zahlung der vereinbarten Vergütung**
* Abnahme des Werks
* ggf. Mitwirkung an der Herstellung des Werks

Auch beim Werkvertrag ist geregelt, dass eine **Vergütung** zu zahlen ist, wenn üblicherweise für die Herstellung eines solchen Werks eine Vergütung gezahlt wird (§ 632 BGB).

Im Gegensatz zum Kaufvertrag ist beim Werkvertrag die Zahlung der Vergütung gem. § 641 Abs. 1 S. 1 BGB nicht sofort fällig, sondern erst bei der Abnahme des Werks zu entrichten. Die **Abnahme** ist die mündliche oder schriftliche Erklärung des Bestellers, dass das Werk im Wesentlichen vertragsgemäß erbracht wurde. Als Abnahme gilt auch die Ingebrauchnahme des Werks. Gemäß § 640 Abs. 2 BGB gilt das Werk zudem als abgenommen, wenn der Unternehmer dem Besteller nach Fertigstellung des Werks eine angemessene Frist zur Abnahme gesetzt hat und der Besteller die Abnahme nicht innerhalb dieser Frist unter Angabe mindestens eines Mangels verweigert hat. Gegenüber Verbrauchern gilt dies allerdings nur, wenn der Verbraucher in Textform auf diese Rechtsfolge hingewiesen wurde (§ 640 Abs. 2 S. 2 BGB). Mit der Abnahme wird nicht nur die Vergütung fällig, sie bestimmt auch den Zeitpunkt des Gefahrübergangs (§ 644 BGB) und des Verjährungsbeginns für Mängelansprüche (§ 634 a Abs. 2 BGB).

Wie beim Kaufvertrag muss auch beim Werkvertrag das Werk frei von Sach- und Rechtsmängeln sein. Ist die Leistung mangelhaft, kann der Besteller die Abnahme – und damit auch die Zahlung der Vergütung – verweigern. Ist das Werk mangelhaft, hat der Besteller zudem folgende Rechte:
* Er kann **Nacherfüllung** (§ 635 BGB) verlangen.
* Er kann den **Mangel selbst beseitigen** (Selbstvornahme) und Ersatz der erforderlichen Aufwendungen verlangen (§ 637 BGB).
* Er kann vom Vertrag **zurücktreten** (§§ 636, 323 und 326 Abs. 5 BGB).
* Er kann die Vergütung **mindern** (§ 638 BGB).

- Er kann **Schadenersatz** verlangen (§§ 636, 280, 281, 283 und 311 a BGB).
- Er kann **Ersatz vergeblicher Aufwendungen** verlangen (§ 284 BGB).

Die Nacherfüllung hat Vorrang, sodass die anderen Gewährleistungsrechte nur nach einer erfolglosen Fristsetzung geltend gemacht werden können (vgl. z. B. § 637 Abs. 1 BGB).

Der Werkvertrag – wie auch der Kaufvertrag – endet durch Erfüllung, aber auch durch Kündigung. Der Vertrag kann durch den Besteller bis zur Vollendung des Werks gem. § 648 BGB jederzeit gekündigt werden. In diesem Fall ist der Besteller dann jedoch verpflichtet dem Unternehmer die vereinbarte Vergütung zu bezahlen, wobei darauf angerechnet wird, was der Unternehmer sich infolge der Aufhebung des Vertrags an Aufwendungen erspart oder durch anderweitige Verwendung seiner Arbeitskraft erworben hat. Beide Vertragsparteien können den Vertrag zudem gem. § 648 a BGB außerordentlich aus wichtigem Grund kündigen. In diesem Fall ist der Unternehmer nur berechtigt, die Vergütung zu verlangen, die auf den bis zur Kündigung erbrachten Teil des Werks entfällt (§ 648 a Abs. 5 BGB).

Eine praktisch wichtige Sonderform ist der **Werklieferungsvertrag** gem. § 650 Abs. 1 BGB, auf den die Vorschriften über den Kauf Anwendung finden (inkl. der Sondervorschriften für Kaufleute wie z. B. der Rügepflicht nach § 377 HGB). Für Verbraucherverträge über die Herstellung digitaler Produkte gelten gem. § 650 Abs. 2 ff. BGB wiederum die Sondervorschriften der §§ 327 ff. BGB. Ein Werklieferungsvertrag liegt vor, wenn der Vertrag die Lieferung herzustellender oder zu erzeugender beweglicher Sachen zum Gegenstand hat.

▶Beispiel: Lässt sich Arthur Yildrim von der Schreinerin Liza Marinell seinen Badezimmerschrank reparieren, so liegt ein Werkvertrag vor, da Vertragsgegenstand die Leistung „Reparatur" ist. Lässt er sich hingegen einen Standardschrank anfertigen, wie ihn die Schreinerin üblicherweise an mehrere Kunden verkauft, liegt ein Werklieferungsvertrag vor und es gelten die gleichen Regelungen wie bei einem normalen Kauf im Möbelhaus.

Wird eine nicht vertretbare Sache wie eine Sonderanfertigung nach den Wünschen des Bestellers hergestellt, kommen gem. § 650 S. 2 BGB ergänzend werkvertragliche Regelungen zur Anwendung.

▶Beispiel: Arthur Yildrim lässt sich einen speziell auf sein Badezimmer angepassten Schrank von der Schreinerin Liza Marinell anfertigen. Es liegt ein Werklieferungsvertrag über eine nicht vertretbare Sache vor, sodass er den Vertrag z. B. nach § 648 BGB kündigen kann.

1.2.4 Der Pauschalreisevertrag

In einem Reisevertrag (§§ 651 a-651 t BGB) verpflichtet sich die eine Partei (**Reiseveranstalter**) eine Pauschalreise zu verschaffen gegen Zahlung des vereinbarten Reisepreises durch die andere Partei (reisende Person).

Eine Pauschalreise ist gem. § 651 a Abs. 2 BGB eine Gesamtheit von mindestens zwei verschiedenen Arten von Reiseleistungen (Transport, Hotel, Mietwagen, Führungen) für den Zweck derselben Reise.

▶ Beispiel: Pauschalreise mit Flug und Übernachtung im All-inclusiv-Hotel

Die Pflichten des Reiseveranstalters sind:
- Erbringung der **Reiseleistungen**
- **Informations- und Nachweispflichten** (§ 651 d BGB i. V. m. Art. 250 EGBGB)

Die Pflicht der reisenden Person:
  Zahlung des vereinbarten **Reisepreises**

Die Reise muss mangelfrei sein. Nach 651 i Abs. 2 S. 1 BGB liegt ein Reisemangel vor, wenn eine Reiseleistung nicht die zugesicherte Eigenschaft hat, oder wenn sie sich nicht für den nach dem Vertrag vorausgesetzten Nutzen eignet, ansonsten, wenn sie sich zwar für den gewöhnlichen Nutzen eignet, aber keine Beschaffenheit aufweist, die bei Pauschalreisen der gleichen Art üblich ist und die die reisende Person nach der Art der Pauschalreise erwarten kann.

Liegt ein **Reisemangel** vor, hat der Reisende folgende Ansprüche:
- Anspruch auf **Abhilfe** (§ 651 k Abs. 1 BGB)
- Anspruch auf **Aufwendungsersatz** für die Beseitigung des Mangels durch den Reisenden selbst (§ 651 k Abs. 2 BGB)
- Anspruch auf **Ersatzleistungen**, also Abhilfe durch andere Reiseleistungen (§ 651 k Abs. 3 BGB)
- Anspruch auf **Kostentragung** für eine notwendige Beherbergung (§ 651 k Abs. 4 und 5 BGB)
- Anspruch auf **Minderung** für die Dauer des Mangels (§ 651 m BGB)
- Recht auf **Kündigung** bei schwerwiegendem Mangel (§ 651 l BGB)
- Anspruch auf **Schadenersatz** wegen **Nichterfüllung** (§ 651 f Abs. 1 BGB)
- Anspruch auf **Schadenersatz** (§ 651 n BGB) oder Ersatz vergeblicher Aufwendungen (§ 284 BGB)

1.2.5 Der Mietvertrag

Durch einen Mietvertrag (§§ 535 ff. BGB) verpflichtet sich der **Vermieter** zur Überlassung einer Sache zum Gebrauch auf Zeit gegen Zahlung einer Miete durch den **Mieter** (§ 535 BGB).

In der Praxis ist der häufigste Fall eines Mietvertrags ein Wohnungsmietvertrag. Dafür gibt es auch Sonderregelungen in §§ 549-577 a BGB. Vermietet werden können jedoch auch bewegliche Gegenstände, wie z. B. Baugeräte oder Geschirr. Auf die Miete digitaler Produkte sind gem. § 548 a BGB die Vorschriften über die Miete von Sachen entsprechend anzuwenden.

Ein Mietvertrag kann formfrei geschlossen werden, ist also auch wirksam, wenn er beispielsweise mündlich geschlossen wird.

Die Pflichten des Vermieters sind:
• dem Mieter den Gebrauch der Mietsache während der Mietzeit zu gewähren (**Besitzverschaffung an der Sache**)
• die Mietsache in einem vertragsgemäßen Zustand zu erhalten (**Instandhaltungspflicht**)

Die Pflichten des Mieters sind:
• **Bezahlung** der vereinbarten Miete
• **Rückgabe** der Mietsache nach Mietende

Auch beim Mietvertrag muss die Sache mangelfrei sein. Andernfalls hat der Mieter folgende Sekundäransprüche:
• Anspruch auf **Schadenersatz** (§ 536 a Abs. 1 BGB)

▶ Beispiel: Anna Kowalczyk mietet für eine Feier einen Kühlanhänger, der jedoch nicht funktioniert, sodass sie stattdessen kurzfristig einen anderen buchen muss. Sie kann sich die Kosten für die Ersatzanmietung als Schadenersatz ersetzen lassen, unabhängig davon, ob der Vermieter den Kühlanhänger richtig gewartet hat oder nicht, da der Mangel schon bei Überlassung der Mietsache vorgelegen hat und somit nach § 536 Abs. 1 1. Alt. BGB kein Verschulden des Vermieters erforderlich ist. Tritt der Mangel erst später auf, geht also der Kühlanhänger erst im Lauf der Veranstaltung kaputt, kann sie gem. § 536 Abs. 1 2. Alt. BGB Schadenersatz nur bei einem Verschulden des Vermieters verlangen.

• Anspruch auf **Selbstvornahme und Aufwendungsersatz** bei Verzug des Vermieters oder als Notmaßnahme (§ 536 a Abs. 2 BGB)

▶ Beispiel: Leopold Haufe hat seinen Vermieter mehrfach aufgefordert, die Terrassentür abzudichten, weil dort Regenwasser eindringt. Da dieser nicht reagiert, bestellt er den Handwerker Timo Straßner und verlangt Ersatz der Kosten.

• **Entfall der Pflicht zur Mietzahlung**, wenn der Mangel die Tauglichkeit zum vertragsgemäßen Gebrauch aufhebt (§ 536 Abs. 1 S. 1 BGB)

▶ Beispiel: In der Wohnung von Leonie Seidel fällt im Januar die Heizung komplett aus. Sie muss für diesen Monat daher keine Miete bezahlen.

• Anspruch auf **Mietminderung**, wenn der Mangel die Tauglichkeit zum vertragsgemäßen Gebrauch mindert (§ 536 Abs. 1 S. 2 BGB)

▶ Beispiel: In der Wohnung von Leonie Seidel funktioniert die Dusche im April nicht. Sie überweist dem Vermieter daher einen um 30 % geminderten Mietpreis für diesen Monat. Es ist dabei nicht erforderlich dem Vermieter gegenüber die Minderung ausdrücklich zu erklären, da sie nach § 536 Abs. 1 S. 1 BGB automatisch eintritt. Leonie Seidel muss dem Vermieter jedoch den Mangel nach § 536 c Abs. 1 S. 1 BGB anzeigen, da sie sonst weder einen Anspruch auf Minderung noch Schadenersatz hat und auch nicht außerordentlich kündigen kann (§ 536 c Abs. 2 BGB).

Der Vermieter hat seinerseits einen **Unterlassungsanspruch** bei vertragswidrigem Gebrauch der Sache (§ 541 BGB) sowie einen **Schadenersatzanspruch**, wenn die Mietsache beschädigt wird.

▶ Beispiel: Alessia Mortellaro hat eine Zweizimmerwohnung in einem Mehrfamilienhaus an Sonja Rösler vermietet. Sie stellt fest, dass Sonja Rösler in der Wohnung ohne ihre Zustimmung eine Werkstatt betreibt und dazu zahlreiche Motoren und Werkzeug lagert, sowie ein Loch in eine der Wände gebohrt hat, um die giftigen Dämpfe abzuleiten. Alessia Mortellaro mahnt Sonja Rösler ab und fordert sie auf, den Betrieb der Werkstatt einzustellen und Schadenersatz für die beschädigte Wand zu zahlen.

Mietverträge können gem. §§ 542 f. BGB ordentlich und außerordentlich gekündigt werden. Bei **Wohnraummietverhältnissen** gelten jedoch einige Besonderheiten: Der Vermieter kann hier nur dann ordentlich kündigen, wenn er ein berechtigtes Interesse an der Beendigung des Mietverhältnisses hat, also beispielsweise, wenn er Eigenbedarf geltend macht (§ 573 BGB). Der Verkauf der Wohnung führt zudem nicht zur Auflösung des Mietvertrags (§ 566 BGB „Kauf bricht nicht Miete") und der Vertrag kann u. U. auch nach dem Tod eines Mieters fortgeführt werden (vgl. §§ 563 ff. BGB).

Mietverträge müssen von Pacht- und Leihverträgen abgegrenzt werden:

Bei der **Pacht** (§ 581 BGB) steht nicht der Gebrauch der Sache, sondern die sog. Fruchtziehung im Vordergrund. Zweck eines solchen Vertrags ist, dass der Pächter die Erträge der gepachteten Sache behalten und nutzen darf. Verpachtet werden in der Regel Grundstücke, sodass die Erträge häufig landwirtschaftliche Güter sind.

Der Unterschied zum **Leihvertrag** (§ 598 BGB) ist, dass der Verleiher dem Entleiher eine Sache unentgeltlich zum Gebrauch überlässt und eben nicht gegen eine Mietzahlung.

Bei all diesen Verträgen geht das Eigentum an der Sache nicht an den Mieter/Pächter/ Entleiher über.

vgl. LF 8, Kap. 1.4

▶ Beispiel: Jochen Werner „leiht" sich ein Buch für einige Tage bei seinem Freund Hannes Sturm aus. Da ihm das Buch sehr gut gefällt, „leiht" er sich auch die Fortsetzung des Buchs aus der Stadtbibliothek, für die er einen kostenpflichtigen Mitgliedsausweis besitzt. Im 1. Fall liegt eine Leihe vor, da die Gebrauchsüberlassung kostenlos erfolgt, im 2. Fall ein Mietvertrag, da die Gebrauchsüberlassung von Büchern in vielen Bibliotheken kostenpflichtig ist. In beiden Fällen muss er das Buch an die Eigentümer zurückgeben.

1.2.6 Der Darlehensvertrag

Durch einen Darlehensvertrag (§§ 488–505 d BGB) verpflichtet sich die eine Partei (**Darlehensgeber**) der anderen Partei (**Darlehensnehmer**) einen bestimmten Geldbetrag gegen Zahlung von Zinsen für eine bestimmte Zeit zur Verfügung zu stellen. Es kann jedoch auch vereinbart werden, dass keine Zinszahlungen erforderlich sind.

▶ Beispiel: Gisela Groß „leiht" ihrem Sohn Sven Groß 2 000,00 € für den Kauf eines gebrauchten Autos, damit er täglich zu seiner neuen Ausbildungsstelle fahren kann. Sie vereinbaren, dass er ihr die 2 000,00 € zurückzahlt, sobald er die Ausbildung beendet und eine Arbeitsstelle gefunden hat. Hier liegt ein Darlehensvertrag vor.

Üblicherweise wird vereinbart, wie hoch die Zinsen sein sollen, und wann diese bezahlt werden müssen, wann die Rückzahlung erfolgen muss und ob noch eine zusätzliche Bearbeitungsgebühr anfällt.

Die Pflichten des Darlehensgebers sind:
- **Überlassung** des vereinbarten Geldbetrags
- ggf. **Aufklärungspflichten**

Die Pflichten des Darlehensnehmers sind:
- Zahlung der vereinbarten **Zinsen**
- **Rückzahlung** des Darlehens nach Ablauf der Vertragslaufzeit

Es ist auch möglich, einen Darlehensvertrag über Sachen zu schließen. Der **Sachdarlehensvertrag** ist in den §§ 607–609 BGB geregelt.

Zum Schutz von Verbrauchern gibt es in den §§ 491 ff. BGB noch Sondervorschriften für **Verbraucherdarlehen**.

 Hinweis: Im alltäglichen Leben spricht man üblicherweise davon, dass man „einen Kredit bei der Bank aufgenommen hat" oder dass man „sich Geld geliehen" hat. Rechtlich handelt es sich dabei aber in der Regel um Darlehensverträge.

1.2.7 Die Bürgschaft

Bei einer Bürgschaft (§§ 765–778 BGB) sind mindestens **drei Parteien** beteiligt:
Ein Bürgschaftsvertrag wird zwischen Bürge (**Sicherungsgeber**) und Gläubiger (**Sicherungs-nehmer**) geschlossen, um eine Forderung zwischen dem Hauptschuldner (**Dritter**) und dem Gläubiger abzusichern. Diese Forderung beruht häufig auf einem Darlehensvertrag zwischen dem Dritten und dem Gläubiger.

Der Bürge verpflichtet sich durch den Bürgschaftsvertrag für die Verbindlichkeiten des Haupt-schuldners einzustehen, falls dieser nicht leisten sollte. Im Gegenzug kann der Bürge wiede-rum von dem Dritten eventuell getätigte Zahlungen zurückverlangen.

▶ Beispiel: Sven Groß hat seine Ausbildung abgeschlossen und eine gut bezahlte Arbeitsstelle gefunden. Er möchte sich nun einen standesgemäßen Neuwagen kaufen. Er schließt mit sei-ner Hausbank einen Darlehensvertrag über 30 000,00 €. Die Bank verlangt jedoch als Sicher-heit eine Bürgschaft seiner Mutter Gisela Groß. Sofern Sven Groß das Darlehen nicht zurückzahlen kann, muss Gisela Groß den Betrag an die Bank zurückzahlen.

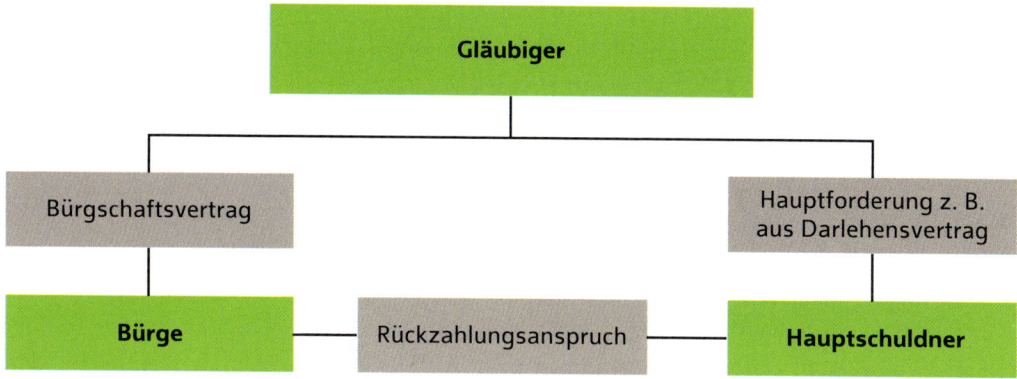

Grundsätzlich muss sich der Gläubiger zunächst an den Hauptschuldner wenden, wenn er die Rückzahlung des Darlehens möchte. Dies wird als **Ausfallbürgschaft** bezeichnet. Häufig wird jedoch ein sog. **Verzicht auf die Einrede der Vorausklage** gem. § 771 BGB vereinbart. Der Bürge kann in einem solchen Fall (sog. **selbstschuldnerische Bürgschaft**) dann nicht verlangen, dass der Gläubiger zunächst versucht, das Geld von dem Hauptschuldner zu bekommen.

Da eine solche Bürgschaft weitreichende Konsequenzen haben kann, ist es erforderlich, dass ein Bürgschaftsvertrag **schriftlich** abgeschlossen wird (§ 766 BGB). Andernfalls ist der Ver-trag unwirksam.

1.2.8 Das Schuldversprechen

Beim Schuldversprechen oder Schuldanerkenntnis geht es darum, unabhängig von anderen möglicherweise bestehenden Anspruchsgrundlagen, eine Leistung zu versprechen bzw. eine Schuld als bestehend anzuerkennen.

Die Begriffe **Schuldversprechen** (§ 780 BGB) und **Schuldanerkenntnis** (§ 781 BGB) werden in der Praxis zum großen Teil synonym verwendet. Da sie jedoch denselben rechtlichen Regelungen unterliegen, ist eine klare Unterscheidung auch nicht unbedingt erforderlich.

Wichtig ist jedoch die Unterscheidung zwischen deklaratorischem Schuldanerkenntnis und abstraktem Schuldanerkenntnis.

- Das **deklaratorische Schuldanerkenntnis** bestätigt nur eine bereits bestehende Verbindlichkeit, ohne eine neue zu begründen. Einwendungen gegen die ursprüngliche Forderung können daher nicht mehr vorgebracht werden. Dies wird häufig gemacht, um einen Rechtsstreit beizulegen.

▶ Beispiel: Akif Başaran und Heidi Willer streiten über Mietrückstände. Akif Başaran verfasst ein Schreiben mit dem Wortlaut: „Hiermit bestätige ich, dass ich Heidi Willer aufgrund des zwischen uns bestehenden Mietvertrags noch Miete für die Monate Januar und Februar in Höhe von 1 200,00 € schulde." Akif Başaran kann dann im Nachhinein nicht mehr geltend machen, dass er bereits bezahlt habe.

- Das **abstrakte Schuldanerkenntnis** begründet eine neue Verbindlichkeit und besteht meist neben einer schon bestehenden Verbindlichkeit. Der Zweck dieses Schuldanerkenntnisses ist eine Beweislastumkehr: Nicht mehr der Gläubiger muss das Bestehen einer Schuld beweisen, sondern der Schuldner das Nichtbestehen. Wegen der weitreichenden Folgen eines solchen Anerkenntnisses ist es nötig, einen solchen Vertrag **schriftlich** zu schließen.

▶ Beispiel: Tanja Bander und Kathleen Waller streiten über Mietrückstände. Tanja Bander verfasst ein Schreiben mit dem Wortlaut: „Hiermit bestätige ich, dass ich Kathleen Waller 1 200,00 € schulde und sage zu, diese bis zum 31. März auf ihr Konto zu überweisen." Falls sich nun herausstellen sollte, dass der Mietvertrag unwirksam war oder aus sonstigen Gründen kein Anspruch auf die Mietzahlungen bestand, kann Kathleen Waller das Geld trotzdem einfordern, da durch das abstrakte Schuldanerkenntnis eine neue Anspruchsgrundlage geschaffen wurde.

Möglich ist auch ein **Tatsachenanerkenntnis**, das keine Verbindlichkeiten begründet, sondern nur eine Einigung über Tatsachen darstellt.

▶ Beispiel: Kurt Heinz und Thilo Hans haben einen Autounfall. Auf Drängen von Thilo Hans schreibt Kurt Heinz auf einen Zettel: „Ich bestätige hiermit, dass es zum Unfallzeitpunkt geregnet hat."

Bei einem **Vergleich** (§ 779 BGB) gibt im Gegensatz zu Schuldversprechen und -anerkenntnis nicht nur eine Partei nach, sondern beide (gegenseitiges Nachgeben).

1.2.9 Der Auftrag

Bei einem Auftrag verpflichtet sich der Beauftragte, ein ihm von dem Auftraggeber übertragenes Geschäft für diesen unentgeltlich zu besorgen (§ 662 BGB). Dabei handelt es sich in der Regel um Tätigkeiten, die für die beauftragende Person eine wichtige Bedeutung haben. Obwohl im Gegensatz zum Dienstvertrag keine Vergütung gezahlt wird, entstehen auch in einem solchen Fall vertragliche Rechte und Pflichten auf beiden Seiten.

Die Pflichten des Beauftragten sind:
- **Auskunftspflicht** (§ 666 BGB)
- **Herausgabepflicht** bzgl. aus dem Auftrag Erlangtem (§ 667 BGB)

Die Pflichten des Auftraggebers sind:
- dem Beauftragten **Aufwendungsersatz** zu zahlen (§ 670 BGB)
- dem Beauftragten auf Verlangen einen Vorschuss für die zur Ausführung des Auftrags erforderlichen Kosten zu zahlen (§ 669 BGB)

Das Auftragsverhältnis kann jederzeit durch den Auftraggeber oder den Auftragnehmer beendet werden (§ 671 BGB).

Abzugrenzen ist der Auftrag von sog. **Gefälligkeiten des täglichen Lebens**. Der entscheidende Unterschied ist, dass beim Auftrag die Parteien mit **Rechtsbindungswillen** handeln. Sie wollen also eine rechtliche Verpflichtung eingehen und begründen damit ein Schuldverhältnis. Gefälligkeiten begründen hingegen weder Leistungs- noch Schutzpflichten und liegen in der Regel bei kleineren Hilfen und Erledigungen zwischen Verwandten, Freunden oder Nachbarn vor.

▶ Beispiel: Herta Löse hilft ihrer Freundin Hannah Kulm beim Umzug und stellt dafür ihr Auto zur Verfügung. Währenddessen holt eine andere Freundin die von Hannah Kulm bestellten belegten Brötchen für die Umzugshelfer in der Bäckerei ab. Hannah Kulm hat keinen rechtlichen Anspruch diese Hilfstätigkeiten zu verlangen, falls ihre Freundinnen kurzfristig absagen.

1.2.10 Allgemeine Geschäftsbedingungen

Bei allen Vertragsarten werden häufig **Allgemeine Geschäftsbedingungen (AGB)** verwendet. Dies sind vorformulierte Vertragsklauseln, die mehrfach verwendet werden. Sie werden nur Vertragsbestandteil, wenn beide Parteien in zumutbarer Weise davon Kenntnis nehmen konnten und mit ihrer Verwendung einverstanden sind.

▶ Beispiele: Die AGB werden auf der Rückseite eines Vertragsformulars abgedruckt. Sie werden nur dann Vertragsinhalt, wenn auf der Vorderseite des Formulars deutlich erkennbar darauf hingewiesen wird. Beim Onlinekauf werden die AGB Vertragsbestandteil, wenn sie vor Vertragsschluss mithilfe eines Links oder Pop-up-Fensters angezeigt werden.

Unzulässig (und damit unwirksam) sind z. B. sog. **überraschende Klauseln** (§ 305 c Abs. 1 BGB). Dadurch soll verhindert werden, dass der Vertragspartner überrumpelt wird.

▶ Beispiel: In den AGB eines Waschmaschinenhändlers ist geregelt, dass der Käufer der Waschmaschine in Zukunft nur noch bei diesem Händler Waschmittel kaufen kann. Dies ist eine überraschende Klausel, weil sie über den eigentlichen Vertragszweck (Kauf einer Waschmaschine) deutlich hinausgeht.

ABG unterliegen nach §§ 307 ff. BGB zudem einer strengen **Inhaltskontrolle**. So darf z. B. die Haftung für grobe Fahrlässigkeit (§ 309 Nr. 7 b BGB) oder die Mängelgewährleistung (§ 309 Nr. 8 b BGB) nicht ohne Weiteres ausgeschlossen werden.

Diese Vorschriften sind **zwingend**. In der Regel sind die Vertragsparteien aufgrund der Vertragsfreiheit frei Verträge so zu gestalten, wie sie es möchten. Zum Schutz von schwächeren Vertragspartnern gibt es jedoch auch außerhalb der AGB-Regelungen Vorschriften, die nicht **dispositiv** sind, also nicht durch abweichende vertragliche Regelung aufgehoben werden können.

▶ Beispiele: Im Verhältnis Verbraucher – Unternehmer ist der Verbraucher üblicherweise die schwächere Partei. Daher gibt es zahlreiche Schutzvorschriften, wie z. B. die Regelungen zum Widerrufsrecht bei Verbraucherverträgen (§§ 355–361 BGB). Ebenso ist im Verhältnis Arbeitnehmer – Arbeitgeber der schwächere Arbeitnehmer durch Vorschriften, wie z. B. Regelungen zum Kündigungsschutz, geschützt.

1.3 Gesetzliche Schuldverhältnisse

Gesetzliche Schuldverhältnisse entstehen unabhängig vom Willen der Parteien aufgrund einer gesetzlichen Anordnung (z. B. Geschäftsführung ohne Auftrag, §§ 677 ff. BGB; ungerechtfertigte Bereicherung, §§ 812 ff. BGB; unerlaubte Handlung, §§ 823 ff. BGB). Ein Vertrag ist also gerade nicht erforderlich, damit die Ansprüche entstehen.

1.3.1 Geschäftsführung ohne Auftrag

Bei der Geschäftsführung ohne Auftrag (GoA) erledigt eine Person (Geschäftsführer) ein fremdes Geschäft für eine andere Person (Geschäftsherr), ohne einen Auftrag dafür erhalten zu haben oder sonst dazu berechtigt zu sein. Ein **fremdes Geschäft** ist jedes Tätigwerden (rechtsgeschäftliches, rechtsgeschäftsähnliches oder rein tatsächliches Handeln), wenn die Angelegenheit nicht ausschließlich im Interesse der Geschäftsführung ist.

▶ Beispiele: Jutta Seidel ersteigert online für ihre Freundin Jessica Speidel Karten für ein Helene-Fischer-Konzert, da sie glaubt, dass es Jessica Speidels Lieblingsstar ist (Rechtsgeschäft). Pinar Şahin rennt in ein brennendes Haus und rettet die ohnmächtige Beate Krause (tatsächliches Handeln).

Liegt eine GoA vor, entsteht ein gesetzliches Schuldverhältnis zwischen den Beteiligten, das einen interessengerechten Ausgleich zwischen Geschäftsführer und Geschäftsherrn ermöglichen soll. Da einerseits der Geschäftsherr davor geschützt werden muss, dass Dritte sich unerwünscht in seine Angelegenheiten einmischen und von ihm nicht gewollte Dinge tun, andererseits aber auch altruistisches, also selbstloses, Handeln gefördert werden soll, finden sich ausführliche Regelungen dazu in den §§ 677 ff. BGB. Dort wird bestimmt, wann der **Geschäftsherr** einen **Herausgabe- und Schadenersatzanspruch** und der **Geschäftsführer** einen **Aufwendungsersatzanspruch** hat.

Dazu werden verschiedene Fallgruppen unterschieden: Unterschieden wird zunächst zwischen der echten GoA und der unechten GoA.
- Bei der **echten GoA** hat der Geschäftsführer sog. **Fremdgeschäftsführungswillen**, d. h., dass er mit dem Bewusstsein und dem Willen tätig wird, ein Geschäft für einen anderen zu besorgen.
- Bei der **unechten GoA** will der Geschäftsführer hingegen ausschließlich für sich selbst handeln und hat somit **Eigengeschäftsführungswille**.

Die echte GoA

Bei der echten GoA wird auch nochmals unterschieden, ob es sich um eine **berechtigte** oder **unberechtigte** GoA handelt.

Berechtigt ist die GoA dann, wenn
- die Geschäftsübernahme objektiv dem Interesse und dem wirklichen oder mutmaßlichen Willen des Geschäftsführers entspricht (§ 683 BGB) oder
- der Geschäftsherr die Geschäftsführung nachträglich genehmigt (§ 684 Abs. 2 BGB) oder
- die Geschäftsführung im öffentlichen Interesse liegt (§ 679 1. Alt. BGB) oder
- eine gesetzliche Unterhaltspflicht des Geschäftsherrn andernfalls nicht rechtzeitig erfüllt werden würde (§ 679 2. Alt. BGB)

▶ Beispiel: Katrin Bäumer sieht, dass beim Haus ihrer Nachbarn durch einen Sturm die Balkontür aus Glas zerbrochen ist. Da die Nachbarn sich gerade auf einer dreiwöchigen Kreuzfahrt befinden, rennt sie im Regen hinaus und befestigt schnell eine Plane an der zerbrochenen Tür, damit es nicht hineinregnet. Danach ruft sie den Handwerker Bruce Bright für die Reparatur, da sie befürchtet, dass andernfalls Diebe leicht in das Haus gelangen können. Katrin Bäumer kennt nicht den wirklichen Willen der Nachbarn, der Schutz des Hauses vor Regen und Dieben liegt aber im objektiven Interesse der Hausbewohnerinnen und Hausbewohner, sodass davon ausgegangen werden kann, dass ihr Handeln dem mutmaßlichen Willen der Nachbarn entspricht. Es handelt sich somit um eine berechtigte GoA.

Die unechte GoA

Bei der unechten GoA, wenn also kein Fremdgeschäftswille vorliegt, werden ebenfalls zwei Fallgruppen unterschieden.

Bei der **irrtümlichen Eigengeschäftsführung** glaubt der Geschäftsführer fälschlicherweise, dass das Geschäft, das er ausführt, sein eigenes sei. Hier gelten die Vorschriften über die GoA nicht, sondern die allgemeinen Vorschriften, insbesondere das Bereicherungs- und Deliktsrecht.

▶ Beispiel: Hans Sommer bewahrt für seinen Freund Peter Winter ein von diesem gemaltes Bild in seiner Garage auf. Ein Besucher sieht das Bild und bietet Hans Sommer 8 000,00 € dafür. Hans Sommer glaubt fälschlicherweise, dass Peter Winter ihm das Bild in der Garage schon vor Jahren geschenkt hat. Als er es verkauft, meint er also sein eigenes Bild zu verkaufen. Er haftet gegenüber Peter Winter nach den allgemeinen Regeln auf Schadenersatz (§§ 812 ff., 823 ff. BGB).

Bei der **unerlaubten Geschäftsanmaßung** weiß der Geschäftsführer hingegen, dass er zur Ausführung des Geschäfts nicht berechtigt ist. Auch hier gelten die allgemeinen Vorschriften, also die §§ 812 ff., 823 ff. BGB. Zusätzlich kann der Geschäftsherr jedoch auch wählen, ob er die GoA-Vorschriften anwenden möchte: Macht der Geschäftsherr von seinem Anspruch auf Herausgabe des Erlangten Gebrauch, schuldet er im Gegenzug Aufwendungsersatz, jedoch nicht in Höhe des § 670 BGB, sondern lediglich nach Bereicherungsrecht (§§ 687 Abs. 2 S. 2, 684 S. 1, 818 Abs. 3 BGB).

▶ Beispiel: Hans Sommer weiß, dass das Bild Peter Winter gehört, es 8 000,00 € wert ist und dass Peter Winter es nicht verkaufen möchte. Trotzdem lässt er einen schönen und repräsentativen Rahmen im Wert von 500,00 € dafür anfertigen und verkauft das Bild an einen Interessenten für 20 000,00 €. Peter Winter kann nach §§ 687 Abs. 2 S. 1, 667 BGB die Herausgabe der 20 000,00 € verlangen. Im Gegenzug muss er sich dann aber gem. §§ 687 Abs. 2 S. 2, 684 S. 1, 818 Abs. 3 BGB die Kosten für den Rahmen anrechnen lassen. Nach Bereicherungsrecht (§§ 812 Abs. 1 S. 1 2. Alt., 818 Abs. 2 BGB) könnte er nur Wertersatz in Höhe des üblicherweise erzielbaren Verkaufspreises, also 8 000,00 €, verlangen.

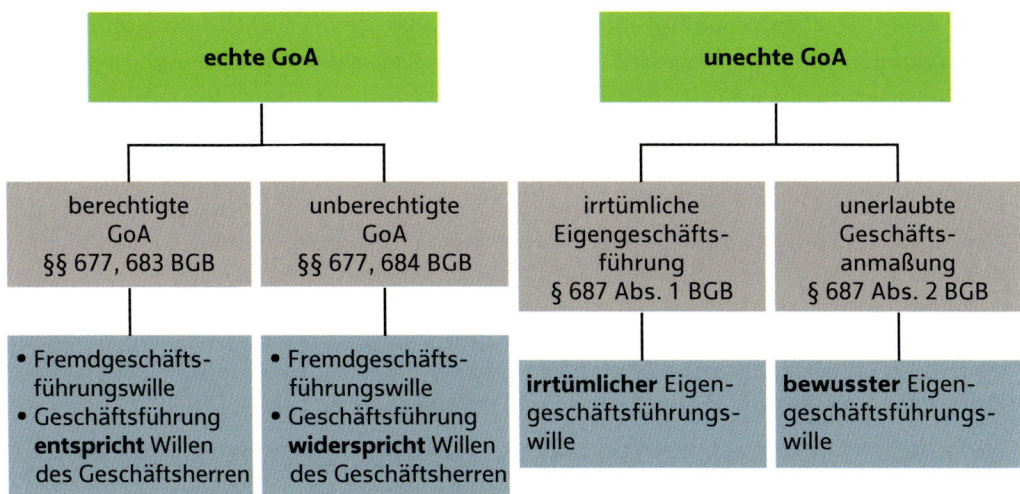

Rechtsfolgen

Die Unterscheidung der verschiedenen Arten der GoA ist wichtig, da sie unterschiedliche Rechtsfolgen nach sich ziehen.

		Geschäftsherr	**Geschäftsführer**
echte GoA	berechtigte GoA	**Herausgabeanspruch** auf durch die Geschäftsbesorgung Erlangtes, §§ 681 S. 2, 667 BGB **Schadenersatz** nach §§ 280 ff. BGB	Anspruch auf **Aufwendungsersatz**, § 683 BGB bzw. §§ 684, 670 BGB
	unberechtigte GoA	**Herausgabeanspruch** auf durch die Geschäftsbesorgung Erlangtes nach §§ 684, 812 ff. BGB **Schadenersatz** nach § 678 BGB	kein Anspruch auf Aufwendungsersatz, aber Ausgleich nach Bereicherungsrecht §§ 684 S. 1, 812 ff. BGB
unechte GoA	irrtümliche Eigengeschäftsführung	keine Anwendung der GoA-Vorschriften, unter Umständen Herausgabeanspruch und Aufwendungsersatz nach §§ 812 ff., 823 ff. BGB	
	unerlaubte Geschäftsanmaßung	Geschäftsherr kann das Geschäft an sich ziehen, er hat dann **Herausgabeanspruch** nach GoA, § 678 Abs. 2 S. 1 BGB **Schadenersatz** nach §§ 687 Abs. 2, 678 BGB	Der Geschäftsführer hat dann im Gegenzug Anspruch auf Aufwendungsersatz nach § 678 Abs. 2 S. 1 BGB

Im Fall einer berechtigten GoA kann der Geschäftsführer nach § 683 BGB **Ersatz für seine Aufwendungen** verlangen. Aufwendungen sind freiwillige Vermögensopfer und risikotypische Begleitschäden. Auch für Tätigkeiten, die zum Beruf des Geschäftsführers gehören, kann bei entsprechender Anwendung von § 1835 Abs. 3 BGB Ersatz verlangt werden, nicht jedoch für den Verlust von Freizeit.

▶ Beispiel: Katrin Bäumer kann im oben erwähnten Beispiel Ersatz ihrer Aufwendungen, also die Kosten für die Plane sowie die Kosten für die Beauftragung des Handwerkers Bruce Bright verlangen (freiwillige Vermögensopfer). Wurde z. B. beim Befestigen der Plane durch den Regen ihre Kleidung beschädigt, handelt es sich um risikotypische Begleitschäden, für die sie ebenfalls Ersatz von den Nachbarn verlangen kann. Ist sie selbst Handwerkerin und repariert die Tür, kann sie Ersatz für ihre Arbeitsleistung verlangen.

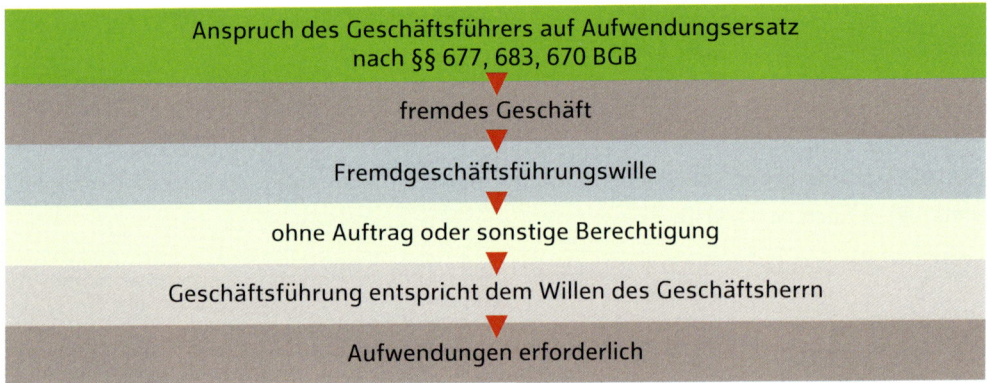

Im Gegenzug ist der Geschäftsführer zur **Herausgabe** des durch die Geschäftsbesorgung Erlangten verpflichtet.

▶ Beispiel: Hans Sommer bewahrt für seinen Freund Peter Winter ein von diesem gemaltes Bild in seiner Garage auf. Ein Besucher sieht das Bild und bietet Hans Sommer 8 000,00 € dafür. Hans Sommer denkt, dass Peter Winter damit einverstanden wäre, und nimmt das Angebot an. Peter Winter kann im Nachhinein den erlangten Verkaufspreis verlangen.

Der Geschäftsführer haftet gegenüber dem Geschäftsherrn darüber hinaus auf **Schadenersatz**. Dabei wird zwischen Übernahme- und Ausführungsverschulden unterschieden.

- Beim **Übernahmeverschulden** geht es um die Frage, ob der Geschäftsführer schuldhaft bei der Übernahme der Geschäftsführung den Willen des Geschäftsherrn missachtet hat. Ist das der Fall, dann kommt es nicht mehr darauf an, ob er bei der Ausführung des Geschäfts schuldhaft Fehler gemacht hat, dann haftet er gem. § 678 BGB für alle entstandenen Schäden.

  ▶ Beispiel: Hans Sommer bewahrt für seinen Freund Peter Winter ein von diesem gemaltes Bild in seiner Garage auf. Ein Besucher sieht das Bild und bietet Hans Sommer

8 000,00 € dafür. Er nimmt das Angebot an. Hans Sommer ist sich dabei bewusst, dass Peter Winter ihm gegenüber klar geäußert hat, dass er das Bild nicht verkaufen möchte. Damit hat Hans Sommer den Willen des Peter Winter schuldhaft missachtet. Stellt sich im Nachhinein heraus, dass das Bild 50 000,00 € wert war, so schuldet Hans Sommer Peter Winter Schadenersatz in Höhe von 42 000,00 € (zusätzlich zur Herausgabe des Verkaufspreises in Höhe von 8 000,00 €), auch wenn ihn kein Verschulden für den zu niedrig angesetzten Preis trifft.

- Ein **Ausführungsverschulden** liegt hingegen dann vor, wenn zwar die Geschäftsführung dem Willen des Geschäftsherrn entsprach, der Geschäftsführer aber das Geschäft unsachgemäß ausgeführt hat. Er haftet dann nach §§ 677, 280 Abs. 1 BGB.

  ▶ Beispiel: Hans Sommer wusste, dass Peter Winter das Bild gerne verkaufen wollte und dass es 15 000,00 € wert war. Da er jedoch keine Lust hatte über den Preis zu verhandeln, nahm er sofort das erste Angebot über 8 000,00 € an. Bei der Übernahme der Geschäftsführung hat Hans Sommer keinen Fehler gemacht, bei der Ausführung hingegen schon. Er haftet somit auf Schadenersatz in Höhe von 7 000,00 €.

Schuldhaft handelt, wer gem. § 276 BGB vorsätzlich oder fahrlässig handelt.

Gemäß § 680 BGB haftet der Geschäftsführer aber nur für Vorsatz und grobe Fahrlässigkeit (also nicht für leichte Fahrlässigkeit), wenn er zur **Gefahrenabwehr** handelt. Diese Privilegierung greift sowohl bei unberechtigter Übernahme der Geschäftsführung (§ 678 BGB) als auch bei unsachgemäßer Ausführung des Geschäfts (§ 677 BGB) ein.

▶ Beispiel: Katrin Bäumer sieht, dass beim Haus ihrer Nachbarn durch einen Sturm die Balkontür aus Glas zerbrochen ist. Da die Nachbarn sich gerade auf einer dreiwöchigen Kreuzfahrt befinden, rennt sie im Regen hinaus und befestigt schnell eine Plane an der zerbrochenen Tür, damit es nicht hineinregnet. Beim Aufhängen der Plane fällt Katrin Bäumer bei einem Windstoß der Hammer aus der Hand und beschädigt einen Gartenstuhl. Da Katrin Bäumer zur Vermeidung weiterer Schäden durch Regen und Sturm und zudem nicht vorsätzlich oder grob fahrlässig gehandelt hat, können die Nachbarn von ihr keinen Schadenersatz für den beschädigten Stuhl verlangen.

1.3.2 Das Eigentümer-Besitzer-Verhältnis

Die §§ 985 ff. BGB regeln das Verhältnis zwischen dem Eigentümer und einem Besitzer (**Eigentümer-Besitzer-Verhältnis EBV**), der kein Recht zum Besitz i. S. v. § 986 BGB hat und daher die Sache an den Eigentümer herausgeben muss.

Eigentümer ist, wem die Sache rechtlich gehört (§ 903 BGB), **Besitzer**, wer die tatsächlich Herrschaftsgewalt darüber inne hat (§ 854 BGB). Das Recht zum Besitz kann sich aus vertraglichen

Regelungen wie einem Mietvertrag, (§§ 535, 546 BGB) oder einem Leihvertrag (§§ 598, 604 BGB) oder aus dinglichen Rechten wie einem Pfandrecht (§ 1204 BGB) ergeben.

Hinweis: In diesem Zusammenhang ist es wichtig, die Regelungen zum **gutgläubigen Erwerb** zu beachten. Grundsätzlich kann Eigentum nur durch Einigung und Übergabe durch den bisherigen Eigentümer übertragen werden (§ 929 BGB). Ist der Erwerber jedoch gutgläubig, weiß er also nicht, dass der andere nicht der Eigentümer ist, so kann er auch von diesem Nichtberechtigten Eigentum erlangen (vgl. § 932 BGB). Dies gilt jedoch wiederum nicht, wenn die Sache dem Eigentümer gestohlen wurde, verloren gegangen oder sonst abhandengekommen war (§ 935 Abs. 1 S. 1 BGB).

vgl. LF 8, Kap. 1.4.2

Der Regelungszweck der §§ 985 ff. BGB besteht darin, den gutgläubigen, also den redlichen, unverklagten Besitzer besser zu stellen, als er nach den allgemeinen Vorschriften des Deliktsrechts und der ungerechtfertigten Bereicherung stünde. Die §§ 987 ff. BGB bilden eine abschließende Sonderregelung, was zur Folge hat, dass die §§ 812, 816, 823 BGB ausgeschlossen sind.

Der **gutgläubige Besitzer** muss zwar die Sache dem Eigentümer herausgeben, er muss jedoch **keinen Schadenersatz** zahlen, falls die Sache sich verschlechtert, untergeht oder aus einem anderen Grund von ihm nicht herausgegeben werden kann. Darüber hinaus muss er auch **keinen Ersatz für gezogene Nutzungen** leisten. Außerdem hat er einen **Anspruch auf Ersatz seiner Verwendungen**, soweit sie für den Erhalt und/oder die Nutzungsfähigkeit der Sache erforderlich waren oder ihren Wert gesteigert haben. Verwendungen sind Vermögensaufwendungen, die der Sache zugutekommen, ohne sie grundlegend zu verändern, wie z. B. Reparaturkosten.

▶ Beispiel: Bogdan Constantinescu kauft vom Gebrauchtwagenhändler Müller einen Gebrauchtwagen. Bogdan Constantinescu wusste nicht (und konnte auch nicht wissen, da ihm auch der Kfz-Brief übereignet wurde), dass der Wagen gestohlen war und eigentlich Charlotte Dupres gehört. Bogdan Constantinescu nutzt den Wagen in der Folgezeit um zur Arbeit zu fahren, bis er eines Tags durch sein Verschulden einen Unfall mit Totalschaden damit hat. Charlotte Dupres hat in der Zwischenzeit von der Polizei erfahren, was mit ihrem Auto passiert ist und möchte nun Schadenersatz von Bogdan Constantinescu.
Nach den Vorschriften über unerlaubte Handlungen (§ 823 Abs. 1 BGB) wäre Bogdan Constantinescu Charlotte Dupres eigentlich zum Schadenersatz verpflichtet, da er ihr Eigentum (das Auto) zerstört hat. Nach § 993 Abs. 1 BGB muss Bogdan Constantinescu als redlicher Besitzer jedoch keinen Schadenersatz zahlen. Er ist auch nicht Eigentümer geworden, da er zwar gutgläubig war, ein gutgläubiger Erwerb bei gestohlenen Sachen jedoch nicht möglich ist (§ 935 Abs. 1 S. 1 BGB).
Wäre das Auto bei dem Unfall nur beschädigt worden, müsste Bogdan Constantinescu es zwar Charlotte Dupres herausgeben, aber weder Schadenersatz für die Beschädigung bezahlen, noch einen Ersatz für die Nutzung des Wagens bis dahin. Er könnte jedoch im Gegenzug Ersatz verlangen, falls er zuvor Reparaturkosten für das Auto hatte (§ 994 BGB).

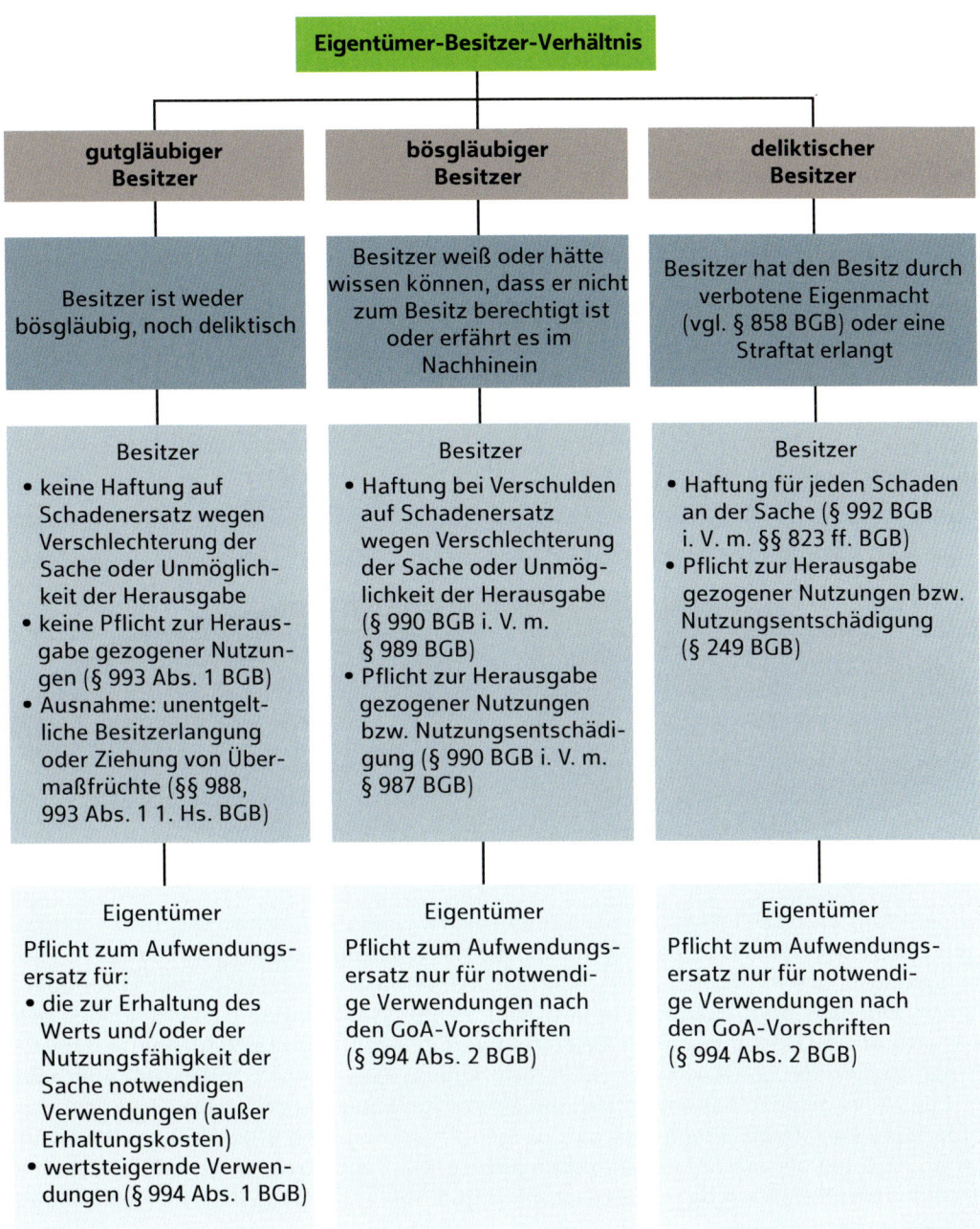

1.3.3 Ungerechtfertigte Bereicherung

In den §§ 812 ff. BGB werden die Folgen **ungerechtfertigter Vermögensverschiebungen** und die Pflicht zur Herausgabe von ohne rechtlichem Grund Erlangtem geregelt.

Man unterscheidet dabei zwischen zwei Bereicherungstatbeständen (auch Kondiktionen genannt): der Leistungskondiktion (§ 812 Abs. 1 1. Alt. BGB) und der Nichtleistungskondiktion (§ 812 Abs. 1 2. Alt. BGB).

Die Leistungskondiktion

Die **Leistungskondiktion** soll die Folgen kompensieren, wenn das zugrunde liegende Verpflichtungsgeschäft wegfällt, die Verfügung jedoch weiterhin wirksam ist.

  Merke: Im BGB gilt das sog. **Abstraktionsprinzip**, das der Sicherheit im Rechtsverkehr dient. Es besagt, dass das Verpflichtungsgeschäft (z. B. ein Kaufvertrag) und die Verfügung (z. B. die Übereignung der Kaufsache) voneinander getrennt sind (Trennungsprinzip) und einzeln, also abstrakt, betrachtet werden müssen. Das hat zur Folge, dass die Wirksamkeit von Verpflichtungsgeschäft und Verfügung grds. voneinander unabhängig sind.

▶ Beispiel: Hans Klein schließt mit Hedda Ganter einen Kaufvertrag über ein Ölgemälde. Hedda Ganter übereignet Hans Klein das Ölgemälde und Hans Klein im Gegenzug den Kaufpreis. Der Kaufvertrag ist das Verpflichtungsgeschäft (dadurch verpflichten sich beide jeweils zur Übereignung des Bilds bzw. Übereignung des Gelds/Kaufpreises). Sowohl die Übereignung des Bilds als auch die Übereignung des Gelds sind Verfügungen. Alle drei Vorgänge sind unabhängig voneinander. Im Nachhinein stellt sich heraus, dass Hedda Ganter bzgl. Alter und Wert des Bilds gelogen hat und es sich um eine billige Kopie handelt. Hans Klein ficht den Kaufvertrag (das Verpflichtungsgeschäft) wegen Täuschung nach § 123 BGB an. Der Kaufvertrag ist damit als von Anfang an nichtig anzusehen. Die Übereignungen bleiben jedoch wirksam. Hans Klein kann dann aber nach § 812 BGB Abs. 1 S. 2 1. Alt. BGB die Rückzahlung des Kaufpreises verlangen.

Bei der Leistungskondiktion werden fünf Fälle unterschieden:

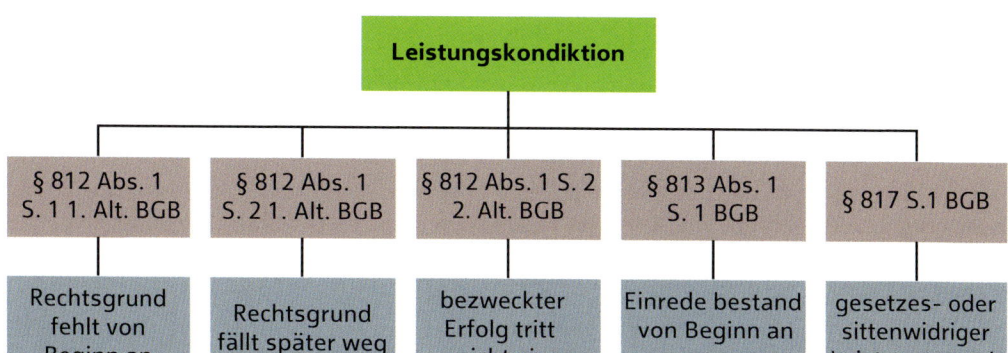

- § 812 Abs. 1 S. 1 1. Alt. BGB: Der Rechtsgrund fehlt von Anfang an.

  ▶ Beispiele: Der Vertrag wurde nach §§ 119, 120 oder 123 BGB angefochten; einer der Vertragspartner war geschäftsunfähig; der Kaufvertrag über ein Grundstück wurde nicht notariell beurkundet, weswegen der Vertrag nach §§ 311 b Abs. 1, 125 BGB nichtig ist.

 Hinweis: Die berechtigte GoA stellt einen Rechtsgrund i. S. v. § 812 Abs. 1 S. 1 1. Alt. BGB dar. Liegt also eine berechtigte GoA vor, kann keine Herausgabe nach den bereicherungsrechtlichen Vorschriften verlangt werden, sondern nur nach den GoA-Vorschriften.

vgl. LF 4, Kap. 1.3.1

- § 812 Abs. 1 S. 2 1. Alt. BGB: Der Rechtsgrund fällt später weg.

  ▶ Beispiele: Der Vertrag wurde gekündigt oder war zeitlich befristet; der Vertrag enthielt eine auflösende Bedingung i. S. v. § 158 Abs. 2 BGB.

- § 812 Abs. 1 S. 2 2. Alt. BGB: Der mit der Leistung verfolgte Zweck tritt nicht ein.

  ▶ Beispiel: Olga Krasnaja pflegt jahrelang hingebungsvoll Katrin Weinroth, weil diese ihr versprochen hat, sie als Alleinerbin einzusetzen.

- § 813 Abs. 1 S. 1 BGB: Der Leistungspflicht stand von Anfang an eine Einrede entgegen.

  ▶ Beispiele: Solche Einreden führen dazu, dass ein Anspruch zwar nicht erlischt, aber dauerhaft nicht durchsetzbar ist, z. B. Arglisteinrede gem. § 853 BGB; Einrede der Bereicherung nach § 821 BGB.

- § 817 S. 1 BGB: Leistungsannahme verstößt gegen gesetzliches Verbot oder gute Sitten.

  ▶ Beispiele: Schutzgelderpressung, Bestechung

Hinweis: § 817 S. 1 BGB hat kaum praktische Bedeutung, weil in der Regel gleichzeitig auch § 812 Abs. 1 S. 1 1. Alt. BGB erfüllt ist.

Leistung ist dabei die bewusste und zweckgerichtete Mehrung fremden Vermögens. Unbewusste Handlungen fallen also nicht darunter.

▶ Beispiel: Kurt Lewandowski mäht seinen Rasen. Er bemerkt dabei nicht, dass er seine Grundstücksgrenze überschreitet und auch den Rasen seines Nachbarn mäht. Es handelt sich dabei nicht um eine Leistung, da es unbewusst geschah.

Unter **„Etwas erlangt"** versteht man jeden Vermögensvorteil, also jede Verbesserung der eigenen Vermögenslage. Das kann der Fall sein, wenn man dingliche Rechte hinzugewinnt, z. B. Eigentum, Hypothek, aber auch bei immateriellen Vermögensgegenständen, wie z. B. Patente, Kundendaten, ebenso wie bei der Verminderung von Schulden oder Gebrauchsvorteilen wie der Nutzung eines Autos oder ersparte Aufwendungen.

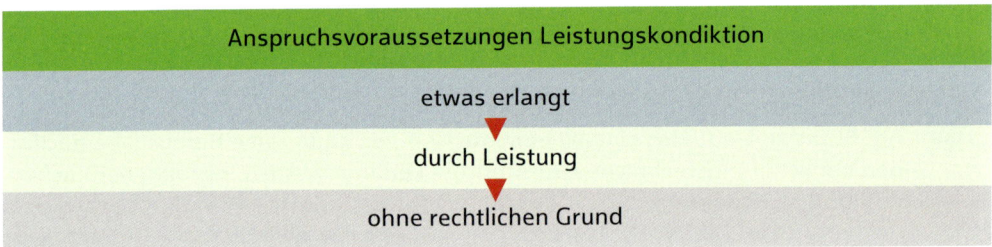

Die Nichtleistungskondiktion

Durch die **Nichtleistungskondiktion** sollen unberechtigte Vermögenszuwächse in Folge der Verletzung fremder Rechtspositionen ausgeglichen werden. Hier erlangt jemand Vermögensvorteile „in sonstiger Weise", also nicht durch Leistung.

Auch hier werden verschiedene Fälle unterschieden:

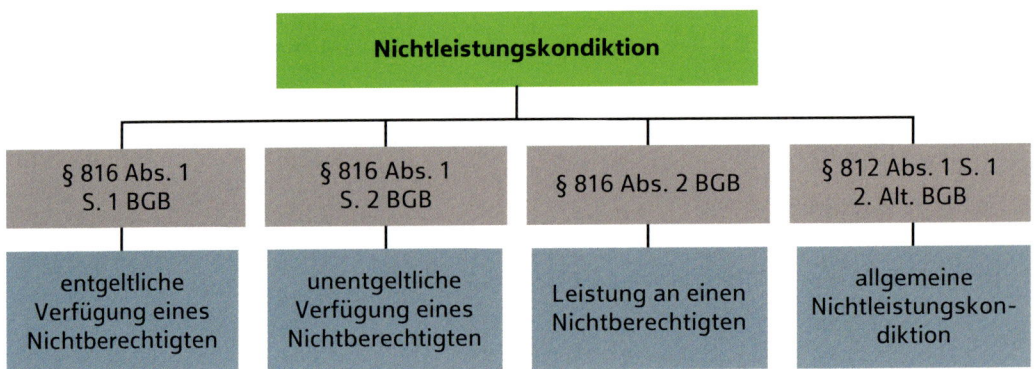

- § 812 Abs. 1 S. 1 2. Alt. BGB: „etwas erlangt in sonstiger Weise auf dessen Kosten ohne rechtlichen Grund."

▶ **Beispiel:** Carlos Sandero bittet seinen Freund Peter Haber auf seine Yacht aufzupassen während er sich auf Reisen befindet. Peter Haber vermietet die Yacht ohne Wissen von Carlos Sandero und behält das Geld.

- § 816 Abs. 1 S. 1 BGB: entgeltliche, dem Berechtigten gegenüber wirksame Verfügung eines Nichtberechtigten

▶ **Beispiel:** Verena Kaufmann leiht sich von ihrer Freundin Luise Segert eine Spiegelreflexkamera, die diese vor Kurzem für 500,00 € gekauft hat, für eine Urlaubsreise. Als Verena Kaufmann während der Reise das Geld ausgeht, verkauft sie die Kamera an einen Händler für 100,00 €. Da der Händler nicht wusste (und nicht wissen konnte), dass es nicht Verena Kaufmanns Kamera war und die Kamera auch nicht gestohlen wurde, hat er an der Kamera aufgrund seiner Gutgläubigkeit Eigentum erworben (§ 932 BGB). Daher kann Luise Segert die Kamera nicht von ihm herausverlangen, die Verfügung ist auch ihr gegenüber wirksam. Sie kann aber von Verena Kaufmann nach § 816 Abs. 1 S. 1 BGB den Verkaufspreis in Höhe von 100,00 € herausverlangen, da Verena Kaufmann als Nichtberechtigte über die Kamera verfügt hat.

- § 816 Abs. 1 S. 2 BGB: unentgeltliche, dem Berechtigten gegenüber wirksame Verfügung eines Nichtberechtigten

▶ **Beispiel:** Verena Kaufmann leiht sich von ihrer Freundin Luise Segert eine Spiegelreflexkamera, die diese vor kurzem für 500,00 € gekauft hat, für eine Urlaubsreise. Als Verena Kaufmann während der Reise einen gut aussehenden jungen Mann trifft, schenkt sie ihm die Kamera. Luise Segert kann in diesem Fall die Kamera direkt von dem jungen Mann verlangen.

- § 816 Abs. 2 BGB: Leistung des Schuldners an einen Nichtberechtigten

▶ **Beispiel:** Volker König leiht sich für zwei Wochen von Marta Bäumer 1 000,00 €. Nach einer Woche tritt Marta Bäumer ihre Forderung gegenüber Volker König an Lisa Maurer ab. Zwei Wochen später zahlt Volker König Marta Bäumer das Geld vereinbarungsgemäß zurück, da er nicht weiß, dass sie die Forderung inzwischen abgetreten hat. Lisa Maurer kann gem. § 816 Abs. 2 BGB das Geld von Marta Bäumer herausverlangen.

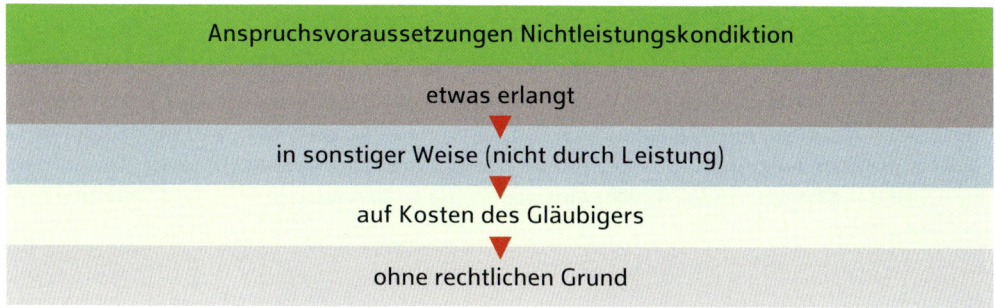

Anspruchsvoraussetzungen Nichtleistungskondiktion

etwas erlangt

in sonstiger Weise (nicht durch Leistung)

auf Kosten des Gläubigers

ohne rechtlichen Grund

Die Rechtsfolgen

Grundsätzlich muss das Erlangte **in natura herausgegeben** werden, d.h., der Bereicherungsgegenstand selbst muss zurückgegeben werden. Zudem sind gem. § 818 Abs. 1 BGB die aus dem erlangten Gegenstand gezogenen Nutzungen sowie Ersatzgegenstände herauszugeben.

▶ Beispiele: der Gewinn, der auf ein Los entfällt; Zinsen für eine Geldanlage

Unter Ersatzgegenstand wird hingegen **nicht** das verstanden, was man als rechtsgeschäftliche Gegenleistung bekommt, also z.B. der Erlös bei einem Verkauf.

Sofern es unmöglich ist, das Erlangte herauszugeben, ist gem. § 818 Abs. 2 BGB **Wertersatz** zu leisten. Die Unmöglichkeit der Herausgabe kann sich daraus ergeben, dass der Gegenstand verkauft, verschenkt, verbraucht o. Ä. wurde. Im Fall des Verkaufs eines Gegenstands ist nur der objektive Wert, der sog. Verkehrswert des Gegenstands, maßgeblich und nicht der tatsächliche Erlös. Sofern der Bereicherte also etwa durch besonderes Verhandlungsgeschick mehr für den Gegenstand erhalten hat, so muss er diesen „Mehrerlös" nicht an den Bereicherungsgläubiger herausgeben.

▶ Beispiel: Luise Segert schenkt ihrer Freundin Verena Kaufmann für eine Urlaubsreise eine Spiegelreflexkamera, die sie vor Kurzem für den üblichen Verkaufspreis von 500,00 € gekauft hat. Der Schenkungsvertrag ist nichtig, was aber beide nicht wissen. Als Verena Kaufmann während der Reise das Geld ausgeht, verkauft sie die Kamera an einen Händler Dank ihres Verhandlungsgeschicks für 600,00 €. Nach Verena Kaufmanns Rückkehr merken die beiden, dass der Vertrag nichtig war und Luise Segert fordert die Kamera zurück. Die Kamera selbst kann Luise Segert wiederum weder von dem Händler noch von Verena Kaufmann verlangen, da der Händler jetzt der Eigentümer ist (Verena Kaufmann kann die Kamera nicht herausgeben und der Händler muss nicht). Luise Segert kann also von Verena Kaufmann nur Wertersatz verlangen. Dieser richtet sich nach dem objektiven Wert, also 500,00 €. Den darüber hinausgehenden Verkaufserlös in Höhe von 100,00 € kann Verena Kaufmann behalten.

Es kann aber auch vorkommen, dass derjenige, der etwas zu Unrecht erlangt hat, **entreichert**, also nicht mehr bereichert ist, weil der erlangte Vermögensvorteil beim Bereicherten nicht mehr vorhanden ist. Dabei muss aber berücksichtigt werden, dass jemand nicht entreichert ist, wenn er einen Ersatzgegenstand erhalten oder sich Aufwendungen erspart hat.

▶ Beispiele: Wurde der Gegenstand weiterverkauft, so ist der Bereicherte nicht entreichert, da er einen Verkaufserlös erzielt hat. Wurde der Gegenstand weiterverschenkt, so ist der Bereicherte auch nicht entreichert, da er sich Aufwendungen erspart hat, also nicht eigenes Geld für ein Geschenk ausgeben musste. Wurde der Gegenstand verbraucht, also z.B. aufgegessen, so ist der Bereicherte auch nicht entreichert, da er sich auch in so einem Fall Aufwendungen erspart hat.

Dies gilt jedoch nicht für sog. **Luxusaufwendungen**, also Aufwendungen, die der Bereicherte sonst nicht getätigt hätte.

▶ Beispiel: Jessica Winter bestellt in einer Bar ein Glas Rotwein von der Karte. Nachdem sie es ausgetrunken hat, stellt sich heraus, dass in der Karte ein Druckfehler war und das Glas Wein nicht wie von Jessica Winter angenommen 4,50 €, sondern 45,00 € kostet. Hätte sie den wahren Preis gewusst, hätte sie wie üblich einen anderen günstigen Wein für ca. 5,00 € bestellt. Der Vertrag ist aufgrund des Druckfehlers und des damit verbundenen Irrtums nichtig. Jessica Winter kann den Wein nicht herausgeben, da sie ihn ausgetrunken hat. Sie müsste Wertersatz leisten. Dabei stellt sich jedoch die Frage, ob sie nicht entreichert ist, da sie das Glas ausgetrunken hat. Sie hat sich keine Aufwendungen in Höhe von 45,00 € erspart, da sie so ein teures Glas Wein nicht bestellt hätte, und ist damit entreichert und muss keinen Wertersatz für den „Luxuswein" zahlen.

Eine Entreicherung ist ausgeschlossen, wenn der Bereicherte **bösgläubig** war, er also wusste, dass der zugrunde liegende Vertrag nichtig ist, oder wenn ihm bereits eine Klage in der Sache zugestellt wurde.

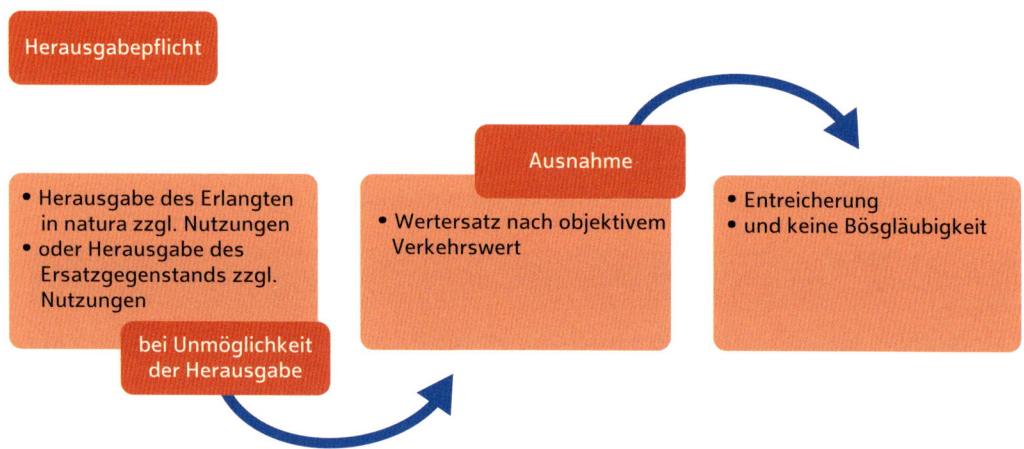

Die Saldotheorie

Bei gegenseitigen Verträgen, bei denen die beiderseitigen Leistungen bereits erbracht wurden, müssten die Vertragspartner im Fall einer bereicherungsrechtlichen Rückabwicklung die empfangenen Leistungen wieder austauschen. Zur Vereinfachung und um Nachteile zu vermeiden, werden in solchen Fällen nach der sog. **Saldotheorie** die Leistungen gegeneinander aufgerechnet, also saldiert, und nur der Überschuss muss dann herausgegeben werden. Dabei wird auch berücksichtigt, wenn eine der Parteien i. S. v. § 818 Abs. 3 BGB entreichert ist.

▶ Beispiel: Der Gebrauchtwagenhändler Robert Vinkowski schließt mit Anna Hartwig einen Kaufvertrag über einen gebrauchten Seat Ibiza und übereignet ihr den Wagen gegen die Zahlung des Kaufpreises von 5 000,00 €. Ein solcher Wagen hat aber nur einen Verkehrswert in Höhe von 4 000,00 €. Eine Woche später stellt sich heraus, dass der Kaufvertrag nichtig ist. Anna Hartwig möchte ihr Geld zurück haben, der Wagen wurde ihr aber schon vor zwei Tagen gestohlen. Anna Hartwig ist entreichert, da sie den Wagen nicht mehr hat. Sie kann aber nach der Saldotheorie die Differenz zwischen ihrer Leistung (5 000,00 €) und dem Wert der Gegenleistung (4 000,00 €) verlangen. Sie erhält also 1 000,00 €, ohne selbst etwas an den Gebrauchtwagenhändler Robert Vinkowski herausgeben zu müssen. Hätte sie genauso viel bezahlt, wie der Wagen objektiv wert ist (4 000,00 €), könnte sie nichts von Robert Vinkowski verlangen.

 Merke: Die Saldotheorie wird nicht angewandt, wenn der Empfänger der Leistung noch **minderjährig** war oder vom Leistenden **arglistig getäuscht** wurde.

Beispiel: Der Gebrauchtwagenhändler Robert Vinkowski schließt mit Anna Hartwig einen Kaufvertrag über einen gebrauchten Seat Ibiza und übereignet ihr den Wagen gegen die Zahlung des Kaufpreises von 5 000,00 €. Er behauptet dabei, dass der Wagen unfallfrei sei, obwohl ihm bekannt ist, dass der Wagen schon zwei kleinere Unfälle hatte. Nach zwei Wochen hat Anna Hartwig mit dem Wagen einen Unfall, bei dem es an dem Wagen zu einem Totalschaden kommt. In diesem Zusammenhang erfährt Anna Hartwig von den zwei Vorunfällen, die den Wert des Wagens um 1 000,00 € gemindert hatten. Anna Hartwig ficht den Kaufvertrag nach § 123 Abs. 1 BGB an und verlangt den Kaufpreis zurück. In diesem Fall kann Anna Hartwig den vollen Kaufpreis zurückverlangen, obwohl ihr die Rückgabe des Wagens nicht möglich ist, da der Gebrauchtwagenhändler Robert Vinkowski sie arglistig getäuscht hat.

Prüfung des Herausgabeanspruchs nach §§ 812 ff. BGB
Anspruchsvoraussetzungen (z. B. etwas erlangt, durch Leistung, ohne rechtlichen Grund)
▼
Rechtsfolgen (Herausgabe des Gegenstands, Wertersatz)
▼
Anspruch erloschen? (Entreicherung?)

1.3.4 Unerlaubte Handlungen

Die gesetzlichen Regelungen zu unerlaubten Handlungen (auch **Deliktsrecht** genannt) finden sich in den §§ 823 ff. BGB. Dort wird geregelt, welche Ansprüche jemand hat, wenn ihm widerrechtlich ein Schaden zugefügt wurde.

▶ Beispiel: Verena Kaufmann leiht sich von ihrer Freundin Luise Segert eine Spiegelreflexkamera, die diese vor Kurzem für 500,00 € gekauft hat, für eine Urlaubsreise. Als Verena Kaufmann während der Reise das Geld ausgeht, verkauft sie die Kamera an einen Händler für 100,00 €.

Die wichtigste Vorschrift bei unerlaubten Handlungen ist § 823 BGB. Es werden zwei Anknüpfungstatbestände unterschieden:

- **§ 823 Abs. 1 BGB** setzt voraus, dass **ein bestimmtes Rechtsgut verletzt** wurde (das Leben, der Körper, die Gesundheit, die Freiheit, das Eigentum oder ein sonstiges Recht, wie z. B. das Allgemeine Persönlichkeitsrecht oder das Recht am eingerichteten und ausgeübten Gewerbebetrieb).

    ▶ Beispiel: Verena Kaufmann hat das Eigentumsrecht von Luise Segert verletzt, indem sie die Kamera an den Händler verkauft hat.

- **§ 823 Abs. 2 BGB** setzt voraus, dass ein sog. **Schutzgesetz** verletzt wurde (z. B. Vorschriften aus dem StGB oder der StVO).

    ▶ Beispiel: Verena Kaufmann hat auch § 246 Abs. 1 und 2 StGB verletzt, da sie die Kamera unterschlagen hat. Somit hat sie ein Schutzgesetz i. S. v. § 823 Abs. 2 BGB verletzt.

 Hinweis: Es kommt häufig vor, dass mehrere (deliktische) Anspruchsgrundlagen nebeneinander bestehen.

Voraussetzung ist, dass der Schädiger eine Handlung begangen hat. Eine Unterlassung, also etwas nicht zu tun, reicht in der Regel nicht aus. Etwas anderes gilt, wenn den Schädiger eine sog. **Verkehrssicherungspflicht** trifft. Dies ist dann der Fall, wenn er eine Gefahrenquelle schafft oder unterhält. Er muss in einem solchen Fall alles Zumutbare tun, um Schäden für andere zu verhindern.

▶ Beispiele: Baustellen müssen so gesichert werden, dass sich niemand verletzt, bei Eisglätte müssen Anwohner streuen.

Die Handlung (bzw. die Unterlassung bei einer Verkehrssicherungspflicht) muss kausal, also ursächlich, sein für den Schaden, der entstanden ist. Dies wird als **haftungsbegründende Kausalität** bezeichnet, d. h., dass die Handlung nicht hinweggedacht werden kann, ohne dass der Erfolg eintritt und, dass dieser Erfolg nicht völlig unwahrscheinlich war.

▶ Beispiel: Julian Semmler spielt während der Autofahrt mit seinem Smartphone und verursacht dadurch einen Verkehrsunfall, bei dem eine andere Autofahrerin, die 30-jährige Janine König, schwer verletzt sowie drei Fahrzeuge beschädigt werden. Zudem muss die Landstraße für einige Stunden gesperrt werden. Einige ungeduldige Autofahrer fahren daraufhin auf den Rasen des Anwohners Bernd Huber, um dort zu wenden. Dabei wird Bernd Hubers Gartenzaun beschädigt. Die Handlung des Julian Semmler (Spielen mit dem Smartphone) kann nicht hinweggedacht werden, ohne dass alle Rechtsgutverletzungen (Verletzung der Autofahrerin, Beschädigung der Autos und Beschädigung des Zauns) entfallen würden. Allerdings sind nur die Verletzung der Autofahrerin Janine König und die Beschädigung der anderen Fahrzeuge nach allgemeiner Lebenserfahrung als wahrscheinliche Folge eines Verkehrsunfalls anzusehen. Bernd Huber kann somit keinen Schadenersatz für seinen Zaun von Julian Semmler verlangen, sondern muss sich an die Autofahrer wenden, die den unmittelbaren Schaden verursacht haben.

Die **Rechtswidrigkeit** wird in der Regel durch die Verwirklichung des Tatbestands indiziert. Der Verletzer muss also beweisen, dass er nicht rechtswidrig gehandelt hat.

  Hinweis: Im Fall der berechtigten GoA handelt der Geschäftsführer nicht rechtswidrig. Der Geschäftsherr kann also in einem solchen Fall keine Ansprüche aus unerlaubter Handlung geltend machen.

Darüber hinaus muss ein **Verschulden** vorliegen. Der Schädiger muss also vorsätzlich oder fahrlässig gehandelt haben. Die Haftung von Minderjährigen unter sieben Jahren ist nach § 828 Abs. 1 BGB ausgeschlossen. Bei Verstößen gegen Schutzgesetze wird ein Verschulden vermutet. Der Verletzer muss dann das Gegenteil beweisen.

Schließlich wird ermittelt, ob ein Schaden entstanden ist und wie hoch dieser ist. Dabei werden grds. nur Schäden berücksichtigt, die kausal auf der Rechtsgutverletzung beruhen (sog. **haftungsausfüllende Kausalität**), die also gerade durch diese Rechtsgutverletzung verursacht wurden. Auch hier wird darauf abgestellt, dass die Handlung nicht hinweggedacht werden kann, ohne dass der Erfolg eintritt und, dass dieser Erfolg nicht völlig unwahrscheinlich war.

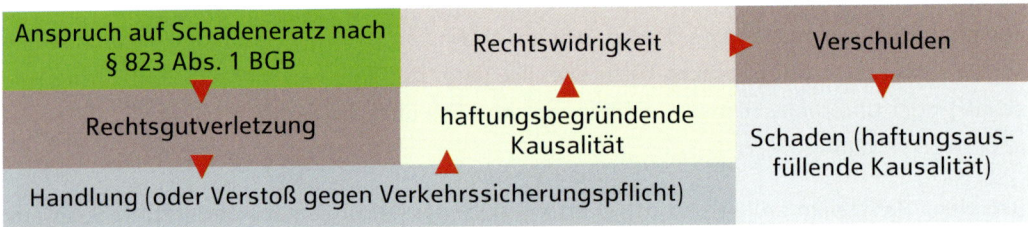

Eine weitere Anspruchsgrundlage findet sich in **§ 826 BGB**. Demnach schuldet derjenige Schadenersatz, der einem anderen in **sittenwidriger Weise** vorsätzlich einen Schaden zufügt.

▶ Beispiele: ein Vertragsschluss wurde durch eine Täuschung herbeigeführt, ein Gutachter erteilt wissentlich falsche Auskünfte

Nach **§ 831 BGB** haftet der Geschäftsherr für das Verschulden seiner **Verrichtungsgehilfen**, sofern er nicht nachweisen kann, dass er diese ordnungsgemäß ausgesucht und überwacht hat (sog. **Exkulpationsbeweis**).

▶ Beispiel: Die Malermeisterin Nikola Hansen stellt für die Sommermonate, in denen viel zu tun ist, den Schüler Joshua Plausen ein, ohne seine Vorkenntnisse und Eignung zu überprüfen. Am nächsten Tag fällt dem unerfahrenen Schüler aus Unachtsamkeit ein Werkzeugkasten vom Gerüst und verletzt den Spaziergänger Georg Mikoric. Georg Mikoric hat sowohl gegen Joshua Plausen einen Anspruch auf Schadensersatz nach § 823 Abs. 1 BGB, als auch gegen Nikola Hansen aus § 831 BGB. Wäre der Werkzeugkasten einem langjährigen und verlässlichen Mitarbeiter von Nikola Hansen heruntergefallen, könnte sie sich damit entschuldigen (exkulpieren), dass sie den Mitarbeiter seinerzeit ordnungsgemäß ausgesucht hat und er keiner besonderen Überwachung bedurfte, da er jahrelang unfallfrei gearbeitet hat.

Verrichtungsgehilfe ist, wer im Interesse des Geschäftsherrn und mit dessen Wissen und Wollen tätig wird und dabei weisungsgebunden ist. Der Schaden muss **in Ausführung der Verrichtung**, nicht nur bei Gelegenheit der Verrichtung herbeigeführt werden, es muss also eine Gefahr, die in Zusammenhang mit der Tätigkeit steht, verwirklicht werden.

▶ Beispiel: Der Geselle Lucas Steinert des Elektrikermeisters Josef Winkler stiehlt bei der Verlegung von Elektroleitungen in einem Wohnhaus Geld aus einer Spardose. Der Diebstahl geschah nicht in Ausführung, sondern bei Gelegenheit der Verrichtung. Daher haftet Josef Winkler nicht dafür.

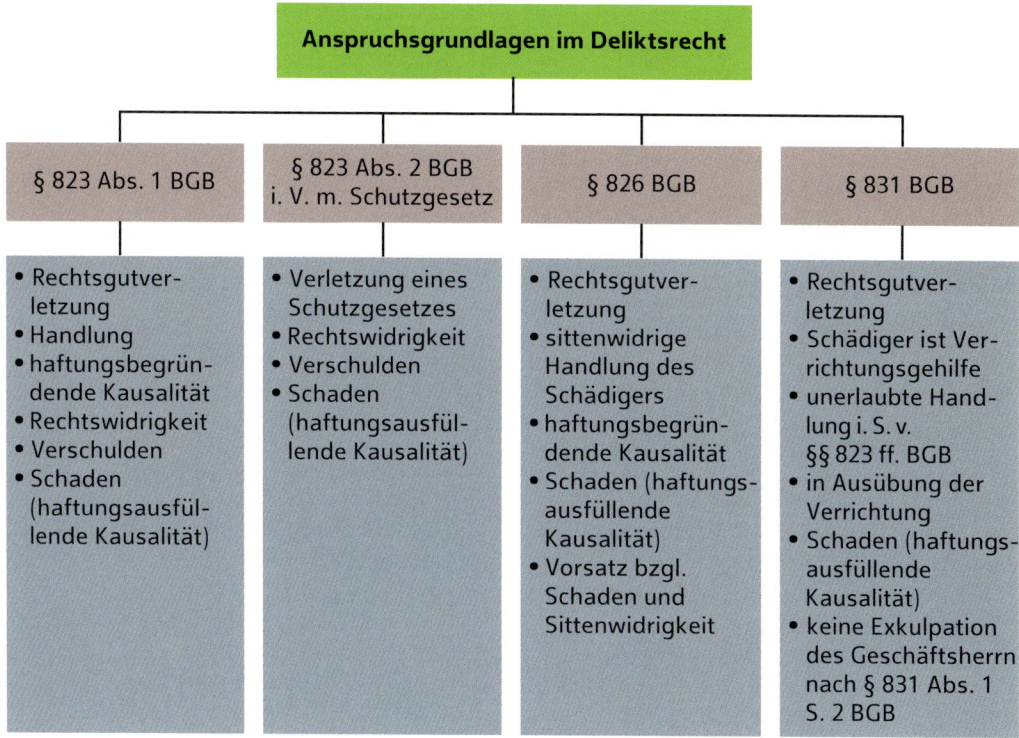

Darüber hinaus gibt es noch Sondervorschriften für verschiedene Formen von **Gefährdungshaftung**. In diesen Fällen wird die Schadenersatzpflicht nicht durch ein Verschulden begründet, sondern sie beruht darauf, dass jemand durch eine zwar erlaubte, aber gefährliche Tätigkeit unvermeidlich eine gewisse Gefährdung seiner Umgebung herbeiführt.

▶ Beispiele: Haftung des Tierhalters (§ 833 BGB), Haftung des Grundstücksbesitzers (§ 836 BGB)

1.4 Die Haupt- und Nebenforderung

Aus der Anspruchsgrundlage ergibt sich, was die Mandantschaft von der Gegenseite fordern kann. Dabei wird zwischen Haupt- und Nebenforderung unterschieden. **Nebenforderungen** sind Forderungen, die aus dem geltend gemachten Hauptanspruch abgeleitet sind (§ 4 ZPO).

▶ Beispiele: Verzugszinsen, Inkassokosten, vorgerichtliche Mahnkosten (diese gehören nicht zu den Kosten des Rechtsstreits gem. § 91 ZPO und müssen daher als Nebenforderung gesondert eingeklagt werden)

Die Unterscheidung ist wichtig, weil Nebenforderungen bei der Berechnung des Streitwerts nicht berücksichtigt werden (§ 4 Abs. 1 2. Hs. ZPO). Dies hat nicht nur Auswirkungen auf die **Anwalts- und Gerichtskosten**, sondern ist auch entscheidend für die **sachliche Zuständigkeit** des Gerichts.

▶ Beispiel: Anton Auerbacher möchte die Rückzahlung eines Darlehens in Höhe von 5 000,00 € sowie Verzugszinsen in Höhe von 300,00 € einklagen. Sachlich zuständig für Streitigkeiten mit einem Streitwert bis einschließlich 5 000,00 € ist das Amtsgericht (§ 23 Nr. 1 GVG), für Streitwerte darüber das Landgericht. Da die Zinsen Nebenforderungen sind, beträgt der Streitwert 5 000,00 € und nicht 5 300,00 €, sodass das Amtsgericht zuständig ist.

Werden Nebenforderungen in einem Gerichtsverfahren selbstständig geltend gemacht, sind sie jedoch Hauptforderung.

▶ Beispiel: Berta Wallner-Nguyen fordert von Anneliese Sigorski 6 000,00 € aus einem Kaufvertrag sowie Verzugszinsen in Höhe von 650,00 €. Kurz vor Prozessbeginn zahlt Anneliese Sigorski den Kaufpreis, aber nicht die Verzugszinsen. Berta Wallner-Nguyen muss die Zinsen nun vor dem Amtsgericht einklagen, da sie die Hauptforderung sind.

Zusammenfassung

Forderung

Was will die Mandantschaft?

z. B.
- Herausgabe einer Sache
- Schadenersatz
- Aufwendungsersatz
- Reparatur einer Sache
- Minderung

Anspruchsgrundlage

Auf was stützt die Mandantschaft die Forderung?

Mehrere Anspruchsgrundlagen können gleichzeitig infrage kommen:
- vertragliche Anspruchsgrundlagen
- gesetzliche Anspruchsgrundlagen (GoA, EBV, ungerechtfertigte Bereicherung, unerlaubte Handlung)

Voraussetzungen der Anspruchsgrundlage

Sind alle Voraussetzungen erfüllt?

z. B. § 823 Abs. 1 BGB
- Rechtsgutverletzung
- Verletzungshandlung
- haftungsbegründende Kausalität
- Rechtswidrigkeit
- Verschulden

Rechtsfolgen der Anspruchsgrundlage

Was sind die Folgen?

z. B.
- Herausgabe der Sache
- Schadenersatz
- Aufwendungsersatz
- Reparatur der Sache
- Minderung

 Wiederholung und Vertiefung

1. Wie wird ein Anspruch ermittelt?

2. Was ist ein Schuldverhältnis?

3. Der Franchise-Vertrag ist im BGB nicht geregelt. Ist ein solcher Vertrag deshalb unzulässig oder nichtig?

4. Milena Katic hat bei einem Onlineversand einen Kleiderschrank bestellt. Nachdem der Kleiderschrank geliefert wurde, stellt sie fest, dass die Tür des neuen Kleiderschranks stark verkratzt ist. Der Onlineversand bietet an, eine neue Tür einzusetzen. Milena Katic möchte aber lieber einen neuen Kleiderschrank. Darf sie das von dem Onlineversand fordern?

5. Vervollständigen Sie die folgende Tabelle:

Vertragsart	Vertragsinhalt	Vertragspartei	Beispiel
Auftrag	unentgeltliche Geschäfts-besorgung		Botendienst
Darlehens-vertrag	entgeltliche oder unent-geltliche Überlassung einer vertretbaren Sache gegen Rückgabe einer gleichartigen Sache	Darlehensnehmer/ Darlehensgeber	
Dienstver-trag		Dienstverpflichteter, Dienstnehmer/ Dienstberechtigter, Dienstherr	Nachhilfeunterricht
Kaufvertrag	Veräußerung von Sachen oder Rechten gegen Entgelt		Kauf von Kleidung, Nahrungsmitteln
Leihvertrag		Entleiher/Verleiher	ein Freund überlässt seiner Freundin kostenlos sein Auto für ein Wochenende
Mietvertrag		Mieter/Vermieter	Mietwohnung
Pachtvertrag	entgeltliche Überlassung von Sachen zum Gebrauch und Fruchtgenuss		Pacht eines Garten-grundstücks zur Züchtung von Tomaten
Schenkungs-vertrag		Schenker/ Beschenkter	Geburtstagsge-schenke
Tauschvertrag	Hingabe eines Tauschge-genstands gegen Emp-fang eines anderen	Tauschpartner	
Werkvertrag		Besteller/Hersteller	Herstellung eines maßgeschneiderten Anzugs

6. Ist der gutgläubige Erwerb von Eigentum an einer gestohlenen Sache möglich?

7. Nennen Sie fünf Beispiele für Rechtsgüter, die i. S. v. § 823 Abs. 1 BGB verletzt werden können.

8. Unter welchen Voraussetzungen haftet ein Geschäftsherr für seinen Verrichtungsgehilfen? Welche Vorschrift kommt hier zur Anwendung?

9. Nennen Sie die Prüfungsvoraussetzungen eines Anspruchs aus § 812 BGB.

10. Was besagt die Saldotheorie? Welche Ausnahmen gibt es bei der Saldotheorie?

11. Wann liegt eine echte GoA vor, wann eine unechte?

12. Unter welchen Voraussetzungen hat der Geschäftsführer Anspruch auf Aufwendungsersatz nach §§ 677, 683, 670 BGB? Was sind die einzelnen Prüfungspunkte?

13. Was besagt die Haftungsprivilegierung in § 680 BGB? Auf welche Fälle ist sie anwendbar?

2 Durchsetzbarkeit des Anspruchs

Sofern man einen Anspruch der Mandantschaft ermittelt hat und geprüft wurde, ob alle Voraussetzungen gegeben sind, dass dieser Anspruch entstanden und nicht untergegangen ist, muss sodann geprüft werden, ob der Anspruch auch durchsetzbar ist.

Ein Anspruch ist rechtlich durchsetzbar, wenn er fällig ist und keine Einreden durch den Gegner dagegen vorgebracht werden (Einredefreiheit des Anspruchs).

Lernsituation

Annika Sauer legt am 20.07.2023 mit Hilfe von Marion Webermann eine neue Akte an. In dem Fall geht es um die Mandantin Theresa Ortiz, die Mieterin einer Zweizimmerwohnung ist und mit ihrer Vermieterin Gisela Wiedemann seit Jahren im Streit liegt. Gisela Wiedemann verlangt von Theresa Ortiz, dass die Miete spätestens am ersten des jeweiligen Monats auf ihrem Konto eingegangen ist. Darüber regt sich Theresa Ortiz so auf, dass sie alle Vorfälle der letzten Jahre nun dazu nutzen möchte, gegen Gisela Wiedemann vorzugehen. Sie gibt an, dass die Heizung vom 18.11.2019 bis 30.12.2019 komplett ausgefallen war und sie deswegen ja die Miete mindern könnte, dass bei einem Streit am 20.04.2009 Gisela Wiedemann sie geschubst und sie sich bei dem Sturz den Arm gebrochen hatte und ihr Handy zerstört wurde.

Arbeitsaufträge:

a) Recherchieren Sie im BGB, welche Sonderregelungen es zur Fälligkeit gibt. Nennen Sie fünf Beispiele.

b) Überlegen Sie in Zweiergruppen, ob nach der gesetzlichen Regelung, Gisela Wiedemann verlangen kann, dass die Miete am ersten des Monats auf ihrem Konto ist. Notieren Sie das Ergebnis.

c) Recherchieren Sie im BGB und erstellen Sie in Gruppenarbeit eine Liste der wichtigsten Verjährungsfristen.

d) Lesen Sie im BGB die Regelungen zur Berechnung von Verjährungsfristen und erstellen Sie eine Mindmap, aus der sich die wichtigsten Angaben zu Beginn, zum Ende sowie zu Unterbrechung und Hemmung ergeben.

e) Berechnen Sie die hier in Frage stehenden Verjährungsfristen. Notieren Sie auch, welche Ansprüche Theresa Ortiz noch geltend machen kann.

f) Reflektieren Sie anschließend Ihr Wissen.

2.1 Fälligkeit

Fälligkeit ist der Zeitpunkt, ab dem der Gläubiger berechtigt ist, eine Leistung zu verlangen, der Schuldner also **leisten muss**. **Erfüllbarkeit** ist im Gegensatz dazu der Zeitpunkt, ab dem der Schuldner **leisten darf** und der Gläubiger bei Nichtannahme in Annahmeverzug gem. §§ 293 ff. BGB gerät.

Die Fälligkeit eines Anspruchs kann sich entweder aus einer gesetzlichen Regelung oder einer vertraglichen Vereinbarung ergeben.

2.1.1 Gesetzliche Fälligkeit

In § 271 Abs. 1 BGB ist geregelt, dass, sofern nichts anderes vereinbart ist, eine Leistung sofort fällig ist, d. h., mit Abschluss des Vertrags. Etwas anderes gilt nach § 271 Abs. 1 BGB nur dann, wenn sich eine spätere Fälligkeit aus den Umständen ergibt.

Die Regelung des § 271 Abs. 1 BGB gilt nur, wenn nicht von den Vertragsparteien ein anderer Fälligkeitstermin vereinbart wurde oder gesetzliche Sonderregelungen bestehen.

Solche **Sonderreglungen** finden sich z. B. für:

- die Fälligkeit der Leistungen beim **Verbrauchsgüterkauf** (§ 475 Abs. 1 BGB): Der Verbraucher kann die Leistung unverzüglich verlangen, der Unternehmer muss die Sache in diesem Fall spätestens 30 Tage nach Vertragsschluss übergeben.
- die Fälligkeit der **Vergütung beim Werk- oder Dienstvertrag** (§ 614 BGB bzw. § 641 BGB): Die Vergütung ist nach Erbringung der Dienste bzw. bei der Abnahme des Werks zu entrichten.
- die Fälligkeit des **Miet- oder Pachtzinses** (§ 556 b Abs. 1 BGB bzw. § 587 Abs. 1 BGB): Die Miete ist zu Beginn, spätestens bis zum dritten Werktag der einzelnen Zeitabschnitte zu entrichten, nach denen sie bemessen ist (also z. B. 3. Tag des Monats), die Pacht ist am Ende der Pachtzeit zu entrichten.
- die Fälligkeit des **Rückzahlungsanspruchs des Darlehensgebers** (§ 488 Abs. 3 S. 1 BGB): Die Fälligkeit hängt von der Kündigung durch den Darlehensgeber oder den Darlehensnehmer ab.
- die Fälligkeit des **Rückgabeanspruchs des Verleihers** (§ 604 Abs. 1–3 BGB).
- die Fälligkeit der **Vergütung für die Aufbewahrung** (§ 699 Abs. 1 BGB): Der Hinterleger hat die vereinbarte Vergütung bei der Beendigung der Aufbewahrung zu entrichten.

2.1.2 Vertragliche Fälligkeit

Die Vertragsparteien können grds. **frei festlegen**, wann ein Anspruch fällig sein soll. § 271 Abs. 2 BGB stellt dabei klar, dass für den Fall, dass sich die Parteien bei Vertragsschluss auf einen Termin verständigt haben, im Zweifel anzunehmen ist, dass der Gläubiger die Leistung nicht vor dieser Zeit verlangen, der Schuldner sie vor dieser Zeit aber bewirken kann. Der Schuldner darf also schon vorher leisten, er muss aber nicht.

▶ Beispiel: Theodoros Papadakis und Maximilian Stegert vereinbaren in einem Kaufvertrag, dass Theodoros Papadakis Maximilian Stegert den Rechnungsbetrag spätestens 30 Tage nach Zugang der Rechnung auf das in der Rechnung angegebene Konto einzuzahlen hat. Im Zweifel tritt die Fälligkeit also nicht bereits mit der Lieferung der Ware oder dem Zugang der Rechnung ein, sondern erst 30 Tage später.

In § 271 a BGB sind **Höchstgrenzen** für rechtsgeschäftliche Vereinbarungen der Fälligkeit festlegt. So müssen z. B. Zahlungsfristen von mehr als 60 Tagen ausdrücklich vereinbart werden und dürfen für den Gläubiger nicht grob unbillig sein.

2.1.3 Rechtsfolgen der Fälligkeit

Die Fälligkeit eines Anspruchs ist in verschiedenen Zusammenhängen von Bedeutung:

- Aufgerechnet werden kann nur mit fälligen Forderungen.
- Vollstreckt werden können nur fällige Forderungen.
- Mit der Fälligkeit eines Anspruchs beginnt die Verjährungsfrist zu laufen.
- Die Fälligkeit ist Voraussetzung für den Verzug.

 vgl. LF 4, Kap. 2.2.2

 Hinweis: Ist eine Leistung fällig und durchsetzbar, erbringt der Schuldner die Leistung aber nicht, so kommt er in Verzug (§ 286 BGB). In der Regel ist dazu eine Mahnung, also eine Aufforderung durch den Gläubiger, die Leistung zu erbringen, erforderlich. In einigen Fällen ist eine solche Mahnung jedoch entbehrlich (§ 286 Abs. 2 BGB). Im Fall des Verzugs hat der Schuldner Verzugszinsen gem. §§ 288–290 BGB zu zahlen, eventuelle Verzögerungsschäden gem. §§ 280 Abs. 1 und 2, 286 BGB zu ersetzen und seine Haftung ist gem. § 287 BGB verschärft.

2.2 Einredefreiheit

Ein Anspruch kann nur durchgesetzt werden, wenn die Gegenseite keine Einreden dagegen erhebt. Einreden sind selbstständige Gegenrechte, die es dem Schuldner ermöglichen, den **Anspruch abzuwehren**. Macht der Schuldner davon keinen Gebrauch, bleibt der Anspruch durchsetzbar.

In einem Gerichtsverfahren muss sich der Berechtigte ausdrücklich auf die entsprechende Einrede berufen und sie auch beweisen. Einreden werden im Gegensatz zu Einwendungen nicht von Amts wegen, also ohne Vorbringen der berechtigten Person, berücksichtigt.

Hinweis: Der Schuldner kann zwei Arten von Gegenrechten geltend machen: **Einwendungen** und **Einreden**. Einwendungen können rechtshindernde oder rechtsvernichtende Wirkung haben. Im Fall einer **rechtshindernden Einwendung** (z. B. Geschäftsunfähigkeit einer Partei, §§ 104, 105 BGB; Sittenwidrigkeit des Geschäfts, § 138 BGB) ist der Anspruch gar nicht entstanden, im Fall einer **rechtsvernichtenden Einwendung** (z. B. Aufrechnung, §§ 387 ff. BGB; Erfüllung, § 362 BGB; Kündigung, § 314 BGB; Unmöglichkeit, § 275 Abs. 1 BGB) geht der Anspruch unter, existiert also nicht mehr. **Einreden** hingegen vernichten nicht den Anspruch, sondern führen dazu, dass er nicht durchsetzbar ist.

Unterschieden wird zwischen **dauernden** und nur **vorübergehenden Einreden**:

Vorübergehende Einreden sind z. B.:
- Stundung (z. B. § 468 BGB)
- Einrede des nicht erfüllten Vertrags (§ 320 BGB)
- Zurückbehaltungsrechte (§ 273 BGB)

Dauernde Einreden sind z. B.:
- Verjährung (§§ 195 ff. BGB)
- Mängeleinrede (§ 438 Abs. 4, 5 BGB)
- Arglisteinrede (§ 853 BGB)
- Bereicherungseinrede (§ 821 BGB)

Durch die Erhebung einer Einrede hat der Schuldner ein (vorübergehendes oder dauerndes) Leistungsverweigerungsrecht. Die Erhebung der Einrede verhindert zudem den Verzug.

2.2.1 Stundung

Die Stundung ist eine Vereinbarung zwischen Gläubiger und Schuldner, nach der die **Fälligkeit** einer Leistung **nach hinten verschoben** wird. Die Leistung ist damit nicht sofort fällig (§ 271 BGB), sondern erst zum vereinbarten Zeitpunkt.

Im Gegensatz zur vertraglich vereinbarten Fälligkeit wird die Fälligkeit bei einer Stundung nicht erstmalig festlegt, sondern eine bestehende Fälligkeit wird verschoben.

Die Stundung betrifft nicht die Erfüllbarkeit der Leistung, der Schuldner kann die Leistung trotzdem auch schon vor Fälligkeit erbringen.

Erhebt der Schuldner die Einrede der Stundung, hat er ein Leistungsverweigerungsrecht bis zum Ende der Stundung.

2.2.2 Verjährung

Eine der in der Praxis wichtigsten Einreden ist die Verjährung.

Die Verjährung verhindert die Geltendmachung eines Anspruchs nach Ablauf einer gewissen Zeit. Dies **dient der Rechtssicherheit und dem Rechtsfrieden**, da dadurch Gläubiger angehalten werden, ihre Ansprüche zeitnah durchzusetzen und Schuldner die Gewissheit haben, nach Jahren nicht mehr mit Forderungen behelligt zu werden.

Verjähren können nur Ansprüche (§ 194 Abs. 1 BGB), also die Möglichkeit von jemandem ein Tun oder Unterlassen fordern zu können. **Nicht verjähren** können u. a.

- absolute Rechte, wie z. B. das Eigentum, das allgemeine Persönlichkeitsrecht,
- das Recht zum Besitz,
- Gestaltungsrechte, wie z. B. Kündigungsrechte, das Recht auf Anfechtung, Aufrechnung.

Wirkung der Verjährung

Die Verjährung eines Anspruchs bedeutet nicht, dass dieser Anspruch erloschen ist, dass er also nicht mehr existiert. Der Schuldner hat im Fall der Verjährung nur **das dauerhafte Recht, die Leistung zu verweigern** (§ 214 Abs. 1 BGB). Die Verjährung ist also eine sog. Einrede, die der Schuldner geltend machen kann und vor Gericht auch geltend machen muss.

Leistet der Schuldner trotz der Verjährung, so hat dies **Erfüllungswirkung** (§ 214 Abs. 2 BGB). Er kann somit das Geleistete nicht nach den Vorschriften über ungerechtfertigte Bereicherung gem. §§ 812 ff. BGB zurück verlangen, da er nicht ohne rechtlichen Grund geleistet hat. Dies gilt auch, wenn der Schuldner von der Verjährung gar nichts wusste. Zudem verhindert die Verjährung nicht, dass eine Aufrechnung oder ein Zurückbehaltungsrecht weiterhin geltend gemacht werden (§ 215 BGB).

Um zu entscheiden, ob ein Anspruch verjährt ist, sind folgende Überlegungen anzustellen:

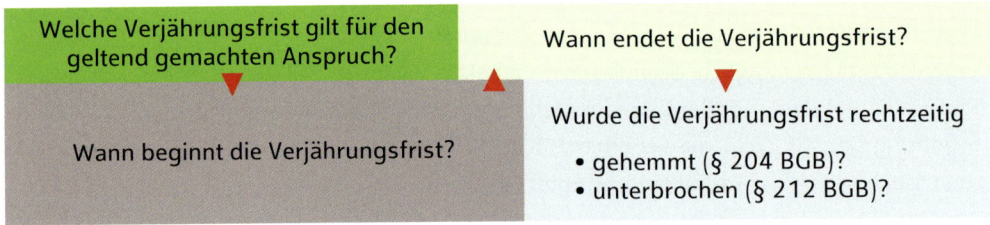

Verjährungsfristen

Die **regelmäßige Verjährungsfrist** ist in § 195 BGB geregelt und beträgt drei Jahre. Sie gilt für alle Arten von Ansprüchen, unabhängig davon, ob sich diese aus vertraglichen oder gesetzlichen Anspruchsgrundlagen ergeben. Die regelmäßige Verjährungsfrist gilt allerdings nicht, wenn für einen bestimmten Fall Sonderregelungen existieren oder eine wirksame vertragliche Vereinbarung über die Verjährung durch die Parteien getroffen wurde.

Die wichtigsten Sonderregelungen für die Verjährung sind:

Art des Anspruchs	Norm	Frist	Fristbeginn
Rechte an einem Grundstück	§ 196 BGB	10 Jahre	Entstehung des Anspruchs auf Eigentumsübertragung
Herausgabeanspruch nach § 985 BGB	§ 197 Abs. 1 Nr. 1 BGB	30 Jahre	Entstehung des Anspruchs
Familien- und erbrechtliche Ansprüche	§ 197 Abs. 1 Nr. 2 BGB	30 Jahre	Entstehung des Anspruchs
Ansprüche aus einem rechtskräftigen Urteil und gleichgestellte Ansprüche (z. B. Ansprüche aus vollstreckbaren Urkunden, Vollstreckungsbescheide)	§ 197 Abs. 1 Nr. 3, 4, 5 BGB	30 Jahre	Rechtskraft
Schadenersatzansprüche, z. B. wegen Verletzung an Leben, Körper usw.	§ 199 BGB	30 Jahre	Begehung der Handlung
sonstige Schadenersatzansprüche	§ 199 Abs. 3 BGB	10 Jahre	Entstehung des Anspruchs
Gewährleistungsansprüche aus einem Kaufvertrag	§ 438 Abs. 1 Nr. 3 BGB	2 Jahre	Übergabe der Sache
arglistiges Verschweigen eines Mangels der Kaufsache durch den Verkäufer	§ 438 Abs. 3 BGB	3 Jahre	wie bei Regelverjährung
Gewährleistungsrechte bei Kaufvertrag über ein Bauwerk oder Gegenständen, die für ein Bauwerk verwendet wurden	§ 438 Abs. 1 Nr. 2 b BGB	5 Jahre	Übergabe der Sache

Art des Anspruchs	Norm	Frist	Fristbeginn
Gewährleistungsrechte aus einem Werkvertrag	§ 634 a Abs. 1 Nr. 1 BGB	2 Jahre	Abnahme des Werks
arglistiges Verschweigen eines Mangels am Werk durch den Hersteller	§ 634 a Abs. 3 BGB	3 Jahre	wie bei Regelverjährung
Gewährleistungsrechte aus Herstellung eines Bauwerks oder Arbeiten am Bauwerk	§ 634 a BGB	5 Jahre	Abnahme des Werks
Gewährleistungsansprüche aus der Erstellung unkörperlicher Arbeitsergebnisse (z. B. Software)	§ 634 a Abs. 1 Nr. 3 BGB	3 Jahre	wie bei Regelverjährung
Reisevertragsrecht	§ 651 j S. 2 BGB	2 Jahre	geplantes Reiseende
Ersatzansprüche des Vermieters	§ 548 BGB	6 Monate	Rückgabe der vermieteten Sache
Ersatzansprüche des Verleihers	§ 606 BGB	6 Monate	Rückgabe der verliehenen Sache

▶ **Beispiel:** Lorenz Johnson kauft am 12.05.2018 einen Kühlschrank von Sabine Obermayr. Der Kühlschrank wird am gleichen Tag geliefert. Sabine Obermayr hat allerdings arglistig einen Mangel an dem Kühlschrank verschwiegen. Lorenz Johnson entdeckt den Mangel am 12.07.2021 und verlangt einen neuen Kühlschrank aufgrund seiner Gewährleistungsansprüche. Die Verjährungsfrist für Mängelansprüche im Kaufvertrag beträgt nach § 438 Abs. 3 BGB drei Jahre. Die Frist beginnt gem. § 195 BGB aber erst nach Kenntnis des Gläubigers, somit am 31.12.2021 (§ 199 Abs. 1 BGB, Beginn Ende des Jahrs) und endet am 31.12.2024.

vgl. LF 4, Kap. 1.2

Vertragliche Abreden über die Länge und den Beginn der Verjährung sind grds. zulässig. Dies ergibt sich aus der Vertragsfreiheit. Einige vertragliche Regelungen sind jedoch nicht möglich:
- Die Verjährung für Fälle einer **vorsätzlichen Haftung** kann im Voraus nicht durch eine rechtsgeschäftliche Vereinbarung abgekürzt werden (§ 202 Abs. 1 BGB).
- Die Verjährungsfrist kann **nicht länger als 30 Jahre** sein (§ 202 Abs. 2 BGB).
- Zum Schutz von Verbrauchern dürfen beim **Verbrauchsgüterkauf** keine kürzeren Verjährungsfristen vereinbart werden (§ 476 Abs. 2 BGB).
- Weitere Schutzvorschriften für Verbraucher finden sich in den Regelungen zu den **AGB**, z. B. §§ 309 Nr. 7 a und b, 309 Nr. 8 b BGB.

Beginn der Verjährung

Die regelmäßige Verjährungsfrist beginnt gem. § 199 Abs. 1 BGB am Ende des Kalenderjahrs (31. Dezember, 00:00 Uhr des Jahrs) in dem

- der **Anspruch entstanden** ist und
- der **Gläubiger Kenntnis von dem Anspruch und der Person des Schuldners** hatte (oder grob fahrlässig keine Kenntnis erlangt hat).

Die Verjährung beginnt also erst wenn beide Voraussetzungen erfüllt sind.

In der Regel wird der Zeitpunkt der Anspruchsentstehung mit dem Zeitpunkt der Kenntnis zusammenfallen. Denkbar ist aber, dass bei einer unerlaubten Handlung der Gläubiger erst später erfährt, wer der Schädiger war.

vgl. LF 4, Kap. 1.3.4

▶ Beispiel: Bei einem Kaufvertrag ist in der Regel bekannt, wann der Anspruch entstanden und wer die Schuldnerin bzw. der Schuldner ist. Wird das Auto jedoch gestohlen, kann es sein, dass man erst Jahre später erfährt, wer den Diebstahl begangen hat und damit der Schädiger war.

Der Anspruch entsteht in der Regel mit der **Fälligkeit der Forderung**. So entsteht ein Anspruch aus einem gegenseitigen Vertrag, wenn der Leistungszeitpunkt überschritten ist und bei Schadenersatzansprüchen dann, wenn der Schaden entstanden ist.

vgl. LF 3, Kap. 3.1

In § 199 Abs. 2-4 BGB werden darüber hinaus Obergrenzen, sog. **objektive Höchstfristen** festgelegt, nach denen die Verjährung auf jeden Fall eintritt, unabhängig davon, wann der Gläubiger Kenntnis von dem Anspruch erlangt hat. Dadurch soll verhindert werden, dass sich die Verjährung zu lange hinaus zieht oder gar nicht eintritt, da der Gläubiger nie erfahren hat, wer der Schuldner ist.
Die Höchstfrist gem. § 199 Abs. 3 Nr. 1 und Abs. 4 BGB beträgt zehn Jahre.
Für Schadenersatzansprüche wegen besonders privilegierter Rechtsgüter wie Leben, Körper, Gesundheit, Freiheit gibt es noch eine Ausnahme: Sie verjähren erst 30 Jahre nach dem schadensbringenden Ereignis (§ 199 Abs. 2 und Abs. 3 Nr. 2 BGB).

Andere Verjährungsfristen, also solche, die nicht der regelmäßigen Verjährungsfrist unterliegen, beginnen gem. §§ 200, 201 BGB im Lauf des Kalenderjahrs, in dem der Anspruch entstanden ist.

Ende der Verjährung

Das Ende der Verjährungsfrist wird nach den §§ 187 ff. BGB berechnet.

Hinweis: Die Parteien können vertraglich vereinbaren, dass eine Frist anders als in den §§ 187 ff. BGB festgelegt berechnet wird.

In der Regel ist für den Beginn der Frist ein Ereignis entscheidend (sog. **Ereignisfrist**). Gem. § 187 Abs. 1 BGB wird dann der Tag der Fälligkeit bei der Berechnung der Frist nicht mitgerechnet.

Ist der Beginn eines Tags entscheidend (sog. **Verlaufsfrist**, z.B. Geburt, in Kraft treten von Gesetzen, Arbeitsverträge, Mietverträge), so wird dieser Tag gem. § 187 Abs. 2 S. 1 BGB mit eingerechnet.

▶ Beispiel: Sarah Hauser wurde am 12.02.2005 geboren, sie wird am 12.02.2023 um 00:00 Uhr volljährig.

Die Berechnung der Frist hängt davon ab, in welchen Zeiträumen sie festgelegt wurde:
- **Tagesfristen:**
  Eine nach Tagen bestimmte Frist endet am letzten Tag der Frist (§ 188 Abs. 1 BGB).

▶ Beispiel: Eine 10-tägige Ereignisfrist endet am Ende des 10. Tags (Ereignis am 03.11.2023, Fristbeginn am 04.11.2023, Fristende am 13.11.2023). Gerechnet wird: 03.11.2023 + 10 Tage = 13.11.2023). Alle Handlungen bis zum 13.11.2023 um 23:59 Uhr sind noch fristgerecht.

November 2023

	Mo	Di	Mi	Do	Fr	Sa	So
44	30	31	1	2	3	4	5
45	6	7	8	9	10	11	12
46	13	14	15	16	17	18	19
47	20	21	22	23	24	25	26
48	27	28	29	30	1	2	3

- **Wochenfristen:**
  Eine nach Wochen bestimmte Frist endet am gleichen Wochentag (§ 188 Abs. 2 BGB).

▶ Beispiel: Eine 4-wöchige Ereignisfrist, die am Freitag, den 03.11.2023 beginnt, endet am Freitag, den 24.11.2023. Alle Handlungen bis zum 24.11.2023 um 23:59 Uhr sind noch fristgerecht.
Wäre die Frist eine Verlaufsfrist (z.B. die Probezeit von Annika Sauer), so endet sie am Donnerstag, den 23.11.2023, da der erste Tag (der 03.11.2023) mitgerechnet wird.

November 2023

	Mo	Di	Mi	Do	Fr	Sa	So
44	30	31	1	2	3	4	5
45	6	7	8	9	10	11	12
46	13	14	15	16	17	18	19
47	20	21	22	23	24	25	26
48	27	28	29	30	1	2	3

- **Monatsfristen:**
  Eine nach Monaten bestimmte Frist endet gem. § 188 Abs. 2 BGB am Tag mit derselben Zahl.

Hinweis: Vier Wochen sind für die Fristberechnung nicht gleichzusetzen mit einem Monat.

▶ Beispiel: Eine 4-wöchige Frist, die am Dienstag, den 07.11.2023 beginnt, endet am Dienstag, den 05.12.2023 (der Dienstag vier Wochen später). Eine 1-monatige Frist, die am 07.11.2023 beginnt, endet am 07.12.2023 (am Tag der gleichen Zahl im nächsten Monat).

Zu beachten ist dabei, dass, falls es den berechneten Tag in diesem Monat nicht gibt, gem. § 188 Abs. 3 BGB die Frist mit dem Ablauf des letzten Tags dieses Monats endet.

▶ Beispiel: Würde eine Frist rechnerisch am 31. November enden, so gilt der 30. November als Fristende, da es den 31. November nicht gibt.

• **Jahresfristen:**
Bei Jahresfristen endet die Frist am letzten Tag des entsprechenden Jahrs.

▶ Beispiel: Miriam Weiss und Hedwig Rossow schließen am 12.07.2023 einen Kaufvertrag über ein Motorboot. Miriam Weiss bezahlt das Motorboot auch gleich, vereinbart mit Hedwig Rossow aber, dass diese das Motorboot am nächsten Tag liefert. Das Motorboot wird jedoch nicht vereinbarungsgemäß am 13.07.2023 geliefert und Miriam Weiss vergisst die ganze Sache. Am 20.08.2026 benötigt Miriam Weiss dringend ein Motorboot und ihr fällt ein, dass sie vor einigen Jahren eines von Hedwig Rossow gekauft hat. Der Anspruch ist nicht verjährt. Miriam Weiss kann das Motorboot immer noch herausverlangen. Miriam Weiss und Hedwig Rossow haben keine vertragliche Vereinbarung über die Verjährung getroffen. Sondervorschriften sind im vorliegenden Fall nicht einschlägig. Daher gilt die regelmäßige Verjährungsfrist gem. § 195 BGB. Diese Frist beginnt gem. § 199 Abs. 1 BGB mit dem Ende des Jahrs, in dem der Anspruch entstanden ist, und der Gläubiger von den anspruchsbegründenden Umständen und der Person des Schuldners Kenntnis erlangte. Der Anspruch ist im Jahr 2023 entstanden (mit Fälligkeit der Lieferung des Motorboots am 13.07.2023) und Miriam Weiss kannte 2023 alle relevanten Umstände. Damit beginnt die Verjährungsfrist am 01.01.2024, 00:00 Uhr und endet am 31.12.2026, 00:00 Uhr.

 Merke: Fällt das Ende der Frist auf einen Samstag, Sonntag oder Feiertag, endet die Frist gem. § 193 BGB am folgenden Werktag. Dies gilt jedoch nicht für Kündigungen.

In § 189 BGB werden zudem Auslegungsregeln festgelegt. Demnach ist unter
- einem halben Jahr eine Frist von sechs Monaten,
- einem Vierteljahr eine Frist von drei Monaten und
- einem halben Monat eine Frist von 15 Tagen

zu verstehen.

Fristenkalender

In Kanzleien oder Notariaten sind Fristenkalender ein unentbehrliches Hilfsmittel zur Überwachung der Fristen. Darin werden neben **Fristen** auch **Termine** und **Wiedervorlagen** notiert. Inzwischen arbeiten fast alle Kanzleien mit speziellen EDV-Programmen für Anwälte, die in der Regel auch einen Fristenkalender beinhalten. Immer wieder wird jedoch parallel oder ausschließlich ein konventioneller Fristenkalender aus Papier benutzt, um Fehler und Datenverlust durch EDV-Störungen zu vermeiden.

Wichtig ist jedoch, dass es in jeder Kanzlei nur einen einheitlichen Fristenkalender gibt und die Zuständigkeiten für die Führung dieses Kalenders klar geregelt sind.

Fristen erkennen

die tägliche Post muss auf fristauslösende Schriftstücke hin durchgesehen werden

vgl.
LF 2,
Kap. 2.1

Fristen berechnen

bei der Fristberechnung ist besondere Sorgfalt erforderlich

Führen eines Fristenkalenders

| Vorfrist (ca. eine Woche vor Fristablauf) sollte notiert werden | Fristen müssen sich von Wiedervorlagefristen erkennbar abheben | Fristen müssen nach Erledigung gestrichen werden (Frist sollte aber noch lesbar sein) |

Vorlage an den sachbearbeitenden Anwalt

eine unterschiedliche Kennzeichnung je nach Art der Frist, z. B. durch farbige Blätter auf der Akte, ist hilfreich

Postausgangskontrolle

| die Frist darf erst gestrichen werden, wenn die Sache postversandfertig gemacht wurde | eventuell Verwendung eines Postausgangsbuchs |

 Merke: Der Fristenkalender ist nicht nur für den täglichen Ablauf in der Kanzlei entscheidend, sondern kann auch **zu Beweiszwecken herangezogen** werden, wenn es um die Frage des Verschuldens beim Versäumen einer Frist geht.

vgl.
LF 11,
Kap. 1.5

Eine wichtige Aufgabe von Rechtsanwalts- und Notarfachangestellten ist es, die Fristen zu überwachen und ggf. Vorfristen einzutragen, sodass noch ausreichend Zeit für das Verfassen von Schriftstücken bleibt.

▶ Beispiel: Eine Vorfrist für eine Klageerwiderung muss in der Regel länger sein, als die für eine Vertretungsanzeige, da eine Klageerwiderung mehr Zeit erfordert.

Sofern dies nicht elektronisch geschieht, müssen die entsprechenden Papierakten rechtzeitig herausgesucht und den Sachbearbeitenden vorgelegt werden. Dabei kann es hilfreich sein, die Akten je nach Art der Frist farblich zu kennzeichnen.

▶ Beispiel: Ein rotes Blatt Papier wird auf den Aktendeckel geheftet, wenn es sich um eine Ausschlussfrist handelt, ein gelbes, wenn es um eine Vorfrist geht und ein grünes bei Gerichtsterminen.

Hemmung der Verjährung

Die Verjährungsfrist kann auch gehemmt werden (§ 209 BGB). Dies bedeutet, dass die Frist **vorübergehend nicht weiter läuft**, also angehalten wird und nach Ende der Hemmung wieder dort ansetzt, wo sie unterbrochen wurde.

▶ Beispiel: Drei Tage vor dem Ende der Verjährungsfrist wird die Frist gehemmt. Die Hemmung dauert zwei Jahre. Danach läuft die Frist weiter und endet nach drei Tagen.

Ereignisse, die den Lauf einer Verjährungsfrist hemmen können sind:

 • **Stundung** (§ 205 BGB):
Bei einer Stundung vereinbaren Schuldner und Gläubiger, dass die Leistung erst zu einem späteren Zeitpunkt erbracht wird. Für die Dauer der Stundung hat der Schuldner ein vorübergehendes Leistungsverweigerungsrecht.

• **Verhandlungen der Parteien** (§ 203 BGB):
Verhandlungen der Parteien bedeutet, dass sie sich wirklich über die infrage stehenden Ansprüche austauschen. Der Schuldner darf also die Leistung nicht endgültig verweigert haben. Verhandlungen können aber in verschiedenen Formen geführt werden, z. B. mündlich bei einem Treffen der Parteien, schriftlich unter Mitwirkung ihrer Anwälte oder im Rahmen einer außergerichtlichen Mediation.

In § 203 Abs. 2 BGB ist zudem geregelt, dass die Verjährung frühestens drei Monate nach Ende der Verhandlungen weiterläuft. Sind die Verhandlungen also gescheitert, so hat der Gläubiger in jedem Fall, unabhängig von der restlichen Dauer der Verjährungsfrist, noch ausreichend Zeit um Klage einzureichen.

- **Rechtsverfolgung** (§ 204 Abs. 1 Nr. 1 BGB):

  Außergerichtliche Mahnungen, Klageandrohungen oder sonstige Geltendmachung von Ansprüchen hemmen die Verjährung nicht, unabhängig davon, ob sie von einem Rechtsanwalt durchgeführt werden. Die Verjährung kann aber durch verschiedene gerichtliche Maßnahmen gehemmt werden, z.B. durch:
  - Erhebung einer Leistungs- oder Feststellungsklage (§ 204 Abs. 1 Nr. 1 BGB)
  - Zustellung eines gerichtlichen Mahnbescheids (§ 204 Abs. 1 Nr. 3 BGB)
  - Zustellung der Streitverkündung (§ 204 Abs. 1 Nr. 6 BGB)
  - Zustellung des Antrags auf Durchführung eines selbstständigen Beweisverfahrens (§ 204 Abs. 1 Nr. 7 BGB)
  - Zustellung eines Antrags auf Erlass eines Arrests oder einer einstweiligen Verfügung (§ 204 Abs. 1 Nr. 9 BGB)
  - Anmeldung des Anspruchs im Insolvenzverfahren (§ 204 Abs. 1 Nr. 10 BGB)
  - Beginn eines schiedsgerichtlichen Verfahrens (§ 204 Abs. 1 Nr. 11 BGB)
  - Antrag auf Gewährung von Prozesskostenhilfe (§ 204 Abs. 1 Nr. 14 BGB)

  Nach § 204 Abs. 2 und Abs. 3 BGB endet die Hemmung sechs Monate nach Beendigung der eingeleiteten Maßnahme, also z.B. sechs Monate nach einer rechtkräftigen Entscheidung.

- **besondere Hemmungsgründe:**

  Zudem gibt es verschiedene Sonderregelungen, die ebenfalls die Verjährung hemmen. So bestimmt z.B. § 206 BGB, dass die Verjährung gehemmt ist, wenn der Gläubiger innerhalb der letzten sechs Monate der Verjährungsfrist durch höhere Gewalt an der Rechtsverfolgung gehindert ist. Beim Verbrauchsgüterkauf ist in § 475 e BGB geregelt, dass bei einem Mangel, der sich innerhalb der regulären Gewährleistungsfrist gezeigt hat, die Verjährung erst vier Monate nach dem Zeitpunkt einsetzt, in dem sich der Mangel erstmals gezeigt hat.

Neubeginn der Verjährung

Bei einem Neubeginn entfällt eine bereits verstrichene Frist ersatzlos. Die Frist beginnt also wieder **von Anfang an** und zwar am folgenden Tag nach dem Ereignis, das zum Neubeginn der Verjährung geführt hat.

Einen solchen Neubeginn gibt es unter folgenden Umständen:

- **der Schuldner erkennt den Anspruch an** (§ 212 Abs. 1 Nr. 1 BGB):

  Die Anerkennung muss dabei nicht ausdrücklich erfolgen, etwa indem der Schuldner schriftlich die Anerkennung erklärt. Sie kann auch durch schlüssiges Verhalten erfolgen, z.B. wenn der Schuldner Abschlags- oder Zinszahlungen leistet, um Stundung bittet oder eine Nachbesserung vornimmt.

- der Schuldner beantragt gerichtliche oder behördliche **Vollstreckungshandlungen** (§ 212 Abs. 1 Nr. 2 BGB)

Zusammenfassung

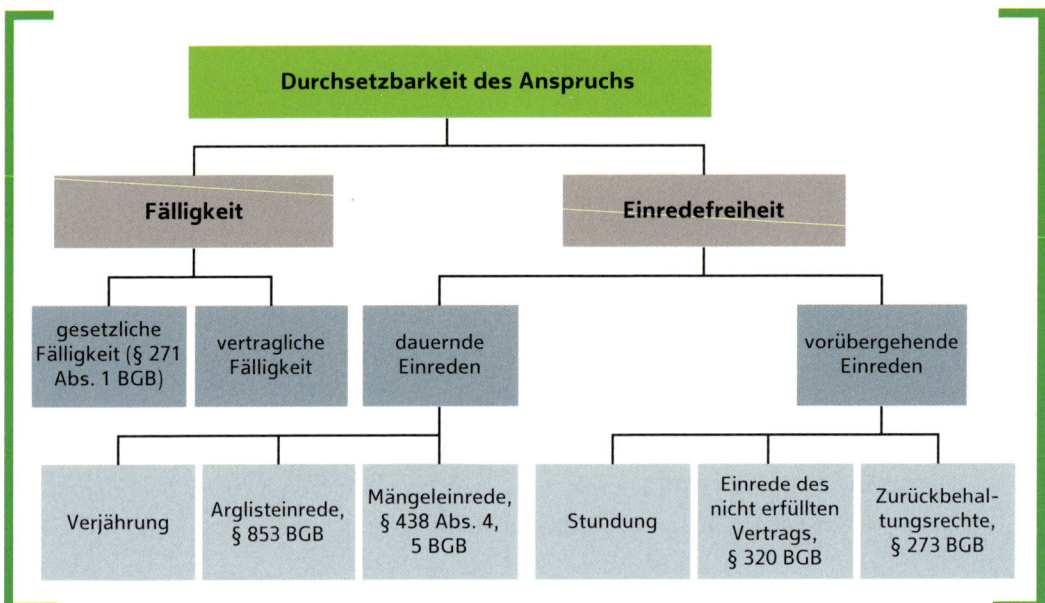

 Wiederholung und Vertiefung

1. Welche Voraussetzungen müssen erfüllt sein, damit ein Anspruch durchsetzbar ist?
2. Wann ist die Miete für einen Büroraum nach der gesetzlichen Regelung fällig?
3. Nennen Sie fünf verschiedene Einreden. Welche davon sind vorübergehende Einreden, welche dauernde?
4. Welche Wirkung hat die Verjährung?
5. Wann beginnt die regelmäßige Verjährung nach § 195 BGB?

3 Außergerichtliche und gerichtliche Geltendmachung des Anspruchs

Nachdem festgestellt wurde, dass die Mandantschaft einen durchsetzbaren Anspruch hat, stellt sich die Frage, wie dieser Anspruch am effektivsten geltend gemacht werden kann. Dabei gibt es verschiedene Möglichkeiten, den Anspruch außergerichtlich wie auch vor Gericht geltend zu machen. Welche Möglichkeit in einem bestimmten Fall vorrangig genutzt werden sollte, hängt von den Einzelheiten des Falls und vor allem von den Wünschen der Mandantschaft ab. Vorab muss jedoch geklärt werden, wer genau die Beteiligten in dem Verfahren sind und unter welchen Kontaktdaten sie zu erreichen sind.

Lernsituation

Rechtsanwalt Peter Huber hat gerade ein erstes Gespräch mit der neuen Mandantin Jasmin Bergfelder geführt und übergibt Annika Sauer die Akte. In dem Mehrfamilienhaus, in dem Jasmin Bergfelder wohnt, sind die einzelnen Parteien (mehrere Familien und ein Architektenbüro) sehr zerstritten und alle drohen mit einer Klage u. a. wegen Lärmbelästigung, dem unerlaubten Halten von Tieren und nicht bezahlter Rechnungen für die Gartenpflege. Vor kurzem hat der Nachbar  Jonas Yüksel die Reifen an den Fahrrädern von Jasmin Bergfelder und dem anderen Nachbarn Ali Aulbach, die vor dem Haus abgestellt waren, zerstochen, weil er der Meinung ist, dass diese ihm den Weg zu den Mülltonnen versperrt haben. Da er sich weigert, die Rechnung für die Reparatur zu bezahlen, möchte Jasmin Bergfelder, dass er durch Rechtsanwalt Peter Huber zur Zahlung aufgefordert wird.

Arbeitsaufträge:
a) Recherchieren Sie zum Thema Partei- und Prozessfähigkeit natürlicher und juristischer Personen und erstellen Sie in Gruppenarbeit eine Übersicht dazu.
b) Eine der Wohnungen gehört dem Unternehmen VW. Recherchieren Sie im Internet, welche Gesellschaftsform VW hat, wer der gesetzliche Vertreter ist und wie die Anschrift lautet. Notieren Sie Ihr Ergebnis.
c) Überlegen Sie sich in Zweiergruppen, wie Sie das anwaltliche Aufforderungsschreiben formulieren würden. Welche Angaben müssen darin unbedingt enthalten sein? Notieren Sie diese.

d) Diskutieren Sie in der Gruppe, welche außergerichtlichen und gerichtlichen Möglich-keiten zur Geltendmachung eines Anspruchs bestehen. Notieren Sie Ihr Ergebnis.

e) Diskutieren und begründen Sie, welches Vorgehen im vorliegenden Fall empfehlens-wert wäre.

f) Reflektieren Sie anschließend Ihr Wissen.

3.1 Die Beteiligten

Um den Anspruch der Mandantschaft geltend machen zu können, muss geklärt werden, gegen wen genau die Geltendmachung gerichtet sein muss. Dies hängt davon ab, ob ein Beteiligter eine natürliche oder juristische Person ist, ob sie oder er partei- und prozessfähig ist und wer ggf. der gesetzliche Vertreter ist.

3.1.1 Natürliche und juristische Personen

Natürliche Personen

Natürliche Person ist **jeder Mensch** (unabhängig davon, welche Staatsbürgerschaft sie oder er hat). Natürliche Personen sind automatisch rechtsfähig, d.h., sie können Träger eigener Rechte und Pflichten sein (sog. Rechtssubjekte). Die **Rechtsfähigkeit** eines Menschen beginnt mit der Vollendung der Geburt (§ 1 BGB), also dem vollständigen Austritt aus dem Mutterleib, und endet mit dem Tod (§ 1922 Abs. 1 BGB). Ein Mensch muss also keine besonderen Fähig-keiten oder Merkmale haben, um rechtsfähig zu sein.

▶ Beispiel: Säuglinge, Kleinkinder oder Menschen mit schweren geistigen Behinderungen sind auch rechtsfähig.

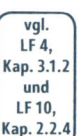

vgl.
LF 4,
Kap. 3.1.2
und
LF 10,
Kap. 2.2.4

Die Rechtsfähigkeit ist u. a. Voraussetzung für die **Erbfähigkeit** einer Person, also für die Frage, ob sie etwas erben kann und vor allem auch für die **Parteifähigkeit**.

Die Rechtsfähigkeit ist von der Handlungsfähigkeit zu unterscheiden. **Handlungsfähigkeit** ist die Fähigkeit, rechtlich bedeutsame Handlungen vorzunehmen. Zur Handlungsfähigkeit gehören:

- die **Geschäftsfähigkeit**, also die Fähigkeit, durch eigenes rechtsgeschäftliches Handeln Rechte zu erwerben und Pflichten zu übernehmen.
  Sonderformen der Geschäftsfähigkeit sind die **Ehefähigkeit**, also die Fähigkeit, eine Ehe wirksam einzugehen und die **Testierfähigkeit**, also die Fähigkeit, ein Testament wirksam zu errichten.

Von der Geschäftsfähigkeit hängt auch die **Prozessfähigkeit**, also die Fähigkeit, einen Prozess vor Gericht selbst oder mithilfe eines Prozessbevollmächtigten zu führen, ab.

vgl.
LF 4,
Kap. 3.1.2
und
LF 10,
Kap. 2.2.5

Geschäftsunfähig sind Menschen, die an einer krankhaften Störung der Geistestätigkeit leiden, sowie Kinder im Alter von bis zu sieben Jahren (§ 104 BGB). Beschränkt geschäftsfähig sind Menschen, die unter Betreuung stehen (§ 1903 BGB) und Minderjährige zwischen sieben und 18 Jahren (§§ 106 ff. BGB). Voll geschäftsfähig sind Menschen ab dem 18. Lebensjahr (§ 2 BGB).

- die **Deliktsfähigkeit**, also die Fähigkeit, für unerlaubte Handlungen i. S. v. §§ 823 ff. BGB verantwortlich gemacht werden zu können und als Ausgleich Schadenersatz leisten zu müssen.

vgl.
LF 4,
Kap. 1.3.4

Ähnlich wie bei der Geschäftsfähigkeit, sind Kinder unter sieben Jahren nicht deliktsfähig, zwischen sieben und 18 Jahren je nach ihrer Einsichtsfähigkeit beschränkt deliktsfähig (zwischen sieben und zehn Jahren aber nicht verantwortlich für Verkehrsunfälle) und ab dem 18. Lebensjahr voll deliktsfähig (§ 828 BGB).

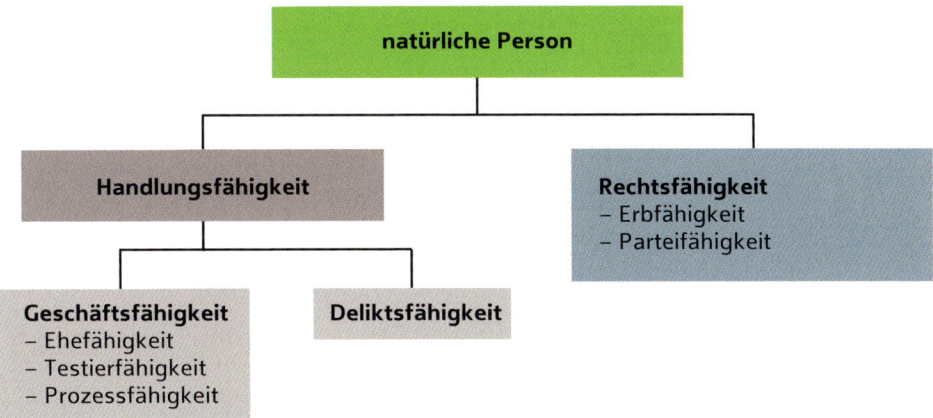

Juristische Personen

Juristische Personen sind bestimmte Zusammenschlüsse von Personen oder Sachen, denen die Rechtsordnung Rechtsfähigkeit verleiht. Sie können demnach also Träger eigener Rechte und Pflichten sein.

vgl.
LF 2,
Kap. 5.4

Je nachdem, ob juristische Personen dem öffentlichen oder privaten Recht zuzuordnen sind, werden sie als **juristische Personen des Privatrechts** oder **des öffentlichen Rechts** bezeichnet. Bei juristischen Personen des Privatrechts unterscheidet das BGB zwischen Vereinen und Stiftungen. Hinzu kommen Regelungen in anderen Gesetzen.

Juristische Personen des Privatrechts sind u. a.:

• nichtwirtschaftliche Vereine (Idealvereine, § 21 BGB)

• wirtschaftliche Vereine (§ 22 BGB)

• Kapitalgesellschaften (GmbH geregelt im GmbHG, AG geregelt im AktG)

• private Stiftungen (§§ 80 ff. BGB)

• Versicherungsverein auf Gegenseitigkeit (VVaG)

• Kommanditgesellschaft auf Aktien (KGaA)

• eingetragene Genossenschaft (eG)

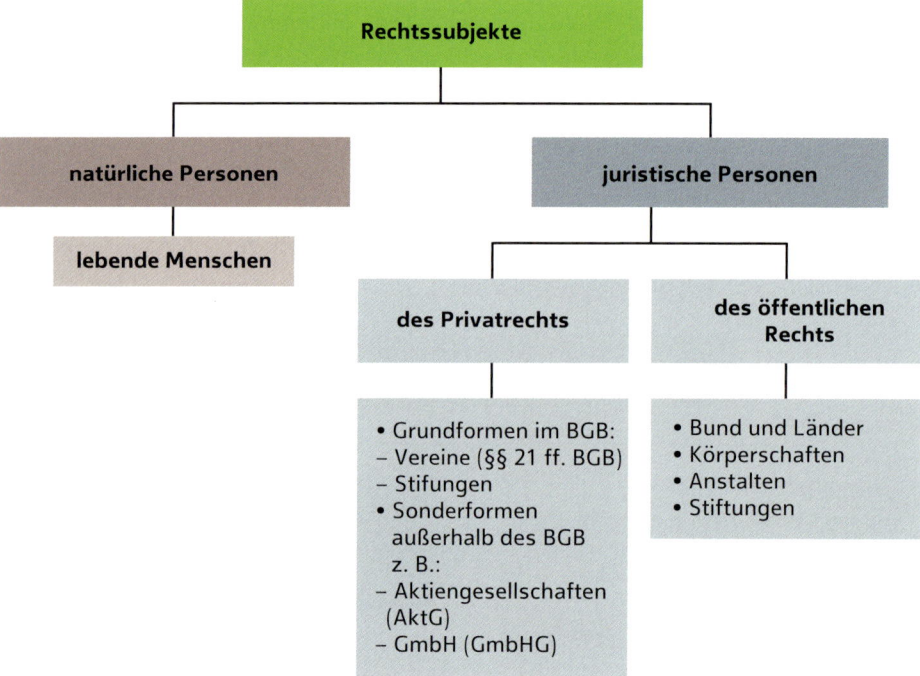

Juristische Personen erlangen die Rechtsfähigkeit durch den Gründungsakt (z. B. eingetragener Verein, § 21 BGB; Stiftung, § 80 BGB).

Juristische Personen sind nicht selbst **deliktsfähig**. Es ist jedoch möglich, dass ihnen über ihre Organe schuldhafte Handlungen zugerechnet werden (§ 31 BGB).

Andere Zusammenschlüsse, wie die **Personengesellschaften**, sind keine juristischen Personen. Sie sind jedoch aufgrund von ausdrücklichen rechtlichen Regelungen parteifähig.

3.1.2 Die Partei- und Prozessfähigkeit der Beteiligten

Die Partei- und Prozessfähigkeit der Beteiligten in einem Zivilprozess ist eine wichtige Voraussetzung für eine Klage. Fehlt eine der Eigenschaften, ist die Klage unzulässig und wird durch Prozessurteil abgewiesen.

vgl.
LF 10,
Kap. 2

 Hinweis: Für die außergerichtliche und gerichtliche Geltendmachung eines Anspruchs ist die genaue und korrekte Bezeichnung der Partei entscheidend. Bei Gesellschaften müssen der Gesellschaftsname und der Rechtsformzusatz (z.B. GmbH) angegeben werden. Zudem muss der gesetzliche Vertreter und eine zustellungsfähige Adresse genannt werden.

▶ Beispiel: *„gegen die*
Hartmann GmbH, Wiedemannstraße 23, 87563 Neustadt,
vertreten durch ihren Geschäftsführer Cengiz Uzlu, ebenda"

Die Parteifähigkeit

Parteifähigkeit ist die Fähigkeit, in einem Rechtsstreit Partei, also Kläger, Beklagter, Antragsteller etc., zu sein.

Parteifähig ist gem. § 50 Abs. 1 ZPO, wer rechtsfähig ist.

Alle **natürliche Personen** sind somit ab ihrer Geburt parteifähig (§ 1 BGB).

Juristische Personen sind rechtsfähig und damit parteifähig nach der jeweiligen speziellen gesetzlichen Regelung (GmbH, § 13 Abs. 1 GmbHG; AG, § 1 Abs. 1 S. 1 AktG).

Für sonstige Gesellschaften und Zusammenschlüsse gilt Folgendes:
- Personengesellschaften wie die oHG/**OHG** und die **KG**, sind zwar keine juristischen Personen, aber aufgrund von ausdrücklichen rechtlichen Regelungen ebenfalls parteifähig (OHG, § 124 Abs. 1 HGB; KG § 124 HGB i. V. m. § 161 Abs. 2 HGB. Man bezeichnet dies als Teilrechtsfähigkeit).  vgl. LF 2, Kap. 4.9.3 und 4.9.4
- Auch für den **nichtrechtsfähigen Verein**, d.h., einen Verein, der nicht in das Vereinsregister eingetragen ist, ist in § 50 Abs. 2 ZPO ausdrücklich geregelt, dass der nichtrechtsfähige Verein klagen und verklagt werden kann und im Rechtsstreit die Stellung eines rechtsfähigen Vereins einnimmt. vgl. LF 2, Kap. 4.11
- Die Parteifähigkeit der Gesellschaft bürgerlichen Rechts (GbR, § 705 BGB) ergibt sich nach der Rechtsprechung des BGH aus einer entsprechenden Anwendung des § 124 Abs. 1 HGB. Dies gilt allerdings nur für die **Außen-GbR**, die durch Teilnahme am Rechtsverkehr eigene Rechte und Pflichten begründet, nicht jedoch für interne Handlungen innerhalb der GbR. vgl. LF 2, Kap. 4.9.2

vgl. LF 2, Kap. 4.1

- Der **eingetragene Kaufmann** kann unter seiner Firma klagen und verklagt werden (§ 17 Abs. 2 HGB). Partei des Prozesses ist jedoch der Kaufmann als Person. Lautet die Firma auf seinen Namen, reicht sie als Parteibezeichnung aus.

▶ Beispiel: *„gegen die*

  Firma Julius Hartmann e. K., Wiedemannstraße 23, 87563 Neustadt"

  „gegen den

  unter der Firma „Spielspaß" handelnden Kaufmann Julius Hartmann, Wiedemannstraße 23, 87563 Neustadt"

- Eine **Wohnungseigentümergemeinschaft** ist zwar auch nicht rechtsfähig, kann aber gem. § 10 Abs. 6 S. 4 WEG vor Gericht klagen und verklagt werden.
- Eine **Erbengemeinschaft** ist weder rechts- noch parteifähig. Die miterbenden Personen können aber in erbrechtlichen Streitigkeiten gemeinsam verklagt werden (§§ 2058, 2059 Abs. 2 BGB).

vgl. LF 1, Kap. 1.3.4

 Hinweis: Die Parteifähigkeit ist nicht dispositiv. Die Parteien können also keine Vereinbarungen darüber treffen, ob eine Prozesspartei parteifähig ist oder nicht.

Die Prozessfähigkeit

Prozessfähigkeit ist die Fähigkeit, Prozesshandlungen selbst durchzuführen oder durch einen selbst bestellten Vertreter durchführen zu lassen.

vgl. LF 10, Kap. 2.2.6

 Hinweis: Die Prozessfähigkeit darf nicht verwechselt werden mit der **Prozessführungsbefugnis**. Dies ist die Fähigkeit, den geltend gemachten Anspruch als Partei eines Prozesses zu verfolgen und steht grds. dem Rechtsinhaber zu.
Wichtig ist auch noch die Frage der **Postulationsfähigkeit**, also die Frage, wer vor Gericht rechtserheblich auftreten kann. Im Zivilprozess vor dem Amtsgericht können die Parteien selbst rechtserheblich handeln. Vor dem Landgericht hingegen besteht Anwaltszwang (§ 78 ZPO). Jede Partei kann sich immer durch Rechtsanwältinnen und Rechtsanwälte im Prozess vertreten lassen, vor dem Landgericht muss sie es jedoch. Auch Rechtsanwältinnen und Rechtsanwälte müssen dabei jedoch prozessfähig sein.

Prozessfähig ist, wer sich nach bürgerlichem Recht selbstständig durch Verträge verpflichten kann (§§ 51, 52 ZPO).

Wer **nicht voll geschäftsfähig** ist, muss deshalb im Prozess vertreten sein: Für Minderjährige übernimmt üblicherweise der gesetzliche Vertreter die Prozesshandlungen (in der Regel beide Elternteile gem. §§ 1629, 1626 BGB).

 Hinweis: Es gibt keine „beschränkte Prozessfähigkeit". Beschränkt Geschäftsfähige können also nicht klagen oder verklagt werden.

Gesellschaften werden ebenfalls durch ihre gesetzlichen Vertreter im Prozess vertreten:

vgl. LF 2, Kap. 4

Gesellschaft	juristische Person	Parteifähigkeit	Prozessfähigkeit, Vertretung vor Gericht
rechtsfähiger Verein	ja	§ 21 BGB	Vorstand, § 26 Abs. 2 BGB
nicht rechtsfähiger Verein	nein	§ 50 Abs. 2 ZPO	Mitglieder, § 54 S. 1 BGB
Stiftung	ja	§ 80 BGB	Vorstand, §§ 86, 26 BGB
GbR	nein	§ 124 Abs. 1 HGB entsprechend, nur für die Außen-GbR, die am Rechtsverkehr teilnimmt	Gesellschafter, §§ 709, 710, 714 BGB
AG	ja	§ 1 Abs. 1 S. 1 AktG	Vorstand, § 78 Abs. 1 AktG
GmbH	ja	§ 13 Abs. 1 GmbHG	Geschäftsführer, § 35 Abs. 1 GmbHG
OHG	nein	§ 124 Abs. 1 HGB	Gesellschafter, § 125 HGB
KG	nein	§ 161 Abs. 2 HGB i. V. m. § 124 Abs. 1 HGB	Komplementär, § 161 Abs. 2 HGB
GmbH & Co. KG	nein, siehe KG	siehe KG	siehe KG
KGaA	ja	§ 278 Abs. 1 AktG	Vorstand bestehend aus Komplementär, siehe KG
Partnerschaft	nein	§ 7 Abs. 2 PartGG	Partner, § 7 Abs. 3 PartGG, § 125 HGB
Wohnungseigentümergemeinschaft	nein	§ 10 Abs. 6 WEG	Verwalter, § 27 Abs. 3 WEG
Genossenschaft	ja	§ 17 Abs. 1 GenG	Vorstand, § 24 Abs. 1 GenG

Der gesetzliche Vertreter selbst muss wiederum geschäftsfähig sein.

Ist der gesetzliche Vertreter eine Gesellschaft, so muss deren gesetzlicher Vertreter angegeben werden.

▶ Beispiel: „gegen die
Singer AG & Co. KGaA, Schillerstr. 456, 25987 Neuburg,
vertreten durch die persönlich haftende Gesellschafterin Singer Management AG,
diese vertreten durch den Vorstand:
Dr. Caspar van Stetten (Vorsitzender), Luca DiMaria, Chantal Arsten-Knobel"

3.2 Anschriftermittlung

Sowohl für die außergerichtliche als auch für die gerichtliche Geltendmachung von Ansprüchen ist es erforderlich, eine **aktuelle Anschrift** der Gegenseite zu haben, um ihn kontaktieren zu können.

In der Regel wird sich die Anschrift aus den von der Mandantschaft übergebenen Unterlagen, also z. B. aus **Rechnungen, Briefköpfen** etc., ergeben. Liegen diese Daten jedoch nicht vor oder stellen sich diese als unzutreffend heraus, müssen die aktuellen Kontaktdaten ermittelt werden.

In einem ersten Schritt sollten die allgemein zugänglichen Datenbanken durchsucht werden. Dazu gehören das **Telefonbuch** und **Die Gelben Seiten**, die auch online unter www.telefonbuch.de bzw. www.gelbeseiten.de verfügbar sind.

Sofern die Gegenseite eine Website betreibt, ist sie gem. § 5 TMG (Telemediengesetz) verpflichtet, eine Anbieterkennzeichnung auf der Website anzubringen. Diese Kennzeichnung, die üblicherweise als **Impressum** bezeichnet wird, muss u. a. auch die Anschrift und bei juristischen Personen zusätzlich die Rechtsform und den Vertretungsberechtigten nennen.

Auch die Suche über Internetsuchmaschinen wie Google oder Bing oder die Suche in sozialen Netzwerken wie Facebook, LinkedIn und Xing kann bei der Anschriftermittlung hilfreich sein.

Sofern diese Suche erfolglos bleibt, gibt es die Möglichkeit, in den öffentlichen Registern nach dem Schuldner oder seinem Unternehmen zu suchen.

Natürliche Personen sind verpflichtet, sich beim für sie örtlich zuständigen Einwohnermeldeamt anzumelden. Gegen eine Gebühr (die je nach Amt zwischen 2,00 € und 30,00 € beträgt) kann beim zuständigen Einwohnermeldeamt eine **Einwohnermeldeamtsanfrage** (EMA) durchgeführt werden. Diese kann schriftlich, persönlich oder auch über das Internet erfolgen und darf von jedem durchgeführt werden. Für die eindeutige Zuordnung einer Person sind dabei neben dem vollständigen Namen auch frühere Adressen und das Geburtsdatum hilfreich.

Ist der Schuldner nicht deutscher Staatsbürger, kann unter bestimmten Voraussetzungen ein Auskunftsersuchen an das Ausländerzentralregister (AZR) gestellt werden.

Auch eine Auskunft über das **Schuldnerverzeichnis** des gemeinsamen Vollstreckungsportals der Länder (abrufbar unter: www.vollstreckungsportal.de/zponf/allg/willkommen.jsf; 25.07.2022) kann hilfreich sein. Dazu ist jedoch ein Auskunftsinteresse nachzuweisen.

Für **juristische Personen** ist eine Recherche in folgenden Datenbanken sinnvoll:

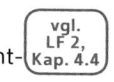

vgl. LF 4, Kap. 3.1.1

- **Gewerberegister:**
  Erfasst werden im Gewerberegister alle Gewerbetreibende aus dem Zuständigkeitsbereich der Stadt oder Gemeinde. Der Antrag ist schriftlich durch ein formloses Anschreiben möglich. Manche Gewerberegister bieten auch elektronische Auskünfte an. In jedem Fall muss ein Auskunftsinteresse nachgewiesen werden. Die Gebühren variieren je nach Stadt oder Gemeinde, bei der das Register geführt wird, liegen aber in der Regel bei ca. 30,00 €. Teilweise muss ein Verrechnungsscheck beigefügt werden.

- **Handelsregister:**
  Erfasst werden alle Kaufleute aus dem Zuständigkeitsbereich. Da es sich um ein öffentliches Register handelt, kann jeder Auskunft verlangen oder online unter www.handelsregister.de das Register einsehen.

  vgl. LF 2, Kap. 4.3

- **Vereinsregister:**
  Erfasst werden alle eingetragenen Vereine im Zuständigkeitsbereich. Jeder ist zur Einsichtnahme berechtigt.

  vgl. LF 2, Kap. 4.4

- **Industrie- und Handelskammer:**
  Bei der örtlichen Industrie- und Handelskammer gibt es in der Regel Register zu bestimmten Berufsgruppen.

Es besteht auch die Möglichkeit, jemanden mit der Anschriftenermittlung zu **beauftragen**. Dieser Service wird z. B. von der Deutschen Post, der Schufa sowie von zahlreichen Inkassobüros und Auskunfteien angeboten. Die Kosten dafür variieren je nach Schwierigkeitsstufe der Anschriftenermittlung.

Für alle Zwangsvollstreckungsmaßnahmen durch einen **Gerichtsvollzieher** darf der Gerichtsvollzieher auf Antrag des Gläubigers gem. § 755 ZPO aus öffentlichen Registern den Aufenthaltsort des Schuldners ermitteln.

3.3 Das anwaltliche Aufforderungsschreiben

Anwaltliche Aufforderungsschreiben sind eine der am häufigsten gebrauchten Formen der anwaltlichen Korrespondenz. Der Vorteil bei anwaltlichen Aufforderungsschreiben ist, dass es eine **schnelle und kostengünstige Möglichkeit** der außergerichtlichen Erledigung darstellt. Es müssen keine Gerichte oder sonstige öffentliche Stellen eingeschaltet werden, wodurch zusätzliche Kosten entstünden.

vgl.
LF 3,
Kap. 3.2.2
und
LF 10,
Kap. 1.2.7

Ein anwaltliches Aufforderungsschreiben setzt die Gegenseite in **Verzug**. Dies ist insbesondere im Hinblick auf § 93 ZPO wichtig: Sofern Klage erhoben wird, ohne die Gegenseite zuvor in Verzug gesetzt zu haben, kann der Beklagte die Forderung sofort anerkennen, was zur Folge hat, dass die Kosten dem Kläger auferlegt werden würden.

Anwaltliche Aufforderungsschreiben sind im Grundsatz immer gleich aufgebaut, sodass sie mit ein bisschen Übung von Rechtsanwaltsfachangestellten selbstständig bearbeitet werden können. Folgende Punkte muss ein solches Schreiben enthalten:

- eigenes Aktenzeichen und Bezeichnung der Angelegenheit
- Bezeichnung des Schuldners (mit gültiger Anschrift)
- Bezeichnung der Mandantschaft
- Vertretungsanzeige (Hinweis auf vorhandene/beiliegende Vollmacht)
- Sachverhalt
- genaue Bezeichnung des Anspruchs (Geldbetrag, Zinsen)
- Zahlungsaufforderung mit Fristsetzung
- Androhung der Folgen des Fristversäumnisses (Empfehlung der Klageerhebung, gerichtliches Mahnverfahren, Klageerhebung)
- Anwaltsvergütungsabrechnung und Zahlungsaufforderung
- Unterschrift des Rechtsanwalts

Sofern ein Rechtsanwalt Inkassodienstleistungen erbringt, müssen auch die Darlegungs- und Informationspflichten nach § 43 d BRAO beachtet werden.

> **Hinweis:** Wichtig ist, die Daten im anwaltlichen Aufforderungsschreiben sorgfältig zu kontrollieren: Stimmt die Anschrift der Gegenseite? Ist sie kurzfristig umgezogen? Stimmen die Daten im Sachverhalt? Wurde die Frist richtig berechnet?

Die Vorlage der **Vollmacht** ist in der Regel nicht unbedingt erforderlich. Die Gegenseite kann jedoch jederzeit verlangen, dass sie vorgelegt wird. Enthält das Schreiben jedoch eine Kündigung, ist die Vollmacht unbedingt beizufügen, da gem. § 174 BGB ein einseitiges Rechtsgeschäft, das eine bevollmächtigte Person einer anderen Person gegenüber vornimmt, unwirksam ist, wenn die bevollmächtigte Person eine Vollmachtsurkunde nicht vorlegt und der andere das Rechtsgeschäft aus diesem Grund unverzüglich zurückweist.

Je nachdem ob der Rechtsanwalt zur außergerichtlichen oder gerichtlichen Durchsetzung der Forderung beauftragt wurde, werden verschiedene Aufforderungsschreiben unterschieden:

- **Aufforderungsschreiben ohne Klageauftrag**
  Der Rechtsanwalt wurde nur mit der außergerichtlichen Durchsetzung beauftragt.
  In dem Aufforderungsschreiben wird dies deutlich durch die Formulierung: *„Nach Fristablauf werde ich meiner Mandantschaft empfehlen, Klage zu erheben."*

Dies wirkt sich auch auf die Vergütung des Rechtsanwalts aus: Zahlt die Gegenpartei, wird die Geschäftsgebühr für die außergerichtliche Tätigkeit, Nr. 2300 VV RVG, abgerechnet.

- **Aufforderungsschreiben mit Klageauftrag**
  Der Rechtsanwalt wurde mit der gerichtlichen Durchsetzung beauftragt.
  In dem Aufforderungsschreiben wird dies deutlich durch die Formulierung: *„Nach Fristablauf werde ich unverzüglich Klage erheben."*

Auch wenn die Gegenseite daraufhin zahlt, wird nach Nr. 3101 Nr. 1 VV RVG (Verfahrensgebühr) abgerechnet.

 Hinweis: Hat die Mandantschaft den Rechtsanwalt damit beauftragt, zunächst eine außergerichtliche Klärung zu versuchen und erst beim Scheitern der außergerichtlichen Klärung Klage einzureichen, dann handelt es sich um zwei unabhängige Aufträge, wobei der zweite an die Bedingung geknüpft ist, dass der erste erfolglos war.

Häufig lässt sich die Angelegenheit durch das anwaltliche Aufforderungsschreiben bereits klären. Nach erfolglosem Verstreichen der gesetzten Frist muss dann geprüft werden, wie weiter vorgegangen werden soll.

 Hinweis: Ein Beispiel für ein anwaltliches Aufforderungsschreiben finden Sie in LF 4, Kap. 5.2.

3.4 Das weitere Vorgehen

Leistet die Gegenseite aufgrund des Aufforderungsschreibens nicht, ist in Absprache mit der Mandantschaft zu überlegen, wie weiter vorgegangen werden soll. Dabei stehen mehrere Möglichkeiten zur Verfügung, die je nach Lage des Falls sinnvoller sein können als andere.

3.4.1 Die außergerichtliche Streitbeilegung

Die bekanntesten und in der Praxis relevantesten Formen außergerichtlicher Streitbeilegung sind die Mediation und die Schlichtung. Beide Formen sind nur möglich, wenn alle beteiligten Parteien dem zustimmen, es sind also **freiwillige Verfahren**, sodass es keinen Zwang zur Teilnahme wie bei einem Gerichtsverfahren gibt. Somit sind diese Verfahren nur sinnvoll und durchführbar, wenn die Parteien zur **Zusammenarbeit** bereit sind.

Die Vorteile dieser Streitbeilegungsformen sind
- die **Kostenersparnis**, da keine Gerichte eingeschaltet werden müssen,
- die **Zeitersparnis**, da die Verfahren weniger formell und schneller als Gerichtsverfahren ablaufen und
- die **höhere Akzeptanz der Entscheidung**, da die Parteien größeren Einfluss auf die Entscheidung haben und mehr an der Entscheidungsfindung mitwirken als bei Gerichtsverfahren.

Bei der **Schlichtung** lassen sich die Parteien einen Lösungsvorschlag von einem Schlichter unterbreiten und vereinbaren die Verbindlichkeit dieses Vorschlags. Im Gegensatz zu Richtern sind Schlichter nicht an die Formalien von Gerichtsverfahren gebunden und können so teilweise flexiblere und interessengerechtere Lösungen erarbeiten. Bei nachbarschaftsrechtlichen Streitigkeiten ist ein Schlichtungsverfahren vor Klageerhebung verpflichtend. Die Handelskammern verschiedener Städte bieten zudem solche Schlichtungsverfahren für unterschiedliche Streitfälle an.

Bei der **Mediation** entscheidet hingegen nicht der Mediator, sondern die Parteien erarbeiten mit der Unterstützung des Mediators selbstständig die Lösung des Konflikts. Mediationen können z. B. in Familienangelegenheiten oder bei Streit unter Mitgesellschaftern hilfreich sein, da es in solchen Fällen häufig nicht nur um rechtliche sondern auch emotionale Interessen geht, die in einem Gerichtsverfahren nicht ausreichend gewürdigt werden können. Da Mediationsverfahren zudem vertraulich sind und unter Ausschluss der Öffentlichkeit stattfinden, sind sie auch insbesondere für Fälle geeignet, in denen Diskretion ein wichtiger Faktor ist.

Darüber hinaus können die Parteien vereinbaren, ihre Streitigkeit vor einem **Schiedsgericht** auszutragen. Ein solches Schiedsgericht ist kein staatliches, sondern ein privates Gericht, das nur aufgrund einer Vereinbarung der Parteien in der Sache entscheiden kann. Der Schiedsspruch, also das Urteil, ist für die Parteien bindend. Der Vorteil von Schiedsgerichten ist die Zeit- und Kostenersparnis, der Nachteil jedoch, dass es in der Regel keine weiteren Instanzen gibt, um gegen den Schiedsspruch vorzugehen. Schiedsgerichte werden u. a. bei grenzüberschreitenden zivilrechtlichen Streitigkeiten eingesetzt.

3.4.2 Das gerichtliche Mahnverfahren

Das gerichtliche Mahnverfahren ermöglicht es, **schnell und kostengünstig** einen Vollstreckungstitel zu erhalten.

vgl.
LF 9
(ReFa),
Kap. 1 ff.

 Hinweis: Ein Vollstreckungstitel ist eine der Voraussetzungen für die Zwangsvollstreckung durch einen Gerichtsvollzieher. Vollstreckungstitel sind z. B. Urteile (§ 704 ZPO), Prozessvergleiche (§ 794 ZPO Abs. 1 Nr. 1 ZPO), vollstreckbare Urkunden (§ 794 Abs. 1 Nr. 5 ZPO) und eben Vollstreckungsbescheide (§ 794 Abs. 1 Nr. 4 ZPO), wie man sie durch ein Mahnverfahren erhalten kann.

vgl.
LF 12,
Kap. 1.3

Bei einem gerichtlichen Mahnverfahren gibt es **keine mündliche Verhandlung** und **keine Beweisaufnahme**. Daher ist das Mahnverfahren deutlich schneller als ein Klageverfahren. Im Mahnverfahren prüft das Gericht nicht die Richtigkeit der Forderung, sondern erlässt einen Vollstreckungsbescheid, wenn die Gegenseite innerhalb von zwei Wochen keinen Widerspruch einlegt. Legt die Gegenseite hingegen Widerspruch ein, kommt es zu einem regulären zivilrechtlichen Klageverfahren.

Daher ist ein gerichtliches Mahnverfahren nur sinnvoll, wenn **zu erwarten** ist, dass die Gegenseite **nicht widerspricht**. Denn der Schuldner kann durch einfaches Ankreuzen auf dem ihm vom Gericht zugesandten Formular Widerspruch einlegen, sodass das Verfahren doch in ein Klageverfahren übergeht, wodurch wertvolle Zeit verloren wird.

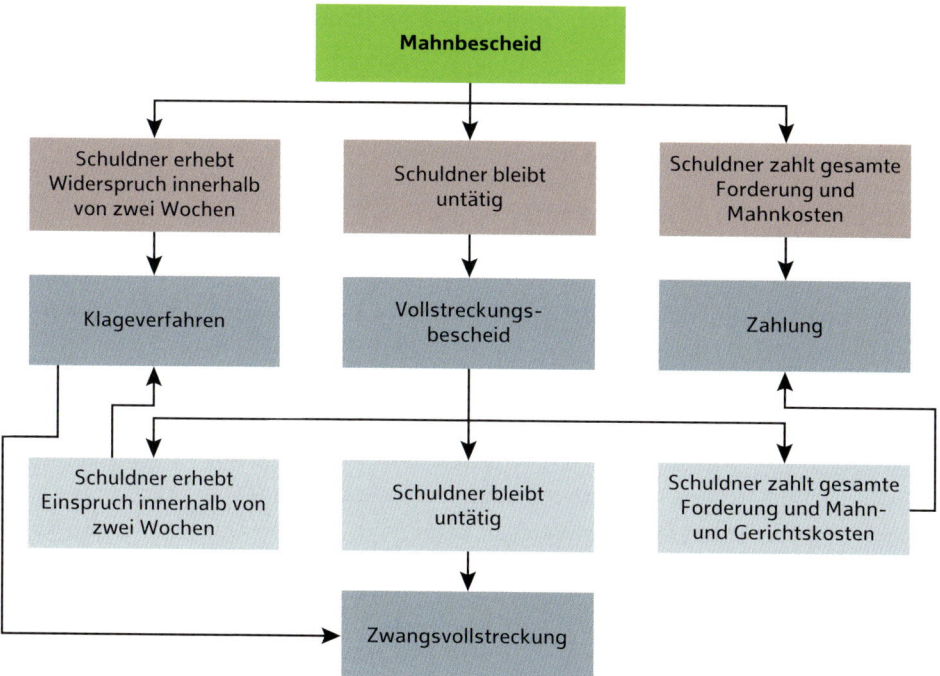

Da es sich um ein vereinfachtes Verfahren handelt, ist das gerichtliche Mahnverfahren **nur zulässig** bei Ansprüchen, die auf **Zahlung einer Geldsumme** gerichtet sind und einen **fälligen Anspruch** betreffen.

Nicht zulässig ist das gerichtliche Mahnverfahren, wenn

- die Zahlung des Schuldners von einer **Gegenleistung** des Gläubigers abhängt und diese noch nicht erbracht wurde,
- bei **Verbraucherdarlehensverträgen**, wenn der Unternehmer seine Zinsforderungen geltend machen will und der effektive oder anfänglich effektive Jahreszins mehr als zwölf Prozentpunkte über dem Basiszinssatz liegt,
- wenn die Zustellung des Mahnbescheids durch **öffentliche Bekanntmachung** erfolgen müsste (§ 688 Abs. 2 Nr. 3 ZPO).

3.4.3 Die Klage

Die aufwendigste Möglichkeit der Rechtsdurchsetzung ist eine Klage.

Der Vorteil einer Klage besteht darin, dass das Endurteil einen **vollstreckbaren Titel** darstellt, das im Weg der Zwangsvollstreckung geltend gemacht werden kann. Der Nachteil bei Klagen ist jedoch, dass sie **viel Zeit** in Anspruch nehmen, da in der Regel mehrere Monate bis zur Urteilsverkündung vergehen. In der Zwischenzeit erhält die Mandantschaft keine Zahlungen und es kann passieren, dass die Gegenseite bis zum Ende des Verfahrens Insolvenz angemeldet hat und nicht mehr zahlungsfähig ist. Zudem muss die Mandantschaft bei einer Klage die **Gerichtskosten** zunächst auslegen.

Je nach Fall werden verschiedene Klagearten unterschieden:

- **Die Leistungsklage:**

  Die Leistungsklage dient der Durchsetzung von Ansprüchen gem. § 194 Abs. 1 BGB. Das Urteil einer Leistungsklage ist ein Vollstreckungstitel.

  ▶ Beispiel: Klage auf Zahlung einer bestimmten Geldsumme, Klage auf Tun oder Unterlassen einer bestimmten Handlung, Klage auf Herausgabe einer bestimmten Sache

- **Die Feststellungsklage**

  Die Feststellungsklage zielt auf die Feststellung des Bestehens (**positive Feststellungsklage**) oder Nichtbestehens (**negative Feststellungsklage**) eines Rechtsverhältnisses gem. § 256 Abs. 1 ZPO ab. Mit einer solchen Klage wird von der Gegenseite also keine bestimmte Handlung oder Unterlassung verlangt, sondern vom Gericht die Klärung eines Sachverhalts.

▶ Beispiel: Klage auf Feststellung, dass ein Arbeitsverhältnis nicht besteht, Klage auf Feststellung der Schadenersatzpflicht nach Verkehrsunfall, sofern das Ausmaß bleibender körperlicher Schäden noch nicht absehbar ist

 Merke: Eine Feststellungsklage ist aber nur zulässig, wenn ein besonderes **Feststellungsinteresse** besteht. Andernfalls ist vorrangig eine Leistungsklage zu erheben (sog. **Subsidiarität der Feststellungsklage**).

● **Die Gestaltungsklage**

Das Gesetz legt fest, dass bei besonders wichtigen Rechtsverhältnissen Änderungen dieses Rechtsverhältnisses nur durch richterliche Entscheidungen herbeigeführt werden können. In solchen Fällen ist eine Gestaltungsklage zu erheben.

▶ Beispiel: Scheidungsverfahren (die Ehe kann rechtlich nur durch eine rechtskräftige Entscheidung des Gerichts beendet werden), Klage auf Entziehung der Geschäftsführungsbefugnis und Vertretungsmacht eines Gesellschafters

Zusammenfassung

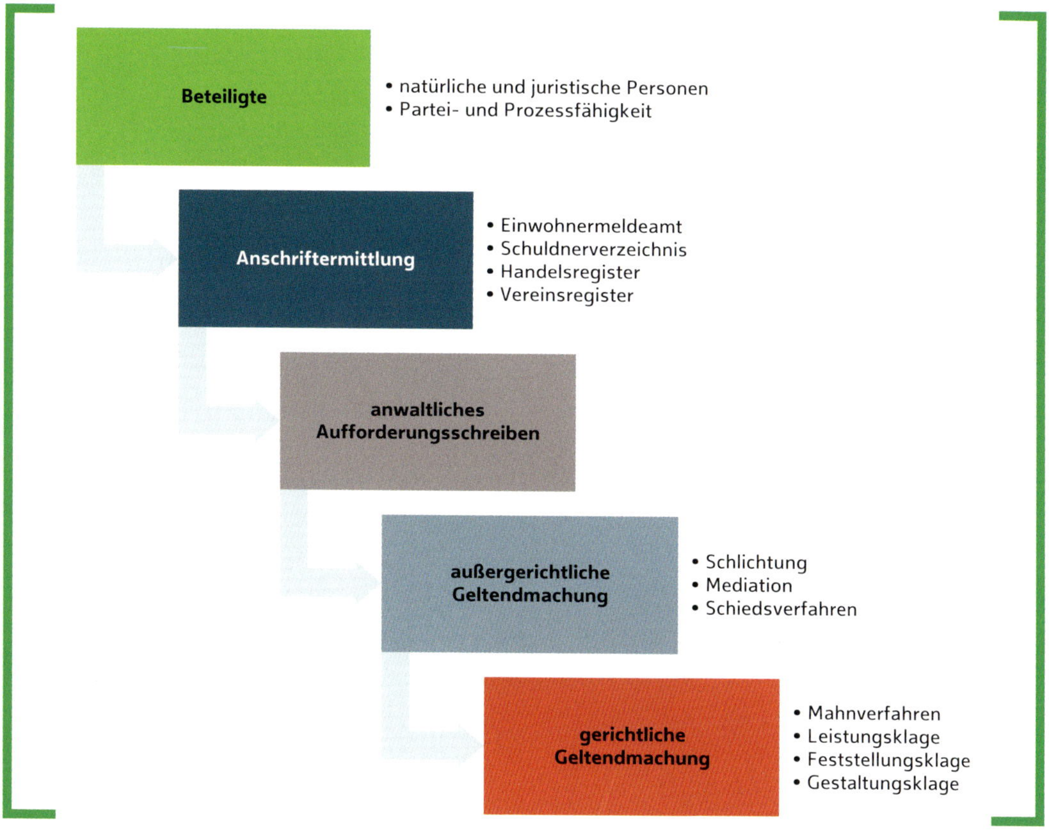

| Beteiligte | • natürliche und juristische Personen
• Partei- und Prozessfähigkeit |

| Anschriftermittlung | • Einwohnermeldeamt
• Schuldnerverzeichnis
• Handelsregister
• Vereinsregister |

| anwaltliches Aufforderungsschreiben | |

| außergerichtliche Geltendmachung | • Schlichtung
• Mediation
• Schiedsverfahren |

| gerichtliche Geltendmachung | • Mahnverfahren
• Leistungsklage
• Feststellungsklage
• Gestaltungsklage |

Wiederholung und Vertiefung

1. Nennen Sie drei juristische Personen des Privatrechts. Aus welcher gesetzlichen Vorschrift ergibt sich ihre Rechtsfähigkeit?

2. Was passiert mit einer Klage, wenn der Kläger nicht prozessfähig ist?

3. Nennen Sie fünf Beispiele für Register, die für die Anschriftenermittlung genutzt werden können.

4. Nennen Sie zwei Beispiele für Formen der außergerichtlichen Streitbeilegung. Worin besteht der Unterschied zwischen den genannten Formen?

5. Nennen Sie die Vor- und Nachteile des gerichtlichen Mahnverfahrens.

6. In welchen Fällen ist ein gerichtliches Mahnverfahren nicht zulässig?

7. Unter welchen Voraussetzungen ist eine Feststellungsklage zulässig?

4 Tätigkeiten des Rechtsanwalts abrechnen

Eine der wichtigsten Aufgaben von Rechtsanwaltsfachangestellten bzw. Rechtsanwalts- und Notarfachangestellten ist die Abrechnung der Gebühren, die durch die Tätigkeit des Rechtsanwalts entstanden sind. Schließlich bestreitet davon nicht nur der Rechtsanwalt seinen Lebensunterhalt, sondern auch den seiner Angestellten. Abrechnungsgrundlage ist dabei das Rechtsanwaltsvergütungsgesetz (RVG).

Lernsituation

Rechtsanwältin Katharina Marschner übergibt Oxana Schuhmann die Akte Nele Neumann ./. Kevin Kunne wegen Herausgabe eines Ackerlands mit der Bitte, diese abzurechnen.

Kevin Kunne verlangte aufgrund des Testaments seines verstorbenen Onkels Justus Neumann die Herausgabe des Ackerlands „Am Gänssteig". Nach

der Auskunft der zuständigen Gemeinde hat das Ackerland einen Wert von 40 000,00 €. Derzeit ist es verpachtet. Der Pächter zahlt jährlich einen Betrag von 350,00 €.

Im Lauf der Angelegenheit stellte sich heraus, dass der Erblasser in einem später errichteten Testament seinen gesamten Nachlass seiner Tochter Nele Neumann hinterließ. Kevin Kunne ging daher leer aus.

Da somit die Angelegenheit erledigt ist, soll nun abgerechnet werden. Die Angelegenheit war durchschnittlich. Portokosten sind in Höhe von 19,30 € entstanden. Aus der Nachlassakte wurden 45 Kopien angefertigt, davon fünf Kopien in Farbe. Die Versendungspauschale von 12,00 € hat Rechtsanwältin Katharina Marschner für Nele Neumann verauslagt.

Arbeitsaufträge:

a) Ermitteln Sie in Zweiergruppen und mithilfe des RVG, welche Gebühren außergerichtlich entstehen können. Fertigen Sie für diese Gebühren eine Übersicht mithilfe einer Mindmap an. Notieren Sie auch jeweils die Nummer des Vergütungsverzeichnisses.

b) Welche Auslagen regelt Teil 7 des Vergütungsverzeichnisses zum RVG?

c) Nennen Sie drei Beispiele für sonstige Aufwendungen.

d) Überlegen Sie in der Klasse, welcher Gegenstandswert der Abrechnung in der oben genannten Angelegenheit zugrunde gelegt werden muss? Nennen Sie auch den entsprechenden Paragrafen.

e) Handelt es sich vorliegend um einen vermögensrechtlichen oder einen nichtvermögensrechtlichen Gegenstandswert? Erklären Sie den Unterschied.

f) Ermitteln Sie, welche Gebühren und Auslagen in welcher Höhe und nach welcher Nummer des Vergütungsverzeichnisses in dem oben genannten Fall entstehen.

g) Um welche Art von Gebühr handelt es sich vorliegend? Welche weiteren Gebührenarten gibt es noch? Erläutern Sie diese und nennen Sie jeweils ein Beispiel.

h) Ermitteln Sie in Zweiergruppen mithilfe des Rechtsanwaltsvergütungsgesetzes (§ 10) und des Umsatzsteuergesetzes (§ 14 Abs. 4) die gebühren- und steuerrechtlichen Vorschriften für anwaltliche Kostenrechnungen. Erstellen Sie für diese Vorschriften eine Übersicht mithilfe einer Mindmap.

i) Vergleichen Sie untereinander Ihre Ergebnisse und ergänzen Sie ggf. Ihre Notizen bzw. berichtigen Sie die von Ihnen erstellte Fallberechnung.

j) Reflektieren Sie anschließend Ihr Wissen.

4.1 Grundlagen des anwaltlichen Gebührenrechts

Um einen Fall abrechnen zu können, müssen zunächst einige grundlegende Begriffe des Gebührenrechts geklärt werden:

- Ein Vergütungsanspruch kann nur entstehen, wenn ein **Rechtsanwaltsvertrag** vorliegt.
- Für die Erstellung der Kostenrechnung müssen Sie wissen, wer die **Vergütung schuldet**.
- Und schließlich müssen Sie wissen, ob es sich um eine oder mehrere **Angelegenheiten** handelt.

4.1.1 Rechtsanwaltsvertrag

Der Vergütungsanspruch eines Rechtsanwalts ergibt sich aus dem Rechtsanwaltsvertrag. Dieser ist ein Geschäftsbesorgungsvertrag. Es werden zwei Arten unterschieden.

Vergütungsanspruch entsteht erfolgsabhängig	Vergütungsanspruch entsteht erfolgsunabhängig
Die Geschäftsbesorgung ist auf eine Werkleistung gerichtet (§§ 675, 631 BGB). Der Geschäftsbesorgungsvertrag ist somit ein Werkvertrag. ▶ Beispiel: Rechtsanwalt Peter Huber prüft die Erfolgsaussichten für die Einlegung der Berufung. Hierüber erstellt er für seine Mandantin Ulla Dinge ein Gutachten.	Die Geschäftsbesorgung ist auf eine Dienstleistung gerichtet (§§ 675, 611 BGB). Der Geschäftsbesorgungsvertrag ist somit ein Dienstvertrag. ▶ Beispiel: Rechtsanwalt Peter Huber wird für seine Mandantin Ulla Dinge in einer Nachbarschaftsangelegenheit außergerichtlich tätig. Er soll versuchen, eine Einigung bzgl. der nachbarschaftlichen Hecke herbeizuführen.

4.1.2 Vergütungsschuldner

Vergütungsschuldner ist grds. die Mandantschaft, da diese mit dem Rechtsanwalt den Rechtsanwaltsvertrag abschließt. Sie schuldet daher die gesetzliche oder die vereinbarte Vergütung. Vergütungsschuldner muss aber nicht zwingend die Mandantschaft als Auftraggeber sein. Es bestehen folgende Möglichkeiten:

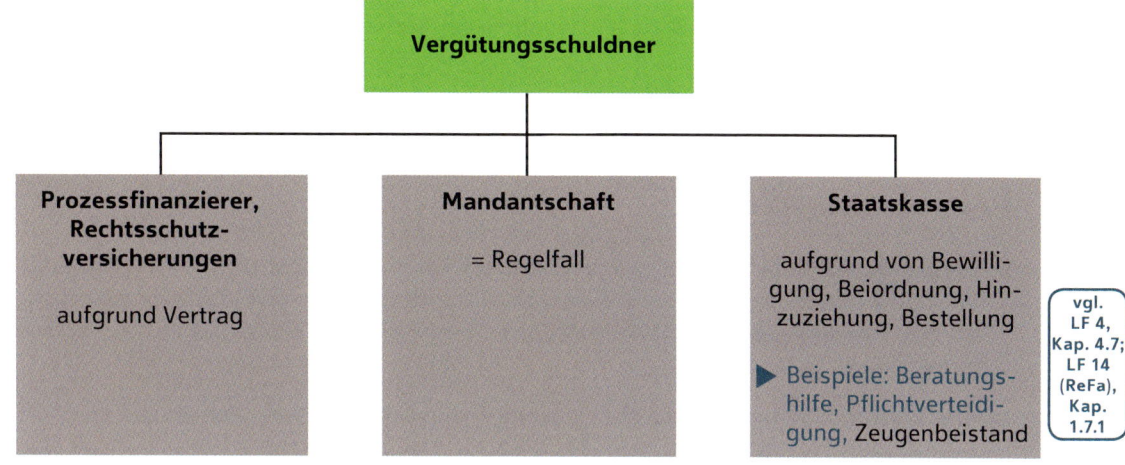

 Hinweis: Prozessfinanzierer sind Versicherungsgesellschaften, die sich verpflichten, den angestrebten Prozess zu finanzieren (z. B. wenn die Mandantschaft kein Vermögen hat und ihr auch keine Prozesskostenhilfe bewilligt wurde). Die Prozessfinanzierer lassen sich je nach Finanzierungsaufwand und Höhe der Forderung am Erfolg des Rechtsstreits prozentual beteiligen. Sie prüfen vor Vertragsabschluss u. a., ob der Anspruch mit überwiegender Wahrscheinlichkeit durchsetzbar und anschließend bei der Gegenseite auch realisierbar ist.

vgl.
LF 10,
Kap. 6

 Merke: Der anwaltliche Vergütungsanspruch darf nicht mit dem Kostenerstattungsanspruch der Mandantschaft verwechselt werden. Der Kostenerstattungsanspruch regelt nur, inwieweit die Mandantschaft die von ihr gezahlten Rechtsanwaltskosten von einem Dritten (Gegenseite, Staatskasse) ersetzt verlangen kann. Der Vergütungsanspruch des Rechtsanwalts bleibt immer bestehen, auch wenn die Mandantschaft die Kosten nicht oder nicht in voller Höhe erhält.

4.1.3 Angelegenheit

Das RVG legt genau fest, wann es sich um dieselbe Angelegenheit (§ 16 RVG), verschiedene Angelegenheiten (§ 17 RVG) und besondere Angelegenheiten (§ 18 RVG) handelt.

▶ Beispiele:

- **Dieselbe Angelegenheit:** Rechtsanwältin Dr. Annette Neumann vertritt ihre Mandantin Maria Müller im Verfahren über die Prozesskostenhilfe und im Verfahren, für das Prozesskostenhilfe beantragt wurde.
- **Verschiedene Angelegenheiten:** Rechtsanwältin Dr. Annette Neumann vertritt ihre Mandantin Maria Müller im Mahnverfahren und im sich anschließenden streitigen Verfahren.
- **Besondere Angelegenheiten:** Rechtsanwältin Dr. Annette Neumann betreibt für ihre Mandantin Maria Müller das Verfahren zur Abnahme der Vermögensauskunft.

Sofern ein Fall nicht nach §§ 16–18 RVG eingeordnet werden kann, müssen die von der Rechtsprechung entwickelten Grundsätze geprüft werden:

- **Einheitlicher Auftrag:** Ein einheitlicher Auftrag liegt vor, wenn der Rechtsanwalt mehrere Punkte zusammen erledigt.

  ▶ Beispiel: Maria Müller beauftragt Rechtsanwältin Dr. Annette Neumann in einer Nachbarschaftsstreitigkeit. Sie soll eine Einigung zwischen Maria Müller und Maja König hinsichtlich des Standorts der Mülltonnen und des Überhangs der Bäume auf ihr Grundstück herbeiführen.

- **Innerer Zusammenhang:** Ein innerer Zusammenhang liegt vor, wenn den Ansprüchen, die geltend gemacht werden sollen, ein gemeinsamer Lebenssachverhalt zugrunde liegt und diese Ansprüche in einem einheitlichen Gerichtsverfahren geltend gemacht werden können.

  ▶ Beispiel: Rechtsanwältin Dr. Annette Neumann verklagt im Namen ihrer Mandantin Maria Müller den Mieter ihrer Wohnung, Nino Ackermann, auf Zahlung rückständiger Miete und der Nebenkostenabrechnung für das vergangene Jahr.

- **Einheitlicher Rahmen:** Ein einheitlicher Rahmen liegt vor, wenn der Rechtsanwalt verschiedene Ansprüche in einem Schreiben abhandelt.

  ▶ Beispiel: Rechtsanwältin Dr. Annette Neumann wird von Maria Müller beauftragt, ihre Mieterin Lilo Güten aufzufordern, die rückständige Miete zu begleichen und die Hausordnung einzuhalten.

4.2 Ermittlung des Gegenstandswerts

> **Definition:** Der Gegenstandswert ist der Wert der anwaltlichen Tätigkeit.

Dieser Wert spiegelt das Interesse der Mandantschaft wider. Er kann in einem Tun, einem Unterlassen oder in einer Feststellung bestehen.

▶ Beispiele:

- **Tun:** Ingrid Meier verlangt, dass der Nachbar Rudi Drechsler seine Bäume stutzt, da sie über den Zaun wachsen.
- **Unterlassen:** Ingrid Meier verlangt, dass der Nachbar Ulrich Hartlaub keine Schafe anschafft, die das Gras klein halten sollen.
- **Feststellung:** Ingrid Meier verlangt vom Vermieter Lucas Nolte eine Bestätigung, dass die von ihr genutzte Parkbucht ihrer Eigentumswohnung zugeschrieben wird.

Um den Gegenstandswert zu ermitteln, müssen einige Punkte geprüft werden:

1. Schritt:

Lässt sich der Gegenstandswert aus §§ 22–31 b RVG ermitteln?

Ja > Abrechnung nach RVG

Wenn nicht:

2. Schritt:

Lässt sich der Gegenstandswert nach §§ 39–60 GKG (= Gerichtskostengesetz) bzw. §§ 33–52 FamGKG (= Gerichtskosten in Familiensachen) ermitteln?

Ja > Abrechnung nach GKG bzw. FamGKG

Wenn nicht:

3. Schritt:

Findet sich die Regelung in den §§ 3–9 ZPO?

Ja > Abrechnung nach ZPO

Wenn nicht:

4. Schritt:

Lässt sich der Gegenstandswert nach dem Gerichts- und Notarkostengesetz (GNotKG) ermitteln?

Ja > Abrechnung nach GNotKG

Wenn nicht:

5. Schritt:

Wertbestimmung nach billigem Ermessen: Sofern hierfür keine Anhaltspunkte vorliegen ist ein Wert von 5 000,00 € anzunehmen, nach Lage des Falls niedriger oder höher, höchstens jedoch 500 000,00 € (§ 23 Abs. 3 RVG).

Hinweise:

- Im Gerichtskostengesetz heißt der Gegenstandswert „Streitwert" (§ 3 GKG), im GNotKG „Geschäftswert" (§ 19 GNotKG).
- Bei der Bestimmung des Gegenstandswerts ist auf den Zeitpunkt abzustellen, zu dem das Verfahren eingeleitet wird.
- In derselben Angelegenheit werden die Werte mehrerer Gegenstände zusammengerechnet. Der Wert in derselben Angelegenheit darf höchstens 30 Mio. € betragen, soweit kein niedrigerer Höchstwert durch ein Gesetz bestimmt ist. Sofern mehrere Personen wegen verschiedener Gegenstände Auftraggeber sind, darf der Wert pro Person höchstens 30 Mio. € betragen, insgesamt aber nicht mehr als 100 Mio. € (§ 22 RVG).

4.2.1 Vermögensrechtliche Gegenstände

Sofern es sich um einen vermögensrechtlichen Gegenstand handelt, bedeutet dies, dass der Anspruch in Geld beziffert werden kann. Die nachfolgende Übersicht nennt die wohl am häufigsten vorkommenden vermögensrechtlichen Gegenstände:

Geldforderung	Herausgabe einer Sache	Miet- oder Pachtverhältnis	Rente wegen der Tötung oder Verletzung eines Menschen	Unterhalt
§ 43 Abs. 1 GKG § 4 ZPO	§ 6 ZPO	§ 41 GKG	§ 48 Abs. 1 GKG § 9 ZPO	§ 51 FamGKG §§ 33 ff. FamGKG
Eurobetrag	Verkehrs-wert	↓	3,5-facher Jahreswert	Jahreswert, wenn nicht geforderte Leistung geringer

Bestehen/Dauer	Beendigung	Zahlung Miete/Pacht	Mieterhöhung	
§ 41 Abs. 1 GKG	§ 41 Abs. 2 GKG	§ 43 Abs. 1 GKG § 4 ZPO	Wohnraum	Gewerbe-raum
Betrag, der auf streitige Zeit entfällt; höchstens Jahresentgelt	Betrag, der auf streitige Zeit entfällt; höchstens Jahresentgelt	geforderter Euro-betrag	§ 41 Abs. 5 GKG	§§ 3, 9 ZPO
			Jahresbe-trag der Erhöhung	3,5-facher Jahresbe-trag

Hinweis: Neben der Hauptforderung können auch Nebenforderungen (z. B. Zinsen, verauslagte Kosten) bestehen. Diese erhöhen die Hauptforderung jedoch nicht, wenn sie zusammen mit dieser geltend gemacht werden (§ 4 ZPO, § 43 GKG). Dies gilt jedoch nicht bei der Ermittlung des Werts der Zwangsvollstreckung (§ 25 Abs. 1 RVG).

vgl. LF 12, Kap. 4.1

4.2.2 Nichtvermögensrechtliche Gegenstände

Nichtvermögensrechtliche Gegenstände sind Gegenstände, bei denen der Anspruch nicht in Geld beziffert werden kann. Mehrzahl nicht vermögensrechtlicher Angelegenheiten sind Familiensachen sowie Fragen der Ehre und nicht in Geld messbares Verhalten, Tun oder Unterlassen.

Nach dem GKG erfolgt die Wertbestimmung nach billigem Ermessen unter Berücksichtigung aller Umstände des Einzelfalls (Umfang, Bedeutung, Einkommen, Vermögen). Der Wert darf jedoch 1 Mio. € nicht übersteigen (§ 48 GKG).

4.3 Vergütungsvereinbarung

Definition: Als Vergütungsvereinbarung wird ein Vertrag zwischen dem Rechtsanwalt und seiner Mandantschaft bezeichnet, mit dem eine Vergütung für die Tätigkeit des Rechtsanwalts vereinbart wird.

Der Rechtsanwalt hat so die Möglichkeit, nach Zeit abzurechnen oder ein Pauschalhonorar zu verlangen:
- Die Abrechnung nach Zeit ist vor allem dann sinnvoll, wenn sich bei Beginn der Tätigkeit abzeichnet, dass die Angelegenheit aufwendig wird.
  - ▶ Beispiel: Karin Keeme hat ihre Tante Judith Berg beerbt. Das Geld wurde z. T. im Ausland angelegt. Da die Kinder von Judith Berg ihren Pflichtteil verlangen, muss zur Ermittlung der Pflichtteilsansprüche zunächst die genaue Nachlasshöhe ermittelt werden. Hierzu sind u. a. Bankanfragen im Ausland erforderlich. Rechtsanwältin Dr. Annette Neumann hat hierdurch einen enormen Zeitaufwand.

 Tipp: Bei einer Abrechnung nach Zeit sollte der angefallene Zeitaufwand für Schreiben, Telefonate, Besprechungen o. Ä. immer gleich anschließend notiert werden! Hier empfiehlt es sich, eine Liste im Handaktenbogen mit abzuheften bzw. abzuspeichern.

- Die Vereinbarung eines Pauschalhonorars bietet sich an, wenn die Abrechnung vereinfacht werden soll.

  ▶ Beispiel: Rechtsanwältin Dr. Annette Neumann vertritt Michael Kunz in einem strafrechtlichen Verfahren. Da mehrere Hauptverhandlungstermine angesetzt wurden, hat sie zur Vereinfachung der Abrechnung mit Michael Kunz ein Pauschalhonorar vereinbart.

 Hinweis: Für die Erteilung eines mündlichen oder schriftlichen Rats, für eine Auskunft, für die Ausarbeitung eines Gutachtens oder für die Tätigkeit als Mediator sollte in jedem Fall eine Vergütungsvereinbarung getroffen werden, sofern in Teil 2 Abschnitt 1 VV RVG keine Gebühren bestimmt sind (§ 34 Abs. 1 S. 1 RVG).

4.3.1 Formvorschriften

Nach § 3 a RVG müssen folgende Formvorschriften beim Abschluss einer Vergütungsvereinbarung eingehalten werden:

- Die Vergütungsvereinbarung bedarf der Textform.
- Sie muss die Bezeichnung „Vergütungsvereinbarung" oder eine vergleichbare Bezeichnung enthalten.
- Sie muss von anderen Vereinbarungen mit Ausnahme der Auftragserteilung deutlich abgesetzt sein.
- Sie darf nicht in der Vollmacht enthalten sein.
- Sie muss den Hinweis enthalten, dass die Gegenseite, andere Verfahrensbeteiligte oder die Staatskasse im Fall der Kostenerstattung nicht mehr als die gesetzliche Vergütung erstatten muss.

 Hinweis: Wenn die Formvorschriften gem. § 3 a RVG nicht eingehalten werden, kann der Rechtsanwalt keine höhere als die gesetzliche Vergütung fordern (§ 4 b S. 1 RVG).

4.3.2 Inhalt

Eine höhere Gebühr als die gesetzliche Vergütung kann grds. immer vereinbart werden. Der Rechtsanwalt muss jedoch dabei darauf achten, dass die vertraglich vereinbarten Gebühren in einem angemessenen Verhältnis zu Leistung, Verantwortung und Haftungsrisiko stehen.

 In gerichtlichen Verfahren darf die gesetzliche Vergütung aber nicht unterschritten werden. Die Vereinbarung einer niedrigeren als der gesetzlichen Vergütung ist nur für außergerichtliche Angelegenheiten und unter bestimmten Voraussetzungen für das Mahnverfahren und einen Teil des Zwangsvollstreckungsverfahrens zulässig (§ 49 b Abs. 1 S. 1 BRAO, § 4 RVG).

vgl.
LF 9
(ReFa);
LF 12

Tipps:

- In die Vergütungsvereinbarung sollte ein Hinweis bzgl. der Auslagen, wie z. B. Reisekosten, Post- und Telekommunikationsdienstleistungen, mit aufgenommen werden. So hat der Rechtsanwalt die Möglichkeit, andere Beträge zu vereinbaren, als die, die im RVG geregelt sind. Beispielsweise besteht die Möglichkeit, statt der Fahrtkosten von 0,42 € pro gefahrenem Kilometer einen Betrag von 0,50 € pro gefahrenem Kilometer zu vereinbaren.
- Weiterhin sollte mit aufgenommen werden, wann das vereinbarte Honorar fällig wird und dass der Rechtsanwalt berechtigt ist, einen Vorschuss zu verlangen.

Muster einer Vergütungsvereinbarung – Beispiel

Vergütungsvereinbarung

zwischen

Frau Gabriele Klein,
Hetzelplatz 5, 67434 Neustadt an der Weinstraße
(im Folgenden „Auftraggeber" genannt)

und

der Partnerschaft Dr. Neumann & Huber, Rechtsanwälte,
vertreten durch Frau Rechtsanwältin Dr. Annette Neumann,
Grainstraße 101, 67434 Neustadt an der Weinstraße
(im Folgenden „Rechtsanwalt" genannt)

1. Vergütung
Die Gebühr für die außergerichtliche Vertretung in der Angelegenheit Gabriele Klein ./. Günther Franz wegen Forderung berechnet sich nach dem Zeitaufwand des Rechtsanwalts. Er erhält hierfür eine Vergütung in Höhe von 200,00 € pro Stunde. Die Abrechnung erfolgt pro angefangener ¼ Stunde.

2. Auslagen
Neben der vereinbarten Vergütung entstehen Auslagen nach Teil 7 des Vergütungsverzeichnisses zum Rechtsanwaltsvergütungsgesetz. Da die Erstattung der Auslagen für Reisekosten nicht ausreichend ist, hat der Auftraggeber neben den nach Nr. 7003 VV RVG entstehenden Fahrtkosten von 0,42 € pro gefahrenem Kilometer eine zusätzliche Entschädigung von 0,08 € zu zahlen, sodass pro gefahrenem Kilometer der Betrag von 0,50 € zu erstatten ist.

Der Auftraggeber hat weiterhin die Kosten, die der Rechtsanwalt für ihn verauslagt, wie beispielsweise Gerichtskosten, Aktenversendungspauschale u. a., zu erstatten.

---

3. Vorschuss

Der Rechtsanwalt ist berechtigt, einen angemessenen Vorschuss vom Auftraggeber zu verlangen.

4. Fälligkeit

Der Rechtsanwalt wird dem Auftraggeber vierteljährlich eine Abrechnung über den angefallenen Zeitaufwand übersenden. Die abgerechnete Vergütung wird mit Zugang der Rechnung fällig.

5. Anrechnungsausschluss

Eine Anrechnung der vereinbarten Vergütung auf eventuell später entstehende anwaltliche Gebühren wird ausgeschlossen.

6. Hinweise

Der Rechtsanwalt weist den Auftraggeber darauf hin, dass die vereinbarte Vergütung die gesetzliche Vergütung übersteigen kann und dass sich etwaige Erstattungen durch Dritte (Staatskasse, Gegenseite) lediglich nach dem Gegenstandswert berechnen. Somit besteht die Möglichkeit, dass im Fall des Obsiegens nicht alle entstehenden Kosten durch Dritte übernommen werden. Auch eine eventuell abgeschlossene Rechtsschutzversicherung übernimmt die vereinbarte Vergütung nicht, soweit diese die gesetzlichen Gebühren übersteigt.

Neustadt an der Weinstraße, 30.01.2023

Gabriele Klein
Gabriele Klein
- Auftraggeber -

Dr. Annette Neumann
Dr. Annette Neumann
- Rechtsanwalt -

Für den Fall, dass ein Pauschalhonorar anstelle des Stundenhonorars vereinbart werden soll, könnte Ziff. 1. wie folgt lauten:
„Der Rechtsanwalt erhält für die außergerichtliche Vertretung in der Angelegenheit Gabriele Klein ./. Günther Franz wegen Forderung eine pauschale Vergütung in Höhe von 1 250,00 €."

Im Fall einer anwaltlichen Beratung könnte Ziff. 1. wie folgt lauten:
„Der Rechtsanwalt erhält für die anwaltliche Beratung von dem Auftraggeber in der Angelegenheit Gabriele Klein wegen Pflichtteil eine Vergütung von 150,00 € pro Stunde."

4.3.3 Erfolgshonorar

Nach § 4 a RVG ist ein Erfolgshonorar zulässig, wenn sich der Auftrag auf eine Geldforderung von höchstens 2 000,00 € bezieht, eine Inkassodienstleistung außergerichtlich oder in einem der in § 79 Abs. 2 Nr. 4 ZPO genannten Verfahren erbracht wird oder die Mandantschaft im Einzelfall bei verständiger Betrachtung ohne die Vereinbarung eines Erfolgshonorars von der Rechtsverfolgung abgehalten würde. Hierbei bleibt die Möglichkeit der Beratungs- oder Prozesskostenhilfe bzw. Verfahrenskostenhilfe außer Betracht.

vgl.
LF 4,
Kap. 4.7;
LF 10,
Kap. 6

In gerichtlichen Verfahren darf für den Fall des Misserfolgs keine oder eine geringere als die gesetzliche Vergütung vereinbart werden, wenn für den Erfolgsfall ein angemessener Zuschlag auf die gesetzliche Vergütung vereinbart wird.

Die Vereinbarung muss folgende Punkte enthalten:
- Die voraussichtliche gesetzliche Vergütung und ggf. die erfolgsunabhängige vertragliche Vergütung, zu der der Rechtsanwalt bereit wäre, den Auftrag zu übernehmen,
- die Angabe, welche Vergütung bei Eintritt welcher Bedingung verdient sein soll,
- die wesentlichen Gründe, die für die Bemessung des Erfolgshonorars bestimmend sind und
- den Hinweis, ob und ggf. welchen Einfluss die Vereinbarung auf die ggf. vom Auftraggeber zu zahlenden Gerichtskosten, Verwaltungskosten und die von ihm zu erstattenden Kosten anderer Beteiligter hat.

4.4 Gesetzliche Vergütung

Neben der vereinbarten Vergütung gibt es noch die übliche, die gesetzliche Vergütung. Diese setzt sich zusammen aus den Gebühren und den Auslagen. Grundlage der gesetzlichen Vergütung ist das Rechtsanwaltsvergütungsgesetz (RVG). Dieses unterteilt sich in einen Paragrafenteil, in das Vergütungsverzeichnis (Anlage 1) und in die Werttabelle (Anlage 2).

Paragrafenteil

Der Paragrafenteil ist in Abschnitte untergliedert. So sind z. B. in Abschnitt 1 die allgemeinen Vorschriften enthalten und zwar in §§ 1-12 c RVG.

Vergütungsverzeichnis

Das Vergütungsverzeichnis ist in Teilbereiche unterteilt:

Teil	Inhalt	Nummer im VV RVG
Teil 1	Allgemeine Gebühren	1000–1010
Teil 2	Außergerichtliche Tätigkeiten einschließlich der Vertretung im Verwaltungsverfahren	2100–2508
...		
Teil 7	Auslagen	7000–7008

Werttabelle

Die Gebühren, die sich nach dem Gegenstandswert errechnen, ergeben sich aus der Werttabelle:

Gegenstandswert bis ... €	1,0 Gebühr ... €	Gegenstandswert bis ... €	1,0 Gebühr ... €
500,00	49,00	50 000,00	1 279,00
1 000,00	88,00	65 000,00	1 373,00
1 500,00	127,00	80 000,00	1 467,00
2 000,00	166,00	95 000,00	1 561,00
3 000,00	222,00	110 000,00	1 655,00
4 000,00	278,00	125 000,00	1 749,00
5 000,00	334,00	140 000,00	1 843,00
6 000,00	390,00	155 000,00	1 937,00
7 000,00	446,00	170 000,00	2 031,00
8 000,00	502,00	185 000,00	2 125,00
9 000,00	558,00	200 000,00	2 219,00
10 000,00	614,00	230 000,00	2 351,00
13 000,00	666,00	260 000,00	2 483,00
16 000,00	718,00	290 000,00	2 615,00
19 000,00	770,00	320 000,00	2 747,00
22 000,00	822,00	350 000,00	2 879,00
25 000,00	874,00	380 000,00	3 011,00
30 000,00	955,00	410 000,00	3 143,00
35 000,00	1 036,00	440 000,00	3 275,00
40 000,00	1 117,00	470 000,00	3 407,00
45 000,00	1 198,00	500 000,00	3 539,00

Da die Werttabelle nur die 1,0 Gebühr bestimmt, sind die Dezimalgebühren, die das Vergütungsverzeichnis vorgibt, rechnerisch zu bestimmen. Bei der Berechnung wird die 1,0 Gebühr mit dem Faktor multipliziert.

▶ **Beispiel:** Der Gegenstandswert beträgt 11 000,00 €. Die 1,0 Gebühr beläuft sich auf 666,00 €. Die z. B. gesuchte Verfahrensgebühr von 1,3 errechnet sich wie folgt: 666,00 € · 1,3 = 865,80 €.

 Hinweis: Nicht alle Tätigkeiten des Rechtsanwalts werden jedoch nach dem RVG abgerechnet.

Die Vergütung der besonderen Tätigkeiten des Rechtsanwalts ist jeweils in den diese Gesetze betreffenden Fällen geregelt, z. B.:

- **Rechtsanwalt ist Betreuer:** Er wird vom Betreuungsgericht bestellt (§§ 1896, 1897 BGB). Die Abrechnung erfolgt nach Stundensätzen. Der Stundensatz gilt eventuell zu erstattende Auslagen sowie die Umsatzsteuer mit ab (§ 4 VBVG = Gesetz über die Vergütung von Vormündern und Betreuern). Der Rechtsanwalt kann jedoch nicht die tatsächlich entstandenen Stunden ansetzen. § 5 VBVG regelt genau, wie viele Stunden abgerechnet werden können. Die Abrechnung nach Stundensätzen gilt jedoch nicht, sofern der Rechtsanwalt als Betreuer einen Prozess führt. In diesem Fall gelten die Regelungen des RVG.

- **Rechtsanwalt ist Insolvenzverwalter:** Er wird vom Insolvenzgericht bestellt (§ 56 InsO = Insolvenzordnung). Die Vergütung ist gestaffelt je nach Höhe der Insolvenzmasse (§§ 1–9 InsVV = Insolvenzrechtliche Vergütungsverordnung), wobei eine Mindesthöhe festgelegt wurde (§ 2 Abs. 2 InsVV). Weiterhin erhält der Rechtsanwalt als Insolvenzverwalter seine Auslagen ersetzt. Zusätzlich zur Vergütung und zur Erstattung der Auslagen wird ein Betrag in Höhe der zu zahlenden Umsatzsteuer festgesetzt (§§ 4 Abs. 2, 7 InsVV).

Richtig zitieren nach dem RVG

Rechtsanwaltsvergütungsgesetz	RVG
Vergütungsverzeichnis zum Rechtsanwaltsvergütungsgesetz	VV RVG
Nummer aus dem Vergütungsverzeichnis	Nr. 2300 VV RVG
Vorbemerkung: Mit der Ziffer hinter der Vorbemerkung lässt sich diese eindeutig zuordnen.	Vorbemerkung 3.3.5, Abs. 1 VV RVG (= Vorbemerkung zu Teil 3, Abschnitt 3, Unterabschnitt 5, Absatz 1)
Anmerkungen/Absätze nach den Nummern im Vergütungsverzeichnis • bei einer Anmerkung • wenn die Anmerkung mehrere Absätze umfasst	 Anmerkung zu Nr. 3305 VV RVG Abs. 2 der Anmerkung zu Nr. 3100 VV RVG
mehrere Ziffern zu einer Nummer im Vergütungsverzeichnis	Nr. 3101 Ziff. 1 VV RVG

4.4.1 Gebühren

Die Gebühren des Rechtsanwalts ergeben sich aus dem Vergütungsverzeichnis, welches als Anlage 1 dem RVG angefügt wurde, wobei auf jeden Fall eine Mindestgebühr von 15,00 € anfällt (§ 13 Abs. 3 RVG). Die Gebühren werden auf den nächstliegenden Cent auf- oder abgerundet; 0,5 Cent werden aufgerundet (§ 2 Abs. 2 S. 2 RVG).

Es werden folgende Gebührenarten unterschieden:

Festgebühren

Die Festgebühren sind, wie der Name schon vermuten lässt, im RVG mit einem festen Betrag angegeben. Nur dieser Betrag kann bei der Abrechnung in Ansatz gebracht werden, auch wenn die Tätigkeit umfangreich war. Festgebühren finden sich im Rahmen der Beratungshilfe und in Straf- und Bußgeldsachen beim gerichtlich bestellten oder beigeordneten Rechtsanwalt.

▶ Beispiel: Beratungsgebühr gem. Nr. 2501 VV RVG mit einem Betrag von 38,50 €

Wertgebühren

Die Wertgebühren, deren Gebührensatz im Vergütungsverzeichnis des RVG festgelegt ist, richten sich nach einem Gegenstandswert. Unter Berücksichtigung des Gebührensatzes und des Gegenstandswerts kann die Gebühr aus der Tabelle zu § 13 RVG entnommen werden. Wertgebühren bestimmt das Vergütungsverzeichnis vor allem für Tätigkeiten in bürgerlichen Rechtsstreitigkeiten. Die Wertgebühren werden auch als Pauschgebühren bezeichnet, da mit dem Entstehen dieser Gebühren alle Handlungen in einem Verfahrensabschnitt abgedeckt sind.

▶ Beispiel: Verfahrensgebühr gem. Nr. 3100 VV RVG mit einer Wertgebühr von 1,3: Diese Gebühr deckt u. a. die Anfertigung und Einreichung der Klageschrift, das Anfertigen weiterer Schriftsätze, Besprechungen mit der Mandantschaft, Einsicht in Gerichtsakten mit ab.

In der Bundesrechtsanwaltsordnung ist geregelt, dass der Rechtsanwalt die Mandantschaft auf den Anfall von Wertgebühren hinweisen muss (§ 49 b Abs. 5 BRAO). Der Rechtsanwalt sollte daher in einer gesonderten Erklärung seinen Hinweis an Mandanten, dass sich die Gebühren in der für ihn zu bearbeitenden Angelegenheit nach einem Gegenstandswert richten, dokumentieren und unterzeichnen lassen.

Rahmengebühren

Bei den Rahmengebühren hat der Rechtsanwalt die Gebühr im Einzelfall unter Berücksichtigung aller Umstände nach billigem Ermessen zu bestimmen (§ 14 Abs. 1 RVG). Zu berücksichtigen sind dabei:

- Bedeutung der Angelegenheit für die Mandantschaft,
- Umfang der anwaltlichen Tätigkeit,

- Schwierigkeit der anwaltlichen Tätigkeit,
- Einkommensverhältnisse der Mandantschaft,
- Vermögensverhältnisse der Mandantschaft und
- Haftungsrisiko des Rechtsanwalts.

 Tipp: Dokumentieren Sie in der Handakte bei allen außergerichtlichen und sozial-rechtlichen Angelegenheiten sowie bei Straf- und Bußgeldsachen alle Tatsachen und Umstände, die bei der Bestimmung der Gebührenhöhe innerhalb des gesetzlichen Rahmens zu berücksichtigen sind. So können Sie den Ansatz einer höheren Gebühr immer begründen und können der Mandantschaft dementsprechend mehr in Rechnung stellen.

vgl. LF 14 (ReFa), Kap. 1.7 und 1.8

Es gibt zwei Arten von Rahmengebühren:

- Bei den **Betragsrahmengebühren** ist im Vergütungsverzeichnis ein Betragsrahmen fest-gelegt. Betragsrahmengebühren bestimmt das Vergütungsverzeichnis vor allem für Straf- und Bußgeldsachen sowie in bestimmten sozialrechtlichen Angelegenheiten.
  ▶ Beispiel: Grundgebühr gem. Nr. 4100 VV RVG mit einem Betragsrahmen von 44,00 € bis 396,00 €

Die Mittelgebühr, die üblicherweise bei einer durchschnittlichen Angelegenheit in Ansatz gebracht wird, errechnet sich folgendermaßen:

$$\text{Mittelgebühr} = \frac{\text{Mindestgebühr} + \text{Höchstgebühr}}{2}$$

- Die **Satzrahmengebühren** richten sich, ebenso wie die Wertgebühren, nach einem Gegen-standswert. Sie werden vor allem für außergerichtliche Tätigkeiten (Beratung und Vertre-tung) bestimmt. Für die Satzrahmengebühren ist im Vergütungsverzeichnis jedoch kein fester Gebührensatz vorgeschrieben, sondern ein sog. Satzrahmen.
  ▶ Beispiel: Geschäftsgebühr gem. Nr. 2300 VV RVG mit einem Satzrahmen von 0,5 bis 2,5

Der sog. Mittelsatz, der üblicherweise bei einer durchschnittlichen Angelegenheit in Ansatz gebracht wird, errechnet sich folgendermaßen:

$$\text{Mittelsatz} = \frac{\text{Mindestsatz} + \text{Höchstsatz}}{2}$$

 Ausnahme: Bei der Geschäftsgebühr (Nr. 2300 VV RVG) ist bei einer durchschnittli-chen Angelegenheit nicht der Mittelsatz in Ansatz zu bringen, sondern der sog. Regelsatz von 1,3.

Abgeltungsbereich der Gebühren

Die Gebühren gelten die gesamte Tätigkeit des Rechtsanwalts ab (§ 15 Abs. 1 RVG). Dabei ist es meistens unerheblich, wie viel oder wenig der Rechtsanwalt gearbeitet hat oder ob und wie viele zeitraubende Besprechungen er geführt hat. Unerheblich ist es auch, ob die Angelegenheit vorzeitig erledigt ist oder ob der erteilte Auftrag vor der Erledigung beendet wird (§ 15 Abs. 4 RVG).

Gemäß § 15 RVG gelten weiterhin folgende Grundsätze:
- In derselben Angelegenheit kann der Rechtsanwalt die Gebühren nur einmal verlangen.
- In gerichtlichen Verfahren kann der Rechtsanwalt die Gebühren in jedem Rechtszug fordern.
- Der Rechtsanwalt kann die Gebühren nochmals fordern, auch wenn er in einer Angelegenheit schon einmal tätig war und erneut beauftragt wird. Dies gilt jedoch nur dann, wenn zwischen der Erledigung des ersten Auftrags und der erneuten Mandatierung ein Zeitraum von mehr als zwei Kalenderjahren liegt.
- Stehen einem Rechtsanwalt in einer Angelegenheit aufgrund mehrerer Einzelaufträge jeweils Gebühren für die einzelnen Tätigkeiten zu, erhält er nicht mehr an Gebühren, als wenn er mit der gesamten Tätigkeit beauftragt worden wäre.

4.4.2 Auslagen

Neben den Gebühren hat der Rechtsanwalt Anspruch auf Erstattung seiner Auslagen, soweit diese in Teil 7 VV RVG geregelt sind.

 Hinweis: Damit der Rechtsanwalt die entstandenen Auslagen nach Beendigung der Angelegenheit korrekt abrechnen kann, ist es sinnvoll, diese beim Entstehen in einer Liste im Handaktenbogen zu notieren.

Folgende Auslagen kann der Rechtsanwalt der Mandantschaft in Rechnung stellen:

Dokumentenpauschale (Nr. 7000 VV RVG)

Der Rechtsanwalt kann eine Dokumentenpauschale für die Herstellung und Überlassung von Dokumenten verlangen (Nr. 7000 VV RVG).

Er erhält nach **Nr. 7000 Ziff. 1 VV RVG** für die ersten 50 abzurechnenden Seiten einen Betrag von 0,50 € je Seite, für jede weitere Seite 0,15 €. Handelt es sich um Farbkopien, erhält der Rechtsanwalt für die ersten 50 abzurechnenden Seiten 1,00 € je Seite, für jede weitere Seite 0,30 €. Dabei kommt es nicht darauf an, ob die Ablichtung mit einem Fotokopiergerät hergestellt wird oder als Mehrausdruck per Drucker.

Merke: Die Höhe der Dokumentenpauschale ist in derselben Angelegenheit und in gerichtlichen Verfahren in demselben Rechtszug einheitlich zu berechnen.

Im Einzelnen kann der Rechtsanwalt nach Nr. 7000 Ziff. 1 VV RVG abrechnen:

- **Nr. 7000 Ziff. 1 a) VV RVG:**

Der Rechtsanwalt kann für Ablichtungen aus Behörden- und Gerichtsakten die Dokumentenpauschale ab der ersten Seite verlangen, soweit deren Herstellung zur sachgemäßen Bearbeitung der Rechtssache geboten war.

▶ Beispiel: Rechtsanwältin Katharina Schuh zeigt gegenüber dem Amtsgericht München an, dass sie nun Martin Laust im Rechtsstreit Laust ./. Laust vertritt. Sie bittet um Übersendung der Gerichtsakten zur Akteneinsicht. Für die Handakten fertigt sie 88 Kopien an. Diese 88 Kopien kann sie gegenüber Martin Laust abrechnen.

- **Nr. 7000 Ziff. 1 b) VV RVG:**

Der Rechtsanwalt kann für die einem Schriftsatz oder einer Klage aufgrund einer Rechtsvorschrift oder nach Aufforderung des Gerichts beizufügenden Abschriften zur Zustellung oder Mitteilung an Gegner oder Beteiligte und deren Verfahrensbevollmächtigten die Dokumentenpauschale abrechnen, allerdings lediglich die Ablichtungen, die über 100 Seiten hinausgehen.

▶ Beispiel: Rechtsanwältin Katharina Schuh fertigt im Rahmen des Rechtsstreits Laust ./. Laust 101 Seiten Ausdrucke zum Zweck der Zustellung an Dritte. Abrechnen kann sie lediglich eine Seite, da die ersten 100 Seiten durch die anwaltlichen Gebühren abgegolten sind.

- **Nr. 7000 Ziff. 1 c) VV RVG:**

Auch für Ablichtungen, die zur notwendigen Unterrichtung der Mandantschaft gefertigt wurden, kann der Rechtsanwalt die Dokumentenpauschale ansetzen, soweit mehr als 100 Ablichtungen hierfür angefallen sind.

▶ Beispiel: Für die Unterrichtung des Mandanten Martin Laust fertigt Rechtsanwältin Katharina Schuh 98 Kopien an. Diese kann sie nicht abrechnen, da die ersten 100 Ablichtungen mit den anwaltlichen Gebühren abgegolten sind.

- **Nr. 7000 Ziff. 1 d) VV RVG:**

Weitere Ablichtungen können nur dann abgerechnet werden, wenn sie im Einverständnis mit der Mandantschaft zusätzlich, auch zur Unterrichtung Dritter, angefertigt worden sind. In diesem Fall fällt die Dokumentenpauschale ab der ersten Seite an.

▶ Beispiel: Martin Laust bittet Rechtsanwältin Katharina Schuh, die Handakte zu kopieren und seinem Bruder zur Information zu übersenden. Hierfür sind 105 Kopien erforderlich. Rechtsanwältin Katharina Schuh kann die gesamten 105 Kopien in Rechnung stellen.

Nach **Nr. 7000 Ziff. 2 VV RVG** kann der Rechtsanwalt abrechnen: Für die Überlassung von elektronisch gespeicherten Dateien erhält der Rechtsanwalt je Datei eine Dokumentenpauschale in Höhe von 1,50 €. Er erhält jedoch höchstens 5,00 € für Dateien, die in einem Arbeitsgang überlassen, bereitgestellt oder auf demselben Datenträger übertragen werden. Der Rechtsanwalt erhält die Pauschale gem. Ziff. 2 nur, wenn er im Einverständnis mit der Mandantschaft diesem oder einer dritten Person anstelle der in Nr. 7000 Ziff. 1 d) VV RVG genannten Ablichtungen eine elektronisch gespeicherte Datei übermittelt. Wie die elektronisch gespeicherte Datei übermittelt wird, ist dabei unerheblich, ebenso um welche Art von Datei es sich handelt.

▶ **Beispiel:** Martin Laust bittet Rechtsanwältin Katharina Schuh, ihm per E-Mail den Mietvertrag zu übermitteln, den er im Original in der Kanzlei hinterlegt hat. Dieser umfasst vier Seiten. Rechtsanwältin Katharina Schuh kann hierfür 1,50 € abrechnen.

Wenn der Rechtsanwalt die elektronische Form der Datei erst herstellen muss, erhält er zwar die Pauschale gem. Ziff. 2. Er erhält jedoch mindestens die Dokumentenpauschale gem. Ziff. 1, wenn eine Vielzahl von Seiten eingescannt werden muss.

▶ **Beispiel:** Martin Laust bittet Rechtsanwältin Katharina Schuh, ihm per E-Mail die komplette Handakte zu übermitteln, da er seine Unterlagen nicht mehr findet. Da die Handakte 300 Seiten umfasst, ist die Pauschale gem. Ziff. 2 von 1,50 € unangemessen. Rechtsanwältin Katharina Schuh kann in diesem Fall die Dokumentenpauschale gem. Ziff. 1 d) abrechnen.

Entgelte für Post- und Telekommunikationsdienstleistungen (Nrn. 7001, 7002 VV RVG)

Der Rechtsanwalt hat die Wahlmöglichkeit, die Entgelte für Post- und Telekommunikationsdienstleistungen in voller Höhe (Nr. 7001 VV RVG) oder als Pauschale (Nr. 7002 VV RVG) abzurechnen. Die Pauschale beträgt 20 % der Gebühren, höchstens jedoch 20,00 €. Sie kann auch mehrmals in Ansatz gebracht werden, aber nur dann, wenn es sich nach § 17 RVG um verschiedene Angelegenheiten handelt.

 Merke:
- Der Rechtsanwalt kann keine Portokosten abrechnen, wenn er lediglich eine Kostenrechnung an die Mandantschaft versendet. Dies ist z. B. bei einer anwaltlichen Beratung der Fall.
- Für den Anfall der Pauschale für Post- und Telekommunikationsdienstleistungen reicht die Kommunikation mit elektronischen Medien (z. B. E-Mail, Videotelefonie) aus, auch wenn eine Aufschlüsselung einzelner Kosten aufgrund von Flatrateverträgen nicht möglich ist (vgl. OLG Frankfurt, Beschluss vom 03.05.2017, Az.: 18 W 195/16).

Tipp: Sinnvoll ist es, die entstandenen Portokosten zu notieren, denn wenn beispielsweise das Gericht im Kostenfestsetzungsverfahren einen Nachweis über die entstandenen Portokosten verlangt, kann dem Gericht eine Kopie dieser Aufstellung übersandt werden. In § 104 Abs. 2 ZPO heißt es zwar, dass die Versicherung des Rechtsanwalts genügt, in der Praxis fragen die Gerichte jedoch häufiger nach bzw. verlangen explizit einen Nachweis.

vgl.
LF 10,
Kap. 4

Reisekosten (Nrn. 7003–7006 VV RVG)

Benutzt der Rechtsanwalt für eine Geschäftsreise das eigene **Kraftfahrzeug**, kann er für jeden gefahrenen Kilometer den Betrag von 0,42 € ansetzen (Nr. 7003 VV RVG). Benutzt er **öffentliche Verkehrsmittel**, so kann er die tatsächlich entstandenen Kosten abrechnen, soweit sie angemessen sind (Nr. 7004 VV RVG).

Als **Tage- und Abwesenheitsgeld** (Nr. 7005 VV RVG) erhält der Rechtsanwalt bei einer Geschäftsreise folgende Beträge:
- nicht mehr als 4 Stunden: 30,00 € (Nr. 7005 Ziff. 1 VV RVG)
- mehr als 4–8 Stunden: 50,00 € (Nr. 7005 Ziff. 2 VV RVG)
- mehr als 8 Stunden: 80,00 € (Nr. 7005 Ziff. 3 VV RVG)

Bei **Auslandsreisen** kann zu diesen Beträgen ein Zuschlag von jeweils 50 % berechnet werden.

Sonstige Auslagen, die anlässlich einer Geschäftsreise entstanden sind, kann der Rechtsanwalt vom Mandanten erstattet verlangen, soweit sie angemessen sind (Nr. 7006 VV RVG). Hierunter fallen z. B. Parkgebühren oder die Übernachtungskosten in einem Hotel.

Dient eine Reise **mehreren Geschäften**, sind die entstandenen Auslagen nach dem Verhältnis der Kosten zu verteilen, die bei gesonderter Ausführung der einzelnen Geschäfte entstanden wären (Vorbemerkung 7 Abs. 3 VV RVG).

vgl.
LF 3,
Kap. 4.5

 Merke: Soweit in den verauslagten Kosten Umsatzsteuer enthalten ist (z. B. Hotelrechnung), darf der Rechtsanwalt in seine Kostenrechnung zunächst nur den Nettobetrag einstellen. Erst nachdem die Zwischensumme gebildet wurde, wird einheitlich auf alle angefallenen Gebühren und Auslagen die Umsatzsteuer erhoben. Dabei ist es übrigens unerheblich, ob in dem verauslagten Betrag überhaupt Umsatzsteuer enthalten ist!

Haftpflichtversicherungsprämie (Nr. 7007 VV RVG)

Der Rechtsanwalt kann auch die im Einzelfall gezahlte Prämie für eine Haftpflichtversicherung für Vermögensschäden auf die Mandantschaft umlegen, soweit die Prämie auf Haftungsbeträge von mehr als 30 Mio. € entfällt (Nr. 7007 VV RVG). Bis zu einem Betrag von 30 Mio. € ist die Haftpflichtversicherungsprämie durch die allgemeinen Geschäftskosten abgegolten. Soweit sich aus der Rechnung des Versicherers nichts anderes ergibt, ist der Betrag zu erstatten, der sich aus dem Verhältnis der 30 Mio. € übersteigenden Versicherungssumme zu der Gesamtversicherungssumme ergibt.

▶ Beispiel: Rechtsanwältin Katharina Marschner erhält einen großen Auftrag und schließt hierfür eine Haftpflichtversicherung mit einer Deckungssumme von 100 Mio. € ab. Hierfür zahlt sie einen Beitrag in Höhe von 95 000,00 € jährlich. Von der Mandantschaft kann sie also den Beitrag für 70 Mio. € (100 Mio. € abzgl. 30 Mio. €) fordern, d. h.:

$$95\,000,00\ \text{€} \cdot \frac{100\ \text{Mio.}\ \text{€} - 30\ \text{Mio.}\ \text{€}}{100\ \text{Mio.}\ \text{€}} = 66\,500,00\ \text{€}$$

Umsatzsteuer (Nr. 7008 VV RVG)

Auf Gebühren und Auslagen ist jeweils die gesetzliche Umsatzsteuer von 19 % zu erheben.

4.4.3 Sonstige Aufwendungen

Der Rechtsanwalt hat neben den in Teil 7 des RVG geregelten Auslagen Anspruch auf Erstattung seiner Aufwendungen (§§ 675, 670 BGB). Dies betrifft beispielsweise die von ihm verauslagten Kosten für Einwohnermeldeamtsanfragen und die Aktenversendungspauschale. Auf die verauslagten Kosten ist Umsatzsteuer zu erheben.

 Merke: Auf Gerichtskosten und Gerichtsvollzieherkosten ist prinzipiell keine Umsatzsteuer zu erheben, denn die Gerichtskosten schuldet gem. § 22 Abs. 1 GKG automatisch derjenige, der das Verfahren beantragt hat, also beispielsweise die Mandantschaft als Kläger. Die Gerichtsvollzieherkosten schulden automatisch der Auftraggeber und der Vollstreckungsschuldner gem. § 13 Abs. 1 GVKostG (Gerichtsvollzieherkostengesetz).

4.5 Fälligkeit und Verjährung der Vergütung

Wenn die Angelegenheit beendet bzw. der Auftrag erledigt ist, wird die Vergütung des Rechtsanwalts **fällig.** In gerichtlichen Verfahren ist die Vergütung auch dann fällig, wenn das Gericht eine Kostenentscheidung erlassen hat, der Rechtszug abgeschlossen ist oder das Verfahren länger als drei Monate ruht (§ 8 Abs. 1 RVG).

Der Rechtsanwalt hat jedoch die Möglichkeit, einen Vorschuss zu verlangen (§ 9 RVG). Dieser muss angemessen sein und darf lediglich die entstandenen und die voraussichtlich noch entstehenden Gebühren abdecken. Im Fall einer abgeschlossenen Vergütungsvereinbarung darf der Rechtsanwalt ebenfalls einen Vorschuss verlangen, soweit nichts Gegenteiliges vereinbart wurde.

Verjährung

Der Vergütungsanspruch des Rechtsanwalts unterliegt der regelmäßigen Verjährung von drei Jahren (§ 195 BGB). Er beginnt mit dem Schluss des Jahrs, in dem er entstanden ist (§ 199 BGB).

vgl. LF 4, Kap. 2.2.2

Die Verjährung der Vergütung für eine Tätigkeit in einem gerichtlichen Verfahren wird gehemmt, solange das Verfahren anhängig ist. Die Hemmung endet mit der rechtskräftigen Entscheidung oder anderweitigen Beendigung des Gerichtsverfahrens. Sofern das Verfahren ruht, endet die Hemmung drei Monate nach Eintritt der Fälligkeit, beginnt jedoch erneut, wenn das Verfahren weiter betrieben wird (§ 8 Abs. 2 RVG).

4.6 Gebühren in außergerichtlichen Verfahren

In außergerichtlichen Verfahren kann der Rechtsanwalt folgende Gebühren gegenüber der Mandantschaft abrechnen.

4.6.1 Geschäftsgebühr

In Teil 2 VV RVG ist die Geschäftsgebühr geregelt. Sie entsteht gem. Nr. 2300 VV RVG für die außergerichtliche Vertretung. Der Rechtsanwalt erhält diese für das Betreiben des Geschäfts einschließlich der Information oder für die Mitwirkung bei der Gestaltung eines Vertrags. Er erhält also eine Gebühr für alle Tätigkeiten in einer Angelegenheit, d.h., für mündliche und schriftliche Verhandlungen mit der Gegenseite, für das Führen der Korrespondenz, für die Unterrichtung der Mandantschaft usw.

Die Höhe der Geschäftsgebühr bestimmt sich nach einem Gebührensatzrahmen von 0,5 bis 2,5. Eine Gebühr von mehr als 1,3 (= Regelgebühr) kann dabei nur dann gefordert werden, wenn die Tätigkeit umfangreich oder schwierig war, denn bei der Berechnung muss der Rechtsanwalt die Vorschriften des § 14 RVG beachten.

▶ Beispiel: Rechtsanwältin Dr. Annette Neumann vertritt Kasimir Koslow außergerichtlich in einer standardmäßigen Verkehrsunfallsache. Die gegnerische Versicherung weigert sich, den Kasimir Koslow entstandenen Schaden in Höhe von 4 500,00 € zu ersetzen. Aufgrund des Kostenrisikos möchte Kasimir Koslow keine Klage erheben. Rechtsanwältin Dr. Annette Neumann rechnet daher die Angelegenheit ab:

Gegenstandswert: 4 500,00 € (§ 43 Abs. 1 GKG, § 4 ZPO)

1,3 Geschäftsgebühr, Nr. 2300 VV RVG	434,20 €
Pauschale Post und Telekommunikation, Nr. 7002 VV RVG	20,00 €
Zwischensumme	454,20 €
19 % Umsatzsteuer, Nr. 7008 VV RVG	86,30 €
Summe	540,50 €

Hinweis: Für außergerichtliche Inkassodienstleistungen wurde der Satzrahmen der Geschäftsgebühr gem. Nr. 2300 VV RVG deutlich reduziert. Er beträgt in diesen Fällen nur 0,5 bis 1,3. Die 0,5 Geschäftsgebühr fällt bei einfachen Fällen an, also wenn die Forderung auf die erste Zahlungsaufforderung hin bezahlt wird. Eine Geschäftsgebühr von mehr als 0,9 (höchstens 1,3) kann nur gefordert werden, wenn die Inkassodienstleistung besonders umfangreich oder schwierig war. Zudem wurde für außergerichtliche Inkassodienstleistungen, die eine unbestrittene Forderung betreffen, eine neue Wertstufe von 50,00 € eingeführt (§ 13 Abs. 2 RVG). Wie dies in der Praxis ablaufen wird, bleibt abzuwarten. Denn wenn mit dem Aufforderungsschreiben zunächst die 0,5 Geschäftsgebühr geltend gemacht wird, muss ggf. nachgefordert werden. Wenn aber direkt mit dem Aufforderungsschreiben eine höhere Geschäftsgebühr geltend gemacht wird, besteht die Gefahr, dass die Abrechnung berichtigt werden muss.

Eine Geschäftsgebühr kann auch in folgenden Fällen entstehen:

- Sofern sich der Auftrag auf ein **Schreiben einfacher Art** beschränkt, beträgt die Geschäftsgebühr nach Nr. 2300 VV RVG nur 0,3 **(Nr. 2301 VV RVG)**. Ein Schreiben einfacher Art liegt dann vor, wenn es weder schwierige rechtliche Ausführungen enthält noch größere sachliche Auseinandersetzungen.
- Nach **Nr. 2303 VV RVG** entsteht eine Geschäftsgebühr in Höhe von 1,5 im **Güteverfahren** vor einer durch die Landesjustizverwaltung eingerichteten bzw. anerkannten Gütestelle. Zu beachten ist hierbei, dass, sofern wegen desselben Gegenstands im Vorfeld bereits eine Geschäftsgebühr nach Nr. 2300 VV RVG entstanden ist, diese zur Hälfte (höchstens zu 0,75) angerechnet wird.

4.6.2 Erhöhungsgebühr

Hat der Rechtsanwalt in derselben Angelegenheit mehrere Personen als Auftraggeber (z. B. Eheleute, Erben einer Erbengemeinschaft), so erhält er jede Gebühr nur einmal (§ 7 Abs. 1 RVG). Dafür kann sich jedoch die Verfahrens- oder Geschäftsgebühr nach Nr. 1008 VV RVG erhöhen.

Die Erhöhungsgebühr (Teil 1 VV RVG) beträgt pro weiterer Person:

- **bei Wertgebühren bzw. Satzrahmengebühren:** 0,3, höchstens 2,0
  - ▶ Beispiel: Rechtsanwalt Peter Huber beantragt für eine Erbengemeinschaft mit acht Personen einen Erbschein. Der Nachlass hat einen Wert von 300000,00 €. Die Angelegenheit ist umfangreich. Nach Beendigung der Angelegenheit rechnet Rechtsanwalt Peter Huber ab:

    Gegenstandswert: 300000,00 € (§ 107 KostO)

3,5 Geschäftsgebühr (1,5 + 2,0), Nrn. 2300, 1008 VV RVG	9 614,50 €
Pauschale Post und Telekommunikation, Nr. 7002 VV RVG	20,00 €
Zwischensumme	9 634,50 €
19 % Umsatzsteuer, Nr. 7008 VV RVG	1 830,56 €
Summe	11 465,06 €

- **bei Festgebühren:** 30 %, höchstens das Doppelte der Festgebühr
  ▶ Beispiel: Rechtsanwalt Peter Huber vertritt das Ehepaar Walter und Waltraud Müller in einer Forderungssache mit einem Wert von 1 000,00 €. Das Ehepaar legt einen Berechtigungsschein vor. Nach Beendigung der Angelegenheit rechnet Rechtsanwalt Peter Huber ab:

  ### *Gegenstandswert ohne Belang, da Berechtigungsschein vorliegt*

  von dem Ehepaar:

2 x Beratungshilfegebühr, Nr. 2500 VV RVG	30,00 €

  (auch wenn nur ein Berechtigungsschein vorliegt!)

  von der Staatskasse:

Geschäftsgebühr (93,50 € + 28,05 €), Nrn. 2503, 1008 VV RVG	121,55 €
Pauschale Post und Telekommunikation, Nr. 7002 VV RVG	20,00 €
Zwischensumme	141,55 €
19 % Umsatzsteuer, Nr. 7008 VV RVG	26,89 €
Summe	168,44 €

- **bei Betragsrahmengebühren:** Der Mindest- und der Höchstbetrag erhöhen sich jeweils um 30 %. Begrenzt wird jedoch auf das Doppelte des Mindest- und des Höchstbetrags.
  ▶ Beispiel: Rechtsanwalt Peter Huber wurde von dem Ehepaar Martin und Christa Malle beauftragt, zu überprüfen, ob es sinnvoll ist, ein Rechtsmittel gegen das Urteil des Sozialgerichts München einzulegen. Dieses hatte der Krankenkasse der Geschwister Recht gegeben, die einen Antrag auf Kostenübernahme einer Kur in Höhe von 6 780,00 € abgelehnt hatte. Er rät dem Ehepaar Malle in einem persönlichen Gespräch von der Einlegung des Rechtsmittels ab. Die Angelegenheit ist durchschnittlich. Nach Beendigung der Angelegenheit rechnet Rechtsanwalt Peter Huber ab:

  ### *Gegenstandswert unerheblich, sozialrechtliche Angelegenheit,*
  ### *in der Betragsrahmengebühren entstehen*

Beratungsgebühr gem. Nrn. 2102, 1008 VV RVG	
(Rahmen nach 30%iger Erhöhung: 46,80 € – 499,20 €,	
dadurch automatisch erhöhte Mittelgebühr von 273,00 €)	273,00 €
19 % Umsatzsteuer, Nr. 7008 VV RVG	51,87 €
Summe	324,87 €

4.6.3 Einigungsgebühr

Die Einigungsgebühr soll das Bemühen des Rechtsanwalts fördern, Streitigkeiten ohne Inanspruchnahme des Gerichts durch gütliche Einigung zu erledigen. Die Einigungsgebühr (Teil 1 VV RVG) in Höhe von 1,5 gem. **Nr. 1000 VV RVG** entsteht für die Mitwirkung beim Abschluss eines Vertrags ...

durch den der Streit oder die Ungewissheit der Parteien über ein Rechtsverhältnis beseitigt wird	durch den die Erfüllung des Anspruchs geregelt wird (Zahlungsvereinbarung)
Der Streit oder die Ungewissheit über das Rechtsverhältnis muss durch das Nachgeben zumindest einer Partei beseitigt werden. Es darf jedoch weder ein Anerkenntnis noch ein Verzicht vorliegen. Der Rechtsanwalt muss ursächlich beim Abschluss der Einigung mitwirken. In diesem Fall erhält er eine 1,5 Einigungsgebühr.	Der Abschluss einer Ratenzahlungsvereinbarung löst eine 0,7 Einigungsgebühr aus • wenn der Gläubiger noch keinen Titel hat und auf eine Titulierung verzichtet bzw. wenn der Verzicht an eine Bedingung geknüpft ist (z. B. dass die Ratenzahlung eingehalten wird), • wenn bereits ein zur Zwangsvollstreckung geeigneter Titel vorliegt bei gleichzeitigem Verzicht auf Vollstreckungsmaßnahmen.

 Hinweis: Im Fall einer Einigung mit Vorbehalt, entsteht die Einigungsgebühr erst, wenn der Widerruf nicht mehr möglich ist.

 Hinweis: Gemäß § 31 b RVG beträgt der Gegenstandswert in diesen Fällen 50 % des Anspruchs.

▶Beispiel: Irene Kupfer fordert von ihrer Mutter Krimhilde Kupfer den Pflichtteil nach ihrem Vater. Sie errechnet diesen mit 5000,00 €. Krimhilde Kupfer möchte nur 1000,00 € zahlen. Rechtsanwältin Katharina Schuh wirkt auf eine Einigung der Parteien hin, wonach Krimhilde Kupfer einen Betrag von 3500,00 € zahlen soll. Diese hat um eine Widerrufsfrist von fünf Tagen gebeten. Nach Ablauf dieser fünf Tage zahlt sie den Betrag, sodass die Einigung zustande gekommen ist. Rechtsanwältin Katharina Schuh kann die durchschnittliche Angelegenheit somit abrechnen:

Gegenstandswert: 5000,00 €
(§ 43 Abs. 1 GKG, § 4 ZPO)

1,3 Geschäftsgebühr, Nr. 2300 VV RVG	434,20 €
1,5 Einigungsgebühr, Nr. 1000 VV RVG	501,00 €
Pauschale Post und Telekommunikation, Nr. 7002 VV RVG	20,00 €
Zwischensumme	955,20 €
19 % Umsatzsteuer, Nr. 7008 VV RVG	181,49 €
Summe	1136,69 €

▶Beispiel: Rechtsanwältin Katharina Schuh macht für Irene Kupfer eine Forderung in Höhe von 10000,00 € geltend. Die Schuldnerin Maike Rute erkennt die Forderung an, möchte jedoch in Raten zahlen, womit Irene Kupfer einverstanden ist. Die Parteien schließen eine Ratenzahlungsvereinbarung. Rechtsanwältin Katharina Schuh kann die durchschnittliche Angelegenheit somit am Ende abrechnen:

Gegenstandswert: 10000,00 €
(§ 43 Abs. 1 GKG, § 4 ZPO)

1,3 Geschäftsgebühr, Nr. 2300 VV RVG	798,20 €
0,7 Einigungsgebühr aus 5000,00 € (50 % von 10000,00 €), Nr. 1000 VV RVG	233,80 €
Pauschale Post und Telekommunikation, Nr. 7002 VV RVG	20,00 €
Zwischensumme	1052,00 €
19 % Umsatzsteuer, Nr. 7008 VV RVG	199,88 €
Summe	1251,88 €

Die Einigungsgebühr hat einen erweiterten Anwendungsbereich. Neben der 1,5 Einigungsgebühr gem. Nr. 1000 VV RVG kann folgende Gebühr entstehen: In Ehe- und Lebenspartnerschaftssachen besteht die Möglichkeit, dass sich die Eheleute bzw. Lebenspartner wieder **aussöhnen**. Sofern der Rechtsanwalt daran mitwirkt, entsteht die **Aussöhnungsgebühr** in Höhe von 1,5 (**Nr. 1001 VV RVG**). Voraussetzung ist, dass entweder eine Scheidungssache bzw. ein Verfahren auf Aufhebung der Ehe anhängig ist oder dass der Wille eines Ehe- bzw. Lebenspartners bestand, ein solches anhängig zu machen.

> vgl.
> LF 13
> (ReFa),
> Kap. 2

4.6.4 Weitere Gebühren

Hebegebühr (Nr. 1009 VV RVG)

Leistet der Schuldner oder ein Dritter Zahlungen an den Rechtsanwalt, die dieser an seine Mandantschaft weiterzuleiten hat, entsteht die Hebegebühr, die die Mandantschaft zu tragen hat. Die Hebegebühr entsteht nicht, wenn der Rechtsanwalt Kosten an ein Gericht oder eine Behörde weiterleitet, von der Gegenseite eingezogene Kosten an die Mandantschaft weiterleitet und erhaltene Gelder auf die ihm zustehende Vergütung verrechnet (Fremdgeld abzgl. Honorar).

Die Hebegebühr kann nur dann verlangt werden, soweit die Entgegennahme und Weiterleitung des Geldbetrags einen Verwahrungscharakter aufweist und ein entsprechender Auftrag vorliegt. Hierzu benötigt der Rechtsanwalt eine Inkassovollmacht, die ihn ausdrücklich ermächtigt, den Streitgegenstand in Empfang zu nehmen. Die gewöhnliche Prozessvollmacht ermächtigt den Rechtsanwalt nämlich nur, die Kosten von der erstattungspflichtigen Gegenseite in Empfang zu nehmen.

Die Hebegebühr, die in Teil 1 VV RVG geregelt ist, errechnet sich wie folgt:
- bei Beträgen bis zu 2500,00 €: 1,00 % (Nr. 1009 Ziff. 1 VV RVG)
- vom Mehrbetrag bis zu 10000,00 €: 0,50 % (Nr. 1009 Ziff. 2 VV RVG)
- vom Mehrbetrag über 10000,00 €: 0,25 % (Nr. 1009 Ziff. 3 VV RVG)

Unbare Zahlungen (z. B. Überweisung, Zahlung per Scheck) stehen baren Zahlungen gleich. Der Rechtsanwalt ist berechtigt, bei Auszahlung des vereinnahmten Betrags die Hebegebühr direkt von dem auszuzahlenden Betrag in Abzug zu bringen. Wird das Geld in Teilbeträgen gezahlt, so wird die Gebühr von jedem Betrag gesondert erhoben. Die Mindestgebühr beträgt 1,00 €.

 Hinweis: Neben der Hebegebühr kann der Rechtsanwalt auch seine Auslagen und die Umsatzsteuer in Rechnung stellen.

▶ Beispiel: Rechtsanwältin Katharina Schuh vertritt Jonas Berg. Die Gegenseite hat vorab einen Teilbetrag in Höhe von 2 600,00 € bezahlt. Rechtsanwältin Katharina Schuh rechnet die Hebegebühr ab:

1 % aus 2 500,00 €, Nr. 1009 Ziff. 1 VV RVG	25,00 €
0,50 % aus 100,00 €, Nr. 1009 Ziff. 2 VV RVG	0,50 €
Pauschale Post und Telekommunikation, Nr. 7002 VV RVG	5,10 €
Zwischensumme	30,60 €
19 % Umsatzsteuer, Nr. 7008 VV RVG	5,81 €
Summe	36,41 €

Beratungsgebühren (Nrn. 2100–2103 VV RVG)

Das RVG regelt im Teil 2 VV RVG Gutachtentätigkeiten des Rechtsanwalts:

- Der Rechtsanwalt erhält gem. **Nr. 2100 VV RVG** für die Prüfung der Erfolgsaussicht eines Rechtsmittels eine Gebühr mit einem Satzrahmen von 0,5 bis 1,0. Diese Gebühr muss jedoch angerechnet werden, sofern der Rechtsanwalt im nachfolgenden Rechtsmittelverfahren tätig wird.

  ▶ Beispiel: Rechtsanwalt Peter Huber prüft für Jonas Berg im Rahmen eines Besprechungstermins, ob es sinnvoll ist, Rechtsmittel gegen das vorliegende Urteil des Amtsgerichts Neustadt an der Weinstraße einzulegen. Er rät Jonas Berg davon ab. Die Angelegenheit war durchschnittlich. Das Amtsgericht Neustadt an der Weinstraße hatte den Streitwert bzgl. der Geldforderung auf 1 500,00 € festgesetzt. Rechtsanwalt Peter Huber rechnet die Angelegenheit wie folgt ab:

  Gegenstandswert: 1 500,00 € (§ 43 Abs. 1 GKG, § 4 ZPO)

0,65 Beratungsgebühr, Nr. 2100 VV RVG	82,55 €
19 % Umsatzsteuer, Nr. 7008 VV RVG	15,68 €
Summe	98,23 €

- Sofern der Rechtsanwalt über die Erfolgsaussicht eines Rechtsmittels ein schriftliches Gutachten ausarbeitet, beträgt die Gebühr nach **Nr. 2101 VV RVG** 1,3. Diese Gebühr muss jedoch angerechnet werden, sofern der Rechtsanwalt im nachfolgenden Rechtsmittelverfahren tätig wird.

  ▶ Beispiel: Rechtsanwalt Peter Huber erstellt im vorliegenden Fall für Jonas Berg ein schriftliches Gutachten, das er ihm eine Woche später per Post übersendet. Rechtsanwalt Peter Huber rechnet nunmehr ab:

  Gegenstandswert: 1 500,00 € (§ 43 Abs. 1 GKG, § 4 ZPO)

1,3 Beratungsgebühr, Nr. 2101 VV RVG	165,10 €
Pauschale Post und Telekommunikation, Nr. 7002 VV RVG	20,00 €
Zwischensumme	185,10 €
19 % Umsatzsteuer, Nr. 7008 VV RVG	35,17 €
Summe	220,27 €

Nach § 34 RVG soll der Rechtsanwalt für eine „normale" Beratung, unter der ein mündlicher oder schriftlicher Rat oder eine Auskunft zu verstehen ist, eine Vergütungsvereinbarung mit der Mandantschaft treffen. Sofern keine Vereinbarung getroffen wird, erhält der Rechtsanwalt seine Vergütung nach den Vorschriften des bürgerlichen Rechts zum Dienstvertrag (§ 612 BGB). Hiernach kann der Rechtsanwalt die ortsübliche Vergütung abrechnen. Zu beachten ist jedoch Folgendes:

vgl. LF 4, Kap. 4.3

- Ist die Mandantschaft Verbraucher, kann die Gebühr für die Beratung oder für die Ausarbeitung eines schriftlichen Gutachtens jeweils höchstens 250,00 € betragen. Für ein erstes Beratungsgespräch kann der Rechtsanwalt höchstens 190,00 € abrechnen.
- Unternehmen und Selbstständige sind keine Verbraucher. Sofern diese einen Rechtsanwalt aufsuchen, um sich beraten zu lassen, müssen sie die sich aus dem Gegenstandswert errechnete Beratungsgebühr bezahlen. Ein Höchstbetrag wurde hier nicht festgelegt.

Hinweis: Sofern nichts anderes vereinbart wurde, ist die Beratungsgebühr auf eine nachfolgende Tätigkeit, die mit der Beratung zusammenhängt, anzurechnen.

4.7 Beratungshilfe

Im „Gesetz über Rechtsberatung und Vertretung für Bürger mit geringem Einkommen" (Beratungshilfegesetz – BerHG) ist die Möglichkeit der Beratungshilfe geregelt. So kann der Beratungssuchende (= Mandant) für eine Beratung bzw. eine außergerichtliche Rechtsverfolgung Beratungshilfe beantragen.

Hinweis: In strafrechtlichen Angelegenheiten besteht zwar die Möglichkeit der Beratung, jedoch kann sich der Beratungssuchende vom Rechtsanwalt nicht vertreten bzw. verteidigen lassen, da es hierfür spezielle Vorschriften gibt, die in der Strafprozessordnung geregelt sind.

Für die Tätigkeit im Rahmen der Beratungshilfe erhält der Rechtsanwalt eine Vergütung aus der Staatskasse, soweit nicht für die Tätigkeit in Beratungsstellen nach § 3 Abs. 1 BerHG besondere Vereinbarungen getroffen sind (§ 44 RVG).

4.7.1 Voraussetzungen für die Bewilligung

Um Beratungshilfe zu erhalten, muss der Beratungssuchende zunächst einen Antrag beim örtlich zuständigen Amtsgericht stellen, also bei dem Amtsgericht, in dessen Bezirk er seinen Wohnsitz hat. Nach § 1 BerHG wird ihm Beratungshilfe dann bewilligt, wenn

- er nach seinen persönlichen und wirtschaftlichen Verhältnissen die Kosten der Rechtsverfolgung nicht aufbringen kann,

- keine andere für ihn zumutbare Hilfe zur Verfügung steht und
- die Inanspruchnahme der Beratungshilfe nicht mutwillig erscheint.

Persönliche und wirtschaftliche Verhältnisse

vgl. LF 10, Kap. 6

Hinsichtlich der Frage der persönlichen und wirtschaftlichen Verhältnisse nimmt § 1 BerHG Bezug auf die Voraussetzungen zur Bewilligung von Prozesskostenhilfe ohne Anordnung von Ratenzahlungen (§ 115 ZPO). Der Beratungssuchende muss also seine persönlichen und wirtschaftlichen Verhältnisse sowie den Gegenstand, weswegen er Beratungshilfe beantragt, in einem amtlichen Formular darlegen und glaubhaft machen, d. h., er muss dem Antrag sämtliche Belege beifügen.

Das amtliche Formular für den Antrag auf Beratungshilfe nebst Hinweisen finden Sie unter https://justiz.de/service/formular/dateien/agl1.pdf (Stand: 03.10.2022). Dieses amtliche Formular ist zwingend zu verwenden.

Das Amtsgericht bewertet nach Antragseingang die persönlichen und wirtschaftlichen Verhältnisse. Gemäß § 115 ZPO sind zunächst alle monatlichen Einkünfte (z. B. Lohn, Mieteinkünfte, Einkünfte aus selbstständiger Tätigkeit, Sozialleistungen) als Einkommen heranzuziehen. Anschließend sind vom Einkommen die monatlichen Ausgaben in Abzug zu bringen, wie z. B. Versicherungen, gesetzliche Abzüge, Unterhaltsverpflichtungen, Miete, Stromkosten.

> **Hinweis:** Es gibt jedoch Vermögensgegenstände, die nicht in Ansatz gebracht werden können, wie z. B. Familien- oder Erbstücke, deren Veräußerung für den Beratungssuchenden bzw. dessen Familie eine besondere Härte bedeuten würde (§ 90 Abs. 2 SGB XII – Sozialgesetzbuch, 12. Buch).

Damit Beratungshilfe gewährt werden kann, darf nur ein Betrag von maximal 10,00 € im Monat verbleiben.

Andere Hilfemöglichkeit

Mit anderweitigen Hilfemöglichkeiten sind beispielsweise die Arbeiterwohlfahrt oder Caritas-Verbände gemeint. Diese helfen jedoch nicht bei allen Rechtsproblemen, meist nur im Bereich der Schuldnerberatung. Der Beratungssuchende muss diese Hilfemöglichkeit nicht annehmen, wenn keine Geschäftsstelle in erreichbarer Nähe vorhanden ist oder die Verbände die Hilfe nicht zeitnah in Aussicht stellen können.

Mutwilligkeit

Mutwilligkeit liegt gem. § 1 BerHG dann vor, wenn Beratungshilfe in Anspruch genommen wird, obwohl ein vernünftig denkender Mensch bei Würdigung aller Umstände davon absehen würde, einen Rechtsanwalt aufzusuchen bzw. zu beauftragen. Bei der Beurteilung, ob Mutwilligkeit vorliegt, sind die Kenntnisse und Fähigkeiten des Beratungssuchenden zu beurteilen sowie dessen wirtschaftliche Lage.

▶ Beispiel: Mutwilligkeit würde vorliegen, wenn ein Beratungssuchender einen Rechtsanwalt beauftragen würde, um einen zu viel bezahlten Geldbetrag von 0,50 € zurückzufordern. Dagegen läge keine Mutwilligkeit vor, wenn ein Beratungssuchender, der schlecht Deutsch spricht, von einem Rechtsanwalt aufgefordert wird, den Pflichtteil an seine Schwester zu zahlen, zuvor aber darzulegen, wie sich der Nachlass seiner verstorbenen Mutter errechnet.

Ausstellung des Berechtigungsscheins

Nach Prüfung dieser drei Punkte stellt das Amtsgericht den sog. Berechtigungsschein aus. Der Beratungssuchende erhält zwei Ausfertigungen des Berechtigungsscheins, wovon eine Ausfertigung beim Rechtsanwalt verbleibt, die dieser bei der Abrechnung der Gebühren gegenüber der Staatskasse benötigt. Auf der anderen Ausfertigung quittiert der Rechtsanwalt dem Beratungssuchenden, dass dieser die Beratungshilfegebühr nach Nr. 2500 VV RVG in Höhe von 15,00 € bezahlt hat, sofern er sie verlangt.

Nachträgliche Bewilligung

Es ist auch möglich, die Beratungshilfe nachträglich zu beantragen. In diesem Fall ist der Antrag auf Bewilligung von Beratungshilfe spätestens vier Wochen nach Beginn der Beratungshilfetätigkeit zu stellen (§ 6 Abs. 2 S. 2 BerHG).

 Hinweis: Viele Amtsgerichte fordern auch die Vorlage von fortlaufenden Kontoauszügen der letzten drei Monate. Es wäre daher sinnvoll, von der Mandantschaft Kopien hiervon anzufordern und diese zusammen mit dem Antrag auf nachträgliche Bewilligung beim Amtsgericht einzureichen.

 Tipp: Wenn es die Angelegenheit zulässt (wenn diese also nicht „brandeilig" ist), dann empfiehlt es sich, die Mandantschaft erst zum zuständigen Amtsgericht zu schicken, damit diese die Beratungshilfe beantragt, und erst tätig zu werden, wenn der Berechtigungsschein vorliegt. Sonst besteht die Unsicherheit der Kostenübernahme!

4.7.2 Gebühren für die Beratungshilfe

Die Beratungshilfegebühren sind im Vergütungsverzeichnis (Anlage 1) zum RVG in Teil 2, Abschnitt 5 geregelt. Sie werden fällig, wenn die Angelegenheit erledigt ist. Einen Vorschuss kann der Rechtsanwalt in Beratungshilfesachen nicht fordern (§ 47 Abs. 2 RVG).

Schuldner der Beratungshilfegebühren ist sowohl die Mandantschaft als auch die Staatskasse:

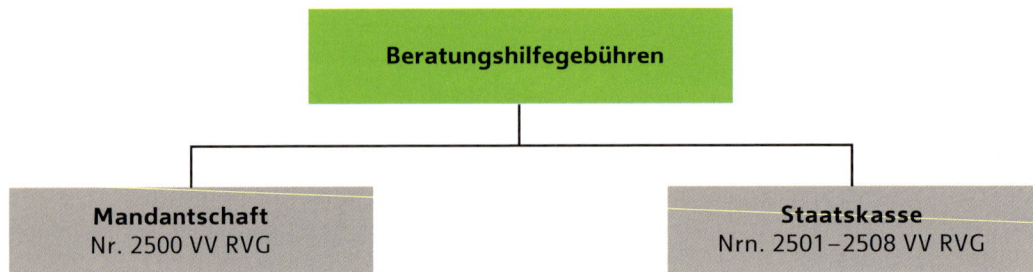

Zusätzlich zu den Beratungshilfegebühren erhält der Rechtsanwalt die Auslagen nach Teil 7 VV RVG, sofern diese entstanden sind und zur sachgemäßen Durchführung der Angelegenheit erforderlich waren (§ 46 RVG).

Beratungshilfegebühren

Es können folgende Beratungshilfegebühren entstehen:

- **Beratungshilfegebühr (Nr. 2500 VV RVG):**

  Der Rechtsanwalt kann von der Mandantschaft die Beratungshilfegebühr in Höhe von 15,00 € fordern. Er kann sie jedoch auch erlassen. Neben der Beratungshilfegebühr werden keine Auslagen (auch keine Umsatzsteuer nach Nr. 7008 VV RVG!) erhoben, da sie bereits in dieser Gebühr enthalten sind. Selbstverständlich muss der Rechtsanwalt die Gebühr ordnungsgemäß verbuchen und die enthaltene Umsatzsteuer (= 2,40 €) an das zuständige Finanzamt abführen.

- **Beratungsgebühr (Nr. 2501 VV RVG):**

  Die Beratungsgebühr in Höhe von 38,50 € entsteht für eine Beratung, wenn diese nicht mit einer anderen gebührenpflichtigen Tätigkeit zusammenhängt. Sie ist auf eine Gebühr für eine sonstige Tätigkeit anzurechnen, wenn diese mit der Beratung zusammenhängt.

  ▶ Beispiel: Rechtsanwältin Katharina Schuh berät David Kulle in einer Forderungsangelegenheit. Er legt einen Berechtigungsschein vor. Rechtsanwältin Katharina Schuh erhält folgende Gebühren:

von David Kulle:	
Beratungshilfegebühr, Nr. 2500 VV RVG	15,00 €
von der Staatskasse:	
Beratungsgebühr, Nr. 2501 VV RVG	38,50 €
19 % Umsatzsteuer, Nr. 7008 VV RVG	7,32 €
Summe	45,82 €

- **Geschäftsgebühr (Nr. 2503 VV RVG)**

  Die Geschäftsgebühr in Höhe von 93,50 € entsteht für das Betreiben des Geschäfts einschließlich Information oder Mitwirkung bei der Gestaltung eines Vertrags. Sie ist zur Hälfte auf die

Gebühren für ein anschließendes gerichtliches oder behördliches Verfahren anzurechnen. Auf die Gebühren für ein Verfahren auf Vollstreckbarerklärung eines Vergleichs nach §§ 795 a, 796 b und 796 c Abs. 2 S. 2 ZPO (Anwaltsvergleich) ist sie zu einem Viertel anzurechnen.

▶ Beispiel: David Kulle beauftragt Rechtsanwältin Katharina Schuh in einer Pflichtteilssache. Er legt einen Berechtigungsschein vor. Rechtsanwältin Katharina Schuh erhält nach Beendigung der Angelegenheit folgende Gebühren:

von David Kulle:	
Beratungshilfegebühr, Nr. 2500 VV RVG	15,00 €
von der Staatskasse:	
Geschäftsgebühr, Nr. 2503 VV RVG	93,50 €
Pauschale Post und Telekommunikation, Nr. 7002 VV RVG	18,70 €
Zwischensumme	112,20 €
19 % Umsatzsteuer, Nr. 7008 VV RVG	21,32 €
Summe	133,52 €

- **Einigungs- oder Erledigungsgebühr (Nr. 2508 VV RVG):**
  Die Einigungs- oder Erledigungsgebühr in Höhe von 165,00 € entsteht zusätzlich bei einer Einigung in der außergerichtlichen Tätigkeit des Rechtsanwalts.

  ▶ Beispiel: David Kulle beauftragt Rechtsanwältin Katharina Schuh in einer zivilrechtlichen Angelegenheit. Er legt einen Berechtigungsschein vor. Die Parteien einigen sich. Rechtsanwältin Katharina Schuh erhält nach Beendigung der Angelegenheit folgende Gebühren:

von David Kulle:	
Beratungshilfegebühr, Nr. 2500 VV RVG	15,00 €
von der Staatskasse:	
Geschäftsgebühr, Nr. 2503 VV RVG	93,50 €
Einigungsgebühr, Nr. 2508 VV RVG	165,00 €
Pauschale Post und Telekommunikation, Nr. 7002 VV RVG	20,00 €
Zwischensumme	278,50 €
19 % Umsatzsteuer, Nr. 7008 VV RVG	52,92 €
Summe	331,42 €

Beratungshilfegebühren im Verbraucherinsolvenzverfahren

Wird der Rechtsanwalt im Rahmen der Beratung des Schuldners im Verbraucherinsolvenzverfahren tätig, kann er für seine anwaltliche Tätigkeit folgende Gebühren fordern:

- **Beratungsgebühr (Nr. 2502 VV RVG):**
  Die Beratungsgebühr in Höhe von 77,00 € entsteht für die Beratungstätigkeit mit dem Ziel einer außergerichtlichen Einigung mit den Gläubigern über die Schuldenbereinigung auf der Grundlage eines Plans (§ 305 Abs. 1 Nr. 1 InsO).

- **Geschäftsgebühr (Nr. 2504 VV RVG):**

  Die Geschäftsgebühr umfasst die gesamte Tätigkeit mit dem Ziel einer außergerichtlichen Einigung mit den Gläubigern über die Schuldenbereinigung auf der Grundlage eines Plans (§ 305 Abs. 1 Nr. 1 InsO). Die Gebühr beträgt bei bis zu fünf Gläubigern 297,00 €.

- **Geschäftsgebühr (Nr. 2505 VV RVG):**

  Es sind sechs bis zehn Gläubiger vorhanden. Die Gebühr nach Nr. 2503 VV RVG beträgt 446,00 €.

- **Geschäftsgebühr (Nr. 2506 VV RVG):**

  Es sind 11 bis 15 Gläubiger vorhanden. Die Gebühr nach Nr. 2503 VV RVG beträgt 594,00 €.

- **Geschäftsgebühr (Nr. 2507 VV RVG):**

  Es sind mehr als 15 Gläubiger vorhanden. Die Gebühr nach Nr. 2503 VV RVG beträgt 743,00 €.

▶ Beispiel: David Kulle erklärt Rechtsanwältin Katharina Schuh in der Besprechung, dass er viele Schulden hat und diese nicht begleichen kann. Die 40 Gläubiger fordern in regelmäßigen Abständen ihr Geld. Rechtsanwältin Katharina Schuh schlägt ihm vor, eine außergerichtliche Schuldenbereinigung durchzuführen. David Kulle beauftragt sie dementsprechend. Rechtsanwältin Katharina Schuh erhält nach Beendigung des Verfahrens folgende Gebühren:

von David Kulle:

Beratungshilfegebühr, Nr. 2500 VV RVG	15,00 €

von der Staatskasse:

Geschäftsgebühr, Nrn. 2507, 2503 VV RVG	743,00 €
Pauschale Post und Telekommunikation, Nr. 7002 VV RVG	20,00 €
Zwischensumme	763,00 €
19 % Umsatzsteuer, Nr. 7008 VV RVG	144,97 €
Summe	907,97 €

4.7.3 Abrechnung

Nach Beendigung der Angelegenheit kann der Rechtsanwalt seine Vergütung gegenüber der Staatskasse geltend machen.

Die Abrechnung erfolgt mittels eines Formulars, das zusammen mit dem entwerteten Berechtigungsschein sowie etwaigen Anlagen dem zuständigen Amtsgericht per beA übersandt wird. Der Rechtspfleger überprüft die Abrechnung des Rechtsanwalts und setzt die Vergütung fest, sodass die Auszahlung durch die Staatskasse erfolgen kann.

Das Formular für die Abrechnung der Beratungshilfe finden Sie unter https://justiz.de/service/formular/dateien/hkr119.pdf (Stand 03.10.2022).

▶ Beispiel: Rechtsanwältin Dr. Annette Neumann hat in einer verkehrsrechtlichen Angelegenheit Maria Höffer anwaltlich vertreten. Diese hat einen Berechtigungsschein vorgelegt. Die gegnerische Versicherung hat aus Kulanz die Forderung von 850,00 € bezahlt. Es wurden 15 Kopien aus der polizeilichen Ermittlungsakte gefertigt. Die Abrechnung sieht wie folgt aus:

Antragsteller/in
(Stempel des Rechtsanwalts/der Rechtsanwältin
oder sonstigen Beratungsperson)

Dr. Neumann & Huber, Rechtsanwälte, Partnerschaft
Firmensitz Grainstraße 101
67434 Neustadt an der Weinstraße
Telefon +49 (0)6321 5632-0
Telefax +49 (0)6321 5632-15

123 UR II 1555/2022

Geschäftsnummer des Amtsgerichts
(Berechtigungsschein)

Amtsgericht   Neustadt an der Weinstraße

67433 Neustadt an der Weinstraße

Postleitzahl, Ort

Eingangsstempel des Amtsgerichts

Ich habe Beratungshilfe gewährt Herrn/Frau	In der Zeit vom / am
Frau Maria Höffer	20.09.2022 – 05.12.2022
Anschrift (Straße, Hausnummer, PLZ, Ort)	
Robert-Stolz-Straße 5, 67433 Neustadt an der Weinstraße	

☒ Der Berechtigungsschein im Original oder ☐ der Antrag auf nachträgliche Bewilligung der Beratungshilfe ist beigefügt. Über die in Nr. 2500 VV RVG bestimmte Gebühr hinaus habe ich Zahlungen von einem Dritten

☒ nicht erhalten.   ☐ in Höhe von _____ EUR erhalten.

Ist der Gegner verpflichtet, die Kosten zu erstatten (§ 9 BerHG i. V. m. § 59 Absatz 1, 3 RVG)?

☒ nein   ☐ ja; Name und Anschrift sowie die Begründung der Erstattungspflicht ergeben sich aus der Anlage.

Ist die Beratung oder die Vertretung in ein gerichtliches Verfahren / (weiteres) Verwaltungsverfahren in diesem Mandat übergegangen
(Abs. 2 der Anmerkungen zu den Nummern 2501 oder 2503 VV RVG)?

☒ nein   ☐ ja. und zwar bei (Gericht/Behörde, Ort, Aktenzeichen):

Ich beantrage, nachstehend berechnete Gebühren und Auslagen, deren Entstehung ich versichere, festzusetzen und auszuzahlen durch Überweisung auf das Konto IBAN-Nn: DE41 5464 0035 0012 5832 19

BIC: COBADEFFXXX   **zum Geschäftszeicher.:** 538/2022

Neustadt an der Weinstraße, 08.12.2022

Ort, Datum   Rechtsanwalt / Rechtsanwältin / sonstige Beratungsperson

Kostenberechnung (nach RVG)			**Dieses Feld bitte nicht ausfüllen.**
Bezeichnung	**Vergütungsverzeichnis Nummer(n)**	**Betrag EUR**	**Festzusetzen auf EUR**
Beratungsgebühr	2501		
	2502		
Geschäftsgebühr
Meine Tätigkeit bestand in:	2503	93,50	
Einigungs- und Erledigungsgebühr
Inhalt bzw. Darstellung der Erledigung ergeben sich aus der Anlage	2508		
Entgelte für Post- und Telekommunikationsdienstleistungen	Einzelberechnung 7001		
	Pauschale 7002	18,70	
Dokumentenpauschale	7000	7,50	
	Summe	119,70	
Umsatzsteuer auf die Vergütung	7008	22,74	
	Summe	142,44	
Abzüglich Zahlungen gemäß § 9 BerHG i. V. m. § 58 Absatz 1 RVG; § 55 Absatz 5 Satz 3 RVG			
zu zahlender Betrag		142,44	

Hinweis: Viele Gerichte fordern einen Nachweis für den Anfall der Geschäftsgebühr, sodass es sinnvoll ist, dem Vergütungsantrag gleich ein Schreiben (im Beispielfall z. B. das Aufforderungsschreiben an die gegnerische Versicherung) als Nachweis beizulegen.

4.8 Gebühren- und steuerrechtliche Vorschriften für Kostenrechnungen

Der Rechtsanwalt kann seine Vergütung nur fordern, wenn er der Mandantschaft eine von ihm unterzeichnete Kostenrechnung übermittelt hat. Bei der Erstellung der Kostenrechnung sind gem. § 10 RVG, § 14 Abs. 4 UStG folgende Vorschriften zu beachten:

- vollständiger Name und vollständige Anschrift der Mandantschaft
- vollständiger Name und vollständige Anschrift des Rechtsanwalts, wobei es ausreichend ist, wenn sich diese Daten aus dem Briefbogen ergeben
- Steuernummer bzw. Umsatzsteuer-Identifikationsnummer des Rechtsanwalts
- Ausstellungsdatum der Rechnung
- fortlaufende, einmalig vergebene Rechnungsnummer
- Art der Leistung
- Bezeichnung des Gebührentatbestands und der Auslagen (unter Angabe der Gebührensätze und der jeweiligen Nummer der Gebühren/Auslagen im Vergütungsverzeichnis)
- Angabe des Gegenstandswerts
- Tätigkeitszeitpunkt (= Zeitpunkt der Leistung)
- Beträge der einzelnen Gebühren und Auslagen sowie etwaige erhaltene Vorschüsse
- nach Steuersätzen aufgeschlüsseltes Entgelt
- jeweiliger Umsatzsteuersatz (derzeit 19 %)

 Hinweis: Bei der Angabe der Post- und Telekommunikationsdienstleistungen genügt es, den Gesamtbetrag anzugeben (§ 10 Abs. 2 S. 2 RVG).

▶ **Beispiel:** Rechtsanwalt Peter Huber hat in einer mietrechtlichen Angelegenheit Karin Kusel, Robert-Stolz-Straße 8, 67433 Neustadt an der Weinstraße, vertreten. Der Gegner Rudolf Ruhe hat die rückständige Miete von 1 415,00 € beglichen. Rechtsanwalt Peter Huber war in der durchschnittlichen Angelegenheit mit dem Aktenzeichen 345/2022 vom 23.12.2022 bis 03.03.2023 tätig. Portokosten sind in Höhe von 15,65 € entstanden. Zur Unterrichtung der Mandantin wurden 25 Kopien angefertigt. Karin Kusel erhält mit einem Anschreiben vom 06.03.2023 folgende Kostenrechnung:

Dr. Neumann & Huber
Rechtsanwälte Partnerschaft

RAe Dr. Neumann & Huber, Grainstr. 101, 67434 Neustadt a. d. Wstr.

Ihr Zeichen:	
Ihre Nachricht vom:	
Unser Zeichen:	345/2022
Unsere Nachricht vom:	

Frau
Karin Kusel
Robert-Stolz-Straße 8
67433 Neustadt an der Weinstraße

Name:	RA Peter Huber
Sekretariat:	Marion Webermann
Telefon:	+49 6321 5632-11
Telefax:	+49 6321 5632-15
Datum:	06.03.2023

Kostenendabrechnung
Rechnungsnummer: 86/2023
Karin Kusel ./. Rudolf Ruhe wg. rückständiger Miete
Tätigkeit vom 23.12.2022 – 03.03.2023

Gegenstandswert: 1.415,00 € (§ 48 Abs. 1 GKG)

1,3 Geschäftsgebühr, Nr. 2300 VV RVG	165,10 €
Pauschale Post und Telekommunikation, Nr. 7002 VV RVG	20,00 €
Zwischensumme	185,10 €
19 % Umsatzsteuer, Nr. 7008 VV RVG	35,17 €
Summe	220,27 €

Peter Huber
Rechtsanwalt

RAin Dr. Annette Neumann Fachanwältin für Verkehrsrecht · **RA Peter Huber** Fachanwalt für Erbrecht
In Zusammenarbeit mit **RAin Katharina Schuh** Fachanwältin für Familienrecht

RAe Dr. Neumann & Huber · Grainstr. 101 · 67434 Neustadt a. d. Wstr. · Telefon +49 6321 5632-0 · Fax +49 6321 5632-15
info@rae-neumann-huber.de · www.rae-neumann-huber.de
Registernummer PR 956 · Amtsgericht Neustadt a. d. Wstr. · USt-IdNr.: DE573964122

Commerzbank Neustadt a. d. Wstr. · IBAN DE41 5464 0035 0012 5832 19

Zusammenfassung

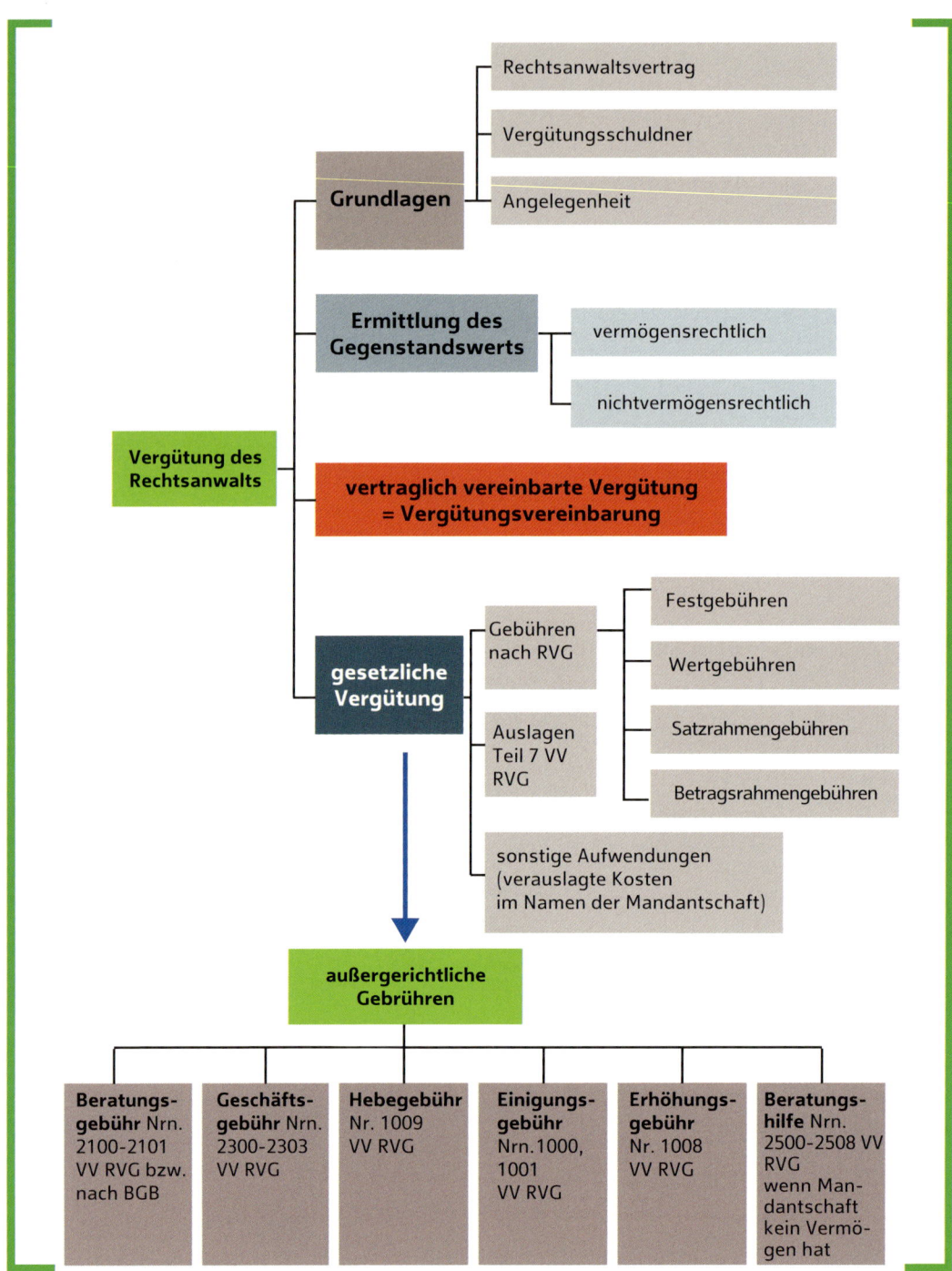

Wiederholung und Vertiefung _____

1. Rechtsanwalt Peter Huber bearbeitet die Forderungssache Julia Müller./.Leon Burger. Er hat Leon Burger außergerichtlich aufgefordert, die Forderung in Höhe von 350,00 € zu begleichen. Nach Verhandlungen einigen sich die Parteien darauf, dass Leon Burger einen Betrag von 300,00 € bezahlt und damit die Angelegenheit erledigt ist. Die Angelegenheit war durchschnittlich.
   a) Welchen Zweck soll die Einigungsgebühr erfüllen?
   b) Welche Gebühren kann Rechtsanwalt Peter Huber der Mandantin Julia Müller in Rechnung stellen?

2. Leah Meier lässt sich von Rechtsanwältin Katharina Schuh vertreten. Die Gegenseite zahlt die Forderung in Höhe von 3600,00 € fristgerecht auf das Kanzleikonto und übernimmt auch die Rechtsanwaltskosten. Rechtsanwältin Katharina Schuh leitet das Geld an Leah Meier weiter, zieht jedoch zuvor die Hebegebühr ab. Welchen Betrag kann sie einbehalten?

3. Hubert Klein wird des Diebstahls beschuldigt. Das Gericht hat bereits einen Termin bestimmt. Da Hubert Klein den Diebstahl nicht begangen hat, setzt er sich mit Rechtsanwältin Dr. Annette Neumann in Verbindung, um sich anwaltlich beraten zu lassen. Bei dem Beratungstermin legt er einen Berechtigungsschein vor.
   a) Welche Voraussetzungen müssen vorliegen, um Beratungshilfe zu erhalten?
   b) Welche Gebühren kann Rechtsanwältin Dr. Annette Neumann abrechnen?

4. Rechtsanwalt Peter Huber wird von Marie Lebemann beauftragt, ihren Pflichtteil nach dem Vater geltend zu machen. Rechtsanwalt Peter Huber fordert daher die Mutter Ingrid Lebemann auf, Auskunft über den Nachlass zu erteilen und den sich daraus ergebenden Pflichtteil auszuzahlen. Weiterhin stellt er eigene Nachforschungen an und nimmt Einsicht in die Nachlassakte. Er fertigt 35 Kopien an und verauslagt einen Betrag von 12,00 € für die Aktenversendungspauschale. Nach Beendigung der Angelegenheit rechnet er die durchschnittliche Angelegenheit ab. Was kann er abrechnen?

5. Ulrich Weinel hat zu Unrecht ein Hausanwesen in Besitz genommen. Rechtsanwältin Katharina Schuh fordert im Namen des Mandanten Peter Pulle die Herausgabe. Das Hausanwesen hat einen Verkehrswert von 85 000,00 €. Die Angelegenheit war umfangreich (zehn Besprechungen mit dem Mandanten, über 20 Telefonate mit der Gegenseite). Welche Gebühren kann sie abrechnen?

5 Führen des erforderlichen Schriftverkehrs

Grundsätzlich sollte bei der Formulierung der Schreiben auf Folgendes geachtet werden:

- Die Sätze sollten nicht zu lange sein.
- Es sollte auf den Punkt hin formuliert und nicht „um den heißen Brei" herumgeschrieben werden.
- Der Inhalt sollte verständlich dargestellt werden, denn vor allem die Mandantschaft kann oft mit einem von Fachausdrücken wimmelnden Schreiben nichts anfangen.
- Natürlich ist auch die Rechtschreibung und die Grammatik zu beachten, denn es ist unvorteilhaft, wenn ein Schreiben versandt wird, das von Fehlern nur so wimmelt. Und, so manch einer wird das auch kennen: Manche Mandanten suchen Fehler!
- Die Regeln der DIN 5008 sollten eingehalten werden.

vgl.
LF 3,
Kap. 5

Nachfolgend wird jeweils ein Beispielschreiben anhand einer Situationsbeschreibung formuliert. Diese Schreiben werden verkleinert dargestellt und stellen keine Musterlösung dar, sie sollen lediglich der Anregung dienen.

Web Den Briefbogen der Kanzlei Dr. Neumann & Huber finden Sie unter dem vorne abgedruckten Webcode zum Buch. Grundlagen dieses Briefbogens sind die Form B und der gestaltete Informationsblock.

Lernsituation

Rechtsanwältin Katharina Schuh übergibt Annika Sauer zwei Akten zur Bearbeitung.

In der Sache Bauunternehmung Kieswetter GmbH ./. Timo Gutte wg. Forderung (Az.: 41/2023) soll sie Timo Gutte, Spitalbachstraße 3, 67433 Neustadt an der Weinstraße, im Namen der Bauunternehmung Kieswetter GmbH, Haardter Straße 132, 67433 Neustadt an der Weinstraße, außergerichtlich auffordern, das Baumaterial im Wert von 7.363,15 € gem. Rechnung Nr. 3445/2022 vom 19.12.2022 zu begleichen.

Timo Gutte hat auch auf die Mahnung vom 16.01.2023 mit Fristsetzung zum 30.01.2023 nicht reagiert. Nun soll er die Forderung zzgl. Mahnkosten von 5,00 € und Zinsen bis zum 06.03.2023 begleichen. Die Durchführung des Mahnverfahrens soll angedroht werden. Die Mandantin ist vorsteuerabzugsberechtigt.

In der anderen Sache soll Annika Sauer an den Mandanten Bob Miller, Am Hasenstein 38, 67435 Neustadt an der Weinstraße, eine Kenntnis- und Stellungnahme schicken. Rechtsanwältin Katharina Schuh hat ihr mitgeteilt, dass sie das Schreiben von Rechtsanwalt Walter Stein vom 17.11.2023 weiterleiten soll und dass sich der Mandant zwecks der Vereinbarung eines Termins in der Sache Bob Miller ./. Renate Fuchs wg. Mietforderung (Az.: 249/2023) mit dem Sekretariat in Verbindung setzen soll. Sie möchte die Angelegenheit nämlich gerne persönlich mit ihm besprechen.

Arbeitsaufträge:
a) Überlegen Sie in Zweiergruppen, welche Inhalte in das anwaltliche Aufforderungsschreiben aufgenommen werden müssen. Erstellen Sie hierüber eine Stichpunktliste.
b) Berichten Sie in der Klasse, ob in Ihrem Ausbildungsbetrieb Schnellbausteine zur Erstellung eines anwaltlichen Aufforderungsschreibens und einer Kenntnis- und Stellungnahme verwendet werden und wenn ja, aus welchem Grund.
c) Erstellen Sie mit Hilfe des Briefbogens der Partnerschaft Dr. Neumann & Huber das Schreiben an Timo Gutte, welches am 17.02.2023 per Einschreiben Rückschein zur Post geht.
d) Formulieren Sie die Kenntnis- und Stellungnahme an Bob Miller. Das Schreiben geht am 20.11.2023 zur Post. Verwenden Sie hierbei ebenfalls den Briefbogen der Partnerschaft Dr. Neumann & Huber.
e) Vergleichen Sie Ihr Ergebnis untereinander und ergänzen Sie ggf. Ihre Schreiben.
f) Reflektieren Sie anschließend Ihr Wissen.

5.1 Adressermittlungsanfrage

Situationsbeschreibung: Rechtsanwältin Dr. Annette Neumann wird von Leah Pfister, Siedlerstraße 1, 67434 Neustadt an der Weinstraße, in einer familienrechtlichen Angelegenheit beauftragt. Das Aktenzeichen lautet 31/2023. Sie soll Kindesunterhalt gegen den Ex-Ehemann Norbert Pfister geltend machen. Dieser hat sich ohne eine neue Adresse zu hinterlassen aus dem Staub gemacht. Zuletzt war er in der Johannisstraße 15, 66111 Saarbrücken, wohnhaft. Julia Hoffmann wendet sich am 03.02.2023 an das Einwohnermeldeamt der Landeshauptstadt Saarbrücken, Rathausplatz 1, 66111 Saarbrücken. Die entstehende Gebühr von 10,00 € wird per Überweisung beglichen.

Dr. Neumann & Huber
Rechtsanwälte Partnerschaft

Ihr Zeichen:	
Ihre Nachricht vom:	
Unser Zeichen:	31/2023
Unsere Nachricht vom:	

RAe Dr. Neumann & Huber, Grainstr. 101, 67434 Neustadt a. d. Wstr.

Landeshauptstadt Saarbrücken
Einwohnermeldeamt
Rathausplatz 1
66111 Saarbrücken

Name:	RAin Dr. Annette Neumann
Sekretariat:	Julia Hoffmann
Telefon:	+49 6321 5632-13
Telefax:	+49 6321 5632-15
Datum:	03.02.2023

Aktuelle Anschrift von Norbert Pfister

Sehr geehrte Damen und Herren,

wir benötigen die aktuelle ladungsfähige Anschrift des Herrn Norbert Pfister. Dieser war zuletzt wohnhaft in der Johannisstraße 15 in 66111 Saarbrücken.

Bitte informieren Sie uns über seine derzeitige Anschrift. Die anfallende Gebühr von 10,00 € werden wir überweisen.

Die Auskunft dient ausschließlich der Verfolgung unterhaltsrechtlicher Ansprüche unserer Mandantin.

Die Daten werden nicht für Zwecke der Werbung oder des Adresshandels verwendet.

Freundliche Grüße

Dr. Annette Neumann
Rechtsanwältin

RAin Dr. Annette Neumann Fachanwältin für Verkehrsrecht · **RA Peter Huber** Fachanwalt für Erbrecht
In Zusammenarbeit mit **RAin Katharina Schuh** Fachanwältin für Familienrecht

RAe Dr. Neumann & Huber · Grainstr. 101 · 67434 Neustadt a. d. Wstr. · Telefon +49 6321 5632-0 · Fax +49 6321 5632-15
info@rae-neumann-huber.de · www.rae-neumann-huber.de
Registernummer PR 956 · Amtsgericht Neustadt a. d. Wstr. · USt-IdNr.: DE573964122

Commerzbank Neustadt a. d. Wstr. · IBAN DE41 5464 0035 0012 5832 19
Deutsche Bank Neustadt a. d. Wstr. · IBAN DE52 5467 0095 0096 7844 58

5.2 Außergerichtliches Aufforderungsschreiben

Situationsbeschreibung: Das vorsteuerabzugsberechtigte Möbelhaus Muck GmbH, An der Eselshaut 15, 67435 Neustadt an der Weinstraße, hat Rechtsanwältin Dr. Annette Neumann mit der Wahrnehmung ihrer Interessen beauftragt. Die Angelegenheit wird unter dem Az.: 1/2023 geführt. Maja Sommer, Heidweg 2, 67435 Neustadt an der Weinstraße, hat am 21.11.2022 Esszimmermöbel mit einem Wert von 1.810,00 € gekauft und ordnungsgemäß erhalten. Die

Rechnung Nr. 10101-2022 war sofort zur Zahlung fällig. Maja Sommer ist dem, auch nach einer Mahnung vom 19.12.2022, mit Fristsetzung zum 02.01.2023, nicht nachgekommen. Rechtsanwältin Dr. Annette Neumann soll Maja Sommer unter Androhung des Mahnverfahrens auffordern, die Rechnung, die angefallenen Zinsen sowie die Mahnkosten von 5,00 € bis spätestens 03.02.2023 auszugleichen. Das Schreiben an Maja Sommer wird von Marion Webermann verfasst und geht am 13.01.2023 zur Post.

Dr. Neumann & Huber
Rechtsanwälte Partnerschaft

Ihr Zeichen:	
Ihre Nachricht vom:	
Unser Zeichen:	1/2023
Unsere Nachricht vom:	
Name:	RAin Dr. Annette Neumann
Sekretariat:	Marion Webermann
Telefon:	+49 6321 5632-11
Telefax:	+49 6321 5632-15
Datum:	13.01.2023

RAe Dr. Neumann & Huber, Grainstr. 101, 67434 Neustadt a. d. Wstr.

Frau
Maja Sommer
Heidweg 2
67435 Neustadt an der Weinstraße

Möbelhaus Muck GmbH ./. Maja Sommer
wg. Forderung

Sehr geehrte Frau Sommer,

das Möbelhaus Muck GmbH, An der Eselshaut 15, 67435 Neustadt an der Weinstraße, hat uns mit der Wahrnehmung ihrer Interessen beauftragt. Eine uns legitimierende Vollmacht fügen wir bei.

Am 21.11.2022 haben Sie bei unserer Mandantin Esszimmermöbel zum Preis von 1.810,00 € gekauft und ordnungsgemäß erhalten. Die Rechnung Nr. 10101-2022 war sofort zur Zahlung fällig.

Sie haben diesen Betrag jedoch trotz Mahnung vom 19.12.2022 nicht fristgerecht bis zum 02.01.2023 beglichen.

Gemäß § 286 Abs. 1 BGB befinden Sie sich daher seit dem 03.01.2023 in Verzug und haben gem. § 280 Abs. 1 BGB den Verzugsschaden unserer Mandantin zu tragen. Hierzu gehören neben den gesetzlichen Verzugszinsen auch die Mahnkosten unserer Mandantin in Höhe von 5,00 €.

Wir fordern Sie auf, die Forderung unserer Mandantin in Höhe von 1.815,00 € zzgl. Verzugszinsen in Höhe von fünf Prozentpunkten über den Basiszinssatz seit 03.01.2023 bis spätestens

03.02.2023

auf eines der unten genannten Kanzleikonten zu überweisen.

Weiterhin haben Sie als Verzugsschaden die Kosten unserer Inanspruchnahme zu tragen. Diese geben wir Ihnen nach Beendigung der Angelegenheit gesondert bekannt.

RAin Dr. Annette Neumann Fachanwältin für Verkehrsrecht · **RA Peter Huber** Fachanwalt für Erbrecht
In Zusammenarbeit mit **RAin Katharina Schuh** Fachanwältin für Familienrecht

RAe Dr. Neumann & Huber · Grainstr. 101 · 67434 Neustadt a. d. Wstr. · Telefon +49 6321 5632-0 · Fax +49 6321 5632-15
info@rae-neumann-huber.de · www.rae-neumann-huber.de
Registernummer PR 956 · Amtsgericht Neustadt a. d. Wstr. · USt-IdNr.: DE573964122

Commerzbank Neustadt a. d. Wstr. · IBAN DE41 5464 0035 0012 5832 19
Deutsche Bank Neustadt a d Wstr · IBAN DE52 5467 0095 0096 7844 58

Sofern Sie die Forderung nicht fristgerecht begleichen, werde ich unserer Mandantin empfehlen, dass Mahnverfahren einzuleiten. Dadurch entstehen Ihnen weitere Kosten, die Sie
durch eine fristgerechte Zahlung vermeiden können.

Freundliche Grüße

Dr. Annette Neumann
Rechtsanwältin

Anlage
Vollmacht

 Hinweis: Bezüglich der entstehenden anwaltlichen Kosten besteht die Möglichkeit,
der Gegenseite ein Informationsblatt beizulegen, aus dem ersichtlich ist, in welchem Fall welche anwaltlichen Gebühren entstehen. Hierauf können auch, sofern
erforderlich, die Darlegungs- und Informationspflichten nach § 43 d BRAO aufgeführt werden.

5.3 Schreiben an Mandanten

In der Praxis werden wohl die meisten Schreiben in einer Angelegenheit an die Mandantschaft
übersandt, da diese schließlich über alle Schritte informiert werden soll. Auch „tauchen" während der laufenden Angelegenheit immer wieder Fragen der Mandantschaft auf, die der
Rechtsanwalt oft schriftlich erledigt, damit sich ein Nachweis in den Akten befindet.

5.3.1 Kenntnis- und Stellungnahme

Situationsbeschreibung: Rechtsanwältin Dr. Annette Neumann vertritt Angela Kuch, Holzmühlstraße 15, 67435 Gimmeldingen, in der Angelegenheit Angela Kuch ./. Maximilian Sull wg.
Forderung, Az.: 368/2023. Maximilian Sull wurde mit Schreiben vom 04.12.2023 aufgefordert,
die Forderung von 5.000,00 € zu begleichen. Mit dem Schreiben vom 18.12.2023 weist Rechtsanwältin Maike Scheuermann, die nun Maximilian Sull vertritt, die Forderung zurück. Sie legt
handschriftliche Unterlagen ihres Mandanten vor, aus denen hervorgeht, dass dieser die Forderung bereits bar und in Raten bezahlt hat. Rechtsanwältin Dr. Annette Neumann leitet am
22.12.2023 beide Schreiben an Angela Kuch weiter und bittet um deren Anruf in der Kanzlei.
Marion Webermann verfasst das Schreiben an die Mandantin.

Dr. Neumann & Huber
Rechtsanwälte Partnerschaft

Ihr Zeichen:	
Ihre Nachricht vom:	
Unser Zeichen:	368/2023
Unsere Nachricht vom:	

RAe Dr. Neumann & Huber, Grainstr. 101, 67434 Neustadt a. d. Wstr.

Frau
Angela Kuch
Holzmühlstraße 15
67435 Gimmeldingen

Name:	RAin Dr. Annette Neumann
Sekretariat:	Marion Webermann
Telefon:	+49 6321 5632-11
Telefax:	+49 6321 5632-15
Datum:	22.12.2023

**Angela Kuch ./. Maximilian Sull
wg. Forderung**

Sehr geehrte Frau Kuch,

wie Sie unserem Schreiben vom 04.12.2023 entnehmen können, haben wir Herrn Maximilian Sull aufgefordert, die Forderung von 5.000,00 € zu begleichen.

Mit Schreiben vom 18.12.2023 hat Frau Rechtsanwältin Maike Scheuermann die anwaltliche Vertretung des Herrn Maximilian Sull angezeigt. Sie weist Ihre Forderung zurück und teilt mit, dass nach den handschriftlichen Unterlagen des Herrn Maximilan Sull die Forderung bereits in bar in Raten bezahlt wurde.

Bitte rufen Sie in der Kanzlei an, damit wir die Angelegenheit besprechen können.

Freundliche Grüße

Dr. Annette Neumann
Rechtsanwältin

Anlagen

RAin Dr. Annette Neumann Fachanwältin für Verkehrsrecht · **RA Peter Huber** Fachanwalt für Erbrecht
In Zusammenarbeit mit **RAin Katharina Schuh** Fachanwältin für Familienrecht

RAe Dr. Neumann & Huber · Grainstr. 101 · 67434 Neustadt a. d. Wstr. · Telefon +49 6321 5632-0 · Fax +49 6321 5632-15
info@rae-neumann-huber.de · www.rae-neumann-huber.de
Registernummer PR 956 · Amtsgericht Neustadt a. d. Wstr. · USt-IdNr.: DE573964122

Commerzbank Neustadt a. d. Wstr. · IBAN DE41 5464 0035 0012 5832 19
Deutsche Bank Neustadt a. d. Wstr. · IBAN DE52 5467 0095 0096 7844 58

5.3.2 Aufklärung über Beratungshilfe

Situationsbeschreibung: Rechtsanwalt Peter Huber vertritt Ludwig Holz, Weinstraße 18, 67480 Edenkoben, in der Sache Ludwig Holz ./. Gerhard Meyer wg. Herausgabe, Az.: 55/2023. Ludwig Holz teilt Rechtsanwalt Peter Huber mit, dass er kein Geld hat. Daraufhin klärt ihn dieser am 05.05.2023 schriftlich über die Möglichkeit der Beratungshilfe auf. Gleichzeitig fügt er seinem Schreiben das Antragsformular bei und bittet Ludwig Holz, dieses auszufüllen und mit den entsprechenden Belegen an ihn zu übersenden. Annika Sauer verfasst das Schreiben an Ludwig Holz.

vgl.
LF 4,
Kap. 4.7

Dr. Neumann & Huber
Rechtsanwälte Partnerschaft

Ihr Zeichen:		
Ihre Nachricht vom:		
Unser Zeichen:	55/2023	
Unsere Nachricht vom:		
Name:	RA Peter Huber	
Sekretariat:	Annika Sauer	
Telefon:	+49 6321 5632-12	
Telefax:	+49 6321 5632-15	
Datum:	05.05.2023	

RAe Dr. Neumann & Huber, Grainstr. 101, 67434 Neustadt a. d. Wstr.

Herrn
Ludwig Holz
Weinstraße 18
67480 Edenkoben

Ludwig Holz ./. Gerhard Meyer
wg. Herausgabe

Sehr geehrter Herr Holz,

Sie teilten mit, dass Sie nicht in der Lage wären, die Rechtsanwaltskosten zu tragen. Für diesen Fall gibt es die Möglichkeit der Beratungshilfe. Um Beratungshilfe zu erhalten, muss beim Amtsgericht Neustadt an der Weinstraße ein entsprechender Antrag gestellt werden.

Beratungshilfe wird dann bewilligt, wenn Sie nach Ihren persönlichen und wirtschaftlichen Verhältnissen die Kosten der Rechtsverfolgung nicht aufbringen können. Damit das Amtsgericht dies überprüfen kann, müssen Sie ein Formular hinsichtlich Ihrer monatlichen Einnahmen und Ausgaben ausfüllen und die entsprechenden Belege hinzufügen.

Das Gericht prüft Ihre Angaben und zieht von Ihren monatlichen Einkünften (z. B. Lohn, Mieteinkünfte, Sozialleistungen) die monatlichen Ausgaben (z. B. Versicherungen, gesetzliche Abzüge, Unterhaltsverpflichtungen, Miete, Stromkosten) ab. Sofern nur ein Betrag von maximal 10,00 € im Monat verbleibt, wird Beratungshilfe bewilligt und die Staatskasse übernimmt die Rechtsanwaltskosten. Sie müssen dann lediglich die Beratungshilfegebühr gem. Nr. 2500 VV RVG in Höhe von 15,00 € bezahlen.

Bitte füllen Sie das beiliegende Formular richtig und vollständig aus und senden Sie es mit den dazugehörigen Belegen an uns zurück. Wir werden dann beim Amtsgericht Neustadt an der Weinstraße den Beratungshilfeantrag stellen.

Freundliche Grüße

Anlage

> Auf den Hinweis der anderweitigen zumutbaren Hilfe und der Mutwilligkeit wurde verzichtet, da diese Punkte nicht vorliegen. Ebenso wurde auf den Begriff „Antrag auf nachträgliche Bewilligung von Beratungshilfen" verzichtet. Dies würde den Mandanten wohl nur verwirren!

Peter Huber
Rechtsanwalt

RAin Dr. Annette Neumann Fachanwältin für Verkehrsrecht · **RA Peter Huber** Fachanwalt für Erbrecht
In Zusammenarbeit mit **RAin Katharina Schuh** Fachanwältin für Familienrecht

RAe Dr. Neumann & Huber · Grainstr. 101 · 67434 Neustadt a. d. Wstr. · Telefon +49 6321 5632-0 · Fax +49 6321 5632-15
info@rae-neumann-huber.de · www.rae-neumann-huber.de
Registernummer PR 956 · Amtsgericht Neustadt a. d. Wstr. · USt-IdNr.: DE573964122

Commerzbank Neustadt a. d. Wstr. · IBAN DE41 5464 0035 0012 5832 19
Deutsche Bank Neustadt a. d. Wstr. · IBAN DE52 5467 0095 0096 7844 58

5.3.3 Aufklärung über den Unterschied gesetzlicher und vertraglicher Gebühren

Situationsbeschreibung: Franziska Miller, Schlossstraße 35, 67434 Neustadt an der Weinstraße, hat Rechtsanwältin Katharina Schuh in der Angelegenheit gegen Gudrun Fröhlich wg. Herausgabe eines Grundstücks in Barcelona (Wert unbekannt) beauftragt (Az.: 288/2023). Rechtsanwältin Katharina Schuh klärt sie vor Abschluss einer Vergütungsvereinbarung mit Schreiben vom 06.12.2023 über den Unterschied zwischen gesetzlichen und vertraglichen Gebühren auf. Julia Hoffmann verfasst das Schreiben.

vgl.
LF 4,
Kap. 4.3
und 4.4

Dr. Neumann & Huber
Rechtsanwälte Partnerschaft

Ihr Zeichen:	
Ihre Nachricht vom:	
Unser Zeichen:	288/2023
Unsere Nachricht vom:	
Name:	RAin Katharina Schuh
Sekretariat:	Julia Hoffmann
Telefon:	+49 6321 5632-13
Telefax:	+49 6321 5632-15
Datum:	06.12.2023

RAe Dr. Neumann & Huber, Grainstr. 101, 67434 Neustadt a. d. Wstr.

Frau
Franziska Miller
Schlossstraße 35
67434 Neustadt an der Weinstraße

**Franziska Miller ./. Gudrun Fröhlich
wg. Herausgabe**

Sehr geehrte Frau Miller,

wie besprochen geben wir Ihnen nachfolgend einen kurzen Überblick über den Unterschied zwischen gesetzlichen und vertraglichen Gebühren:

Das Rechtsanwaltsvergütungsgesetz regelt die Gebühren und die Auslagen, die der Rechtsanwalt für seine Tätigkeit erhält. Die Gebühren errechnen sich dabei nach dem Gegenstandswert. Neben den gesetzlichen Gebühren hat der Rechtsanwalt die Möglichkeit, mit der Mandantschaft eine Vergütungsvereinbarung abzuschließen, in der eine von den gesetzlichen Gebühren abweichende Vergütung vereinbart wird.

Da Sie noch nicht wissen, wie viel das Grundstück in Barcelona wert ist, welches Frau Fröhlich herausgeben soll, können wir die gesetzlichen Gebühren derzeit nicht bestimmen. Es ist deshalb sinnvoll, eine Vergütungsvereinbarung abzuschließen.

Sind Sie im vorliegenden Fall mit dem Abschluss einer Vergütungsvereinbarung einverstanden? In diesem Fall bitten wir Sie, die beiliegende Vereinbarung zu unterzeichnen. Bitte senden Sie anschließend eine Ausfertigung an uns zurück, die zweite Ausfertigung ist für Ihre Unterlagen bestimmt.

Freundliche Grüße

Katharina Schuh
Rechtsanwältin

Anlage

RAin Dr. Annette Neumann Fachanwältin für Verkehrsrecht · **RA Peter Huber** Fachanwalt für Erbrecht
In Zusammenarbeit mit **RAin Katharina Schuh** Fachanwältin für Familienrecht

RAe Dr. Neumann & Huber · Grainstr. 101 · 67434 Neustadt a. d. Wstr. · Telefon +49 6321 5632-0 · Fax +49 6321 5632-15
info@rae-neumann-huber.de · www.rae-neumann-huber.de
Registernummer PR 956 · Amtsgericht Neustadt a. d. Wstr. · USt-IdNr.: DE573964122

Commerzbank Neustadt a. d. Wstr. · IBAN DE41 5464 0035 0012 5832 19
Deutsche Bank Neustadt a. d. Wstr. · IBAN DE52 5467 0095 0096 7844 58

5.3.4 Übersendung Kostenrechnung

Situationsbeschreibung: Rechtsanwalt Peter Huber fordert von Leon Burger, Mandelring 1, 67433 Neustadt an der Weinstraße, in der Nachlasssache Martin Burger, gest. am 15.09.2023, am 06.10.2023 einen Vorschuss an. Dies hat er vorab telefonisch mit ihm besprochen. Die Angelegenheit wird unter dem Az.: 287/2023 geführt. Nach der beiliegenden Vorschusskostenrechnung soll Leon Burger einen Betrag von 421,26 € bezahlen. Rechtsanwalt Peter Huber bittet ihn, den Rechnungsbetrag bis 30.10.2023 auf eines der Kanzleikonten überweisen. Marion Webermann erstellt das Schreiben an Leon Burger.

Dr. Neumann & Huber
Rechtsanwälte Partnerschaft

Ihr Zeichen:	
Ihre Nachricht vom:	
Unser Zeichen:	287/2023
Unsere Nachricht vom:	
Name:	RA Peter Huber
Sekretariat:	Marion Webermann
Telefon:	+49 6321 5632-11
Telefax:	+49 6321 5632-15
Datum:	06.10.2023

RAe Dr. Neumann & Huber, Grainstr. 101, 67434 Neustadt a. d. Wstr.
Herrn
Leon Burger
Mandelring 1
67433 Neustadt an der Weinstraße

Leon Burger
wg. Nachlass Martin Burger, gest. am 15.09.2023

Sehr geehrter Herr Burger,

wie telefonisch besprochen, übersenden wir Ihnen unsere Vorschusskostenrechnung.

Bitte überweisen Sie den Rechnungsbetrag in Höhe von 421,26 € bis **30.10.2023** auf eines der unten aufgeführten Kanzleikonten.

Freundliche Grüße

Peter Huber
Rechtsanwalt

Anlage
Kostenrechnung

RAin Dr. Annette Neumann Fachanwältin für Verkehrsrecht · **RA Peter Huber** Fachanwalt für Erbrecht
In Zusammenarbeit mit **RAin Katharina Schuh** Fachanwältin für Familienrecht

RAe Dr. Neumann & Huber · Grainstr. 101 · 67434 Neustadt a. d. Wstr. · Telefon +49 6321 5632-0 · Fax +49 6321 5632-15
info@rae-neumann-huber.de · www.rae-neumann-huber.de
Registernummer PR 956 · Amtsgericht Neustadt a. d. Wstr. · USt-IdNr.: DE573964122

Commerzbank Neustadt a. d. Wstr. · IBAN DE41 5464 0035 0012 5832 19
Deutsche Bank Neustadt a. d. Wstr. · IBAN DE52 5467 0095 0096 7844 58

5.4 Kostenrechnung

Situationsbeschreibung: Rechtsanwältin Katharina Schuh vertritt Noah Meisel, Konrad-Adenauer-Straße 21, 67433 Neustadt an der Weinstraße. Die Angelegenheit Noah Meisel ./. Stadtverwaltung Neustadt an der Weinstraße wg. Forderung, die unter dem Az.: 105/2023 geführt wird, ist beendet. Rechtsanwältin Katharina Schuh konnte eine Einigung herbeiführen. Die durchschnittliche Angelegenheit hat einen Gegenstandswert von 1.058,00 €. Marion Webermann rechnet die Angelegenheit am 20.03.2023 mit der Rechnungsnummer 85/2023 ab. Rechtsanwältin Katharina Schuh war vom 09.01.2023 bis 20.03.2023 tätig.

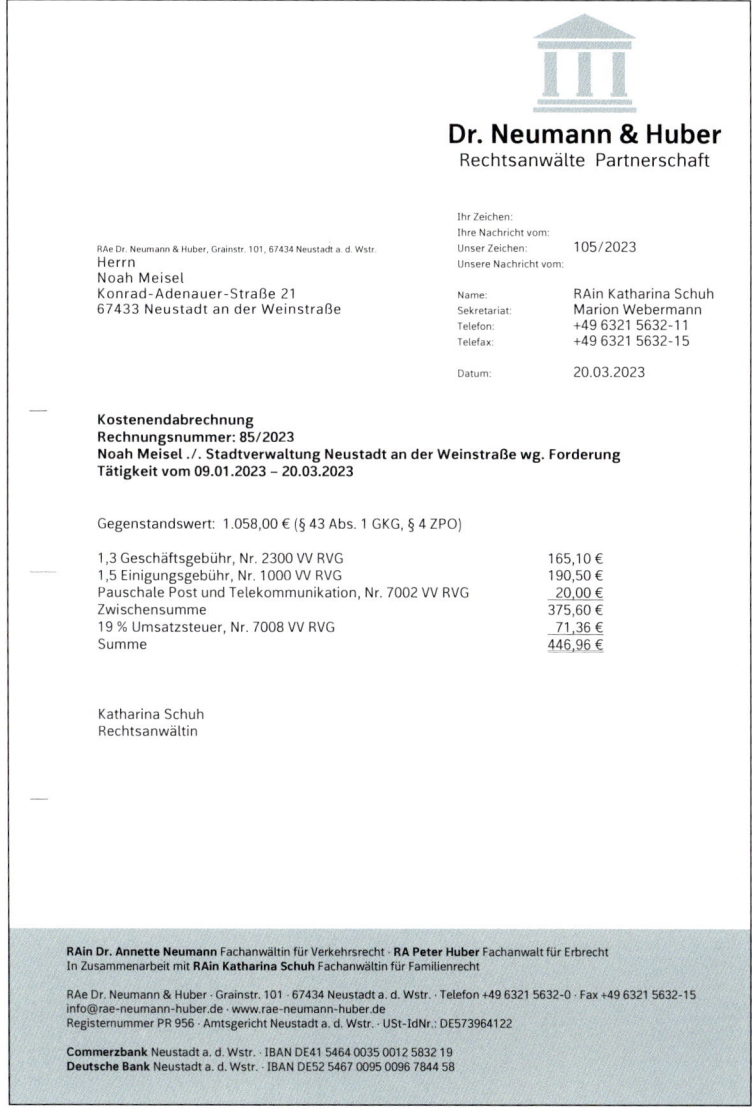

Dr. Neumann & Huber
Rechtsanwälte Partnerschaft

Ihr Zeichen:	
Ihre Nachricht vom:	
Unser Zeichen:	105/2023
Unsere Nachricht vom:	
Name:	RAin Katharina Schuh
Sekretariat:	Marion Webermann
Telefon:	+49 6321 5632-11
Telefax:	+49 6321 5632-15
Datum:	20.03.2023

RAe Dr. Neumann & Huber, Grainstr. 101, 67434 Neustadt a. d. Wstr.
Herrn
Noah Meisel
Konrad-Adenauer-Straße 21
67433 Neustadt an der Weinstraße

Kostenendabrechnung
Rechnungsnummer: 85/2023
Noah Meisel ./. Stadtverwaltung Neustadt an der Weinstraße wg. Forderung
Tätigkeit vom 09.01.2023 – 20.03.2023

Gegenstandswert: 1.058,00 € (§ 43 Abs. 1 GKG, § 4 ZPO)

1,3 Geschäftsgebühr, Nr. 2300 VV RVG	165,10 €
1,5 Einigungsgebühr, Nr. 1000 VV RVG	190,50 €
Pauschale Post und Telekommunikation, Nr. 7002 VV RVG	20,00 €
Zwischensumme	375,60 €
19 % Umsatzsteuer, Nr. 7008 VV RVG	71,36 €
Summe	446,96 €

Katharina Schuh
Rechtsanwältin

RAin Dr. Annette Neumann Fachanwältin für Verkehrsrecht · **RA Peter Huber** Fachanwalt für Erbrecht
In Zusammenarbeit mit **RAin Katharina Schuh** Fachanwältin für Familienrecht

RAe Dr. Neumann & Huber · Grainstr. 101 · 67434 Neustadt a. d. Wstr. · Telefon +49 6321 5632-0 · Fax +49 6321 5632-15
info@rae-neumann-huber.de · www.rae-neumann-huber.de
Registernummer PR 956 · Amtsgericht Neustadt a. d. Wstr. · USt-IdNr.: DE573964122

Commerzbank Neustadt a. d. Wstr. · IBAN DE41 5464 0035 0012 5832 19
Deutsche Bank Neustadt a. d. Wstr. · IBAN DE52 5467 0095 0096 7844 58

5.5 Mahnschreiben

Situationsbeschreibung: Marie Burt, Landauer Straße 66, 67434 Neustadt an der Weinstraße, hat die ihr übersandte Kostenendabrechnung vom 16.03.2023 auch am 17.04.2023 noch nicht bezahlt, obwohl ihr eine Frist bis 03.04.2023 gesetzt wurde. Rechtsanwältin Katharina Schuh mahnt sie deshalb am 17.04.2023 an, die Forderung von 1.145,20 € nun bis 02.05.2023 zu begleichen. Sie weist gleichzeitig darauf hin, dass sie gerichtliche Schritte einleiten wird, sofern der Betrag nicht fristgerecht beglichen wird. Die Angelegenheit Marie Burt ./. Heinrich Burt wg. Unterhalt wird unter dem Az.: 108/2023 geführt. Das Schreiben an Marie Burt schreibt Julia Hoffmann.

5.6 Kündigungsschreiben

Situationsbeschreibung: Rechtsanwältin Dr. Annette Neumann wird von Pablo Suarez, Rottstraße 15, 67459 Böhl-Iggelheim, in einer mietrechtlichen Angelegenheit mandatiert. Sie soll eine Wohnungskündigung wegen Eigenbedarfs gegenüber der Mieterin Marianne Meier, Madenburgstraße 8, 67459 Böhl-Iggelheim, vornehmen. Der Mietvertrag über die Wohnung im 2. Obergeschoss wurde am 26.08.2017 geschlossen. Die Angelegenheit Suarez ./. Meier wird unter dem Az.: 88/2023 geführt. Das Schreiben an Marianne Meier wird durch Annika Sauer am 27.02.2023 erstellt und zur Post gegeben.

Dr. Neumann & Huber
Rechtsanwälte Partnerschaft

Ihr Zeichen:	
Ihre Nachricht vom:	
Unser Zeichen:	88/2023
Unsere Nachricht vom:	
Name:	RAin Dr. Annette Neumann
Sekretariat:	Annika Sauer
Telefon:	+49 6321 5632-12
Telefax:	+49 6321 5632-15
Datum:	27.02.2023

RAe Dr. Neumann & Huber, Grainstr. 101, 67434 Neustadt a. d. Wstr.
Frau
Marianne Meier
Madenburgstraße 8
67459 Böhl-Iggelheim

Pablo Suarez ./. Marianne Meier
wg. Kündigung des Mietverhältnisses

Sehr geehrte Frau Meier,

wir zeigen Ihnen unter Vollmachtsvorlage an, dass wir Herrn Pablo Suarez, Rottstraße 15, 67459 Böhl-Iggelheim, anwaltlich vertreten.

Gemäß Mietvertrag vom 26.08.2017 haben Sie mit unserem Mandanten einen unbefristeten Mietvertrag über die Wohnung im 2. Obergeschoss in der Madenburgstraße 8, 67459 Böhl-Iggelheim, geschlossen.

Namens und in Vollmacht unseres Mandanten

kündigen

wir das Mietverhältnis gem. § 573 c Abs. 1 BGB zum 30.06.2023 wegen Eigenbedarfs.

Wir bitten Sie, die Wohnung fristgerecht zu räumen und in besenreinem Zustand an unseren Mandanten zu übergeben. Bitte setzen Sie sich mit unserem Mandanten direkt in Verbindung, um einen Übergabetermin zu vereinbaren.

Freundliche Grüße

Dr. Annette Neumann
Rechtsanwältin

Anlage
Vollmacht

RAin Dr. Annette Neumann Fachanwältin für Verkehrsrecht · RA Peter Huber Fachanwalt für Erbrecht
In Zusammenarbeit mit RAin Katharina Schuh Fachanwältin für Familienrecht

RAe Dr. Neumann & Huber · Grainstr. 101 · 67434 Neustadt a. d. Wstr. · Telefon +49 6321 5632-0 · Fax +49 6321 5632-15
info@rae-neumann-huber.de · www.rae-neumann-huber.de
Registernummer PR 956 · Amtsgericht Neustadt a. d. Wstr. · USt-IdNr.: DE573964122

Commerzbank Neustadt a. d. Wstr. · IBAN DE41 5464 0035 0012 5832 19
Deutsche Bank Neustadt a. d. Wstr. · IBAN DE52 5467 0095 0096 7844 58

Zusammenfassung

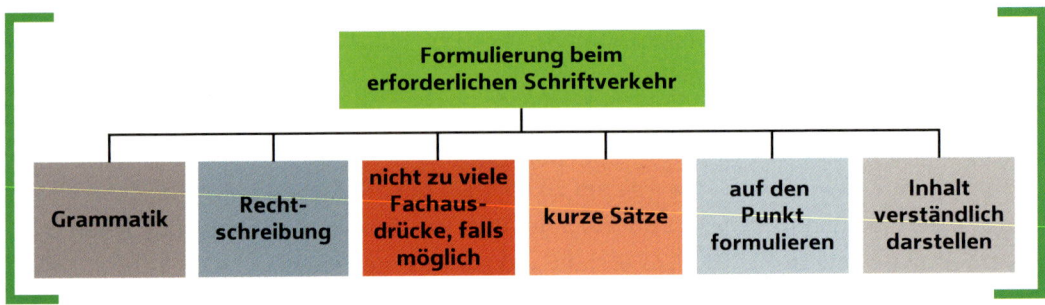

 Wiederholung und Vertiefung _____

1. Auf welche Punkte sollte bei der Formulierung des anwaltlichen Schriftverkehrs geachtet werden?

2. Rechtsanwältin Katharina Schuh vertritt Sara Löse, Waldstraße 28, 67434 Neustadt an der Weinstraße, in einer Unterhaltssache (Az.: 199/2023). Rechtsanwalt Anton Neese, der den Ex-Ehemann Bernd Löse vertritt, hat mit dem Schreiben vom 06.12.2023 eine Aufstellung über die Einnahmen und Ausgaben seines Mandanten geschickt. Rechtsanwältin Katharina Schuh leitet dieses Schreiben am 09.10.2023 an Sara Löse weiter und bittet um Überprüfung und Rückmeldung. Das Diktatband erhält Annika Sauer. Verfassen Sie dieses Schreiben mit dem Kanzlei-Briefbogen.

3. Sara Löse soll in der Unterhaltssache einen Vorschuss zahlen. Dies hat Rechtsanwältin Katharina Schuh mit ihr am 16.10.2023 telefonisch besprochen. In der Angelegenheit wurde am Tag der Mandatierung, dem 28.07.2023, eine Vergütungsvereinbarung geschlossen, in der ein Zeithonorar (190,00 € pro Stunde) vereinbart wurde. Bislang sind neun Zeitstunden angefallen (bis einschließlich 17.10.2023), die nun als Vorschuss geltend gemacht werden sollen. Julia Hoffmann erledigt diese Aufgabe (Datum: 17.10.2023; Rechnungsnummer 201/2023). Fertigen Sie die Vorschusskostenrechnung an. Verwenden Sie dabei den Briefbogen der Kanzlei Dr. Neumann & Huber.

4. Nach Fertigstellung der Vorschusskostenrechnung fehlt noch das Anschreiben an Sara Löse. Diese soll den Rechnungsbetrag bis 30.10.2023 auf eines der Kanzleikonten zahlen. Verfassen Sie dieses Schreiben. Verwenden Sie dabei den Briefbogen der Kanzlei Dr. Neumann & Huber.

5. Die Partnerschaft Dr. Annette Neumann & Peter Huber möchte beim XYZ-Verlag, Osakaallee 35, 20457 Hamburg, das Abonnement der Zeitschrift „Neueste Gerichtsurteile" kündigen. Die Kundennummer lautet 556677. Das Abonnement soll zum Jahresende 2023 auslaufen. Marion Webermann erledigt diese Aufgabe am 06.04.2023. Verfassen Sie das Kündigungsschreiben. Verwenden Sie dabei den Briefbogen der Kanzlei Dr. Neumann & Huber.

Sachwortverzeichnis

Bildquellenverzeichnis

Deutsche Post AG, Bonn: 180.1, 180.2.

Foto Stephan – Behrla Nöhrbaß GbR, Köln: 12.2, 161.1

fotolia.com, New York: Albers, Joachim B. 185.1; B. Wylezich 50.2; Blackosaka 87.2; contrastwerkstatt 11.2, 13.1, 13.2; Dolgatsjov, Lev 12.1; elxeneize 184.2; Eppele, Klaus 56.1; Fahrner, Eric 179.1; Fally, Martin 281.1; Fontanis 19.1; fotokalle 173.1; Gajus 60.1; GaToR-GFX 184.1; Gina Sanders 42.2; H.D.Volz 67.2; hoesel, mario 185.3; Ivaschenko, Roman 220.2; jasoncphoto 220.1; Kzenon 46.1, 62.1, 101.2; line-of-sight 49.2; maho 55.1, 510.2; Marcito 28.1; mik ivan 90.1; momius 273.2; NovaStar 217.2; Pfluegl, Franz 11.1; PhotoSG 185.4, 224.1; roxcon 184.3; RRF 203.1; Sabljak, Dario 65.1; Sanders, Gina 12.3, 94.1, 151.1; Schlierner 64.1; singkham 270.1; Sokolov, Iurii 53.1; Syda Productions 140.2; undrey 211.1; web-done.de 86.1; wingrim 80.2; Wylezich, B. 61.2; Yarochkin, Sergey 183.1

Google Inc., Hamburg: 274.1

Hild, Claudia, Angelburg: 394.2, 395.2, 396.2, 507.2, 512.2, 513.2, 515.2, 516.2, 517.2, 518.2, 519.2, 520.2, 521.2

iStockphoto.com, Calgary: dalton00 181.1; ISerg Titel; Jackson, Brian 205.1; karl-friedrich hohl 52.1; Minerva Studio 60.2; Sergienko, Maxim 185.2

mauritius images GmbH, Mittenwald: imageBROKER 89.1

Microsoft Deutschland GmbH, München: 272.1, 387.3, 389.1, 390.1, 390.2, 391.1, 391.2, 392.2, 392.3, 393.1, 393.3

orangefluid GmbH, Detmold: LAYOUTELEMENT 2.1, 393.4, 399.2, 510.1

PantherMedia GmbH (panthermedia.net), München: Kaesler, Daniel 117.1, 117.2; Pfluegler, Frank 217.1

Picture-Alliance GmbH, Frankfurt a.M.: Schunk, Claus 58.1

Shutterstock.com, New York: Fuchs, Peter 66.1; igor.stevanovic 442.1; Kzenon 17.1

stock.adobe.com, Dublin: AllebaziB Titel; ASDF Titel; atScene 149.1; Cherkasov, Andrey 350.1; contrastwerkstatt 473.1; DDRockstar 457.1; doruktr 219.1; fotoduets 44.1; Franjo 150.2; nazar12 138.1; Prashant ZI 320.1; Rawf8 Titel; Sanders, Gina 106.1, 132.1; sebra 367.1; sljubisa 21.2, 23.1, 24.1, 26.1, 26.2, 30.2, 37.1, 37.2, 46.2, 50.1, 55.2, 61.1, 67.1, 74.1, 78.1, 78.2, 80.1, 80.4, 81.7, 85.5, 88.1, 101.1, 102.1, 110.1, 111.1, 114.1, 115.1, 116.1, 116.2, 118.1, 119.1, 119.2, 120.1, 120.2, 140.1, 148.1, 170.1, 171.1, 181.2, 181.3, 189.1, 190.1, 190.2, 192.1, 192.2, 192.3, 193.1, 193.2, 193.3, 194.1, 196.1, 198.1, 199.1, 200.1, 206.1, 208.1, 216.1, 218.2, 221.1, 222.1, 226.1, 228.1, 229.1, 232.1, 233.1, 234.1, 235.1, 237.1, 237.2, 237.3, 243.1, 244.1, 252.1, 264.1, 273.1, 275.1, 276.1, 283.2, 290.1, 293.1, 297.1, 300.1, 300.2, 310.1, 310.2, 313.1, 313.2, 314.1, 322.1, 323.1, 331.2, 333.1, 345.1, 362.1, 378.1, 378.2, 379.1, 387.2, 389.2, 392.1, 393.2, 394.3, 395.3, 396.3, 402.1, 404.1, 404.2, 416.1, 426.1, 428.1, 429.2, 430.1, 434.1, 435.1, 436.1, 444.1, 445.1, 450.1, 451.1, 452.1, 453.2, 461.1, 462.1, 462.2, 462.3, 466.1, 467.1, 467.2, 469.1, 471.1, 475.2, 475.3, 478.1, 479.1, 479.2, 480.1, 480.2, 481.1, 485.1, 487.1, 487.2, 488.1, 489.1, 490.1, 491.1, 491.2, 492.1, 494.1, 496.1, 496.2, 497.1, 499.1, 499.2, 500.1, 501.1, 501.2, 506.1, 506.2, 514.2; stokkete 59.1; Syda Productions 402.2; Welz, Stefan Titel; Yurii 150.1; Zerbor Titel